LE LIVRE
DES PARTERRES FLEURIS

GRAMMAIRE HÉBRAÏQUE

EN ARABE

D'ABOU'L-WALID MERWAN IBN DJANAH

DE CORDOUE

PUBLIÉE PAR

JOSEPH DERENBOURG

MEMBRE DE L'INSTITUT

PARIS

F. VIEWEG, LIBRAIRE-ÉDITEUR

67, RUE DE RICHELIEU, 67

1886

AVANT-PROPOS.

Les nombreux travaux qui, depuis les «Beiträge» de MM. Ewald et Dukes (1844) jusqu'aux dernières publications de M. Wilhelm Bacher (1885), ont paru sur la personne d'Aboûl-Walîd et son oeuvre [1]), nous permettent de nous borner dans

1) H. Ewald, *R. Jona oder Abulwalid Merwan ibn G'anâch*, dans *Beiträge zur Geschichte der ältesten Auslegung und Spracherklärung des Alten Testamentes.* Stuttgart, 1844, tom. I, p. 126 à 150. — L. Dukes, *Jona ben G'anâch*, dans *Beiträge* etc. t. II, p. 169 à 175. — J. H. R. Biesenthal und F. Lebrecht, *Jona ben G'anâch* dans ספר השרשים, *Rabbi Davidis Kimchii Radicum Liber.* Berlin, 1847, col. XVI à XXIII. — S. Munk, *Notice sur Abou'l Walîd Merwân Ibn Djanah etc. suivie de l'Introduction du Kitab al-Luma d'Ibn Djanâh, en arabe, avec un traduction française et des notes.* Paris 1851 (Extrait du Journal Asiatique 1850, t. I et II; 1851, t. I). — ספר הרקמה, *Grammaire hébraïque de Jona ben Ganach, traduit de l'arabe en hébreu* par Jehuda Ibn Tabbon. Publiée pour la première fois . . . par B. Goldberg. Francfort-sur-le-Mein, 1856. — A. Neubauer, *Notice sur la lexicographie hébraïque.* Paris, 1863. (Extrait du Journal Asiatique 1861 et 1862) p. 172 à 201. — *The book of Hebrew Roots by Abu'l Walîd etc.*, now first edited by Ad. Neubauer. Oxford 1875. — J. et H. Derenbourg, *Opuscules et traités d'Aboûl-Walîd etc.* Texte arabe avec une traduction française [et Introduction]. Paris 1880. — Wilhelm Bacher: 1° *Abulwalîd Merwân Ibn G'anâh,* dans Abraham Ibn Esra als Grammatiker. Strassburg 1882, p. 178 à 183. — 2° *Abulwalid etc. und die neuhebräische Poesie*, dans Zeitschrift d. D. M. Gesellschaft, 1882, p. 401 à 409. — 3° *Joseph Kimchi et Abulwalîd etc.* Paris 1883 (Extrait de la Revue des Études Juives, t. VI). — 4° *Die Saadjanische Uebersetzung des Hohenliedes bei Abulwalîd* etc. dans Zeitschrift für die A.-T.-liche Wissenschaft, 1883, p. 202 à 211. — 5° *Berichtigungen zur Neubauer'schen Ausgabe des Kitâb-alusûl*, dans Z. d. D. M. G., 1884,

cette introduction à une exposition succincte des résultats obtenus par ces recherches. Nous nous étendrons davantage sur ce qui concerne la Grammaire hébraïque, dont nous avons entrepris l'édition arabe.

I.

Aboûl-Walîd Merwân ibn Djanâḥ, nommé en hébreu R. Iônâh ou R. Marinos, naquit à Cordoue vers la fin du dixième siècle. Nous ne connaissons pas exactement l'année de sa naissance; mais il paraît avoir joui déjà d'une certaine considération en 1012, année où les guerres civiles qui bouleversèrent profondément sa ville natale, obligèrent la plus grande partie de la communauté juive à quitter la capitale de l'Andalousie. En même temps que lui, R. Samuel ibn Nagdelah, surnommé plus tard Han-Nagîd, le futur ministre du roi de Grenade, avait pris le chemin de l'exil. Le célèbre R. Iéhouda ben David Ḥayyoudj, le fondateur de la grammaire hébraïque, était sans doute déjà mort à cette époque; autrement, les chroniques n'auraient pas manqué de nous apprendre où il s'était réfugié. D'ailleurs, Ḥayyoudj s'était mêlé activement à la lutte de Menaḥêm ben Sarouḳ avec Dounasch b. Labraṭ et avait par conséquent déjà une vingtaine d'années au moment où mourut R. Ḥasdaï b. Schiprouṭ, l'ennemi acharné de Menaḥêm, c'est-à-dire en 950. Ḥayyoudj aurait donc été plus qu'octogénaire dans l'année de l'émigration.[1]) On aurait également lieu de s'étonner qu'Ibn Djanâḥ n'eût pas suivi les leçons de Ḥayyoudj, si celui-ci avait vécu assez longtemps pour que le premier pût l'entendre; et cependant, il ne le nomme nulle part son maître. Les savants qu'il nomme ainsi n'étaient pas de Cordoue. Car,

---

p. 620 à 629. — 6° *Die hebräisch-arabische Sprachvergleichung des Abulwalîd* etc. Wien, 1884. — 7° *Die hebräisch-neuhebräische und hebräisch-aramäische Sprachvergleichung des Abulwalîd.* Wien, 1885. — 8° *Etymologisirende Worterklärungen bei Abulwalîd*, dans Zeitschrift für A.-T.-liche Wissenschaft, p. 138 à 151. — 9° *Leben und Werke des Abulwalîd . . . und die Quellen seiner Schrifterklärung.* Leipzig, 1885.

1) On pourrait conclure de *Moust* p. 4 l. 7, que Ḥayyoudj n'est pas parvenu à un âge avancé. Le Nâgîd n'aurait donc pas profité davantage de ses leçons.

Aboûl-Walîḍ passa certainement une partie de sa jeunesse et continua ses études à Lucena (Alisâneh), surnommé par les Arabes *la Ville des Juifs*. Il y eut pour maîtres Isaac b. Saûl, Isaac ibn Giḳaṭilla et Aboûl-Walîd b. Ḥasdaï, ce dernier nommé également en hébreu R. Iônâh. Après bien des pérégrinations pénibles, il finit par se fixer à Saragosse. Dans cette ville, il composa d'abord quatre petits traités relatifs à la grammaire, puis un travail plus considérable contre R. Samuel han-Nâgid et enfin son ouvrage capital, le *Kitâb et-Tankîḥ*, divisé en deux parties, le *Kitâb al-Louma'*, la grammaire proprement dite, et le *Kitâb al-Ouṣoul* ou le lexique. — C'est à Saragosse qu'il semble avoir terminé ses jours; mais l'année de sa mort est aussi inconnue que la date de sa naissance. Aucun chroniqueur n'a noté sur ses tablettes la disparition de cet homme exceptionnel, aucun poète ne lui a consacré une élégie.

Ibn Djanâḥ n'a jamais oublié Cordoue, et, parvenu à un âge déjà avancé, il ne parle qu'en termes émus de la cité où il avait passé les premières années de sa jeunesse. Mais, en dehors de ce malheur, nous ne savons absolument rien des circonstances de sa vie. Il ne parle nulle part de sa famille qui aurait partagé les douleurs de son exil; on doit supposer qu'il était orphelin de bonne heure et qu'il est mort célibataire. Il ne nous a pas même transmis le nom de son père, car Djânâḥ n'est pas le nom du père d'Aboul-Walîd. Ibn Djanâḥ «l'ailé» semble n'être qu'un surnom qui fait allusion à son nom hébreu Iônah «la colombe».

Comme tous ses contemporains dans le monde musulman, Ibn Djanâḥ avait étudié la philosophie, les mathématiques, la médecine, la théologie et la grammaire. Outre ses oeuvres sur la langue hébraïque, il écrivit *un Manuel des Simples*; il est probable qu'il demandait toujours son gagne-pain à la pratique de la médecine; mais sa science de prédilection, à laquelle il consacra sa vie entière, était sans doute la grammaire de la langue sacrée et l'exégèse biblique.

II.

Ibn Djanâḥ marchait dans la voie que Ḥayyoudj lui avait tracée. En effet, dans son *Moustalḳiḳ*, le plus étendu de ses quatre premiers traités, il ne fait que compléter les travaux de Ḥayyoudj; il se défend contre les attaques de toute nature que lui attire ce *Supplément* dans son *Tenbîh*; dans un troisième opuscule, le *Kitâb at-Taḳrîb wat-Tashîl*, il commente les ouvrages de Ḥayyoudj, sourtout les introductions de Ḥayyoudj placées en tête de ses travaux; enfin, dans son *Taswiyeh* il raconte, avec beaucoup de vivacité, comment, dans un cercle de lettrés à Saragosse, il avait été engagé dans une disputation sur divers points de son *Moustalḳiḳ* par un étranger, sans doute un émissaire de R. Samuel, qui était venu avec le but déloyal de lui nuire et de le déconsidérer dans la ville même où il demeurait. Ibn Djanâḥ avait depuis longtemps conçu le plan d'une grammaire et d'un lexique complets, et croyait enfin être débarrassé des obstacles qu'on ne cessait de lui susciter, lorsque de nouveaux pamphlets, dirigés contre lui par le puissant Nâgîd de Grenade, vinrent troubler sa tranquillité. Nous ne savons absolument rien sur l'origine de cette animosité extrême de R. Samuel han-Nâgîd contre Aboûl-Walîd. La haute situation du ministre de Grenade, sa science incontestable, le respect dont il était entouré de toutes parts font difficilement comprendre la haine implacable avec laquelle il persécutait un homme aussi humble et aussi modeste qu'Ibn Djanâḥ, qui, enfermé dans le cercle étroit de ses chères études, ne paraît jamais en être sorti pour s'occuper des affaires publiques. Rien n'indique que, depuis qu'ils avaient quitté l'un et l'autre Cordoue, ils se soient jamais rencontrés, et si c'était la vénération que R. Samuel éprouvait pour Ḥayyoudj qui eût motivé ses attaques, on ne saurait, d'autre part, méconnaître qu'Ibn Djanâḥ, tout en critiquant certaines parties des travaux de Ḥayyoudj, montre toujours les plus grands égards et la plus sincère admiration pour l'homme qu'il considère jusqu'à la fin de sa vie comme le guide qu'il est heureux de suivre.

On peut supposer que, de retour de Saragosse, l'étranger avait tracé à son maître un tableau exagéré du dédain avec lequel ses observations avaient été reçues par Ibn Djanâḥ; la colère du Nâgîd ne connut plus de bornes. Sous le titre de *Rasaïl er-Rifâḳ* «Mémoires des amis», parurent successivement plusieurs petits traités, évidemment inspirés ou composés par R. Samuel, contre le grammairien de Saragosse. Celui-ci répondit coup sur coup à ces attaques dans les cinq parties d'un livre intitulé: *Kitâb et-Taschwîr* «livre de la Confusion». De côté et d'autre, on ne se ménage plus, le langage est rude et grossier; on voit que l'irritation extrême ne permet plus d'être courtois. Nous ne possédons plus que deux fragments des *Rasaïl* et du *Taschwîr*, mais ils suffisent pour en juger le caractère. — Le *Taschwîr* paraît avoir été considérable. Ibn Djanâḥ y renvoie très-souvent dans son grand ouvrage. Chez un auteur aussi sobre et qui aime si peu à se répéter, on doit regretter la perte de ce traité; car il paraît y avoir appuyé ses règles de grammaire par une longue argumentation et de nombreux exemples, et l'on sait que les versets qu'il cite sont souvent accompagnés d'une explication judicieuse et simple.

Aboûl-Walîd était déjà âgé, lorsqu'enfin arriva pour lui le temps du calme et de l'apaisement. Il s'adonne alors entièrement à son *Kitâb et-Tanḳîḥ*, divisé, comme nous l'avons déjà dit, en deux parties. Dans la première, le *Kitâb al-Louma'* «livre des parterres-fleuris», comme il intitule sa Grammaire, il dépasse de beaucoup Ḥayyoudj. Celui-ci se borne à disséquer le mot et à en rechercher la racine; Ibn Djanâḥ s'occupe de la proposition et du rôle qu'y joue chaque mot. Ḥayyoudj pouvait bien affirmer qu'avant qu'il eût reconnu la trilitéralité des racines hébraïques et la nature des lettres faibles, la langue était comme «un mur ébreché et une ville démantelée»[1]; mais aux racines ainsi reconnues par Ḥayyoudj, Ibn Djanâḥ assig-

1) Ibn Djanaḥ, tout en reconnaissant ce principe pour les racines ayant une lettre faible, considère les racines géminées comme des bilitères. Ci-dessous 75, 13; 138, 6. (סבב et ששר). Je ne sais chez quel grammairien arabe Aboûl-Walîd a rencontré cette opinion. Il parle p. 140, 25 d'une divergence d'opinions parmi les Arabes au sujet de ces racines géminées, savoir, si dans des mots comme גַּר טַן etc., la lettre

ne leur place dans la phrase simple ou composée. Ḥayyoudj était grammairien, Ibn Djanâḥ, en même temps exégète. On peut admirer la précision des lois de la phonétique hébraïque exposées dans les introductions que Ḥayyoudj a placées en tête de ses petits traités; mais on admirera davantage le bon sens et la sagacité d'Ibn Djanâḥ dans l'explication des textes bibliques les plus difficiles, dont il fait disparaître souvent l'obscurité par un rayon de son esprit lumineux.

On a, à différentes reprises, exposé la marche suivie par Ibn Djanâḥ dans sa grammaire. Dernièrement, M. Wilhelm Bacher, l'infatigable investigateur dans le domaine de l'histoire de la grammaire hébraïque, essaya de donner une ingénieuse division des différentes parties du *Louma*ʿ.[1]) Les titres seuls des chapitres font déjà entrevoir la richesse des matériaux qu'-Ibn Djanâḥ avait réunis pour son travail.[2])

---

exprimée est le second ou le troisième radical, tandis que la lettre insérée serait le troisième ou le second radical. Sur des racines comme גלגל, voy. ci-dessous p. 144, 14 (Moust. p. 180). Sibawaihi (éd. H. Derenbourg, II, p. 162 et suiv.) considère ces racines comme de vraies trilittères.

1) D'après la division adoptée par M. Bacher, le Loumaʿ se compose de trois parties. La grande Introduction et le premier chapitre, qui, de même que le premier chapitre du Kitâb (éd. de H. Derenbourg, I, p. 1) parlent des parties du discours, sont suivis de sept chapitres qui traitent des lettres, de leur prononciation et de leurs fonctions grammaticales (p. 26 à 100); puis, viennent quinze chapitres concernant le nom et le verbe (p. 100 à 249); d'autres dix chapitres exposent divers phénomènes de la langue hébraïque, surtout de la syntaxe et des particularités du texte biblique qu'on peut comprendre sous le nom d'anomalies (p. 249 à 353). Les derniers douze chapitres (p. 353 à 386) forment une sorte d'appendice où notre auteur fait entrer tout ce qui n'a pas trouvé place dans les parties antérieures de son livre, ou bien n'y avait été traité qu'en passant.

2) La Table des versets cités dans le Loumaʿ qu'on trouvera à la suite de cet Avant-Propos donne une idée de la quantité d'exemples réunis, soit pour appuyer les règles, soit pour les appliquer à l'interprétation des textes difficiles. Il est vrai que la moindre partie des passages contenus dans notre Table est soumise à une exégèse rigoureuse; celle-ci, comme on peut s'y attendre, est surtout réservée pour la seconde partie de l'ouvrage, le Lexique; cependant le Loumaʿ aussi,

IX

Il est incontestable que Ḥayyoudj et Ibn Djanâḥ s'étaient préparés à leurs oeuvres par de fortes études de la grammaire arabe. Vivant dans un pays musulman et à Cordoue, alors la ville la plus lettrée et la plus élégante de l'Islam, ils avaient lu les grands ouvrages où des maîtres éminents avaient développé toutes les subtilités de l'arabe [1]). Le rôle que jouent les lettres faibles: alef, waw et yôd dans les racines sémitiques était, pour l'arabe, depuis longtemps reconnu par les grammairiens musulmans, et nous avons cherché ailleurs à expliquer comment il se fait que les Juifs les aient suivis si tard dans cette voie. Mais une fois que Ḥayyoudj eut compris l'organisme des racines trilitères, il ne devait en adapter les règles à la langue hébraïque qu'en considérant que d'une part elle est bien plus pauvre en voyelles que sa soeur arabe, et que d'autre part elle a beaucoup plus diversifié les signes de la vocalisation. Nous avons déjà dit qu'Ibn Djanâḥ revenait pour les racines géminées à la bilitéralité, et il le fait tout aussi bien pour les racines qui ont le deuxième et le troisième radical égaux que pour les racines dont le premier et le second radical se ressemblent.

Cependant ni l'un ni l'autre ne méconnurent pour cela le génie particulier de l'hébreu. Mais la différence entre les deux langues est surtout importante dans la syntaxe, à laquelle Aboûl-Walîd voulait étendre son travail. On n'a qu'à jeter les yeux sur la table des matières d'une grammaire de la langue arabe pour se convaincre que la plus grande partie des subtiles distinctions qui s'y trouvent, sont pour l'hébreu sans aucune application. L'hébreu n'ayant pas de désinences, échappe par conséquent à toutes les difficultés relatives à la fixation des cas; puis, l'hébreu ne possède guère qu'une seule forme de l'aoriste et n'a des autres formes de ce temps que quelques rudiments ou, si l'on aime mieux, des restes. Il n'a ni élatif, ni diminutif, ni cette grande variété des formes du pluriel pour les noms, ni cette quantité de voies actives et passives pour les verbes. Le nombre des

---

surtout dans la portion que nous avons considérée comme formant la troisième partie, s'occupe plutôt d'exégèse que de grammaire.

1) On trouvera facilement dans la *Louma'* les nombreuses passages, où les procédes de l'arabe servent à l'explication de l'hébreu.

particules et des conjonctions qu'il possède est restreint, et la phrase est, par là même, beaucoup plus simple qu'en arabe. Le champ de la grammaire hébraïque est donc bien limité, et pour cette raison le *Louma'*, comme nous l'avons déjà fait observer, s'occupe avant tout d'exégèse biblique.

Il n'est peut-être pas sans intérêt de comparer la manière dont un phénomène, commun à toutes les langues sémitiques, est exposé par un grammairien arabe tel que Sîbawaihi et un grammairien juif comme Aboûl-Walîd. Nous prenons pour exemple l'anomalie d'après laquelle le nom de nombre est au féminin lorsqu'il accompagne un nom masculin, et au masculin lorsqu'il accompagne un nom féminin.

Voici comment s'exprime Sîbawaihi (t. II. p. 176) à ce sujet: «Sache que les noms de nombre dépassant deux jusqu'à dix, lorsque c'est un nom masculin dont le numératif indique le nombre, ce numératif a la forme féminine avec la lettre *hâ* qui en est le signe, . . . mais si c'est un nom féminin, le numératif perd le *hâ*, de sorte qu'il est au féminin sans en avoir le signe». Le grammairien arabe se contente de citer des exemples pour les deux cas; mais, si nous l'avons bien compris, il a pensé d'une part à des mots tels que خليفة «le Khalife» علّامة «un grand savant» qui désignent un masculin tout en ayant une terminaison féminine, et d'autre part à des mots tels que ارض «terre», نفس «âme», روح «vent» qui sont féminins sans en avoir la terminaison.

Aboûl-Walîd donne la même règle, mais il cite des mots comme מְכַשֵּׁפָה qu'il considère comme un nom qui signifie à la fois sorcier et sorcière (p. 379, l. 21). Il ajoute qu'on a laissé tomber le *hê* au féminin du numératif pour établir une différence entre les deux genres. La différence, bien que peu notable, n'en montre pas moins l'indépendance du grammairien juif. La place que l'auteur juif a donnée à son chapitre sur le numératif est choisie judicieusement: ce chapitre suit les chapitres qui traitent des deux genres (XXXVII), du féminin remplaçant le masculin (XXXVIII), du masculin remplaçant le féminin (XXXIX), des mots qui servent en même temps pour les deux genres

(XL) et deux autres chapitres traitant le même sujet. On se rend, au contraire difficilement compte de la raison qui a déterminé Sîbawaihi à traiter le numératif à l'endroit qu'il occupe dans le *Kitâb*.

III.

Les deux manuscrits qui ont servi principalement à cette édition sont les numéros 1459 et 1462 du fonds hébreu de la Bodléienne à Oxford. Nous en donnons la description d'après le Catalogue de M. Neubauer.

No. 1459: «כתאב אללמע, grammaire d'Aboûl-Walîd (lacunes et transpositions); entre les feuillets 50 et 51, il y a une lacune qui correspond à p. 51, l. 16 jusqu'à p. 71, l. 25 de l'édition hébraïque; la continuation des feuillets 51 b se trouve fol. 59; fol. 57 correspond à p. 116, l. 34 et fol. 65 à l. 36 de la version hébraïque avec beaucoup de variantes; fol. 97 a plus que la version hébraïque. Le caractère est un rabbinique grec, pet. in-fol., pap. 140 feuillets». —

No. 1462: «Au feuillet 45 il y a un fragment de la grammaire d'Aboûl-Walîd qui contient les parties suivantes correspondant à la version hébraïque; fol. 44 à 66 = p. 121 l. 12 jusqu'à la fin du chap. 23; fol. 67 à 91 = le commencement du chap. 25 jusqu'à p. 176 l. 30; fol. 92 = le commencement du chap. 44. Le caractère est un rabbinique syrien; pap. in-fol.». —

Ces deux manuscrits figurent dans notre édition sous les lettres A et B.

Le premier et le plus complet de ces deux manuscrits a servi de base à la table des chapitres donnée par Ewald dans les «Beiträge»; mais ce savant n'a pas eu le temps nécessaire pour examiner le manuscrit et s'apercevoir des nombreuses lacunes du texte qu'il avait sous les yeux. Munk a emprunté à ce même manuscrit le texte arabe de l'Introduction qu'il a publié dans sa «Notice».

Les deux manuscrits d'Oxford renferment près de quatre cinquièmes de l'ouvrage. A contient les parties suivantes de notre édition: p. 1 à 104, l. 7; 128, l. 2 à 144, l. 21; p. 186,

l. 8 à 199, l. 13; p. 221, l. 19 à 386. Le manuscrit B ne contient que p. 205, l. 21 à 292, l. 7.

M. Bacher avait obtenu de la direction libérale de la Bodléienne que ces deux manuscrits lui fussent envoyés à Budapest, et il en fit une copie naturellement incomplète. Mais, pendant mon séjour à Londres dans l'été 1883, le British Museum venait d'acheter quelques manuscrits hébreux que M. Hoerning, attaché à la partie orientale de ce riche dépôt, me montra aussitôt, et j'étais heureux d'y trouver un fragment considérable du Louma' qui contenait toutes les parties qui manquaient dans le manuscrit A. Avec sa complaisance habituelle, M. Hoerning me permit de prendre copie de tout ce qu'il fallait pour remplir les lacunes d'A. Une édition du Louma' devint donc enfin possible. Mais elle ne le devenait qu'à Paris, où l'École des Hautes-Études disposait des fonds nécessaires pour une aussi coûteuse publication. M. Bacher, uniquement préoccupé, de l'intérêt scientifique, m'abandonna donc sa copie et il est resté pendant tout le cours de l'impression mon collaborateur actif et intelligent.[1])

Ce troisième manuscrit, désigné par M dans les notes de notre édition, porte aujourd'hui le numéro 2595 des manuscrits orientaux. En voici la description: «Quatre-vingt dix-huit feuillets, pet. in-fol., pap., caractère oriental du XIIIe ou XIVe siècle. Le commencement répond à p. 24 l. 71 de notre édition, la fin à p. 341 l. 14. A notre grand regret, il nous a été impossible de collationner avec ce manuscrit les parties que contiennent A et B.

Dans la collection Firkowitch de la Bibliothèque impér. de St. Pétersbourg, il se trouve également quelques fragments fort anciens du Louma'. D'après la note qui se lit sur le dernier feuillet, la copie a été faite à Damas pour un rabbin considéré, dans l'année 4922 de la création du monde et 1472 de l'ère seleucide (égale 1161/62 p. Ch.), à peine un siècle après la mort d'Aboûl-Walîd. Elle a été collationnée par M. Bacher,

---

1) Il est bien entendu que, sans le réglement de l'École qui interdit rigoureusement de mentionner sur le titre de ses publications le nom d'un savant ne faisant pas partie du corps enseignant de l'École, le nom de M. Bacher figurerait sur le titre á côté du mien.

et elle contient les parties suivantes de notre édition: p. 2, l. 1 à p. 18, l. 13; p. 23, l. 25 à 44, l. 9; p. 52, l. 15 à 71, l. 16; p. 350, l. 5 à 371, l. 11; p. 374, l. 18 à 386, l. 20.

La grammaire d'Ibn Djanâḥ fut traduite en hébreu, sous le titre de *Har-Riḳmâh*, par Iehoudâ ibn Tibbôn, qui, comme tous les membres de sa famille, s'occupait surtout de rendre accessibles les ouvrages arabes aux habitants de la Provence et de l'Italie. Les Tibbonides étaient obligés de créer en philosophie et en linguistique toute une terminologie inconnue avant eux et qui devait dans les premiers temps rendre leurs versions peu intelligibles. Quel hébraïsant se rendrait compte de ce que signifie המוחל בו, et de la différence, pour le moins inutile pour la grammaire hébraïque, entre le המוחל בו et le שם הפועל? — Les termes מלה ou מלת הענין pour la «particule» ne se comprennent pas facilement. Le mot ענין lui-même signifie tantôt «sens», tantôt «état», tantôt «circonstance» &c. Qui devinerait que נפל על signifie «précéder»? Le traducteur subit toujours la mauvaise influence de son original lorsqu'il veut le suivre de trop près; la parenté entre l'idiome duquel il traduit et l'idiome dans lequel il traduit lui fait illusion, et la ressemblance des mots lui fait confondre ce qui peut être permis avec ce qui ne l'est pas. Malgré les obscurités du langage, l'édition de la version hébraïque, qui parut par les soins de M. Beer Goldberg, à Francfort-sur-le-Main en 1856, a été un service réel rendu à la connaissance de la grammaire hébraïque. On peut seulement regretter que le meilleur des deux manuscrits (No. 1216 et 1217) de la Bibliothèque Nationale de Paris qui renferme cette traduction, n'ait pas été suffisamment consulté.[1])

1) Ces versions, qui sont des calques fidèles des originaux, rendent pour cette raison même de grands services dans des éditions comme la nôtre. A bien des endroits, il a fallu remplir les lacunes du texte arabe par une traduction de la version, hébraïque et l'on était presque toujours sûr de rencontrer l'expression de l'original. De cette manière, le Rikmâh remplace la copie arabe que Iehoudâ ibn Tibbôn employait à son travail. Nous avons indiqué ces emprunts faits au Rikmâh par les mots: «suppléé d'après R.»; souvent nous nous sommes contentés de mettre le mot ajouté entre deux crochets carrés. — Il aurait été facile de justifier le jugement que nous venons de porter sur l'édition

Les chapitres du Louma' sont désignés dans les manuscrits par le mot באב (dans la version hébraïque שער) suivi d'un titre, sans qu'on ait ajouté un nombre indiquant l'ordre dans lequel ils se suivent. Ibn Djanâḥ, en renvoyant à un passage qui précède ou doit suivre, se contente presque toujours des mots «ce que nous avons déjà expliqué», ou bien «ce que nous exposerons plus loin»; tout au plus, il ajoute le titre du chapitre. Il en fait autant dans son Lexique.

Le manuscrit de St. Petersbourg a, il est vrai, à la fin une table de chapitres numérotés; mais cette table est en partie déchirée, ou couverte par le papier qu'on y a collé; la lecture

---

Goldberg, en donnant une comparaison de quelques pages du *Rikmâh* avec le manuscrit 1217 de la Bibliothèque Nationale. Nous préferons parler dès deux notes marginales du traducteur que le copiste du No 1217 a fait entrer dans l'intérieur du texte. La première note a suivi le même chemin dans l'édition de Goldberg et forme un vrai rébus à l'endroit où elle se lit (p. 2, l. 29). Voici le passage: אומר לשון הספר הוא לשון האם והלשון הנראה יותר אומר. Évidemment le traducteur n'avait pas lu p. 21, l. 21 le mot אקול, mais son texte commençait par אןّ אלגוהר ארׄא; il n'en mettait pas moins en hébreu אומר כי העצם ביון. Pour s'excuser, il fait observer: «L'expression employée par l'original est l'équivalent de אן = אִם, mais אומר «je dis» est plus clair». Les copistes du texte arabe ont imité Iehoudâ ibn Tibbôn, et mis אקול. — La seconde note a été réproduite, bien qu'incomplétement, par Goldberg, p. 27 note 1. Dans le manuscrit, elle se lit dans le texte, l. 4, entre בדרך et ונאמר, et elle est ainsi conçue: שאינך מדבר עמו אך מפני שהיה לשון הספר בערבי בן רצוני שאינו נמצא במעמד (ו)הלכנו עליו והלשון הזה שריקנו הוא הגדר הנבונה וכל הנמצא בספר זה משפטו «à qui tu ne parles pas»; mais, comme l'expression de l'original arabe est: «qui n'est pas présent», nous l'avons suivie; cependant l'expression que nous avons choisie avec exactitude est le vrai terme. Dans tout ce livre, il en est ainsi.» En effet, on n'a qu'à comparer le chapitre des suffixes, pour retrouver les termes de אלגאיב et שאינו נמצא במעמד pour désigner la troisième personne. On voit facilement que I. b. T. avait fait cette observation sur l. 8 et non pas sur l. 11; à l'endroit où le copiste l'avait placée, elle devenait inintelligible.

en est difficile. Cependant on voit que le nombre des chapitres y est de 44, tandis que notre édition en a 45.[1])

Il était peut-être d'autant plus difficile à Ibn Djanâḥ de compter les chapitres de sa grammaire que certaines parties ont dû être ajoutées postérieurement par l'auteur qui ne cessait d'améliorer constamment son travail. Il y a des indices certains d'addition et de remaniement dans toutes les parties de l'ouvrage; mais le chapitre 28 est évidemment une addition à 27, chap. 45 la suite de 44, et 44 lui-même ne paraît qu'une glose du chapitre 43. Nous avons cru devoir, pour la clarté de notre édition, mettre partout un nombre en tête des chapitres, qui ne se distingue du nombre de l'édition hébraïque que pour le troisième chapitre, qui, n'ayant pas de titre spécial et continuant le sujet du chapitre précédent, a été réuni avec celui-çi. Par conséquent, le troisième chapitre de notre édition répond au quatrième de l'hébreu, et ainsi de suite.

1) Il est curieux que ces nombres répétés à la marge dans l'intérieur du manuscrit portent toujours les unités avant les dizaines; ainsi chapitre 44 est désigné pas דם, ch. 33 par גל, et ainsi de suite.

TABLE

des passages bibliques cités sans le Louma'.

Genèse

1	1	49	24
		69	4
	2	112	18
		372	2
	3	283	21
		284	11
	4	291	23
	6	342	19
	7	342	19
	11	250	4
		316	23
	12	250	6
		316	26
	14	41	18 19
		247	21
	15	41	16
		48	27
	16	247	21
	20	69	27
	21	341	4
	22	193	20
	24	55	14
		342	23
	26	320	5
2	2	72	11
	3	40	21
		308	23
	5	139	22

Genèse

2	7	149	18
	9	146	15
		360	10
	11	121	7
	12	134	6
		209	16
		214	24
	13	121	7
	16	147	4
	17	278	25
		382	19
	20	64	11
	23	161	21
		278	3
		324	13
3	1	117	10
		154	9
		355	18
	5	54	20
		63	8
	7	118	1
	8	37	19
	9	358	12
	11	85	9
		118	9
		156	9
		355	16
	14	374	14

Genèse

3	15	130	7
		339	18
	16	159	26
	17	223	9
		315	12
	19	314	21
	20	300	23
	21	218	11
		360	13
4	9	353	9
	10	216	13
	15	111	22
		244	24
	22	344	24
	23	37	4
		368	20
	24	303	18
	25	363	21
5	29	223	10
6	3	98	6
	7	301	27
	9	87	12
		166	26
	11	273	21
	13	273	21
		311	10
	14	112	10
	16	181	9

Genèse

6	16	303	21
7	2	202	23
	4	44	4
		119	13
	5	195	9
	6	56	4
	7	216	14
	10	384	19
	11	80	12
	12	336	23
		379	28
		386	1
	17	130	18
	18	55	9
	20	383	9
	22	109	11
		218	20
	23	302	1
		330	30
8	2	55	9
	4	130	9
		184	16
	5	308	10
	6	156	15
	11	37	13
		209	19
	12	164	25
	13	322	16

Genèse

8	14	381	13
	17	54	21
	19	29	24
		366	26
	21	40	15 16
		184	21
9	2	69	21
		341	8
	3	206	11
	5	97	17
	6	70	2
	10	67	20
	12	351	15
	13	351	16
	14	275	20
	15	291	23
	18	250	15
	21	183	28
		283	21
	23	121	6
	24	99	7
		153	7
		339	4
	25	250	17
10	2	114	18
	3	90	3
		102	15
		133	5
		135	19
	4	90	2
	5	366	23
	7	133	10
	10	109	8
	11	229	27
	22	111	20
	28	111	21
		113	22
	29	116	6
11	1	219	13
	3	45	13
		147	19
		216	21
	4	225	27
	7	83	23

Genèse

11	7	219	13
	8	43	19
		171	1
	9	125	10
		137	28
	10	135	22
		248	23
	20	381	14
	24	381	14
	25	383	9
12	1	285	10
	2	170	16
		198	16
	8	129	5
	9	78	5
	11	139	24
	12	195	17
13	2	206	27
	6	372	3
	8	225	17
		262	17
	9	10	3
		52	2
		62	9
	10	386	17
	14	202	11
14	1	102	15
		103	15
		131	16
		132	23
	2	132	22
		134	9
		135	9
	5	383	9
	7	121	19
		364	6
	8	170	11
	10	217	19
	13	230	19
	14	53	11
	18	202	10
	19	43	21
		202	11
		307	21

Genèse

14	21	14	27
		261	24
	24	33	4
15	1	323	6
	2	101	5
		250	12
		267	2
	4	295	6
	5	271	4
	6	374	15
	9	248	9
	10	111	4
		210	23
	12	219	4
	13	298	18
	17	214	28
		215	16
		291	27
	18	37	17
		209	15
		214	24
		264	8
16	3	46	22
		382	21
	7	197	26
	8	353	10
	10	132	16
	11	219	11
	13	275	6
17	1	66	10
		167	24
	8	179	18
	11	163	17
	12	286	23
	13	164	10
	14	82	6
		139	19
		206	26
		239	3
	16	196	4
	17	357	14
		363	19
		383	19
	20	195	24

Genèse

17	26	163	16
		165	6
18	2	376	16
	3	237	25
	5	83	23
		172	18
	13	355	20
	24	355	19
	25	63	11
		357	8
	28	70	2
		170	21
19	3	141	21
		147	26
		338	4
	4	229	16
	5	338	1
		353	11
	7	150	4
	8	84	6
	9	99	6
		153	5
	15	35	5
		59	15
		63	19
	17	163	6
	19	149	15
	20	127	5
	23	371	26
	28	122	19
		215	20
		386	19
20	4	294	9
	11	98	18
	12	79	8
	13	42	21
		323	14
		368	14
	16	162	24
		178	11
21	2	194	24
	4	194	24
	8	82	18
	10	189	1

Lévitique

7	26	43	13
	29	263	14
	30	209	17
		333	4
	35	157	10
	38	158	24
8	16	193	23
		265	14
	23	181	11
	26	223	22
		224	13
	31	228	16
	32	67	19
	34	311	4
	35	75	6
		123	15
9	4	96	10
		311	17
	5	170	13
	7	177	25
	12	337	8
	15	172	7
		274	3
	22	52	14
10	3	225	21
	4	322	14
	5	120	17
	11	12	26
	12	199	16
	19	64	12
		276	19
		357	24
		361	14
11	2	228	12
	3	175	18
		228	13
	7	175	9
	9	133	18
	11	228	14
	12	228	13
	14	90	4
	17	136	3
	19	116	6
	22	123	15

Lévitique

11	24	204	23
	26	204	24
	33	210	27
	35	53	2
		118	18
	39	301	22
	42	198	13
	44	229	3
	46	44	21
12	2	50	22
		221	6
	4	300	22
		381	12
	5	52	7
		248	23
		378	14
		381	12
	7	228	5
	8	228	5
13	3	311	8
	4	211	9
		311	8
		340	22
	5	280	6
	6	140	16
	7	49	22
	9	358	22
	10	182	7
		276	10
		340	21
	12	309	22
		358	23
	13	311	9
	14	163	25
		205	20
		263	21
	16	220	19
	18	358	24
	19	358	25
	23	280	9
	24	358	25
	36	182	7
		211	2
	37	280	6

Lévitique

13	40	20	12
	41	20	18
	42	20	12 13
		110	22
		120	20
		183	20
	43	120	20
	46	39	14
	47	34	12
		66	22
	48	107	6
	50	288	8
	51	288	10
	55	168	9
		280	7
		329	11
	56	168	10
	57	100	8
14	3	339	21
	4	110	4
		248	7
	9	211	9
	11	243	5
	18	68	3
	22	248	19
		373	22
	24	194	25
	26	288	11
	27	373	14
	30	248	10
	36	288	12
	37	133	16
	43	97	25 26
	51	248	6
	56	276	10
15	3	27	7
	12	312	1
	19	348	10
	23	348	8
	28	52	8
	33	310	18
16	1	254	18
	3	278	3
		374	15

Lévitique

16	10	177	14
	11	288	18
		343	7
	12	215	27
	17	300	21
	20	176	12
	21	169	5
		176	4
17	3	302	22
	5	343	11
	11	68	15
		340	5
	13	303	9
		309	17
	14	340	23
	15	67	23
18	9	127	12
	20	157	4
		229	1
	21	272	21
	23	185	24
		277	13
19	5	197	23
	7	117	20
	12	52	4
	13	251	13
	15	210	24
		229	1
	17	107	22
	19	228	20
		277	15
		301	26
	20	96	7
		112	12
		118	6
		157	7
		309	4
		323	4
		326	3
	26	346	22
	28	48	3
		119	4
	30	277	7
	35	111	4

Lévitique

19	36	301	21
20	2	186	13
		272	20
		301	18
	9	291	12
	10	291	14
	12	125	9
	13	291	14
	14	7	14
		33	19
		228	10
	16	157	5
		185	24
	24	198	6
		200	3
	25	292	3 4
21	1	48	11
		278	24
		333	26
	3	225	15
	4	270	13
		271	15
	5	112	11
		318	23
	17	182	6
	18	138	1
	20	110	21
		112	1
		125	15
	21	66	23
22	4	67	24
		211	26
		291	13
		327	16
	8	79	7
	11	318	25
	13	226	2
	18	48	19
	22	110	20
	23	117	9
	25	111	8
		50	20
23	16	58	28
	17	242	3

Lévitique

23	28	280	15
	29	301	4
24	2	318	10
	6	277	1 26
	7	87	19
		131	11
	8	170	13
		290	25
	10	232	3
	11	272	17
		374	6
	12	338	1
	16	186	13
		272	16
	18	198	6
	23	186	13
25	5	242	6
	6	253	15
	8	383	10
	10	388	10
	20	333	21
	21	371	6
	29	261	5
	32	258	23
		258	20
	35	50	15
	46	167	16
		225	16
		279	4
	47	107	7
	48	172	8
	51	68	10
		376	3
	52	67	19
26	1	92	4
		129	19
	7	37	3
		92	24
	11	277	7
	13	120	8
	15	330	2
	16	183	19
	18	79	9
		158	19

Lévitique

26	18	303	17
	22	197	8
	25	208	26
	31	157	3
	32	246	17
		236	10
	34	96	16
		278	9
		371	6
	35	67	9
		256	24
	36	80	6
		209	17
		340	11
	37	256	21
	43	34	24
		67	7
		256	22
		278	8
		329	26
	44	200	8
27	3	282	4
	12	64	25
	13	198	7
	15	64	25
	24	195	9
		257	12
	31	177	24
	33	292	5

Nombres

1	3	48	12
	8	113	23
	14	90	3
	15	122	19
	17	272	18
	18	48	14
		169	6
		275	26
		329	14
	47	168	11
		329	10
	52	48	11
2	9	388	23

Nombres

2	31	37	5
3	4	299	8
	27	60	7
	31	203	26
	41	219	2
	45	218	27
		277	16
	46	318	26
		385	13
	47	291	8
	50	318	26
4	3	248	15
	7	128	9
	12	110	14
	13	147	18
	16	264	22
	18	150	2
	24	39	19
	49	291	10
5	3	198	12
	10	327	16
	13	157	10
	15	139	2
		153	8
		334	6
	19	112	13
	20	277	14
	22	263	11
		279	13
	23	223	19
	24	381	28
6	7	225	14
	9	37	15
		46	24
		295	3
	18	211	7
		295	5
	19	167	27
7	10	162	23
		163	4
	23	377	1
	88	208	19
	89	243	8
8	3	44	5

Nombres				
8	7	99	4	
		243	9	
	16	99	24	
		340	24	
	24	374	13	
	26	140	17	
9	2	52	25	
	10	43	4	13
	11	217	27	
	19	159	5	
	22	336	8	
10	2	156	22	
	4	228	9	
	6	228	9	
	7	159	5	
	11	69	6	
	21	235	1	
	32	339	2	
11	4	120	21	
	5	113	5	
		117	20	
		131	21	
	6	301	3	
	7	206	6	
	8	339	9	
	11	354	15	
	12	178	7	
		355	10	
		358	9	
	13	384	6	
	16	79	11	
		99	2	
		151	14	
	20	354	15	
	22	355	11	
	25	205	23	
		343	23	
	28	236	22	
		359	10	
	29	25	7	
		355	6	
	31	379	4	
	32	43	24	
		59	1	

Nombres			
12	3	55	24
		175	27
	4	377	24
	8	56	14
		68	21
		186	12
		357	1
	12	182	2
		262	17
	13	331	3
13	2	69	13
		291	9
	6	126	8
	7	60	3
		126	4
	9	124	8
	11	124	9
	13	119	2
	14	124	1
	15	130	10
	18	355	13
		358	10
	19	357	14
	20	357	13
	22	138	4
		191	7
		318	14
	23	68	19
		129	6
		244	5
	27	272	5
	32	359	18
14	8	138	16
		186	14
	9	98	13
		179	22
		292	25
		315	27
	16	156	15
	24	335	5
	25	206	2
	27	244	12
	33	321	1
	29	228	7

Nombres				
14	41	374	20	
	44	147	11	
	45	81	4	
		361	19	
15	12	176	1	
	15	59	13	
		63	13	
		84	12	
	19	67	4	
		180	2	
		332	20	
	28	193	17	
		375	8	
	29	49	17	21
	31	163	9	
		193	17	
		308	4	
		339	8	
		375	8	
	38	48	22	
		237	13	
	39	48	21	
		98	21	
	40	240	26	
	41	237	13	
16	3	214	25	
		279	15	
	14	297	27	
	15	180	16	
	16	202	21	
	30	197	1	
	34	43	12	
	35	385	15	
17	3	117	21	
	5	349	9	
	11	9	6	
	27	279	6	
	28	40	2	
		84	15	
		261	2	
		279	14	
18	9	327	15	
	12	315	22	
	29	277	4	

Nombres			
19	2	119	17
20	3	52	20
		156	11
	4	209	16
	5	196	12
	8	286	18
	10	11	9
	11	378	17
	16	209	21
	19	286	18
	21	185	22
	24	38	3
		46	24
		49	3
21	2	148	7
		336	3
	5	180	11
	13	229	22
	15	46	21
		47	24
	18	71	24
	25	289	20
	28	315	2
		371	27
	29	113	13
		114	25
		115	24
	30	53	18
	33	131	22
22	5	287	18
		315	27
	7	316	2
	13	185	23
		201	22
	14	40	18
		110	18
		185	22
	18	238	1
	22	169	7
	23	253	17
	24	110	4
		207	1
		210	6
	32	287	19

Nombres

23	1	386	4
	2	183	24
	3	271	6
	7	99	8
	8	148	26
		172	14
	16	222	22
	19	99	3
		375	2
	22	222	18
24	2	176	22
	3	55	14
	4	212	7
	6	98	11
		180	2
		195	12
	7	243	9
		297	8
		336	2
	11	228	19
	17	144	10
		253	17
		315	1
25	1	361	22
	11	275	21
	13	275	22
	14	124	8
26	5	231	3
		233	12
	6	231	12
		233	6
		234	3
	7	134	25
	12	231	13
	13	230	23
	14	60	7
	15	60	9
		233	6 7
		234	4
	20	233	16
	21	230	23
	23	233	16
	24	231	13
	26	232	4

Nombres

26	26	362	8
	27	60	17
		231	12
	29	232	1 2
	30	232	4 13
		362	1 8
	31	60	7
		232	5
	32	133	19
	35	134	10
	38	232	3 13
	39	93	9
		130	9
		233	9 10
	40	107	22
		117	14
		234	7
	42	233	10
	44	233	13 28
		361	18
	45	232	2
		362	8
	46	260	13
	48	232	4
		233	7
	53	361	14
27	1	374	1
	7	80	20
28	2	228	11
	4	359	20
	10	55	17
		72	15
	14	55	17
		72	15
	19	239	14
	23	338	8
	26	72	13
30	3	112	5
		308	2
	8	344	13
	11	270	19
	15	344	14
31	3	162	23
	4	43	16

Nombres

31	4	291	5
	5	291	7
	6	291	7
	9	228	4
	15	178	6
		358	8
	17	156	21
		228	15
	18	365	8
	21	43	10
	28	344	15
		376	23
	29	228	10
	30	129	22
	32	228	4
	50	131	9
	53	246	13
32	1	126	11
	6	225	16
	14	126	1
		262	27
	17	55	24
		196	3
	24	217	17
	29	231	28
	30	164	17
	32	72	23
	35	132	13
	36	93	2
		134	19
	37	188	17
	38	284	22
33	1	48	12
	2	42	15 16
	13	117	4
	22	110	9
	29	121	23
	34	121	23
	41	121	23
	52	92	3
	54	99	3
	55	244	4
34	2	360	25
	4	271	1

Nombres

35	5	271	4
	9	121	7
	11	108	21
		112	4
	13	384	19
	14	230	20
	22	124	1
	24	122	19
	25	133	8
	26	122	20
35	4	51	1
	5	219	15
		378	15 28
	8	276	13
	15	284	8
	20	68	27
	21	68	28
	22	46	24
	23	156	2 8
	31	317	22
	33	49	16
		317	20

Deutéronome

1	2	380	4
		383	7
	12	211	22
	16	291	27
		307	25
	17	63	2
		339	1
	21	153	9
		334	9
	23	380	4
	27	200	17
	28	354	4
	33	68	12
		263	2
		264	9
	35	359	16
	36	32	24
	45	311	3
		336	16
		364	8

Deutéronome

1	46	364	8	
2	1	116	4	
	13	285	8	
	21	150	8	
		202	18	
	24	152	25	
		334	9	
	27	279	14	
	28	71	8	
		286	21	
	36	134	5	
3	1	204	20	
	5	378	18	
	10	107	13	
	11	356	24	
	13	85	24	
		179	19	
		234	3	
		361	17	
	24	22	9	
	25	359	16	
	26	277	4	
	27	66	25	
4	3	70	8	9
		263	11	
	4	90	25	
	5	185	16	
	6	202	25	
	9	350	27	29
	10	350	25	
	11	315	26	
	13	384	21	
	24	192	12	
	25	239	13	
		301	2	
	30	50	16	
	32	43	4	
	33	228	6	
	35	96	16	
5	1	179	2	
	4	349	15	
	5	349	13	
	21	263	9	
	24	150	15	

Deutéronome

5	24	373	8	
6	3	351	4	
	4	25	9	
		151	15	
	5	237	12	
	6	237	12	
	7	332	23	
	17	372	12	
	23	242	14	
7	1	261	23	
	3	186	8	
	4	90	22	
	7	276	13	
	13	98	18	
		179	6	
	18	155	15	
	24	164	22	
	26	25	12	
8	2	228	17	
		272	7	
	8	215	9	
	9	128	4	
	15	199	5	
		215	2	
	16	46	20	
		74	2	
		199	5	
		228	17	
	17	368	26	
9	1	316	3	
	5	211	19	
	7	150	13	
		151	15	
	19	138	11	
		186	2	21
		339	1	
	21	294	24	
	25	385	6	
10	7	183	27	
	10	141	21	
	11	157	16	
	12	79	8	
	16	315	5	
11	8	170	18	

Deutéronome

11	10	54	5	
	11	54	4	
	13	20	14	
		157	11	
		237	12	
	15	237	12	
	17	237	12	
	18	64	22	
		138	4	
		237	13	
	19	66	22	
	22	22	8	
		79	7	
		155	15	
	30	44	6	
	32	179	2	
12	2	346	14	24
		347	7	
	3	289	23	
		346	14	
	4	346	15	
		347	3	
	5	347	4	
	10	179	4	
	13	347	5	
	20	185	25	
	23	272	27	
	27	272	26	
	28	150	18	
	29	200	3	
	30	170	14	
13	2	313	10	
	3	324	15	
	7	324	16	
	14	223	18	
	17	208	20	
		209	5	
	18	227	26	
14	1	48	9	
	4	223	4	
	5	160	26	
		260	24	
	11	373	21	
	18	90	4	

Deutéronome

14	14	113	14	
	22	270	26	
		290	25	
	23	220	22	
		316	10	
	27	324	18	
15	6	238	3	
	9	83	15	
		339	3	
	12	234	17	
	14	346	12	
	17	346	10	
	19	228	19	
	21	20	27	
16	1	187	18	
		307	25	
	2	295	1	
	3	275	5	
	9	247	23	
		386	4	
	12	368	26	
17	3	52	26	
	6	317	18	
		377	26	
	8	292	5	
	15	124	3	
18	3	378	18	
	6	282	14	
	8	268	20	
		291	15	
	11	121	14	
	15	228	22	
	21	194	27	
		195	6	
19	9	79	9	
	15	377	28	
	17	299	24	
		384	17	
20	1	177	25	
	2	333	1	
	3	25	5	
	5	170	22	
	13	208	18	
	19	255	12	

Josué

19	29	131	17
	33	134	15
	34	120	9
	38	108	18
	41	112	11
	42	134	12
20	5	274	8
21	14	180	15
	27	135	11
	32	122	20
	42	184	22
22	3	55	4
	16	332	20
	19	83	10
		186	7
		287	17
	25	156	1
		263	10
	27	286	23
		291	27
	29	277	7
	33	299	16
23	5	149	9
		337	11
	10	274	7
	11	87	6
	13	332	21
	15	332	22
24	10	158	25
	13	315	15
	15	172	19
		229	14
	19	359	17
	20	111	10
	30	337	22

Juges

1	4	333	21
	15	92	1
		115	16
		125	2
	23	69	13
	33	230	21
	35	134	14

Juges

2	1	307	6
		361	22
	3	244	4
	9	337	4
	22	313	12
3	3	45	3
		47	20
		65	5
	15	112	1
		215	11
	16	245	3
	21	197	25
	23	128	7
	31	57	11
		126	18
		133	8
4	4	21	18
	9	125	8
		309	6
	14	356	23
	18	184	17
	19	138	23
	20	155	24
		307	25
	21	27	2
		210	2 3
	24	310	17
5	4	228	18
	5	336	2
	6	120	20
		242	27
	7	36	20
		289	27
	11	126	19
	12	179	13
	14	288	4
	19	181	24
		228	8
	24	59	4
	26	76	26
	27	34	17
	29	242	9
		364	22
	30	158	4

Juges

5	30	182	2
		248	22
		378	13
6	4	45	4
		65	3
	5	319	10
	11	232	11
	13	68	23
		251	18
	17	36	20
		98	6
	24	362	11
	26	76	16
		93	19
	31	43	5 6
	33	184	17
7	3	154	8
	4	199	14
	5	259	6
	6	276	3
	8	113	25
		345	15
	13	170	15
	14	369	16
	18	249	18
	21	250	15
	22	232	22
		250	16
	25	21	17
8	2	276	8
	3	156	2
	6	190	15
	7	135	15
	10	133	25
		361	21
		380	20
	11	154	15
		225	6
		309	23
	13	278	8
		287	10
	18	211	20
		353	16
	24	143	13

Juges

8	26	253	5
	31	190	23
		191	18
	32	343	6
9	2	205	21
		357	21
	6	216	4
	8	177	17
	9	325	13
		356	6
	10	96	13
		326	10
	11	325	13
	12	322	10
	13	325	13
	14	274	12
	16	282	7
		349	27
	17	282	11
		349	27
	18	349	26
	19	282	10 12
		349	28
	28	170	14
		324	18
	34	170	18
		330	13
	37	118	13
	38	353	17
	50	108	2
	53	97	14
		115	4
	54	42	21
		196	20
10	4	107	17
	14	317	4
11	1	362	7
	4	47	8
	8	331	19
	10	291	25
	18	73	1
	23	149	14
	25	85	7
		97	23

Juges

11	25	164	7
		355	8
	26	133	26
	31	98	13
	33	65	4
	34	252	15
		306	11
		370	5
	38	378	1
	39	351	19
		374	20
		377	26
	40	351	19
		377	15
12	5	231	16
	8	122	19
	15	122	18
13	8	114	14
		310	7
		317	19
	11	24	6
		355	17
	12	193	10
	13	191	28
	14	65	11
		191	25
	15	170	23
	17	354	24
	23	138	9
14	9	256	14
	14	298	2
	15	298	2
	17	298	7
	18	77	23
	20	339	13
15	1	47	8
	2	155	16
	4	262	8
	5	265	21
	6	233	14
	7	256	27
	13	170	15
		238	21
	14	88	14

Juges

15	14	361	20
	16	248	22
		255	16
		378	13
	19	126	12
		361	20
16	2	233	22
		250	3
	5	98	21
		179	8
		196	4
		336	21
	9	315	7
	13	170	16
	14	360	6
	16	275	25
	18	50	14
	22	211	6
	28	208	21
17	1	376	19
	2	43	21
		385	16
	3	385	16
	10	298	1
		377	16
		383	1
18	1	69	18
		230	20
	6	44	5
	7	306	4
		362	24
	8	354	9 27
	10	362	23
	21	119	17
	27	306	6
19	4	213	6
	9	339	6
	11	261	27
		339	4
	12	306	14
		372	21
	13	233	25
	22	223	17
	24	193	8

Juges

19	24	367	11
20	15	275	25
	16	215	12
		263	14
	27	350	21
	32	240	16
	33	121	9
	39	164	7
		165	3
	41	319	18
	43	325	20
21	3	354	19
	16	318	11
	22	57	24
		123	18
		199	19

I Samuel

1	1	112	18
		126	8
		376	20
	3	124	1
	6	158	12
		241	11
		375	17
	7	291	1
		369	25
	8	303	14
	11	212	27
	13	39	5
		146	9
	14	60	25
		73	2
	15	219	12
	23	193	15
	24	196	23
	26	31	24
2	1	94	26
	2	33	1
	3	257	3
	4	306	7
	5	240	1
	7	339	6
	13	126	12

I Samuel

2	13	248	25
		254	23
		379	14
		384	17
	14	66	13 23
	16	158	17
		308	27
	19	341	22
	23	361	15
	25	186	1
	26	310	21
	27	85	11
		164	8
	28	155	16
		179	19
		200	4
	29	200	10
	36	117	2
		171	28
3	3	345	4
	5	229	19
		276	2
	6	229	20
	9	229	17
	10	25	4
		279	13
	13	313	6
	21	163	25
4	8	319	25
		359	15
	13	319	15
	14	110	18
	15	365	17
	20	63	18
		65	13
5	3	48	14
	7	58	15
		55	6
	8	62	20
		245	11
		321	27
6	1	209	20
	2	199	17
	7	179	7

I Samuel			
6	12	60	2
		192	4
		239	20
		364	21
	14	232	11
	18	362	11
7	11	45	2
	17	324	25
8	7	227	28
9	1	232	21
	11	80	17
	17	50	24
	24	85	25
		155	1
	27	25	10
		344	17
10	1	356	24
	4	255	17
	7	25	10
	11	131	2
		199	2
		241	29
	12	375	2
	14	354	3
	24	241	14
11	1	21	17
		324	17
	2	374	14 18
	7	208	19
	9	318	8
12	2	331	19
		332	2
	5	257	27
		318	15
	6	257	26
	11	250	24
		384	4
	15	296	21
13	9	345	19
	11	225	25
		271	6
	14	275	19
	17	359	20
	19	109	14

I Samuel			
13	21	121	13
		264	13
14	4	107	26
	6	171	1
	9	280	9
		295	7
		352	17
	12	126	23
	14	338	12
	16	259	17
		308	13
	18	50	9
	22	81	1
		266	18
	24	318	9
	30	356	2
	34	193	4
		222	26
		238	6
		278	8
		345	24
	35	345	17
	36	246	6
		276	25
		323	23
	50	374	8
15	1	177	15
	9	10	8
		57	13
	15	113	15
		155	25
	22	41	9
		42	17
		156	6
	23	82	22
		159	9 27
		251	27
	27	347	23
16	1	232	9
		362	11
	2	353	24
	4	318	16
		330	12
		356	1

I Samuel			
16	7	189	24
		250	9
	11	152	10
		357	10
	12	121	21
		171	28
	15	97	14
		240	2
	17	296	28
		335	4
	20	255	15
	23	37	20
17	4	378	16
	5	181	18
		211	20
	12	231	18
	13	279	7
		365	7
	20	56	8
		139	17
	21	374	11
	25	81	3
		266	18
	26	373	23
	32	297	23
	35	185	15
		334	25
	38	181	21
	39	44	26
	40	118	21
		126	3
	41	310	22
	47	149	21
		263	18
	57	34	28
	58	84	11
18	6	56	15
	7	364	25
	11	348	5
	22	27	1
		186	9
	23	167	24
		168	1
		375	1

I Samuel			
18	27	275	23
		338	22
	28	196	20
19	10	147	26
	22	118	11
		353	14
	23	69	20
	24	148	16
		151	5
20	5	155	17
		255	2
		301	8
	6	164	6
		271	3
	10	284	25
	13	284	27
	19	137	26
	20	308	4
		375	10
	21	14	26
	24	86	7
		301	8
	27	86	8
		301	8
	28	263	25
	30	154	4
	36	61	26
	37	61	26
	41	48	15
		340	3
	42	281	22
21	2	77	22
	3	50	2
		140	1
	5	285	2
	6	68	11
	8	214	28
		235	18 19
		266	12
	12	56	16
		278	6
	14	190	11
22	1	218	21
	7	38	10

I Samuel

22	13	200	19
	18	216	4
	19	34	12
		77	22
	21	185	13
	23	175	19
23	7	255	17
		378	19
	10	19	20
		156	5
	16	78	11
		361	21
	18	78	12
		361	21
	20	48	10
	22	308	26
	25	267	4
24	1	218	15
	7	98	11
	11	98	12
		250	8
	17	25	1
		64	20
	20	205	24
		258	8
		344	7
25	3	203	9
	6	98	20
	7	196	8
	11	286	18
		294	9
	14	179	20
	15	177	13
	17	243	15
		252	9
	18	248	23
		378	14
	21	300	10
	22	297	28
	24	229	1 2
	26	288	21
	27	191	2
		263	10
		369	25

I Samuel

25	28	21	4
	31	39	21
		41	6
	32	260	5
	34	91	3
		94	23
	40	200	14
26	2	118	24
	8	348	3
	11	110	22
	12	219	4
	22	50	21
	23	297	25
27	1	163	8
28	2	127	8
	8	176	23
		323	13
		326	9
	10	240	19
	14	177	7
		211	22
		212	24
		356	14
	15	143	11
	16	52	24
		172	7
	24	57	10
		126	13
29	3	354	11
	4	297	26
	5	56	16
30	8	355	28
	14	187	14
		253	1
	17	43	22
	21	311	15
	24	63	13
	25	51	2
31	10	260	7

II Samuel

1	1	377	7
		378	22
	4	354	7

II Samuel

1	6	164	6
	10	98	8
		178	19
		203	4
		204	18
	15	152	24
		261	24
	19	84	8
		260	19
	23	228	3
	24	368	19
	26	80	25
		266	22
2	9	230	21
	14	203	10
	22	285	10
	25	119	17
	26	374	17
	27	258	19
	28	307	6
3	3	374	4
	4	108	24
		374	8
	11	79	8
	12	48	6
		150	20
		280	8
	18	90	9
	22	137	24
		299	14
	25	12	21
		280	11
		326	15
	30	38	13
		185	13
	33	357	12
	34	337	24
	37	347	16
4	2	271	13
	4	199	10
	5	156	21
	6	93	6
	6	306	19
		372	19

II Samuel

4	8	154	5
	10	170	23
		201	24
		255	10
5	6	112	4
		176	2
		276	16
	8	112	1
		215	11
	9	51	3
		204	3
	11	56	20
	15	126	5
6	4	100	11
	10	235	6
	14	118	8
		144	25
		160	20
	16	102	9
		144	7
		226	5
	19	131	7
	20	163	26
		164	9
	21	202	6
	22	367	10
7	10	148	1
	16	181	3
		220	17
	19	44	17
		138	24
		141	13
		148	2
	23	113	13
		255	21
8	2	82	23
		96	5
	6	374	12
	18	51	12
9	1	355	27
	7	258	1
	12	127	10
10	2	374	6
	16	89	22

II Samuel

11	7	42	24
	16	180	9
	23	228	2
	25	278	7
		348	25
12	1	27	3
		88	11
		264	20
	2	264	19
	3	27	2
	4	27	13
		34	12
		107	7
		359	23
	6	107	7
		380	1
		386	3
	11	299	18
	14	98	1
		311	26
	15	82	19
	16	54	26
		204	16
	31	57	10
		126	12
13	3	47	13
	8	300	16
	12	25	11
	15	171	25
		197	25
	16	75	28
	18	54	27
	19	55	1
	20	60	5
	24	124	25
	25	338	5
	26	51	21
	28	64	8
	34	59	23
	39	250	7
14	2	77	10
		218	20
	4	298	24
	6	100	5

II Samuel

14	6	190	11
	7	70	3
		299	19
	10	154	21
		183	4
		334	24
		369	16
		370	19
	18	277	26
	19	62	11
		299	3
	26	47	12
		211	7
	31	354	16
15	2	338	8
	3	305	13
	5	274	14
	8	339	6
	10	326	13
		332	24
	12	234	9 10
		249	22
	14	172	22
	24	94	4
		296	24
	25	209	23
	27	85	13
	31	153	21
	32	271	26
	34	50	4
	37	56	2
		108	13
		145	13
16	1	118	5
	5	204	1 15
	10	202	23
	16	283	22
		284	11
17	8	118	21
	11	108	22
		163	24
	15	278	5
	16	98	5
	23	82	19

II Samuel

17	23	184	26
	25	235	8
		362	8
		374	7 8
	27	374	6
18	2	155	17
	3	303	16
	4	39	20
	8	225	24
		278	5
	11	48	10
		219	21
	12	52	20
		251	2
	18	219	7
	29	356	3
		359	10
19	1	62	2
		192	17
		281	10
	5	90	12
	7	157	12
	8	251	16
	19	53	13
		263	3
	20	249	15
	22	374	13
	25	300	5 6
	27	195	1
		305	20
	33	142	21
		143	27
		144	8
	37	11	4
		63	24 27
		117	11
	38	63	27
		93	3
		134	18
	41	93	3
		134	19
	43	165	15 24
20	3	20	2
		119	25

II Samuel

20	3	120	3
	6	307	11
	12	54	22
	15	113	20
	17	20	14
	21	155	5
	26	231	14
21	5	239	2
	8	232	25
		238	27
		296	7
	9	377	24
	12	195	15
	15	184	16
	19	250	21
22	2	315	25
	3	315	25
	8	222	14
		307	5
		372	6
	9	111	13
		207	17
	37	75	14
		192	19
	38	324	2
	41	261	26
	42	339	17
	43	58	6
	44	266	2
	46	338	6
		366	23
	51	150	23
23	1	186	12
	2	68	22
	3	44	17
	4	140	9
	6	193	24
		265	15
		367	6
	7	309	4
	8	266	4
	17	69	1
	20	212	4
	24	267	3

II Samuel

23	27	242	7
	28	124	16
	30	124	17
	32	131	16
		134	19
		231	20
	34	132	3
	36	108	26
		124	17
	37	108	26
		124	17
	38	110	3
24	3	59	18
	9	305	26
		374	11
	16	234	1
		361	19
	23	255	18

I Rois

1	4	175	16
	7	170	23
	8	116	5
	15	371	8
	21	64	6
		156	10
	24	356	5
2	4	191	13
	7	258	2
	20	218	23
		277	16
	23	69	3
		71	6
	26	250	11
	28	296	8
	30	189	1
		190	18
	39	374	4
	41	271	6
	46	226	1
4	9	134	13
5	3	268	22
		338	9
	17	76	29

I Rois

5	17	318	9
	25	244	15
	28	250	14
	31	124	21
	32	265	25
6	1	348	11
	8	63	4
		206	27
		210	7
		243	24
		248	7
		300	18
	15	117	20
		341	25
	18	244	2
	19	74	5
	29	44	10
		121	12
		287	9
		328	17
	30	328	18
	35	129	13
	37	348	15
	38	385	3
7	3	359	23
	10	129	12
		224	3
	12	359	23
	15	224	8
	23	14	19
		173	27
		224	8
	24	129	10
	31	51	1
		204	4
	32	44	25
		49	8
	36	119	12
	37	129	9
		193	24
		265	15
		367	17
	42	217	1
	46	127	18

I Rois

8	13	91	4
		155	20
	26	184	26
	27	123	14
	31	277	8
		369	26
	42	166	28
	54	243	17
	56	253	12
	59	55	16
9	6	281	1
		320	1
	26	275	10
10	1	66	14
	11	338	5
	18	111	25
	22	94	20
	23	39	27
	25	55	18
	27	39	28
11	2	325	1
	4	211	5
	19	135	1 19
	22	56	11
	29	234	9
	30	347	27
	31	219	21
		377	17
		384	20
	33	32	10
		93	7
		281	2
		365	22
	35	377	18
		384	20
	39	269	28
12	5	225	20
	7	179	5
	10	225	20
		244	25
		373	12
	15	165	13
	16	256	19
	30	68	13

I Rois

12	32	54	25
13	3	351	20
	4	199	16
	5	147	14
	7	322	13
	9	185	17
		194	24
	11	358	20
	20	358	22
	28	264	15
	33	154	8
	34	68	12
		159	3
14	2	166	29
	3	173	2
	4	365	13
	6	254	27
	8	197	24
	9	184	21
	12	79	1
	13	190	5
	22	252	6
	24	360	1
	27	216	15
	31	93	4
15	3	211	12
	5	327	26
	13	127	3
		251	28
		327	26
	17	204	3
	21	43	19
	27	43	16
		121	13
16	18	264	17
		307	23
	21	124	8
	26	263	11
	29	123	27
	31	85	13
	34	232	12
		362	11
17	12	179	8
	14	96	17

I Rois

17	14	341	28
18	5	58	12
	13	294	12
	17	355	6
	18	332	22
	19	257	29
	24	179	2
		202	25
	26	318	19
	27	114	16
	29	45	4
	34	275	15
	37	178	12
	44	56	10
19	3	285	9
	4	112	10
	5	212	4
	11	154	22
		240	5
		371	26
	20	323	21
	21	273	13
20	4	42	9
	22	167	25
	25	276	11
	27	168	12
		275	13
		329	10
	32	86	5
	33	86	3 12
	33	364	6
	36	108	15
21	6	307	3
	7	356	1
	8	213	9
	10	203	11
	11	284	21
	13	203	18
		296	28
	19	56	7
	25	83	15
		139	20
		166	28
22	4	63	12

I Rois

22	9	374	1
	11	361	15
	23	222	20
	24	256	1
	25	163	11
	28	68	23
	34	37	11
		177	12
		356	15
	35	57	7
		177	9
		310	2
		334	12
	39	279	27
	49	42	25
		249	22

II Rois

1	3	276	21
		357	8
		358	5
	8	118	8
		216	2
	11	306	27
	13	306	24
2	10	114	14
		310	6
	14	345	14
	20	119	5
	21	128	25
3	2	219	8
	3	367	21
	4	216	26
		219	20
		383	20
	15	53	16
	19	130	23
	23	164	16
		181	1
		309	5
		323	6
		326	1
	24	313	15
4	2	62	7

II Rois

4	3	131	6
	4	172	26
	5	241	6
	8	114	10
	13	299	26
	19	152	27
		172	3
	23	301	9
	25	373	23
	27	170	17
	31	108	3
		339	3
	32	155	5
	34	148	23
	41	52	21
		153	8
		334	5
	43	159	10
5	8	339	22
	11	129	14
	12	51	4
	17	51	20
	18	31	26
		292	23
	20	339	15
	22	248	22
		378	13
	26	356	6
6	9	244	20
	10	253	2
	11	36	20
	13	353	19
	15	260	26
		353	22
	25	181	12
	26	25	8
	32	241	15
7	2	49	4
	3	332	10
		382	21
	4	204	5
	10	113	25
		319	7
	11	190	15

II Rois

7	14	382	23
		383	2
	19	52	22
8	5	193	15
	6	38	13
		42	23
		375	10
	12	226	7
	15	126	13
	29	265	4
		371	20
		376	6
9	17	66	11
		81	11
		94	17
		363	9
	25	56	5
		132	22
	30	53	17
		339	25
	31	307	21
	32	303	22
	33	61	24
10	2	52	23
	7	63	2
	15	51	21
		111	7
		355	5
		358	3
	17	97	24
	21	44	9
	22	338	5
	29	216	24
	30	223	12
11	6	98	22
	13	93	7
	16	378	23
12	9	183	13
		214	1
	10	209	7
		223	14
	14	270	20
13	7	39	17
		382	25

II Rois

13	7	383	2
	16	82	23
		153	14
	17	158	21
14	13	371	21
	14	125	25
	22	156	10
16	5	307	4
	7	65	2
	10	134	11
	14	360	2
	17	360	3 27
	18	77	16
17	1	382	21
	5	184	17
	13	60	20
		184	20
		318	6
	22	367	22
	25	69	8
	31	231	16
18	4	119	10
		140	16
	5	188	27
	7	55	4
	17	228	13
	19	359	14
	20	186	25
	26	92	8
	29	38	15
	32	83	11
		147	9
		198	25
	36	189	10
19	10	38	16
	14	319	2
	17	128	14
	27	168	2
	28	338	5
22	14	21	18
	20	154	5
23	3	274	2
	8	55	1
	10	55	2

II Rois

23	12	55	2
	13	129	16
	14	55	3
		123	25
	15	47	13
		55	3
		264	16
	17	84	19 20
		360	25
	31	134	1
	33	255	7
24	1	186	7
	4	185	22
	8	119	8
	14	32	25
25	4	249	1
	11	360	23
	23	110	3
	29	88	27

Isaïe

1	3	216	3
	4	206	27
		210	8
	6	161	20
		265	4
	7	209	12
		315	14
	9	63	28
	12	140	15
	13	50	10
		254	13
	14	181	13
		212	7
	15	97	13
	16	89	28
		90	19
		91	11
		172	18
	18	122	2
		266	6
	19	122	2
	21	354	1
	23	55	22

Isaïe

1	23	121	15
	24	214	29
		260	12
	29	312	17
	30	116	11
2	4	42	7
	11	138	9
		221	27
		340	2
	12	108	13
		122	4
	19	121	16
		218	16
3	1	126	3
	3	110	1
	4	125	25
	6	126	14
	8	263	3
	9	87	20
		132	14
	10	320	7
	13	164	22
	14	218	25
	16	147	17
		365	14
	18	147	18
	24	127	18 24
	24	133	19
		244	16
5	2	239	17
	5	210	21
	6	252	8
		341	13 17
	7	206	7
	9	250	4
	11	225	7
		261	13
		340	19
		382	1
	13	78	3
		116	25
	19	81	21
		83	25 26
	23	318	17

Isaïe

5	26	14	11
	28	97	17
	30	148	26
		172	14
6	1	280	4
	2	248	26
		379	13
	6	184	18
	11	342	17
		339	15
	12	117	12
	13	111	2
		234	22
7	2	184	17
	15	287	7
	17	289	1
	20	182	8
		211	10
		213	17
		214	20
		300	7
	21	382	22
	23	388	21
8	1	121	25
	2	55	11
	6	119	12
		215	19
	8	129	3
		244	6
	13	127	9
		129	24
		279	2
	19	127	19
		144	9
	20	48	3
9	2	68	9 16
	3	120	10
		178	10
	3	215	24
		246	7
	5	107	8
	6	280	11
	9	216	20
	12	361	5

Isaïe

28	29	139	28
29	1	295	3
	2	65	16
		92	6
		125	17
		244	21
	5	37	15
		46	28
	14	154	6
	15	268	6
	16	355	24
30	1	285	15
	2	246	24
	5	293	1
	6	110	20
		175	7
	9	111	15
	10	242	27
	11	61	27
		288	4
	12	165	14
	13	132	8
	16	148	1
	18	108	22
		246	18
	19	157	2
		276	22
		330	4
		372	13
	20	51	25 26
		251	24
	21	10	3
		62	9
	22	219	6
	23	51	26
	24	115	1 23
	25	20	2 16 28
	28	88	1
		132	16
		216	25
		339	9
	29	167	26
	33	116	21
31	5	97	25

Isaïe

31	5	311	24
		336	9
	6	40	19
	8	285	7
	9	246	14
32	1	41	8
		43	8
		274	9
		328	14 15
	2	372	7
	4	4	3 19
		337	21
	5	124	8
	7	124	18
	9	74	9
		192	14
	11	78	29
		150	23
		151	5
		156	11 14
		307	26
	12	247	24
		341	16
	13	341	14 21
	14	131	26
		147	12
		161	15
	18	118	19
		209	20
33	2	312	27
	4	158	14
		209	12
	5	241	6
	6	213	8
	9	139	25
	15	242	27
	19	337	21
	21	115	10
		265	23
	24	110	6
34	3	177	18
	4	269	23
	5	140	19
	6	328	26

Isaïe

34	7	140	20
		329	13
	10	44	11
	13	117	20
		341	18
	14	204	2
	17	196	26
		375	17
35	1	237	7
		278	10
	4	150	5
		198	19
	7	222	9
	8	130	19
	10	298	27
36	8	360	24
	18	245	2
	19	131	10
37	12	125	14
	25	331	18
	26	334	25
		342	15
	27	206	9
	29	352	22
	30	352	21
38	5	154	6
	11	338	2
	14	246	13
39	1	134	2
40	1	172	23
	10	69	14
	12	339	25
	17	181	3
	30	203	20
		309	4
41	4	288	29
	9	289	4
	11	90	22
		203	21
	15	254	24
	17	240	2
		366	28
	19	125	5 15
		327	18

Isaïe

41	23	96	18
	25	98	15
	26	58	27
		328	18
	27	62	23
	28	329	15
42	2	249	13
	5	259	16
	8	258	12
	15	38	27
	16	38	27
		146	9
		242	26
	17	158	15
	19	296	25
	20	155	22
		156	8
43	1	98	5
		175	9
	4	349	23
	6	125	6
	7	298	2
	11	33	9
		287	17
	13	252	1
	14	98	5
	26	153	20
	28	178	19 22
44	3	152	7
		243	22
	4	69	15
		213	13
	6	199	2
	8	33	9
	11	109	14
	12	68	27
		149	18
	13	324	11 12
		326	6
	20	114	8 14
		310	2
	22	289	25
	23	94	10
		124	11

Isaïe			
44	23	247	4
	25	130	2
	27	322	12
		323	16
45	1	39	15
	11	172	13
		199	1
	13	178	10
	20	204	6
	24	69	14
	25	32	8
46	3	62	1
		182	8
	4	98	8
47	3	208	21
	5	57	28
		123	21
	7	368	28
	8	156	1
		379	18
	9	128	26
		156	1
		221	17
	10	83	11
		98	25
		192	23
		199	6
	12	368	15
	13	173	17
		248	27
		320	24
	14	108	22
		197	3
		246	24
48	4	107	14
	7	98	8
	8	140	19
		311	14
	10	257	19
	16	56	18
	17	240	4
49	2	222	25
	5	161	7
		192	23

Isaïe			
49	7	172	9
		308	16
		310	3
	9	179	18
	19	119	23
	20	117	26
	21	368	27
	23	147	25
	26	266	10 25
50	3	20	11
	4	4	1
		117	26
	8	324	18
51	1	272	2
	2	125	21
	4	131	18
	9	160	22
	10	226	12
	13	229	9
		239	5
	15	95	12
		175	9
		338	2
	17	114	12
	19	338	15
	20	260	28
		270	24
	21	81	10
		94	18
		228	24
		233	24
		363	9
		380	22
52	2	244	19
	3	57	23
		123	17
	5	149	22
		243	7
	8	284	16
	12	94	2
		97	14
		240	7
	14	98	2
		212	23

Isaïe			
53	2	170	23
		330	11
	3	157	15
		275	3
	5	160	24
	10	200	5
54	4	120	3
	5	280	22 25
		320	3
	11	161	18
		203	11
		244	19
	12	39	6
	13	117	26
55	7	203	11
	11	209	5
	13	132	22
56	2	319	22
	3	98	23
		139	19
	12	107	8
		207	16
57	5	164	23
	9	117	21
	10	173	3
	13	117	21
	17	310	23
	18	98	8
		117	22
58	2	290	22
	5	158	23
		201	2
	9	79	2
		156	10
	12	160	21
59	2	42	14
		263	10
		292	16
	3	162	28
		333	18
	8	226	10
	9	83	11
	10	131	11
	12	365	18

Isaïe			
59	13	11	24
	14	245	4
		329	7
	17	93	23
		125	5
		181	19
		211	20
	21	222	21
60	11	98	3
		140	18
		311	12
	17	45	14
61	1	120	22
		179	14 18
		327	20
	8	50	11
62	2	149	10
		337	12
	3	312	19
	7	160	14
63	1	220	27
	2	44	24
		117	3
	3	11	15
		87	18
		101	24
	6	55	11
		178	19 22 23
	16	83	10
		98	24
	18	143	25
	19	312	28
64	1	182	5
	3	32	26
	5	34	12
		269	22
	6	169	2
65	1	257	10 12
	5	278	15
	11	276	10
	14	61	17
		288	7
	18	264	5
	19	145	24

Jérémie

16	11	170	14
	13	333	13
17	1	48	20
		118	7
	6	90	22
	8	118	17
		213	13
	16	58	9
	18	242	22
	21	37	7
	23	173	22
		213	18
18	13	92	7
		116	15
	17	92	18
	18	186	23
	19	186	23
	21	118	21
	23	98	26
		180	13
		330	19
19	1	253	13
	4	204	16
	11	253	19
20	2	126	15
	4	299	6
	5	222	8
	9	144	1
		149	4
		161	2
	10	273	11
	12	254	20
	15	195	7
	17	219	11
		375	9
21	12	291	8
22	3	294	20
	13	212	20
	14	88	25
	15	142	22
		143	6
		160	21
	20	322	12
	24	73	7

Jérémie

22	26	359	19
	28	178	5
	29	25	8
23	3	210	1
	6	73	12
		198	8
	8	78	22
	9	43	8
	12	120	20
	13	243	10
	14	116	15
		189	22
		308	8
	17	40	20
		156	7
		220	25
		221	11
	18	307	7
	19	169	2
	22	52	9
		208	10
	23	266	16
	25	79	17
	26	85	14
	27	146	29
	29	8	23
		327	6
		347	15
	31	156	1
	35	140	15
	37	372	13
	40	119	20
24	1	63	1
		244	2
	2	63	2
		359	20
25	3	87	13
		101	20
	14	307	16
	15	359	28
	20	361	19
	26	360	1
	28	147	5
	29	163	8

Jérémie

25	34	66	19
		94	15
		326	26
	36	203	24
	37	88	3
27	3	359	24
	18	189	27
28	1	118	16
		313	20
	10	244	6
	13	244	6
29	8	127	15
	14	195	23
	17	114	9
		310	13
	22	161	15
	24	79	16
	26	40	7
		175	21
		215	9
	28	193	24
		265	14
30	7	59	2
	10	73	23
	11	158	20
		273	18
	12	41	12
		44	25
	15	41	13
	16	62	13
		115	25
		279	18
	18	201	1
31	3	173	17
	6	153	13
	7	229	11
		310	18
	10	195	1
	11	157	12
		204	1
	14	318	18
	21	60	24
		73	3
	22	201	2

Jérémie

31	31	99	5
		311	21
		336	9
	33	110	3
32	4	163	24
	7	53	8
		209	25
	8	53	5
		250	23
	9	377	20
		382	27
		384	21
	12	250	22
		360	2
	19	274	19
33	2	198	27
		199	1
		200	9
	8	274	17 19
	12	209	20
	17	295	21
	18	295	22
	20	150	4
		312	7
		342	27
	21	199	1
		295	25
		312	8
	22	198	27
	24	295	27
		343	17
	26	295	17
34	3	222	22
35	2	46	13
	3	122	16
	3	235	2
	6	132	12
	7	114	1
		211	27
	8	156	7
		286	26
36	10	370	22
	15	199	17
	18	68	26

Jérémie

36	23	159	5
	32	222	21
37	11	55	1
	12	263	4
	13	119	22
	15	118	8
38	3	87	13
		163	23
	6	360	24
	9	97	9
		139	17
		271	21
	10	299	10
	11	299	12
	16	292	23
	22	332	16
	28	54	25
		271	24
39	2	177	14
	7	263	5
	10	203	12
	12	152	27
		172	4
40	1	57	7
		158	18
		187	19
		205	25
	2	38	14
	3	24	6
		54	26
	7	177	18
	8	203	13
		233	21
	10	202	17
	12	202	11
	14	134	4
41	5	271	25
	10	98	16
		183	28
		283	18
		284	2
	16	202	17 22
42	10	339	7
	17	114	26

Jérémie

42	20	69	18
43	2	108	25
	3	244	26
	7	137	8
44	9	357	20
	21	111	25
	25	365	4
	28	44	19
		47	24
	29	155	17
45	4	253	2
46	9	84	13
		113	5
	20	120	25
		327	20
	23	322	19
	25	186	26
47	1	344	27
	2	315	11
		350	8
	4	246	22
	7	363	23
48	2	251	29
	6	295	11
	7	186	26
	11	73	23
		333	7
	13	99	2
	15	322	24
	17	94	19
		206	20
	19	295	16
	28	222	21
	31	61	16
		283	3 6
	35	127	16
	39	96	6
	41	129	25
	45	251	29
		283	12
		372	1
49	3	79	5
		361	20
		368	18

Jérémie

49	4	187	11
		192	13
	8	96	6
		99	5
		310	26
		321	21
		336	12
	10	163	10
		165	4
		263	25
	11	364	16
	18	60	13
		125	7
	19	223	15
	20	171	24
		172	9
	24	196	25
		375	16
	25	81	12
		94	20
		284	23
	28	247	2
	30	310	26
		336	11
	31	108	15
		278	1
	36	190	16
	37	246	16
50	5	306	19
		372	20
	11	89	2
	12	199	11
	17	272	2
	24	138	12
	31	121	21
	32	121	22
	34	95	12
		264	4
	40	219	7
	43	196	21
51	3	292	26
	5	20	11
		122	23
		348	21

Jérémie

51	8	275	4
	23	112	6
	25	144	17
	26	222	14
	27	132	25
	29	365	18
	30	218	15
	32	55	22
		225	3
		337	22
	33	336	10
	34	75	23
		195	1
		236	17
	58	161	3
	62	305	21
52	7	307	7
	15	87	19
	18	128	9
	20	100	6
	23	73	26

Ézéchiel

1	2	221	3
	7	130	7
	10	377	24
	11	367	18
	14	19	20
		91	10
		250	1
		308	10
		339	14
	17	367	8
	18	366	22
		367	9
	23	366	25
2	5	256	25
	7	251	5
	8	257	17
3	1	333	26
	3	39	27
	14	197	11
	15	321	25
	18	201	11

Ézéchiel			
3	21	100	8
	25	68	7
	27	199	26
		201	16
		275	21
4	1	108	17
	4	150	15
		151	16
	9	93	8
		365	22
	10	130	22
	12	77	3
		276	4
5	11	348	25
	15	312	19
	16	76	7
		199	25
		200	9
		201	10
6	7	137	26
	8	320	21
	9	162	23
	13	119	18
		225	5
		314	1
7	10	145	24
	11	26	24
	19	130	22
	20	195	7
	22	261	3
	23	118	13
	24	128	22
		261	3
8	6	79	7
		85	12
		157	4
	8	338	12
	16	321	15
	17	200	12
9	6	47	11
		118	23
		129	16
	7	50	13
		275	16

Ézéchiel			
9	8	293	1
		313	2
	9	129	2
		311	10
10	2	281	28
	3	55	15
		100	8
	9	359	21
11	7	90	8
	15	172	18
	16	195	25
	17	195	24
	21	366	24
12	4	280	10
	5	68	8
	10	347	23
	12	68	8
	13	347	21
	25	196	1
13	2	266	16
		277	25
	3	308	9
	9	325	6
	10	339	10
	11	102	15
	18	161	7
		357	15
		368	2
	19	368	3
		371	10
	20	64	24
		368	1
	22	196	2
14	1	190	14
		318	14
	3	87	12
		101	20
	8	178	12
		196	1
		369	13
	14	87	23
	15	196	25
		375	16
	23	195	17

Ézéchiel			
15	8	158	8
16	2	146	8
		153	13
	4	36	25
		66	9
		96	4
		160	5
		173	4
		177	19
		309	6
		322	5
		323	5
	5	112	10
		157	7
	7	140	19
		211	9
		262	23
	10	172	10 15
	11	114	22
	18	196	15
		209	4
		216	1
	19	369	11
	20	196	14
		200	4
	26	126	2
	28	273	25
	30	143	2
		320	15
	31	320	14
	32	25	2
		84	10
	33	90	26 27
		196	19
	36	92	21
		289	26
	39	289	26
	40	366	23
	41	251	27
	47	29	25
		367	14
	50	60	5
		333	3
		368	5

Ézéchiel			
16	50	369	5
	51	289	25
	52	65	18
		156	16
		173	28
		289	28
		290	4 5
		364	10
	53	321	4 5
		367	18
	56	321	6
	61	173	5
		260	5
		289	27
		368	28
	63	204	5
17	3	107	8
		207	6
	5	261	26
	6	175	18
	7	276	2
	9	157	18
		187	21
		280	14
	10	205	19
		213	19
	12	274	11
	14	274	1
	15	82	11
		139	16
	19	219	23
	25	196	2
	23	124	12
		226	6
		238	26
		364	10
18	7	55	15
	16	193	3
	18	207	2
		210	7
	23	186	14
		187	4
		358	10
	29	318	19

Ézéchiel

18	29	357	15	
	23	148	8	
		186	15	
		187	1	
19	2	244	19	
	3	66	27	
	9	113	24	
	10	116	9	
		244	22	
	12	329	1	
20	5	177	9	
		356	15	
	22	333	12	
	26	182	3	
	30	241	18	
		277	24	
	37	244	17	
	39	317	5	
	40	279	17	
	44	29	25	
21	8	313	20	
	11	119	23	
		184	25	
		223	6	
		242	23	
	15	156	20	
		240	2	
	19	359	22	
	20	162	9	
	21	10	4	
		26	10	
	24	372	5	
	26	314	6	
	27	314	7	
	29	320	23	
	31	79	27	
		143	14	
	35	98	23	
	36	109	27	
22	2	85	12	
	4	109	10	
		262	22	
		289	25	
		364	3	

Ézéchiel

22	4	370	17	
	5	218	26	
	10	218	26	
	16	261	3	
	18	261	26	
		343	13	
		378	3	
	20	159	3	
		182	4	
	22	164	10	
	24	189	23	
		274	12	
	26	292	6	
	27	158	11	
	29	158	11	13
23	3	367	16	
	4	367	8	
	5	363	21	
	14	138	5	
	16	83	26	
	17	156	21	
		280	15	
	20	83	25	
	24	181	15	22
	27	321	2	
	29	321	5	
	30	156	5	
		320	16	
	32	57	14	
		127	18	
	35	196	14	
	39	200	1	
	43	310	18	
	45	193	23	
		265	13	
		367	6	15
		371	11	
	47	193	23	
		265	14	
		367	14	
	48	64	24	
		169	8	
		365	5	
	49	80	22	

Ézéchiel

23	49	365	2	
24	3	334	7	
	4	210	6	
	5	298	1	
	6	338	3	
		375	9	
	7	137	25	
		196	22	
	10	321	18	
	17	184	26	
	26	159	11	
		164	4	
25	7	247	1	
	8	220	26	
		274	15	
	13	77	20	
26	2	329	1	
		356	18	
	8	289	18	
	10	157	25	
		280	12	
	11	219	10	
	15	309	21	
	16	38	6	
		148	15	
		151	4	
	17	85	21	
		189	15	
	18	170	21	
		365	23	
	21	109	10	
		179	13	
		215	5	
27	3	275	8	
	4	127	6	
	5	248	16	
		249	1	
		285	28	
		289	15	
	6	327	17	
		333	7	
	10	181	14	19
		316	21	
	12	199	11	

Ézéchiel

27	14	132	14
	15	124	1
	17	109	9
		275	4
	18	215	10
	19	259	27
	20	112	10
	24	130	19
	27	69	19
	29	333	8
	32	154	14
	33	172	27
		173	4
	35	158	12
28	3	195	20
	7	213	4
		275	7
	8	157	26
		204	5
		280	13
	9	178	7
		358	10
	12	275	8
	13	162	17
	14	378	8
	15	372	12
	16	269	29
	18	210	24
	25	76	8
29	3	93	1
		196	7
	10	130	24
	12	177	10
	15	238	4
	17	381	8
	18	57	8
	19	137	24
30	2	260	26
	9	265	23
	12	109	10
	17	189	18
	18	129	8
		137	9
		189	19

Ézéchiel

30	18	244	8
		296	27
	20	380	8
	21	117	21
	25	288	27
31	3	127	5
	4	196	21
	5	86	22
	6	86	23
	7	61	20
		184	5
		283	16
	8	195	18
	10	285	1
	15	116	19
32	2	184	21
	5	221	5
	7	96	22
	8	247	22
	17	380	9
	19	156	13
		322	4
	20	51	18
		96	11
		322	8 26
	21	338	20
	24	115	12
		125	2
	25	115	18
	28	82	13
	30	276	8
33	21	221	4
	24	176	12
	26	367	25
		373	1
	27	176	14
	30	260	2
	31	157	24
		280	13
		326	23
34	8	199	21
	14	209	27
	20	261	1
	31	80	21

Ézéchiel

34	31	367	27
35	6	149	10
		337	11
	7	107	12
	10	332	18
	12	111	17
		246	13
		289	26
36	8	209	11
	11	321	9 11
		383	9
	20	318	14
	23	155	3
	32	177	13
	35	335	11
		373	25
	38	325	12
37	6	146	1
	8	146	1
		364	17
	9	84	12
	13	76	7
	17	153	22 24
	22	195	23
38	5	181	20
	7	127	8
	8	155	3
		160	24
		329	1
	23	54	20
		66	10
		97	17
		166	29
39	20	373	26
40	1	381	9
	2	127	4 23
	5	209	20
	16	31	18
		80	18
		366	18
	19	77	13
	25	264	14
	26	336	24
		372	8

Ézéchiel

40	26	380	1
	38	9	17
		217	1
		343	13
		378	4
	40	360	4
	42	50	8
		222	15
41	6	111	7 14
		182	6
		211	2
	12	123	10
	13	123	9
	15	31	23
		123	11
	22	218	9
		297	16
	24	378	22
42	3	131	19
	5	11	13
	6	164	14
	11	367	16
43	3	313	9
	5	370	21
	7	321	12
	10	124	4
	11	12	22
		326	23
	14	379	4
	17	193	4
	20	196	10 20
	21	360	4
	23	96	24
44	7	190	8
	9	206	26
		210	8
	15	60	18
	16	200	22
		297	20
	17	50	26
	19	298	22
	22	252	23
		370	10
	31	191	13

Ézéchiel

45	1	319	21
		382	27
	7	120	18
	13	138	3
	15	379	7
	16	360	3
		360	27
46	3	176	14
	6	261	12
		280	19
	9	212	15
	10	320	4
	14	246	23
	17	66	13
		81	13
		94	18
		226	2
		363	10
		363	13
	19	360	5
	21	218	6
	22	155	7
		218	5
	23	128	9
	24	128	10
47	3	62	8
		217	6
	4	217	5
		217	6
	5	224	23
	6	201	5
	7	76	9
		200	23
	10	318	21
	12	114	6
		176	21
		209	22
		327	14
	15	44	8
		47	22
		360	25
	22	59	25
		264	12
48	11	318	21

Ézéchiel

48	12	234	18
	13	382	22
	16	292	25
	29	59	24

Osée

1	2	69	9
		280	18
2	3	290	8
	4	116	12
		186	16
	5	334	25
	7	199	11
	13	211	22
		246	20
	14	93	17 24
		218	27
		277	19
	25	161	19
3	3	262	16
4	3	68	2
		143	1
	10	43	21
	11	119	7
		221	9
		237	5
	12	276	15
	13	116	28
	17	237	6
	18	159	10
		261	27
	19	194	26
		286	27
5	2	171	17
	6	367	1
	8	130	9
	15	170	24
6	1	149	5
		324	25
	2	198	25
	3	208	21
	4	129	17
	5	369	12
	6	59	7

Osée

6	6	213	19
		252	3
	8	119	18
		363	6
	9	255	7
	10	92	7
7	4	110	4
		112	13
	8	125	10
	10	200	27
	12	92	19
	14	61	17
		270	1
		282	18
8	1	255	8
	2	342	18
	3	73	12
		198	8
	4	251	9
		331	19
	6	251	8
	7	80	24
		181	24
	10	225	4
	14	111	20
		199	3
9	2	49	25
		313	14
	4	330	13
	6	93	2
	7	126	15
	9	171	17
	10	75	16
	13	20	15
	16	226	13
10	1	145	29
	2	314	25
	4	155	22
	6	75	15
	9	337	24
	10	149	10
		337	12
	11	60	26
	14	26	25

Osée

10	14	88	10
		273	6
		331	3
	15	164	7
		165	3
11	3	66	16
		165	3
		200	12
		313	3
		326	28
	4	116	6
	11	333	17
12	1	181	26
		236	12
	4	339	18
	5	76	25
	10	88	2
	12	113	10
13	4	33	2
	10	338	1
	14	323	19
	15	147	25
		148	10
14	1	124	15
		226	7
	3	205	18
	6	327	12
	10	237	6

Joël

1	2	178	7
		355	10
		358	9
	6	337	24
	7	139	27
	9	96	15
	17	164	14
2	2	20	20
		21	11
	6	116	13
	17	292	7
	19	273	28
	20	177	18
	22	89	5

Joël

2	26	155	17
4	11	93	25
		310	24
	13	116	14
	18	364	24

Amos

1	11	193	17
		375	9
	13	226	7
2	1	42	26
		45	16
	4	177	8
		356	14
	8	21	7
	9	117	3
3	3	358	3
	8	325	1
	10	70	10 15
	15	279	26
4	1	179	20
		192	13
	4	317	6
	7	312	10
	9	185	15
5	3	341	22
	11	140	9
		160	3
	15	246	20
	16	340	20
	20	20	11
	21	240	22
		246	20
	22	280	8
	26	138	4
6	1	74	9
	4	70	18
	6	225	10
	8	297	21
	12	253	20
	13	248	25
		285	27
		379	13
	14	47	17

Amos

7	9	262	26
		331	26
	11	155	20
8	4	263	6
	8	260	4
	13	116	20
9	5	119	1
		217	3
		260	5
	7	234	16
		266	1

Obadia

1	6	5	8
	9	243	17
	11	124	3
		269	25
		332	20
	13	77	2

Jona

1	5	82	26
		144	1
	6	113	14
	7	327	22
	8	328	1
	16	214	22
2	1	319	11
	10	80	24
		266	23
	11	27	4
3	7	181	26
4	6	44	26
		84	4
		122	13
		287	10
	8	116	20
	10	97	15

Michée

1	1	283	25
	5	354	23
	6	314	29
	7	98	3
		173	28
		174	7
		365	19
	8	114	8
	11	114	22
	12	339	4
	14	131	17
	15	134	3
	16	96	13
		322	10
2	5	154	16
	7	25	2
		61	19
		84	9
		297	7
	8	131	1
		154	14
	13	193	20
		366	28
4	3	366	26
	6	97	10
	9	354	16
5	4	55	23
6	2	169	5
	3	25	5
	5	361	22
	14	363	18
	16	167	13 18
		289	24
7	1	74	1
	2	227	10
	4	244	3
		252	10
		312	16
	7	171	24
	9	213	17
	10	192	13
	14	39	15
	19	312	21 26

Nahoum

1	2	118	20
	4	95	3
		239	17
		338	2
	5	249	17
	8	270	22
	12	124	22
	13	193	6
2	3	145	29
	4	193	5
	9	228	16
		334	18
	13	116	24
		315	2
	14	80	15
		91	1
3	3	127	16
	7	96	15
		148	11
	11	262	14
	17	128	6
		153	26
		242	7
		371	26

Habakouk

1	4	90	25
		130	5
	5	212	21
	8	236	8
	12	312	12
	13	274	22
	16	80	10
2	2	172	23
	6	328	24
	16	328	24
	19	58	3
		114	8
		123	24
		310	13
3	3	119	8
		220	28
		338	18
	6	169	3
		218	13
		327	5
3	11	138	1
		204	22
		265	17
	14	119	23
	15	211	27
	16	38	7
	17	126	25

Sophonie

1	2	228	21
		283	4
	14	110	16
	17	97	10
	18	165	19
2	2	69	9
	4	149	14
	6	88	4
		217	17
	7	201	1
		221	5
	9	117	4
		276	24
		330	6
	12	312	15
	13	203	11
	15	115	11
3	7	263	24
	11	115	11
	14	96	13
		322	10
		323	16
		326	10

Haggaï

1	1	219	18
		260	23
	6	247	1
	12	260	22
	14	184	20
	15	43	26
2	1	381	7
	10	381	7
	15	58	26
	17	253	28

Haggaï

2	18	85	6	
	19	85	2	16
	22	212	16	
	23	78	18	

Zacharie

1	2	158	8	
	7	88	8	
		381	8	
	16	331	18	
2	3	376	12	
	8	84	5	
		85	18	
		373	23	
	10	92	17	
	12	260	8	21
	17	118	3	
3	2	84	12	
	3	309	24	
	5	313	9	
	9	248	25	
		331	27	
		372	8	
		379	13	
		380	1	
		386	2	
4	2	129	10	
	12	117	25	
		294	16	
5	6	193	19	
	8	251	6	
	9	80	21	
	10	93	3	
		371	8	
		372	23	
	11	193	17	
		329	3	
6	8	245	9	
		329	5	
7	5	196	11	
	12	56	19	
	14	329	15	
		333	3	
8	5	288	27	

Zacharie

8	10	306	9
	15	246	15
	23	281	28
9	2	77	8
	13	315	24
10	4	193	3
	6	333	15
11	5	269	28
		364	5
	13	59	9
		297	22
	17	60	15
		148	10
12	2	181	25
	3	309	5
	4	242	22
	11	122	9
13	3	193	8
	4	164	2
14	10	47	16
		371	21
	15	219	6
		358	19
	16	246	23
	17	264	27

Maleachi

1	2	51	18
	5	44	26
	7	57	7
	8	219	19
		265	2
	11	129	2
		313	26
	12	332	19
		333	1
2	10	148	14
	11	111	11
	12	374	15
	13	65	19
		178	19
	14	277	23
	15	37	7
		148	14

Maleachi

2	15	312	14
	17	332	19
3	2	143	29
		160	16
	7	47	15
	8	220	21
		238	23
	10	220	22
		278	5
	14	121	6
	17	264	8
	18	262	27

Psaumes

1	1	61	25	
		324	21	
	4	242	9	
2	3	194	4	23
	5	55	20	
		194	9	18
		265	10	
	12	26	21	
		64	1	
3	1	130	21	
4	9	39	15	
5	3	186	22	
	4	112	9	
	5	278	16	
	10	225	27	
		263	14	
		318	23	
	11	153	18	
6	8	68	5	
7	3	148	9	
	5	54	6	
	6	54	8	
		167	20	
	7	68	6	
	9	273	14	
8	2	156	14	
	4	254	1	
	8	78	3	
9	7	84	11	
	8	143	3	25

Psaumes

9	10	37	16
	17	211	20
		212	4
	18	78	8
		216	23
	19	258	14
10	1	171	18
	4	270	17
	17	146	24
11	1	320	2
	7	194	3
		265	10
		319	26
		366	20
		385	7
12	3	291	18
	5	11	10
13	5	273	19
14	3	338	3
16	2	368	27
	4	110	19
		240	20
	5	116	8
		213	9
	6	142	19
	8	299	2
	9	229	2
17	1	151	3
	3	246	16
	7	169	2
		348	20
	10	265	10
		367	3
	13	153	17
18	2	212	16
	26	223	25
	36	172	8
	46	338	6
		368	25
19	11	59	8
		181	1
		252	5
	13	88	24
20	4	143	7

Psaumes			
20	4	147	14
	9	331	19
21	8	192	9
22	2	116	6
		244	21
	6	188	28
	11	177	12
		356	8
	22	260	3
	26	221	6
		321	3
	30	216	17
23	1	192	22
		199	6
	3	226	10
		263	13
		270	27
	5	307	5
24	1	32	8
		42	10
	4	297	21
	8	76	17
		93	20
25	16	68	25
	17	139	25
26	2	172	12
27	2	274	15
	9	14	11
	13	257	20
28	1	170	16
	2	80	8
		185	26
		186	20
	3	198	24
	5	170	18
		194	16
	7	149	22
	8	76	17
29	1	332	12
	9	160	15
30	2	97	13
	4	171	4
31	23	122	14
		338	4

Psaumes			
31	24	99	1
		118	10
32	1	129	17
	4	216	11
	7	78	1
33	9	284	5
34	1	200	1
	6	237	8
	7	104	14
	9	172	19
	11	339	6
	16	346	18
	17	237	27
	18	346	12
	21	192	9
35	1	186	15
		339	4
	8	198	8
	15	315	16
	26	216	22
	27	216	23
36	3	268	9
	4	48	18
	5	111	4
		210	23
	6	264	13
	9	338	16
37	3	344	28
	15	241	20
	19	258	9
	23	138	17
		148	8
	27	344	24
	31	364	28
38	1	258	11
	13	275	26
	20	300	10
39	2	83	22
		324	2
	4	123	7
	5	146	8
	12	222	17
	13	151	16
		324	18

Psaumes			
40	2	158	22
	13	246	10
41	3	73	13
		161	17
		147	20
	4	78	10
		108	21
		172	8
		198	6
	7	274	6
	12	138	21
42	5	188	3
44	3	348	23
	13	218	13
45	2	4	2
		110	11
		154	3
	6	349	19
	8	59	3
	10	111	12
		240	17
	11	323	14
		368	14
	14	119	18
	15	87	11
	18	10	23
		149	22
46	4	147	19
48	3	7	25
	9	239	5
	13	247	4
49	2	338	2
	4	221	4
	7	187	11
	17	139	26
50	2	127	6
	3	191	9
	23	52	18
		69	17
		73	5
		239	7
51	6	67	4
	7	164	22
	19	339	19

Psaumes			
52	4	162	1 14
53	6	273	19
		372	16
55	10	153	22
	11	140	6
		150	10
	14	129	14
		215	16
		319	22
	18	107	1
	22	208	13
		236	7
		246	11
		254	8 11
		287	5
	23	158	14
		321	20
	24	31	13
56	1	363	13
	14	167	27
57	2	195	12
		230	5
58	5	265	10
	7	31	21
		194	2 9
		243	19
		274	11
		337	25
		366	21
		367	3
	8	88	13
	9	35	8
		59	15
		66	12
		116	17
		125	13
59	11	254	19
		263	13
	12	31	15
		194	16
		198	11
		199	15
		367	1
60	5	226	18

Psaumes			
60	6	112	10 15
		277	6
	14	180	11
62	4	283	13
	5	318	3
	13	42	9
63	2	372	6
	4	198	17
	7	84	17
	8	80	25
	11	325	5
64	7	287	28 25
65	2	116	9
	4	58	17
		285	15
	9	146	9
66	3	180	11
	5	80	2
		340	14
	12	325	19
	19	186	28
67	2	276	24
		330	5
	3	40	6
	4	198	17
68	3	164	10
	5	322	11
	7	117	1
	17	116	15
		121	21
		359	18
	18	88	24
		248	17
		249	2
		289	16
	20	315	16
	23	189	1
		190	18
	24	58	20
		193	9
		285	20
	29	151	23
	31	94	26
	32	115	5

Psaumes			
69	3	129	11
		176	27
		177	4.
		326	4
	5	236	7
		246	11
		300	11
	16	26	20
	19	79	11
		96	13
		151	22
		172	12
	22	221	4
	24	82	22
		158	18
	34	75	12
71	4	94	27
	18	34	18
		259	16
72	6	81	27
		133	11
	7	301	15
	15	73	5
	17	128	3
73	2	142	3
	4	138	23
	5	319	21
	6	194	17
		367	2
	9	148	17
	10	308	14
	14	38	6
		212	2
		213	14
	19	287	22
74	1	315	18
	5	324	26
	6	111	8
		114	9
	7	276	2
	18	140	18
	20	226	13
76	5	118	4
		252	2

Psaumes			
76	6	87	17
		101	25
	7	254	11
	12	127	9
77	2	311	2
		336	15
	4	324	2
	11	96	22
		158	24
		366	6
		376	4
	13	12	25
	18	140	4
		150	11
	20	240	18
78	15	80	12
	25	166	6
	31	127	15
	34	194	15
	36	314	4
	47	185	14
	57	181	5
	67	206	2
	69	59	15
	70	127	1
79	5	35	8
		59	14
	11	338	3
80	5	315	18
	6	339	24
	10	137	26
	14	102	9
		105	3
		142	24
		143	7
		144	5 23
		160	9
	15	42	23
81	2	246	18
	10	111	11
	15	68	22
	17	312	22
83	2	275	10
	4	10	18

Psaumes			
83	4	169	7
	5	251	28
	7	235	1
	12	194	3 4
		366	20
		367	4
	14	31	15
84	2	258	6
	8	54	16
	9	79	11
		336	17
	11	308	16
85	9	88	22
		143	13
		328	23
86	13	92	8
		124	11
		234	22
87	3	155	3
		162	1 14
88	1	158	28
	4	67	26
	9	50	25
	16	249	18
		339	11
	17	327	8
	18	236	12
89	2	271	5
	8	80	3 12
	18	125	7
	45	128	5
		325	7
90	1	128	1
	4	101	18
		131	1 5
		383	21
	6	344	13
91	4	118	19
	6	270	17
	7	303	16
92	3	40	7
	6	54	14
	8	59	15
	16	80	24

Psaumes

94	8	153	12
	17	58	1
		123	23
	19	86	19
		183	8
	20	278	11
		284	10
	23	210	27
95	3	359	17
	4	222	18
	5	195	9
97	11	21	8
100	3	195	1
		332	13
	4	218	8
101	4	211	1
	5	140	1
		180	22
		274	27
	8	113	11
102	1	74	4
	6	300	8
	7	369	5
	9	155	11
	12	309	25
	14	246	19
	15	150	10
	21	244	13
	25	171	4
		198	23
	28	286	22
		289	24
103	3	61	2
	8	118	20
	15	254	13
		319	23
104	6	339	20
	14	154	16
	15	211	6
	18	359	22
	19	175	15
	21	42	25
105	25	186	19
	28	286	27

Psaumes

105	30	340	1
		372	4
	45	191	5
106	9	95	14
	15	219	3
	27	200	8
	33	263	9
107	2	195	1
		367	2
	10	275	5
	23	20	15
109	3	278	20
	28	309	26
110	8	182	2
111	2	116	19
	9	119	6
		221	9
	10	268	19
112	1	302	7
	9	94	25
113	5	32	9
		60	12
		179	24
	7	60	12
		366	12
	8	60	15
114	8	60	13
		180	22
		222	9
115	8	59	11
	15	307	21
	16	42	10
116	6	149	21
	7	80	16
		321	8
	9	167	26
	14	84	2
	16	88	11
118	1	240	27
	11	195	20
	18	73	20
		96	21
		97	19
		147	4

Psaumes

118	18	158	22
		239	11
	23	81	10
		266	21
	26	196	2
	27	295	2
		314	24
119	8	300	11
	16	216	10
	20	39	24
	33	149	9
	37	216	9
	41	216	8
	43	300	15
	50	111	12
	51	195	20
	60	142	29
	70	270	18
	73	365	10
	81	250	8
	82	354	20
	98	216	7
	99	243	15
	113	112	3
	117	96	17
		172	11
	129	197	2
	130	158	5
120	1	80	25
	4	212	4
121	1	49	8
123	1	60	13
		180	22
	4	80	14
		122	3
124	4	77	19
	5	121	11
126	1	201	2
127	1	191	4
	4	280	17
128	5	198	17
129	1	80	14
	3	171	5
	8	195	25

Psaumes

130	2	118	20
132	1	96	20
		120	14
		160	5
	4	66	11
		81	12
		94	17
		223	24
		233	25
134	2	80	9
135	7	154	17
136	6	175	8
		339	21
	23	36	19
137	5	171	24
138	6	61	20
		270	2
		282	16
	7	342	7
139	2	331	18
	11	51	22
	12	63	11
	20	297	7
	21	125	21
	22	125	18
140	4	133	23
	10	194	3
141	2	157	17
		280	14
	3	151	14
		240	22
	4	126	19
		226	14
	5	75	24
		170	19
		330	13
142	5	156	17
		159	6
143	5	212	22
144	1	276	3
	2	39	17
		266	3
		378	6
	10	339	17

Proverbes

22	18	299	13
		337	8
	21	112	14
		277	2
	25	94	8
	29	242	27
23	1	264	4
	5	85	15
		91	4
		155	20
		310	19
	6	69	12
		186	16
	16	94	27
	22	227	24
	25	199	10
	26	238	26
	29	120	8
	32	148	5
24	5	128	27
		223	26
	7	88	11
	16	303	18
	17	263	22
	24	149	15
		272	19
	26	324	5
	28	262	18
		300	9
	31	117	7
		207	1
		210	7
		341	13
25	4	155	21
	6	167	19
	7	274	13
	11	244	22
	12	270	4
	13	166	7
	16	273	25
		334	25
	17	153	16
		159	28
	18	129	18

Proverbes

25	18	327	6
	19	114	9
		310	7
	23	259	9
	25	53	19
	26	177	12
	28	270	5
26	7	142	3
		195	12
		230	4
	9	53	27
	12	252	4
	14	53	27
	17	252	4
	21	161	3
	24	87	22
	28	55	25
27	1	242	12
	4	132	10
	5	162	9
	6	181	2
	9	318	12
	10	228	21
	13	193	7
	14	301	5
	15	58	21
		104	26
		116	18
		169	9
	20	122	8
	25	240	23
		311	9
	27	208	19
		191	6
28	1	318	13
		320	4
	15	53	28
	18	248	26
		379	14
	22	324	14
	23	109	1
		124	18
	25	182	20
29	18	193	7

Proverbes

29	18	270	15
	21	128	2
	23	274	9
30	3	183	3
		213	18
		258	16
		319	26
	6	277	2
	14	223	22
	26	242	26
31	3	93	7
		365	23
		376	1
	12	196	21
	17	77	8
	19	77	9
		119	12
	22	366	14
	30	219	3

Job

1	1	54	23
		376	20
	4	54	23
		290	2
		336	24
		379	28
	5	54	24
	10	193	10
	11	299	10
	20	124	25
	21	314	19
2	9	153	24
		204	4
		296	28
	11	233	28
	13	37	3
		92	24
3	5	197	23
	6	184	9
		242	11
	12	357	1
	19	202	23
	22	192	11

Job

3	26	91	7
		142	28
		245	9
4	5	363	20
	6	356	25
	10	243	19
	12	58	12
		193	9
		285	14
6	2	309	5
	7	64	16
	8	219	8
	13	84	18
	14	7	12
	16	194	9
		265	11
	22	355	26
	28	68	26
	30	85	7
7	3	161	24
	5	88	16
	8	275	6
8	2	354	2
	4	52	9
	8	62	24
9	9	260	25
		279	22
	15	57	8
		100	21
		140	3
		150	11
		154	27
	18	149	19
		158	2
	20	170	22
	26	108	14
10	2	101	23
	15	74	1
	20	50	23
	21	58	2
	22	80	24
		328	26
11	8	276	17
	11	169	1

Job

11	20	285	18
12.	3	59	12
	5	74	8
	6	118	18
		230	6
	11	285	7
	12	259	13
		270	23
	15	203	12 21
	22	243	1
		276	16
	23	82	5
13	5	25	6
	9	275	27
		310	15
	15	149	5
	21	239	7
	27	109	7
14	8	139	26
	9	206	7
	12	301	17
	16	284	24
	21	191	13
15	7	62	26
		162	17
	8	357	18
	11	357	19
	12	228	8
	18	343	19
	19	193	21
		367	5
	32	73	23
		88	21
	33	212	14
16	5	240	9
	12	56	1
		108	15
		278	2
	14	149	5
	15	80.	4
		340	4
17	6	116	21
	7	97	8
		180	17

Job

17	7	184	13
		262	7
	9	274	22
	10	312	18
	13	58	2
18	2	319	27
	3	320	1
	4	177	23
	7	339	3
	9	333	20
	15	328	25
19	3	303	15
	4	339	16
	10	149	6
	15	364	17
	19	310	4
	23	275	27
		343	22
	25	192	22
	27	189	8
		365	10
20	2	86	20
	4	85	14
	26	21	11
		283	9
		284	11
		372	1
	27	338	19
	29	212	13
21	4	178	6
	5	321	23
	9	206	2
	12	249	14
	23	10	5
		45	9
	26	147	10
		184	10
22	6	317	14
	13	357	19
	15	178	5
	20	313	10
	21	327	10
	22	14	25
		261	24

Job

22	24	249	21
	25	222	17 18
	28	22	6
		212	8
	30	260	1
		261	14
23	3	25	7
	6	241	17
		357	18
	9	10	4
		62	10
		318	6
	13	69	15
24	8	148	1
	11	147	8
	17	109	12
		215	5
	21	270	1
		282	16
	22	93	7
		365	22
	23	193	5
	24	114	22
		120	12
		371	22
		386	15
25	3	193	6
	5	50	8
26	6	117	3
		118	2
	9	144	6 23
	12	95	12
	13	142	18
		143	4 25
27	21	73	13
		197	20
		203	24
28	2	74	3
	7	196	23
	10	221	29
		222	9
	11	125	24
		363	7
	17	51	10

Job

28	17	119	5
	22	122	7
	27	193	15
		197	26
	28	27	17
29	6	74	4
		260	1
	15	176	2
	18	176	8
	19	211	21
30	1	140	11
	3	206	8
	4	118	24
	6	180	1
	12	116	10
	16	198	24
		212	27
		275	5
	28	20	10
31.	3	356	24
	5	184	16
	6	75	24
	10	365	22
	15	83	9
		239	4
	19	119	7
		221	9
	22	209	23
		210	21
		375	8
	27	98	16
		283	19 33
	34	80	13
	35	239	8
		240	12
	36	170	16
32	9	258	13
	13	364	27
	18	138	23
	19	257	20
	22	192	23
		199	6
33	3	3	27
	4	197	12

Ezra

2	20	112	5
	22	119	3
	40	42	13
	47	111	25
	48	109	9
	49	110	4
	51	133	25
	52	119	24
	57	115	9
	59	109	9
	62	306	20
	69	121	24
		131	25
3	8	325	10
	11	259	23
4	4	43	20
	7	133	5
		135	25
7	13	168	6
	16	168	4
8	16	38	14
	18	242	4
	20	36	21
	25	85	20
		323	25
	26	44	23
		84	3
	27	131	24
	29	86	5
	30	86	7
		96	8
		325	4
9	4	44	23
		84	3
	7	239	1
	11	44	10
10	1	107	19
		168	2 7
	8	177	14
	9	38	9
		44	1
		139	25
		256	15
		310	5

Ezra

10	14	45	2
		49	5
		361	6
	16	60	4
		338	24
	17	85	21
	19	294	26
	40	102	11

Néhemie

1	1	133	6
	6	110	23
		183	18
	11	153	2
		216	19
2	3	339	3
	12	68	14
		340	5
	13	280	9
3	3	195	18
	6	132	12
	10	134	1
	13	195	18
		260	23
	14	260	23
	15	218	26
	30	370	23
	37	287	19
4	6	312	23
	7	212	6
	8	225	18
		334	19
	10	212	15
		342	14
	17	282	2
5	2	281	11 21
	3	281	17
	5	281	16
	7	11	8
		62	13
	10	170	15
	14	265	1
	19	79	10
		151	15

Néhemie

6	3	148	6
	10	79	14 15
		306	1
	11	178	6
	12	344	20
	13	344	21
	14	79	18
		305	27
	15	43	27
7	2	64	5
	3	312	15
	6	84	5
	7	93	22
	43	42	12
		292	19
	63	109	5
	64	306	22
	66	383	1
8	2	38	8
		43	26
	5	158	6
	6	80	5
		340	10
	15	53	1
		271	1
	16	218	1 9
9	1	381	6
	18	111	17
	19	50	5
		268	1
		264	14 24
		270	27
	25	139	26
	27	150	5
	29	279	9
	31	273	17
	35	359	24
10	7	121	13
	20	102	11
	21	116	5
		129	13
	24	109	5
	34	175	22
		176	12

Néhemie

10	39	220	23
11	2	38	16
	17	10	26
		263	18
	25	366	22
12	5	107	11
	8	159	14
	25	62	8
	31	125	25
	38	45	1
		264	14
	39	45	1
	44	93	10
		218	10
13	4	285	21
	7	98	10
	10	218	10
	14	99	1
		180	13
		330	21
	16	12	16
		27	5
		88	12
	19	127	7
	23	275	1
	24	4	4
	31	96	19

I Chroniques

1	1	204	21
		205	16
	6	90	3
	7	90	2
	22	111	20
	41	90	2
	45	118	23
2	9	119	6
	14	124	16
	15	101	4
	17	235	5
	28	124	16
	29	101	9
		129	17
	30	270	13

I Chroniques

2	32	270	14
	48	191	2
		369	26
	53	233	27
	54	233	14
3	2	41	10
	5	162	28
	10	93	4
	20	108	25
4	3	126	5
		130	12
	6	75	2
		103	8
		135	12
	8	135	12
	10	76	2
		201	20
		253	22
	11	250	19
	12	250	18
	14	109	26
	16	72	5
	20	113	15
	36	126	10
5	2	145	28
	10	235	4
	20	163	18
		165	7
	24	50	7
6	1	93	9
	6	126	7
	43	111	28
	45	110	7
		175	5
	55	45	3
	60	120	9
7	3	126	6
	15	43	14
		296	29
		297	1
		318	7
		370	23
		374	3
	16	374	4

I Chroniques

7	24	114	11
	25	101	3
	32	126	11
	36	134	9
		135	9
	38	123	3
8	5	93	9
	18	126	9
	26	133	9
	36	110	7
	37	110	5
	38	118	3
9	12	111	25
	15	135	16
	22	259	22
	26	360	6
11	7	108	21
		222	12
		276	9
	9	310	22
	11	266	5
	19	71	6
	31	108	25
12	2	62	14
	5	132	12
	7	132	11
	9	276	9
	16	128	27
	18	158	24
		200	9
		202	2
	23	72	18
		255	20
	30	129	21
	41	202	18
13	1	42	11
14	2	173	18
15	1	34	20
	3	34	20
	12	259	18
	13	47	9 16
		254	10
		287	4
	19	217	5

I Chroniques

15	19	343	14
	21	235	7
	24	266	19
	26	180	8
	27	102	10
		142	24
		144	5 23
		160	–23
		162	13
	28	56	27
16	5	56	27
	11	56	17
	19	64	15
	36	44	14
	37	37	24
	40	37	26
		47	1
	42	56	23
		100	8
17	5	249	19
	11	307	2
19	4	127	2
	18	89	22
20	5	250	22
	8	84	5
21	12	41	11
	20	89	4
23	5	57	1
	18	374	5
	28	45	7
24	3	330	7
25	3	159	21
	4	244	22
	8	65	16
		125	17
	27	180	10
		244	23
26	17	78	6
		271	10
	28	85	21
27	12	232	17
	13	238	26
	23	287	1
	30	116	6

I Chroniques

28	2	25	6
		171	28
	6	218	8
	7	45	6
		47	28
	11	133	8
	14	49	9
	16	222	15
	18	99	22
		257	15
	19	222	4
	20	45	5
29	2	49	11 12
		257	22
	5	49	15
	10	41	15
	11	45	7
		48	18
		84	3
	16	55	23
		335	5
	20	38	18
	22	39	2
		255	23

II Chroniques

1	3	222	13
	4	34	13
		255	24
		321	13
	13	43	10
2	3	38	4
		291	3
	6	102	16
		133	5 11
	8	308	18
	16	108	21
3	8	37	10
	11	41	11
4	7	62	16
5	11	224	28
	12	41	11
6	18	143	29
8	13	55	18

II Chroniques			
8	13	72	17
		176	14
	14	55	16
	15	266	25
	16	86	1 12
		156	25
9	6	129	22
	10	338	5
	18	177	10
	24	72	17
10	5	256	19
	7	41	2
		180	8
		264	13
	14	101	25
	15	57	17
		72	25
		165	13
	16	256	17
	18	166	28
11	17	39	11
	18	265	18
13	2	374	3
	10	196	4
		255	26
		276	10
	18	170	17
14	2	111	9
	6	242	7
		284	15
		316	28
		379	15

II Chroniques			
14	10	239	2
	12	47	2
15	3	37	8
	11	259	17
16	8	41	3
	9	259	21
17	7	374	2
	11	235	4
18	1	186	8
	3	63	15
	23	256	3
	34	310	1
19	5	37	17
	7	152	18
		156	22
		158	3
20	7	98	4
	25	47	3
	35	11	15
		87	11
		101	24
		166	27
21	8	99	15
	11	262	9
	18	37	7
		47	4
	19	261	4 6
22	3	199	10
23	1	99	18
		166	27
		256	8
	8	225	1

II Chroniques			
24	10	44	14
		45	6
		47	20
	11	39	10
		203	12
		309	13
	25	130	20
25	8	179	18
		256	4
	10	100	3
		180	6
		264	12
	10	238	21
		285	10
	20	200	17
26	14	100	4
	18	44	24
27	5	383	13
28	7	60	9
		215	18
	9	49	6
	15	130	20
	23	127	15
29	19	139	20
		239	2
		335	7
	27	180	7
		264	15
	28	45	5
	34	259	20
30	3	47	5

II Chroniques			
30	10	44	11
	14	128	21
	17	257	10
	18	129	20
	27	186	21
31	3	96	8
		99	20
		325	6
	7	97	20
		159	1
	14	78	7
32	28	114	7
	30	239	18
	31	259	18
33	6	153	27
	20	270	21
34	20	256	8
	22	256	6
	26	256	9
35	12	200	20
	13	113	11
	21	75	27
		255	4
		297	9
36	2	132	12
	3	254	24
		255	5
	13	262	8
	20	274	15
		297	11
	21	259	21

[אלמקדמה]

IV. אלחמד ללה אלדי כלק אלאנסאן פעלמה אלנטק והדאה אלי אלאקראר ברבוביתה ואלאעלאן בוחדאניתה פאוצח לה סביל אלהדי ואסתנקדה מן טריק אלרדא וכץ [אללגה] אלעבראניה באלפצל ואלמזה מן בין גמיע אללגאת פאנזל בהא כתבה אלמקדסה ואבאן בהא ען שראיעה אלמטהרה אחמדה חמדא יבלג רצאה ויוגב אלאלפה לדיה ואלקרבה מן רחמתה׳

אמא בעד פאנה למא כאנת צנאעה עלם׳ אללסאן אדאה לכל מטלוב ומדכלא אלי כל מבחות ענה כאן אלאגתהאד פי אלבלוג אלי גאיתה ואלאחאטה בגמיע פנונה ואלחרץ עלי אלוקוף עלי נהאיתה ומערפה צחיחה מן סקימה ותאמה מן נאקצה ומחכמה מן מגאזה ומטרדה מן שאדה וגיר דלך ממא יעתורה אמרא ואגבא ושיא לאזמא צרוריא אד באלאחאטה בה תכון אלאחאטה בגמיע אלמעאני אלתי יבחת ענהא ובקדר מא ילחק דלך מן אלתקציר ואלנקצאן יכון נקצאן פהם מא יטלב בה ותקציר עלם מא בה יסאל ענה׳ ואיצא פאנה למא כאן תואב אללה תבארך ותעאלי אפצל מא יקתניה אלמר׳ פי דניאה ואגל מא יכתסבה ויעדה לאכראה וכאן אלוצול אליה לא יתם אלא באלוקוף עלי מא תצמנתה כתב אלוחי ואמתתאל אמרהא ונהיהא וכאנת הדה אלכתב לא יוקף עלי מא פיהא אלא בעלם אללסאן כאנת עניה אלמר׳ באתקאן הדא אלעלם וכאן סעיה לאדראכה ותגוידה ותדקיק מעאניה ותעליל לפטה אוגב ואלזם ואשד אצטרארא עלי חסב שרף אלמטלוב וגלאלה קדר אלמבחות ענה ועלי קדר מא צח פי נפוסנא ותחקק פי עקולנא מן עטמה מנזלהא וגלאלה קדרה עז וגל׳ ולם יזל אפאצל אואילנא רצי

אללה ענהם יג׳תהדון[a] פי ד׳לך ויתחרצון עליה ויתצ׳ון עלי אסתעמאלה בקולהם[b] פי ג׳מלה̈ לואזם אלאבא לאבנאיהם יודע לדבר אביו חייב ללמדו שמע ותורה צוה לנו ולשון הקדש[1]. ואמא אלדליל עלי אן פהם כתב[c] אלוחי ותופיה̈ אלשריעה̈ חקהא לא יכון אלא בג׳ודה̈ פהם עלם אללסאן ובלוג׳ אלג׳איה̈ מן אלביאן מע מא ישהד בה אלעקל מן ד׳לך פהו קול אלאואיל רצ׳י אללה ענהם בני יהודה שהקפידו על לשונם נתקימה תורתם בידם בני גליל שלא הקפידו על לשונם לא נתקימה תורתם בידם[2]. וקיל[d] איצ׳א פי בני יהודה אלד׳ין נחן מעשר אהל הד׳א אלצקע מנהם ולזמנא[e] אלאקתדא בהם ואקתפא את׳ארהם מתוך שהקפידו על לשונם ומתנחי להו סימני נתקימה תורתם בידם[3]. פקולהם ומתנחי להו סימני אנמא יראד בהא וצ׳ע אלאעראב ואלתדקיק ואלתעליל ומעני אלהקפדה הנא הו אלאחתיאט ואלמשאחה̈ כקולהם תנו רבנן מפסגי אילנות מפסגי[f] גפנים מנקפי הגא מנכשי[g] זרעים ועודרי ירקות בזמן שבעל הבית מקפיד עליהן הרי הן של בעל הבית[4]. וקאלוא איצ׳א אמר רב יהודה אמר רב בני חבורה המקפידין זה על זה עוברין משום מדה ומשום משקל ומשום מנין ומשום לווין ופורעין ביום טוב וכדברי בית הלל *אף משום[h] רבית יעני אן אלנדמא אד׳א שאחח בעצ׳הם בעצ׳א פי אן יטעם בעצ׳הם אצחאבה פי דולתה כ׳בז אלשעאר ויטעם אלאכ׳ר כ׳בזא נקיא או אן יסקי אלואחד כ׳מרא טיבא ויסקי אלאכ׳ר נביד׳א ומא אשבה ד׳לך פקד לזמתהם הד׳ה אלאוצאף. פיא לה מן v. עלם הד׳ה[i] פאידתה ומן תג׳ר יכון ד׳א רבחה אד׳ [k]מן באעה ולם יקתנה למוצ׳וע פי ביעה ומובום פי תג׳רה נעוד׳ באללה מן ד׳לך. וראית אלקום אלד׳ין[l] נחן פי[m] ט׳הראניהם יג׳תהדון פי אלבלוג׳ אלי ג׳איה̈ עלם לסאנהם עלי חסב מא ד׳כרנאה ממא יוג׳בה אלנט׳ר ויקצ׳י בה אלחק. ואמא אהל לסאננא פי זמאננא הד׳א פקד נבד׳וא הד׳א אלעלם ורא אט׳הרתהם וג׳עלוא הד׳א אלפן דבר אד׳אנהם ואסתכ׳פוא בה וחסבוה פצ׳לא לא יחתאג׳ אליה ושיא לא יערג׳ עליה פתערוא[n]

[a] P. יגהדון [b] P. בקולהם [c] P. כתאב [d] P. וקאל [e] P. וילזמנא [f] A. R. מפסקי [g] A. מנשקי; P. R. אמנקשי; comp. Kitâb ul-ouṣoul, col. 434, l. 7: מנקשי זרעים [h] A. ומשום [i] P. תכון הדה [k] P. אן [l] P. אלדי [m] P. בין [n] P. פערו

[1] Souccâh 42 a (cf. Tosefta Hagîgâh, 1. 2). [2] Eroubin 53 a. [3] ibid. [4] Bâbâ kammâ 119 b.

מן מחאסנה ותעטלוא מן פצאילה וכלוא מן זינה וחליה חתי געל כל ואחד מנהם ינטק כיף ישא[a] ויתכלם במא אראד לא יתחרגון פי דלך ולא ישאחון פיה כאנה ליס ללגה קאנון ירגע אליה ולא חד יוקף ענדה[b] קד רצוא מן אללסאן במא יסר אמרה ענדהם וקנעוא מנה במא סהל מאכדה עליהם וקרב אלתמאסה מנהם לא ידקקון[c] אצלה ולא ינקחון פרעה פלהם פי אללגה מנאכיר יגרב[d] ענהא ואקאויל יזהד פיהא· ואכתר מן אסתכף מנהם בחדא אלעלם ואזדרי הדא אלפן פמן מאל מנהם אלי שי מן עלם אלפקה תיהא מנהם ביסיר מא יחסנונה מנה ועגבא בנזר מא יפהמונה מן דלך חתי לקד בלגני מן בעץ משאהירהם אנה יקול ען עלם אללגה אנה שי לא מעני לה ואן אלאשתגאל בה גיר מנג ולא מפיד ואן צאחבה מעני וטאלבה מתעב בגיר תמרה ינאלהא מנה· ואנמא אסתסהלוא דלך לקראתהם מא יקרונה מן אלפקה מלחונא ודראסתהם מא ידרסונה מנה מצחפא והם לא ישערון ודלך לעדמהם אלרואיה ופקדהם אלאסנאד· וקד בעת דלך אכתרהם עלי אלאסתכפאף בתקויד אלקראן ותמייז אלקמץ מן אלפתח[e] ואלמלעל מן אלמלרע· ואמא עלם אלתצריף ואלתכלם פיה פהו ממא יתשאמון בה ויכארון[f] יגעלונה מן גמלה אלזנדקה· ומא הכדא[g] עהדנא גלה אהל אלפקה קדימא[h] פהדא רבנו סעדיה נטר אללה וגהה יגתהד ויבלג אלגאיה אלתי תמכנה ויסדד נחו אלגרץ אלדי יבאלגה[i] וסעה[k] פי תביין אללגה ובסט אצולהא ותלכיץ פרועהא פי כתיר מן מוצועאתה מא כאן מנהא מכצוצא בהדא אלפן מתל כתאבה אלמוסום בכתאב אללגה ומא לם יכן מכצוצא בה איצא· והדא[l] שמואל[m] בן חפני ראס אלמתיבה רצי אללה ענה יחץ עלי הדא אלפן אשד אלחץ ויסתשהד פי מדח אהל אלפצאחה ואלאנפאד[n] פי עלם אללגה ואלמיז לתעלילהא ואלתוסע באלפכר פי תקאסימהא ווגוה תצאריפהא בקול אלוהי ישר לבי אמרי ודעת שפתי ברור מללו[1]

[a] P. שא [b] P. עליה [c] P. יחקקון [d] P. ירגב [e] P. אלפאתח [f] Ainsi P.; A. (Munk) ויאלדון; R. וכמעט שלא = ויכאדון [g] P. כדא [h] Le mot פמנהם, qui se lit ici chez Munk, ne se trouve ni dans P. ni dans R. Les lettres פמנ, dans A., desquelles Munk a fait le mot פמנהם, sont rayées dans le manuscrit. [i] P. יבלגה [k] P. יסעה [l] P. והודא [m] P. רב שמואל R. רבנו שמואל [n] A. P. ואלנפאד

[1] Job. 33, 3.

ובקול אלנבי אדני יי נתן לי לשון למודים וגו'[1] ובקולה איצא וישם פי בחרב חדה[2] ובקול אלולי לשוני עט סופר מהיר[3] ובקול אלנבי ולשון עלגים תמהר לדבר צחות[4] וידם אלמציעין[a] להדא אלשי וישבחהם באלקום אלדין קילי[b] פיהם ובניהם חצי מדבר אשדודית ואינם מכירים לדבר יהודית וכלשון עם ועם[5] ויעירהם באלסריאניין אלדין קילי[c] ענהם אנהם לם יתרבוא לגתהם והם מואטבון עליהא· ואלפצאחה פי אלמנטק ואלאנפאר[d] פי עלם אללגה לא יכון אלא באלתוקף[e] עלי אצול אללגה ואלאתקאן לתצאריפהא אלדין[f] לא
VI. יחפל אצחאבנא בהמא· וקאל רצי אללה ענה פי עלם אלתצריף באצה אנה ממא[g] לא יסתגני ען עלמה[h] אלאנפעאל ואלאפתעאל ואלמצדר והדא הו עלם אלתצריף נפסה אלדי נמדחה נחן ונפצל אהלה· וראיתה עלי גלאלה קדרה ונפאסה פטרה יקלד אהל אלדקדוק פי כתיר מן אלמואצע ויסלם אליהם ויסתשהד בהם פצלא ען אן ינכר[i] עליהם או אן יצעף עלמהם· וחסבנא נחן מא חאצרנא בה מן קול אלאואיל רצי אללה ענהם בני יהודה שהקפידו על לשונם נתקימה תורתם בידם בני גליל שלא הקפידו על לשונם לא נתקימה תורתם בידם[6] *וחסבך בהדא אלפן גלאלה ועטמא[k] וארתפאע קדר מא ועד אללה[l] מן תשריף אמתה פי אלאגל[m] באלפצאחה דלך קולה עז וגל ולשון עלגים תמהר לדבר צחות[7]· לם ירד בקולה ולשון עלגים אלעגם אלאלסן אעני מן לם יתכלם באלעבראניה אצלא לאנה לו כאן דלך לקאל תמהר לדבר יהודית ואנמא אראד אלמעגמי אלאלסן אעני אללאחנין[n] אלדין לא ידקקון[o] עלם אצול אללגה ולא יחסנון תצאריפהא עלי מא הם עליה אכתר אהל זמאננא הדא מע גהלהם דלך מן אנפסהם· פלדלך מא קאל תמהר לדבר צחות אי תנטק באלפצאחה ואלפצאחה מא תכון אלא מע אלוקוף[p] עלי מא דכרנאה מן אחכאם עלם אצול אללגה ותמייז

[a] P. אלמצייעין; Munk אלמציעון [b] A. P. קאל [c] A. P. קאל [d] P. ואלנפאד [e] P. באלוקוף
[f] P. אלדי [g] P. om. [h] P. עלם [i] Munk met à tort יפכר; R. מחטיאם [k] A. ותסבך בה
[l] P. suppl. בה; R. בו [m] P. ועטמהא אלגלאלה מן פן; P. ותסבך בה מן פן גלאלה ועטמה
אלאגל (sic); Munk אלאגל [n] P. אללחאנין [o] P. יחקון [p] P. באלוקוף

[1] Is. 50, 4. [2] ib. 49, 2. [3] Ps. 45, 2. [4] Is. 32, 4. [5] Néh. 13, 24. [6] cf. ci-dessus, p. 2, l. 6. [7] Is. 32, 4.

תצאריפהא· ואלעג'ב כל אלעג'ב מנהם פי אסתכפאפהם בעלם אללגה ואזדראיהם אהלה ופי קלה תפטנהם אן[a] תופיה אלשראיע חקהא מן אלפהם להא[b] ואלעמל בהא לא יכון אלא באלוקוף עלי אלדקיק והם ישאהדון אלאואיל רצי אללה ענהם יסתעמלונה ויחתג'ון בה פי מנאטראתהם ואחתג'אג'הם בקולהם מאי מבעה רב אמר מבעה זה אדם ושמואל אמר מבעה זה השן רב אמר מבעה זה אדם דכתיב אמר שומר אתא בקר וגם לילה אם תבעיון בעיו שובו אתיו[1] ושמואל אמר מבעה זה חשן דכתיב איך נחפשו עשו נבעו מצפוניו[2] מאי משמע דלישנא דגלויי[c] הוא כדמתרגם רב יוסף אכדין אתבליש יוסף אתגליו[d] מטמורוהי ורב מאי טעמא לא אמר כשמואל אמר לך מי קתני[e] נבעה ושמואל מאי טעמא לא אמר כרב אמר לך מי קתני בועה[3]· פפי הדא אלאחתג'אג' סר כביר מן אסראר אלדקיק ודלך אן מבעה פאעל ונבעו מצפוניו אלדי אסתשהד בה שמואל פהו אנפעאל פלמא באינה פי אלבניה הדה אלמבאינה אעני למא לם יכן המבעה מן בניה נבעו אי למא לם יכן נבעה אבי רב אן יקתטעה מנה דלך קולה מי קתני נבעה· וכדלך למא כאן אם תבעיון בעיו פעלא כפיפא וכאן המבעה תקילא אבי שמואל אן יקתטעה מנה דלך קולה מי קתני בועה פכאנת מבאינה אלתקיל ללכפיף ענד שמואל אבעד מן מבאינתה ללאנפעאל ואן כאן אלאנפעאל לא יכון אלא מן לגה כפיפה ודלך מן אג'ל אן אלפעל אלכפיף לא יכרג' אלי אלתקל אלא בזיאדה כמא אן אלאנפעאל לא יכון אלא בזיאדה פלמא תג'אנסא פי אלזיאדה תקארבא ענדה פי אלבניה· ואמא רב פלמא כאן המבעה מתעדיא וכאן נבעו גיר מתעד כאן ענדה מבאינא לה וכל קד דהב מדהבא· פהדא מן לטיף אלדקיק ודקיקה וכפיה כאן אלאואיל רצי אללה ענהם יערפונה ויקפון עליה ויראעונה· ולסת אדרי מן פקהא זמאננא הדא מן וקף[f] עלי מא כשפנאה מן סר הדא אלאחתג'אג'· וקאלת אלאואיל[g] פי קול אלמשנה וכשהזיק חב המזיק חב חייב מבעי ליה אמר רבא האי תנא תנא ירושלמאה הוא דתאני לישאנא קלילא[4] והדא איצא

[a] A. אלא אן; P. אלי אן [b] P. לדלך [c] P. דגילויא [d] P. אתגליאן [e] A. מרקתני P. מאי קתני [f] P. יקף [g] P. suppl. איצא

[1] Is. 21, 12. [2] Ob. 6. [3] Bâbâ kammâ 3b. [4] ib. 6b.

מן עלם אלדקדוק אעני אלתפריק בין אלכפיף ואלתקיל· ופי כלאמהם מן הדא כתיר יסתדל מנה עלי פצל הדא אלעלם וגלאלה קדרה וממא יסתדל בה איצא עלי אעתנא[a] אלאואיל באללגה ותנקיחהם ללכלאם קולהם אמר רבי[a] אי איכא דמשייל להו לבני יהודה דדייקי לישאנא[b] מאברין תנן או מעברין תנן אבוזו תנן או עבוזו תנן[1]· פקולהם[c] עןבני יהודה דדייקי לישאנא[b] דליל עלי אעתנאיהם בה[d]· ולקד ילזם אהל אלתואני פי הדא אלפן אן יסתדלוא מן אצחאב אלמסורת ואן יקתדוא בהם פי כתרה אגתהאדהם ושדה בחתהם ופצל עגאיתהם ופרט אתעאבהם VII. לאנפסהם פי חצרהם אלמלא ואלחסר ותמייזהם אלמלעל מן אלמלרע חתי אנהם ענוא בכמיה אלפסוקים אלתי יגתמע פיהא חרוף אלמעגם וגיר דלך ממא ענוא בה אחתיאטא עלי חפט הדה אלכתב אלמטהרה עלי מא וגדת עליה פי אלצורה פצלא עןמתל הדא אלעלם אלגליל אלנטר[e] אלעטים אלקדר[f] אלמודי אלי עלם[g] כלאם אללה אלמעין עלי אלעמל באמרה ונהיה אלמזלף אלי תואבה אלמבעד ען[h] עקאבה· פלמא כאנת מנזלה עלם אללסאן אלמנזלה אלתי וצפנאהא וכאנת דרגתה אלדרגה אלתי דכרנאהא אעתקדנא אן נולף פי דלך כתאבא נגמע פיה אבואבא תשתמל עלי אכתר עלם אללגה ותחיט בגל אסתעמאלהא[i] ומגאזאתהא ואנחאיהא ונודעה איצא אכתר אצולהא אלמוגודה ענדנא פי אלמקרא ונשרח גריבהא ולא נדע פי אלמקרא שיא יסתפאד מן אלמצאדר ותצאריף אלאפעאל אלא ונודעה כתאבנא הדא ונבין דלך ונבסטה בקדר וסענא ומבלג טאקתנא· ואנא מזעם אן אסתשהד עלי שרח בעץ אלאצול במא אמכנני מן אלמוגוד פי אלמקרא ומא לם אגד עליה שאהדא מן אלמקרא אסתשהדת עליה במא חצרני מן אלמשנה ואלתלמוד ואללגה אלסריאניה אד גמיע דלך מן אסתעמאלאת אלעבראניין מקתפיא פי דלך אתר ראס אלמתיבה אלפיומי רחמה אללה פי אסתשהאדה עלי אלסבעין לפטה אלמפרדה פי אלמקרא מן אלמשנה ואלתלמוד ואתר גירה מן אלגאונים איצא כרב שרירא ורב האיי רצי

[a] Edit. רבי אבא [b] A. P. לישאני [c] P. פקולה [d] P. בהא [e] P. אלקדר [f] P. אללטר [g] P. פהם [h] P. מן [i] P. אסתעמאלאתהא.

[1] Eroubin 53 b.

אללה ענהמא ואת̇ר גירהמא איצ̇א· ומא לם אג̇ד עליה שאהדא ממא ד̇כרתה וג̇דת אלשאהד עליה מן אללסאן אלערבי לם אנכל מן אלאסתשהאד בואצ̇חה ולם אתחרג̇ ען אלאסתדלאל בלאיחה במא יתחרג̇ ען ד̇לך מן צ̇עף עלמה וק̇ל תמייזה מן אהל זמאננא לא סימא מן אסתשער מנהם אלתקשף וארתדי באלתד̈ין מע קלה̈ אלתחציל לחקאיק אלאמור· וקד ראית ראס אלמתיבה[a] רב סעדיה נט̇ר אללה וג̇הה יתוכ̇א עלי מת̇ל ד̇לך פי כת̇יר מן תראג̇מה אעני אנה יתרגם אללפט̇ה̈ אלגריבה̈ במא יג̇אנסהא מן אללגה̈ אלערביה̈· וקד ראית אלאואיל רצ̇י אללה ענהם והם אלקדוה̈ פי כל שי יסתשהדון עלי שרח גריב לגתנא במא ג̇אנסה מן גירהא מן אללגאת· ראיתהם יקולון אמר ר̇ שמעון בן לקיש כל המגדל כלב רע[b] בתוך ביתו מונע חסד מתוך ביתו[c] שנאמר למס מרעהו חסד[1] שכן בלשון יוני קורין לכלב למס[2]· וקאלוא איצ̇א פי קול אללה תבארך ותעאלי באש ישרפו אותו ואתהן[3] ואת אחת מהן שכן בלשון יוני קורין לאחת הן[4]· וקאלוא איצ̇א אמר ר̇ יוחנן משום ר̇ אלעזר בן שמעון אין לו להקבה בעולמו אלא יראת שמים בלבד שנאמר ויאמר לאדם הן יראת יי היא חכמה[5] שכן בלשון יוני קורין לאחת הן[6]· וקאלוא איצ̇א פי קול אלכתאב במשוך בקרן היובל[7] מאי משמע דהאי יובל לישנא דדכרא הוא דתניא אמר ר̇ עקיבא כשהלכתי לערביא היו קורין לדכרא יובלא לגליא היו קורין לנדה גלמודה לאפריקיא קורין למעה קשיטה לפרושי במאה קשיטה[8] דאורייתא· לכרכי הים קורין למכירה כירה לפרושי בקברי אשר כריתי לי[9] ואמר ר̇ שמעון בן לקיש כשהלכתי לתחום קן נשריא היו קורין לכלה נינפי ולתרנגול שכוי לכלה נונפי רב יהודה ואיתימא ר̇ יהושע בן לוי מאי קראה יפה נוף משוש כל הארץ[10] ולתרנגול שכוי אמר רב ואיתימא ר̇ אלעזר VI מאי קראה מי שת בטוחות חכמה או מי נתן לשכוי בינה[11] מי שת בטוחות חכמה אלו הכליות או מי נתן לשכוי בינה זה תרנגול[12]. אפלא תראהם יפס̄רון כתאב אללה מן אללסאן אליונאני ואלפארסי ואלערבי ואלאפריקי וגירהא מן אלאלסן פלמא ראינא הד̇א מנהם לם

[a] P. suppl. מר [b] A. P. om. [c] P. מביתו

[1] Job 6, 14. [2] Sabbat 63 a. [3] Lév. 20, 14. [4] Iebâmôt 94 b. [5] Job 28, 28. [6] Sabbat 31 b. [7] Jos. 6, 5. [8] Gen. 33, 19. [9] ib. 50, 5. [10] Ps. 48, 3. [11] Job 38, 36. [12] Rôsch haschânâh 26 a.

נתחרג ען אלאסתשהאד עלי מא לא שאהד עליה מן אלעבראני במא וגרנאה מואפקא ומגאנסא לה מן אללסאן אלערבי אד הו אכתר אללגאת בעד אלסריאני[a] שבהא בלסאננא· ואמא אעתלאלה ותצריפה ומגאזאתה ואסתעמאלאתה פהו פי גמיע דלך אקרב אלי לסאננא מן גירה מן אלאלסן יעלם דלך מן אלעבראניין אלראסכון פי עלם לסאן אלערב אלגאפרון פיה ומא אקלהם· ולסנא נקנע נחן פימא נסתשהד מן דלך במתל מא קנע בה אלאואיל רצי אללה ענהם ממא דכרנאה מן אסתשהאדהם[b] בל במא הו אבין דלילא ואקוי ברהאנא לעלמי בתעסף אהל זמאננא ובתרה תשטטהם ובמא יבעתהם עליה אלחסד מן אלאנבאר למא ליס במנבר ומן אלדפע פימא לא מדפע פיה· פאן כתירא מן חסאד אהל אלעלם פי זמאננא הדא ופי צקענא[c] כאצה קד יבעתהם אלחסד להם מע אלגהל עלי אלתעלל עליהם פי מעני בדיע יסתנבטונה ופי תפסיר רפיע יסתחדתונה פי גיר אלאמור אלשרעיה ממא יכון מכאלפא לקול אלמדרש או אלהגדה באן יקולוא הדא כלאף מא קאלתה אלאואיל וישנעון דלך עליהם ויעטמונה ויבאחתון בה וימכרקון בה עלי אלרעאע חתי יצדונהם ען חקאיק אלאשיא ויזהדונהם פיהא חסדא מנהם לדוי אלעלם וגהלא בקול אלאואיל רצי אללה ענהם אין מקרא יוצא מידי פשוטו[1] ובקולהם איצא פשטיה דקרא לחוד והלכה לחוד[2] אד ליס מן אלממתנע אן יחתמל אללפט מעניין גאיזין ואזיד מן דלך כמא קאלת אלאואיל רצי אללה ענהם מקרא אחד יוצא לכמה טעמים ואין טעם אחד יוצא לשני מקראות דבי ר׳ ישמעאל תאנא הלא כה דברי כאש נאם יי׳ וכפטיש יפוצץ סלע[3] מה פטיש זה מתחלק לכמה ניצוצות אף מקרא אחד יוצא לכמה טעמים[4]· ואיצא פלקלה מטאלעתהם[d] לתפאסיר רב סעדיה ותפאסיר שמואל בן חפני רצי אללה ענהמא אלפשאטיה פהם ינכרון מתל הדא עליהם פצלא ען אן ינכרוא מא יסתשהד בה מן אללפט אלערבי· ואשנע מן הדא ואקבח מן פעלהם ואטהר מן גהלהם אנכארהם עלינא מעשר אהל אלתפסיר לכתב אללה אלמנזלה[e] אלאסתשהאד באלפאט אלמשנה

[a] P. אללסאן אלסריאני [b] P. אסתשהאדאתהם [c] P. suppl. דא; R. זה. [d] A. מטלעתהם
[e] P. ללכתב אלמנזלה

[1] Sabbat 63 a. [2] Nous n'avons pas trouvé ce passage. [3] Jér. 23, 29. [4] Sanhedrin 34 a.

אד̇ יג̇עלונהא במא יוג̇ד פיהא מן אלפאט̇ גריבה̈ בארג̇ה̈ ען קיאס אללגה̈ מת̇ל מא קיל פיהא לא יתרום ואם תרם תרומתו תרומה[1] קאלוא הד̇א גלט לאן אלתא מן תרומה ליסת אצלא וקד אג̇רוהא פי תרם ויתרום מג̇רי אלאצלי לאן וזנהמא פעל ויפעול· וטענוא איצ̇א במת̇ל הד̇א פי קולהם התחיל ויתחיל מן תחלה לאן אלתא פי תחלה מזידה̈ לאנה מן החל הנגף[2] והכד̇א קאלוא פי קולהם מתריעין ויתריעו[3] מן תרועה לאנה מן ויריע העם[4]· וטענוא איצ̇א פי קולהם לא יופך במעני יהפוך חתי קאלוא היתה שדהו זרועה חטים ונמלך[a] לזרעה שעורים ימתין לה עד שיתליע ויופך ואחר כך יזרע ואם צמחה לא יאמר אזרע ואחר כך אופך אלא הופך ואחר כך זורע[5]· וקאלוא איצ̇א פי קול אלמתניתין מריח ומליח[6] אנה גלט פי אלתצריף וכ̇טא פי אלאשתקאק וד̇לך אן מליח יג̇ב אן יכון מן במלח תמלח[7] ואלמים פי במלח תמלח אצל והי פי מליח זאידה̈ ראלה̈ עלי אלפאעל אלמאכ̇וד̇ מן אלפעל אלת̇קיל אלד̇י עלי

IX. זנה̈[b] הפעיל וכאן ואג̇בא אן יכון ממליח עלי זנה̈ הנני ממטיר לכם[8] פקולהם מליח עלי מת̇אל מריח אד̇א גלט לאן מריח מעת̇ל אלעין מן ידיחו את העולה[9] ואלמים פיה זאידה̈ ומליח ענדהם מן מעני במלח תמלח והד̇א כ̇לף· הכד̇א טענוא עלי הד̇ה אלאלפאט̇ ועלי מא ישבההא ויג̇אנסהא פי אלכ̇רוג̇ ען אלמסתעמל ואנמא ערץ̇ להם הד̇א לתואניהם וגפלתהם ועמאיהם[c] עמ̇א וקע פי אלכתאב מן מת̇ל הד̇ה אלשואד̇[d] עלי כת̇רתהא ולקלה̈ תיקט̇הם ותנבההם לה· וקד אורענא נחן מנה ג̇מלה̈ ראלה̈ עלי גירה פי באב אפרדנאה לה פי הד̇א אלג̇ז אלאו̇ל מן דיואננא הד̇א ונחן ננזה אלמשנה עמא יקד̇פונה הם מן אלגלט פי הד̇ה אלאלפאט̇ ונבי̇ן גרץ̇ אלאו̇איל רצ̇י אללה ענהם וג̇ה מג̇אזהם פיהא פנקול אן מן מג̇אזאת אצחאב אללגאת ואסתסהאלאתהם פיהא، אנהם אד̇א כת̇ר אסתעמאלהם ללשי[e] רבמא חד̇פוא מן אצלה אסתכ̇פאפא כמא צנע אלעבראניון פי תֵּן והַךְ והַט וצו וגיר ד̇לך כת̇יר ממא קד בי̇ן פי כתאב חרוף

[a] P. suppl. עליה̈ [b] P. בניה̈ [c] P. ונומהם [d] P. הד̇א אלשד̇וד̇ [e] A. om.; Munk suppl. בשי

[1] m. Teroumâh ch. 1, § 1. [2] Nomb. 17, 11. [3] m. Taanît 3, 1. [4] Jos. 6, 20. [5] m. Kilaïm 4, 3. [6] Hôlin 113a. [7] Lév. 2, 13. [8] Ex. 16, 4. [9] Ex. 40, 38.

אללין ופי כתאב דואת אלמתלין וביאנאה נחן פי אלמסתלחק וגירה ונבינה איצא פי כתאבנא הדא· ורבמא זארוא פי אללפט עלי אצלה כזיארתהם אלאלף אלמהמוזה פי ואשמאילה[1] ופי וכי תשמאילו[2] ידל עלי דלך קולה השימי השמילי[3] וקולהם שמאל[4] בואו אלמד ואן כתבת אלפא בגיר המזה וכזיארתהם אללאם פי שלאנן ושלו[5] ואלמים פי נמבזה ונמס[6] אלדי אלוגה אן יכון נבזה ואן כאן קד יחתמל וגהא אכר סנדכרה פי גיר הדא אלמוצע וכזיארתהם גיר דלך מן חרוף אלזיאדה ממא סאבינה· והדא אלמגרי גרת אלערב איצא פי לגתהא מן אלחדף ואלזיאדה· אמא אלחדף פכקולהם כד וזן ורד ומא אשבה דלך· ואמא אלזיאדה פכזיארתהם אלהמזה פי קולהם שמאל ושאמל לאנה מן שמלת אלריח תשמל כמא[a] ענד אלעבראניין תשמאילו ואשמאילה מן שמאל בעשותו השימי השמילי[7] וכזיארתהם אליא פי קולהם פי תצגיר ליילה וכזיארתהם אלמים פי קולהם ללאזרק זרקם וכקולהם ללדלקא והי אלתי תכסר פוהא מן אלנוק וסאל לעאבהא דלקם וכזיארתהם אללאם פי דלך ופי קולהם ללעבד עבדל· ורבמא אגרי אלעבראניון אלחרף אלגירי מגרי אלחרף אלאצלי כאגראהם יא יהודיהם והי זאידה פיה לאנה משתק מן אודה את יי[8] מגרי יא יעץ פי קולהם מתיהדים[9] כמא קיל[b] ויתיעצו על צפוניך[10] פגעלו יא מתיהדים והי זאידה לא אצליה פא אלפעל מתל יא ויתיעצו לאנה למא כתר אסתעמאלהם ליהודים וארארוא אן יקתטעוא מנה פעלא געלוא יא[c] באלאצלי פקאלוא מתיהדים עלי זנה מתפעלים פקאבלוא באליא מן מתיהדים אלפא מן מתפעלים ואליא מן מתיהדים הי יא יהודה ויא יהודה ותאוה המא יא והא על כן עמים יהודוך[11] והמא זאידתאן לאן אליא ללאסתקבאל ואלהא הי הא הודה אלפעל אלמאצי אלתקיל ואלמסתקבל מן הודה יהודה לתפלה[12] ויהודה אלמסמי בה מאכוד מן הדא אלמסתקבל· לכנהם אגרוא יא אלאסתקבאל פי מתיהדים מגרי פא אלפעל ואגרוא אלהא אלמזידה אלדאלה עלי אלתקל מגרי עין אלפעל ואגרוא אלדאל

a P. suppl. כאן b A. קאל c P. אליא

1 Gen. 13, 9. 2 Is. 30, 21. 3 Ez. 21, 21. 4 Job 23, 9. 5 ib. 21, 23. 6 I Sam. 15, 9. 7 voy. ci-dessus l. 3—5. 8 Gen. 29, 35. 9 Est. 8, 17. 10 Ps. 83, 4. 11 ib. 45, 18. 12 Néh. 11, 17.

מגרי אללאם והי באלחקיקה עין אלפעל ואסקטוא פא אלפעל אלחקיקי אלדי הו אלואו[a] פי יהודה לתפלה ואסקטוא איצא לאמה אלחקיקי· והכדא צנע[b] אצחאב אלמשנה פי לא יתרום ואם תרם פאנהם למא כתר אסתעמאלהם לתרומה קדרוה תקדיר הגמולה[1] פקאלוא תרם ויתרום כמא קיל גמל ויגמול· והדא כאן מדהבהם X. פי מתריעין ומתחילין ויתריעו ויתחילו פאנהם למא חמלוא תרועה חמל הגמולה הזאת ומחמל גבורה וחמלוא תחלה מחמל קהלה גדולה[2] ושבהוהמא בהא געלוא אלתאיין מנהמא באלאצל פקאלוא יתריעו ויתחילו עלי זנה ויקהילו משה ואהרן[3] ועלי זנה יגבירו מן ללשוננו נגביר[4]· ואמא יופף פכאן מדהבהם פיה אנהם ראוא אבתדאל[c] אלאלף מן הא הפך פצאר אפך עלי מתאל אמר וגא מסתקבלה יופף כמא גא מסתקבל אמר יאמר ומסתקבל אכל יאכל ואמא כתאבהם איאה באלואו פכמא כתב כי יוכלו אתיקים[5] באלואו עלי אללפט והו מן אכל· והדא משבה בפעל אלעבראניין פי אתחבר יהושפט[6] וכל מלבושי אגאלתי[7] וגירהמא פי אבראלהם אלאלף פיהא מן האי· פקד טהר אן מדהב אצחאב אלמשנה פי תרם ויתרום וגירהמא מתלהמא הו מדהב אלעבראניין פי מתיהדים סוא[a] ואן מדהבהם פי יופף אעני קלבהם הא הפך אלפא הו מדהב אלעבראניין פי אגאלתי וגירה· פמן אחסן אלטן בהולא פליחסנה בהולא ואלא פהו גאיר גיר מלתזם ללעדל ולא מסתשער ללחק פאנהם מסתדלון בהם מתקילון פעלהם מתקפון[d] אתארהם קולא ופעלא· וליס במסתנכר אן יכון אפך מגאנסא ללפט אלערבי אעני קולהם אפכת אלרגל ען אלאמר במעני קלבתה ענה ויסמון אלריאח אלמתפכאת לאנהא תקלב· וקד וגדת מתל הדה אלמגאזאת פי לגה[e] אלערב ודאך אנהם יעתקדון אן אשתקאק מכאן אנמא הו מן כאן יכון ואן וזנה מפעל לאן אצלה אן יכון מכון פאסכנוא אלואו אסתתקאלא לחרכתהא וחרכוא אלכאף באלפתח פאנקלבת אלואו אלפא לאנפתאח מא קבלהא מע סכונהא לכנהם קד אגרוה מגרי פעאל מפתוח אלפא פגעלוא מימה באלאצלי לכתרה

[a] A. ואו [b] P. פעל [c] P. אבדאל [d] P. מקתפון [e] A. לסאן

[1] II Sam. 19, 37. [2] Néh. 5, 7. [3] Nom. 20, 10. [4] Ps. 12, 5. [5] Ez. 42, 5. [6] II Chr. 20, 35. [7] Is. 63, 3.

אלאסתעמאל פקאלוא מכאן ואמכנה עלי מתאל פעאל ואפעלה וקאלוא איצא תמכנת פי אלמכאן פאגרות[a] מגרי תפעלת והו פי אלאצל תמפעלת לאן אצלה תמכונת פי מוצע תכונת מתל קולהם תמדרעת פי מוצע תדרעת וקולהם תמסכנת פי מוצע תסכנת לאנה משתק מן אלסכון. ומתל קולהם איצא תוב ממרגל מכאן מרגל יעני עלי צנאעה אלמרגל לאן אלמראגל ענדהם תיאב מן צרב אלושי[b] וכאן אלקיאס אן יקאל מרגל לאן חן מרגל מפעל וקולהם ממרגל אנמא הו ממפעל עלי זנה מרחרג אלא אן מדחרג מפעלל וממרגל ממפעל פאנזלוא אלמים אלתאניה מן ממרגל והי מזידה מנזלה אלדאל מן מדחרג והי אצל פאכרגוא ממפעלא ואצלה מפעל מכרג מפעלל והדא הו אלקיאס פי תמסכנת ותמדרעת. ולו אנהם גמעוא מכאנא עלי חקה ואגבה לקאלוא מכאון לאן וזן מכאן כמא קלת עלי אלאצל מפעל וגמע מפעל אנמא הו מפאעל לכנהם אגרוה מגרי קדאל ואקדלה. והדא הו איצא מגאז קול אלעבראניין נודרין לחרמין ולהורגין ולמוכסין[1] פי אסם אלפאעלין מן מכס אד שבהוא מכס בקול אלכתאב מביאים דאג וכל מכר[2] ואן כאן מא ימתנע גואז[c] כון אלמים פי מכס אצלא. ואן כאן מן מעני תכסו על השה[3] ולים יכון חיניד מן אצלה. ומא מן שי יתכלמון בה עלי גיר קיאס מא יוגד פי אלכתאב אלא והם יחאולון בה וגהא. ואמא קולהם מריח ומליח פאנמא ארארוא בה תעדיל אללפט ותזויגה ותסויתה לאן מן עאדה אלעבראניין פעל מתל דלך בקולהם את מוצאך ואת

XI. מובאך[4] ומוצאיו ומובאיו[5] פחמלוא מובא והו מעתל אלעין מחמל מוצא והו מעתל אלפא תזויגא ללכלאם ואצל מובא מבוא. ובקולהם איצא הרו והגו מלב[6] פחמלוא הגו והו מצדר פעל כפיף מעתל אללאם אד הו מן והגיתי בכל פעלך[7] מחמל הרו והו מצדר פעל תקיל מעתל אלפא ואללאם אד הו מתל ולהורות את בני ישראל[8]. וקד תפעל אלערב מתל הדא בקולהם אני לאתיה באלעשאיא ובאלגדאיא פקאלוא באלגדאיא אתבאעא ללפט אלעשאיא ולים עלי חקה ואגבה ובגמע בעצהם בין מאזוראת והו מן אלוזר

[a] A. פאגרוא [b] A. אלושי ;פי צרב P. אלושי פי צרב מן [c] A. גאיז

[1] m. Nedârim ch. 3, § 4. [2] Néh. 13, 16. [3] Ex. 12, 4. [4] II Sam. 3, 25. [5] Ez. 43, 11. [6] Is. 59, 13. [7] Ps. 77, 13. [8] Lév. 10, 11.

ובין מאגוראת תזויגא ללכלאם ואנמא כאן חק אלכלאם אן יכון מחוראת פאריד בה תזויג אללפט כמא אריד דלך בקולהם אלגראיא חמלא עלי לפט אלעשאיא· פקול אצחאב אלמשנה ארא מליח אנמא הו מחמול עלי מריח כמא דכרנאה מן מרהב אצחאב אללגאת פי תעדיל אלכלאם לא גלטא[a] כמא יטן מן לא יחסן תנקיח אלכלאם ואצלה ממליח פחרף מים אלאצל תזויגא ללכלאם· פלו אן הולא[b] אלקום יעלמון מן מגאזאת אללגאת ואסתעמאלאתהא מא עלמנאה למא אנכרוא[c] למא גנונאה· ולגהל כתיר מן אלנאס ממן לא יטלע עלי[d] עלם לסאן אלערב במא יגוזונה פי לגתהם מן אלמגאזאת ואלאסתעאראת ווצע אלשי פי גיר מוצעה וגיר דלך כתיר מן אסתעמאלהם[e] ממא יסתעמל אלעבראניון פי לסאנהם מתל דלך איצא תראני ענד מא אבין אסתעמאלא מא מן אסתעמאלאת אלעבראניין כתירא מא אקול וקד צנעת אלערב מתל דלך פי קולהם כרא וכרא לארי אלאגמאר דלך פלא יסתוחשון ממא תסתגיזה אלעבראניון· ולסת אקול אן כל מא כתר אסתעמאלה יגוז פיה אלחרף ולא אן אלזיאדה גאיזה פי כל מכאן ולא אזעם אן פי כל כלאם יגוז אסתעמאל מתל הרא אלתזויג ואלתעדיל אנמא דלך מרדוד אלי אלעבראניין ומוקוף עלי אסתעמאלהם פאנתהי חית נהצוא וקף חית וקפוא פאנא ופקך אללה תארך הולא יחרון בגהלהם ועדמהם אלארב ומקבל עלי מא ינתפע בה בחול אללה· ומא תכפי ען אחד מן אהל אלעלם שרה מא ילחקני פי תאליף הרא אלכתאב מן אלתעב וכתרה מא ידרכני פיה מן אלנצב פליעלם מן כאנת הרה צפתה אני לא אתי דלך פכרא ולא אקצד בה דכרא בל אנמא גרצי פיה אלאזדלאף אלי אללה ואלתקרב מן תואבה במא אפיד מן מעאניה מן גהלהא ואטלע מן מגאזיה מן נכרהא ואיצא פליכן עדה לי לזמאן אלשיכוכה אלתי קד אשרפנא עליהא וכאן יסמיהא אפלאטון אם אלנסיאן[1]· ואכתר מן ינתפע בעלמנא הרא מנפעה כאמלה מן אטרח ען נפסה אלמלאלה ואזאח ענהא אלסאמה וכאן אריבא אריבא מהרבא פטנא נחרירא וכאן פי טביעתה ותאריבה אלאול אפצל מן כתיר מן אלנאס פאני אנא לם אצל אלי הרא אלעלם אלא

[a] A. P. גלט [b] P. האולאי [c] P. נבדו [d] P. ישאלע [e] P. אסתעמאלאתהם

[1] Voir Munk, Journ. as. 1850, vol. II, p. 215, note 2.

ברווב אלבחת ואלנטר ובאלענאיה אלמתצלה לילי ונהארי ובעשק כאן יראבלני לה פבאני כאן יוחי אלי וחיא· וקד גמע אבתר אצול אללגה קבלי כתיר מן אלנאס ממן סמת אלי אלעלם המתה ואשתרת לה טלבתה וכל מחמוד עלי אגתהארה משכור עלי סעיה ואן כאן גמיעהם חארוא פי דלך ען טריק אלקצד וזאגוא פיה ען סביל אלרשד בוצעהם אכתר אלאצול עלי גיר כנההא ואנזאלהם איאהא פי גיר מנאזלהא ודלך אנהם געלוא כתירא מן אלחרוף אלאצליה III. מן גיר אלאצל חתי לקד געלוא אלאעתמאד פי כתיר מן אלאצול עלי חרף ואחד וגעלוא גיר דלך אלחרף מן חרופה זואיד מרמיה לה· מתאל דלך אנהם געלוא אלאצל פי נטה אלטא וחדה וגעלוא אלנון ואלהא זאידין פיה[a] למא ראוהמא יסקטאן פי ויט ידו[1] אל תט באף[2] וגירהמא ולם ידרוא אן עלה סקוטהמא אלאסתבפאף ודלך לכתרה אסתעמאלהם הדא אלאצל וכדלך צנעוא פי הָוָה פאנהם אעתמדוא פיה עלי אלזאי וחדה ולם יחפלוא באלחרף אלמנדגם פיה ולא באלהא והכדא צנעוא איצא פי הכה פאנהם אעתמדוא מנה עלי אלכאף וחדה ולם יעתברוא[b] באלנון אלדי פי והפשתה והשעורה נבתה[3] ופי והחטה והכסמת לא נכו[4] ובאלהא וכדלך געלוא אלאצל פי סבב אלסין ואחד אלמתלין פקט ולם יעתרוא באלמתל אלתאני לסקוטהא פי יסוב אותו[5] וגירה ואמתתלוא הדא אלפעל פי גמיע אלאפעאל דואת אלמתלין· וקד אקאם אבו זבריא אלבראהין[c] עלי גלטהם פי הדא ופי מתלה[d] מן אלאפעאל אלמעתלה ואלאפעאל דואת אלמתלין· ואמא מא כאן מן אלאפעאל אלסאלמה מתל נדר ונתן ומא אשבה דלך ממא פאוה נון פאנהם געלוא אלפאאת מנהא מן גיר אלאצל לסקוטהא פי בעץ תצאריפהא או לאנדגאמהא כמא צנעוא פי נטה· והכדא צנעוא איצא פי לקח לסקוט אללאם מן קח נא מפיו תורה[6] קחנו ובואה[7] קחו לכם[8] ומא אשבה דלך ולאנדגאמה פי יקח[e]· ואמא נון נתן פלסקוטה מן תן לי הנפש[9] תנה את נשי ואת ילדי[10] תנו נא אותה לו לאשה[11] ומא אשבה דלך ולאנדגאמה פי

[a] Munk פיה זאידין ; A. om. זאידין [b] A. P. יעתרו [c] A. אלברהאן R. המופתים = P.
[d] P. ומתלה [e] Munk נקח

[1] Is. 5, 25. [2] Ps. 27, 9. [3] Ex. 9, 31. [4] ib. 9, 33. [5] I Rois, 7, 23. [6] Job 22, 22.
[7] I Sam. 20, 21. [8] Ex. 5, 11. [9] Gen. 14, 21. [10] ib. 30, 26. [11] ib. 28, 20.

יתן· ואמא נון נדר פלאנדגאמה פי ידר יעקב[1]· ואמא נון נפל פלאנדגאמה פי יפול· הכדא צנעוא פי אכתר אלאפעאל אלמחרופה אלפאאת או אללאמאת כלהם גרוא פיהא חדא אלמגרי ונחוא נחו הדא אלמנזי אלא אבו זכריא יחיי בן דאוד רחמה אללה פאנה אול מן נהג פי דלך טריק אלצואב וסלך פיה סביל אלחק פמיז אלאצלי מן אללאחק פי אלאפעאל אלתי עני בגמעהא פי כתאביה אעני פי כתאב אלאפעאל דואת חרוף אללין ופי כתאב אלאפעאל דואת אלמתלין אלא אנה והם פי קליל מן דלך קד שכבנאה עליה פי כתאבנא פי[a] אלמסתלחק פי אלאפעאל דואת חרוף אללין ואלאפעאל דואת אלמתלין עלי מא תבת פי כתאביה· ואמא אלאפעאל אלסאלמה מן אללין ומן אלתקא אלמתלין וחרוף אלמעאני פלם ידכר אבו זכריא שיא מן דלך ולא תערץ לה פראינא נחן גמע דלך כלה פי כתאבנא הדא אעני אלאפעאל אלסאלמה ואלאפעאל אלמעתלה ודואת אלמתלין וחרוף אלמעאני· וראינא אן נודעה איצא מן אלאסמא גיר אלמשתקה ממא לא אפעאל להא מא כאן מתעלקא בה תפסיר מפיד מתל אסמא אלאביאל ואלאוזאן ואלאטיאר ואלאחגאר ומא אשבה דלך ממא אסתכרגת תפסירה מן כתב אלעלמא ואלרוסא אלמותוק בנקלהם כרב סעדיה ורב שרירא ורב האיי ורב שמואל בן חפני ראס אלמתיבה וחפץ ראש כלה וגירהם מן אצחאב אלתפאסיר ואלגאונים רצי אללה ענהם אגמעין חתי יכון כתאבנא[b] כתיר אלגנא קליל אלענא גאמעא לאכתר אצול אללגה אלמוגודה פי אלמקרא XIX אלא מא מנע מנה אלנסיאן אלמוכל באלאנסאן או חאל דונה שגל אלבאל אלא אן אלדי דכרה אבו זכריא פי כתאביה ואלדי דכרנאה נחן פי אלמסתלחק מן אלאצול פאנא לא נעני באסתקצא אקסאמה ולא בתעדיד גמיע תצאריפה פי כתאבנא הדא בל אנמא נשיר אליה וננבה עליה פקט לילתמסה אלטאלב מן מטאנה ויאכדה אלבאחת ענה מן מכאנה· פעלנא דלך לוגוה מנהא אלרגבה פי אלאכתצאר עלי קדר אלאמכאן ואלחרץ עלי תרך אלתטויל אלממל ללקארי ומנהא אני לו פעלת דלך למא זדת פי אכתרה עלי מא אתי בה אבו זכריא ועלי מא אתית בה פיה שיא פכנת אכון נאסכא

[a] Munk om. [b] P. ajoute הדא

[1] Gen. 28, 20.

לכלאמה וכלאמי ומכררא לכתאביה וכתאבי פאטלם נפסי ואמל אלנאטרין ואתעב אלטאלבין בתכריר אשיא קד בינת ורכוב אסאליב קד נהגת. ומנהא אלא אטוי חסן מא אכתרעה אלרגל ולא[a] אסתר פצל מא אבתדעה וגריב מא אבתדאה מן הדא אלעלם אעני עלם אלתצריף פאנה לם יסבקה אליה סאבק ולא אגרי אליה מגר ולא כטר בבאל ואצע ולא הגם פי נפס מולף קבלה עלי מא דכרת ענה פי אלמסתלחק ולא אטמס נורה פאטלמה ואבכסה חקה. פלגמיע מא דכרתה מן הדא לא סימא להדא אלוגה אלאכיר פאנת אקבחתא ואסמגהא וכבת ען אסתיפא גמיע פרוע תלך אלאצול פי כתאבי הדא. ואנא לדלך מרשד מן טאלע כתאבי אלי[b] אלא יכלי נפסה מן קראה כתאבי אבי זכריא רחמה אללה אעני כתאב חרוף אללין וכתאב דואת אלמתלין ולא[c] ידע קראה מא תקדם לי אנא פי הדא אלפן מן אלכתב אעני כתאב אלמסתלחק ורסאלה אלתנביה וכתאב אלתקריב ואלתסהיל וכתאב אלתסויה וכתאב אלתשויר. פאן פי הדא אלכתאב אעני כתאב אלתשויר גרי לנא פיה שרח כתיר למעאני כתאבי אבי זכריא ומעאני כתאב אלמסתלחק ואנדרגת לנא פיה איצא קואנין כתירה מן קואנין אללגה ופואיד עדידה[d] מן עלם אלנחו אלעבראני אלדי לא יסתגני אלנאטר פי עלם אללגה ענה. ופיה איצא אחתגאגאת כתירה ובראהין עטימה ודלאיל עמימה עלי אצול אללגה ותצאריפהא ותעלילאתהא טהר מנהא שרף הדא אלעלם וגלאלה קדרה ואסתבאן פיהא ארתפאע מכאן מן יחסנה ואנחטאט מוצע מן תקחם פיה בגיר תמייז ודון מערפה. פבגמיע מא דכרתה יתם אלוקוף עלי עלם לגה כתאב אללה עז וגל. ומן ראי תפצילנא לאבי זכריא פי הדא אלפן מע חדתאן עהדה עלי מן תקדם ובעד עהדה מן אלמולפין פלא ינסבנא פי דלך אלי אלגלו ואלתשייע[e] פיה פיטלמנא ויבכסנא מא נסתשערה מן אלחק ונסתנבטה מן אלעדל. פאנה מן טריק מא יוגבה אלעדל אחמר טריקא ואחסן מדהבא פי הדא אלעלם מן גמיע מן תקדמה וליס לקדם אלעהד יפצל אלקאיל ולא לחדתאן אלעהד[f]

[a] P. ואלא: R. ושלא [b] Omis dans A. Munk (Notice p. 200, n. 1) les a suppléés ainsi : ואנא לאגל דלך משיר עלי אלנאטר פי כתאבי הדא [c] P. ואלא, R. ושלא [d] A. חואיד לכנה, Munk, par conjecture: ופואיד עדידה, P. ופואיד גמה [e] P. ואלתשניע [f] A. עהד

יהתצׄם אלמציב לכן יֻעטי כֹּל מא יסתחקׄ מע אן ברהאן אבי זכריא עלי מׄדהבה ואצׄח ודלילה באיח[a] פלעלמנא בצחהׄ קיאסה קדונא[b] אתׄרה וסלכנא טריקה ותברׄאנא מן תקצׄי מא קד דׄכרה פאחסן פיה· ואמא מא לם ידׄכרה מן אלאפעאל אלסאלמהׄ ומן חרוף אלמעאני ואלאסמא XIV גיר אלמשתקהׄ מן אלאפעאל פאנׄי אתקצׄאה ואבלג פיה אלגאיהׄ אלתי אומי אליהא ודׄלך עלי קדר אלטאקהׄ וחסב אלאמכאן· ואנא מנבׄה איצׄא פי כתאבי הדׄא עלי מא והם פיה אבו זכריא פשככתה עליה פי אלמסתלחק וגירה[c] ומדוׄן איצׄא מא פאתנא תשכיכה עליה הנאך· ולסת מתצׄמנא אסתקבא גׄמיע אלאצול ולא אסתקצא כל אלפרוע פאן מא נחן בסבילה מן כדׄ אלזמאן אלגׄארׄב רבׄמא אׄדהלנא ען אחצׄאר אקלׄה ושגלנא ען תקייד בעצׄה לכנׄא נרגׄו אן יכון כתאבנא הדׄא מחיטא באכתׄר מא גרצׄנא אליה ומשתמלא עלי גׄלׄ מא קצדנא גׄחוה· ואללה נסתרשד ועליה נעתמד ואיאה נסתהדי ובה נׄעתצם פי דׄלך ופי גׄמיע אלאמור· וסמׄינא כתאבנא הדׄא בכתאב אלתנקיח אי אלדקרוק אלדׄי מענאה פי אללסאן אלעבראני אלבחתׄ ואלתפתיש כמא אן תנקיח אלכלאם פי אללסאן אלערבי הו תפתישה איצׄא· ואנא אסאל כל מן קרא כתאבנא הדׄא ונטׄר פיה אן ידׄע ענה מא אבתלי בה אהל זמאננא הדׄא מן אלחסד אלמנחך ואלאצראר[d] עלי אלבאטל וחבׄ אלוקיעהׄ פי אלנאס ואלתעסׄף עלי אלעלמא ועזא[e] מא יאתון בה מן מעני גריב אלי גירהם טׄלמׄא להם ותחאמלׄא עליהם פאן מן כאנת פיה הׄדה אלכׄלאל[f] אלמׄדמומהׄ לא יזאל מׄדמומא מן אללה וממקותא מן כׄלקה[g]· ולסת אזעם אנׄי אעצם מן אלכׄטא ואעאפי מן אלזלל פאן טביעהׄ אלבשר נאקצהׄ וכׄליקתה מקצרהׄ לכן חסבי אלאגׄתהאד ובלוג אלגאיהׄ פיה· ומא אקבח במן קרא כתאבי הדׄא מן אהל אלפהם אלׄא יוסעני עׄדׄראׄ פי כׄלל יראה פיה ואלׄא יגתפר לי זללאׄ יטלע עליה והו ירי מא אתגׄשמה ויעאין מא אתגׄסמה פלים במסתעטׄם אן יקע פי הדׄא אלדיואן אלגׄליל אלקדר אלכׄטא מן טריק אלגפלהׄ ואשתגאל באלי בעטׄים מא אתכלפה פלא ינתהזׄ אלפסל מני אלפרצהׄ אדׄא כאן קדׄרה מנזהאׄ ען מתׄל דׄלך אלכׄטא· פכתׄירא יכתב אלאריב

a P. לאיח b P. קפונא c P. ומבין d A. P. ואלאצראר e A. ועמא; Munk, par conjecture ונסב f P. אלכלל g P. אלנאס

ואלכאתב אלנחריר כתאבא פארא פחצה[a] וגר פיה אללחן וכאן דלך מן טריק אלגפלה ושגל אלבאל לא סימא במא יעתור אלאנסאן מן דלך[b] פי מתל הדא אלדיואן אלעטים אלכתיר אלפנון[c] אלגם אלמראתב[d] פאן מן תכלף מא אתכלפה מעדור פי אן יסהו וגיר מלום פי אן יוהם ואנמא הדאני אלי אלאכתאר פי הדא מא אערפה מן סו אדב אהל זמאננא וקלה מערפתהם במצאיק אהל אלתאליף ומארק אצחאב אלתנטים ותהאפתהם אלי אלטען עלי אלעלמא לא סימא וקד אבתלית בגהלהם ולם[e] אסלם מן גיהם. וקסמת כתאבי הדא עלי גזיין אלגז אלאול נדכר פיה אבואבא עלמיה יתבין מנהא כתיר מן תצאריף אללגה ומגאזאתהא ואסתעמאלאתהא ואבניתהא וגיר דלך מן אחואלהא וסמית הדא אלגז לכתרה פנונה כתאב אללמע תשביהא לאבואב באללמע מן אלארץ והי מואצע יכון פיהא אנואע[f] מכתלפה מן אלזהר אכבר מן אלתלמיע פי אלתוב אלדי יכון מן אלואן שתי. ואלגז אלתאני נדכר פיה אכתר אלאצול אלמוגודה פי אלמקרא פסמית הדא אלגז אלתאני בכתאב אלאצול והדא חין אבדי בדכר גמיע מא תצמנתה בחול אללה.

[a] P. מחצה [b] Tout ce qu'on lit entre les deux דלך, manque dans A. Munk a rempli la lacune, à l'aide de R. comme suit: מן טריק אלגפלה ושגל אלבאל לא סימא במא הו גאיז עלי אלאנסאן [c] A. corrompu: אלטען; Munk conjecture: אלמעאני [d] P. אלחדאהב [e] A. ולא [f] P. אצנאף

1.

אלבאב אלאול

[פי מבאדי אלכלאם]

קאל אבו אלוליד מרואן בן גנאח אעלם אן מבאדי אלכלאם כלה עבראניה וערביה ואי לגה כאן סוי תחין אללגתין תלתה והי אסמא ואפעאל וחרוף מעאן לא יכלו לסאן מנהא ולא יוגד פיהא אכתר מנהא ולא יכון אקל מנהא עלי מא וצעתה עליה אלטביעה· פאלאסמא מתל בגד צמר קבר שור חמור סוס ומא אשבה דלך· ואלאפעאל נחו אמר בחר שמר הרג נתן שאל יאמר יבחר ישמור יהרוג יתן ישאל וגיר דלך· ואלחרוף מתל כי גם רק אך ומא מאתלהא· ולנבין אלעלה אלמוגבה לוצע אלאסם ואלסבב אלדאעי אליה ואלמצטר אלי תקדימה· תם נדכר בעד דלך אלעלה אלמוגבה לוצע אלפעל ונתלו דלך באלעלה אלמוגבה איצא לוצע אלחרף·

פנקול אנה קד צח בשהאדה אלעקול אלצחיחה ותבת בדלאלה אלאפכאר [אלצריחה][a] אנה לא שי בעד אלבארי גל ועז אלא גוהר וערץ פקט· וקד עלם אן אלגוהר הו אלקאים בדאתה [אלחאמל ללאעראץ ואן אלערץ הו אלמחמול באלגוהר][b] גיר קאים בדאתה פאחתגנא אלי אסם נצעה לכל ואחד מן אלגואהר לנפצל בה בעצה מן בעץ כמא קלנא שור חמוד סוס בגד צמר וגיר דלך· ואחתגנא איצא אן נסמי אלאעראץ באסמא נפצל בהא בין בעצהא ובעץ בקולך פי אלמצאדר רצוא ושוב[1] שמוע שמע עבדך[2] ירוד ירדנו[3]

[a] A. אלצחיח [b] Ces mots, omis dans A., sont suppléés, selon R.: הנושא את המקרים ושהמקרה הוא נשוא בעצם בלתי עומד בעצמו

[1] Ez. 1, 14. [2] 1 Sam. 28, 10. [3] Gen. 43, 20.

ופי אלאסמא גיר אלמצאדר קדרות עצבות אפלה קרחה גבחת הרג רב[1] אלמנות חיות[2] ומא אשבה דלך לנכבר בדלך עמא ילחק אלגואהר מן אלאעראץ. והדאן אלצרבאן מן אלאסמא מוצועאן באתפאק גיר משתקין מן שי ולא מאכודאן מן שי. ולמא כאן אלגוהר אקדם מן אלערץ קדמה טביעיה אד הו אלחאמל לה או אלמחדת לה וכבא קד אצטררנא אלי אן נצע לכל ואחד מן אלגואהר אסמא נפצלה בה מן גירה קדמנא אלאסם פי אלמרתבה ואן כאנת אלאסמיה משתרכה ללגוהר ואלערץ גמיעא. ומן אלאסמא אסמא מוצועה באשתקאק והי אלאסמא אלמשתקה ללגואהר מן אלאעראץ אלמחמולה עליהא כקולנא קדר הלבתי בלא חמה[3] אלמשתק מן קדרות[4] כי לא אלמן ישראל[5] אלמשתק מן אלמנות חיות ואפל ולא נגה לו[6] אלמשתק מן חשך ואפלה[7] קרח הוא[8] אלמשתק מן וכי יהיה בקרחת[9] גבח הוא[10] אלמשתק מן או בגבחת[11] עובר ארמתו ישבע לחם[12] אלמשתק מן עבדות שומע אנכי[13] אלמשתק מן והיה אם שמע תשמעו[14] יורדי הים[15] אלמשתק מן ירד ירדנו[16] להוציא אל הורג בניו[17] ועצומים כל הרוגיה[18] אלמשתקאן מן ביום הרג רב[19]. וקד אגתמע אלמשתק ואלמשתק מנה פי קולה אם כהרג הרוגיו הרג[20]. ונחו דלך מא יכון אסמא ללפאעלין או אלמפעולין פאן הדה אלאסמא מוצועה ללגוהר באשתקאק מן אלערץ אלמתצל בה

2. והדא אלצנף מן אלאסמא דאל עלי אלגוהר ואלערץ גמיעא פי חאל אתצאל אלגוהר באלערץ וארתבאטה בה. ואמא אלצנפאן אלאולאן פאן כל ואחד מנהמא דאל עלי עינה דון עין צאחבה ואן כאן לם ינפך מנה לאן קולנא סוס דאל עלי גוהר דון אן ידל עלי ערץ ואן כאן אלגוהר גיר מנפך מן אלערץ. וקולנא הרג עלי זנה ארץ דאל עלי ערץ דון אן ידל עלי גוהר ואן כאן אלערץ לא ינפך [מן אלגוהר][a]. וצרב תאלת מן אלאסמא יסמי באלצפה לאנה יוצף[b] בה כל ואחד מן אלצרבין אלאולין כקולנא זהב טהור[21] כל מום רע[22] ביום הרג רב[23]. אלא תרי כיף וצפנא זהב והו אסם עין

[a] A. om., R. מהעצם [b] A. יצף

[1] Is. 30, 25. [2] II Sam 20, 3. [3] Job 30, 28. [4] Is. 50, 3. [5] Jér. 51, 5. [6] Amos 5, 20. [7] Joel 2, 2. [8] Lév. 13, 40. [9] ib. 13, 42. [10] ib. 13, 40. [11] ib. 13, 42. [12] Prov. 12, 11. [13] II Sam. 20, 17. [14] Deut. 11, 13. [15] Ps. 107, 23. [16] Gen. 3, 20. [17] Os. 9, 13. [18] Prov. 7, 26. [19] Is. 30, 25. [20] ib. 26, 7. [21] Ex. 25, 29. [22] Deut. 15, 21. [23] Is. 30, 25.

אלגׄוהר בקולנא טהור והו אסם אלפאעל אלמשתקׄ ללזהב מן אסם ערצׄה והו טוהר מן קולה וכעצם השמים לטהר[1]. וכדׄלך וצפנא אלמום והו אסם עין אלערצׄ באלרע והו אסם אלפאעל אלמשתקׄ ללמום מן אסם ערצׄה והו ורעה לא תמצא בך[2]. ווצפנא הרג והו אסם עין אלערצׄ באלרב והו אסם אלפאעל אלמשתקׄ ללהרג מן אסם ערצׄה והו את כבוד עשרו ורב בניו[3]. וכדׄלך נצפהמא באסם אלמפעול איצׄא פנקול פי אלגׄוהר ועל בגדים חבולים יטו[4] ונפשו קשורה בנפשו[5] ופי אלערצׄ אור זרוע לצדיק ולישרי לב שמחה[6] פוצפהמא[a] בזרוע והו מפעול בה אלּא אנּה ואן כאן צפהׄ פאנּה יסרׄ מסרׄ אלכׄבר ואלתקדיר פי קולה ולישרי לב שמחה אן יכון שמחה זרועה. ומתׄלה כל חשך טמון לצפוניו[7] ואיצׄא כשחר פרוש על ההרים[8].

קאל מרואן בן גׄנאח אנּה למּא תקדּם מן קולנא אן אסמא אלגׄואהר גׄיר משתקּהׄ וכאן אלקול בדׄלך הגׄאלך באלאטלאק פיגׄב אן נביּן הנא אנּה אנמא אדרנא אסמא אלגׄואהר גׄיר אלנאטקהׄ כׄאצּהׄ. ואמא אסמא אלגׄואהר אלנאטקהׄ פהי עלי צׄרבין אמּא מנקולהׄ ואמּא משתקּהׄ פאמא אלמנקולהׄ מתׄל ערב וזאב שרי מדין[9] נחש העמוני[10] חולדה הנביאה[11] ודבורה אשה נביאה[12] ומא אשבה דׄלך ואמא אלמשתקּהׄ פנחו שמעון לוי יהודה זבלון נפתלי יצחק יעקב ומא מאתׄל דׄלך.

אלקול פי אלעלּהׄ אלמוגׄבהׄ לוצׄע אלפעל ואלסבב פיה. אקול אן אלגׄוהר ארׄא אחדתׄ אלערצׄ[b] לא יכׄלו אחדאתׄה לה [מן][c] אן יכון פי זמאן מאצׄ או פי זמאן מסתקבל פאחתגׄנא אן נצׄע מן לפטׄ אלחדתׄ והו אלערצׄ אעני אלמצדר ציגׄתין מכׄתלפתין תכון כל ואחדהׄ מנהמא דאלּהׄ בצורתהא עלי אלזמאן אלדׄי כאן פיה אחדאתׄ אלגׄוהר אלערצׄ ופעלה לה. פצׄנע ללזמאן אלמאצׄי שמר שמר גדל יכול יגור יקוש דִּבֵּר שִׁבֵּר הגדיל הקריב וגׄיר דׄלך מן אלאבניהׄ אלדאלּהׄ עלי אלמׄצי ממּא סיתביּן פי הדׄא אלכתאב וצׄנע ללזמאן

[a] A. פנצפהמא, R. ותארם [b] A. אלאעראצׄ; R. המקרה [c] A. om.

[1] Ex. 24, 10. [2] I Sam. 25, 28. [3] Est. 5, 11. [4] Am. 2, 8. [5] Gen. 44, 30. [6] Ps. 97, 11. [7] Job 20, 26. [8] Joel 2, 2. [9] Jug. 7, 25. [10] I Sam. 11, 1. [11] II Rois 22, 14. [12] Jug. 4, 4.

אלמסתקבל יאמר ישמור יוכל[a] יגדל יְדַבר ישבר [ינדיל יקריב] וגיר דלך מן אלאבניה אלדאלה עלי אלאסתקבאל· פאנמא אלמצדר אלדי הו עין אלערץ אקדם מן אלצינתין אלמאכודתין מנה ללזמאן אלמאצי ואלמסתקבל אעני אלפעל אלמאצי ואלמסתקבל פאנה לא יתצור פי אלנפס אנה קיל אמר או יאמר אלא בעד תקדים אמר מלעיל ותגזור אמר ויקם לך[1] ולא קיל שמר או ישמר אלא בעד תוהם שמר עלי זנה ארץ או משמר מכל משמר נצר לבך[2] או שמור כי אם שמור תשמרון[3] וכדלך לם יקל גדל או יגדל אלא בעד תוהם גודל מלעיל את גדלך ואת ידך החזקה[4]· פאלאפעאל אדא מאכודה מן מצאדרהא לא אלמצאדר מן אלאפעאל וכדלך אלפאעל ואלמפעול מאכודאן מן אלמצדר אלדי הו אסם אלערץ· ואמא אי האתין אלצינתין אקדם[b] אעני אלמאצי ואלמסתקבל פיחתמל גואבין· אחדהמא אן יכון אלמאצי הו אלאקדם לאן אלפעל אלואקע אעני אלמאצי הו ואגב יעני קד כרג אלי אלכון ואלדי לם יקע בעד אעני אלמסתקבל ממכן לא ידרי איכון[c] אם לא ואלואגב אקדם מן אלממכן כמא קאל ארסטו צאחב אלמנטק· .ואלגואב אלב הו קול אהל אלנחו אלערבי אלדין[d] תעלון אלמסתקבל קבל אלמאצי ויקולון אנה לא יכון מאץ חתי יכון מסתקבל תקול חו יפעל פאדא אועב פעלה קלת קד פעל· פפי הדין אלזמאנין אעני פי אלמאצי ואלמסתקבל יכון אחדאת אלגוהר למא יחדתה מן אלאעראץ אד לא זמאן תאלת מעהמא· ואמא מא ידכרה אצחאב אלנחו מן אלפעל אלחאצר אלדי הו פי אלחאל ויחדתה אלגוהר בזעמהם פי זמאן מקים לא יכון מאציא ולא מסתקבלא ויעד צרבא תאלתא פאן דלך עלי סביל אלבסט ואלתקריב ללמתעלמין לא עלי אלחקיקה ואלתחריר לאן אלפעל אלמאצי ינפצל מן אלמסתקבל באלאן אלדי הו אלחד בין אלזמאנין ואלאן לא ינקסם אד הו כאלנקטה פי צנאעה אלהנדסה אלתי לא תנקסם אד הי מתוהמה פמא כאן קבל אלאן פהו מאץ וקד וקע ואנקצי ומא כאן בעד פהו מסתקבל לם יקע ולא אנקצי·

אלקול פי אלעלה אלמוגבה לוצע אלחרף ואלצרורה אלדאעיה

[a] R. יאכל [b] R. קודמת [c] A. אי יכון [d] A. אלדי

[1] Job 22, 28. [2] Pr. 4, 23. [3] Deut. 11, 12. [4] ib. 3, 24.

אליה· פנקול אן אלחרוף ארואת ורבאטאת ללכלאם אלדי לא יאתלף אלא בהא ודלך אן תאליף אלכלאם ותרתיבה עלי ג אצרב אמא גוהר מע גוהר אעני אסם מע אסם כקולך ראובן אביך שמעון אחיך לוי דודך ומא אשבה דלך· ואמא גוהר מע ערץ אעני אסם מע פעל כקולך ראובן ברח ויעקב שמע[1] ולבן הלך[2] ולוי יבא וזבלון יצא ומא אשבה דלך פאן הדין אלצרבין מן אלקצאיא איתלף פיהם אלכלאם בגיר מולף אי בגיר חרף אחדהמא אלצרב אלדי איתלף פיה אלגוהר מע אלגוהר אעני אלאסם מע אלאסם כקולך ראובן אביך ושמעון אחיך לאן אלאסם קאים בנפסה גיר מפתקר אלי סואה· ואלצרב אלב איתלף פיה אלגוהר מע אלערץ אעני אלאסם מע אלפעל כקולך ראובן ברח ויעקב שמע ולבן הלך לאן אלערץ אדא אתצל באלגוהר אכתפי וקאם בה וכאן מוגודא מעה· ואמא אלצרב אלג מן אלכלאם פהו אלמפתקר אלי אלחרף נחו קולנא ראובן בבית שמעון בחוץ לם ימכן אן יאתלף ראובן באלבית ולא שמעון באלחוץ ועלי אנה גוהר מע גוהר אלא בחרף מתוסט ללמעני אלדי פי אלכלאם ודלך אלחרף הו אלבא· ומתלה ראובן לא יצא ושמעון לא הלך לם ימכן אן יתרכב הגא[a] אלגוהר מע אלערץ אלא בחרף מרכב להמא והו חרף אלנפי· פקד תבין אן תרכיב אלכלאם ונטמה עלי ג אצרב אחדהא יסתגני פיה [ען אלפעל וען אלחרף ואלב יסתגני פיה][b] ען אלחרף ואלג לא יסתגני פיה ען אלחרף·

4. ואעלם אנה לא ינתטם ולא יתרכב אסם מע חרף פתכון מנהמא קציה קאימה בנפסהא לא יקאל ראובן לא שמעון מן לוי עם ומא אשבה דלך ואנמא כאן דלך לאן אלחרף נאטם לא מנטום ומרכב לא מרכב וליס פי אחדי הדה אלקצאיא אסם אכר יולפה אלחרף מעה וינטמה בה לאן אלנטם אנמא יכון מן שיין פצאעדא· וכדלך לא יתרכב פעל מע פעל פקט פתכון מנהמא קציה קאימה בנפסהא לא יקאל יצא עבר ולא הלך שמר· ובטלאן הדא אן אלפעל ערץ לא אסם מעה אעני לא גוהר פי אלקציה יוגד בה[c] ואלערץ אנמא יוגד מע אלגוהר

[a] A. הלא; R. הנה [b] Lacune dans A., remplie à l'aide de R. [c] R. עמו = מעה

1 Gen. 34, 5. 2 ib. 31, 19.

ואלא לם יכן מוגודא אלבתה. וליס קול אלכתאב חמק עבר[1] חלף הלך לו[2] בבסר[a] לקולנא אן אלפעל לא יתרכב מע פעל[b] דון אסם יוגד מעה[c] פאן פי חמק אסמא מסתכנא פיה והו צמיר עאיד[d] אלי ודודי וכדלך הו פי עבר ופי חלף איצא אסם מסתכן עאיד אלי הגשם וכדלך הו פי הלך. והכדא אלקול פי ויקח ויתן את העדת[3] ויקם וילך מנוח[4] ויבא ויעש יי[5] וגמיע מא אשבה דלך ממא יתקדם לה דכר יעוד אליה צמיר. וכדלך לא יתרכב אלפעל מע אלחרף פקט לא יקאל חלך מן ולא בא עם. ובטלאן הדא מן וגהין אחדהמא אלוגה אלדי בטל בה תרכב אלפעל מע נפסה והו אן אלפעל לא אסם מעה אעני אן אלערץ לא גוהר מעה ואלערץ אנמא יוגד באלגוהר ואלוגה אלב הו אלוגה אלדי בטל בה תרכב אלאסם מע חרף והו אן אלפעל אלדי פי הדה אלקציה ליס מעה שי אכר ינטמה מעה[e] אלחרף אלנאטם לאן הלך אנמא הו שי ואחד וכדלך בא וקד תקדם אן אלואחד לא נטאם[f] לה אלבתה. וכדלך אלחרף לא יתרכב מע אלחרף לא יקאל מן לא ולא עם אל ולא מא אשבה דלך לאן כל ואחד מן אלחרפין נאטם וליס פי אלקציה שי ינטמה אלחרף אלואחד פצלא עמא ינטמאנה גמיעא. פקד טהר ממא קדמנא דכרה אן אלאסם אשרף מן אלפעל לאן אלאסם יוגד אלפעל ואלאסם יתרכב מע אלאסם דון אלפעל ודון אלחרף. ותבין איצא אן אלפעל אשרף מן אלחרף לאן אלחרף אנמא כאן בסבב אלאסם ואלפעל לינתטמא בה פהמא אדא עלתאה ואלעלה אשרף מן אלמעלול ולאן אלאסם יתרכב מע אלפעל דון חרף אצלא. ולסנא נעני בקולנא הנא אן אלאסם יוגד אלפעל ולא נעני איצא בקולנא פי צדר אלבאב אן תאליף אלכלאם ותרכיבה יכון עלי ג אצרב אמא גוהר[g] מע גוהר אעני אסם[h] מע אסם כקולך[i] ראובן אביך אן ראובן אלמלפוט בה הו יוגד אלפעל ואנה הו אלגוהר אנמא נריד בדלך אלשבע אלמסמי בה והדא מנא אתסאע. ואעלם אן אלכלאם אלמתרכב ינקסם קסמין אמא כבר א ואמא גיר כבר אמא גיר אלכבר פינקסם ו אקסאם אמא

[a] R. בבאסר = שובר [b] P. אלפעל [c] A. P. מעהמא, R. עמו [d] A. עאידא [e] A. מע [f] P. נטם [g] P. גוהרא [h] P. אסמא [i] A. כקולנא

[1] Cant. 5, 6. [2] ib. 2, 11. [3] Ex. 40, 20. [4] Jug. 13, 11. [5] Jér. 40, 8.

אסתפהאמא נחו הקלך זה[1] הכתנת בנך היא[2] ואמא נדא כקולך הדור אתם ראו[3] האשה המנאפת[4] האמור בית יעקב[5]. וקד תגאדי אלנכראת בגיר הא כקולך ארץ ארץ ארץ שמעי דבר יי[6] ויכון נדא אלמעארף בגיר הא נחו אברהם אברהם[7] יעקב יעקב[8] שמואל שמואל[9] יהודה אתה יודוך אחיך[10] שמע ישראל[11] עמי מה עשיתי לך[12] שמעוני אחי ועמי[13]. ואמא תמניא נחו מי יתן החרש תחרישון[14] מי יתן ידעתי ואמצאהו[15] מי יתן כל עם יי נביאים[16]. ואמא טלבא נחו סואלך ורגבתך אלי מן אנת דונה כקולה הושיעה אדני המלך[17] 5. ואלדעא אלי אללה יגרי הדא אלמגרי. ואמא אמרא נחו שמע ישראל[18] עשה לך אשר תמצא ידך[19] אמר לנער ויעבר לפנינו[20] קום לך פדנה ארם[21] ואמא נהיא כקולך אל תלך בדרך אתם[22] אל תעשה את הנבלה הזאת[23] ולא תביא תועבה אל ביתך[24]. וקד זאד קום מן אצחאב אלנחו עלי הדה אלמעאני מעאני אכר בלגת בהא אקסאם אלכלאם אלמרכב י׳ אקסאם ותלך אלאקסאם אלמזידה דאכלה פי גמלה הדה אלאקסאם אלו פלדלך תרכנא דכרהא וקד נקץ קום והם אצחאב אלכלאם מן הדה אלו אלאקסאם ועדל אלאשיא מא אכתרנאה נחן. ולמא כאנת חרוף אלמעגם[a] ענאצר אצנאף אלכלאם אעני אלאסמא ואלאפעאל ואלחרוף ראינא אן נדכרהא ואן נדכר מכארגהא. ואעלם אן תסמיה אלאסמא ואלאפעאל ואלחרוף פי צדר הדא אלבאב[b] מבאדי פלים עלי הדא אלוגה בל עלי וגה אכר ודלך אני ענית הגאך באלכלאם כלה ואלכלאם אלמרכב בגמלתה ואעתקדת הנא[c] ענאצרה אלכבר וגיר אלכבר וגעלת מבאדי הדין אלקסמין אלאסם ואלפעל ואלחרף פאעלמה.

[a] P. אלמעאני [b] P. אלכתאב [c] P. הנאך

[1] I Sam. 24, 17. [2] Gen. 37, 33. [3] Jér. 2, 31. [4] Ez. 16, 32: [5] Is. 29, 22. [6] Jér. 22, 29. [7] Gen. 22, 11. [8] Gen. 46, 2. [9] I Sam. 3, 10. [10] Gen. 49, 8. [11] Deut. 20, 3. [12] Mich. 6, 3. [13] I. Chr. 28, 2. [14] Job 13, 5. [15] ib. 23, 3. [16] Num. 11, 29. [17] II Rois 6, 26. [18] Deut. 6, 4. [19] I Sam. 25, 8. [20] ib. 9, 27. [21] Gen. 28, 2. [22] Prov. 1, 15. [23] II Sam. 13, 12. [24] Deut. 7, 26.

אלבאב אלת֗אני

פי דכר מכארג אלחרוף וצף בעץ כואצהא

אלחרוף את֗נתאן ועשרון[a] חרפא ת֗נגינא שהרתהא ען שרחהא עלי תואליהא[b]. ולהא ה֗ מכארג אקצאהא מכרגא אלי ראכל אלאחרף אלחלקיה֗ והי ד֗ יג֗מעהא אהחע ואקרבהא מכרגא אלי כארג אלאחרף אלשפהיה֗ והי ד֗ אחרף יג֗מעהא בומף ובין הד֗ין אלמכרג֗ין ג֗ מכארג֗ אקרבהא אלי אלחלק מכרג[c] אלאחרף אלחנכיה֗ והי ד֗ יג֗מעהא גיכק ואקרבהא אלי אלשפה֗ מכרג[d] אלאחרף אלסניה֗ והי ה֗ אחרף יג֗מעהא זסשרץ[e] ת֗ם יתוסט הד֗ין אלמכרג֗ין מכרג ה֗ אלאחרף אלתי יג֗מעהא דטלנת. הכד֗א קסמתהא אלאואיל עלי הד֗ה ה֗ אלמכארג מן גיר תפציל ולא תחריר[f] בל בבעץ אלמקארבה֗ וד֗לך אן ענד תדקיק אלנט֗ר יוג֗ד[g] בעץ אחרף כל מכרג מן הד֗ה אלמכארג ארפע מן בעץ וד֗לך אן אחרף כל מכרג מן הד֗ה אלמכארג ליסת במסתויה֗ פי ד֗לך אלמכרג אלד֗י וסמת בה ואלא פליס כאן יכון לכל מכרג מן אלמכארג גיר חרף ואחד. מת֗אל ד֗לך אן אחרף אלחלק והי אהחע אד֗א סברנאהא פי כ֗רוג֗הא מן אלחלק וג֗דנאהא עלי ג֗ אצ֗רב אעני[h] אן להא ג֗ מכארג פי אלחלק אחרהא מן אקצי אלחלק מת֗ל מכרג אלאלף גיר אללינה֗ אלתי תסמיהא אלערב המזה֗ וד֗לך אן אלאלף עלי צ֗רבין אחדהמא תכון אלאלף פיה[i] ט֗אהרה֗ מחסוסה֗ מת֗ל אלף אמר ואלף אכל ואלף ואל תאטר עלי באר פיה[1] פן יאנף[2] וקראהו אסון[3] ובאלג֗מלה֗ כל אלף ט֗אהרה֗ ט֗הורא בינא סאכנה֗ כאנת או מתחרכה֗ באי חרכה֗ כאנת והי[k] אלתי תסמי המזה֗ ואלצ֗רב אלב֗ הי אלתי תכון אלפא[l] לינה֗ כ֗פיה֗ מת֗ל אלאלף אלתי הי עין אלפעל פי החמס קם[4] אעני אלאלף אלכ֗פיה[m] אלתי בין אלקאף ואלמים והי אלט֗אהרה֗ פי אלכ֗ט פי וקאם שאון בעמיך[5]

a A. כב֗ b P. תואלַהא (sic). c P. מכרגא d P. מכרגא e P. R. זסצרש f A. תחריר, R. הגבלה g P. יוגב כון h P. נעני i P. פיה אלאלף k A. הי l P. אלפה, R. אלף שלו m A. om., P. כפיה.

1 Ps. 69, 16. 2 ib. 2, 12. 3 Gen. 44, 29. 4 Ez. 7, 11. 5 Os. 10, 14.

ומתל אלאלף אלכפיה איצא פי דברו אל דוד בלט[1] אלטאהרה פי
אלכט [פי ותבוא אליו בלאט[2] ומתל אלאלף אלכפיה איצא[a] פי ולרש
אין כל[3] אלטאהרה פי אלכט[b]] פי אחר עשיר ואחר ראש[4] [האיש
הראש[5]][c] ומתל אלאלף אלכפיה פי ויאמר יי לדג[6] אלטאהרה פי
6. אלכט פי מביאים דאג וכל מכר[7]. ופי כל פעל כפיף מעתל אלעין
מפרד אלף כפיה פי אלכט טאהרה פי אללפט מתל ושב אל המחנה[8]
רד בשרו[9] ומא אשבההמא. פמתל הדה אלאלפאת יסמי אלפא
באלאטלאק. פאלהמזה אבער חרוף[d] אלחלק כלהא מכרגא ויליהא
פי בעד אלמכרג אלהא והדא הו אלצרב אלתאני מן אלאחרף
אלחלקיה פי מכארגהא ואלאלף האויה הגאף. ואלצרב אלג מן
אלאחרף אלחלקיה פי מכארגהא הו מכרג אלחא ואלעין קריב מנה.
ועלי הדא אלמתאל תגרי אחרף סאיר אלמכארג פי אן בעצהא
ארפע מן בעץ פי אחואזהא ולו אן אחרף כל מכרג תכון מנזלה
גמיעהא מן מכרגהא מנזלה ואחדה למא אכתלפת ולכאנת כלהא
עלי צורה ואחדה אי עלי צות ואחד. מתאל דלך אנה לו כאנת
[מנזלה אלחא פי מכרגהא ומדרגהא מן אלחלק הי מנזלה אלהמזה
לכאנת][e] אלחא הי אלהמזה ואלהמזה הי אלחא ואלא פמא אלכלאף
בינהמא אן לם יכן כמא קלנא אן בעץ אלחרוף אלתי הי מן מכרג
ואחד ארפע פי דלך אלמכרג מן בעצהא. ואעלם אן אלרא ואן
שארכת חרוף[f] אלצפיר אלתי הי אלזאי ואלסין ואלצאד ואן שארכת
איצא חרף אלתפשי אלדי הו אלשין פי אנהא תנסל אנסלאלא פאן
מכרגהא אקרב מן מכרג אללאם ואלנון והי תלאתתהא אעני אללאם
ואלנון ואלרא מן גמלה אחרף אלדלק ואחרף אלדלק ז הדה אלג
אעני אללאם ואלנון ואלרא ואלאחרף אלשפהיה אלתי הי בומף לאן
אלדלאקה פי אלמנטק אנמא הי בטרף אסלה אללסאן ובאלשפתין.
וביאן דלך אן מכרג אללאם מן טרף אללסאן מעארצא לאצול
אלתנאיא ואקרב אלמכארג מנה מכרג אלנון אלמתחרכה פאמא
אלנון אלסאכנה פמכרגהא מן אלכיאשים ותעתבר דלך אנך[g] לו

[a] R om. [b] Dans A. ce passage est omis; dans R. l'exemple de לאט suit celui de ראש [c] Cela ne se lit, ni dans A., ni dans R. [d] P. אחרף [e] Omis dans A. [f] P. אחרף [g] P. באנך

[1] I Sam. 18, 22. [2] Jug. 4, 21. [3] II Sam. 12, 3. [4] ib. 12, 1. [5] ib. 12, 4. [6] Jon. 2, 11. [7] Néh. 13, 16. [8] Ex. 33, 11. [9] Lev. 15, 3.

אמסכת באנפך ענד לפטך בהא לוגרתהא מכתלה· ואלרא בין מכרג אללאם ואלנון פמכארג אלרא ואללאם ואלנון מתקארבה בעצהא מן בעץ אלא אן אלנון אלמתחרכה משרבה גנה[a] ואלגנה מן אלכיאשים ואלנון אלסאכנה כאלצה[b] מן אלכיאשים ואנמא סמיתא באסם ואחד למא דכרת לך אעני לאשתבאה אלצותין ואלא פאנהמא ליסתא מן מכרג ואחד ואנמא אסתחקת אלרא ענד אלאואיל רצי אללה ענהם וצעהא פי מכרג חרוף אלצפיר וחרף אלתפשי ללמשארכה אלתי דכרתהא לך[c]· ואמא אלדאל ואלטא ואלתא. פאנהא ואן כאנת מכארגהא מן טרף אללסאן ואצול אלתנאיא כמכרג אללאם ואלנון ואלרא פאן דלך אלטרף ליס הו אסלה אללסאן בל מא[d] הו ארפע מן אלאסלה קלילא· ואעלם אנך אדא ארדת אן תסבר אלאחרף[e] פי מכארגהא ומדארגהא פונה אלעמל פי דלך אן תפתח פאך באלהמזה תסתטהר אלחרף אלדי תריד סברה· מתאל דלך אנך אדא ארדת מערפה מכרג אלעין קלת אע ואן ארדת מערפה מכרג אלבא קלת אב ואן ארדת מערפה מכרג אלקאף קלת אק ואן ארדת מערפה מכרג אלסין קלת אס ואן ארדת מערפה מכרג אללאם קלת אל· ואעלם אנה[f] כתירא מא יסתצעבון אן יתואלי ענדהם פי כלמה ואחדה חרפאן יכונאן מן מכרג ואחד לצעובה אלנטק *בדלך ואנמא[g] אלאטראד עלי תואלי חרוף אלמכתלפה אלמכארג אד דלך אכף עלי אללסאן· מתאל דלך אנה לא ינטק בזס ולא בסז וקד יוגד שע ולא יוגד צש וקד יוגד חע ולא יוגד עח וקד יוגד טר ולא יוגד דט[1] ואן אסתעמל אסתתקל ואנמא דלך עלי קדר מא יסתתקלון או יסתסהלון· ואעלם איצא אן לבעץ אלחרוף כואץ תנפרד בהא דון גירהא מן אלחרוף מתל אן אלחא ואלעין לא ישראן אצלא מן בין סאיר אלחרוף ומתל אן בגדכפת יאתי פי אללגה 7. אלעבראניה עלי צרבין צרב כפיף וצרב תקיל ומתל אן אחרף יהוא תכפף מא וקעת עליה מן אחרף בגדכפת אלא אלפאטא מחפוטה· וקד בין דלך אפאצל אלסופרים פלא מעני לדכרה פי הדא אלכתאב·

[a] P. גנא [b] R. לבד (= כאצה) [c] A. om. [d] Rayé dans P. [e] P. אלחרוף [f] P. אן
[g] A. ואמא; R. ואך

[1] Voyez *Backer*, Abraham Ibn Esra als Grammatiker, p. 56, n. 19.

ומתֿל מא לאחהע[a] מן אלאנחא אלמכֿתלפה̈ ואלוגוה אלמפגנ̈ה[b]. וקד אשאר רב[c] סעדיה רצֿי אללה ענה אלי דֿכר שי מנה פי שרחה לספר יצירה יחכי[d] הגאלך אן לה פי דֿלך וצֿעא גֿאמעא ולם נרה נחן ולא וצל אלי בלדנא פלדֿלך לסת אכֿלי הדֿא אלכתאב מן דֿכר בעץֿ וגוהה לארתבאטה באלתצריף. ומתֿל מא לאחרף ובֿבֿל מן אלתאתֿיר פי אלפאת[e] לגה̈ ארונות ודֿלך מסטור פי אלמסרה. ומתֿל מא ללחא ואלעין מן אלתאתֿיר פי לפטה̈ מה[f] אדֿא אתֿצלת בהא ודֿלך איצֿא מוגוד פי אלמסרה פלא מעני לאטאלה̈ כתאבנא הדֿא בה. וללדֿא איצֿא כֿואץֿ ינפרד באלאחכאם להא אהל טבריה̈ אדֿ הם אפצח אלעבראניין לסאנא ואכתֿרהם ביאנא וקד דֿכר דֿלך פי כתאב אלמצֿותאת פלנערץֿ נחן ענה. ומן כֿואץֿ אלחרוף אן בעצֿהא לא יכון אבדא אלא אצליא דֿאתיא פי אלכלמה̈ אלתי הו פיהא ובעצֿהא קד יכון אצליא פי כלמהָ מא ותכון גיריא זאידא או כֿדמיא פי כלמה̈ אכֿרי יכֿדם אלמעאני פאדֿא וקע אצליא כאן במנזלה̈ גירה מן אלחרוף אלתי לא תכון[g] אלא אצליא פי כל מכאן תקע[h] פיה. ואיצֿא אן בעץֿ אלחרוף קד יכון בדלא מן בעץֿ ויכון דֿלך לאצֿטראר פלא[i] ימכן גיר דֿלך. וקד יכון בעצֿהא בדלא מן בעץֿ לגיר אצֿטראר וסתרי נבתֿא מן דֿלך פי כתאבנא הדֿא בחול אללה.

באב. אעלם אנה לא ינטק בחרף ואחד עֿלי אנפצאל ואנפראד[k] לאן אבתדא אלנטק לא יכון אלא בחרכה̈ אדֿ לא יבתדי בסאכן ואנתהאוה[l] יכון בסכון אדֿ לא יוקף אלא עלי סאכן והדֿאן לא יגתמעאן פי חרף ואחד ואקל מא תכון עליה אלכלמה̈ אלמנפצלה̈ חרפאן חרף יבתדי בה וחרף יוקף עליה ואכתֿר מא וגדנאה עליה פי אלכתאב י׳ אחרף מתֿל האחשדרפנים[1] למשפחותיהם[2] ותבלג בואו אלעטף יא׳ חרפא מתֿל והאחשדרפנים[3] ובעלילותיכם[4] ובתועבותיהן[5]. ואן זיד עלי ובעלילותיהם[m] אלדֿי פיה צֿמיר אלגֿיב אלואו אלתי רבמא יזידהא אלעבראניון בעד מים אלגֿמע אלגיב בלגת אלכלמה̈ יבֿ חרפא פבאנת ובעלילותיהמו ובדֿלך אן זיד עלי ובתועבותיהן

a A. לאהחע. R. לאחהער b A. אלמפתנה, R. המרחיבים c R. רבינו d P. ותכי, R. וספר e Omis dans R. f A. מא g A יכון h A. יקע i A. ולא k P. עלי אנפראד ואנפצאל l A. ואנתהאידהא m P. R. ובעלילותיכם

1 Esth. 8, 9. 2 Gen. 8, 19. 3 Esth. 9, 3. 4 Ez. 20, 44. 5 ib. 16, 47.

אלהא אלתי יזידהא אלעבראניון בעד נון גֿמע אלמונתֿ *כאנת אלכלמהֿ איצֿא עלי[a] יֿבֿ חרפא פקיל וכתועבותיהנה׃ וקֿל מא יבקון פי אלכלמהֿ אלהא אלתי ללצֿמיר מע זיאדהֿ אלואו כמא סתֿרי דֿלך מבינֿא בחול אללה׃ ואעלם אן אלחרפין לא יתרכב מנהמא אלֿא כלמתאן כמא[b] יתרכב מן אלמים ואלגֿים מג גם לא גֿיר ואן אלתֿלתֿהֿ אלאחרף יתרכב מנהא וֿ כלמאת ורבמא כאן בעצֿהא מֿלגֿי מתֿלמא יתרכב מן אלעין ואלבא ואלרא עבר בער ערב ברע רבע רעב׃ ואן אלארבעהֿ אלאחרף יתרכב מנהא כֿדֿ כלמהֿ יסתעמל אקלֿהא וילגֿי אכתֿרהא מתֿל מא יתרכב מן אלכאף ואלרא ואלסין ואלמים כרסם כרמס כסרם כסמר כמרס כמסר רמכס רכסם רכמס רסמך רסכם 8. רמסך סמכר סמרך סרכם סכמר סרמך סכרם מכרס מכסר מרכס מרסך מסכר מסרך׃ ותלכֿיץ דֿלך אנה למא תרכב מן אלחרפין כלמתאן צאר אדֿא צֿרבנא אלכלמתין[c] פי גֿ ודֿלך עדד אחרף אלכלמהֿ אלתֿלאתֿיהֿ תרכב מנהא וֿ כלמאת וכדֿלך איצֿא אדֿא צֿרבנא אלסתֿ כלמאת פי ארבעהֿ ודֿלך עדד אחרף אלכלמהֿ אלרבאעיהֿ תרכב מנהא כֿדֿ כלמהֿ ולו צֿרבנא אלכֿדֿ כלמהֿ פי הֿ אעני פי עדד אחרף אלכלמהֿ אלכֿמאסיהֿ לתרכב מנהא קֿבֿ כלמהֿ והו אלקיאס פימא זאד עלי הדֿא אלעדד׃

אלבאב אלתֿאלתֿ

דֿכר אקל אצול[d] אלאסמא ואלאפעאל ואלחרוף[e] ואכתֿר אצולהא

אעלם אן תרכיב חרוף אלמעגֿם יכון כמא קד דֿכרנא דֿלך עלי גֿ אקסאם לאסמא ואפעאל וחרוף מעאן לא יכֿלו כלאם מן אחד הדֿה אלאקסאם ולא יוגֿד פיה אכתֿר מנהא׃ ואלאסמא הי מא גֿאז אן תכון פאעלהֿ או מפעולא בהא׃ פמנהא מפרדהֿ מתֿל אדם שת אנוש דוד שלמה משה[f] אהרן מרים גמל חמור אבן סלע בגד׃ ומנהא מרכבהֿ מתֿל חצר־מות יששכר אברהם בנימין אביהוא אבירן אביעזר אחימלך אחירע צלמות עבטיט קיקלון בליעל ומא אשבה דֿלך׃

[a] Correcture dans P.: בלגת אלכלמהֿ איצֿא [b] P. מתֿל מא [c] R. השתי אותיות = אלחרפין
[d] A. om. [e] A. om. [f] P. ajoute יששכר

ואלאפעאל מא דל עלי זמאן מאץׄ או מסתקבל מתׄל אמר יאמר עבר יעבר שמר ישמר ומא מאתׄל דׄלך· וחרוף אלמעאני הי מא דל עלי מעני פי גירה מתׄל אל על כי גם רק אך ומא אשבה דׄלך[a]· פאקׄל אצול אלאסמא אלמנפצלהׄ חרפאן מתׄל יד עי אסם בלד יובל שי[1] גב וו העמודים[2] פה ושה ומא אשבההא· ואכתׄרהא הׄ אחרף מתׄל צפרדע צלפחד שעטנז ולא יתגׄאוז אלאסם הדׄא אלעדד אלא מזידא· ותכון אלאסמא אלמנפצלהׄ איצׄא עלי גׄ אחרף מתׄל ארץ בגד צמר גמל ותכון עלי דׄ אחרף מתׄל פלדש פתגם סרפד ספרד ומא מאתׄל דׄלך· ואמא אלאסמא אלמתצלהׄ פתכון עלי חרף ואחד והי אלצׄמאיר ואלכנאיאת מתׄל יא עבדי ורגלי וידי ואזני ואו עבדו וידו ואזנו ורגלו וכאף עבדך וידך ורגלך ואזנך פי מכׄאטבהׄ אלואחד אלמונתׄ והא עבדה וידה ורגלה פי אלאכׄבאר עך אלואחד אלגאיב אלמונתׄ ומתׄל אלמים אלתי יכׄבר בהא עך אלגׄמע אלגאיב פי מתׄל תורידם לבאר שחת[3] נבלעם כשאול חיים[4] וקד תזאד עליהא ואו כמא קיל תניעמו בחילך והורידמו[5] שיתמו כגלגל[6]· ותכון עלי חרפין מתׄל נון וואו ארונינו[b] וידנו ורגלנו ומתׄל הא ומים ארניהם ורגליהם ועבדיהם· וקד יזאד עלי הדׄה אלהא ואלמים הא כמא קיל ואל אליהמה לפנימה לשער[7]· וליס בבעיד ענדי גׄואז אליהמו ואיצׄא רגליהמו ועבדיהמו ומא אשבה דׄלך ואן לם יוגׄד דׄלך מסתעמלא קיאסא בקולה ואל אליהמה אלא אנהם אדׄא אראדוא הדׄא חדׄפוא אלהא כמא קיל עלימו פנימו אלימו הרס שנימו בפימו[8] ואלאצל שניהמו בפיהמו עליהמו פניהמו אליהמו וליס במסתנכר אן ירדׄ אלשי אלי אצלה· ומתׄל הא ואלף *עליה וידיה ורגליה[c] אשר על אחריה ואתיקיהא[9] ומתׄל כאף והא עמכה[10] וידכה[11] ורגלך[d] פי מכׄאטבהׄ אלואחד אלמדׄכׄר· ואקצי מא ינתהי אליה אלאסם אלתׄלאתׄי באלזיאדהׄ זׄ אחרף מתׄל השתחויה אעני בהשתחויתי בית רמון[12]· ואמא אלרבאעי פיבלג הׄ אחרף מתׄל עכשוב שרביט זרזיף ארץ[13] כרכוב המזבח[14] כרמיל פרעוש פילגש· ויבלג וׄ אחרף מתׄל

9.

[a] P. אשבההא [b] P. אדוננו; R. אוננו [c] R. P. עליהא וידיהא ורגליהא [d] R. ורגלכה

[1] Is. 18, 7. [2] Ex. 27, 10. [3] Ps, 55, 24. [4] Pr. 1, 12. [5] Ps. 59, 12. [6] ib. 83, 14. [7] Ez. 40, 16. [8] Ps. 58, 7. [9] Ez. 41, 15. [10] I Sam. 1, 26. [11] Exod. 13, 16. [12] II Rois 5, 18. [13] Ps. 72, 6. [14] Ex. 27, 5.

שקערור שקערורות[a] פתיגיל· ואמא אלכמאסי פלא יבלג באלזיארה אכתר מן ו׳ אחרף מתל ארפכשד לאן אלה ענדהם גאיה אלאצול פלם תחתמל כתרה אלזיארה כמא אחתמלתהא אלג׳ לקלה עדדהא· ואיצא[b] פאנה אנמא בלגת אלתלאתיה ז׳ אחרף אד׳ גא[ת] עלי אפעאל סראסיה באלזיארה מתל השתחויה· ואקל אצול אלאפעאל תלאתה אחרף ואכתרהא בלא זיארה ד׳ אחרף· ואקל אצול חרוף אלמעאני חרף ואחד ולא יכון אלא מתצלא מתל בא אלאלזאק ולאם אלמלך וכאף אלתשביה [בקולך][c] ביי׳ יצדקו ויתהללו[1] ליי׳ הארץ ומלואה[2] מי כיי׳ אלהינו[3]· ותכון עלי חרפין מתל מן[d] אל עלי· ותכון עלי ג׳ אחרף אצליה מתל יען אשר עזבוני[4] ולא תתגאוז אלתלאתה אלא בזיארה חטוהא חרפא ען גאיה בנא אלפעל כמא חטוא אלפעל חרפא ען גאיה בנא אלאסם לאן אלפעל אקוי מן אלחרף כמא אן אלאסם אקוי מן אלפעל עלי מא קד תבין קבל הדא· פממא גא מן אלחרוף אלתלאתיה בזיארה קולהם למען פאן אללאם פיה זיארה וקולהם בגלל אלבא זאידה וקולהם ביען אלבא פיה זאידה עלי יען וקולהם לעמת אללאם פיה זאידה עלי כל עמת שבא[5]· ופי כל עמת וגה אכר סנדכרה פי גיר הדא אלמוצע ואללאם מע דלך אלוגה איצא מזידה פיה· וקולהם בעבור לבעבור פאן אלואו פיהמא ללמד ואללאם ואלבא זאידתאן· וקד אסתעמל[e] אלשערא אסתעמאל עבור מכאן בעבור כקול אלשאער[6] והצדק בקש ואל תהיה עקש עבור לא תנקש[f] בלבות המורים[g]· וקד אנכר דלך קום מן אצחאב אלדקדוק ולים פי רד אלשי אלי אצלה פי צרורה אלשער גנאח עני[h] וקד יפעל מתל הדא אהל גיר לסאננא איצא· וממא גא איצא מן אלחרוף אלתלאתיה בזיארה קולהם זולתי כלב בן יפנה[7] פאן אלואו ללמד ואליא זאידה פיה איצא ידלך עלי דלך קולה זולת דלת עם הארץ[8] בגיר יא וקו׳ איצא עין לא ראתה אלהים זולתך[9]· ואזעם אן אליא פי בלתי איצא זאידה מתלהא פי זולתי אלא תראהא

[a] R. משקערורות = מן שקערורות [b] A. פאיצא [c] A. om., P. בקול, R. כקולך [d] A. R. om. [e] P. אסתסהל [f] A. תוקש [g] A. P. כלבות [h] P. ענדנא

[1] Is. 45, 25. [2] Ps. 24, 1. [3] ib. 113, 5. [4] II Rois 11, 33. [5] Eccl. 5, 15. [6] C'est *Dounach b. Labrât*, voy. ס׳ תשובות דונש, ed. Filopowski p. 1. [7] Deut. 1, 36. [8] II Rois 24, 14. [9] Is. 64, 3.

סאקטה̈ איצ̇א *מן קולה[a] אין קדוש כיי כי אין בלתך[1]. וסקטת[b] יא זולתי ויא בלתי מן ואלהים זולתי לא תדע ומושיע אין בלתי[2] לאג̇תמאע סאכנין ליג̇ין והד̇אן אליא̇אן המא ללמתכלם והו אלבארי עז וג̇ל. ואמא בלעדי רק אשר אכלו הנערים[3] פאקול אנהא כלמה̈ מרכ̇בה̈ ומענאהא אלאסתת̇נא ותפסירהא סוי כד̇א וכד̇א וחאשא כד̇א וכד̇א ולים כד̇א וכד̇א לאן מעני בל ליס ומעני עד אלגאיה̈ פכאן פי בלעדי רק אשר אכלו הנערים ופי מת̇לה מעני גאיה̈ אלמסתת̇ני ענה[c] ואליא פיה זאידה̈ ותסקט ענד אצ̇אפה̈ אלמתכלם אללפט̇ה̈ אלי נפסה כמא קיל *חיש אלוה מבלעדי[d][4] ואין מבלעדי מושיע[5] ותפסירה ולא נאצר סואי. ואד̇א אצ̇יף בלעדי אלי אסם ט̇אהר קיל בלעדי מבלעדי[e] מזבח יי אלהינו[6] בלעדי אחזה[7] לאן אלתקדיר בלעדי אשר אחזה. וכד̇לך מדוע ענדי מרכב מן מה אלתי 10. ללאסתפהאם ומן דוע ואן כאן לא יוג̇ד רוע ותפסירה מא באל[f] כד̇א וכד̇א ולים יבעד ענדי אן יכון מן מענאה אשא רעי למרחוק[8] אי אג̇יל פכרי ויכון רעי עלי זנה̈ וישמע יהושע את קול העם ברעה[9] פכאן מעני מדוע מא ברי אליך פי פעלך הד̇א אי מא ראיך פיה. וקד רכ̇ב אלעבראניון עד והנה פי קו̇ אשר חמה[g] חיים עדנה[10]. וקד אכ̇תצרוה אשר̈ מן הד̇א אלאכ̇תצאר פי קו̇ את אשר ערן[11]. וקד רכ̇בוא איצ̇א את מע הם ומע הן פי קו̇ והזהרתה אתחם[12] באש ישרפו אתו ואתהן[13].

אלבאב אלראבע

סעיפה̈ אלחרוף אלאצליה̈ ואלזואיד.

קד עלם אן אלחרוף אלעבראניה̈ כ̇ב חרפא פליעלם אן יא̈ חרפא מנהא אצליה̈ לא יקע פי שי מנהא זיאדה̈ פי מוצ̇ע מן אלמואצ̇ע ואן יא̈ מנהא קד תכון כ̇רמיה̈ אעני אנהא תזאד עלי אצול אלאסמא

[a] R. פי קולה = באמרו [b] A. וסאקט [c] A. מנה [d] A P. om. [e] A. P. om. [f] R. מה דעת [g] P. R. הם

[1] I Sam. 2, 2. [2] Os. 13, 4. [3] Gen. 14, 24. [4] Is. 44, 8. [5] ib. 43, 11. [6] Jos. 22, 19. [7] Job 34, 32. [8] ib. 36, 3. [9] Ex. 32, 17. [10] Eccl. 4, 2. [11] ib. 4, 3. [12] Ex. 18, 20. [13] Lev. 20, 14.

ואלאפעאל פלא תכון אצליה̈ פי תלך אלאסמא ואלאפעאל[a] אלתי *תכון פיהא[b] ואן כאנת קד תכון אצליה̈ פי מוצ̇ע אכ̇רי· פאמא אלחרוף אלאצליה̈ אלתי לא תכון זיארה̈ פי מוצ̇ע מן אלמואצ̇ע אצלא פהי אלג̇ים ואלדאל ואלזאי ואלחא ואלטא ואלסין ואלעין ואלפא ואלצאד ואלקאף ואלרא· ואמא אלחרוף אלתי תכון זיארה̈ פהי סאיר אלב̈ב חרפא והי אלאלף ואלבא ואלהא ואלואו ואליא ואלכאף ואללאם ואלמים ואלנון ואלשין ואלתא פהאולא זואיד[c] אלאסמא ואלאפעאל אלא אן אלאלף ואלואו ואליא מנהן חק[d] אמ̈האת אלזואיד לאנהא אחרף אלמד̈· ויכ̇ע̈ בעצ̇הא באלאסמא דון אלאפעאל מת̇ל אלבא ואלכאף ואללאם ואלמים פאנה לא יקאל באמר בְּאָכל ולא כאמר כאכל ולא לאמר לאכל ולא מאמר מאכל כמא יקאל בבגד צמר[1] וכבגד עדים[2] לאיש העשיר[3] מאיש ועד אשה[4]· ואמא קול אלכתאב אבל ארון האלהים העלה דוד מקרית יערים בהכין לו דוד[5] אעני קולה בהכין פפיה אצ̇מאר ותקדירה העלה דוד מקרית יערים ויניחהו באשר הכין לו אי במקום אשר הכין לו פחד̇ף אלמקום ובקי אשר פקאמת אלצפה̈ מקאם אלמוצוף מת̇ל ובאשר חללים שם הוא[6] באשר כרע שם נפל שדוד[7] ת̇ם חד̇ף אשר כמא יחד̇פונה כת̇ירא מן גיר הד̇א מת̇ל לכל יבוא גבורתך[8] לכל העיר האלהים את רוחו[9]· ואלדליל עלי צח̈ה̈ הד̇א אלתקדיר קו̇ ויכן מקום לארון האלהים ויט לו אהל[10] וקאל איצ̇א ויקהל דוד את כל ישראל אל ירושלם להעלות את ארון יי̈ אל מקומו אשר הכין 11. לו[11] פאלמעני פי הד̇א כלה ואחד פליסת אלבא אד̇א ואקעה̈ עלי אלפעל אלמאצ̇י כמא טן̈ גירנא בל עלי אלאסם אלמצ̇מר אלא אנה שאד̈· ובא בהשמה מהם[12] איצ̇א מת̇להא וסתרי תלכ̇יץ ד̇לך פי באב תלכ̇יץ מעאני חרוף אלזיארה̈ ענד תלכ̇יצנא מואצ̇ע אלבא מנהא· וכ̇ד̇לך איצ̇א קול אלכתאב כטוב לב המלך ביין[13] ליס פעלא מאצ̇יא כמא טן̈ קום לכנה מצדר והו מת̇ל וכבא השמש צוה יהושע[14] וכשוב דוד מהכות את הפלשתי[15]· ולו ג̇אז ד̇כול אלכאף עלי

[a] P. אי̇ אלאפעאל [b] P. הי פיהא [c] P. זיאדה̈ [d] A. om.

[1] Lév. 13, 47. [2] Is. 64, 5. [3] II Sam. 12, 4. [4] I Sam. 22, 19. [5] II Chr. 1, 4. [6] Job 39, 30. [7] Jug. 5, 27. [8] Ps. 71, 18. [9] Esra 1, 5. [10] I Chr. 15, 1. [11] ib. 15, 3. [12] Lév. 26, 43. [13] Esth. 1, 10. [14] Jos. 8, 29. [15] I Sam. 17, 57.

אלאפעאל אלמאציה למא קיל ויהי כמשיב ידו[1] בל כאן יקאל כהשיב ידו ולמא קיל איצא והיא כפרחת עלתה נצה[2] בל כאן יקאל והיא כפרחה פעל מאץ לאן אלפעל אלמאצי אחק בהדא אלמכאן מן אלאסם לכן לם ימכן דלך לאן אללגה לא תגיזה· וממא יוכד הדא אלמדהב איצא קו וכמו השחר עלה[3] פאנה לו גאז מתל דלך לקיל וכעלה השחר או וכמו עלה השחר לאן אלמים ואלואו פי וכמו [a]זאידתאן אד אלכאף ללמקארבה וליס קולה וכמו[a] הנא ללתשביה[b] מתלה פי קו כמו אש[4] כמו שבלול[5] וגירהמא ואן כאנת אלמים ואלואו זאידתין איצא הנאך ואמא אלתקדיר וכעלות השחר אי ענד טלוע אלפגר ולו קאל וכמו עלות השחר לכאן גאיזא פלמא אסתעמל אלפעל אלמאצי מכאן אלמצדר פרק בינה ובין כמו כמא תרי אד לא תדכל אלכאף עלי אלאפעאל אלמאציה ואד ליס אלמים ואלואו פי וכמו בחאגז קוי לאנהמא זאידתאן לא תותראן פי אלמעני פלא יגוז אן יקאל וכמו עלה השחר· וקד שד איצא ען הדא אלנטאם חרף ואחד פיתצח לך פי באבה[c] מן כתאב אלאצול[6] והו לברם האלחים[7]· פעלי הדא אלשדוד אעני שדוד לברם האלהים ושדוד בהכין לו דוד ליס וגב אן ינכר עלי אלשאער מא אצטר אליה מן קולה[8] ואל תתאו חמר זמן ארוך נשמר וריחו לא נמר כשקט בשמרים אעני קולה כשקט אד אלוזן מוצע צרורה ואלתקדיר כאשר שקט· וקד גמע אלחרוף אלאצליה ואלחרוף אלזאידה כתיר מן אלמצנפין קבלי פי כלמאת נטמוהא פיהא מנחם מן אהל אלמשרק ומנהם מן אהל בלדנא אלאנדלס פגעלוא לכל צרב מנהמא עלאמה ליסהל עלי אלמתעלמין תחפטהמא וואחד [a]ממן גמעהא מן אהל בלדנא[d] והו מנחם בן סרוק פאנה גמע חרוף אלאצל עלי חט ספר גוע צרק וגמע חרוף אלזיארה עלי שמלאכתו בינה[9]· וקד גלט בעץ אלמולפין[10] פי הדא פגעל אלטא ואלדאל מן חרוף אלזיארה למא ראהמא זאידין פי ומה נצטדק[11] הזדמנתון למימר קדמי[12] ולם

[a] A. om. [b] A. ajoute: ואן כאן מעהא מים ואן מתלהא פי קו וכמו הנא ללתשביה [c] A. באב [d] A. מן בלדנא; P. מן au lieu de ממן

[1] Gen. 38, 29. [2] ib. 40, 10. [3] ib. 19, 15. [4] Ps. 79, 5. [5] ib. 58, 5. [6] Ed. Neubauer, col. 111, l. 16 et suiv. [7] Eccl. 3, 18. [8] C'est Dounasch; voy. Criticae vocum recensiones, p. 1, l. 5. [9] Voy. Mahbéreth p. 1, col. 2. [10] C'est Dounasch ib. p. 9. [11] Gen. 44, 16. [12] Dan. 2, 9.

ידר׳ אנהמא מן חרוף אלבדל ואנהמא פי האתין אללפט׳תין בדל מן תא אלאפתעאל וקד ביננא כ׳פיה׳ ד׳לך ואלצ׳רורה׳ אלתי בעת׳ת אהל אללגה׳ אלי ד׳לך ביאנא שאפיא פי באב זכה מן כתאבנא פי אלמסתלחק[1] פלילתמס עלמה מן הנאך· ולסנא נכ׳לי כתאבנא הד׳א מן אלאשארה׳ אלי ד׳לך פיה· וקד כנת אזמעת אלאקתצאר עלי האתין אלעלאמתין אעני חט ספר גזע צדק ושמלאכתו בינה אסתגזא[a] בהמא ואר׳ לא דרך פי אלסימן אעני אלעלאמה׳ אכ׳תר מן תסהיל תחפ׳ט׳ חרופהא עלי אלמתעלמין גיר אנה רגב[a] אלי׳ בעץ׳ אלאחדאת׳ פי אסתנבאט סימנין אכ׳רין להא פאסתסהלת ד׳לך דון אן אעתקד אני אתי בגריב פיהמא פגמעת חרוף אלאצל עלי טקס 12. עז גד חף צר וגמעת חרוף אלזיאדה׳ עלי שלומי אך תבנה *אלא אן להד׳ין אלסימנין מן אלמזיה׳[b] עלי אלסימנין אלמד׳כורין וחמא חט ספר גזע צדק ושמלאכתו בינה אנהמא מתעלקאן במעני דונהמא[c]· ונחן ד׳אכרון פי אלבאב אלתאלי להד׳א שיא מן מואקע חרוף אלזיאדה׳ פי אלאסמא ואלאפעאל עלי רתבה׳ וקועהא פי הד׳א אלסימן ומבינון מעאניהא אן שא אללה תע׳·

אלבאב אלכ׳אמס

תד׳כ׳יר אכת׳ר מעאני חרוף אלזיאדה׳ ד׳כר מואצ׳עהא.

ש אלשין תדכ׳ל במעני אשר פי מת׳ל שככה השבעתנו[2] שבשפלנו זכר לנו[3] שעלו מן הרחצה[4] שאתה מדבר עמי[5] מי משלנו[6] עד שקמתי דבורה שקמתי אם בישראל[7] ומן הנתינים שנהן דור[8] ופימא[d] אשבה ד׳לך·

ל ואמא אללאם פתלחק אלאסמא דון אלאפעאל פתדכ׳ל ללתמת׳יל ואלתעיין מת׳ל קולה אם הכהן המשיח יחטא לאשמת העם[9] מענאה עלי סביל כ׳טא אלנאס· ומת׳לה ובמים לא רחצה למשעי[10] וסתרי תפסירה פי מוצ׳עה מן כתאב אלאצול[11] והי ענדי הנא בדל מן אלבא פאן אלבא הי אלמסתעמלה׳ פי הד׳א אלמעני כמא קיל[e] ומטהו על

[a] A. רגע׳ [b] A. אלמזיה׳ [c] Omis dans R. [d] A. ומא [e] A. קאל

[1] Voy. Opuscules p. 180—186. [2] Cant. 5, 9. [3] Ps. 136, 2. [4] Cant. 4, 2. [5] Jug. 6, 17. [6] II Rois 6, 11. [7] Jug 5, 7. [8] Es. 8, 20. [9] Lév. 4, 3. [10] Ez. 16, 4. [11] Col. 396, l. 7—16.

הים ונשאו בדרך מצרים[1] אי עלי סביל צ̉נעה פי אלמצריין. וקד דכ̇לת אללאם פי גיר הד̇א אלמוצע ופי גיר הד̇א אלמעני איצ̇א מכאן אלבא מת̇ל קו̇ וישבו אתו לארץ[2] אי בארץ. ונפלו לפניכם לחרב[3] אי בחרב. כי איש הרגתי לפצעי וילד לחבורתי[4] אי בפצעי בחבורתי. ואולם לוז שם העיר לראשונה[5] [a]הו מת̇ל בראשונה. לאחרונה יסעו[6] יריד באחרונה. ונשמרתם מאד לנפשותיכם[7] אי בנפשותיכם כמא קיל השמרו בנפשותיכם[8] ונשמרתם[b] ברוחכם[9]. נגפו יי במעיו לחלי לאין מרפא[10] מכאן בחלי. וימים רבים לישראל ללא אלהי אמת וללא כהן מורה וללא תורה[11] אראד בלא אלהי אמת ובלא כהן מורה ובלא תורה. ויחפהו זהב טהור לכברים שש מאות[12] מת̇ל בכברים. ואיש משך בקשת לתמו[13] אי בתמו. לרקמות תובל למלך[14] אי ברקמות. והיה לפנות ערב ירחץ במים[15] לעת ערב והנה בלהה[16] ותבוא אליו היונה לעת ערב[17] לכלות דבר יי מפי ירמיה[18] מת̇ל בפנות ערב בעת ערב בכלות דבר יי אי פי הד̇א אלוקת[c]. ומת̇לה והיה לפתע פתאם[19] הו מת̇ל וכי ימות מת עליו בפתע פתאם[20]. ומת̇לה משגב לעתות בצרה[21] אי בעתות. ואלבאב באלבא מת̇ל בלילה ההוא[22] ביום ההוא[23]. ויעמד שפטים בארץ [d]בכל ערי יהודה הבצרות[24] לעיר ועיר[25] במעני בעיר ועיר למכמש יפקיד כליו[26] אראד במכמש. מתהלך בגן לרוח היום[27] פי וקת רוח אלנהאר ורוח אלנהאר הו ברד נסימה ואשתקאקה מן ורוח לשאול[28]. וקד קלת פי כתאב אלמסתלחק[29] אן הד̇א אלהילוך הו לאדם ואלתקדיר[e] וישמעו את קול יי אלהים והאדם מתהלך בגן לרוח היום אי פי וקת רוח אלנהאר ואן שית פקל פי רואח אלנהאר אי באלעשי לאן אלרואח יכון פיה אי ברד אלנסים. לשרת לפני הארון תמיד לדבר יום ביומו[30] אי בדבר יום ביומו לאן כ̇דמתהם כאנת מתפננה עלי חסב תפנן אלאיאם מן חול וחדש[f] ושבת ומועד. להעלות עלות ליי על

[a] P. אי; R. כמו [b] P. ואיצ̇א ונשמרתם [c] P. פי וקת הד̇א [d] A. בנימין ובערי יהודה [e] P. ואן אלתקדיר [f] A. om.

[1] Is 10, 26. [2] Job 2, 13. [3] Lév. 26, 7. [4] Gen. 4, 23. [5] ib. 28, 19. [6] Nom. 2, 31. [7] Jos. 23, 11. [8] Jér. 17, 21. [9] Mal. 2, 15. [10] II Chr. 21. 18. [11] ib. 15, 3. [12] II Chr. 3, 8. [13] I Rois 22, 34. [14] Ps. 45, 15. [15] Deut. 23, 12. [16] Is. 17, 14. [17] Gen. 8, 11. [18] Esra 1, 1. [19] Is. 29, 5. [20] Nomb. 6. 9. [21] Ps. 9, 10. [22] Gen. 32, 14. [23] ib. 15, 18. [24] La variante de A. est remarquable. [25] II Chr. 19, 5 [26] Is. 10, 28. [27] Gen. 3, 8. [28] I Sam. 16, 23. [29] Voy. Ousoul, col. 670, l. 12 à 15; cependant le passage ne se trouve pas dans le Moustalhik. [30] I Chr. 16, 37.

מזבח העלה תמיד לבקר ולערב[1] אי בבקר ובערב ושמרת את החקה הזאת למועדה[2] אי במועדה ומתלה למועד חדש האביב[3] אי במועד[a]. על אשר מריתם את פי למי מריבה[4] אי במי מריבה. הנה אני בונה בית וגו' לבקר ולערב לשבתות ולחדשים ולמועדי יי' אלהינו[5] אי בבקר ובערב בשבתות ובחדשים ובמועדי יי' אלהינו. ותוכחתי לבקרים[6] יריד בבקרים אי פי[b] כל צבאח ומתלה וחרדו לרגעים[7] [אי ברגעים][c]. לקול צללו שפתי[8] אי בקול. וקיל פי אלתאריך ביום אחד לחדש[9] יריד[d] בחדש בתם עשרים וארבעה לעשתי עשר חדש[10] אי בעשתי עשר חדש כמא קיל *הוא חדש התשיעי[e] בעשרים בחדש[11]. ותדכל אללאם עלי אלמפעולין כתירא פי מתל קו' לכלכם ישים שרי אלפים[12] פתחת למוסרי[13] וישבו המים ויכסו וגו' לכל חיל פרעה[14] לאן קו' לכל חיל פרעה בדל מן קולה את הרכב ואת הפרשים. ומתלה ויואב ואבישי אחיו הרגו לאבנר[15] וישאל המלך לאשה[16] ויקח רב הטבחים לירמיהו[17] ואשלחה לאליעזר לאריאל וגו' ולאלנתן מבינים[18] כלהם מפעולון בקו' ואשלחה. ומתלה אל ישיא לכם חזקיה[19] הו מתל אל ישיאך אלהיך[20] ומתלה ויברכו העם לכל האנשים המתנדבים לשבת בירושלם[21] פאן כל האנשים מפעול בהם בקו' ויברכו העם ואיצא ויברכו כל הקהל לײ' אלהי אבותיהם ויקדו וישתחוו לײ' ולמלך[22] פאן לפט יי' הו מפעול בה בוקוע אלפעל והו ויברכו עליה. וקד טן בעץ רוסא אלפקה אן לפטה[f] ברכה לא תתעדי באללאם לקלה וגוד דלך פי אלמקרא פאנכר מן אגל דלך אן יקאל פי ברכת המזון נברך לאלהינו בלאם עלי אן אללאם תאבתה פיה פי אלמשנה[23] קאל ברכה בלמד לא אשכחן ותאבעה עלי דלך גירה מן אלרוסא פקאל וכן הלכה ותראהא מוגודה באללמד פי חתין אללפטתין. וממא דכלתה אללאם מן אלמפעולין קו' וישם את הים לחרבה[24] פאן חרבה מפעול תאן ומתלה כי שמת מעיר לגל קריה בצורה למפלה[25] ושמתי נהרות לאיים[26] אשים

a A. om.; R. כלומר במועד b P. om. c A. P. om.; R. ר"ל ברגעים d P. אי e A. החדש העשירי f P. לגה

1 I Chr. 16, 40. 2 Ex. 13, 10. 3 ib. 23, 15. 4 Nomb. 20, 24. 5 II Chr. 2, 3. 6 Ps. 73, 14. 7 Ez. 26, 16. 8 Hab. 3, 16. 9 Néh. 8, 2. 10 Zach. 1, 7. 11 Es. 10, 9. 12 I Sam. 22, 7. 13 Ps. 116, 16. 14 Ex. 14. 28. 15 II Sam. 3, 30. 16 II Rois 8, 6. 17 Jér. 40, 2. 18 Esr. 8, 16. 19 II Rois 18, 29. 20 ib. 19, 10. 21 Néh. 11, 2. 22 I Chr. 29, 20. 23 Berach. VII, 4 (cf. R. 13, note). 24 Ex. 14 21. 25 Is. 25, 2. 26 ib. 42, 15.

מחשך לפניהם לאור ומעקשים למישור[1] פאן כל ואחד מן הד̇ה̈[a] מפעול ת̇אן. ומת̇לה̇[b] וימשחו לײ̈ לנגיד ולצדוק לכהן[2] ארדת לאם לנגיד ולאם לכהן ואלתקדיר וימשחו אותו לײ̈ לנגיד פאותו אלמפעול אלאול אלא אנה מחד̇וף וכד̇לך ולצדוק מפעול אול ואמא לנגיד פמפעול ת̇אן וכד̇לך הו לכהן. ומת̇לה ויחשבה עלי לשכורה[3]

14. ושעריך לאבני אקדח וכל גבולך לאבני חפץ[4]. וממא יג̇אנס הד̇א ד̇כול אללאם עלי אלט̇רוף אלתי אטלקת עליהא אלאפעאל סוי ד̇כולהא עלי אלט̇רוף אלתי לאמאתהא בדל מן בא עלי מא קד ד̇כרנאה לאן מת̇ל הד̇ה אלט̇רוף השבה אלמפעולין לאנהא מפעול פיהא וד̇לך מת̇ל קו̇ כה עשו ליום ביום[5] למחר יהיה האות הזה[6] ויאמצו את רחבעם בן שלמה לשנים שלש כי הלכו בדרך דוד ושלמה לשנים שליש[7]. ורבמא ד̇כ̇לת אללאם עלי אלחאל לאנהא איצ̇א מפעול פיהא קיל וחברת את חמש היריעות לבד ואת שש היריעות לבד[8] מנפרדה̈ אי[c] עלי חדה והו מחד̇וף מן בדד ישב[9] כמא קיל שכני לבדד[10] כי אתה ײ̈ לבדד לבטח תושיבני[11] ומת̇להא ענדי אשר החזקתי בימינו לרד לפניו גוים[12] באסטא בין ידיה אלאמם ואשתקאקה מן הרודד עמים תחתי[13]. ומן אלחאל קו̇ וישימם כעפר לדוש[14] לים מענאה ליכון כד̇א וכד̇א בל וג̇עלהם וצי̈רהם כאלתראב דרסא להם. ומת̇לה עבדת משפחת הגרשני לעבד ולמשא[15] עמלא וחמלא ואתם תלקטו לאחד אחד[16] ואחדא פואחדא וכל העם יצאו למאות ולאלפים[17] פי הד̇ה אלחאל. ולא תהיה זאת לך לפוקה ולמכשול לב לאדני ולשפך דם חנם ולהושיע אדני לו[18] *פקו̇ ולשפוך דם חנם ולהושיע אדני לו חאל בעד חאל אי סאפכא דמא ומנתצרא לנפסה. ומת̇ל הד̇ה אללאמאת לאם גרסה נפשי לתאבה אל משפטיך בכל עת[19] תרג̇מתה תרצ̇צ̇ת נפשי תהאלכא אלי מטאלעה̈ אחכאמך וסננך[d]. ותד̇כ̇ל איצ̇א עלי אלתמייז אד̇ פיה מעני אלמפעול כמא קאל ותהי בפי כדבש למתוק[20] כאלעסל חלאוה̈. ויגדל המלך שלמה מכל מלכי הארץ לעשר ולחכמה[21] גנא* וחכמה̈. בשקמים

[a] P. הד̇ין [b] P. ומת̇ל ד̇לך [c] A. om. [d] A. וסנתך

[1] Is. 42, 16. [2] I Chr. 29, 22. [3] I Sam. 1, 13. [4] Is. 54, 12. [5] II Chr. 24, 11. [6] Ex. 8, 19. [7] II Chr. 11, 17. [8] Ex. 26, 9. [9] Lév. 13, 46. [10] Mich. 7, 14. [11] Ps. 4, 9. [12] Is. 45, 1. [13] Ps. 144, 2. [14] II Rois 13, 7. [15] Nomb. 4, 24. [16] Is. 27, 12. [17] II Sam. 18, 4. [18] I Sam. 25, 31. [19] Ps. 119, 20. [20] Ez. 3, 3. [21] I Rois 10, 23.

אשר בשפלה לרב[1] כתרה· ובעצם השמים לטהר[2] צפא[a] ונקא[a]· לא ראיתי כהנה בכל ארץ מצרים לרע[3] רדאה והזאלה· האם תמנו לגוע[4] פנא[a] והלאכא· לאברהם למקנה[5] קניה ומלכה· הדא כלה תמייז מנצוב· ותדכל איצא עלי אלמצדר לאנה אלמפעול אלצחיח כמא קיל לדעת חכמה ומוסר להבין אמרי בינה[6] לקחת מוסר השכל[7] לתת לפתאים ערמה[8] להבין משל ומליצה[9] לדעת בארץ דרכך[10] להגיד בבקר חסדך[11] להיות פקידים בית יי[12] צארת כל ואחדה מן הדה אלאלפאט מפעולה במא פי אלמעני מן אלחץ ואלתאכיד ואלתנביה כמא הו[a] בין פיהא· וקד יטן אלנאס אן קו להיות פקידים בית יי מנתטם פי אלמעני במא קבלה אעני בקו יי שמך כהן אי צירך כהן לאמר דא ודא ולים אלאמר כדלך אנמא קאל לה אללה קד ראסך ואחלך מתל יהוידע הכהן פי ריאסתה וגלאלה קדרה תקדימא וכלא[a] פי בית אללה אי קדם וכלא יחטה עלי הדא· ומתל הדה אללאמאת אלא אנהם פי מצאדר עמלת פיהא אפעאל טאהרה פצארת מפעולא בהא קו לא אסף לקלל עוד את האדמה[13] ולא אסף עוד להכות את כל חי[14] מאן לשלח העם[15] עד מתי מאנת לענות[16] אלא תראה יקול לא אסף עוד ראות פניך[17] מאן בלעם הלך עמנו[18] בלא לאם· וממא דכלת אללאם עליה מן אלמצאדר קו אמש אמר אלי לאמר[19] תרגמתה כלמני תכלימא והו מתל אמרים אמור למנאצי[20] ומתלה וידבר יי אל משה לאמר[21] וכלם 15. אללה מוסי תכלימא· ואיצא אשר ברא אלהים לעשות[22] אלתי כלקהא אללה כלקא לאן ברא לים בכארג ען מעני עשה כמא אן דבר *גיר כארג[b] מן מעני אמר ולדלך קאל וידבר יי אל משה לאמר פכאנה קאל ויאמר יי אל משה אמר או לאמר כמא קיל למה יאמרו מצרים לאמר[23] במעני אמר[c] או כאנה קאל וידבר יי אל משה דבר מצדר מתל הנה לא ידעתי דבר[24] וכאנה קאל איצא אשר ברא אלהים בָרא או בְרא או כאנה קאל אשר עשה אלהים עָשה או עֲשה·

[a] A. om. [b] P. לים בכארג [c] A. ajoute: או לאמר כמא קיל

[1] I Rois 10, 27. [2] Ex. 24, 10. [3] Gen. 41, 19. [4] Nomb. 17, 28., [5] Gen. 28, 18. [6] Prov. 1, 2. [7] ib. 1, 3. [8] ib. 1, 4. [9] ib. 1, 6. [10] Ps. 67, 3. [11] ib. 92, 3. [12] Jér. 29, 26. [13] Gen. 8, 21. [14] ib. ib.. [15] Ex. 7, 14. [16] ib. 10, 3. [17] ib. 10, 29. [18] Nomb. 22, 14. [19] Gen. 31, 29. [20] Jér. 23, 17. [21] Ex. 6, 10. [22] Gen. 2, 3. [23] Ex. 32, 12. [24] Jér. 1, 6.

ומטא ד̇כ̇לת פיה אללאם מן אלכ̇לאם אלעבראני פי אלמואצ̇ע אלמנצובה̈ פי כ̇לאם אלערב קו̇ אם תהיה לטוב להעם הזה[1] אן כנת ג̇ירא הלא הכושים והלובים היו לחיל לרב לרכב ולפרשים להרבה מאד[2] באנוא עסכרא כבירא וקו̇ להרבה מאר הו נעת לקו̇[a] לרכב ולפרשים פהו מנצוב מת̇לה ואיצ̇א ואתה הוה להם למלך[3] ולא תהיה זאת לך לפוקה ולמכשול לב[4] ג̇מיע הד̇א פי לסאן אלערב מנצוב כמא הו ענדנא מער̈ב באעראב אלמפעולין אי בד̇כ̇ול אללאם עליה. ותד̇כ̇ל אללאם איצ̇א עלי אלמבתדא קאלוא ולשרים למשפט ישרו[5] אררת לאם ולשרים ומת̇לה להקשיב מחלב אילים[6]. ותד̇כ̇ל איצ̇א עלי כ̇בר אלמבתדא כמא קיל השלישי לאבשלום בן מעכה[7] כנף האחר לאמות חמש[8] וחרב אויביך למשגת[9] ועמהם כהנים למאה̇ ועשרים[10]. אנוש לשברך[11] אלוג̇ה אנוש שברך כמא קיל אנוש מכאובך[12]. ותד̇כ̇ל עלי אלפאעל תשביהא לה באלמבתדא אד̇ לכל ואחד מנהמא צדר אלכ̇לאם קאלוא ולא יעבר עליו לכל דבר[13] ואיצ̇א ויתנדבו שרי האבות וגו̇ ולשרי מלאכת המלך[14] ואיצ̇א ויקומו ראשי האבות וג̇ לכל העיר האלהים את רוחו[15] והיו למאורת ברקיע השמים להאיר על הארץ[16] תרג̇מתה ולתחדת̇ אנואר ומת̇לה והיו לאתת ולמועדים ושנים[17]. ותלכ̇יץ ד̇לך אנה למא קאל תבארך ותעאלי יהי מארת ברקיע השמים להבדיל בין היום ובין הלילה[18] קאל מבתדיא והיו לאתת ולמועדים ולימים ושנים תרג̇מתה פתחדת̇ איאת ואזמאן ואיאם וסנין אי אן הד̇ה אלאשיא תחדת̇ בתוס̈ט אלאנואר באצ̇טראר אמא אלאיאת פהי טלוע אלני̈רין וגרובהמא פי כ̇ל יום וחדות̇ אלכסופאת ומא אשבה ד̇לך ואמא אלאזמאן פהי אזמאן אלסנה̈ מן רביע וקיט̇ וכ̇ריף ושתא וד̇לך אן אלשמס אד̇א אחלת[b] ברבע[c] מן ארבאע אלפלך חדת̇ זמאן מן גיר אלזמאן אלד̇י יחדת̇ אד̇א אחלת[d] ברבע אכ̇ר מנה פאד̇א דארת עלי ג̇מיע ארבאע אלפלך כמל עאם פאבתדאת[e] באלדוראן מן אלנקטה̈ אלתי אבתדאת[f] מנהא אולא פתחדת̇[g] תלך אלאזמאן באעיאנהא.

[a] P. קולה. [b] P. חלת [c] ברבע̣ ס̈א [d] P. חלת [e] A. פאבתדת [f] A. אבתדת [g] P. פחדתת

[1] II Chr. 10, 7. [2] ib. 16, 8. [3] Néh. 6, 6. [4] I Sam. 25, 31. [5] Is. 32, 1. [6] I Sam. 15, 22. [7] I Chr. 3, 2. [8] II Chr. 8, 11. [9] I Chr. 21, 12. [10] II Chr. 5, 12. [11] Jér. 30, 12. [12] ib. 30, 15. [13] Deut. 24, 5. [14] I Chr. 29, 6. [15] Esr. 1, 5. [16] Gen. 1, 15. [17] ib. 1, 14. [18] ib. ib.

ואלנהאר ואלליל יכונאן בטלוע אלשמס וגרובהא פאלניראן ארא עלה הרה אלאשיא כלהא. וקול אלכתאב והיו למאורת ברקיע השמים הו מתל קולה אולא יהי מארת ברקיע השמים סוא[a] ואנמא אעארה ללתאכיד. ותדכל אללאם מע לגה חיה לגיר[a] אלוגה אלמתקדם אלדכר בל ללאסתחאלה ואלנקלה מתל קולה ויהי לנחש[1] ויהי למטה בכפו[2] והיו לדם[3] והיה לכנים[4]. וקד תדכל להרא אלמעני נפסה[b] מע גיר היה מתל וכתתו חרבותם לאתים וחניתותיהם למזמרות[5]. ותכון אללאם ללמלך מתל לאברהם למקנה[6] ארדת לאם לאברהם. לך אני וכל אשר לי[7] ולך יי חסד[8] ליי הארץ ומלואה[9] השמים שמים ליי[10]. ותכון פי מעני ואו אלעטף 16. מתל ויועץ דוד עם שרי האלפים והמאות לכל נגיד[11] אראד וכל נגיד. הלוים בני ישוע לקדמיאל[12] אראד וקדמיאל כמא קיל פי אלנסכה אלאולי[13] והו אלמרתב פי לבני הודויה[14] אי ובני הודויה. ומתל הרא קו[c] כי אם עונותיכם היו מבדילים בינכם לבין אלהיכם[15] אי ובין אלהיכם ומתלה ויכתב משה את מוצאיהם למסעיהם[16] אי ומסעיהם ואיצא ואלה מסעיהם למוצאיהם[17]. וימכן אן יכון איצא מתל הרא[d] להקשיב מחלב אילים[18] אי והקשיב ואיצא לכל העיר האלהים את רוחו[19] אי וכל העיר. וממא אללאם פיה ללעטף קו ויען עפרון החתי וגו לכל באי שער עירו לאמר[20]. ותכון פי מעני ען כרא וכרא או מן אגל כרא וכרא מתל לאם ואמר פרעה לבני ישראל[21] אי ענהם ומתלה פן יאמרו לי אשה הרגתהו[22] אמרי לי אחי הוא[23] למתי אעתיר לך ויאמר למחר[24] אלמעני ען מתי אסתשפע לך פקאל ען גד. וישאל המלך לאשה[25] סאל ענהא. ומתלה וישאל דוד לשלום יואב ולשלום העם ולשלום המלחמה[26] ויצעק העם אל פרעה ללחם[27] הכפירים שאגים לטרף[28] ללכת אופירה לזהב[29]. על שרפו עצמות מלך אדום לשיד[30] לים יריד אנה צירהא[e] כאלשיד פקט פתכון אללאם ללגאיה בל אנה שיד בחא

[a] P. פי גיר [b] A. בנפסה [c] P. אלקול [d] R. כמותם = מתלהא [e] A. צירה

[1] Ex. 4, 3. [2] ib. 4, 4. [3] ib. 4, 9. [4] ib. 8, 12. [5] Is. 2, 4. [6] Gen. 23, 18. [7] I Rois 20, 4. [8] Ps. 62, 13. [9] Ps. 24, 1. [10] ib. 115, 16. [11] I Chr. 13, 1. [12] Néh. 7, 43. [13] Esr. 2, 40. [14] Ib. ib. [15] Is. 59, 2. [16] Nomb. 33, 2. [17] ib. ib. [18] I Sam. 15, 22. [19] Esr. 1, 5. [20] Gen. 23, 10. [21] Ex. 14, 3. [22] Jug. 9, 54. [23] Gen. 20, 13. [24] Ex. 8, 6. [25] II Rois 8, 6. [26] II Sam. 11, 7. [27] Gen. 41, 5. [28] Ps. 104, 21. [29] I Rois 22, 49. [30] Am. 2, 1.

בניאנה עלי סביל אלאסתבלאג פאללאם אד̇א במעני ען ולו אראד בהד̇א אלקול אלאבלאג פי אחראקהא[a] לקאל לדשן או לעפר לא לשיד לבנה אנמא קאל לשיד לאסתעמאלה ומאדהא מכ̇אן אלשיד· כי שאל נא לימים ראשונים[1] ושאלו לנתיבות עולם[2] איש איש כי יהיה טמא לנפש[3] מן אג̇ל מית· האתם תריבון לבעל[4] הל אנתם תכ̇אצמון ען אלצנם· אשר יריב לו יומת[5] מן כ̇אצם ענה יקתל· אם אלהים הוא ירב לו[6] אן כאן אלאהא פליקאתל או פליכ̇אצם[b] ען נפסה· לנביאים נשבר לבי בקרבי[7] ענהם ומן אג̇להם· הן לצדק ימלך מלך ולשרים למשפט ישרו[8] אראד לאם לצדק ולאם למשפט· ותכון פי מעני מן מת̇ל הבאים למלחמה[9] אראד מן המלחמה· ויבא שלמה לבמה אשר בגבעון ירושלם[10] אתי מן אלבמה אלי ירושלם ומת̇לה נסו לקולם[11]. כל כלים לזהב ולכסף[12] אי מן הזהב ומן הכסף· לעוף ולבהמה[13] אי מן העוף ומן הבהמה· או בדרך רחקה לכם או לדרתיכם[14] אלמעני מכם או מדורותיכם· ומכיר לקח אשה לחפים ולשפים[15] אלמעני מן חפים ומן שפים ואשה הנא מכאן נשים· ויקשר עליו בעשא בן אחיה לבית יששכר[16] אי מבית יששכר· אלף למטה אלף למטה לכל מטות ישראל תשלחו לצבא[17] אלמעני אלף ממטה מכל מטות ישראל· חדל להשכיל להיטיב[18] מכאן מהשכיל מהיטיב· ויחדלו לבנות העיר[19] מכאן מבנות העיר כמא קיל[c] ויחדל מבנות את הרמה[20] וכדלך ומבהלים אתם לבנות[21] מכאן מבנות· ברוך אברם לאל עליון[22] מת̇ל מאל· ברוך בני לי״י[23] אי מי״י· כי את י״י עזבו לשמר[24] מת̇ל משמר או מן שמר· ויכם דוד מהנשף ועד 17. הערב למחרתם[25] יריד ממחרתם ואלמעני אנה קתל פיהם מן אול אלליל אלי עשי̈ גדהם כמא קיל פי מת̇ל הד̇א ויקם העם כל היום ההוא וכל הלילה וכל יום המחרת[26]. וקיל פי אלתאריך ביום אחד לחדש[27] אי מהחדש ומת̇לה ביום עשרים וארבעה לחדש[28] אללאם הנא מכאן מן ומת̇לה איצ̇א ותשלם החומה[d] בעשרים וחמשה

[a] A. אחראקה [b] P. יכ̇אצם [c] A. קאל [d] A. כל המלאכה (voy. I Rois 7, 51).

[1] Deut. 4, 32. [2] Jér. 6, 16. [3] Nomb. 9, 10. [4] Jug. 6, 31. [5] ib. ib.. [6] ib. ib. [7] Jér. 23, 9. [8] Is. 32, 1. [9] Nomb. 31, 21. [10] II Chr. 1, 13. [11] Nomb. 16, 34. [12] Esr. 1, 11. [13] Lév. 7, 26. [14] Nomb. 9, 10. [15] I Chr. 7, 15. [16] I Rois 15, 27. [17] Nomb. 31, 4. [18] Ps. 36, 4. [19] Gen. 11, 8. [20] I Rois 15, 21. [21] Es. 4, 4. [22] Gen. 14, 19. [23] Jug. 17, 2. [24] Os. 4, 10. [25] I Sam. 30, 17. [26] Nomb. 11, 32. [27] Néh. 8, 2. [28] Ag. 1, 15.

לאלול[1] ויגוז אן יכון אללאם פי אלתאריך מכאן אלבא כמא קיל הוא חדש התשיעי בעשרים בחדש[2]. וממא אללאם פיה מכאן מן איצא קו יזקו מטר לאדו[3] תפסירה יתצפי אלגית מן גמאמה. ותכון מכאן אל מתל לאם כי לימים עוד שבעה[4] לנכח הצאן[5] אי אל נכח הצאן. וקד קיל נכח יי[6] נכחו תחנו[7] בלא לאם ובלא אל כמא קיל אל מול פני המנורה[8] וקיל מול הגלגל[9] וקיל איצא לעמת המסגרת[10] וקיל כל עמת שבא[11] וקיל איצא והנה איש עומד לנגדו[12] וקיל ויעל כל העם איש נגדו[13]. ומתל הדה אללאם לאם עברו ושובו משער לשער[14] אי משער אל שער. וימלא בית הבעל פה לפה[15] מתל בתועבותיהם אשר מלאוה מפה אל פה[16]. מלפנים ולחיצון[17] אי ואל חיצון ויהיו הרצים עוברים מעיר לעיר[18]. מדור לדור תחרב[19] דור לדור ישבח מעשיך[20] אי דור אל דור מדור אל דור ואלקמצות פי הדה אללאם ואלשבא סוא ואלמעני פי קולה מדור לדור הו אלמעני פי קו מן העולם עד העולם[21] אי גאיה אלאבד. וישליכו לארון עד לכלה[22] מתל אל הארון ורבמא כאן אלמעני וישליכו בארון. וידברו הכשדים למלך ארמית[23] אי אל המלך ומתלה ואשר דבר לי[24] לי דבר צור ישראל[25] ותדבר גם אל בית עבדך למרחוק[26] מן הים הגדול הדרך חתלון לבוא צדדה[27] אלי מוצע כדא. ומתלה וידעו כל שארית יהודה הבאים לארץ מצרים לגור שם[28] הו מתל ויבאו אל המקום אשר אמר לו האלהים[29]. ותכון אללאם מקחמה לא מוצע להא פי מתל זאת תורת הבהמה וגו׳ ולכל נפש השרצת על הארץ[30] אלמעני וכל נפש לאנה מעטוף עלי וכל נפש החיה הרמשת במים. וכלי כסף מאה לככרים[31] אלוגה מאה ככרים. ואני יושב משומם עד למנחת הערב[32] ולא לך לכבוד מיי אלהים[33] מדוע אדם ללבושך[34] אנוש לשברך[35] וארבעת האופנים למתחת למסגרות[36] אררה[a] לאם למתחת ויעל מעל ליונה[37] מעל לגבול ישראל[38] מעל

[a] A. אראד; R. רל״ מתחת, lisez: רצוני למד למתחת

[1] Néh. 6, 15. [2] Es. 10, 9. [3] Job 36, 27. [4] Gen. 7, 4. [5] ib. 30, 38. [6] Jug. 18, 6 [7] Ex. 14, 2. [8] Nomb. 8, 3. [9] Deut. 11, 30. [10] Ex. 25, 27. [11] Eccl. 5, 15. [12] Jos. 5, 13. [13] ib. 6, 5(?). [14] Ex. 32, 27. [15] II Rois 10, 21. [16] Esra 9, 11. [17] I Rois 6, 29. [18] II Chr. 30, 10. [19] Is. 34, 10. [20] Ps. 145, 4. [21] I Chr. 16, 36. [22] II Chr. 24, 10. [23] Dan. 2, 4 [24] Gen. 24, 7. [25] II Sam. 23, 3. [26] ib. 7, 19. [27] Ez. 47, 15. [28] Jér. 44, 28. [29] Gen. 22, 9. [30] Lév. 11, 46. [31] Esra 8, 26. [32] ib. 9, 4. [33] II Chr. 26, 18. [34] Is. 63, 2. [35] Jér. 30, 12. [36] I Rois 7, 32. [37] Jon. 4, 6. [38] Mal. 1, 5.

למדיו[1] מעל לחחומה[2] מעל למגדל התנורים[3] ומעל לשער אפרים[4] מתחת לבית־אל[5] עד מתחת לבית כר[6] עד להשיב חרון אף אלהינו ממנו[7] למשפחות לבני קהת[8] מהר בעל חרמון עד לבוא חמת[9] אלונה עד בוא חמת כמא קיל עד בואך עזה[10]· ויתנבאו עד לעלות המנחה[11] עד לכלות כל מלאכת עבדת בית יי״[12] עד לכלות העלה[13] וישליכו לארון עד לכלה[14] ארדת לאם לכלה· והכינותי את מלכותו עד לעולם[15] ועל טהרת לכל קדש[16] והמתנשא לכל לראש[17] ארדת לאם לראש·

18. וקד זארוהא פי וסט אלאסם בלא מעני תחדתה פיה קאלוא כלו שלאנן ושליו[18] וליסת זיאדתהא הנא פיצה· וקד זארוהא מן חרוף אלמעאני פי למען ופי לבלתי ופי לבעבור אלא אנהא רבמא אחדתת פי בעצהא מעני לם יכן פיה דונהא· ותכון אללאם במעני אלעוץ ואלבדל פי מוצע קולך תחת מתל לאם ותהי להם הלבנה לאבן והחמר היה להם לחמר[19] כאנה קאל ותהי להם הלבנה תחת אבן והחמר היה להם תחת החמר כמא קיל תחת הנחשת אביא זהב[20]· ומתלה לקשש קש לתבן[21] אי עוצא מן אלתבן אלדי כאנוא יעטונה· ויקרב מן הדא אלמעני מעני לאם על שרפו עצמות מלך אדום לשיד[22] אי עוצא מנה· ומתל הדה אללאם ענדי לאם והעלהו שם לעולה על אחד ההרים[23] פאני אעתקד אן אללה תב' ותע' למא אראד אן ירי אלכלק צבר אברהים צלי אללה עליה וסלם ואן יתיבה עלי צברה כאטבה בלפט משתרך למעניין אחדהמא עאמי ואלאכר כאצי דלך קולה לה והעלהו שם לעולה וגו'· אמא מענאה אלעאמי פהו אלטאהר מן נץ אללפט אעני וקרבה קרבאנא ותכון אללאם עלי הדא[a] אללאם אלראכלה עלי אלמפעולין והי מתל [לאם] ויעלהו לעולה תחת בנו[24]· ואמא מענאה אלכאצי פהו אן יכון מענאה ואצעדה הנאך עלי אחד אלגבאל בדלא מן קרבאן אי אני אתקבל מנך אצעאדה [אלי][b] אלי אלגבאל תקבלי קרבאנא תקרבה לי· פסבק אלי אברהים אלמעני אלעאמי וקד כאן סבק פי עלם אללה עז וגל

[a] A. ajoute אי [b] R. om.

[1] I Sam. 17, 39. [2] Néh. 12, 38. [3] ib. ib. [4] ib. 12, 39. [5] Gen. 35, 8. [6] I Sam. 7, 11. [7] Esr. 10, 14. [8] I Chr. 6, 55. [9] Jug. 3, 3. [10] ib. 6, 4. [11] I Rois 18, 29. [12] I Chr. 28, 20. [13] II Chr. 29, 28. [14] ib. 24, 10. [15] I Chr. 28, 7. [16] ib. 23, 28. [17] ib. 29, 11. [18] Job. 21, 23. [19] Gen. 11, 3. [20] Is. 60, 17. [21] Ex. 5, 12. [22] Am. 2, 1. [23] Gen. 22, 2. [24] ib. 22, 13.

אן דׄלך[a] אלמעני אלעאמי הו אלדׄי יסבק אליה ואנמא אראד אן
ירי אלנאס צברה ואן יתׄיבה עלי דׄלך. פלמא אנתהי אברהים אלי
אלמעני אלדׄי ארארה אללה מנה והו אצעארה אבנה אלי אלגבל
נאראה תבׄ ותעׄ [מן אלסמא][b] יא אברהם כף ען אלגלאם. הדׄא
ופקך אללה מדׄהבי פיה והו מעני בדיע עגׄיב לם[c] יאבה אליה גירי
מואפק ללחכמה מטאבק למא תסתעמלה אללגה ינדחץׄ בה ענׄא
תשגיב מן ילזמנא בה אלנסך[d]. וענדי פיה איצׄא מעני אכׄר עגׄיב
והו אן אקול אן מן אלאמר מא לא יכון גזמא חתמא בל יראד בה
אלתערץׄ לדׄלך אלשי פקט לא אן יכון אלמראד בה אתמאמה
ואכמאלה ואן כאן לפטׄה חתמא גזמא עלי מא אגׄאזתה אללגה וליס
יערף הדׄא אלסר מן אללפטׄ לכן אמא בתנביה מן אלאמר ואמא
באעתבאר מן אלמאמור מתׄל דׄלך קול אללה לירמיהו ען בני יונדב
בן רכב והשקית אותם יין[1] אלדׄי ליס מענאה לא מחאלה ואסקהם
כל מענאה ואערץׄ עליהם שרבה פיכון מעני והעלהו שם לעולה
עלי הדׄא אלתערץׄ להדׄא אלאמר אי[e] אשראפה אלא אנה מעני
באטן לם[f] יאבה אליה אברהים לכנה אבה אלי מענאה אלטׄאהר
וכאן אלמראד מן אלבארי עז וגל פיה והו[g] אלדׄי דׄכרנא פי אלוגה
אלאול מן אטׄהאר צבר אברהים ותעויצׄה עליה. ותדכׄל אללאם עלי
אלמצאדר במעני כי אלערביה מתׄל לסור לשוב להרגו בערמה[2]
להיטיבך באחריתך[3] ומא אשבה דׄלך אי לכי יכון כדׄא וכדׄא. ואמא
לאם אשר נטה לשבת ער[4] פלאחק במעני אל אי אלמנתהי אלי
עמארה ער ולאם מקץ עשר שנים לשבת אברם[5] במעני מן אי מן
וקת כדׄא. ותכון אללאם במעני אלבא פי מתׄל קו' והיה לפתע
פתאם[6] אי בפתע פתאם[7] כמא קיל ואם בפתע בלא איבה[8]. על
אשר מריתם את פי למי מריבה[9] [אי במי מריבה][h] כמא קיל[i] במי 19.
מריבת קדש[10]. וקד אנדרג לנא דׄכר מתׄל הדׄא אללאם פי ט' דׄכר
מא תדכׄל פיה אללאם ללתמתׄיל ואלתעיין. ותכון אללאם במעני

[a] R. om. [b] Lacune dans A.; R. מן השמים [c] A. לא [d] Note marginale dans A. d'une main posterieure: אקול מן חית אן אלקצה אצלהא מבני עלי אלאמתחאן פלא ילזמנא פיהא עלה אלנסך והכדא קאל והאלהים נסה את אברהם [e] A. ואי [f] A. לא [g] R. om. [h] A. om.; R. כלומר במי מריבה [i] A. קאל

[1] Jér. 35, 2. [2] Ex. 21, 14. [3] Deut. 8, 16. [4] Nomb. 21, 15. [5] Gen. 16, 3. [6] Is. 29, 5. [7] Nomb. 6, 9. [8] ib. 35, 22. [9] ib. 20, 24. [10] Deut. 32, 51.

אלכאף פי קו׳ להעלות עלות וגו׳ ולכל הכתוב בתורת יי׳[1] אראד וככל הכתוב. ותדכל אללאם לאנתהא אלגאיה ואלכתרה ואלמבאלגה פי מתל קו׳ ויפל מכושים לאין להם מחיה[2] וינצלו להם לאין משא[3] ועבדו לעולם[4] לכלות דבר יי׳ מפי ירמיה[5] נגפו יי׳ במעיו לחלי לאין מרפא[6] ארדת לאם לאין מרפא. כי הכהנים לא התקדשו למדי[7] אי במקדאר גאיה אלכפאיה ואלמים איצא זאירה פיה עלי די ואלתקדיר למן די לאן מן קד תכון איצא לאנתהא אלגאיה מתל ויהי מימים בימי קציר חטים[8] ואיצא ויהי מימים וילחמו בני עמון[9] ואנפתאח אלמים פיה כאנפתאח מים כי למבראשונה[10] אלדי אצלה למן בראשונה. לדרתיכם חקת עולם תחגוהו[11] עלי מר אגיאלכם ומתלה שמרים לכל בני ישראל לדרתם[12] תהרגו למשחית[13]. ומתל הדא קו׳ והיה מקץ ימים לימים אשר יגלח[14] אי גאיה תלך אלמדה. הדק לעפר[15] אלי אן בלג הדה אלגאיה. ומתלה ויצר לאמנון להתחלות[16] אי וצאק בה אלאמר אלי אן בלג מבלג אלמרץ. וקד תדכל אללאם לאבתדא אלגאיה פי מתל קו׳ למימי אבתיכם סרתם מחקי[17] כי למבראשונה[18] וראמה וישבה תחתיה למשער בנימין[19]. ומתלהא מלבוא חמת עד נחל הערבה[20] אלא אן הדא ממא אגתמע פיה עאמלאן אי מן והי לאבתדא אלגאיה ואללאם והי לאם אלאבתדא. וממא אגתמע פיה עאמלאן ואן לם יכן לאבתדא אלגאיה קו׳ מהר בעל חרמון עד לבוא חמת[21] פאנה לו קיל עד בוא חמת לכאן סאיגא [איצא] או לו קיל מהר בעל חרמון לבוא בלא עד לכאן סאיגא איצא כמא קיל מן הים הגדול הדרך חתלון לבוא צדדה[22] פאן הדה אללאמאת לאנתהא אלגאיה והי פי מעני אלי מתל לאם אשר נטה לשבת ער[23] [אי] אלי עמארה ער. וידעו כל שארית יהודה הבאים לארץ מצרים[24] אי אלי ארץ מצרים. וממא אגתמע פיה עאמלאן איצא קו׳ וישליכו לארון עד לכלה[25] פאנה לו קיל עד כלה בלא לאם או לכלה בלא עד לכאן חסנא. ומתל הדא והכינותי את מלכותו עד לעולם[26]. הדה אללאמאת כלהא לאנתהא אלגאיה ואנמא געלנא בעצהא פי מא תקדם מן קולנא מקחמה לא.

[1] I Chr. 16, 40. [2] II Chr. 14, 12. [3] ib. 20, 25. [4] Ex. 21, 6. [5] Esra 1, 1. [6] II Chr. 21, 18. [7] ib. 30, 3. [8] Jug. 15, 1. [9] ib. 11, 4. [10] I Chr. 15, 13. [11] Ex. 12, 14. [12] ib. 12. 42. [13] Ex. 9, 6. [14] II Sam. 14, 26. [15] II Rois 23, 15. [16] II Sam. 13, 2. [17] Mal. 3, 7. [18] I Chr. 15, 13. [19] Za. 14, 10. [20] I Rois 8, 65. [21] Juges 3, 3. [22] Ez 47, 15. [23] Nomb. 21, 15. [24] Jér. 44, 28. [25] II Chr. 24, 10. [26] I Chr. 28, 7.

מוצ̇ע להא לאנא אעתד̇רנא הנאך בקו̇ עד אלד̇י הו פי צדר אלכלאם ותקצ̇ינא הנא[a] אלקול פיהא חתי לא נבקי שיא ממא ינתפע בה אלא ונד̇כרה׃ ותדכ̇ל אללאם ללקסם מת̇ל לתורה ולתעודה[1] אקסם תב̇ ותע̇ באלתוראה̈ כמא אקסם באלסמאואת פי קו̇ כי אשא אל שמים ידי[2] וד̇לך מנה ליעט̇ם שאנהא ענדנא׃ וממא הו ענדי איצ̇א קסם באללאם קו̇ וישלח אבנר מלאכים אל דוד תחתיו לאמר למי ארץ[3] פאן קו̇ למי ארץ קסם[b] ברב̇ אלעאלם עלי מא בעדה וקו̇ תחתיו יריד בהא סר̇א׃ ותכון אללאם פי מוצ̇ע על פי מת̇ל ושרט לנפש[4] מענאה על נפש אי עלי מ̇ית ומת̇לה ולא תשימו קרחה בין עיניכם 20. למת[5] ולנו הסגירו ביד המלך[6] במעני ועלינו כמא קיל ועלי לתת לך עשרה כסף[7] לנפש לא יטמא בעמיו[8] ואיש על דגלו לצבאתם[9] תפקדו אתם לצבאתם[10] אראד על צבאותם אשר יצאו מארץ מצרים לצבאתם[11] אי על צבאותם כמא קיל הוציאו את בני ישראל מארץ מצרים על צבאתם[12] וכמא קיל ויתילדו על משפחתם[13]׃ והנה דגון נפל לפניו ארצה[14] אי על פניו ומת̇לה ויפל לאפיו ארצה[15]׃ ואיצ̇א וישבה לפתח ביתה[16] אראד על פתח ביתה כמא קיל על כסא[c] מרומי קרת[17]׃ זבולן לחוף ימים ישכן[18] אחד הנה לשפת היאר[19] אי על שפת היאר׃ והמתנשא לכל לראש[20] ארדת לאם לכל אי על כל ראש ולאם לראש מקחמה̈ כמא ד̇כרנא פי מוצ̇עה׃ אשר יקריב קרבנו לכל נדריהם ולכל נדבותם[21] עלי צ̇רוב נ̇דורהם או תבר̇עהם׃ ולקרנות מזבחותיכם[22] אי ועל קרנות׃ והיה לכם לציצת[23] אי על ציצת יריד על ציצת הכנף כמא קאל ונתנו על ציצת הכנף פתיל תכלת[24] פפי קו̇ והיה לכם לציצת צ̇מיר עאיד אלי קו̇ פתיל תכלת ואלתקדיר והיה לכם פתיל התכלת על ציצת הכנף וד̇לך אן אלכ̇יט אלאסמאנג̇וני כאן מלו̇יא עלי אלציצת׃ וג̇איז איצ̇א אן יכון אלתקדיר והיה לכם ציצת ותכון אללאם מת̇ל אללאמאת אלדאכלה̈ עלי אלפאעלין מת̇ל לאם והיו למאורת ברקיע השמים[25] וג̇ירהא עלי אן יס̇מי אלג̇מיע

[a] A. פיה; R. הֵנָה [b] A. קסמא [c] A. נפי (ib. v. 3).

[1] Is. 8, 20. [2] Deut. 32, 40. [3] II Sam. 3, 12. [4] Lév. 19, 28. [5] Deut. 14, 1. [6] I Sam. 23, 20. [7] II Sam. 18, 11. [8] Lév. 21, 1. [9] Nomb. 1, 52. [10] ib. 1, 3. [11] ib. 33, 1. [12] Ex. 6, 26. [13] Nomb. 1, 18. [14] I Sam. 5, 3. [15] ib. 20, 41. [16] Prov. 9, 14. [17] ib. 9, 14. [18] Gen. 49, 13. [19] Dan. 12, 5. [20] I Chr. 29, 11. [21] Lév. 22, 18. [22] Jér. 17, 1. [23] Nomb. 15, 39. [24] ib. 15, 38. [25] Gen. 1, 15.

ציצת אעני אלפתיל מע אלציצת ואלמעני אלאול אקוי ענדי ואיצא פאן לפט והיה מדבר ואלציצת מונת. ויצלח אן יכון מן הדא אלבאב על אשר מריתם את פי למי מריבה[1] אי על מי מריבה. ותכון אללאם פי מוצע הא אלמערפה פי מתל קו׳ אשר למלך נשען על ידו[2] אראד אשר המלך. עד להשיב חרון אף אלהינו ממנו עד לדבר הזה[3] אלמעני עד הדבר הזה ועד הנא מכאן על. עד לשמים הגיע[4] מכאן השמים ורבמא אחתמל הדא אן יכון מענאה עד הגיע לשמים. וארבעת האופנים למתחת למסגרות[5] מכאן המסגרות. שיר למעלות[6] אראד המעלות כסאירהא. לזהב במשקל לזהב לכל כלי עבודה ועבודה[7] אראד הזהב במשקל ואמא לזהב אלתאני פמענאה למלאכת הזהב. ומתלה הזהב לזהב והכסף לכסף[8] אלמעני הזהב למלאכת הזהב והכסף למלאכת הכסף. והדא הו מעני והנחשת לנחשת הברזל לברזל והעצים לעצים[9] אי למלאכת הנחשת למלאכת הברזל למלאכת העצים. ואלדליל עלי צחה הדה אלעבארה אי תקדירנא למלאכת הזהב למלאכת הכסף וגירהא קולה ולכל מלאכה ביד חרשים[10]. ולארץ לא יכפר לדם אשר שפך בה[11] אלמעני לא יכפר הדם. האזרח בבני ישראל ולגר הגר בתוכם תורה אחת יהיה לכם לעשה בשגגה[12] תקדירה והגר הגר בתוכם. וקד אסתעמל פי מוצע הא אלנדא פי קולה שובו לאשר העמיקו סרה[13] תרגמתה תובוא יא איהא אלדין אסכטוא זיגא יא אלאסראיל. ויחסן אן יכון איצא האזרח בבני ישראל[14] נדא וכדלך ולגר הגר בתוכם[15]. ותכון אללאם במעני בעד כדא וכדא מתל קו׳ ואם פשה וגו׳ לטהרתו[16] אי בעד טהרה.

ז ואמא אלואו פתלחק אויל אלכלמאת ללעטף פי מתל את השמים
21. ואת הארץ[17] גרן ויקב לא ירעם[18] מלאתך ודמעך לא תאחר[19]. כי
אכלו את יעקב ואכלהו ויכלהו[20] ואו ואכלהו במעני תם כאנך קלת
אפנוה תם אפנוה ואסתאצלוה עלי סביל אלמבאלגה. ולואו אלעטף
אחכאם נדכרהא פי באב נפרדה להא מן הדא [אלכתאב]. ותכון
זאידה ללמד פי אלאסמא פי מתל גבור ושכור ופי מתל אומר ושומר

[1] Nomb. 20, 24. [2] II Rois 7, 2. [3] Esra 10, 14. [4] II Chr. 28, 9. [5] I Rois 7, 32. [6] Ps. 121, 1. [7] I Chr. 28, 14. [8] ib. 29, 2. [9] ib. 29, 2. [10] ib. 29, 5. [11] Nomb. 35, 33. [12] ib. 15, 29. [13] Is. 31, 6. [14] Nomb. 15, 29. [15] ib. ib. [16] Lév. 13, 7. [17] Gen. 1, 1. [18] Os. 9, 2. [19] Ex. 22, 28. [20] Jér. 10, 25.

ופי אלאפעאל איצֿא פי מתֿל שופט וחונן וסובב אלמאצֿיה עלי מתֿאל אשר עולל בי[1] ואת הנערים יודעתי[2] ופי ישמור ויעבור ויזכור וגירהא מן אלאפעאל אלמסתקבלה. ותכון מקחמה[a] פי אול אלכלמה לגיר עטף[b] פי מתֿל קו̇ עבד אביך ואני מאז ועתה ואני עבדך[3] אלוגה פיהמא אני. ופי ואת עמוד האש בלילה להאיר להם ואת הדרך אשר ילכו בה[4] תת וקדש וצבא מרמס[5] ואיה וענה[6] וחמש עשרה אמה קלעים לכתף[7] ואלה ראשי בית אבותם ועפר וישעי[8] אליהם ויניחו את הכלים[9] הן עד ירח ולא יאהיל[10]. ותכון במעני עם פי מתֿל קו̇ כי היה ארון אלהים ביום ההוא ובני ישראל[11] אי עם בני ישראל. לא אוכל און ועצרה[12] [אי עם עצרה] עלי מעני שנא גזל בעולה[13]. ומתֿל הדֿה אלואו איצֿא ואו ויוסף היה במצרים[14] אי מע יוסף אלדֿי כאן במצר. ותכון פי מעני אלפא ענד אלערב[c] פי מתֿל טמאו את הבית ומלאו את החצרות חללים צאו ויצאו והכו בעיר[15] פכֿרגוא וקתלוא. עלו הפעם כי הגיד לי את כל לבו ועלו אליה[16] פצעד אליהא. וכי ימוך אחיך ומטה ידו עמך והחזקת בו[17] פאשדד בה ידך. בצר לך ומצאוך וגו̇ ושבת עד יי̇ אלהיך[18] פארגֿע אלי אללה ותֿב אליה. כי יהיה לאיש בן סורר ומורה[19] וגו̇ ותפשו בו אביו ואמו[20] פליצֿבט עליה אבוה ואמה. ככל אשר אני מראה אותך וגו̇ וכן תעשו[21] פכדֿלך פאצנעוא. והתעמר בו ומכרו ומת הגנב ההוא[22] פליקתל דֿלך אלסארק. שור או כשב או עז כי יולד והיה שבעת ימים תחת אמו[23] פליבק מע אמה ז̇ איאם. הנה חנית המלך ויעבר אחד מהנערים ויקחה[24] פליגֿז אחד אלגלמאן. אשה כי תזריע וילדה זכר וטמאה שבעת ימים[25] פלתנגֿס ז̇ איאם. הלא מעט ימי וחדל[26] פאמתנע אי פכף עני. ושמואל ראה את שאול ויי̇ ענהו[27] פלמא אבצר שמואל שאול. כלוא ולא אצא[28] פלא אכֿרגֿ. וקד יגֿרי מגֿרי אלפא איצֿא ואו בשערי החצר הפנימית וביתה[29]

[a] A. מקדמה; R. דחוקה = מקחמה [b] R. ajoute: על הענין אשר לפניה [c] R. ajoute: וענינו קרוב לאז

[1] Lam. 1, 12. [2] I Sam. 21, 3. [3] II Sam. 15, 34. [4] Néh. 9, 19. [5] Dan. 8, 13. [6] Gen. 36, 24. [7] Ex. 27, 14. [8] I Chr. 5, 24. [9] Ex. 40, 42. [10] Job 25, 5. [11] I Sam. 14, 18. [12] Is. 1, 13. [13] ib. 61, 8. [14] Ex. 1, 5. [15] Ez. 9, 7. [16] Jug. 16, 18. [17] Lév. 25, 35. [18] Deut. 4, 30. [19] ib. 21, 18. [20] ib. 21, 19. [21] Ex. 25, 9. [22] Deut. 24, 7. [23] Lév. 22, 27. [24] I Sam. 26, 22. [25] Lév. 12, 2. [26] Job 10, 20. [27] I Sam. 9, 17. [28] Ps. 88, 9. [29] Ez. 44, 17.

פואלגא· מקיר העיר וחוצה[1] פבארגא· ופיהו מבירת לכתרת ומעלה[2] פצאעדא· מהיום ההוא והלאה[3] מן דלך אלנהאר פמא פוקה· מן המלוא וביתה[4]· ויכון מענאה פהל כאן כדא וכדא מתל הלא ארחץ בהם וטהרתי[5] אמא אגתסל פיהא דאבא פהל ברית· הדא הו ענדי אלמעני אלצחיח לא אנה יכבר עמא סוף יפעלה כמא יטן קום· ואלדליל עלי בטלאן [הדא] אלטן אנה לא נעמן ולא גירה יקר אן פי טביעה אלמא וקותה פעל הדא ולדלך מא אנכר קול אלנבי אד טן בה אנה בטבילה אלמא· כאן ידאויה פלו אקר נעמן מן טביעה אלמא במתל הדא לכאן קולה הלא ארחץ בהם וטהרתי עלי אלאסתינאף גאיזא· ויכון מענאה פכיף כדא וכדא מתל לא יערכנה זהב וזכוכית[6] אלמעני[a] מא יקאומהא אלדהב פכיף אלזגאג· ותכון במעני על מתל ובניהו בן יהוידע והכרתי והפלתי[7] על הכרתי·
22. חרב נתנה משכו אותה וכל המוניה[8] אי על כל המוניה יריד המוני מצרים אלמתקדמה אלדכר· ותכון ללשרט ותכון אם מצמרה מעהא ותחתאג אלי גואב יתם בה אלכלאם מתל קו ואמרו לי מה שמו[9] תקדירה ואם אמרו לי מה שמו פאן קאלוא לי מא אסמה גואבה מה אומר אליהם· ואמר אליך שלח את בני[b] ויעבדני ותמאן לשלחו[10] פאן אבית אטלאקה אלגואב הנה אנכי הרג את בנך בכרך· ואמרתם במה אהבתנו[11] *פאן קלתם[c] פי מא אחבבתנא קלת לכם הלא אח עשו ליעקב· ולא יתן נא לעבדך[12] פאלא תאכד פליעט עבדך· ויאמר יהונדב יש ויש תנה את ידך[13] פאן כאן כדלך פצאפחני· ולא ילך נא אתנו אמנון[14] פאלא תמצי פלימץ מענא אמנון· ואומר אך חשך ישופני[15] פאן קלת פלעל אלטלאם יסתרני· ודפקום יום אחד ומתו כל הצאן[16] פאן קלוהא יומא ואחדא מאתת גמיעא· ומתל הדא ונתן לכם אדני לחם צר ומים לחץ[17] תקדירה ואם נתן לכם אדני וגואבה ולא יכנף עוד מוריך[18] ומא בעדה מע[d] ונתן מטר זרעך אשר תזרע את האדמה[19] אלי אכר אלפצל אי ואן כאן אללה קד אבתלאכם בהדא אלציק והדה אלשדה פאנה סיעוצכם מנה בבית

[a] A. om.; R. הטעם [b] A. עמי [c] A. om.; R. אם תאמרו [d] R. om.

[1] Nomb. 35, 4. [2] I Rois 7, 31. [3] I Sam. 30, 25. [4] II Sam. 5, 9. [5] II Rois 5, 12. [6] Job 28, 17. [7] II Sam. 8, 18. [8] Ez. 32, 20. [9] Ex. 3, 13. [10] ib. 4, 23. [11] Mal. 1, 2. [12] II Rois 5, 17. [13] ib. 10, 15. [14] II Sam. 13, 26. [15] Ps. 139, 11. [16] Gen. 33, 13. [17] Is. 30, 20. [18] ib. ib. [19] ib. 30, 23.

וכית׳ ותכון גֹואבא ללשרט מע אלאפעאל כֹאצהׄ פי מתׄל ואם בכלי נחשת בשלה ומרק ושטף במים[1] פליגתסל באלמא׳ אם השמאל ואימינה ואם הימין ואשמאילה[2] תרגֹמתה אן תשאום פאיאמן ואן תיאמן פאשאום׳ ולא תשבעו בשמי לשקר וחללת את שם אלהיך[3] ולא תחלפוא חאנתֿין פתבדֿלוא אסם אללה׳ והדֿא ואן כאן נהיא פאן פיה מעני אלשרט לאן אלתקדיר ולא תשבעו בשמי ואם תשבעו וחללת׳ ואם תסיר שקוציך מפני ולא תנוד[4] פלם תתגֹלוא׳ ואם נקבה תלד וטמאה שבעים כנדתה[5] ואם טהרה מזובה וספרה לה[6] ואם עמדו בסודי וישמיעו דברי את עמי[7] פליסמעוא׳ אם בניך חטאו לו וישלחם ביד פשעם[8] פקד אסלמהם אלי דֿנובהם׳ ותכון אלואו במעני קבל כדֿא וכדֿא מתֿל ואו ותבואת הכרם[9] וסאלכֿץ הדֿא נעמא פי חרף אלקאף מן כתאב אלאצול[10] ענד דֿכרי פן תקדש המלאה הזרע[11]׳ ותכון אלואו [במעני] בעד אן כאן כדֿא וכדֿא פי קו׳ וישא אהרן את ידיו אל העם ויברכם וירד מעשות החטאת והעלה והשלמים[12] מענאה בעד אן[a] נזל עלי מא תצֿמנה אלאתֿר[13] פי קו׳ ומה ראו לומר ברכת כהנים אחר הודאה דכתיב וישא אהרן את ידו אל העם ויברכם ולימרה מיקמי עבודה מי כתיב לעשות מעשות כתיב ולימרה בתר עבודה *הא כתיב[b] זבח תורה יכבדנני[14]. ותכון ללאבתדא ואפתתאח אלכלאם פי מתֿל ויהי בימי אחשורוש[15] ויהי בימי שפט השפטים[16] ולו גוענו בגוע אחינו[17] ולו אנכי שקל על כפי אלף כסף[18] ויתן לך האלהים מטל השמים[19] ויאמר וקחו קמח[20] ויען השליש את איש האלהים ויאמר והנה ײ עשה ארבות בשמים[21] ועתה כבא הספר הזה אליכם[22] ויאמר אל בנותיו ואיו[23] ובשנת אחת לכרש מלך פרס[24] והן לא יאמינו לי[25] ויאמר שמואל ולמה תשאלני[26] ויעשו בני ישראל את הפסח במועדו[27]׳ ותכון אלואו פי מוצֿע או פי מתֿל ומקלל אביו ואמו[28] יריד או אמו׳ וילך ויעבד אלהים אחרים וישתחו להם ולשמש או לירח[29] יריד או לשמש׳ וגנב איש ומכרו

[a] A. מא [b] P. הכתיב; R. דכתיב

[1] Lév. 6, 21. [2] Gen. 18, 9. [3] Lév. 19, 12. [4] Jér. 4, 1. [5] Lév. 12, 5. [6] ib. 15, 28. [7] Jér. 23, 22. [8] Job 8, 4. [9] Deut. 22, 9. [10] Col. 628, l. 2. [11] Deut. 22, 9. [12] Lév. 9, 22. [13] Megillâ 18a. [14] Ps. 50, 23. [15] Esth. 1, 1. [16] Ruth 1, 1. [17] Nomb. 20, 3. [18] II Sam. 18, 12. [19] Gen. 27, 28. [20] II Rois 4, 41. [21] ib. 7, 19. [22] ib. 10, 2. [23] Ex. 2, 20. [24] Esra 1, 1. [25] Ex. 4, 1. [26] I Sam. 28, 16. [27] Nomb. 9, 2. [28] Ex. 21 17. [29] Deut. 17, 3.

ונמצא בידו[1] ירׄיד או נמצא בידו· עלי זית ועלי עץ שמן ועלי הדס ועלי תמרים ועלי עץ עבת[2] אלואואת מכאן או· תנור וכירים יתץ[3] יריד או כירים· וכל מנחה בלולה בשמן וחרבה[4] יריד או חרבה· ותכון אלואו במעני פלמ̈א אן כאן כד̇א וכד̇א מת̇ל ויואל משה לשבת את האיש[5] פלמא אמען מוסי פי מסאכנתה אזוג̇ה אבנתה· ואדע כי דבר יי̈ הוא ואקנה את השדה[6] תפסירה פלמא אן עלמת אנה אמר אללה *וקצ̇אוה אשתרית אלחקל אשאר[a] בקולה פלמא אן עלמת אנה אמר אללה[b] אלי מתקדם[c] קול אללה לה הנה חנמאל בן שלום דודך בא אליך לאמר קנה לך את שדי אשר בענתות[7] וד̇לך אנה למא אן ג̇אה חנמאל במא כאן אנד̇רה אללה בה אנפד̇ אלשרא לאנה קד עלם אנה אמר אללה· ומת̇לה וישמע אברם כי נשבה אחיו וירק את חניכיו[8] פלמא אן סמע אברם בסבא קריבה ג̇רׄד גלמאנה אי היׄאהם וג̇רׄדהם ללחרב· ואיצ̇א ועברה העברה לעביר ,את בית המלך[9] פלמא אג̇תאז אלמג̇תאזון אלארדן תראמי שמעי בין ידי אלמלך· ויראו אנשי אשדוד כי כן ואמרו[10] פלמא ראוא אן אלאמר הכד̇א קאלוא כית וכית· ואיצ̇א והיה כנגן המנגן ותהי עליו רוח יי̈[11]· ואיצ̇א ויבא יהוא יזרעאלה ואיזבל שמעה[12] פלמא אן סמעת בה· ונירם אבד חשבון[13] פלמא אן רמינאהם באדוא· ותכון אלואו ללתסויה̈ בין אלשיין פי מת̇ל קו̇ מים קרים על נפש עיפה ושמועה טובה מארץ מרחק[14] אי אנהמא סיׄאן פי חסן מוקעהמא פי[d] אלנפס· ומת̇לה דלף טורד ביום סגריר ואשת מדינים נשתוה[15]· חוח עלה ביד שכור ומשל בפי כסילים[16]· הדלת תסוב על צירה ועצל על מטתו[17] שבׄה תקלׄב אלכסלאן פי סרירה ותמלמלה פיה מע מלאזמתה לה ותרכה אלקׄיאם ללתצרׄף במלאזמה̈ אלבאב לצירה ותקלבה עליה מן גיר מפארקתה לה· כעבור סופה ואין רשע[18] שבׄה סרעה̈ אנקראץ̇ אלטאלחין בסרעה̈ מרור אלזובעה̈ וג̇ולהא· וקד יחד̇פון הד̇ה אלואו ויקימון אלמעני דונהא כמא קיל ארי נוהם ודוב שוקק מושל רשע על עם דל[19]· ותכון אלואו במעני

[a] P. אשרת ; R. ורומז [b] A om. [c] P. אלמתקדם [d] P. מן

[1] Ex. 21, 16. [2] Néh. 8, 15. [3] Lév. 11, 35. [4] ib. 7, 10. [5] Ex. 2, 21. [6] Jér. 32, 8, 9. [7] ib. 32, 7. [8] Gén. 14, 14. [9] II Sam. 19, 19. [10] I Sam. 5, 7. [11] II Rois 3, 15. [12] ib. 9, 30. [13] Nomb. 21, 30. [14] Prov. 25, 25. [15] ib. 27, 15. [16] ib. 26, 9. [17] ib. 26, 14. [18] ib. 10, 25. [19] ib. 29, 15.

חתי אדׄא כאן כדׄא וכדׄא מתׄל קו׳ וחם השמש ונמס[1] חתי אדׄא חמית אלשמס דׄאב· ותכון במעני בל אלאמר עלי וגׄה כדׄא מתׄל קו׳ ויאמרו אליו לא אדני ועבדיך באו לשבר אכל[2] ליס אלאמר כמא תטׄן בל אנמא גׄינא ממתאריןׄ· ואיצׄא והארץ אשר אתם עברים שמה לרשתה וגו׳[3] למא קאל להם כי הארץ וגו׳ לא כארץ מצרים היא[4] קאל בל הי בלאד גׄבאל ובׄנאדקׄ· אם גמלתי שולמי רע ואחלצה צוררי ריקם[5] אן כנת אולית מסאלמי שׄרא בל כׄלצת אלדׄי יצׄר בי באטלא ירדף אויב נפשי וישג[6] יקול אני לא אקארץׄ עדׄוי כפעלה פצׄלא ען אן אולי צדיקי שרא וקולה ריקם מתעלק בצוררי אי בלא דׄנב אדׄנבתה[a] להׄ· וקולה ואחלצה צוררי ריקם אעתראץׄ בין אלשרט וגׄואבה אעני בין אם גמלתי ובין ירדף אויב נפשי· ותכון במעני ועלי אן אלאמר עלי וגׄה כדׄא מתׄל ואו וחכמת המסכן בזויה[7]· ותכון עלאמהׄ ללגׄמע פי אלאפעאל אלמאצׄיהׄ ואלמסתקבלהׄ אמא פי אלמאצׄיהׄ פמתׄל אמרו שמרו מה גדלו מעשיך יי׳[8] ופי מאצׄי אלמונתׄ איצׄא או לבניהן אשר ילדו[9] ואמא פי אלמסתקבלהׄ פמתׄל יאמרו ישמרו ויעשו ילכו מחיל אל חיל[10] והו פי אלאמר כדׄלךׄ· ותכון אלואו צׄמיר אלואחד אלגׄאיב מתׄל חושך שבטו שונא בנו ואהבו שחרו מוסר[11]· ותדכׄל אלואו פי אואיל אלאפעאל אלמאצׄיהׄ

פתנקל מעאניהא פי אכתׄר אלמואצׄע אלי אלאסתקבאל מתׄל ויצאו 24.

וראו בפגרי האנשים[12] ונפקחו עיניכם[13] והתגדלתי והתקדשתי[14] ופרו ורבו[15] ושמעו לקולך[16] ובאת וגו׳ ואמרתם אליו[17]· ורבמא וקעת אלואו עלי אלאפעאל אלמחצׄהׄ[b] כמא קיל כאשר ראה כל הבא עליו ועמד[18] והיה האיש ההוא תם וישר[19] והלכו בניו ועשו משתה בית איש יומו ושלחו וקראו וגו׳[20] והשכים בבקר והעלו עולות וגו׳ וברכו אלהים בלבבם[21] והיה כאשר נלכדה ירושלם[22] והעמיד בבית אל את כהני הבמות[23] והיה לכם הדבר הזה[24] ואכלהו ויכלהו[25] ובא ולן ושכב ארצה[26] ויוצא אותה משרתו החוצה ונעל הדלת אחריה[27]

[a] A. אדׄנבה [b] P. אלמאצׄיהׄ פי אלמעני ; R. אשר הם חולפים חליפה גמורה

[1] Ex. 16, 21. [2] Gen. 42, 10. [3] Deut. 11, 11. [4] ib. 11, 10. [5] Ps. 7, 5. [6] ib. 7, 6. [7] Eccles. 9, 16. [8] Ps. 92, 6. [9] Gen. 31, 43. [10] Ps. 48, 8. [11] Prov. 13, 24. [12] Is. 66, 24. [13] Gen. 3, 5. [14] Ez. 38, 23. [15] Gen. 8, 17. [16] Ex. 3, 12. [17] ib. ib. [18] II Sam. 20, 12. [19] Job 1, 1. [20] ib. 1, 4. [21] ib. ib. [22] Jér. 38, 28. [23] I Rois 12, 32. [24] Jér. 40, 3. [25] ib. 10, 25. [26] II Sam. 12, 16. [27] ib. 13, 18.

ותלך הלוך וזעקה[1] והיה בהעלות חיל הכשדים[2] ונתץ את במות השערים[3] וטמא את התפת[4] וירץ משם והשליך את עפרם אל נחל קדרון[5] ושבר את המצבות ויכרת את האשרים הדק לעפר ושרף אשרה[6] והיה יי̈ עמו בכל אשר יצא ישכיל[7] לא עזבתם את אחיכם זה ימים רבים עד היום הזה ושמרתם את משמרת מצות יי̈ אלהיכם[8] ויראו אנשו אשדוד כי כן ואמרו לא ישב[9]. ותצלח אלפא פי בעץ̇ הד̇ה אלואואת. ותרכ̇ל עלי אלאפעאל אלמסתקבלה̈[a] פתרד̈ מעאניהא מאצ̇יה̈ ולא תכון חינית̇ אלא מפתוחה̈ עלי אלאכת̇ר מת̇ל ואו ויהרגו בשושן[10] ויחפרו כל מצרים[11] ויגברו המים[12] ויסכרו מעינות תהום[13] ויבאו אלימה[14]. ורבמא כאנת בשבא[b] והי מאצ̇יה̈ פי אלמעני מת̇ל ואעידה לי עדים נאמנים[15] ואבוס עמים באפי[16] ואוריד לארץ̇ נצחם[17]. וקד בינ̈א הד̇א פי רסאלה̈ אלתקריב ואלתסהיל[18] וסנבינ̈ה איצ̇א פי באב ואו אלעטף מן הד̇א אלדיואן. ותכון זיאדה̈ פי אואכ̇ר אלכלמאת פי מת̇ל בנו בעור[19] וחיתו ארץ[20] וחליו וקצף[21] ואם יתקפו האחד[22] בבאו האיש[23] חבלתו חוב ישיב[24] אלתקדיר חבולת חוב. והי זאידה̈[c] איצ̇א פי קו̇ דבר יום ביומו[25] להלל ולשרת נגד הכהנים לדבר יום ביומו[26] עלת שבת בשבתו[27] זאת עלת חדש בחדשו[28]. אלא תראהם קאלוא ובדבר יום ביום להעלות כמצות משה[29] ואיצ̇א דבר שנה בשנה[30]. ותזאד אלואו אכ̇רא פי אלאפעאל אלמסתקבלה̈ בעד עלאמה̈ אלג̇מע פי מת̇ל יאכלמו כקש[31] ובחרונו יבהלמו[32] תבאמו ותטעמו[33]. ותזאד מע אלנון פי מת̇ל ששון וזדון ולצון התשים אגמון באפו[34] לאנה מן ואת האגמים שרפו באש[35] ורדף שלמונים[36]. ותזאד פי מת̇ל הקימותי השיבותי חשיבונו אליך[37] אשר הבינונו[d][38] והקמונו עליו[39] עד אשר אם הביאונום[40]. וקד זידת פי יחדו ופי ענו מאד[41] ופי לשון שקר ישנא דכיו[42] ופי מקללוני[43] ללמבאלגה̈ ורבמא כאן

[a] R. aj. ם. עתירים וחולפים [b] A. בשוא [c] A. זיאדה̈; R. נוספת = זאידה̈ [d] P. R. om.

[1] ib. 13, 19. [2] Jér. 37, 11. [3] II Rois 23, 8. [4] ib. 23, 10. [5] ib. 23, 12. [6] ib. 23, 15. [7] ib. 18, 7. [8] Jos. 22, 3. [9] I Sam. 5, 7. [10] Esth. 9, 15. [11] Ex. 7, 24. [12] Gen. 7, 18. [13] ib. 8, 2. [14] Ex. 15, 27. [15] Is. 8, 2. [16] ib. 63, 6. [17] ib. ib. [18] Opuscules p. 338—342. [19] Nomb. 24, 3. [20] Gen. 1, 24. [21] Eccles. 5, 16. [22] ib. 4, 12. [23] Ex. 10, 3. [24] ib. 18, 7. [25] I Rois 8, 59. [26] II Chr. 8, 14. [27] Nomb. 28, 10. [28] ib. 28, 14. [29] II Chr. 8, 13. [30] I Rois 10, 25. [31] Ex. 15, 7. [32] Ps. 2, 5. [33] Ex. 15, 17. [34] Job. 40, 26. [35] Jér. 51, 32. [36] Is. 1, 23. [37] Gen. 44, 8. [38] I Chr. 29, 16. [39] Micha 5, 4. [40] Nomb. 32, 17. [41] ib. 12, 3. [42] Prov. 26, 28. [43] Jér. 15, 10.

אלואו פי ענו ודכיו לאם אלפעל מת'להא פי שלו הייתי[1]· ומן אלואואת מא יקאל לה ואו אלוקת מת'ל ויבא חושי רעה דוד העיר ואבשלום יבוא ירושלם[2] אי וקת דכ'ול אבשלום ירושלם וחין דכ'ולה· 25.
ונח בן שש מאות שנה והמבול היה[3] אר'[a] כאן אלמבול וקת כונה· כי זכר אני ואתה את רכבים צמדים אחרי אחאב אביו ויי' נשא עליו את המשא הזה[4] אר' קצ'י אללה עליה בהד'א ישיר אלי קול אליהו לה במקום אשר לקקו הכלבים את דם נבות ילקו הכלבים את דמך גם אתה[5]· ויבא המעגלה והחיל היצא אל המערכה והרעו במלחמה'[6] אי פי וקת כ'רוג'הם ללקתאל ואג'לאבהם עלי אלעדו· ויכון מענאהא מע לא מעני כילא מת'ל אסר ורד ולא יעצרכה הגשם[7] כי לא יחתרך אלגית'· ותכון פי מוצ'ע כי אלעבראניה' כמא קיל כי מה אתה חסר עמי והנך מבקש ללכת אל ארצך[8] אי כי הנה אתה מבקש ללכת או כי הנך מבקש[b]· ותכון פי מוצ'ע אלבא פי מת'ל ומראה ולא בחידת[9] *אלמעני במראה אי מראה' אלעין ולא בכ'יאל· ופי מת'ל ותצאנה הנשים מכל ערי ישראל לשור והמחלות[10] יריד לשיר במחלות כמא קיל הלא לזה יענו במחלות[11] ואיצ'א אשר יענו לו במחלות[12]· ואיצ'א יי' וכלי זעמו[13] יריד בכלי זעמו· [ואיצ'א דרשו יי']^c ועזו[14] יריד בעזו· ואיצ'א ועתה אדני יי' שלחני ורוחו[15] יריד ברוחו כמא קיל ולבם שמו שמיר משמוע את התורה ואת הדברים אשר שלח יי' צבאות ברוחו[16] והד'א קאטע· ואיצ'א וישלח חירם מלך צ'ר מלאכים אל דוד ועצי ארזים[17] יריד בעצי ארזים אד' לם ידכ'ר לבעת'תהם אליה וג'הא אכ'ר ולולא הד'א לקאל וישלח וגו' עצי ארזים[d]· ומת'לה ועמהם הימן וידותון חצצרות ומצלתים למשמיעים וכלי שיר האלהים[18] יריד למשמיעים בכלי שיר האלהים ויעני בקו' וכלי שיר האלהים אלחצצרות ואלמצלתים ואלתקדיר ועם הימן וידותון חצצרות ומצלתים [למשמיעים] בכלי שיר האלהים אי באלחצצרות ואלמצלתים כמא קיל משמעים בנבלים וכנרות[19] ואיצ'א ואסף

[a] P. חין [b] D'ici jusqu'à la fin du paragraphe sur ו manque dans P. [c] R. om.; [d] D'ici jusqu'à la fin du paragraphe manque dans R.

[1] Job 16, 12. [2] II Sam. 15, 37. [3] Gen. 7, 6. [4] II Rois 9, 25. [5] I Rois 21, 19. [6] I Sam. 17, 20. [7] I Rois 18, 44. [8] ib. 11, 22. [9] Nomb. 12, 8. [10] I Sam. 18, 6. [11] ib. 21, 12. [12] ib. 29, 5. [13] Is. 13, 5. [14] I Chr. 16, 11. [15] Is. 48, 16. [16] Zach. 7, 12. [17] II Sam. 5, 11. [18] I Chr. 16, 42. [19] ib. 15, 28.

במצלתים משמיע[1] ואלתקדיר ואסף משמיע במצלתים. וקיל וארבעת אלפים מהללים לײ בכלים אשר עשיתי להלל[2] ומתֿלה סבותי אני ולבי לדעת ולתור[3] ואלתקדיר בלבי כמא קיל תרתי בלבי[4] וקיל ודברתי בלבי שגם זה הבל[5] וקיל ואמרתי אני בלבי[6].

ס ואלמים תדכֿל פי אויל אלאסמא אלמבניה עלי אפעאלהא ללמעני מתֿל משליך ומושלך מקטיר ומוקטר והמשכילים יזהירו כזהר הרקיע[7] המוגלים בבלה[8] מגישים על מזבחי[9] היה מעמר במרכבה[10] כל ראש מקרח[11] למשפטי אתחנן[12]. ותדכֿל איצֿא פי אויל אלאסמא גיר אלמבניה עלי אפעאלהא ממא יסתעמל וממא לא יסתעמל מתֿל קו והעביר אותם במלבן[13] עגל מרבק[14] ורצע אדניו את אזנו במרצע[15] במלמד הבקר[16] ילד מסכן[17] וגיר דֿלך ממא סיתבין ענד דֿכרנא אבניה אלאסמא אלתֿלאתֿיה. וקד דכֿלת אלמים זאידה פי נמבזה ונמס[18] ואצלה נבזה. הדֿא קול גֿמיע מן תקדמנא ואלאחסן ענדי פיה אן אקול אן מבזה צפה ללמלאכה עלי זנה מרבה להכיל[19] אלתי הי צפה ללכוס תֿם ארדֿלוא אלאנפעאל עלי אלצפה ואן כאנת בזיאדה אלמים עלי מדֿהב להם פי ארדֿאלהם אלאנפעאל פי אלאסמא כמא קיל כי היתה נסבה[20] פארדֿלוא נון אלאנפעאל עלי סבה. וקולנא פי מתֿל הדֿא אנפעאל אנמא הו מגֿאז ואמא עלי אלחקיקה פליס באנפעאל ואנמא הו עלי בניה אלאנפעאל לאן אלאנפעאל הו פעל אלפאעל פי נפסה וליס פי אלאסמא מתֿל הדֿא אלמעני. ותזאד אלמים אכֿירא לדֿלאלה עלי אלחאל פי מתֿל והיה כי תלכון לא תלכו ריקם[21] [אי] פרגֿא אי פי חאל תפרג יעני מתפרגין מן אלמאל ואיצֿא חנם נמכרתם[22] הו ענדי משתקֿ מן הילדים אשר חנן אלהים[23] אלדֿי תפסירה והב ומן חנונו אותם[24] אלדֿי תפסירה הבונא איאהם פמעני חנם הבה בלא תֿמן. ומן אלמימאת אלדאלה עלי אלחאל ענדי ותהי הכנם בארם ובבהמה[25] אי פצארת הדֿה 26. אלחאל פאשיה עאמה להם יעני חאל אלתקמל. ויצלח גֿרא ענדי אן יכון מתֿלהא מים שבי דומם ובאי בחשך[26] פכאנה קאל שבי דומה

[1] I Chr. 16, 5. [2] ib. 23, 5. [3] Eccl. 7, 25. [4] ib. 2, 3. [5] ib. 2, 15. [6] ib. ib. [7] Dan. 12, 3. [8] Jér. 14, 1. [9] Mal. 1, 7. [10] I Rois 22, 35. [11] Ez. 29, 18. [12] Job 9, 15. [13] II Sam. 12, 31. [14] I Sam. 28, 24. [15] Ex. 21, 6. [16] Jug. 3, 31. [17] Eccl. 4, 13. [18] I Sam. 15, 9. [19] Ez. 23, 32. [20] II Chr. 11, 15. [21] Ex. 3, 21. [22] Is. 52, 3. [23] Gen. 33, 5. [24] Jug. 21, 22. [25] Ex. 8, 14. [26] Is. 47, 5.

כמא קיל שכנה דומה נפשי[1] אלא אן אלמים ללחאל וקו̇ בחשך ירידּ בה אלג̇רת̇ כמא קאל בחשך רפדתי יצועי[2] ואיצ̇א בטרם אלך ולא אשוב אל ארץ חשך וצלמות[3]. ואמא טוב ויחיל ודומם[4] עורי לאבן דומם[5] פמן ר̇ואת אלמת̇לין פי מעני אכ̇ר. וזידת אלמים עלי אלמצדר פי אמנם והי בדל מן הא אמנה. ותכון אלמים וחדהא עלאמה̈ ללג̇מע פי מת̇ל כטיט חוצות ארקעם[6]. וקד תצ̇אף אליהא אלואו פי הד̇א אלמעני פי מת̇ל תמלאמו נפשי[7] תורישמו ידי[8]. ותכון זאידה̈ מע אלנון פי מת̇ל מאשר שמנה לחמו[9] אי אשר שמנה לחמו ומת̇ל מאל אביך ויעזרך[10] ואני לא אצתי מרעה אחריך[11] תרג̇מתה ואנא פלם אבאדר מתנביא ענך אי אנך אנת קסרתני עלי הד̇א ומא אשתהיתה ולא חרצת עליה פלם̄ יטאלבונני ויעאדונני עלי תנב̇יי. ומת̇ל הד̇א ולא נכרית מהבהמה[12] אלוג̇ה הבהמה ואמא תרג̇מתה פהי ולא נקט̇ע אלבהאים בצ̇ם אלנון וכסר אלטא אי ולא תנקטע ענ̄א אלבהאים ואלאצל פי הד̇ה כלהא מן כ̇רא. ותזאד איצ̇א מע אלנון פי ממנו וממני וממך פאן אלואו ואליא ואלכאף הי אלאסמא אלמצ̇מרה̈ ודכ̇לת עליהא מן מתצ̇אעפה̈ אלאולי מנהמא זאידה̈ פאן קולך ממני מת̇ל קולך שאו מני[13] דברי עונות גברו מני[14] פדכ̇לת מן זאידה̈ עלי מני פצאר ממני והו אלקיאס פי ממנו פאן אלאצל מנו פאדכ̇ל̇ עליה מן וצאר ממנו ואלדליל עלי הד̇א קו̇ שמץ מנהו[15] מאויביכם מנהו[16] פלו חד̇פת אלהא לבקי מנו באלתשדיד. ואנמא סאג̇ תכ̇פיף נון שמץ מנהו מן אג̇ל אלהא אלמתחרכה̈ פי מנהו ואמא אד̇א חד̇פת אלהא פלא בד מן אלת̇שדיד מן אג̇ל אלסאכנין. ואמא ממך פמחד̇וף אלנון מן מן אלת̇אניה̈. ואשתדאר אלנון אלתי פי מאיבים מנהו ללוקף פרבמא פעלוא מת̇ל הד̇א פי בעץ̇ אלמואצ̇ע ליקוי אלאעתמאד עלי ד̇לך אלחרף אלמשדד. וקד זידת מע אלנון איצ̇א פי מטרם שום אבן אל אבן בהיכל יי[17] ופי לא יהיה משם עוד עול ימים וזקן[18] ופי ומלפנים ונאמר צדיק[19] ופי עד ממחרת השבת השביעית[20] פאן אלוג̇ה פיהא טרם שום אבן לא יהיה שם ולפנים כמא קאלוא לפנים בישראל[21] עד

[1] Ps. 94, 17. [2] Job 17, 14. [3] ib. 10, 21. [4] Lam. 3, 26. [5] Hab. 2, 19. [6] II Sam. 22, 43. [7] Ex. 15, 9. [8] ib. ib. [9] Gen. 49, 20. [10] ib. 49, 25. [11] Jér. 17, 16. [12] I Rois 18, 5. [13] Is. 22, 4. [14] Ps. 65, 4. [15] Job 4, 12. [16] Ps. 68, 24. [17] Agg. 2, 15. [18] Is. 65, 20. [19] ib. 41, 26. [20] Lév. 23, 16. [21] Ruth 4, 7.

מחרת השבת כמא קיל וכל יום המחרת[1]. וזידת איצׄא פי מאין כמוך יי[2] מאין כמהו[3] אלא אן אלאנדגאם לא יט̇הר[a]. וקד יצׄמר בעדהא בין ויתארי[b] אלמעני דונהא פי קולה על כן משחך אלהים אלהיך שמן ששון מחברך[4] אי מבין חברך *ופי תברך מנשים יעל אשת חבר הקני מנשים באהל תברך[5] יריד מבין נשים[c]. אן כאן אריד במחברך אלגׄמע באנה בגיר יא *וכת̇יר מן אלגׄמוע תכתב בגיר יא[d] פהו כמא קלת. ואן כאן אריד בה ואחד פהו מת̇ל ודעת אלהים מעלות[6] אי הרבה מעלות ומת̇ל הנחמדים מזהב ומפז רב[7] אי אזיד ואגׄוד מן צאחבך ואכׄלק בה אן ישיר אלי שאול. *וזידת איצׄא פי אשר יקדתי מעליהם[8] פי מד̇הב צאחב אלתרגום[9][e]. ותזאד מע אלואו ליתׄצל[f] בהמא אלי אלצׄמאיר פי כמוני כמוך כמוהם יהיו עשיהם[10] גם לי לבב כמוכם[11]. ורבמא תוצל אלי בעץׄ הד̇ה אלצׄמאיר דונהמא כמא קיל ככם כגר יהיה[12] כהם מאה פעמים[13][g]. וקד יתוצל בהמא מע כאף אלתשביה אלי אלאסמא אלט̇אהרה̈ כקו׳ תבער כמו אש[14] כמו שבלול[15] כמו עשב[16] ויבן כמו רמים[17]. וקד זידא פי וכמו השחר עלה[18] ומת̇לה ללפצל בין אלכאף ובין אלפעל אלמאצׄי אד̇

27. אלתקדיר תקדים עלה עלי השחר וליס תדכׄל אלכאף עלי אלפעל אלמאצׄי וליס אלכאף הנא ללתשביה מת̇להא פי כמו אש כמו שבלול בל הי ללמקארבה̈. *ומן אגׄל אן אלכאף לא תדכׄל עלי אלאפעאל אלמאצׄיה̈ קדם עלי השחר עלה לאן אלמים ואלואו מן וכמו ליסא בחאגׄז קוי כמא קלת קבל הד̇א[19][h]. וקד תסתעמל מע אלנון מכאן אלבא לאן מכׄרגׄהמא ואחד מן אלשפתין אעני מכׄרגׄ אלבא ואלמים. קאלוא והנה עם רב הלכים מדרך אחריו[20] במעני בדרך. וקאלוא איצׄא זאת הארץ אשר תפילו מנחלה לשבטי ישראל[21] מכאן בנחלה כמא קאל פי אול אלפצל והיה תפילו אותה בנחלה לכם ולהגרים[22].

ואליא תזאד אולא פי אלאפעאל אלמסתקבלה̈ אלתי יכׄבר בהא ען אלגאיב פי מת̇ל ישמר ישמרו יעשה יעשו ילך ילכו. ותזאד קלילא

a P. ישהר b P. ולא יקום; R. ויובן c Ce passage se lit dans R. plus loin après les mots אן ישיר אלי שאול, l. 9. d A. om. e P. R. om. f P. ליתוצל g P. אלף פעמים ככם (Deut. 1, 11). h R. om.

1 Nomb. 11, 32. 2 Jér. 10, 6. 3 ib. 30, 7. 4 Ps. 45, 8. 5 Jug. 5, 24. 6 Os. 6, 6. 7 Ps. 19, 11. 8 Za. 11, 13. 9 עליהם = בעיניהון 10 Ps. 115, 8. 11 Job 12, 3. 12 Nomb. 15, 15. 13 II Sam. 24, 3. 14 Ps. 79, 4. 15 ib. 58, 9. 16 ib. 92, 8. 17 ib. 78, 69. 18 Gen. 19, 15. 19 Voy. ci-dessus 35, 14. 20 II Sam. 13, 34. 21 Ez. 48, 29. 22 ib. 47, 22.

פי אלאפעאל אלמסתקבלה אלתי יכבר בהא ען אלגאיבאת מת̇ל וישרנה הפרות[1] מגוי יעמדנה[2] ויחמנה בבאן לשתות[3]. ותזאד פי אואיל אלאסמא פי מת̇ל יגאל בן יוסף[4] ירמיהו יהוזקיהו[a] ואת ידלף[5]. וזידת פי וסט אלכלמאת פי לדריוש הדבר[6] ופי נלכה דתינה[7] ופי האמינון אחיך[8]. וזידת פי ותגבהינה ותעשינה תועבה[9] ופי וקראו למקוננות ותבואינה[10] ומא אשבההא. ותזאד ללנסבה פי מת̇ל משפחת האשריאלי[11] העזיאלי[12] הזבלוני[13] השמעוני[14] [ומא אשבההא][b]. ותזאד פי מת̇ל הדא אלמוצע לגיר נסבה מת̇ל לבני ושמעי לשוני לאזני לערי ארודי ואראלי[15] זכרי גבור אפרים[16]. ותזאד עלאמה ללגמע מע אלמים או אלנון פי מת̇ל מלכים ומלכין וחיים וחיין ואיים ואיין ומא אשבה דלך. ותזאד פי אואכר אסמא אלפאעלין ואואכר אלמצאדר פי מת̇ל מקימי מעפר דל[17] המגביהי לשבת המשפילי לראות[18] הישבי בשמים[19] ההפכי הצור[20] שכני בחגוי הסלע תפשי מרום גבעה[21] חצבי מרום קברו חקקי בסלע[22] עזבי הצאן[23] אסרי לגפן[24] להושיבי עם נדיבים[25] לא אבה יבמי[26] אי לא אבה יבם. הדא הו אכתיארי פיה לאן צ̇מיר אלמפעול אלמתצל באלמצדר לא יכון אלא נונא ויא מת̇ל הלהרגני אתה אמר[27] המה יקרבו אלי לשרתני[28] לא יג̇וז חלהרגני ולא לשרתי. וזידת עלי בן פי קו̇ בני אתונו[29]. וזידת עלי אלמנפעל פי נאדרי בכח[30]. וזידת עלי אלצפה פי ביד כל נביאי כל חוזה[31] אלוג̇ה ביד כל נביא. ומת̇לה ואתה תדבר אל כל חכמי לב[32] אלוג̇ה כל חכם לב כמא קיל אשר מלאתיו רוח חכמה. ותזאד עלאמה ללתאנית̇ אד̇א אכברת ען אלואחד אלמונת̇ והאבלתהא מת̇ל תשמרי תלכי. וקד ילחק בהא אלנון פיקאל תשמרין תלכין וכה תדבקין[33] עד מתי תתחמקין[34] עד מתי תשתכרין[35]. ותזאד בעד עלאמה אלתאנית̇ פי מת̇ל רבתי עם שרתי במדינות[36] אהבתי לדוש[37]. ותזאד עלי אלכאף

[a] R. יחזקאל [b] A. P. om.; R. והרומה להם

[1] I Sam. 6, 12. [2] Dan. 8, 22. [3] Gen. 30, 38. [4] Nomb. 13, 7. [5] Gen. 22, 22. [6] Esra 10, 16. [7] Gen. 37, 17. [8] II Sam. 13, 20. [9] Ez. 16, 50. [10] Jér. 9, 16. [11] Nomb. 26, 31. [12] ib. 3, 27. [13] ib. 26, 26. [14] ib. 26, 14. [15] ib. 26, 15—17. [16] II Chr. 26, 7. [17] Ps. 113, 7. [18] ib. 113, 5. [19] ib. 123, 1. [20] ib. 114, 8. [21] Jér. 49, 16. [22] Is. 22, 16. [23] Zach. 11, 17. [24] Gen. 49, 11. [25] Ps. 113, 8. [26] Deut. 25, 7. [27] Ex. 2, 14. [28] Ez. 44, 15. [29] Gen. 49, 11. [30] Ex. 15, 6. [31] II Rois 17, 13. [32] Ex. 28, 3. [33] Ruth 2, 8. [34] Jér. 31, 21. [35] I Sam. 1, 14. [36] Lam. 1, 1. [37] Os. 10, 11.

אלתי הי כנאיה ען אלמונת מתל חסולח לכל עונכי הרופא לכל תחלואיכי הגואל משחת חייכי המעטרכי[1]. ותלחק ללמד פי מתל שריד ופליט[2] ומא אשבההמא. וקד זארוהא מע חרוף[a] אלאסתקבאל פי בעץ אלאפעאל אלדי פאאתהא יא פכאנהם צאעפוא תלך אלפאאת קאלוא על נבו ועל מידבא מואב ייליל[3] פפי ייליל ג׳ יאאת

28. מתואליה פי אללפט אלאולי יא אלאסתקבאל ואלתאניה פא אלפעל מתחרך[b] עלי מדהב אבי זכריא[4] ולנא נחן פיה קול אכר סנדכרה פי גיר הדא אלמוצע מן הדא אלכתאב. ואליא אלתאלת הו תאבת פי אללפט כאצה לא פי אלכט פאנה[c] סאכן לין כפי והו איצא פא אלפעל ויגב אן יעד מצאעפא אן כאן אליא אלמתחרך אלדי קבלה פא אלפעל עלי מא זעם אבו זכריא. ואמא הדא אליא אלכפי פלם ידכרה אבו זכריא. ומתלה כלו ייליל ירד בבכי[5] לכן ייליל מואב למואב כלה ייליל[6] וקד והם אבו זכריא פי קראתה לכן ייליל מואב בלין אליא אלתאניה ובצרי תחת אלאולי ואנמא אלאולי בשבא ואלתאניה בצרי והדא מן גמלה מא פאתנא תשכיכה עליה פי אלמסתלחק. ומתלה על כן על מואב איליל[7] אלאלף ללמתכלם ואליאאן *המא פא[d] אלפעל מתצאעפא. ומשבר רוח תילילו[8] כי יילילו על משכבותם[9] פי קראה בן אשר ואמא בן נפתלי פאנה יקרוה יילילו בלין אליא עלי אלאצל עלי זנה הלא דברי ייטיבו[10]. ומתלה וגבוה ממרחק יידע[11] וייף בגדלו[12] בשבא[e] תחת אליא אלאולי אלתי הי ללאסתקבאל ובחרק תחת אליא[f] אלתאניה והי[g] אחדי אלפאיין ואליא אלתאלתה[h] אלמתצאעפה סאכנה לינה כפיה גיר תאבתה פי אלכט [והי] מוגודה פי אלחס. והדא פי קראה בן אשר כאצה ואמא בן נפתלי פיקרוה ויף עלי זנה ויז מדמה אל הקיר[13]. וזארוהא איצא פי אחרי מות משה[14] אשרי האיש[15]. וזארוהא איצא פי והוא ירה החצי[16] עד מקום החצי[17] וכאנהא בדל מן אלמתל אלסאקט. וקד זארוהא עלי מן פי קולהם סורו מני דרך הטו מני

[a] P. om. [b] A. מתחרכא [c] A. P. אלא אנה; R. כי היא = פאנה [d] A. הם פאא [e] A. בשוא [f] P. R. om. [g] P. אלתי הי [h] A. P. אלתאניה; R. השנייה

[1] Ps. 103, 3, 4. [2] Lam. 2, 22. [3] Is. 15, 2. [4] N. 26, 24; D. 47, 16. [5] Is. 15, 3. [6] ib. 16, 7. [7] Jér. 48, 31. [8] Is. 65, 14. [9] Os. 7, 14. [10] Mi. 2, 7. [11] Ps. 138, 6. [12] Ez. 31, 7. [13] II Rois 9, 33. [14] Jos. 1, 1. [15] Ps. 1, 1. [16] I Sam. 20, 36. [17] ib. 20, 37.

ארח[1] העמוסים מני בטן הנשואים מני רחם[2]. ותכון צֿמירא ללואחד אלמתכלם פי מתֿל עשיתי ראיתי שמרתי אמרתי ופי מתֿל עבדי בני אבשלום[3] *אלא אן אלתא מקתרנה̈ בהא פי אלאפעאל[a]*.

א ואמא אלאלף פתדכֿל פי אואיל אלאפעאל אלמסתקבלה̈ ללמעני אלׄמכֿבר ואחד ען נפסה מדׄכּרא כאן או מונׄתֿא כקו̇ אעשה אעלה ואגידה לפרעה ואמרה אליו[4]. ותזאד איצֿא לגיר מעני פי ארדש ידושנו[5] כי אם אסוך שמן[6] ופי אזרוע ואגרוף ואקדח והאזניחו נהרות[7] ופי אבעבעות ופי מי אפסים[8] וראיתן אל האבנים[9] באספי השערים[10] וגירהא. וזידת פי ואשמאילה[11] וכי[b] תשמאילו[12] חנהמא אפעאילה תפעאילו לאנהמא מן שמאל בעשותו ולא אחז[13] השימי השמילי[14] אם אש להמין ולהשמיל[15]. ואמא אלאלף אלמכתובה̈ פי שמאל פהי מכאן ואו אלמד כמא כתבת איצֿא מכאן ואו אלמד פי והיו שאסיך[16] ופי אתם נאשים[17][c] וקד כתבת אלאלף מכאן יא אלמד 29.
פי מימינים ומשמאלים באבנים[18][d]. פאן אנכר מנכר כון אלף שמאל עוצֿא מן ואו אלמד לונׄדאנה[e] שמאל מכתובא פי בעץׄ אלמואצֿע באלף וואו מתֿל כתאבהם חמש מימין וחמש משמאול[19] וגירה כדׄלך וקאל לו אן אלאלף עוצֿא מן ואו אלמד למא גׄמע בין אלמעוץׄ מנה ובין אלמעוץׄ בה קלנא לה קד ביׄנׄא פי גיר הדׄא אלמוצֿע[20] פעלהם דׄלך פי מתֿל ויסב אלהים את העם[21] אלדׄי אלשדה̈ פיה יעוץׄ מן אלמתֿל אלסאקט פלמא קאלוא ויסבו את ארון אלהי ישראל[22] ורדׄוא אלמתֿל באלאנדגׄאם אבקוא אלשדה̈ אלתי כאנת עוצֿא מנה בחסבהא וברהנׄא עלי צחה̈ הדׄא אלקול פי דׄלך אלמוצֿע. והכדׄא צנעוא איצֿא פי ראשון לציון[23] אלמכתוב באלף עלי אלאצל לאנה מן מראשתיו[24] פאנהם אבדלוא מן אלפה יא[a] פי אלכֿט עלי אללפט פי קו̇ כי שאל נא לדור רישון[25] פגׄעלוא אליא עוצֿא מן אלאלף תֿם גׄמעוא בין אלמעוץׄ מנה ואלמעוץׄ בה פי קו̇ הראישון ארם תולד[26] אלמכתוב

[a] R. om. [b] A. ופי [c] A. נשאים, comme dans nos textes. [d] D'ici jusqu'à באלף ויא, p. 63, l. 1, manque dans P. et dans R. [e] A. לונׄדאנה

[1] Is. 30, 11. [2] ib. 46, 3. [3] II Sam. 14, 30. [4] Gen. 46, 31. [5] Is. 28, 28. [6] II Rois 4, 2. [7] Is. 19, 6. [8] Ez. 47, 3. [9] Ex. 1, 16. [10] Néh. 12, 25. [11] Gen. 13, 9. [12] Is. 30, 21. [13] Job 23, 9. [14] Ez. 21, 21. [15] II Sam. 14, 19. [16] Jér. 30, 16. [17] Néh. 5, 7. [18] I Chr. 12, 2. [19] II Chr. 4, 7. [20] Opuscules p. 231. [21] Ex. 13, 18. [22] I Sam. 5, 8. [23] Is. 41, 27. [24] Gen. 28, 11. [25] Job 8, 8. [26] ib. 15, 7.

באלף ויאּ וזידת אלאלף איצֿא פי שני דודאי תאנים[1] לאנה מתֿל וישימו את ראשיהם ברודים[2]. אלא תראה יקול הדוד אחד והדוד אחר[3] בלא אלף. וזידת איצֿא פי לולאות חמשים[4] לאנה מתֿל ובלולים יעלו על[a] התיכנה[5] ואן כאן קד פסֿר פי ובלולים רואזן פאנה למא כאן יתסלק מן תלך אלדואזן אלי גירהא ומן גירהא אלי מא בעדהא אשבהת אלערי אלתי יתצל בהא מא הי פיה במא בעדה פסמית באסם אלערי.

כ ואמא אלכאף פתזאד אולא ללתשביה פי מתֿל והייתם כאלהים[6] והיה כצבי מדח[7] והנה שבה כבשרו[8] כשמות אשר קרא להן אביו[9]. ותכון ללתסויה בין אלשיין או אלאשיא פתכון חינ̇יד מכררה עלי אלאכתֿר מתֿל והיה כצדיק כרשע[10] כחטאת כאשם[11] כחשכה כאורה[12] כקטן כגדל[13] כי כמוך כפרעה[14] כמוני כמוך כעמי כעמך כסוסי כסוסיך[15] ככם כגר יהיה[16] כי כחלק היורד במלחמה וכחלק היושב על הכלים[17] ואלואו פי וכחלק מזידה. ורבמא אכתפוא באלכאף אלואחדה בקו כמוני כמוך וכעמך עמי[18]. ורבמא סאווא[b] בין אלאשיא בלא כאף בקו נזם זהב באף חזיר אשה יפה וסרת טעם[19]. ותכון ללמקארבה מתֿל ויפל מן העם ביום ההוא כשלשת אלפי איש[20]. כחצת הלילה אני יוצא[21] ויהי כמשלש חדשים[22] וכעת מותה ותדברנה[23] וכמו השחר עלה[24]. וקריב מן הדֿא ויהי כמשיב ידו[25] אי עלי קדר מא רד ידה וענד מא רד ידה. ואיצֿא והיא כפרחת עלתה נצה[26] אי אנהא עלי קדר מא פתחת נוֿרת. וממא יג̇אנס הדֿא קו כמעט אויביהם אכניע[27] ען קליל אי פי מדה יסירה. ומתֿלה לולי יי צבאות הותיר לנו שריד כמעט[28] אלמעני לולא פצֿל אללה לכנא ען קליל כסדום אי ען קריב. ומתֿלה איצֿא כמעט יעבר עבדך את הירדן את המלך[29] אי ען קליל אהלך בער ג̇ואזי אלארדן פאמות פי גרבה ופיה אצֿמאר *ופי הדֿא[c] אלמעני קאל ולמה יגמלני המלך הגמולה הזאת ישב נא עבדך ואמות בעירי עם

[a] P. אל [b] A. סאויא [c] P. ולהדֿא

[1] Jér. 24, 1. [2] II Rois 10, 7. [3] Jér. 24, 2. [4] Ex. 36, 17. [5] I Rois 6, 8. [6] Gen. 3, 5. [7] Is. 13, 14. [8] Ex. 4, 7. [9] Gen. 26, 18. [10] ib. 18, 25. [11] Lév. 7, 7. [12] Ps. 139, 12. [13] Deut. 1, 17. [14] Gen. 44, 18. [15] I Rois 22, 4. [16] Nomb. 15, 15. [17] I Sam. 30, 24. [18] II Chr. 18, 3. [19] Prov. 11, 22. [20] Ex. 32, 28. [21] ib. 11, 4. [22] Gen. 38, 24. [23] I Sam. 4, 20. [24] Gen. 19, 15. [25] ib. 38, 29. [26] ib. 40, 10. [27] Ps. 81, 15. [28] Is. 1, 9. [29] II Sam. 19, 37.

קבר אבי ואמי[1]· ומתלה איצא כי[a] יבער כמעט אפו[2]· ותכון ללתחקיק פי כאלפים אמה במדה[3] קולה במדה דליל עלי אנה מחקק לא מקרב· ויגוז אן נקול[b] במתל הדא איצא פי קול אללה עז וגל כחצת הלילה אני יוצא[4]· וממא יוכד הדא אלמעני קו׳ ויהי בחצי הלילה[5] מחקקא מתבתא· ומתלה כי הוא כאיש אמת[6] לא יצלח אן יכון אלא מחקקא· וממא יגאנס הדא קו׳ והיה כשכב ארני המלך עם אבתיו[7] לאנהא אראדת בעד ופאתה ולם תרד אלמקארבה פי וקת אלופאה בל בעד וקועהא· ויצלח אן יכון מתלה ראי נא כטוב לב אמנון ביין[8] אנמא אראד בעד אסתיפאיה טיבה וסרורה לא ענד מקארבתה דלך· ותכון זאידה גיר מותרה פי אלכלאם פי קולה ולאדם לא מצא עזר כנגדו[9] כשגגה שיצא מלפני השליט[10] ותדבר אליו כדברים האלא[11] אי הדברים האלה· ומתלה ותקראנה אתי כאלה[12] יריד האלה אי הקורות[c] האלה ומא אשבה דלך· 30. והשער סגרו אחרי כאשר יצאו הרדפים[13] אלמעני אחרי אשר יצאו הרדפים· כמעט וגרים בה[14] אלכאף זאידה· והי מזידה איצא פי קו׳ המה כדוי לחמי[15] וסנפסר הדא אלפסוק פי באב אלנון ואלגים מן חרף אלנון[16]· והי מזידה איצא פי כל עמת. שבא[17] מצמומה פיה לאן אלוגה אן יכון לעמת פזידת אלכאף ועזלת מע אללאם· ותזאד אכירא[d] מע אלהא למכאטבה אלואחד אלמדכר פי מתל עבדך ורגלך ובנך הקלך זה בני דוד[18]· ותזאד וחדהא למכאטבה אלואחד אלמונת והי מוקופה בשבא· ותזאד מע אלמים פי מכאטבה אלגמאעה אלמדכרין פי מתל מביכם ידיכם בין עיניכם[19] וטע אלנון פי מכאטבה גמאעה אלמונתין פי ואביכן התל בי[19]· ויגוז זיאדה אלהא הנא חתי יכון אביכנה מתל ולא תעשינה כזמתכנה[20] הנני על כסתותיכנה[21]· וקד זידת אכירא[e] דון אן יכון להא מוצע פי כסף הערכך[22] בערכך הכהן[23] לאן אלתקדיר כסף הערך כערך הכהן· ואנמא זידת הנא ללמכאטבה פקט· ואעלם אנהא ואן כאנת ללמכאטבה פאנהא חרף וליסת באסם ולא חט להא פי אלאעראב לאן אלאעראב לא יכון אלא

[a] P. פן [b] A. אקול [c] P. R. הצרות [d] A. אכירה [e] A. אכירה

[1] II Sam. 19, 38. [2] Ps. 2, 12. [3] Jos. 3, 4. [4] Ex. 11, 4. [5] ib. 12, 29. [6] Néh. 7, 2. [7] I Rois 1, 21. [8] II Sam. 13, 28. [9] Gen. 2, 21. [10] Eccl. 10, 5. [11] Gen. 39, 17. [12] Lév. 10, 19. [13] Jos. 2, 7. [14] I Chr. 16, 19. [15] Job 6, 7. [16] Col. 406, l. 1. [17] Eccl. 5, 15. [18] I Sam. 24, 17. [19] Deut. 11, 17. [20] Gen. 31, 7. [21] Ez. 23, 48. [22] Lév. 27, 15. [23] ib. 12, 27.

פי אלאסמא· ארדת בקולי לא חט̇ להא פי אלאעראב [וליסת באסם אי אנהא][a] ליסת מצ̇אפה̈ אליהא מת̇ל כאף עבדך ובנך אני[1] בל הי זאידה̈· חידת תוכידא ללמכ̇אטבה̈ ומת̇לה ענדייער באך עזה[2] ואיצ̇א ויכם מערוער ועד באך מנית[3] ליסת הד̇ה אלכאף מצ̇אפא אליהא אנמא אלמד̇הב פי הד̇א אללפט̇ כאלמד̇הב פי קו̇ עד לבא חמת[4] ואלמעני אלי מד̇כ̇ל חמת ואלי מד̇כ̇ל עזה ואלי מד̇כ̇ל מנית· ותזאד עלי אני פיציר אנכי·

ח ואמא אלתא פתזאד אולא פי אלאפעאל אלמסתקבלה̈ ללמעני אד̇א אכ̇ברת ען חאצ̇ר וקאבלתה או חאצ̇רה̈ או חאצ̇רין או חאצ̇ראת פקלת תשמר תשמרי תשמרו תשמרנה· או אד̇א אכ̇ברת ען גאיבה̈ כמא קיל מכל אשר אמרתי אל האשה תשמר מכל אשר יצא מגפן היין לא תאכל ויין ושכר אל תשת וכל טמאה אל תאכל כל אשר צויתיה תשמר[5]· או אד̇א אכ̇ברת ען גאיבאת מת̇ל ותדברנה הנצבות עליה[6] ותבאנה אל קרבנה[7]· ותזאד פי אואיל אלאסמא ופי אואכ̇רהא מעא מת̇ל תלבשת תפארת· ותזאד פי אואיל אלאסמא פקט פי מת̇ל ותכריך בוץ וארגמן[8] מבין עם תלמיד[9] תאניה ואניה[10]· ותזאד פי אואכ̇ר אלמצאדר פי מת̇ל לכת ושבת ולדת יום הלדת את פרעה[11] בצדקתך אחיותך[12] ולקחת גם את דודאי בני[13] ולקחת רצון מידכם[14]· וג̇איז ענדי אן יכון לאם ולקחת גם את דודאי בני ולקחת רצון מידכם גיר לאם ולקחת אתנו לעבדים[15] לקחת לו משם אשה[16] לאן לאם ולקחת אתנו לקחת לו משם הי לאם כי̇ וליסת להד̇א אלמעני פי ולקחת גם את דודאי בני ולקחת רצון מידכם וג̇ה אצלא· אלא תרי אנה לא יצלח אן יקאל אתסתקלין אכ̇ד̇ זוג̇י ולכי תאכ̇ד̇י לפ̈אח אבני לכן אלד̇י יצלח אן יקאל הו אתסתקלין אכ̇ד̇ זוג̇י חתי תטמחי אלי לפאח אבני· וכד̇לך לא יצלח איצ̇א אן יקאל תכת̇רון אלבכא ואלעג̇יג̇ לעדם אלאלתפאת אלי הדיתכם[b] ולכי יתקבל מנכם רצ̇ואן בל אלד̇י יצלח אן יקאל אנמא הו תכת̇רון אלבכא ואלעג̇יג̇ לעדם אלאלתפאת אלי הדיתכם ותקבל

[a] A. P. om ; R. ואיננה שם כלומר ש . . . [b] P. הדאיתכם

[1] II Rois 16, 7. [2] Jug. 6, 4. [3] ib. 11, 33. [4] ib. 3, 3. [5] ib. 13, 14. [6] I Sam. 4, 20. [7] Gen. 41, 21. [8] Esth. 8, 15. [9] I Chr. 25, 8. [10] Is. 29, 2. [11] Gen. 40, 20. [12] Ez. 16, 52. [13] Gen. 30, 15. [14] Mal. 2, 13. [15] Gen. 43, 18. [16] ib. 28, 6.

אלרצ̇ואן מנכם אי ולעדם תקבל אלרצ̇ואן מנכם· פקד תבין אן
ולקחת גם את דודאי בני ולקחת רצון מידכם מצדראן ואן אללאם 81.
פיהמא הו פא אלפעל וכאנא קבל זיארה̈ אלתא פיהמא לקוח מת̇ל
לקח את ספר התורה[1] פלמא זאדוא אלתא חד̇פוא אלואו
אסתת̇קאלא להא מע אלתא· ורבמא ג̇אז אן יכון אלמעני פיהא
ואחדא בתאויל· וכד̇לך אלתא פי בצדקתך אחיותך זאידה̈ עלי
אלמצדר אעני עלי כי חפצתי צדקך[2] ואלוגה פיה בצדקך אחיותך·
ואמא הלדת את פרעה פאנה כאן קבל זיארה̈ אלתא פיה הֻלֶד עלי
זנה̈ הגד הגד לעבדיך[3] והחתל לא החתלת[4]· ותזאד אלתא
ללאפתעאל פי מת̇ל והתגדלתי והתקדשתי[5] התהלך לפני[6] ותכון
אלתא זיארה̈ בדלא מן הא אלתאנית̇ פי מת̇ל ́אם אתן שנת לעיני[7]
שפעת אני ראה[8] עשה רע מאת[9] מכת בלתי סרה[10] נפל אשת[11]
אשת יפת תואר[12] ושבת לנשיא[13] או בקלחת[a] או בפרור[14]· ותנקלב
הא אלתאנית̇ תא איצ̇א פי אלאצ̇אפה̈ פי מת̇ל מלכת שבא[15] יפת
תואר[16] וסרת טעם[17] ומא אשבה ד̇לך· וקד גא̇ת אלתא מזידה̈
בדלא מן אלהא פי ואנכי תרגלתי לאפרים[18] אלוג̇ה פיה הרגלתי מן
קול אלאואיל הרגילני לדבר מצוה[19] כמא אבדלוא אלהא מן אלתא
פי קו̇ מאין הפגות[20] ואלוג̇ה פיה תפוגות עלי זנה̈ תבונות ואבדלוא
מן אלהא תא איצ̇א פי ותפוצותיכם ונפלתם ככלי חמדה[21]· וקד
לכ̈צת ד̇לך פי באב אלאלפאט̇ אלשאד̇ה̈ מן הד̇א אלכתאב·

ב ואמא אלבא פתזאד פי אויל אלאסמא במעני אלט̇רף ואלועא
פי מת̇ל בבית אחד יאכל[22] בשבתך בביתך[23] בבגד צמר או בבגד
פשתים[24] והכה בכיור או בדוד או בקלחת[b] או בפרור[25]· וקו̇ מום
בו[26] מן הד̇א אלבאב לאנה ג̇על כאלועא ללמום· ואלכלאם יכון לה
אצל ת̇ם יתסע פימא שאכל אצלה· פמן ד̇לך קו̇ עלה ראש הפסגה[27]
אצעד וקאלוא ישתרגו עלו על צוארי[28] אראד אלד̇נוב רכבתהם
וקהרתהם[c] וקאלוא מטרף בני עלית[29] נשות ונמית ומת̇לה ותעל

[a] A. בצלחת [b] A. בצלחת [c] A. וכהרתהם; P. ובסרתתהם

[1] Deut. 31, 26. [2] Job 33, 32. [3] Jos. 9, 24. [4] Ez. 16, 4. [5] ib. 38, 23. [6] Gen. 17, 1. [7] Ps. 132, 4. [8] II Rois 9, 17. [9] Eccl. 8, 12. [10] Is. 14, 6. [11] Ps. 58, 9. [12] Deut. 21, 10. [13] Ez. 46, 17. [14] I Sam. 2, 14. [15] I Rois 10, 1. [16] Gen. 18, 28. [17] Pr. 11, 22. [18] Os. 11, 3. [19] Voy. Berachoth 60 b. [20] Lam. 3, 49. [21] Jér. 25, 34. [22] Ex. 12, 46. [23] Deut 11, 19. [24] Lév. 13, 47. [25] I Sam. 2, 14. [26] Lév. 21, 21. [27] Deut. 3, 27. [28] Lam. 1, 14. [29] Gen. 49, 9.

אחר מגוריה[1] אי רכתה ואנשתה פאצל הד̇ה אלאלפאט̇ ואחר והו ית̇סע פי אלמעאני כמא תרי הנא וכמא סתרי פי מואצ̇ע מן הד̇א אלדיואן בחול אללה· וממא יתפרע מן אלבא אלד̇י יכון במעני אלט̇רף קו̇ למען תצדק בדברך תזכה בשפטך[2] והיה באכלכם מלחם הארץ[3] או ענד חכמך וענד קולך וענד אכלכם ואיצ̇א בהתודע יוסף אל אחיו[4] ענד אסתעראפה אליהם אי פי וקת ד̇לך בכלות בשרך ושארך[5]· ומת̇ל הד̇ה אלבאאת בא בהשמה מהם[6] אלא אנהא וקעת עלי אסם מחרוף אד̇ לא יג̇וז אן תקע אלבא עלי אלאפעאל לאן השמה פעל לם יסם פאעלה מת̇ל כל ימי השמה תשבת[7] פנקלת צ̇מה̈ אלהא אלי אלבא ואסכנת אלהא אסתכ̇פאפא· ואלאחסן [ענדי] אן אקול אנה למא סלבת אלהא חרכתהא והי אלצ̇מה̈ בקית סאכנה̈ בטבעהא אד̇ אלחרוף כלהא סאכנה̈ אלי אן תחר̄ך ואנה למא צארת אלהא סאכנה̈ כ̇פ̄פת אלשין אצ̇טרארא מן אג̇ל אג̇ת̇מאע אלסאכנין ואלתקדיר בעת השמה· ומא יבעד ענדי יעל הד̇א ג̇ואז קול אלשאער[8] עלי גיר אצ̇טראר כשקט בשמרים אי ענד מא אסתקר̄ עלי עכרה *לא סימא לקול אלמשנה כחס על הנר כחס על השמן כחס על הפתילה חייב[9] ורבמא לם יכן חס הנא פעלא מאצ̇יא בל כאן אסמא ללפאעל[a]· ותואר אלבא איצ̇א במעני מן מת̇ל והנותר בבשר ובלחם[10] מענאה מן הבשר ומן הלחם· 32 ואם מעט נשאר בשנים[11] מענאה מן השנים· ואתו כל נפש החיה אשר אתכם בעוף ובבהמה ובכל חית הארץ אתכם[12] אלמעני מן העוף ומן הבהמה ומן כל חית הארץ· כי כל אוכל מחמצת וגו̇ בגר ובאזרח הארץ[13] אראד מן הגר ומן אזרח הארץ· ומת̇לה וכל נפש אשר תאכל נבלה וטרפה באזרח ובגר[14]· בקדשים לא יאכל[15] מענאה מן הקדשים· ומת̇לה לכו לחמו בלחמי ושתו ביין מסכתי[16]· ואיצ̇א כי שבעה ברעות נפשי[17] ישבע בחרפה[18] אלמעני מן חרפה מן רעות ועלי אנ̄א לם נג̇ד מן מע אכת̇ר הד̇ה אללגה̈ פאנ̄הם אנ̄מא חד̇פוהא מנהא איג̇אזא· ומן אד̄ל אלאד̄לה̈ עלי אן הד̇ה אלבא פי מוצ̇ע מן

[a] P R. om.

[1] Ex. 19, 8. [2] Ps. 51, 6. [3] Nomb. 15, 19. [4] Gen. 45, 1. [5] Prov. 5, 11. [6] Lév. 26, 43. [7] ib. 26, 35. [8] C'est Dounasch, voy. Z. d. DMG. XXXVI, 406. [9] Sabbath II, 5. [10] Lév. 8, 32. [11] ib. 25, 52. [12] Gen. 9, 10. [13] Ex. 12, 20. [14] Lév. 17, 15. [15] ib. 22, 4. [16] Prov. 9, 5. [17] Ps. 88, 4. [18] Lam. 3, 30.

בלא שך̈ פי ד̇לך ענדי קו̇ מדרכיו ישבע סוג לב[1] ואיצ̇א וממועצותיהם ישבעו[2]. על כן תאבל הארץ ואמלל כל יושב בה בחית השדה ובעוף השמים[3] מענאה מחית השדה ומעוף השמים. והנותר בשמן[4] מת̇ל מן השמן. באשרי כי אשרוני בנות[5] תקדירה מאשרי אי מרוב אשרי ותרגמתה מן כת̇רה̈ גבטתי יגבטנני אלפתיאת. עתקה בכל צוררי[6] במעני מכל צוררי אי מן אג̇לתם. ומת̇לה הנשא בעברות צוררי[7] אי מן אג̇להא. ואסרוך בהם ולא תצא בתוכם[8] אי מתוכם. והוצאת בו[9] במעני ממנו. בקיר יחתרו להוציא בו[10] אי לחוציא ממנו. ותכון אלבא מכאן הא אלתעריף פי שמחו לפניך כשמחת בקציר[11] אלוגה כשמחת הקציר. ומת̇לה אם עוד רבות בשנים[12] תקדירה השנים. ומת̇לה ואף כי היום יקדש בכלי[13] אלוגה יקדש הכלי. ומת̇לה לראותכם בדרך אשר תלכו בה[14]. ואיצ̇א ויהי בדבר הזה לחטאת בית ירבעם[15] אלוגה אן יכון הדבר הזה מת̇ל ויהי הדבר הזה לחטאת[16]. ותכון במעני על פי מת̇ל כי אם הבהמה אשר אני רוכב בה[17] יריד עליה. כי הדם הוא בנפש יכפר[18] אראד על הנפש ויג̇וז אן יכון מת̇לה כשמחת בקציר[19] אי כשמחת על הקציר ואלתא פי כשמחת עלי הד̇א אלתאויל בדל מן הא. או הודע אליו חטאתו אשר חטא בה[20] מכאן עליה כמא קיל ונודעה החטאת אשר חטאו עליה[21]. וישאהו במוט בשנים[22] אי על שנים. ותכון אלבא איצ̇א ללאלצאק ואלאסתעאנה̈ אמא כונהא ללאלצאק פמת̇ל בא ותדבק נפשו בדינה[23] פה אל פה אדבר בו[24] אי אני אלצק כלאמי בה משאפהה̈. ומת̇לה רוח יי̈ דבר בי[25] אי אתצל בי לא דבר יי̈ בי[26]. ומן הד̇א אלבאב ענדי בי יי̈ מה אומר[27] בי אדני ויש יי̈ עמנו[28] והי ללאסתעטאף ואלאסתרחאם ופי אלכלאם אצ̇מאר בה יכון אלאלצאק ואלתקדיר פנה בי במעני פנה אלי וחנני[29] [כמא קיל] ועתה הואילו פנו בי[30]. ואמא כונהא ללאסתעאנה̈ פמת̇ל ואני כותב על הספר בדיו[31] ופעל בפחם ובמקבות יצרהו[32] ואם בשנאה יהדפנו[33] ואם באיבה הכהו[34] בכסף ובזהב ייפהו[35] ולבי נהג בחכמה

[1] Prov. 14, 14. [2] ib. 1, 31. [3] Os. 4, 3. [4] Lév. 14, 18. [5] Gen. 30, 13. [6] Ps. 6, 9. [7] ib. 7, 7. [8] Ez. 3, 25. [9] ib. 12, 5. [10] ib. 12, 12. [11] Is. 9, 2. [12] Lév. 25, 51. [13] I Sam. 20, 6. [14] Deut. 1, 34. [15] I Rois 13, 34. [16] ib. 12, 30. [17] Néh. 2, 12. [18] Lév. 17, 11. [19] Is. 9, 2. [20] Lév. 4, 23. [21] ib. 4, 14. [22] Nomb. 13, 23. [23] Gen. 34, 3. [24] Nomb. 12, 8. [25] II Sam. 23, 2. [26] I Rois 22, 28. [27] Jos. 7, 8. [28] Jug. 6, 13. [29] Ps. 25, 16. [30] Job 6, 28. [31] Jér. 36, 18. [32] Is. 44, 12. [33] Nomb 35, 20. [34] ib. 35, 21. [35] Jér. 10, 4.

ולאחז בסכלות[1]. וממא הו איצ̇א מן אלאסתעאנה̈ קו̇ הרם האנשים
ההלכים בנפשותם[2] כ̇אנהם אסתעאנוא עלי מסירהם בנפוסהם אי
כ̇אטרוא בהא ומת̇לה כי בנפשו דבר אדניהו[3]. ותכון אלבא לגוא
פי מת̇ל בראשית ברא אלהים וג̇[4] פאן מענאה אול מא כ̇לק אללה
אלסמא ואלארץ̇ כאן כ̇רא וכ̇רא ולו קאל ראשית ברא אלהים לכ̇אן
33. איצ̇א חסנא כמא אן קו̇ ונסע דגל מחנה בני יהודה בראשנה[5] הו
מת̇ל קו̇ וישם את השפחות ואת ילדיהן ראשנה[6] ומת̇ל קו̇ איצ̇א
והקריב את אשר לחטאת ראשונה[7] סוא. ויהי בתחלת שבתם שם[8]
הו מת̇ל תחלת דבר יי̈ בהושע[9]. ואיצ̇א בטרם לא יבא עליכם[10] הו
מת̇ל אני טרם אכלה לדבר[11]. הן בעודני חי עמכם[12] הו מת̇ל עודנו
מדבר עמם[13]. ויצלח אן יכון מת̇לה לכו לחמו בלחמי ושתו ביין
מסכתי[14] כמא קיל אל תלחם את לחם רע עין[15] שתה מים מבורך[16].
ויתירו בית יוסף בבית אל[17] אי בית אל כמא קיל ויתרו את ארץ
כנען[18]. הנה יי̈ אלהים בחזק יבוא[19] אלבא זאידה̈ ומת̇לה אך ביי̈
לי אמר צדקות[20]. והוא באחד מי ישיבנו[21] מענאה והוא אחד. וצמחו
בבין חציר[22] אלמעני בין חציר. וסתרי תפסיר חציר פי באבה מן
כתאב אלאצול[23]. אראנו בישע אלהים[24] אלבא זאידה̈ והי איצ̇א
זאידה̈ פי קו̇ כי התעיתם בנפשותיכם[25] כי לא נפלה לו עד היום
הזה בתוך שבטי ישראל בנחלה[26] אלבא זאידה̈. ומת̇לה ובכל קהלך
אשר בתוכך יפלו בלב ימים[27] ואלוגה וכל קהלך. ויתנבא עד באו
ניות ברמה[28] אלוגה עד באו בניות ברמה. ומת̇ל הד̇א ענדי בכל
אשר תרמש האדמה ובכל דגי הים[29] אלמעני כל אשר תרמש האדמה
וכל דגי הים אלא אן קולה תרמש האדמה הו מן אלכלאם
אלאמקלוב אלד̇י יג̇רי פיה אלמפעול מג̇רי אלפאעל וחקיקה̈ אללפט̇
אן יכון כל אשר ירמש האדמה עלי אן יכון פי ירמש צ̇מיר עאיד
אלי כל ותכון אלאדמה מפעולא בהא פקלב אללפט̇ וג̇עלת אלאדמה
פאעלה̈. ומת̇לה ישרצו המים שרץ נפש חיה[30] פג̇על אלמים פאעלא
בישרצו ואלחקיקה̈ אן יכון מפעולא בה וסתרי מן הד̇א כת̇ירא פי

[1] Eccl. 2, 3. [2] II Sam. 23, 17. [3] I Rois 2, 23. [4] Gen. 1, 1. [5] Nomb. 10, 14. [6] Gen. 33, 2. [7] Lév. 5, 8. [8] II Rois 17, 25. [9] Os. 1, 2. [10] Zeph. 2, 2. [11] Gen. 24, 45. [12] Deut. 31, 27. [13] Gen. 29, 9. [14] Prov. 9, 5. [15] ib. 23, 6. [16] ib. 5, 15. [17] Jug. 1, 23. [18] Nomb. 13, 2. [19] Is. 40, 10. [20] ib. 24, 24. [21] Job 23, 13. [22] Is. 44, 4. [23] Col. 244 l. 18. [24] Ps. 50, 23. [25] Jér. 42, 20. [26] Jug. 18, 1. [27] Ez. 27, 27. [28] I Sam. 19, 23. [29] Gen. 9, 2. [30] ib. 1, 20.

הד̇א אלכ̇תאב· ותכון אלבא פי מעני למען אי מן [אג̇ל] כד̇א וכד̇א מת̇ל התשחית בחמשה[1] אי מן אג̇להם· באדם דמו ישפך[2] מן אג̇ל ד̇לך אלאנסאן אלמקתול· ומת̇ל תנו את מכה אחיו ונמיתנו בנפש אחיו[3] ונמכר בגנבתו[4] ען סרקתה ומן אג̇להא ויג̇וז אן יקאל פי סרקתה· והוא נחש ינחש בו[5] והו יתנג̇ם מן אג̇לה וענה אי אנה קד נט̇ר פי תנג̇ימה מן אג̇לה פעלם מנה אנה ענדכם ואלי הד̇א אלמעני ד̇הב יוסף בקולה הלא ידעתם כי נחש ינחש איש אשר כמני[6]· את אשר עשה יי̈ בבעל פעור[7] אי מן אג̇לה ובסבבה ישיר אלי מא ד̇כרה באת̇ר הד̇א כי כל האיש אשר הלך אחרי בעל פעור וגו׳[8]· ותכון אלבא במעני בדלא מן כד̇א וכד̇א פי קו׳ בפאת מטה ובדמשק ערש[9] שרחה בג̇אחיה̈ סריר ובמא לזום ערש אי בדלא מן אלסריר ועוצ̇א מן אלערש והו אלסריר איצ̇א· יקול אן נג̇אתהם מן עדוהם תכון כנג̇את̈ מא ינג̇ו מן פריסה̈ אלאסד אי אנה לא ינג̇ו מנהם אלא ג̇ריח או קתיל· ד̇לך קולה כאשר יציל הרעה מפי הארי שתי כרעים או בדל אזן כן ינצלו בני ישראל הישבים בשמרון[10] והנא תמאם אלכלאם ת̇ם קאל בפאת מטה ובדמשק ערש אי אן הד̇א בדל מן תרפההם וטול מלאזמתהם אלפראש תנעמא כמא קיל איצ̇א ענהם השכבים על מטות שן וסרחים על ערשתם[11] וכלא אלקולין לעמום· וקד תסתעמל אלערב איצ̇א אלבא פי הד̇א אלמעני[11]· *קאל בעצ̇הם וקד אסן

וכאן אהלה יכ̇שונה באל   ד̇יב כמא יכ̇שי בה אלצבי

פקאל במא לא אכ̇שי באלד̇יב אי הד̇א בדל ממא כנת ולא אכ̇שי באלד̇יב· וראת אמראה̈ מנהם רג̇לא אעמי מן אד̇ פקאלת במא קד אראה בצירא אי הד̇א בדל ממא כנת אראה בצירא[a]· וקאל בעץ̇ שעראיהם יכ̇אטב בעץ̇ אלמנאזל וקד כ̇לא מן אהלה 84.

פליך̇ ראיתך מוחשא   לבמא אראך ואנת אהל

a R. om.

1 Gen 18, 28. 2 ib 9, 6. 3 II Sam. 14, 7. 4 Ex. 22, 2. 5 Gen. 44, 5. 6 ib. 44, 15. 7 Deut. 4, 3. 8 ib. ib. 9 Am. 3, 12. 10 ib. ib. 11 ib. 6, 4. 12 Voy. Opuscules p. LXXVIII. (Cf. H. Derenbourg, Le Livre de Sîbawaihi, tom. II, p. 57.) וכאן אהלה יכ̇ שרבה באל דיב כמא . . . . . .

אי הדא בדל מן חדא· וזאד אלעבראניון אלדאל פי ובדמשק ערש כמא תזיד אלערב מא פי הדה אלאלפאט פלדלך תרגמנאה ובמא לזום ערש· והדה אלדאל פי אללפט אלסריאני במעני אשר והו מעני מא איצא· ויחסן אן יכון מן הדא אלבאב איצא בנפשנו נביא לחמנו[1] אי נגרר בנפוסנא פי אגתלאב מירתנא פכאננא נעטיהא עוצא מנהא· ואיצא כי בנפשותם הביאום[2] כי בנפשו דבר אדניה[3] ואיצא בכסף מלא יתננה לי[4] בדלא ועוצא מנה· ומתלה אכל בכסף תשברני ואכלתי ומים בכסף תתן לי ושתיתי[5]· ותכון אלבא ללקסם פי קולה וארא אל אברהם וג' באל שדי[6] ותלכיץ דלך אן אללה תבארך ותעאלי למא אראד אכראג ישראל מן מצר ראי אן יוקף מוסי עליה אלסלאם עלי עלה דלך פקאל לה אני תגלית לאברהים ואסחק ויעקוב ועאהדתהם עלי אעטאיי נסלהם *הדה אלבלאד[a] ואנא אלאן למא סמעת גיאת בני אסראיל דכרת עהדי פבשרהם באלכרוג מן עבודיה אלמצריין אלא אן אללה עז וגל למא ערף מוסי עליה אלסלאם בתגליה ללאבא רצי אללה ענהם אקסם לה באסמה אלעזיז ובבקאיה אלדאים משרפא למוסי ומגלא לקדרה פי נפסה אנה לם יתגל להם מן דון חגאב כמא תגלי למוסי· דלך קו' עז וג'ל באל שדי ושמי יי' לא נודעתי להם והדא אללפט אעני באל שדי ושמי יי' מעתרץ בין קו' וארא אל אברהם וגו' ובין קולה וגם הקמתי את בריתי אתם *ונטאם אלכלאם וחדה עלי מא אצף וארא אל אברהם ואל יצחק ואל יעקב וגם הקימותי את בריתי אתם[b] וסאיר אלקצה [ואלקסם][c] מעתרץ בין אלכלאמין כמא תרי· ותכון מכאן ואו אלעטף לאנהא מן מכרגהא מתל בא במחקק במשענותם[7] אלמעני ומחקק במשענתם· ומתל בא ופקדתי על כל מול בערלה[8] אלוגה פיה וערלה אי ואיש ערלה ותרגמתה ואעדד עלי כל מכתון וכל די קלפה דנובהם· ומתל לאברהם למקנה לעיני בני חת בכל באי שער עירו[9] [אי וכל באי שער עירו][d]· ותכון איצא במעני חתי כדא וכדא כמא כאנת אלואו במעני חתי אדא כאן כדא

[a] P. הדא אלבלד [b] R. om. [c] A. om.; R. והשבועה [d] A. om; R כלומר וכל . . .

[1] Lam. 5, 9. [2] I Chr. 11, 19. [3] I Rois 2, 23. [4] Gen. 23, 9. [5] Deut. 2, 28. [6] Ex. 6, 3. [7] Nomb. 21, 18. [8] Jér. 9, 24 [9] Gen. 23, 18.

וכרא במא קד דכרנאה קבל [והרא][a] פי מתל קולה בלא יוכלו יגעו בלבושיהם[1] ותלכיץ דלך אנה יצף מבאעדה אלאמם לנא ואסתנגאסהם איאנא במא קאל סורו טמא קראו למו[2] אלא אנה אבלג פי הרא ושנע בקו נגעו עורים בחוצות נגאלו בדם בלא יוכלו יגעו בלבושיהם יקול אן אכס מן פי אלאמם ואנגסהם מתל [אלעמי][b] אלדין יגולון פי אלאזקה והם מתלותון פי אלדמא חתי לא יקדר אחד אן ידנו מנהם ואן ימאס תיאבהם אסתנגאסא להם יקולון להם סורו טמא ואנמא [אבלג][c] בוצף אלעמיאן לאן אלעמיאן אקרב אלי אלתלות מן גירהם אד לא יבצרון פיתחפטוא· *וקו נגאלו בדם בלא יוכלו יגעו בלבושיהם מן צפאת אלעורים אי אלדין הדה צפתהם וחאלהם· ותכון במעני קבל כרא וכרא פי קו ויכל אלהים ביום 35. השביעי[3] ופי קו איצא אך ביום הראשון תשביתו שאור[4] וללאואיל רצי אללה ענהם פיה תלכיץ אכר קריב מן הרא[5]· ותכון במעני בעד כרא וכרא פי קו בשבעתיכם מקרא קדש[6] אי בעד שבעותיכם· ופי דבר יום ביומו[7] אי יום ביום במעני יומא בעד יום ופי עלת שבת בשבתו[8] זאת עלת חרש בחדשו[9] ואלואואת הנא זאידה אמא תראה קאל וברבר יום ביום להעלות במצות משה[10] דבר שנה בשנה[11] אי ואגב סנה בסנה במעני [סנה] בעד סנה· כי לעת יום ביום יבאו על דוד לעזרו[12] והכרא תקול אלערב לאיא בלאי[d] פעלנא כרא וכרא אי כט בעד כט·

נ ואלנון תזאד אולא פי אלאפעאל אלמסתקבלה ללמעני ארא אכבר אלמתכלמון או אלמתכלמאת עין אנפסהם מתל נעשה ונשמע[13] נחנו נעבר חלוצים[14]· ותזאד ללאנפעאל מתל נמצאו חמשת המלכים נחבאים במערה[15]· ותזאד פי אואיל אלאסמא מתל נמרוד מי נפתוח[16] כי היתה נסבה[17]· ותזאד פי אואכר אלאפעאל אלמסתקבלה בעד ואו אלגמאעה פי מתל יקומון ישובון והיה כי תלכון[18]· וקד זידת פי אלמסתקבל אלמצרוף אלי אלמצי בואו

[a] A. om.; R. חה [b] A. om.; R. העורים [c] A. om.; R. הפליג [d] Voy. Bacher, Die Hebr.-arab. Sprachvergl. des Abulwalîd, p. 20.

[1] Lam. 4, 14. [2] ib 4, 15. [3] Gen, 2, ?. [4] Ex. 12, 15. [5] Voy. Pesachim 5 a. [6] Nomb. 28, 26. [7] Ex. 16, 4. [8] Nomb. 28, 10. [9] ib. 28, 14. [10] II Chr. 8, 13. [11] ib. 9, 24. [12] I Chr. 12, 23. [13] Ex. 24, 7. [14] Nomb. 32, 32. [15] Jos. 10, 17. [16] ib. 15, 9. [17] II Chr. 10, 15. [18] Ex. 3, 21.

אלעטף [אל]מפתוחה קיל ויחנון בעבר ארנון[1]. ותזאד פי פעל אלואחד אלמונתׄ אלמסתקבל פי מתׄל וכה תדבקין[2] עד מתי תשתכרין[3] עד מתי תתחמקין[4]. ותזאד פי אואכׄר אלאפעאל אלמסתקבלה ללואחד אלמדׄכׄר פי מתׄל יסבבנהו יבוננהו יצרנהו[5] חק עולם ולא יעברנהו[6] וארממנהו[7] זבח תודה יכבדנני[8] כל היום יברכנהו[9] תברכני נפשך[10] אצלה תברכנני פאדגם אחד אלמתׄלין פי אלאכׄר. כי משם אתקנך[11]. פאן קאל קאיל אן הדׄה אלנונאת אלתי פי יסובבנהו יצרנהו יעברנהו וארוממנהו יברכנהו הי מתׄל אלנונאת פי יקראנו אסון[12] ולא ישמרנו בעליו[13] אם לא אביאנו אליך[14] אנכי אערבנו[15] יי̈ יסעדנו על ערש דוי[16] וסאיר אלבאב אעני אנהא ללצׄמיר מתׄל הדׄה אלנונאת אלאכׄרי לאנהם קד יגׄעלון צׄמיר אלואחד אלגאיב ואוא פקט מתׄל וזה שמו אשר יקראו[17] אויב ירדפו[18] והא[*] וואוא מתׄל ישמרהו ויחיהו[19] וישערהו ממקמו[20] ונונא וואוא פי מתׄל הדׄה אלכלמאת אלמדׄכורה פגיר ממתנע אן יגׄעלוא צׄמירה איצׄא נונא והא וואוא קלנא לה לו כאן אלאמר כמא זעמת לכתׄר כון צׄמיר אלגאיב נונא והא וואוא ככתׄרה כונה נונא וואוא פאטראד אכתׄר אלצׄמיר עלי נון וואו דליל עלי אן הדׄה אלנונאת פי הדׄה אלאלפאטׄ אלתי אסתגׄלבתהא זאידה [איצׄא] מתׄלהא פי יכבדנני וגירה. ותדכׄל עלי אלאפעאל אלמאצׄיה ללואחד וללגׄמע אמא דכׄולהא עלי פעל אלואחד פמתׄל יסר יסרני יה[21] אלוגׄה פיה יסרני בנונין אלנון אלאולי מזידה ואלתׄאניה ללצׄמיר מע אליא פאדגמוא אלנון אלאולי פי אלתׄאניה ומתׄלה דנני אלהים[22] ומתׄלה שאנן מואב מנעוריו[23] ושקט ושאנן[24] וכפתו לא רעננה[25] לדׄלך כאן מלעל. ולים בבעיד אן יכון מתׄל אף ערשנו רעננה[26] אלדׄי הו מלרע פאן אלאלחאן קד תכׄרגׄ אלאלפאטׄ ען ביאנהא כמא אן קו̇ תשעים וששה רוחה[27] מלעל אלוגׄה פיה אן יכון מלרע מתׄל בושה ודוגה ועוגה ומא אשבה דׄלך מן אלאסמא אלמעתלה אלעינאת. ורבמא כאן עלה דׄלך כונהמא פי סוף פסוק

[1] Jug. 11, 18. [2] Ruth 2, 8. [3] I Sam. 1, 14. [4] Jér. 31, 21. [5] Deut 32, 10. [6] Jér. 5, 22. [7] Ex. 15, 3. [8] Ps. 50, 23. [9] ib. 72, 15. [10] Gen. 27, 19. [11] Jér. 22, 24. [12] Gen. 42, 4. [13] Ex. 21, 36. [14] Gen. 42, 37. [15] ib. 43, 9. [16] Ps. 41, 4. [17] Jér. 23, 6. [18] Os. 8, 3. [19] Ps. 41, 3 [20] Job. 27, 21. [21] Ps. 118, 18. [22] Gen. 30. 6. [23] Jér. 48, 11. [24] ib. 30, 10. [25] Job. 15, 32. [26] Cant. 1, 16. [27] Jér. 52, 23.

וקד קיל אללי לי כי הייתי[1] מלעל וקיל אם רשעתי אללי לי[2] מלרע· ואמא זיאדתהא פי פעל אלגמיע פמתל אשר לא ידעון אבתיך[3] צקון לחש[4] ותפסיר צקון נתוא[a] והי לפטה מסתעארה מן יצוק נחושה[5] וצוק יצוק עמדי[6] עלי מדהב ולפני יי ישפך שיחו[7]. ותזאד עלי אלמצאדר פי באבדן מולדתי[8] לתתן שם את ארון ברית יי[9]· וקד תכלמת פי כתאב אלמסתלחק פי באב קבב[10] פי לתתן שם במא יגני ען אעאדה שי פיה· וזאדוהא עלי אלצפאת פי ידי נשים רחמניות[11] נטעי נעמנים[12] זית רענן[13] אף ערשנו רעננה[14] לעשתות שאנן[15] השאננים בציון[16] נשים שאננות[17]· וליסת הדה אלאסמא רבאעיה כמא טן קום לאן אלתצעיף לא יכון פי אלאסמא אלרבאעיה עלי הדא אלוגה כל אמא תתצאעף מן מוצע אלפא ואלעין מתל קדקד ובקבק וערער ומא אשבה דלך ואמא אן יתצאעף מנהא אללאם אלתאני פקט לאן כל אסם רבאעי פהו דו לאמין מתבאינתין פאן תצאעפת אללאם אלתאניה מנהא כאנת אלכלמה עלי ה׳ אחרף ודלך מתל תצאעף רא שקערורת אלדי הו אללאם אלתאני לאן לאמה אלאול הו אלעין מנה ווזנה פעלולות בשד אללאם אלאולי לאן אצלה פעללולות בג׳ לאמאת פי אלתמתיל אלאולי מנהא סאכנה פאדגמת לסכונהא פי אלתאניה אלמתחרכה· ואמא פי אלכלמה נפסהא פאלעין הי אללאם אלאולי ואלרא אלאולי הי אללאם אלתאניה ואלרא אלתאניה הי אללאם אלמתצאעפה ואן קיל אן שקערור אסם כמאסי לם יוגד פי אלכמאסי מתצאעף מתלה פהו אדא רבאעי מתצאעף אללאם אלתאניה· והכדא אקול פי רעמסס אנה איצא רבאעי מתצאעף אללאם אלתאניה· ורענן ושאנן כל ואחד מנהמא תלאתי מתצאעף אללאם ללאלחאק בגזבר וטפסר· וממא יויד[b] קולנא פי שאנן ורענן ושקערור ורעמסס אנהא מתצאעפה מן אלבנא אלתלאתי ומן אלבנא אלרבאעי אן אלתלאתי אנמא יצאעף ליבלג בה אלבנא אלרבאעי כמא בלג ברענן ושאנן בנא גזבר וטפסר ואן אלרבאעי אנמא יצאעף

[a] A. נתוא (sic) [b] A. יזיד; R. עחר

[1] Mi. 7, 1. [2] Job. 10, 15. [3] Deut. 8, 16. [4] Is. 26, 16. [5] Job 28, 2. [6] ib. 29, 8. [7] Ps. 102, 1. [8] Esth. 8, 6. [9] I Rois 6, 19. [10] Opuscules, p. 215. [11] Lam. 4, 10. [12] Is. 17, 10. [13] Jér. 11, 16. [14] Cant. 1, 16. [15] Job 12, 5. [16] Am. 6, 1. [17] Is. 32, 9.

[איצ׳א] ליבלג בה אלבנא אלכ׳מאסי כמא יבלג ברעמסס בנא תחפנס ואשכנז ובלג בשקערור בנא אגרטל[1] ואחשתר[2] ואתראל[3] ואן כאן שקערור בואו אלמד׳· ואמא אלבנא אלכ׳מאסי פלא מעני לתצ׳אעפה פהד׳א ת׳בת וקד קאם בה אלברהאן עלי אן רענן ת׳לאת׳י מתצ׳אעף אללאם· ואזיד ד׳לך ברהאנא כאן אקול אן תצ׳אעפה כתצ׳אעף יום פי קו יומם ולילה[4] ואן כ׳בא לם נגד רענן ג׳יר מתצ׳אעף כוג׳ראננא יום ומא אלקול פי רענן אנה מתצ׳אעף אלא כאלקול פי יומם כד׳לך· נאן קאל [קאיל] פהלא געלת תצ׳אעף שאנן ורענן ורעמסס ושקערור וג׳ירהא מת׳להא כתצ׳אעף סבב ובאבה פקלת פי רענן אנה רבאעי ופי רעמסס אנה כ׳מאסי כמא תקול פי סבב אנה ת׳לאת׳י קלנא לה אמא אלקול אלמחרר פי סבב ובאבה פאנמא הו אנה ת׳נאי[a] מתצ׳אעף ואן כ׳בא לם נגד הד׳א אלצ׳רב ג׳יר מתצ׳אעף כמא לם נגד רענן ג׳יר מתצ׳אעף· והכד׳א תעתקד אלערב איצ׳א פי מת׳ל סבב אנה ת׳נאי[b] מתצ׳אעף פאפהם· וזאדוהא פי תרחיב צעדי תחתני[5] ופי שבענה בנים[6] לאן אלמעני שבעה ופי בשנה אפרים יקח[7] והי מת׳ל בושה וד׳לך כנאיה̈ ען אלצנם כמא קיל ענה וינזרו לבשת[8] פלמא זאדוא אלנון ואסכנוא אלשין אסתכ׳פאפא סקט אלחרף אללין אלד׳י הו עין אלפעל אעני אלואו ותלכ׳יץ אלמעני פיכ׳זי ישראל בראיה̈ פי 37.
את׳כ׳אד׳ה אלכ׳זי יעני אלצנם· וזאדוהא פי כי את אשר ישנו פה[9] וד׳לך ליפרק בהא בין אלסאכנין אעני אלשין ואלואו אלד׳י הו צ׳מיר אלגאיב אד׳ כאן ד׳לך אכ׳ף עליהם מן תשדיד אלשין לו לם יזידוהא או מן זיאדה̈ אלסאכן אללין [בין] אליא ואלשין· וזידת אלנון מע אליא אלתי הי צ׳מיר אלמפעול אלמתכלם פי מת׳ל אכלני הממני[10] ושמרני בדרך הזה[11] ישקלני במאזני צדק[12] יהלמני צדיק חסד ויוכיחני[13] אלאסם הו אליא וחדה ואלנון מזידה̈ עמאדא לילא ידכ׳לה כסר· ותזאד ענד אעמאל אלמתכלם [אלמצדר][c] פי נפסה פי מת׳ל הלהרגני אתה אמר[14] אל תאיצו לנחמני[15] ואלהים אמר לבהלני[16] אשר עשית עמי לשלחני[17]· וקד חד׳פת מן כלמתין מן הד׳א אלצ׳רב לא

a A. בנא; R. שניי b A. בנא; R. שניי c A. om.; R. המקור

1 Es. 1, 9. 2 I Chr. 4, 6. 3 ib. 4, 16. 4 Lév. 8, 25. 5 II Sam. 22, 37. 6 Job 42, 13. 7 Os. 10, 6. 8 ib. 9, 10. 9 Deut. 29, 14. 10 Jér. 51, 34. 11 Gen. 28, 20. 12 Job 31, 6. 13 Ps. 141, 5. 14 Ex. 2, 14. 15 Is. 22, 4. 16 II Chr. 35, 21. 17 II Sam. 13, 16.

יתליב בהמא אלקיאס והמא לא אבה יבמי[1] וכאן אלקיאס עלי אטראד אלאסתעמאל יבמני ומתלה ענדי לבלתי עצבי[2] אראד עצבני. וגאיז אן תכון אליא פי יבמי זאידה ואן יכון אלתקדיר לא אבה יבם כמא קלת קבל ואקול הנא איצא פי לבלתי עצבי אנה גאיז אן יכון אלתקדיר פיה לבלתי הביא [עצבי] או מא אשבה דלך. ואמא ארא אצאף אלמתכלם אלמצדר אלי פעלה פאן דלך אלמצדר יכון בגיר נון עלי דלך אטראד אלבאב מתל בשלחי את חצי הרעב[3] בפתחי את קברותיכם[4] בקבצי את בית ישראל[5]. וקד אתת כלמה ואחדה פי הדא אלבאב בנון והי בשובני והנה על שפת הנחל[6] וכאן אלקיאס עלי אלאסתעמאל בשובי. ואנמא נבהת עלי הדא לילא יטען טאען באלחרף אלשאד פירי אן דלך כסר ללבאב וענדי פי בשובני מעני גיר הדא בדיע רפיע סאוקפך עליה פי באב אלצמאיר מן הדא אלכתאב אעני כתאב אללמע ופי באב אלשין ואלואו ואלבא מן כתאב אלאצול מן הדא אלדיואן[7] בחול אללה. וקד תזאד אלנון פי אלכלמה עוצא מן אלסאקט מנהא כמא זאדוהא פי מעזניה[8] אד אלאצל פיה מעזיה בתשדיד אלזאי לאנה גמע על ראש המעוז[9] ומעוז[10] פמן דואת אלמתלין מן בעזוז עינות תהום[11] יי׳ עזוז וגבור[12] פכאן אלנון פי מעזניה עוצא מן אלזאי אלמנדגמה פי ולאלוה מעזים[13] וכאן אלקיאס אן יכון מעזיה באלאנדגאם. והדא הו אלמדהב פי קו׳ חסדי יי׳ כי לא תמנו[14] פאן הדה אלנון ענדי עוץ מן אלמתל אלמנדגם פי תמו נכרתו[15] ואלדליל עלי אן אלוגה פיה תמו קולה בעדה כי לא כלו רחמיו פאן הדא אלקסם אלתאני מצרוב עלי אלאול ולא וגה לכון אלנון ואלואו פי תמנו צמיר אלמתכלמין כמא יזעם מן לא יחסן הדא אלקיאס. וכדלך זאדוהא איצא פי שם ידבר עמנו[16] מענאה ידבר עמו בדלאלה בית אל ימצאנו וסאיר אלמעני. וקד זאדוהא מע אלהא פי ידה ליתד תשלחנה[17] ברגלים תרמסנה עטרת וגו׳[18] אלוגה תרמס לאנה אכבאר ען אלעטרת. וקיל והיה כי תקראנה מלחמה[19] ואלוגה תקרא פאן געל מלחמה מכאן מלחמות כמא קאל מפני המלחמה אשר

[1] Deut. 25, 7, [2] I Chr. 4, 10. [3] Ez. 5, 16. [4] ib. 37, 13. [5] ib. 28, 25. [6] ib. 47, 7. [7] Col. 707, l. 1. [8] Is. 23, 11 [9] Jug. 6, 26. [10] Ps. 28, 8. [11] Prov. 8, 28. [12] Ps. 24, 8. [13] Dan. 11, 38. [14] Lam. 3, 22. [15] Jos. 3, 16. [16] Os. 12, 5. [17] Jug. 5, 26. [18] Is. 28, 3. [19] Ex. 1, 10.

סבבוהו[1] כאן תקראנה עלי וג׳הה וואג׳בה׳ וקד זארוחמא פי מכ׳אטבה׳ אלמד׳כר קאלוא ואל תשלחנה בחילו[2] יריד ואל תשלח לאנה יכ׳אטב מד׳כרא וג׳איז אן יכון מת׳לה תעגנה לעיניהם[3] אי תעוג׳

ה ואמא אלהא פתזאד עלי אלאפעאל אלת׳לאת׳יה׳ אלכ׳פיפה׳ פתנקלהא
מן אלכ׳פה׳ אלי אלת׳קל אי תוג׳ב ד׳כול אלמים עלי פאעליהא
38 ומפעוליהא ותחדת׳ פי אכ׳תרהא מעני אלתעד׳י מת׳ל הגדיל הקריב השמיד השליך הגביר׳ ותכון אלהא עלאמה׳ ללתאנית׳ פי אלאפעאל ואלאסמא איצ׳א׳ אמא פי אלאפעאל פמת׳ל כי חכמה מאד[4] חגרה בעוז מתניה[5] ידיה שלחה בכישור[6]׳ ואמא פי אלאסמא פמת׳ל אשה חכמה[7] שחורה אני ונאוה[8] אימה כנדגלות[9] ופי חכמה תבונה מהומה מבוכה ומא אשבה ד׳לך איצ׳א פאן הד׳ה אסמא מבניה׳ עלי אלתאנית׳׳ וקד תזאד אלהא עלי אלאסמא אלמד׳כרה׳ לג׳יר תאנית׳ ולג׳יר מעני תחדת׳ פיהא פי מת׳ל קו׳ וימד רחב מלפני השער התחתונה[10] אלהא זאידה׳ פיה לג׳יר תאנית׳ ומא יבעד אן יכון אנמא צאר אלטעם מלעל ללתנביה עלי הד׳א אלמעני מת׳לה לו לם תכן פיה הא׳ ואלמסורת עליה לית דכותיה בטעמא׳ ומת׳לה ואת מבוא המלך החיצונה[11] אלהא לג׳יר תאנית׳ לאן לפט׳ מבוא מד׳כר ואלטעם פיה איצ׳א מלעל ואלמסורת עליה לית דכותיה בטעמא׳ ומת׳לה נחלה עבר על נפשנו[12] אראד נחל ואלהא פיהא זאידה׳ ומת׳לה איצ׳א ודדנה בחרב יפלו[13] [אלהא זאידה׳][a] עלי דדן ולד׳לך צאר אלטעם מנה מלעל אעני פי אלדאל עלי אלאמכאן׳ ומת׳ל ד׳לך ויבא דוד נבה[14] אלהא מזידה׳ עלי נב עיר הכהנים[15] לג׳יר תאנית׳ והו איצ׳א מלעל׳ ומת׳לה בטרם יבא החרסה[16] אראד החרס ולד׳לך אכ׳בר ענה באלתד׳כיר פי קו׳ יבא׳ וקיל פי[a] חרב אל חר האלהים חרבה[17]׳ וזאדוהא עלי נטעתיך שורק[18] פי ולשורקה בני אתנו[19] ועלי יהץ פי ויהצה וקדמת[20] ועלי קרית בעל[21] פי קו׳ ותאר הגבול בעלה[22] ונסב הגבול מבעלה ימה[23] ועלי אפק פי קו׳ וינום ובית תפוח

[a] A. om.; R. הד׳א נוספת

[1] I Rois 5, 17. [2] Oba. 1, 13. [3] Ez. 4, 12. [4] Zach. 9, 2. [5] Pr. 31, 17. [6] ib. 31, 19. [7] II Sam. 14, 2. [8] Cant. 1, 5. [9] ib. 6, 10. [10] Ez. 40, 19. [11] II Rois 16, 18. [12] Ps. 124, 4. [13] Ez. 25, 13. [14] I Sam. 21, 2. [15] ib. 22, 19. [16] Jug. 14, 18. [17] Ex. 8, 1. [18] Jér. 2, 21. [19] Gen. 49, 11. [20] Jos. 13, 13. [21] ib. 15, 60. [22] Jos. 15, 9. [23] ib. 15, 10.

ואפקה[1] ועלי לוז פי קו׳ אל כתף לוזה[2]. ועלי אתה סתר לי[3] פי קו׳ יהי עליכם סתרה[4] ופי גיר ד̇לך כת̇יר ג̇רא מת̇לה. וזידת אלהא פי צנה ואלפים כלם[5] וזידת איצ̇א פי אשה ריח ניחוח[6] ופי צחה צמא[7]. וזידת עלי נגב פי קו׳ נגבה לנחל[8]. ומן הד̇א אלנמט הלוך ונסוע הנגבה[9] אראד הנגבי. וליסת הד̇ה אלהא עקיבה̈ אל כמא יט̇ן אכת̇ר אלנאס[10] ויקדרונה אל הנגב לאנה קד קיל לצפונה ליום לנגבה ליום[11] השוער למזרחה[12] ואלתקדיר להנגבה להצפונה להמזרחה. ישובו רשעים לשאולה[13] פאת̇בתוא אלהא מע אללאם אלתי הי במעני אלי. ומת̇ל הד̇א פי אג̇תמאע אללאם [מע אלהא] ולשרקה בני אתנו[14] אלהא מזידה̈ עלי נטעתיך שורק פכאנה קיל ישובו רשעים לשאול ולשרק בני אתנו. וממא יוכ̈ד הד̇א קו׳ וילך אל דוד חרשה[15] ת̇ם קאלוא וישב דוד בחרשה[16] באלתעריף. וקאלוא איצ̇א ועבר הר הבעלה[17] ולא וג̇ה לתאויל אל פי הד̇א אלמכאן וקאלוא אל גבול אדום בנגבה[18] ותקדירה בהנגבה. פקד תבי̈ן אן הד̇ה אלהא ליסת עקיבה̈ אל לכן אלמצדר והו ונסוע מתעד̈ אלי הנגבה בגיר חרף. וממא זאדוא פיה אלהא לגיר תאת̇יר ואנקלבת פיה תא קולהם החתמת והפתילים[19] זארוהא עלי ושמתיך כחותם[20] ורבמא ד̇הבוא פיה אלי תאנית̇ אלחותם. וממא זארוא פיה אלהא מע הא אלתעריף קו׳ הימה הגדול וגבול[21] פכאנה קאל הים הגדול וגבול. פקד ט̇הר אן אלהא מזידה̈ פי הד̇ה אלחרוף לגיר תאנית̇ ואנהא ליסת פי הנגבה ופי מא ישבהה עקיבה̈ אל בל הי פיהא מת̇להא פי קו׳ לכן הנה ימים באים וגו׳ ואשר הביא את 39. זרע בית ישראל מארץ צפונה[22]. ומת̇להא איצ̇א פי קו׳ שמר מה מלילה[23] לאנה מת̇ל שמר מה מליל ומת̇לה שיתי כליל צלך[24]. ואלדליל עלי ד̇לך קו׳ בלילה ההוא באלתד̇כיר פקד זאל אלשך̈ ואלריב פי אנהא מזידה̈ ללא מעני תחד̇ת̇ה בל אסתעמאלא מן אסתעמאלאת אלעבראניין אד̇ לא יג̇וז אן יעתקד פי הא מארץ צפונה אנהא עקיבה̈ אל ולא אנהא לתאנית̇. וקד ידכ̇לון הד̇ה אלהא עלי אלמצאדר פי מת̇ל רגזה בטחות פשטה וערה וחגורה על

[1] Jos. 15, 53. [2] ib. 18, 13. [3] Ps. 32, 7. [4] Deut. 32, 38. [5] Ps. 8, 8. [6] Lév. 1, 9. [7] Is. 5, 13. [8] Jos. 17, 9. [9] Gen. 12, 9. [10] Voy. Jebam. 13 b. [11] I Chr. 26, 17. [12] II Chr. 31, 14. [13] Ps. 9, 18. [14] Gen. 49, 11. [15] I Sam. 23, 16. [16] ib. 23, 18. [17] Jos. 15, 11. [18] ib. 15, 21. [19] Gen. 38, 25. [20] Agg. 2, 23. [21] Jos. 15, 47. [22] Jér. 23, 8. [23] Is. 21, 11. [24] ib. 16, 3.

חלצים[1] בבאה רגליך העירה[2] רעה התרעעה[3] אלתקדיר בבוא רגליך רוע התרועעה רגז בטחות מצדר עלי מתאל שלח אצבע[4] אלדי הו איצא מצדר· לאנה לו אראד לפט אלמכ׳אטבה׳ לקאל רגזנה עלי מתאל כי שמענה נשים[5] ולקאל פשטנה וערנה וחגרנה עלי מתאל לבנה שבנה[6] חגרנה שקים ספדנה[7]· ולנא פי הד׳א פי גיר הד׳א אלדיואן אעני פי כתאב אלתשויר כלאם טויל ג׳דא[8]· ומת׳ל ד׳לך קו׳ ולדבקה בו[9] לטמאה בה[10] לקרבה אל המלאכה[11] לרחקה מעל מקדשי[12] וגם אמנה[13] לאשמה בה[14] ליראה את יי׳[15] מיראתי אותו[16] לאהבה את יי׳ אלהיך[17] ויספתי ליסרה אתכם[18] כי טוב זמרה אלהינו[19]· וידכ׳לונהא איצא עלי אלאמר פי מת׳ל זכרה לי אלהי[20] שמעה תפלתי[21] אספה לי[22] שלחה הנער אתי[23] קרבה אל נפשי גאלה[24]· ורבמא אחדת׳ת אלהא אלזאידה׳ מעני גיר מעני אלתאנית׳ לכן עלי מעני אלמבאלגה׳ ואלתאכיד פי [מת׳ל] לנועדיה הנביאה[25] אלהא פי הנביאה ללמבאלגה׳ לאן נועדיה הד׳א הו שמעיה בן דליה[26] ואנמא סמ̇אה נועדיה לקו׳ לה נועד אל בית האלהים[27] כמא לקב שמעיה אלמתנבי הנחלמי[28] ואבלג בה אן ד׳לך לכת׳רה׳ מא כאן ינסבה מן אכ׳תלאקאתה אלי אלרויא עלי מעני חלמתי חלמתי[29]. ומת׳לה ובעד נכריה חבלהו[30] אראד נכרי ומת׳לה איצא מכשפה לא תחיה[31] ליס יריד בה אלאנאת׳ דון אלד׳כור· ומן הד׳א אלנמט אלהא אלדאכלה׳ פי עדד אלמד׳כר פי שלשה וארבעה וחמשה אלי אלעשרה פאנהא ללתאכיד ואלמבאלגה׳ פקט לא ללתאנית׳ אד׳ לא יג̇ח אן יקע עדד מונ̇ת׳ עלי מד׳כרין· ומת׳לה אמרה קהלת[32] אלתא פי קהלת בדל מן הא אלתי ללמבאלגה׳ ואמא אלהא פי אמרה פאנהא דכ׳לת עלי לפט קהלת· ורבמא כאן אלמד׳הב פי הא וגם לנועדיה הנביאה הד׳א אלמד׳הב איצא· ומת׳ל תא קהלת [אלתא] אלתי פי הלא בועז מודעתנו[33] לאנה מת׳ל ולנעמי מודע לאישה[34]. וסמא דכ׳לת אלהא פיה ללמבאלגה׳ קולה השפלה הגבה[35] ואלדליל

[1] Is. 32, 11. [2] I Rois 14, 12. [3] Is. 24, 19. [4] ib. 59, 9. [5] Jér. 9, 19. [6] Ruth 1, 8. [7] Jér. 49, 3. [8] Voy. Opuscules p. XLIII. [9] Deut. 11, 22. [10] Lév. 22, 8. [11] Ex. 26, 2. [12] Ez. 8, 6. [13] Gen. 20, 12. [14] Lév. 5, 26. [15] Deut. 10, 12. [16] II Sam. 3, 11. [17] Deut. 11, 14. [18] Lév. 26, 18. [19] Ps. 147, 1. [20] Néh. 5, 19. [21] Ps. 84, 9. [22] Nomb. 11, 16. [23] Gén. 43, 8. [24] Ps. 69, 19. [25] Néh. 6, 14. [26] ib. 6, 10. [27] ib. ib. [28] Jér. 29, 24. [29] ib. 23, 25. [30] Pr. 20, 16. [31] Ex. 22, 17. [32] Eccl. 12, 8. [33] Ruth 3, 2. [34] ib. 2, 1. [35] Ez. 21, 31.

עלי דׄלך ועלי אנהא לגיר תאניתׄ קו׳ והגבוה השפל באלתדׄכירׄ ומתׄלה איצׄא נורא עלילה[1] לאן נורא עלילה צפהׄ בעד צפהׄ ותפסירהמא אלמהוב אלעלי׳ עלי בני אדם כמא קיל ונורא על כל סביביו[2] ועלילה ענדי משתקׄ מן ועללתי בעפר קרני[3] פאן תפסירה ענדי ועלית ראסי באלתראב. ומן אצלה ומענאה ענדי במועל ידיהם[4] עלי זנהׄ והבאתי מרך בלבבם[5] אלדׄי אצלה מרכך פחדׄף אלמתׄל אלואחד וגׄעל ואו אלמדׄ עוצׄא מנה פחכׄדׄא צנעוא פי במועל ידיהם ואלמדׄהב פיה כאלמדׄהב פי בנשאי ידי אל דביר קדשך[6] שאו ידיכם קדש[7]. וממא אלהא איצׄא ללמבאלגהׄ קו׳ ומאכלו בריאה[8] אלוגׄה בריא צפהׄ ללמאכל וגיר גׄאיז אן יכון צפהׄ 40. למונׄתׄ מחדׄוף מתׄל שה או מא אשבה דׄלך[a]. וממא אלהא פיה ללמבאלגהׄ איצׄא קו׳ תהום רבה[9] כתהמות רבה[10] בסוד קדושים רבה[11] המון רבה[12]. וקד אבדלת הדׄה אלהא מן אלתא פי קולה רבת צררוני מנעורי[13] רבת שבעה לה נפשנו[14] וקד זידת אלהא איצׄא פי קו׳ קול מלאככה[15] וכאנהא הנא בדל מן יא אעני מן מתׄל אליא אלתי פי שובי נפשי למנוחיכי[16] ומא אשבה דׄלך וכאן אלוגׄה פיה מלאככי. וזאדוהא איצׄא עלי הם המדברים[17] פי קו׳ המה עלים במעלה העיר[18] ואין מקבר להמה[19] וקיל ואל אליהמה לפנימה לשער[20] פזאדוא אלהא עלי אליהם. וזאדוהא איצׄא עלי הן [פי] קולהם ען גׄמע אלמונׄתׄ והעברת את נחלת אביהן לחן[21] פקאלוא ולהנה כנפים ככנפי החסידה[22]. וקיל ואתן צאן מרעיתי[23] תׄם קיל ואתנה ידעתן[24] וקאלוא זמתכנה[25] וזמתכן. וקד זאדוא אלהא עלי הא אלתאניתׄ וקלבוא הא אלתאניתׄ תא לאגׄתמאע לינין ודׄלך פי מתׄל קו׳ ישועתה ליי׳[26] ארץ עיפתה[27] ולא עולתה בו[28] וסופתה יקצרו[29] בצרתה לי[30] כי היית עזרתה לי[31] נפלאתה אהבתך לי[32] כי החבאתה את המלאכים[33] אלוגׄה [פי] החבאתה החביאה פחדׄפוא אליא מנה והו פעל מאץׄ אסתכׄפאפא כמא יחדׄפונה כתׄירא מן

[a] R. ajoute · כי החפץ בו הנה הכלל לא הפרט

[1] Ps. 66, 5. [2] ib. 89, 8. [3] Job 16, 15. [4] Néh. 8, 6. [5] Lév. 26, 38. [6] Ps. 28 2. [7] ib. 134, 2. [8] Hab. 1, 16. [9] Gen. 7, 11. [10] Ps. 78, 15. [11] ib. 89, 8. [12] Job 31, 34. [13] Ps. 129, 1. [14] ib. 123, 4. [15] Nah. 2, 14. [16] Ps. 116, 7. [17] Ex. 6, 27. [18] I Sam. 9, 11. [19] Jér. 14, 16. [20] Ez. 40, 16. [21] Nomb. 27, 7. [22] Zach. 5, 9. [23] Ez. 34, 31. [24] Gen. 31, 6. [25] Ez. 23, 49. [26] Jon. 2, 10. [27] Job 10, 22. [28] Ps. 92, 16. [29] Os. 8, 7. [30] Ps. 120, 1. [31] ib. 63, 8. [32] II Sam. 1, 26. [33] Jos. 6, 17.

ללאפעאל אלמסתקבלה אסתכפאפא איצ̇א אעני· מן וידבקו גם המה[1] אלד̇י אלוגה פיה וידביקו לאנה מאכוד̇ מן הדביק בדלאלה פתח אליא אלדאל עלי אלתקל פיה ופי מא אשבהה ומן יעשרנו המלך[2] אלד̇י אלוגה פיה יעשירנו ומן ויכום ויכתום[3] פי בעץ̇ אלוגוה אלד̇י ד̇כרתהא פיהא פי רסאלה אלתקריב ואלתסהיל[4] ומן וידרכו את לשונם[5] אלד̇י הו מן והדריך[6] בדלאלה פתח אליא מנה· פלמא חד̇פוא אליא מן החביאה בקו החבאה פזאדוא עליה אלהא אלתי זאדוהא פי נפלאתה אהבתך וקלבוא הא החבאה תא לאג̇תמאע סאכנין ליניין· ואחסן מן הד̇ה אלעבארה אן אקול אנהם קלבוא הא החבאה תא כמא קלבוא תא ושכורת ולא מיין[7] מן הא ותא היא נפלאת בעינינו[8] ותא וישב גשור ומעכת[9] ותא שפעת אני רואה[10] ותא עיר תהלת[11] [ותא] אם אתן שנת לעיני[12] ותא כי אזלת יד[13] [ותא] ושבת לנשיא[14] מן הא כלהא· והו אלקיאס איצ̇א פי ישועתה וסופתה ועולתה ומא אשבה ד̇לך פלמא אבדלוא הד̇ה אלתאאת מן האאת פקאלוא ישועת וסופת ועולת [מתל[a]] היא נפלאת כי החבאת ואלתא חרף צלד צאר כאנה מן אלאצל פזאדוא עליה אלהא כמא מן עאדתהם זיאדה אלהא כתירא עלי אלאסמא פקאלוא ישועתה וסופתה ועולתה כי החבאתה נפלאתה אהבתך לי ואלוגה פי אלף היא נפלאת בעינינו אללינה אלט̇אהור כט̇הור אלף נפלאתה אהבתך פאלינה· *ומא יבעד אן יכון אלמד̇הב פי תבאתה לראש יוסף[15] הו הד̇א אלמד̇הב אעני אנה כאן אצלה תבואה מתל ותקרב ותבואה[16] פקלבוא אלהא תא ואלאנוא אלאלף וקאלוא תבאת תם זאדוא אלהא פג̇א תבאתה לראש יוסף[b]· ואמא קול אבי זכריא פי כי החבאתה[17] אנה כ̇ארג̇ ען אלקיאס ואנה לא ידרי ללתא פיה מעני ואנמא ד̇לך לכפא קיאסנא נחן ענה כמא כפי ענה כתיר ממא קיס̇ לנא פהמה ויסר לנא עלמה ואלוקוף עליה· ומא אסתחסן קול מן יקול פי הד̇ה אלאפעאל אלתי נעתקדהא נחן מכפפה מן הפעיל אן בניתהא הִפְעַל גיר מכפף יעני הדבק והדרך והחבא ויג̇על הפעל

[a] A. om.; R. כמו [b] R. om.

[1] I Sam. 14, 22. [2] ib. 17, 25. [3] Nomb. 14, 45. [4] Opuscules 336. [5] Jér. 9, 2. [6] Is. 11, 15. [7] ib. 51, 21. [8] Ps. 118, 23. [9] Jos. 13, 13. [10] II Rois 9, 17. [11] Jér. 49, 25. [12] Ps. 132, 4. [13] Deut. 32, 36. [14] Ez. 46, 17. [15] Deut. 33, 16. [16] Is. 5, 19. [17] N. 76.

41. אצלא פי אלאבניה לאן הדא אלמתאל לם יאת אלא פי אלאפעאל אלמעתלה אללאמאת מתל הראה הרבה הרוה[a] העלה ומא אשבה דלך· ואלאצל פי הדה אלאפעאל איצא הפעיל פאמתנע דלך לילא תשתבה באלאפעאל דואת אלאלף אעני הפליא עצה[1] השגיא משניא לגוים[2] ומא אשבה דלך· ואתי פי נזר יסיר מן אלאפעאל אלמעתלה אלעין הדא אלמתאל איצא אעני [פי] את בריתי הפר[3] והצר לך[4] הרע לעם הזה[5] ואלאחסן עי אנדך יקאל [פי] הפר הצר הרע אן אלפתח פיהא מכאן אלצרי לאן [אל]חרכאת כתירא מא יעתור בעצהא בעצא ואן כאן כתירא מא יכון ללמעתל אלבנא לא יקאבלה פיה אלצחיח· ומן אקוי אלדלאיל עלי אן אלוגה פי הפר והצר והרע אן תכון בצרי מתל והפר ברית ונמלט[6] כון הפר פי אתנח וסוף פסוק פתח לאן מן עאדה אלעבראניין אלא ינקלוא אלפתחה אלמנתקלה מן צרי דרג אלכלאם מתל פתחה ואתה בתוך ערלים תשבר ותשכב[7] אלתי הי מנתקלה מן צרי אלי אלקמצה לא פי אתנח ולא פי סוף פסוק· הדא פי אכתר אסתעמאלהם כמא צנעוא פי וישכב וירדם[8] אלדי אצלה אן יכון בצרי עלי זנה עד אשר לא ירתק[9] פנקלוה אלי אלפתח ולם יתגיר פי אלוקף וכמא צנעוא פי ויגדל הילד ויגמל[10] והו פי אתנח ופי שבת וינפש[11] ופי ויצו אל ביתו ויחנק[12] ויגף יי את הילד וגו׳ ויאנש[13] ופי גיר הדא אלמתאל פי[b] כל יילך הו מפתוח פי אתנח ופי סוף פסוק· וכדלך וייר וכדלך ויאמר וכדלך ויאכל והדה אלפתחאת[c] כלהא מנתקלה מן צרי וכדלך פתחה ואון ותרפים הפצר[14] ומתניהם תמיד המעד[15] מנתקלה מן צרי אלי זנה השכב אתם ארצה[16] הרכב ידך על הקשת[17]· וקד אדכל אצחאב אלמסורת הדה אלכלמאת פי גמלה מא לא יתצרף פי אתנח וסוף פסוק ולם יאבהו אלי הדה אלעלה אלתי דכרנאהא ונבהנא נחן עליהא אלמאנעה מן אלקמצות פי הדה אלכלמאת אעני אנתקאל אלצרי אלי אלפתחה והדא מן גמלה מא נתירה נחן מן אלפואיד ונכתרעה מן אלמעאני אלתי לא ישארכנא

[a] R. ajoute הדוה [b] R. כי [c] A. אלפאתחאת

[1] Is. 28, 29. [2] Job 12, 23. [3] Gen. 17, 14. [4] Deut. 128, 52. [5] Ex. 5, 23. [6] Ez. 17, 15. [7] ib. 32, 28. [8] Jon. 1, 5. [9] Eccl. 12, 6. [10] Gen. 21, 8. [11] Ex. 31 17. [12] II Sam. 17, 23. [13] ib. 12, 15. [14] I Sam. 15, 23. [15] Ps. 69; 24. [16] II Sam. 8 2. [17] II Rois 13, 16.

פיהא ג̇ירנא ולא יתקדמנא אליהא סואנא· ואנמא אמתנע אלעבראניון מן צרף מא כ̇רג̇ מן אלצרי אלי אלפתח אלי אלקמצות לאן מד̇הבהם פי נקל באב ארץ וג̇ירה מן אלפתחות אלי אלקמצות תפכ̇ים אללפט̇ה̈ ונקלהא אלי דרג̇ה̈ אעלי ופי אלצרי חט̇ ללתפכ̇ים לאנה קמץ קטון כמא אן פי אלסגול חט̇ ללפתח לאנה פתח קטון פלמא אנחט̇ מא כ̇רג̇ מן אלצרי אלי אלפתח עו דרג̇תה לם ירו אן ירד̇וה אליהא פי אלוקף ואלאנקטאע ליעלם אנה כ̇רג̇ עו באבה· הכד̇א הו אכת̇ר כלאמהם אלא אן ישד̇ ענה אלקליל פלא יכסר אלבאב מת̇ל קולהם אין ראנו[1] באלקמצות והו פי אלוקף ואצלה אלצרי מת̇ל עשני עשהו[2] וקאלוא ישראל לא יכירנו[3] באלקמצות והו פי אתנח ואצלה אלצרי מת̇ל ולא תשיגנו צדקה[4] יי יצילנו[5]· ורבמא כאנת פתחה̈ הרע לעם הזה[6] מן אג̇ל אלעין· פהד̇א כלה דליל עלי אן הפעל ג̇יר מסתעמל אלא פי באב הרבה פקט· ואעלם אן הפיר והפר והציר והצר והריע והרע בצרי ובחרק ואחר ענדהם והכד̇א קאל אבו זכריא ענד ד̇כרה [ורעה עינך[7] ואלת̇קיל הריע או הרע[8] וקאל][a] פי אשר הסתה אתו איזבל אשתו[9] אן תשדיד אלהא פיה כ̇ארג̇ עו אלקיאס[10] וכאן אלתכ̇פיף הו אלקיאס הסת או הסית ללמד̇כר הסיתה ללמונת̇ פאג̇אז הסת באלפתח כג̇ו אז הסיתאו הסת *והו אלקול איצ̇א פי והצר[b] והכד̇א כלה עארץ̇ פי אלבאב· פלנרג̇ע אלי מא כנא פיה[c]·

42. וקד תואד אלהא כת̇ירא פי אלאפעאל אלמסתקבלה̈ אלתי יכ̇בר בהא אלואחד עו נפסה ואלתי יכ̇בר בהא אלג̇מיע עו אנפסהם מת̇ל אשמעה מה ידבר[11] אשמרה לפי מחסום[12] אלכה לי אל הגדולים[13] ואקחה פת לחם[14] ונשאלה את פיה[15] הבה נרדה[16]· ואמא ענד אלאכ̇באר עו אלואחד אלג̇איב או אלואחדה̈ אלג̇איבה̈ פקלמא יזידונהא אלא אנהם קד קאלוא ימהר יחישה מעשהו[17] ותעגבה על פילגשיהם[18] ותעגבה עליהם[19] ותקרב ותבואה[20] וליס ד̇לך במתליב̇·

[a] A. om.; R.: ורעה עינך והכבד הריע או הרע ואמר [b] R. om. [c] R. ajoute: וכבר הוסיפו עוד על ותבאתה לקראתי או על ותקרב ותבואה ואמרו תבאתה לראש יוסף וכבר בארתי זה בהשגה; lisez: . . . וכבר הוסיפוה עוד על ותבאת (Keri) לקראתי או על ותקרב ותבואה. Mais voy. ci-dessus, p. 81, l. 20 à 23.

[1] Is. 47, 10. [2] Job 31, 15. [3] Is. 63, 16. [4] ib. 59, 6. [5] II Rois 18, 30. [6] Ex. 5, 23. [7] Deut. 15, 9. [8] N. 56. [9] I Rois 21, 25. [10] N. 50. [11] Ps. 85, 9. [12] ib. 39, 2. [13] Jér 5, 5. [14] Gen. 18, 5. [15] ib. 24, 57. [16] ib. 11, 7. [17] Is. 5, 19. [18] Ez. 23, 20. [19] ib. 23, 16. [20] Is. 5, 19.

ורבמא כאן ותחמרה בחמר[1] מת̇ל ותעגבה עליהם. ותזאד איצ̇א עלי אלחרוף מת̇ל נגדה נא לכל עמו[2] אי נגד כל עמו ואללאם מקחמה̈ פי לכל מת̇להא פי והמתנשא לכל לראש[3] עד למנחת הערב[4] וכלי כסף מאה לככרים[5] ויעל מעל ליונה[6]. וזידת איצ̇א פי מי האיש הלזה[7] לאן אלאצל הנער הלז[8]. וזידת עלי אל נולדו להרפא בגת[9] לאנשים האל[10] פי קו׳ אלה בני המדינה[11] וגירה. ורבמא כאן אל מחד̇ופה̈ מן אלה. וזידת פי אכזיבה[12] עלי אכזיב. ותזאד אלהא ללמנאראה̈ פי מת̇ל הצבי ישראל על במותיך חלל[13] אלד̇י תפסירה יא פכ̇ר אסראיל. האמור בית יעקב[14] תרגמתה יא איהא אלמסמי אל̄ יעקוב. הדור אתם ראו דבר יי̈[15] האשה המנאפת[16] יא איהא אלמראה̈ אלזאניה̈. האויב תמו חרבות לנצח[17] בן מי אתה הנער[18] יגער יי̈ בך השטן[19] הישבת בגנים[20] הקהל חקה אחת[21] מארבע רוחות באי הרוח[22] האזינו השמים ואדברה[23] עלו הסוסים והתהוללו הרכב[24] אצעדי יא איתהא אלכ̇יל ואמרחי יא איתהא אלמראכב. ותכון ללתנביה מכ̇תצרה̈ מן הא לכם זרע[25] מת̇ל האם תמנו לגוע[26] תרגמתה הא אנ̃א קד פנינא ופאה̈ ומותא ותפסיר אם הנא אן̈ אלת̇קילה̈ מת̇ל אם זכרתיך על יצועי[27] ואלהא ללתנביה כמא קלנא. ומת̇לה האם אין עזרתי בי[28] תרגמתה הא אן נצרתי ליסת מעי. ומת̇ל הד̇ה אלהא הא הקבר איש האלהים אשר בא מיהודה[29] וד̇לך אנה למא קאל אלמלך מסתפהמא מה הציון הלז אשר אני ראה[30] והו לא ידרי מא ד̇א הו אג̇אבוה הקבר איש האלגים וארכ̇לוא אלהא אולא מנב̃הין לה עלי מא סיערפונה בה מן ד̇לך וליסת ללתעריף אד̇ לם יכן ענד אלמלך עלם באנה קבר פיג̇י בה באלתעריף חסבך אנה קאל מה הציון הלז ולם יקל מה הקבר הלז פיג̇אוב הקבר באלתעריף ולא קאל איצ̇א למי הציון הלז ואנמא קאל מה הציון

48. הלז כאשפא ען מאהיתה פקיל לה אנה קבר. אלא תרי אנה מן קאל מא הד̇ה אלצוה̈ אנה לא יג̇אוב באלתעריף פיקאל לה אלקבר

[1] Ex. 2, 3. [2] Ps. 116, 14. [3] I Chr. 29, 11. [4] Esra 9, 4. [5] ib. 8, 26. [6] Jon. 4, 6. [7] Gén. 24, 65. [8] Zach. 2, 8. [9] I Chr. 20, 8. [10] Gen. 19, 8. [11] Néh. 7, 6. [12] Jos. 19, 29. [13] II Sam. 1, 19. [14] Mich. 2, 7. [15] Jér. 2, 28. [16] Ex. 16, 32. [17] Ps. 9, 7. [18] I Sam. 17, 58. [19] Za. 3, 2. [20] Cant. 8, 13 [21] Nomb. 15, 15. [22] Ez. 37, 9. [23] Deut. 32, 1. [24] Jér. 46, 9. [25] Gen. 47, 23. [26] Nomb. 17, 28. [27] Ps. 63, 7. [28] Job 6, 3. [29] II Rois 23, 17. [30] ib. ib.

אלפלאן *ארׄא כ̇אנת עלי קבר[a] בל אלד̇י יחסן [אן] יג̇אוב בה הו אן יקאל לה קבר פלאן· ומן אלתנביה איצ̇א קולהם העוד הזרע במגורה[1] מענאה עוד הזרע במגורה מת̇ל קו̇ ועד הגפן התאנה והרמין וגו̇[2] ואלהא ללתנביה והד̇א אלאואן כ̇אן שהר כסלו והו קבל וקת אכמאל אלזראעה̈ וקבל וקת חמל אלת̇מאר ד̇לך קו̇ שימו נא לבבכם מן היום הזה ומעלה מיום עשרים וארבעה לתשיעי[3]· ותג̇אז ללאסתפהאם פי מת̇ל היש בלשוני עולה[4] הרב רב עם ישראל[5] ולהא[a] אלאסתפהאם אחכ̇אם סנד̇כרהא פי באב נפרדה להא· ותכון ללתוביך̇ פי מת̇ל [המן העץ אשר צויתיך[6] המלך תמלך עלינו[7]] הבא נבא אני ואמך ואחיך[8] האמר למלך בליעל[9]· ותכון ללתת̇ביה ואלתחקיק פי מת̇ל הנגלה נגליתי אל בית אביך[10] התשפט התשפט את עיר הדמים[11] הראה אתה מה הם עשים[12] הרואה אתה שבה העיר בשלום[13] ויהי הנקל לכתו[14] הזאת ידעת מני עד[15] הכי קרא שמו יעקב[16] הכי אחי אתה[17] עד מתי היש בלב הנבאים[18] התעיף עיניך בו ואיננו[19]· ויג̇וז אן יכון הא העוד הזרע במגורה[20] מת̇ל הד̇ה אלהאאת וג̇איז אן יכון [מעני הרואה אתה שבה העיר בשלום הל תרי אן תפעל הד̇א· ותכון ללתעריף [מת̇ל הנער הלז[21] העבד העברי[22]· ולהא אלתעריף][b] אחכ̇אם סנד̇כרהא פי באב נפרדה להא· ותדכ̇ל עלי אלאפעאל אלמאצ̇יה̈ במעני אשר פי מת̇ל ההרימו המלך ויועציו ושריו[23] ההושיבו נשים נכריות[24] העיר ההללה[25] וכל ההקדיש שמואל הרואה[26] ההלכוא אתו[27] השבה משדה מואב[28] כל הנפש לבית יעקב הבאה מצרימה[29]· וקד ד̇כלת להד̇א [אלמעני] נפסה עלי גיר אלאפעאל קאלוא ההוא יקרא ארץ רפאים[30] מענאה אשר הוא יקרא· את השוק והעליה[31] במעני אשר עליה אי ומא פוקהא· ותכון מקחמה̈ פי אול אלכלמה̈ לא מוצ̇ע להא פי ותכון כל

[a] R. om. [b] A. om.; R.: כמו הנער הלז העבד העברי ולהא ההודעה

[1] Agg. 2, 19. [2] ib. ib. [3] ib. 2, 18. [4] Job 6, 30. [5] Jug. 11, 25. [6] Gen. 3, 11. [7] ib. 37, 8. [8] ib. 37, 10. [9] Job 34, 18. [10] I Sam. 2, 27. [11] Ez. 22, 2. [12] ib. 8, 6. [13] II Sam. 15, 27. [14] I Rois 16, 31. [15] Job 20, 4. [16] Gen. 27, 36. [17] ib. 29, 15. [18] Jér. 23, 26. [19] Pr. 23, 5. [20] Agg. 2, 19. [21] Za. 2, 8. [22] Gen. 39, 17. [23] Esra 8, 25. [24] ib. 10, 17. [25] Ez. 26. 17. [26] I Chr. 26, 28. [27] Jos. 10, 24. [28] Ruth 2, 6. [29] Gen. 46, 27. [30] Deut. 3, 13. [31] I Sam. 9, 24.

מלאכת שלמה עד היום מוסד בית יי ועד כלותו[1] [תרגמתה מיום מיסד בית יי][a] ועד הנא מבאן מן· והי איצא מקחמה פי ויחלטו הממנו[2]· ורבמא כאן אלוגה אן תכון אלהא מתצלה בויחלטו ותכון צמירא ללתאנית אעני לתאנית כלמתה והי קולה אחי הוא[3]· ותכון פי מוצע אלבא אלדי ללועא פי קו שקדו ושמרו וגו הלשכות בית יי[4] אי בלשכות בית יי כמא קיל ענה להביא לירושלם לבית אלהינו[5]· *וגאיז אן יכון מתלהא ויהי החדש וישב המלך[6] אי ויהי בחדש ואיצא ממחרת החדש השני[7] עלי מא סאלכץ פי באב מחר מן כתאב אלאצול[8]· ותכון ברלא מן אלתא אלתי תזאד פי אואיל אלאסמא אלמעתלה אלעין פי מאין הפוגות[9] אלוגה אן יכון תפוגות מתל תרומות תבונות וגאיז אן תכון מקחמה מתל הא עד היום מוסד בית יי[10] והא ויחלטו הממנו[11]·

קאל ואצע הדא אלדיואן קד דכרת פי הדא אלבאב אכתר מואצע חרוף אלזיאדה ומעאניהא ואריתך כיף תזאד עלי אלאפעאל ואלאסמא ואלחרוף פמן אגל הדא קיל להא חרוף אלזיאדה לא לאנהא מזידה פי כל מוצע תוגד פיהא לכן לאנהא מזידה פי בעץ אלמואצע ואן כאנת אצליה פי מואצע גירהא· ואמא אלחרוף אלתי יקאל להא חרוף אלאצל באלאטלאק פלם יוגד מנהא חרף זאיד פי מוצע מא בל הי אצליה פי כל מוצע תכון פיה· ואעלם אן ברב שרעפי בקרבי[12] ואן כאן מואפקא פי אלמעני לשעפי ישיבוני[13] פאנה מבאין לה פי אלאצל לאן שעפי תלאתי ושרעפי רבאעי ואלרא פיה אצל אד ליסת מן חרוף אלזיאדה· [וכדא אקול פי][b] ותרבינה סרעפותיו[14] אנה מבאין פי אלאצל לקולה בסעפותיו קננו[15] ואן כאן מואפקא לה פי אלמעני· ואקול איצא פי ראל עמרי אנהא אצליה 44. פיה אד ליסת אלדאל מן חרוף אלזיאדה ואנמא הי מן חרוף אלבדל כמא סיתבין לך פי אלבאב אלתאלי להדא אלבאב ועמרי לגה פי עמי פאעלם· ולו אן אלרא ואלדאל מן חרוף אלזיאדה לאתלא בזיארתהא אלקיאס פי גיר הדה אלאלפאט ולאטרד דכולהמא פי גיר הדה

[a] R. ajoute: פירושו מיום מוסד בית יי [b] A. אן אקול; R. וכן אומר ב

[1] II Chr. 8, 16. [2] I Rois 20, 33. [3] ib. 20, 32. [4] Esra 8, 29. [5] ib. 8, 30. [6] I Sam. 20, 24. [7] ib. 20, 27. [8] Col. 371, l. 8 à 23. [9] Lam. 3, 49. [10] II Chr. 8, 16. [11] I Rois 20, 33. [12] Ps. 94, 19. [13] Job 20, 2. [14] Ez. 31, 5. [15] ib. 31, 6.

אלמואצ̇ע כ̇מא ערץ̇ פי אלי̈א חרפא אלמזידה̈ אעני שלומי אך תבנה וכ̇מא[a] אט̇רד אבתדאל אלטא ואלדאל מן תא אלאפתעאל פי כ̇ל פעל̇ כ̇אן פאוה צאדא חאיא[b].

אלבאב אלסאדס

תביין אבתדאל בעץ̇ אלחרוף בבעץ̇ ואיצ̇אחהא.

אעלם אן אמ̇האת הרוף אלבדל הן חרוף אללין וקד מת̇ל באבתדאל בעצ̇הא בבעץ̇ פי כתאב חרוף אללין ופי כתאב אלמסתלחק וקד יוג̇ד אלבדל פי גירהא מן אלחרוף אמא לתקארב פי מכ̇ארג̇הא ואמא לתשאבה פי צורהא ואמא לאן אלחרף אלמבדל בה אכ̇ף̈ עליהם *מן אלחרף אלמבדל מנה[c] ואמא לגיר ד̇לך מן מד̇אהבהם. פאלאלף אבתדלת מן אלהא פי אתחבר יהושפט[1] אלד̇י אצלה התחבר מת̇ל את האלהים התהלך נח[2] ופי האדרש אדרש להם[3] אלד̇י אצלה ההדרש מת̇ל הנתן תנתן[4] ופי אשכם ודבר[5] אלד̇י אצלה השכם לאנה מצדר השכים ופי ויקראו לפניו אברך[6] אלד̇י אצלה הברך לאנה מצדר הבריך מן ויברך הגמלים[7] ואלמעני אנה כאן ינאדי בין ידיה באלסג̇וד לה כמא תקול סג̇ודא יא קום אי אסג̇דוא. ופי אשתוללו אבירי לב[8] אלד̇י אצלה השתוללו פעל מאץ̇. ופי וכל מלבושי אגאלתי[9] אצלה הגאלתי מת̇ל הגדלתי השמעתי. ופי את יתר האמון[10] אלד̇י אצלה ההמון ופי אזכרה[11] אלד̇י אצלה הזכ̇רה עלי מת̇אל הפעלה לאנה מן הזכיר מת̇ל הכרת פניהם[12] מן הכיר ומת̇לה רוח והצלה[13] מן הציל ווזן הכרה והצלה הפעלה לאן פאאיהמא מנדגמאן והמא נון ידלך עלי ד̇לך קולה יכ̇בר שונא[14] ויתנכר אליהם[15] ינצלו נפשם[16] ואצלהמא הנכרה והנצלה. ומת̇ל הד̇ה אלבניה̈ מן אלמעתל אלעין והנחה למדינות עשה[17] אצלה הניחה עלי זנה̈ הפעלה פלמא אעת̇ל אליא נקלת חרכתה אלי אלנון.

[a] A. ולמא [b] R. om. [c] R om.

[1] II Chr. 20, 35. [2] Gen. 6, 9. [3] Ez. 14, 3. [4] Jér. 38, 3. [5] ib. 25, 3. [6] Gen. 41, 43. [7] ib. 24, 11. [8] Ps. 76, 6. [9] Is. 63, 3. [10] Jér. 52, 15. [11] Lév. 24, 7. [12] Is. 3, 9. [13] Esth. 4, 14. [14] Prov. 26, 24. [15] Gen. 42, 7. [16] Ez. 14, 14. [17] Esth. 2, 18.

ומת̇לה איצ̇א להנפה גוים בנפת שוא[1]· וקד אבתדלת אלאלף מן אלהא פי מצאתי און לי[2] אראד הון אלא תראה יקול אך עשרתי· וקד אבדלת אלאלף מן אלואו פי ונדמו נאות השלום[3] [פאנ̄ה][a] מת̇ל נות כרת רעים[4] והו ג̇מע נוה משלח ונעזב[5]· ואקול אן אלאלף קד אבתדלת מן אליא ומן אלואו פי אלאפעאל אלכ̇פיפה̈ אלמעתלה̈ אלעינאת ופי אלאסמא אלמעתלה̈ אלעינאת איצ̇א מת̇ל שב[b] וקם וחש ודש מן אלאפעאל ובאבהא אג̇מע ומת̇ל דג ודש מן אלאסמא ואנמא אנקלבת ד̇רה אלעינאת לאלף לאנהא פי מוצ̇ע חרכתהא וקד אנפתח מא קבלהא· ורבמא ת̇בתת ד̇רה אלאלף פי אלכ̇ט פי בעץ̇ אלכלמאת כת̇באתהא פי אללפט̇ [מת̇ל] וקאם שאון בעמיך[6] ראמות לאויל חכמות[7] ורמה מבניה̈ עלי רם· ות̇בתת איצ̇א פי אחר עשיר ואחר ראש[8] מביאים דאג וכל מכר[9] וגירהמא מן אלאסמא 45. אלמעתלה̈ אלעין· וקד אבדלת אלאלף מן ואחד אלמת̇לין פי ימאסו כמו מים[10] אלד̇י אצלה̄ אן יכון מת̇ל וימסו אסוריו[11] והו עלי אלתמאם וימססו פארגמוא אלסאכן פי אלמתחרך פי וימסו אסוריו ואבדלוא מנהא אלפא פי ימאסו כמו מים· והד̇א קולי פי עורי רגע וימאס[12] אעני אן אצלה אן יכון מת̇ל וימס לבב העם[13] ואצלה עלי אלתמאם וימסס פלמא ארא̇דוא אכמאל בניתהא ראוא אן אבדאל אחד אלמת̇לין באלף אכ̇ף̈ עליהם מן אט̇הארהא· והכד̇א אקול פי אשר בזאו נהרים ארצו[14] אן אצלה בזזו מת̇ל בזזו להם ישראל[15] פאבדלוא מן אחד אלמת̇לין אלפא· והו קולי פי בלא יומו תמלא[16] אן אצלה תמלל אי תנקצף ותנקטע מן קו̇ וקטפת מלילות[17] ומן קול אלבריתא מוללו ומריח בו[18]· וקד אבדלת אלאלף מן אליא· פי אלפי שנאן[19] אצלה שנין מת̇ל קנין אי מכ̇תלפה̈ ופי שגיאות מי יבין[20] לאן אצלה אן יכון מת̇ל ועליות מרוחים[21]· וקד אבדלת אלאלף פי אלכ̇ט מן אלהא ואן [כאן] אללפט̇ בהמא ואחדא [פי מת̇ל] ושנא את בגדי כלאו[22] קראן לי מרא[23] וקד בי̄ן ד̇לך אבו זכריא פי אלמקאלה̈ אלאולי מן כתאב חרוף אללין[24] וארכ̇ל הנאך פי

a A. om.; R. כי הוא b A. שם

[1] Is. 30, 28. [2] Os. 12, 19. [3] Jér. 25, 37. [4] Zeph. 2, 6. [5] Is. 27, 10. [6] Os. 10, 14. [7] Prov. 24, 7. [8] II Sam. 12, 1. [9] Néh. 13, 16. [10] Ps. 58, 8. [11] Jug. 15, 14. [12] Job 7, 5. [13] Jos. 7, 5. [14] Is. 18, 2. [15] Jos. 8, 27. [16] Job 15, 32. [17] Deut. 23, 26. [18] Bab. Bêza 33 b. [19] Ps. 68, 18. [20] ib. 19, 13. [21] Jér. 22, 14. [22] II Rois 25, 29. [23] Ruth 1, 20. [24] N. 10.

נ̇מלה̈ הד̇א אלנמט אעני פי ג̇מלה̈ מא יכתב באלאלף מכאן אלהא כי תפושו כעגלת דשא[1] ואנמא יכתב באלהא ואלמסורת עליה לית דכותיה וכתיב הי אלא אנה למ̇א בלגני ען בעץ̇ אלכ̇ואץ̇ אן יטען עלי אבי זכריא פי אעתקאדה פי כעגלה דשא אנה מן דש חטים[2] ואן כאן ענדה מכתובא באלף ויעתקדה הו מן כי דשאו נאות מדבר[3] פינ̇על אלאלף אלמנ̇לט פיהא אצליה̈ לא מבתדלה̈ מן הא כמא קאל אבו זכריא ויקול אן תפסירה עאשבה̈ אי תרתעי אלעשב פיכ̇ט̇י פי ד̇לך ארי אן אבין לך וג̇ה אלכ̇טא פיה· פאקול אן אלצפה̈ ללמד̇כר מן אלאפעאל אלתי הי מן ד̇ואת אלאלף תאתי עלי זנה̈ פעל מת̇ל טמא וצמא ומלא ותאתי מנהא ללאנת̇י עלי זנה̈ פעלה מת̇ל מלאה טמאה צמאה ורוח נכאה[4] וכי דשאו נאות מדבר מן הד̇א אלג̇נס מן אלאפעאל פינתג̇ מן הד̇א אן תכון אלצפה̈ ללמונת̇ מן כי דשאו דְשֵׁאָה לא דָשָׁא וצ̇ח מן הד̇א אלקיאס אן כעגלה דשה מן דש חטים ולו כתב באלף כמא ט̇ן אבו זכריא· ואעלם אן ד̇כרנא אבתדאל אלאלף באלהא מן אלכ̇ט ליס בלאזם לנא לאנא קצדנא אנמא הו מא יבתדל פי אללפט ואלכ̇ט מעא לא פי אלכ̇ט כאצה̈ ואנמא ארכ̇לנאה הנא למא אנדרג̇ פיה מן חד̇ה אלפאידה̈· וקד אבדלת אלאלף איצ̇א מן ואו אלעטף אלואקעה̈ עלי אלבא ואלמים ואלפא סאכנה̈ כאנת [אחרי][a] הד̇ה אלחרוף או מתחרכה̈· ואבדלת מן ואו אלעטף איצ̇א אלואקעה̈ עלי כל חרף סאכן אי̈ חרף כאן· והד̇אן אלבדלאן אנמא יכונאן פי אללפט̇ כ̇אצה̈ לא פי אלכ̇ט·

46. ואלבא אבדלת מן אלפא פי שובך[5] ושופך[6] אחדהמא בדל מן אלאכ̇ר·

ואלג̇ים אבדלת באלכאף פי אל יחסר המזג[7] וג̇הה המסך מן מסכה יינה[8]·

ואלדאל אבדלת מן תא אלאפתעאל פי הזדמנתון למימר קדמי[9]· וקד בינ̈ת הד̇א פי כתאב אלמסתלחק פי באב זכה מנה[10] ענד ד̇כרי רחצו הזכו[11] אלד̇י אצלה̄ הזדכו[b]· פאבדלוא מן אלדאל זאיא ואדג̇מוא עלי מא בינ̈ת פי אלמסתלחק ואקמת אלברהאן עליה פי

[a] A. om.; R. אחת [b] R. הדזכו

[1] Jér. 50, 11. [2] I Chr. 21, 20. [3] Joel 2, 22. [4] Prov. 17, 22. [5] II Sam. 10, 16. [6] I Chr. 19, 18. [7] Cant. 7, 3. [8] Prov. 9, 2. [9] Dan. 2, 9. [10] Opuscules p. 186. [11] Is. 1, 16.

באב זכה מנה פליתאמّל מא [קיל] פיה הנאף׃ ויגוז אן יקאל פי ראל ורא הדר[1] והדד[2] ורודנים[3] ודודנים[4] וחמרן[5] וחמדן[6] ודיפת[7] וריפת[8] ורעואל[9] ודעואל[10] אן אחדהמא בדל מן אלאכׄר כמא ערץׄ פי והדאה[11] והראה[12] פאן אלדׄי מנהמא פי תורת כהנים בדאל ואלדׄי פי משנה תורה ברא והמא אסמאן לשכׄץ ואחד פי קול בעץׄ אלאואיל[13] ובעץׄ תאבעהם׃ וסאביّן דׄלך פי חרף אלרא מן כתאב אלאצול[14].

ואלהא אבתדלת מן אלאלף פי ואתכם הוציא מתוכה[15] אראד אוציא ופי ביד דוד עבְדִי הושיע את עמי ישראל[16] אראד אושיע ופי התיו לאכלה[17] לאנה מן אתה בקר[18] ופי והיך יוכל[19] ופי בלהטיהם[20] עלי מא קד ביّנה אבו זכריא פי אלמקאלהّ אלאולי מן כתאב חרוף אללין[21] אדׄ קאל פי בלהטיהם אנה מתׄל בלאטיהם לאנה מן לאט את פניו[22] ואצאב פי קולה הדׄא אלא אן קומא תוהّמוא עליה אנה אראד בקולה הדׄא אן בלאטיהם מוגוד פי אלכתאב פיכׄטונה פי דׄלך׃ ואנמא אראד בה אן אצלה בלאטיהם ואנה מתׄלה סוא לאנה מן לאט את פניו פאבדלת אלאלף הא* תׄם קאל וקד ילינון אלאלף ויקולון בלטיהם׃ וקד אבדלת אלהא כתׄירא מן אחד אלמתׄלין פי מתׄל זכה וחיָה וחרה עלי מא ביّנّאה פי אלאפעאל אלמעתלהّ אללאם אלתׄי אגׄתלבנאהם פי כתאב אלמסתלחק לאן רחצו הזכו[23] מן מעני זכו נזיריה משלג[24] ואן לם יכן [מן] אצלה כמא ביّנّא הגאף[25] ואן וחיית ורבית[26] מן מעני חיים כלכם היום[27] ואן לם יכן מן אצלה ואן כל הנחרים בך[28] וחרה אף יי̋[29] מן מעני ושכן חררים במדבר[30] ואן לם יכן מן אצלה׃ ואלהא אבדלת איצׄא מן אלתא פי מאין הפוגות[31] אלוגׄה פיה תפוגות מתׄל תרומות תבונות תשובות והו משתקّ מן ויפג לבו[32] על כן תפוג תורה[33] אלדׄי תפסירה פתור וצׄעף ושדّ׃ ואבדלוהא איצׄא מן אלנון פי לכל זונות יתנו נדה[34] אלוגׄה פיה נדן לאנה ואחד ואת נתת את נדניך[35]. ואבדלוהא מן

[1] Gen. 36, 39. [2] ib. 36, 35. [3] I Chr. 1, 7. [4] Gen. 10, 4. [5] I Chr. 1, 41. [6] Gen. 36, 26. [7] ib. 10, 3. [8] I Chr. 1, 6. [9] Ex. 2, 18. [10] Nomb. 1, 14. [11] Lév. 11, 14. [12] Deut. 14, 13. [13] Bab. Chullin 63 b. [14] Col. 656, 19 à 657, 16. [15] Ez. 11, 7. [16] II Sam. 3, 18. [17] Jér. 12, 9. [18] Is. 21, 12. [19] Dan. 10, 17. [20] Ex. 7, 11. [21] N. 9. [22] II Sam. 19, 5. [23] Is. 1, 16. [24] Lam. 4, 7. [25] Opuscules p. 140. [26] Deut. 30, 16. [27] ib. 4, 5. [28] Is. 41, 11. [29] Deut. 7, 4. [30] Jér. 17, 6. [31] Lam. 3, 49. [32] Gen. 45, 26. [33] Hab. 1, 4. [34] Ez. 16, 33. [35] ib. ib.

אליא אלתי הי צמיר אלמונת פי קו' קול מלאכבה[1] כאנה קאל מלאככי לאן אלהא איצא ללתאנית וכמא אבדלוא איצא מן הדה אליא [אלתא] פי קו' ותבאת לקראתי[2] אלוגה ותבאי·

47. ואלואו אבדלת מן אלהא פי מתל כי עשה יעשה לו כנפים[3] בנה בנית[4] עלי מא קד בינאה ולכצנאה פי רסאלה אלתקריב ואלתסהיל[5]· וכתירא מא יכתבונה ואוא עלי אללפט· ואבדלת אלואו איצא מן אלהא פי לא שלותי[6] וגירה·

ואלזאי אבדלת מן אלסין פי אל יחסר המזג[7] אצלה הממסך מן מסכה יינה[8] [אי] לא יכלו מן אלטיב· ואבדלת איצא מן אלרא פי כמראה הבזק[9]· ואבדלת מן אלדאל אלתי הי בדל מן תא אלאפתעאל פי רחצו הזכו[10] לאן אצלה הזדכו והדה אלדאל מבדלה מן תא אלאפתעאל כמא אן דאל הזדמנתון מבדלה איצא מן תא אלאפתעאל פאבדלת דאל הזדכו בזאי וארגם אלסאכן פי אלמתחרך עלי מא קד בינאה נעמא פי כתאב אלמסתלחק[11]·

ואלטא תבתדל מן תא אלאפתעאל פי מתל וילכו ויצטירו[12] הצטידנו אתו[13] ומה נצטדק[14] וקד אתינא באלברהאן אלכאמל עלי דלך פי באב זכה פי כתאב אלמסתלחק[15]·

ואליא אבדלת מן אלתא פי ארבע מלביות[16] ודלך אן הדה אליא הי ענדי בדל מן תא מלבות ואצל אלכלמה מלבותות פאסתתקל דלך· וקד אסתעמל אהל אלמשנה מתל הדא פקאלוא פרפרת פרפריות[17] ואצלה פרפרתות פאבדלוא מן אלתא יא וקד אבדלוא מן אליא אלפא פקאלוא פרפראות ופי כלאמהם שלש אומניות עושין מלאכה בערבי פסחים עד חצות[18] והו גמע אומנות פקלבוא ואו אומנות יא וארגמוהא פי אליא אלמבדלה מן תא אומנות פאשתדת לדלך וחרכוא מא קבלהא באלכסר לאן אלכסרה מן אליא ולו אבקוא אלואו בחסבהא כמא צנע אלעבראניון פי מלביות לכאן חסנא· ועסי אן יכון הדא מוגודא פיה פי בעץ אלרואיאת ואמא רואיתנא נחן פכמא וצפת לך· וקאלוא פי גמע תענית תעניות פאבדלוא מן אלתא יא וארגמוא פיה יא תענית והדא הו קיאסי פי

[1] Nah. 2, 14. [2] I Sam. 25, 34. [3] Prov. 23, 5. [4] I Rois 8, 13. [5] Opuscules 294. [6] Job 3, 26. [7] Cant. 7, 3. [8] Prov. 9, 2. [9] Ez. 1, 14. [10] Is. 1, 16. [11] Opuscules 136. [12] Jos. 9, 4. [13] ib. 9, 12. [14] Gen. 44, 16. [15] Opuscules 136. [16] Dan. 8, 22. [17] Abôth 3, 15. [18] Pesahim 4, 6.

קולהם גלת עליות[1] [פי] גמע את גלת עלית[2] פאן אצלה עליתות פאבדלוא ואדגמוא ואלתא פי עלית עלי הדׄא אלוגׄה מבדלהֿ מן אלהא אלתי הי לאם אלפעל· ומתׄלה איצׄא ואבדתם את כל משכיותם[3] פי גמע ואבן משכית[4] ואצלה משכיתותם פאבדלוא ואדגמוא· ולנא פי תענית ועלית ומשכית קיאס אכׄר איצׄא הו אליק בהא ודׄלך אן יקאל אן אלוגׄה פי תענית תעניה עלי וזנהֿ תאניה ואניה[5] פערׄ להמא מא ערׄ לקוׄ שערוריה[6] ושערורית[7] יהודיה[8] ויהודית[9] ותחתיה[10] ותחתית[11] והו אלקיאס פי עליה ועלית ומשכיה ומשכית ווזן עליה פְעילה מתׄל בצפיתנו צפינו[12] ווזן משכיה מפעילה עלי מתׄאל אני מנגינתם[13] פאדגמוא יא אלמד פי אליא אלמנקלבהֿ מן אלהא אלדׄי הו לאם אלפעל· *ומתׄאל עֲלִית מן אלפעל עלי אלוגׄה אלאול פְעִיל ומתׄאלה אדׄא כאן [אל]וגׄה פיה עֲלִיָּה עלי וזנהֿ בצפיתנו פעילה פאדגם יא אלמד פי אליא אלמבדלהֿ מן אלהא אלדׄי הו לאם אלפעל*[a]· פעלי הדׄא אלתלכׄיץ יכון עליות עלי וגׄהה לאנה גמע עליה והו אלקיאס פי משכיותם ותעניות וגיר דׄלך ואמא מלכיות פיאוׄה מבדלהֿ מן תא מלכות פאעלם·

48. ואלכאף אבדלת מן אלבא פי כארבע רוחות השמים פרשתי אתכם[14] אלוׄגׄה פיה בארבע באלבא ומתׄלה כרוח קדים אפיצם[15]· ואבדלת מן אלבא איצׄא פי קוׄ כאשר ילכו אפרש עליהם[16] אלוגׄה באשר ילכו באלבא אי חיתׄמא סלכוא ואימא[b] סארוא ופי קולהׄ וכדמי בניך אשר נתת להם[17]· וגׄאיז אן יכון מתׄלהא כחצת הלילה אני יוצא[18] ואלדליל עלי דׄלך קוׄ ויהי בחצי הלילה[19]· וקד אבדלת מן אלגׄים פי וכנה אשר נטעה ימינך[20] אלוגׄה פיה וגנה·

ואללאם אבדלת מן אלבא פי וישבו אתו לארץ[21] ונפלו לפניכם לחרב[22] ופי גירהמא בתׄירא ואלוגׄה בארץ בחרב וקד דׄכרנא מן הדׄא גמלהֿ כאפיהֿ פי אלבאב אלמתקדם· ואבדלת מן אלרא פי התרע מפלשי עב[23] הו ענדי מתׄל קוׄ אף אם יבין מפרשי עב[24] אלדׄי תפסירה אנתשאראת אלסחאב יעני אלברוק אלתי תנתשר מנהא·

[a] R. om. [b] A. ואיה

[1] Jos. 15, 19. [2] Jug. 1, 15. [3] Nomb. 33, 52. [4] Lév. 26, 1. [5] Is. 29, 2. [6] Os. 6, 10. [7] Jér. 18, 13. [8] I Chr. 4, 18. [9] II Rois 18, 26. [10] Ps. 86, 13. [11] Deut. 32, 22. [12] Lam. 4, 17. [13] ib. 3, 63. [14] Zach. 2, 10. [15] Jér. 18, 17. [16] Os. 7, 12. [17] Ez. 16, 36. [18] Ex. 11, 4. [19] ib. 12, 29. [20] Ps. 80, 17. [21] Job 2, 13. [22] Lév. 26, 7. [23] Job 37, 16. [24] ib. 36, 29.

ואלמים אבדלת מן אלנון פי התנים הגדול[1] אראד התנין ואבתדלת מנהא איצ̇א פי מף תקברם[2] הו מת̇ל נף[3] ופי בית הרם[4] הו מת̇ל הרן[5] ופי כמהם[6] הו מת̇ל כמהן[7] ופי קו̇ אנה המה מוליכות את האיפה[8]. ואבדלת מן אלהא פי מת̇ל קו̇ אביה[9] ואבים[10] אסם רג̇ל.

ואלנון אבדלת מן אלמים פי קו̇ והנה באו עד תוך הבית[11] אלוג̇ה המה ופי מלכין[12] וחיין[13] את קול הרצין העם[14] לעשתרת אלהי צידנין[15] ואתה קח לך חטין[16] הנה ידעתין[17] ופי הלהן תשברנה עד אשר יגדלו הלהן תעגנה[18] ופי שפופם[19] ושפופן[20] ופי גרשום[21] וגרשון[22]. ואבדלת מן אללאם *פי נשכה[23] ונשכות[24][a] ופי מעין גנים[25] פאן אלוג̇ה פיה אן יכון גלים מת̇ל גלות מים[26] ואלדליל עלי ד̇לך קו̇ באר מים חיים אלמעני פיהמא ואחד ואנמא וצף אלמעין בגלים לג̇זארה̈ אלמיאה אלמטרדה̈ מנה. וכד̇לך אקול פי גן נעול[27] אן חקיקתה אן יכון גל נעול כמא קיל מעין חתום אלמעני ואחד ואן אכ̇תלף אללפט̇ והד̇א יקאל לה פי צנאעה̈ אלבלאג̇ה̈ אלממאת̇לה̈ אעני אכ̇תלאף[b] אללפט̇ מע אתפאק אלמעני. וקד אבדלת איצ̇א פי אתנן זונה[28] מן הא אתנה המה לי[29]. וקד אבדלת אלנון מן אחד אלמת̇לין פי לשמיר מעזניה[30] אלוג̇ה פיה מעזיה באלתשדיד ג̇מע על ראש המעוז[31] פאבדלוא אלנון מן אחד אלמת̇לין לאן מעוז משתק מן עזוז וגבור[32] בעזוז עינות תהום[33] והו קולי פי חסדי יי כי לא תמנו[34] אעני אן אלנון פיה בדל מן אלמים ואלאצל פיה תמו באלתשדיד. וקד אבדלת באלרא פי נחום בענה[35]. וקד תבתדל בהא אלת̇אניה̈ פי מת̇ל חנית מסע ושריה[36] וילבש צדקה כשרין[37] כמא אבדלת מן הא אתנה המה לי[38] פי אתנן זונה[39] *כמא קד קלנא[c].

ואלעין אבדלת מן אלחא פי עושו ובאו כל הגוים[40] אראד חושו.

[a] R. בלשכה ונשכה [b] A. לאכ̇תלאף [c] R. om.

[1] Ez. 29, 3. [2] Os. 9, 6. [3] Is. 19, 13. [4] Jos 13, 27. [5] Nomb. 32, 36. [6] II Sam. 19, 38. [7] ib. 19, 41. [8] Zach. 5, 10. [9] I Chr. 3, 10. [10] I Rois 14, 31. [11] II Sam. 4, 6. [12] Prov. 31, 3. [13] Job 24, 22. [14] II Rois 11, 13. [15] I Rois 11, 33. [16] Ez. 4, 9. [17] Is. 48, 7. [18] Ruth 1, 13. [19] Nomb. 26, 39. [20] I Chr. 8, 5. [21] I Chr. 6, 1. [22] Gen. 46, 11. [23] Néh. 13, 7. [24] ib. 12, 44. [25] Cant. 4, 15. [26] Jos. 15, 19. [27] Cant. 4, 12. [28] Deut. 23, 19. [29] Os. 2, 14. [30] Is. 23, 11. [31] Jug. 6, 26. [32] Ps. 24, 8. [33] Prov. 8, 28. [34] , 22. Lam. 3 [35] Néh. 7, 7. [36] Job 41, 18. [37] Is. 59, 17. [38] Os. 2, 14. [39] Deut. 23, 19. [40] Joel 4, 11.

ואלצאד אבדלת מן אלזאי פי יחפץ זנבו כמו ארז[1] אראד יחפז [מן] כי לא בחפזון תצאו[2] אי יפרע תחריכה ואן כאן עט̇ימא [כארזה̈][a] וקול̇ה כמו ארז וצף ללד̇נב·

ואל̇קאף אבדלת מן אלג̇ים פי ויצקו את ארון האלהים[3] אלוג̇ה ויצינו והו מ̇דהב אלתרגום פי קו̇ ואקימו ית ארונא דיי̈·

49. ואלשין אבדלת מן תא אלאפתעאל פי למה תשומם[4] עלי מא בי̈נאה פי אלמסתלחק[5] פלילתמס עלמה מן הנאך·

ואלתא אבדלת מן אלאלף פי בנוי לתלפיות[6] פאנה משתק̈ מן פן תאלף ארחותיו[7] ותפסירה הראיאת אי אנה בני עאליא לתאנס בה מאר̈ה̈ אלטרק ואצלה אלפיות עלי זנה̈ תחתיות ארץ[8]· ושביהא בהד̇א פעלת אלע̇רב איצ̇א פי קולהם תראת̇ מן ורת̇ פאבדלת מן אלואו תא ופי קולהם תכמה̈ ותכאה̈ פאן הד̇ה̇ אלתאאת מבדלה̈ מן ואואת· ואבדלת אלתא מן הא פי ואנכי תרגלתי[9] לאנה מג̇אנס לקול אלאואיל רצ̇י אללה ענהם מפני הרגל עברה[10] כמא אבדל̇ת מן מת̇ל הד̇ה אלהא איצ̇א פי ותפוצותיכם[11] אלד̇י אצלה והפיצותיכם עלי מא סאלכ̈צה פי באב ד̇כר אלאלפאט̇ אלשאד̈ה̈ בחול אללה·

ואבדלת מן הא אלתאנית̇ פי שפעת אני[b] ראה[12] אם אתן שנת לעיני[13] ושכרת ולא מיין[14] ושבת לנשיא[15] כי אזלת יד[16] ופי קטרת לאן אצלה ישימו קטורה[17] ופי תפארת לאנה מת̇ל מקל תפארה[18] ופי איך לא עזבה עיר תהלת[19] ופי נשאת זהב וכסף[20] ופי כמצאת שלום[21] אלאצל נושאה מוצאה מת̇ל הלכה היא[22] ופי ג̇יר הד̇א כת̇ירא· ותבדל מן הא אלתאנית̇ איצ̇א ענד אלאצ̇אפה̈· ואבדלוא אלתא מן אליא אלתי הי צ̇מיר אלמונ̈ת̇ פי קו̇ ותבאת לקראתי[23] אלוג̇ה ותבאי לאן אלתא איצ̇א ללתאנית̇· קד̇ תבי̈ן ממא הא̇צרנא בה אבתדאל אלחרוף בעצ̇הא מן בעצ̇· ואמא מא כאן מן מת̇ל פזר נתן לאביונים[24] בזר עמים[25] ומת̇ל עלץ לבי ביי̈[26] נתעלסה באהבים[27] ותעלזנה כליותי[28] ומת̇ל מכף מעול וחומץ[29] וחטאי חמס נפשו[30]

[a] A. om.; R. כמו ארז [b] A. אנכי

[1] Job 40, 17. [2] Is. 52, 12. [3] II Sam. 15, 24. [4] Eccl. 7, 16. [5] Opusc. 230. [6] Cant. 4, 4. [7] Pr. 22, 25. [8] Is. 44, 23. [9] Os. 11, 3. [10] M. Sabb. 1, 3. [11] Jér. 25, 34. [12] II Rois 9, 17. [13] Ps. 132, 4. [14] Is. 51, 21. [15] Ez. 46, 17. [16] Deut. 32, 36. [17] ib. 33, 10. [18] Jér. 48, 17. [19] ib. 49, 25. [20] I Rois 10, 20. [21] Cant. 8, 10. [22] Jér. 3, 6. [23] I Sam. 25, 34. [24] Ps. 112, 9. [25] ib. 68, 31. [26] I Sam. 2, 1. [27] Prov. 7, 18. [28] ib. 23, 16. [29] Ps. 71, 4. [30] Prov. 8, 36.

ומתל צחק ושחק ומתל צעק וזעק ומתל מצער ומזער וגמיע מא יוגד לה תצריף ואשתקאק ממא ישבה הדא פאן יקאל פיה אנהא לגאת מכתלפה אצוב ענדי מן אן תגעל מבתדלה בעצהא מן בעץ לאן אלגמיע מתצרף ולא תכתץ אחדי אללפטתין בשי דון אלאכר פלים ואחדה מנהא אחרי אן תכון מבדלה מן צאחבתהא מן אלאכרי פלהדא צאר אלאצוב ענדי אן תכון לגאת מכתלפה. והו אלחכם פי מא טהר פיה אלקלב אעני אנא ארא וגדנא פעלא מתצרפא עלי נטאם מא מן חרופה ווגדנא פעלא אכר פי מענאה מתצרפא איצא ויטהר מן נטאם הדין אלפעלין אן אחדהמא מקלוב מן אלתאני כאן אלאחסן ענדי אן יקאל פיהמא אנהמא לגתאן מכתלפתאן אד ליס אלואחד אולי באן יכון מקלובא מן צאחבה מן אלאכר *במתל דלך[a] כמא נקול פי רגע הים ויהמו גליו[1] בכחו רגע הים[2] למען הרגיע את הארץ[3] אנהא לגה קאימה בנפסהא גיר מנקלבה מן גער בים ויבשהו[4] ויגער בים סוף ויחרב[5]. וכדלך נקול איצא פי לגה גער בים אנה גיר מנקלבה מן רגע הים ואן כאן לפטהמא מתקארבא ומענאהמא מתפקא. ולסנא נקול אנא נמנע מן אלקלב [אלבתה][b] לכנא נכתאר פי הדא ומתלה מא קלנאה לך. ואמא שמלה ושלמה וכבש וכשב וגיר דלך ממא ישבהה ממא לא תצריף לה פיקאל פיה אן אחדהמא מנקלב מן אלאכר ואן קיל פי גמיע [מא יטהר פיה אלבדל אנה מבדל בעצה מן בעץ ופי גמיע][c] מא יטהר פיה אלקלב אנה מקלוב בעצה מן בעץ פלא צ׳יר. וקום מן אהל אלנטר ישאחון פי אן תכון כלמה מא מקלובה מן אכרי ואן יכון חרף מא בדלא מן אכר. ומא בינאה פי תלפיות ופי הפוגות וגירהמא ממא לא יגוז אן 50. יקאל פיה אנה לגה עלי חיאלהא ומא אטהרנאה מן אבתדאל אלטא ואלדאל בתא אלאפתעאל יבטל קולהם וידחץ חגתהם ואן כאן לא חגה להם פאעלמה. קאל אלמולף אנרה למא כאן אעתואר אלחרכאת בעצהא בעצא מגאנסא לאבתדאל אלחרוף בעצהא בעצא ראינא אן נתלו הדא אלבאב בדכר טרף מנה חתי יכון תאליפנא הדא עאמא לאכתר פנון אללגה בחול אללה.

[a] R. om. [b] A. om.; R. לגמרי [c] A. om.; R. אשר תראה בו התסורה שהוא סומר קצתו בקצתו ובכל

[1] Is. 51, 15. [2] Job 26, 12. [3] Jér. 50, 34. [4] Nah. 1, 4. [5] Ps. 106, 9.

אלבאב אלסאבע

מא יעתור מן אלחרכאת בעצהא בעצא.

אן ממא יעתור מן בעץ אלחרכאת בעצא וקוע אלקמץ מכאן אלפתח פי מתֿל והמלח לא המלחת והחתל לא החתלת[1] אלוגֿה אן יכון מתֿל השכב אותם ארצה[2] ואיצֿא נוסו הפנו העמיקו לשבת[3] אלוגֿה פי הפנו אן יכון בפתח אלהא לאנה אמר מן הפנה ערף מואב[4]. ואיצֿא והפרה לא נפרתה[5] בקמץ מכאן אלפתח לאנה מצדר הפרה. ואיצֿא כי משקל הכסף והזהב והכלים[6] ומנת המלך מן רכושו[7] המא קמוצין ואן כאנא מצֿאפין וכאבהמא אלפתח. וקד וצֿעוא אלקמץ מכאן אלסגול פי כי היום יי̇ נראה אליכם[8]. וקד וצֿעוא אלקמץ מכאן אלחרק פי משכו אתה וִכל המוניה[9] פאלוגֿה אן יכון מתֿל משכו וקחו לכם[10] ומתֿל שערו וחרבו מאד[11] ואיצֿא מלכי עלינו[12] שמחי ועלזי[13] קרחי וגזי[14] ואיצֿא קרבה אל נפשי גאלה[15]. וקד וצֿעוא אלקמץ מכאן אלשרק אמא פי מא לם יסם̇ פאעלה פדֿלך כתֿיר גֿדֿא מתל שדדה נינוה[16] הכרת מנחה ונסך[17] כל ימי השמה[18] בליל תקטר[19] שש משזר[20] הראית לדעת[21]. וקד וצֿעוה מכאן אלסגול איצֿא פי ואשעה בחקיך[22] כד הקמח לא תכלה[23] ונשתעה ונראה יחדו[24]. וקד יגֿעלון אלשר מכאן קאלקמץ פי מתֿל הללוהו כרב גדלו[25] מלא קמצו[26] ולקרבן העצים[27]. ווצֿעוה מכאן אלפתח פי כי גנב גנבתי[28] זכור יי̋ לדוד את כל ענותו[29] אלוגֿה [פי] גנב אן יכון עלי זנה̈ יסר יסרני יה[30] ופי ענותו אן יכון מתֿאל וכסיתי ככבותך שמים[31] [ויגֿוז אן יכון מתֿלה ואמר חלותי היא[32]][a]. ואעלם אן כאף וכסיתי בכבותך שמים מכאינה̈ פי אלמעני לכאף בכלותך מחטא[33] ואן כאנתא גֿמיעא מצֿאפה̈ אליהמא. ודֿלך אן אלמכ̋ני ענה פי בכבותך מפעול בה ואלמכני ענה פי בכלותך

[a] A. om.; R. ויתכן שיהיה כמוהו ואמר חלותי היא

[1] Ez. 16, 4. [2] II Sam. 8, 2. [3] Jér. 49, 8. [4] ib. 48, 39. [5] Lév. 19, 20. [6] Es. 8, 30. [7] II Chr. 31, 3. [8] Lév. 9, 4. [9] Ez. 32, 20. [10] Ex. 12, 21. [11] Jér. 2, 12. [12] Jug. 9, 10. [13] Zeph. 3, 14. [14] Mich. 1, 16. [15] Ps. 69, 19. [16] Nah. 3, 7. [17] Joel 1, 9. [18] Lév. 26, 34. [19] ib. 6, 15. [20] Ex. 26, 1. [21] Deut. 4, 35. [22] Ps. 119, 117. [23] I Rois 17, 14. [24] Is. 41, 23. [25] Ps. 150, 2. [26] Lév. 2, 2. [27] Néh. 13, 31. [28] Gen. 40, 15. [29] Ps. 132, 1. [30] ib. 118, 18. [31] Ez. 32, 7. [32] Ps. 77, 11. [33] Ez. 43, 23.

פאעל ואנמא אסתוי אללפט̇ בחמא מן אג̇ל אלאצ̇אפה̈ אליהא· *וארי
אן אקר̄ב לך ה̇רא במא אמת̇לה לך מן אללפט̇ אלערבי וד̇לך אנך
תקול עג̇בת מן צ̇רב זיד עמרא אד̇א כאן זיד פאעלא ומן צ̇רב זיד
עמר אד̇א כאן זיד מפעולא בה והו פי כלתי אלמסלתין מכ̇פוץ̇ מן
51. אג̇ל אלאצ̇אפה̈[a]· וג̇עלוה מכאן אלחלם פי תחמות יכסימו[1] וגם לא
תעבורי מזה[2] ופי ישפוטו הם[3] ופי תשמורם[4]· וקד וצ̇עוא אלצ̇רי
מכאן אלפתח פי תאהבו פתי[5] עלי מא בי̈נ̇אה פי אלמסתלחק וג̇ירה[6]·
ומכאן אלחרק פי מת̇ל ותלך ותתע[7] ותכה מכעס עיני[8] ופי מת̇ל
הנצו הרמונים[9] הפרו בירת ישראל[10] הרעו האנשים[11] הקרה
רעתה[12] והצרתי לאדם[13] ואשר הרעותי[14] אלוג̇ה פיהא הניצו
הפירו הריעו הקירה והצירותי ואשר הריעותי עלי זנה̈ הקימו
והשיבו והביאו והביאה והקימותי והשיבותי· וקד וצ̇עוא אלחרק
מכאן אלסגול פי ובפרשכם כפיכם[15] ארוממך יי̈[16] וכבוד יערו
וכרמלו[17] ותרץ את גלגלתו[18] ומאספכם אלהי ישראל[19] הנה רוח
אלהים רעה מבעתך[20] והושע בן נון[21] שבן לילה היה ובן לילה
אבד[22] והיה אם בן הכות הרשע[23]· ווצ̇עוה מכאן אלפתח פי
וגלגליו כסופה[24] והתגדלתי והתקדשתי[25] ואך את דמכם[26] את
יבמתו[27] שבה יבמתך[28] חרב עם שדי יסור[29] יסור הו מצדר ואצלה
אן יכון מת̇ל יסר יסרני יה[30] *וכד̇לך הרב מצדר ותרגמה̈ אללפט̇
הל מכ̇אצמה̈ אלטאיק ארב[b] ומת̇לה חחלו הערמות ליסוד[31]
הערמות מפעולה̈ בקולה ליסוד ואלתקדיר החלו ליסוד הערמות·
*וקד יג̇על יסור צפה̈ עלי זנה̈ גבור ושכור ויג̇על הרב מן אסמא
אלפאעלין מת̇ל הטוב טוב אתה[32] פתכון אלתרג̇מה̈ עלי הד̇א הל
מכ̇אצם אלטאיק אדיב וד̇לך ג̇איז פיה איצ̇א[c]· וקאלוא עד השמידו
אתכם[33] בחרק מכאן פתח ואיצ̇א גנון והציל פסוח והמליט[34] אחרי
הקצות את הבית[35] אחר חלץ את האבנים[36] ואלאג̇ור פי חלץ ענרי

[a] R. substitue à ce passage les mots: וגם כן קורה בלשון הערב [b] R. om. [c] R. om.

[1] Ex. 15, 5. [2] Ruth 2, 8. [3] Ex. 18, 26. [4] Prov. 14, 3. [5] ib. 1, 22. [6] Opuscules p. 14, 354 et 359. [7] Gen. 21, 14. [8] Job 17, 7. [9] Cant. 16, 11. [10] Jér. 11, 10. [11] ib. 38, 9. [12] ib. 6, 7. [13] Zeph. 1, 17. [14] Mich. 4, 6. [15] Is. 1, 15. [16] Ps. 30, 2. [17] Is. 10, 18. [18] Jug. 9, 53. [19] Is. 52, 12. [20] I Sam. 16, 15. [21] Ex. 33, 11. [22] Jon. 4, 10. [23] Deut. 25, 2. [24] Is. 5, 28. [25] Ez. 38, 23. [26] Gen. 9, 5. [27] Deut. 25, 7. [28] Ruth 1, 15. [29] Job 40, 2. [30] Ps. 118, 18. [31] II Chr. 31, 7. [32] Jug. 11, 25. [33] II Rois 10, 17. [34] Is. 31, 5. [35] Lév. 14, 43. [36] ib. ib.

אן יכון מצדרא ואן יכון אלחרק פיה מכאן אלפתח· ומתׄלה אפס
כי נאץ נאצת[1]· וצׄעוה מכאן אלשרק פי כן משחת מאיש מראהו[2]
כי מאתנן זונה קבצה[3] ופתחו שעריך תמיד[4] ופי ויישם בארון[5]·
וקד וצׄעוא אלפתח מכאן אלסגול פי ותתנה לזרע אברהם אהבך
לעולם[6] בראך יעקב[7] גאלכם קדוש ישראל[8] ופי קולהם אל תלן
הלילה בערבות המדבר[9] ופי שאתה מדבר עמי[10] ואיצׄא בשגם הוא
בשר[11] ופי קוׄ קולי אל אלהים והאזין אלי[12]· וצׄעוה מכאן אלשבא
אצׄטרארא פי מתׄל ואמותתהו[13] ואני אסבול ואמלט[14] ואשלם
נחומים לו[15]· וקד בינת עלהׄ דׄלך פי אכׄר רסאלהׄ אלתקריב
ואלתסהיל[16]· וצׄעוה מכאן אלחרק לצׄרורהׄ חרף חלקי פי מתׄל
כאהלים נטע יי̈ כארזים עלי מים[17] לאשר על ביתו[18] אם אעשה 52.
את הדבר זה לאדני[19] לא אשלח ידי באדני[20] עשה חסד לאלפים[21]
תחיה לאדניה[22] אך ביי̈ אל תמרדו[23] והיה ליי̈[24]· וקד וצׄעוה לגיר
צׄרורהׄ מכאן אלחרק איצׄא פי וירא והנה באר בשדה[25]· [a]ופי
העירותי מצפון ויאת[26] אלפתח הנא ענדי מכאן אלחרק איצׄא
לאנהמא ענדי עלי זנהׄ וישב ישמעאל[27] ויפת בסתר לבי[28] אלא אן
אלף ויאת לינהׄ[a]· וקד וצׄעוה מכאן אלשרק להדׄה אלצׄרורהׄ נפסהא
אעני לצׄרורהׄ אלחרף אלחלקי פי מתׄל ואהבך וברכך[29] והרגוני על
דבר אשתי[30] אצלהמא אן יכונא מתׄל ושמרך ושמרוני ומצאוהו
צרות רבות[31] ופי מתׄל ואמרתם כה לחי[32] והלכתם בכל הדרך[33]
ואסרנוהו לענותו[34] אצלהא אן תכון מתׄל וזכרתם את כל מצות יי̈[35]
ושמרתם את משמרת הבית מסח[36] ושמרנוהו[b]· וצׄעוה מכאן
אלצרי פי השב אל תערה[37] ופי יאהבני אישי[38] הבדל יבדילני יי̈[39]·
ומן הדׄא אלצׄרב הו וישראל לא יכירנו[40] אלא אנה קמוץ לכונה פי
אתנח· ומתׄלה איצׄא אין ראני[41] אלא אנה קמוץ לכונה [פי] זקף·
וקד וצׄעוא אלסגול מכאן אלחרק פי וחטאתם מלפניך אל תמחי[42]

[a] R. om. [b] R. om.

[1] II Sam. 12, 14. [2] Is. 52, 14. [3] Mich. 1, 7. [4] Is. 60, 11. [5] Gen. 50, 26. [6] II Chr. 20, 7. [7] Is. 43, 1. [8] ib. 43, 14. [9] II Sam. 17, 16. [10] Jug. 6, 17. [11] Gen. 6, 3. [12] Ps. 77, 2. [13] II Sam. 1, 10. [14] Is. 46, 4. [15] ib. 57, 18. [16] Opusc. p. 338 et suiv. [17] Nomb. 24, 6. [18] Gen. 43, 16. [19] I Sam. 24, 7. [20] ib. 24, 11. [21] Ex. 20, 6. [22] ib. 21, 4. [23] Nomb. 14, 9. [24] Jug. 11, 31. [25] Gen. 29, 2. [26] Is. 41, 25. [27] Jér. 41, 10. [28] Job 31, 27. [29] Deut. 7, 13. [30] Gen. 20, 11. [31] Deut. 31, 17. [32] I Sam. 25, 6. [33] Jér. 7, 23 [34] Jug. 16, 5. [35] Nomb. 15, 39. [36] II Rois 11, 6. [37] Ez. 21, 35. [38] Gen. 29, 32. [39] Is. 56, 3. [40] ib. 63, 16. [41] ib. 47, 10. [42] Jér. 18, 23.

ואל תמח חסדי[1] צור ילדך תשי[2] ופי אהבו את יי̈[3] אחזו לנו שועלים[4] ופי אספה לי[5]· וצ̇עוה̈ מכאן אלקמץ פי מבירת אל מבטחם[6] ומכאן אלפתח פי ובן אדם ויתנחם[7] ופי למטות אבותיכם תתנחלו[8] ופי וכבסו בגדיהם והטהרו[9] ופי שכל אדם האריך אפו[10] ופי ביום החזיקי בידם[11] ופי נוסו הפנו העמיקו לשבת[12] אלסגול פי העמיקו מכאן פתח· וצ̇עוה̈ איצ̇א מכאן אלפתח פי גש הלאה[13] וייקץ נח מיינו[14] ופי ויישם בארון[15] וגירהא· וקד וצ̇עוא אלחלם מכאן אלקמץ פי ולכה זעמה ישראל[16] במצאכם אתו[17]· וקד ד̇כרת פי כתאב אלמסתלחק וגירה מן אעתואר אלחרכאת[a] בעצ̇הא בעצ̇א מא יגני ען אטאלה̈ אלכלאם פיה הנא·

אלבאב אלת̇אמן

באב אכ̇ר מן אלבדל

קד יבדלוא אלעבראניון אלשי מן אלשי והמא לעין ואחדה̈ והד̇א ינקסם קסמין אחדהמא בדל אלג̇מיע מן אלג̇מיע ואלת̇אני בדל אלבעץ̇ מן אלג̇מיע· אמא בדל אלבעץ̇ מן אלג̇מיע פמת̇ל קו̇ ויתן להם אביהם מתנות רבות לכסף ולזהב ולמגדנות[18] פג̇מע בקו̇ מתנות רבות ובעץ̇ בקו̇ לכסף ולזהב ולמגדנות עלי סביל אלתביין ואבד̇ל אלבעץ̇ מן אלג̇מיע· ואיצ̇א ובשנה השביעית התחזק יהוידע ויקח את שרי המאות לעזריה בן ירוחם ולישמעאל בן יהוחנן וגו̇ בברית[19] ואיצ̇א לא חרץ לבני ישראל לאיש את לשונו[20] ומנת המלך מן רכושו לעולות הבקר והערב[21] ומת̇ל הד̇א כת̇יר· ואמא בדל אלג̇מיע מן אלג̇מיע פמת̇ל קולה ולתבנית המרכבה הכרובים זהב לפרשים[22] פכאנ̈ה קאל ולתבנית הכרובים ואיצ̇א וישבו המים ויכסו את הרכב ואת הפרשים לכל חיל פרעה[23] ואיצ̇א תחת פטרת כל רחם בכור כל [מבני ישראל[24] קולה בכור כל בדל מן פטרת כל

[a] A. אלכלמאת ; R. התנועות

[1] Néh. 13, 14. [2] Deut. 32, 18. [3] Ps. 31, 24. [4] Cant. 2, 15. [5] Nomb. 11, 16. [6] Jér. 48, 13. [7] Nomb. 23, 19. [8] ib. 33, 54. [9] ib. 8, 7. [10] Prov. 19, 11. [11] Jér. 31, 31. [12] ib. 49, 8. [13] Gen. 19, 9. [14] ib. 9, 24. [15] ib. 50, 26. [16] Nomb. 23, 7. [17] Gen. 32, 20. [18] II Chr. 21, 3. [19] ib. 23, 1. [20] Jos. 10, 21. [21] II Chr. 31, 3. [22] I Chr. 28, 18. [23] Ex. 14, 28. [24] Nomb. 3, 16.

רחם כאנ̈ה קאל תחת כל בכור כל][a]. ומן אלבדל איצ̇א מא יבדל פיה אלט̇אהר [מן אלמצ̇מר][b] מת̇ל קו̇ ואתה כי הזהרתו צדיק[1] ואלתקדיר ואתה כי הזהרת צדיק. ואיצ̇א ובבאו האיש[2] ויבדילם 58. אמציהו להגדוד[3] ויכן להם עזיהו לכל הצבא[4] עונותיו ילכדנו את הרשע[5] ויכו האחד את האחד[6] ישנו עם אחד[7] יביאה את תרומת יי̈[8] לא היה משקל לנחשתם כל הכלים האלה[9] ותפתח ותראהו את הילד[10] אשר אנכי נתן להם לבני ישראל[11] ויעשו גם הם חרטמי מצרים[12] באש תשרפנו את אשר בו הנגע[13] ועמהם הימן וידותון חצצרות ומצלתים[14] אראד ועם הימן וידותון פאצ̇מר אולא ת̇ם אבדל אלט̇אהר מן אלמצ̇מר אלא אנה קד ד̇כרהמא פי אלפסוק אלמתקדם. *וממא אבדל פיה אלט̇אהר מן אלמצ̇מר איצ̇א קולה וישאהו מבית אבינדב אשר בגבעה עם ארון האלהים[15] ועם הנא מכאן את עלי מא קד לכ̇צתה פי חרף אלעין ואלמים מן כתאב אלאצול[16] מן הד̇א אלדיואן פלילתמס מן ת̇ם. פכאנ̈ה קאל וישאהו מבית אבינדב אשר בגבעה את ארון האלהים עלי מד̇הב יביאה את תרומת יי̈ ותפתח ותראהו את הילד[c].

אלבאב אלתאסע

ד̇כר אכת̇ר אבניה̈ אלאסמא אלמזידה̈ וגיר אלמזידה̈ ואלמשתקה̈ וגיר אלמשתקה̈

וקבל אן אד̇כר שיא מן אמת̇לה̈ אלאסמא ואבניתהא אקול פאני לא אלתזם פי הד̇א אלבאב מן [ד̇כר] אבניה̈ אלאסמא ואלצפאת אלתי להא אפעאל מא אתי מנהא עלי אפעאלהא. מת̇ל אומר ועושה ובוחר ונאסף אל עמי[17] ומתכבר ומדבר למשופטי אתחנן[18] מכרסם ומשליך ומכלים ומא אשבה ד̇לך לאנהא מדרכה̈ באלקיאס כל̇ אד̇כר פיה מא כאן כ̇ארגא ען ד̇לך אעני אלאסמא אלתי אתת עלי גיר אפעאלהא לאן ציגהא לא תדרך אלא באלסמע ואיצ̇א אלאסמא אלתי לא אפעאל להא. ואקול אנ̈ך אד̇א וגדת פי אול

[a] A. om., suppléé d'après R. [b] A. om.; R. מהנסתר [c] R om.

[1] Ex. 3, 21. [2] ib. 10, 3. [3] II Chr. 25, 10. [4] ib. 26, 14. [5] Pr. 5, 22. [6] II Sam. 14, 6. [7] Esth. 3, 8. [8] Ex. 35, 5. [9] Jér. 52, 20. [10] Ex. 2, 6. [11] Jos. 1, 2. [12] Ex. 7, 11. [13] Lév. 13, 57. [14] I Chr. 16, 42. [15] II Sam. 6, 4. [16] Col. 531, 12 à 17. [17] Gen. 49, 29. [18] Job 9, 15.

כלמה לא תערף אשתקאקהא אלפא או מימא או תא[a] או יא[a] או נונא וכאנת אלכלמה אלתי פי אולהא אחד הדה אלאחרף מן ג׳ אחרף בה אעני בדלך אלחרף פאגעלה אצלא ודלך מתל תלח ותחן[1] אסמי רגלין ותבן אצם הששי[2] ואצר[3] ויהץ[4] ונתר ובן משק ביתי[5] ומא אשבה דלך· ואן כאנת כד׳ אחרף בדלך אלחרף פלא תגעל דלך אלחרף אצלא פי אלכלמה אלתי הו פיהא אלא בתבת לאנה מן חרוף אלזיאדה· פאדא כאן דלך כדלך פאלאחזם ואלאותק אלא תגעל אלפאת אבנט וארגז ואחלמה וארגב וארנבת ואצבע ואשנב ואשכר ואשפר ואת אחבן ואת מוליד[6] וארפד ואשבל ומא כאן מתלהא אצלא חתי יצח לך אלאשתקאק ותעלם באמר ואצח אנהא מן אלאצל ואן תפעל מתל דלך פי תא תענך ותארע ותרעל ותחמס ותרחנה אסם רגל ומא אשבההא פיה ופי יא ינשוף ויחמור וירחע ויעקן ומא מאתלהא ופי נון נפתוח ונפתוחים ונמרוד ופי מים מכמס ומא גאנסה· ואנמא געלת אלפאת ארגז ואחלמה וארפד זאירה עלי חן אפעל מע אנהא מן חרוף אלזיאדה וכדלך אלפאת אבנט וארגב ואצבע וגירהא מן אלאסמא אלזאידה אלתי לא עלם לנא באשתקאקהא לכתרה מגי אלאלף זאידה פי אלאסמא [ופי אלאפעאל אלתלאתיה][a]· [אמא פי אלאסמא][b] פמתל ואשמורה בלילה[7] באשמורת הבקר[8] אגרוף אזרוע אפרוחים אתמול אקדח אזרח אכזב האדרש [אדרש[9] אשכים ודבר[10] אזכרה מע אן אלפאת האדרש אשכים אזכרה][c] מבדלה מן האאת פי בעץ אלקיאסאת· ואמא פי אלאפעאל פמתל אלאפעאל אלמסתקבלה אלתי יכבר בהא אלמתכלם ען נפסה אדא קאל אעשה אעלה אומר אל אלוה[11] ואכלה מציד בני[12] ומתל אלף אתחבר יהושפט[13] וכל מלבושי 54. אגאלתי[14] אשתוללו אבירי לב[15] אכביר את עלכם ואני אוסיף עליו[16] פאן הדה אלאלפאת זאידה פי הדה אלאפעאל כזיאדה אלהא פיהא אתת עלי אסתעמאל אלסריאניין פי מתל אתכרית רוחי[17] אשתיו חמרא[18] וצלם אנפוהי אשתני[19] אשתומם כשעה חדה[20]· ואן שית

[a] A. om.; R.: ובפעלים השלישיים [b] A. R. om. [c] A. om.,; suppléé après R.

[1] I Chr, 7, 25. [2] ib. 2, 15. [3] Gen. 36, 21, [4] Is. 15, 4. [5] Gen. 15, 2. [6] I Chr. 2, 29. [7] Ps. 90, 4. [8] Ex. 14, 24. [9] Ex. 14, 8. [10] Jér. 25, 3. [11] Job 10, 2. [12] Gen. 27, 25. [13] II Chr. 20, 35. [14] Is. 63, 3. [15] Ps. 76, 6. [16] II Chr. 10, 14. [17] Dan. 7, 15. [18] ib. 5, 4. [19] ib. 3, 19. [20] Ib. 4, 16.

פקל פיהא אנהא מבדלה מן האאת. וארא וגרת חרפא מן חרוף אלזיארה סוי אלאלף ואלואו ואליא פי לפטה ישתק מן מענאהא מא ירכב מנה אלחרף אלזאיד פאגעלה זאידא מתל נון קרבן ומים אמנם לאנהא מן הקריב ומן אמונה אמן[1] פהרא תבת. ואן כאנת אלכלמה אלתי אולהא אחד אלאחרף אלתי דכרנא אעני אלאלף ואלנון ואלמים ואליא ואלתא עלי ה אחרף ברלך אלחרף פאקע עלי תלך אלכלמה באנהא כמאסיה ואן דלך אלחרף מן אצלה לאן אלזואיד לא תלחק בנאת אלארבעה מן אלאסמא אולא אלא אלאסמא אלמשתקה מן אפעאלהא נחו מכרסם מן יכרסמנה[2] מפזז ומכרכר[3] דק מחספס[4] ודוד מכרבל[5] אכרסם אכרכר ומא אשבה דלך. ולים ללמעאנד אן יחתג עלינא במתל מנפיעש[6] מכנדבי[7] חתי יוקפנא עלי אלאשתקאק. פאר אלאמר עלי מא וצפתה פלאצוב אן יעד אלף אגרטלי זהב[8] אצליא ואן תכון אללפטה כמאסיה. וחרא קולי פי אחשתרן[9] אן אלפה אצלי ואמא אלנון פגיריה ואלכלמה כמאסיה. וכדלך אלגביש[10] לפטה כמאסיה וכדלך אשכנז[11] ואמרפל[12] וארגמן[13] וארגון[14] כמאסיה כלהא. וכדלך האחשדרפנים[15] לפטה כמאסיה איצא אלא אנהא לפטה מרכבה אעני אחשתר לפטה כמאסיה מענאהא אלוזיר אלאגל או מא אשבה דלך אלא אנהא תרכבת מע פנים וכאן מעני אלכלמתין חרא אלחצרה אי אלדי ישאהדון חצרה אלמלך וירונה דאימא עלי מעני ראי פני המלך[16]. פאן כאן אחד הדה אלאחרף פי לפטה תבלג בהא ו אחרף פאנה פיהא מזיד. פאן זעם זאעם אן אחשתרנים לפטה סראסיה אחרפהא כלהא אצליה ואן אחשדרפנים לפטה סבאעיה אחרפהא כלהא אצליה או סראסיה אלפהא אצלי ונונה זאידה כאן דלך בעיד מן קבל אן אלבנא אלכמאסי קליל פי כלאמהם אסתתקאלא מנהם לה פמא כאנוא ליתכטו מנה אלי אלסראסי פצלא ען אלסבאעי *והם מסתתקלון לה[a]. פאן קאל אנהא אלפאט פארסיה פאנה ולו כאנת כדלך לם נחמלהא אלא מחמל אלאלפאט אלעבראניה לאנהם קד

[a] R. om.

[1] Is. 25, 1. [2] Ps. 80, 14. [3] II Sam. 6, 16. [4] Ex. 16, 14. [5] I Chr. 15, 27. [6] Néh. 10, 20. [7] Es. 10, 39. [8] ib. 1, 9. [9] Esth. 8, 10. [10] Ez. 13, 11. [11] Gen. 10, 3. [12] ib. 14, 1. [13] Ex. 25 4. [14] II Chr. 2, 6. [15] Esth. 9, 3. [16] ib. 1, 14.

תכלמוא בהא *ולא מחאלה אנהם קד עברוהא וצרפוהא עלי ציג אמתלתהם[a] ומא כאנוא לירכלוא פי אמתלתהם מא לא יגוז ענדהם אעני אנה לו כאן כמא זעם אלזאעם ללזמהם אן יחרפוהא וירדוהא אלי מגאז לגתהם בתחריפהם[b] איאהא עמא הי עליה פי אללגה אלפארסיה לא סימא אן הדא אלמדהב יגב אן יכון עאמא לגמיע אללגאת לאנהא גמיעהא מבניה עלי אלחכמה ואלצואב ואן כאן בעצהא יפצל בעצא פי דלך. וממא יוכד כון האחשתרנים עבראניא כמאסיא תסמיתהם בה כקו ואת תמני ואת האחשתרי[1] לאנהם לא יסמון אלא בשי מערוף. והדא קולי פי תחפנחס[2] אנה כמאסי ואן תאוה מזידה וכדלך כדרלעמר[3] לפטה מרכבה. ויגב אן תעלם אן מן אלאסמא מא יכון עלי חרפין מתל עי גי שי יד ואן מנהא מא יכון עלי ג אחרף מתל אבן וקבר וגבר ואן מנהא מא יכון עלי ד 68 אחרף מתל ברקר ושנער וברלח ואן מנהא מא יכון עלי ה אחרף מתל שמאבר פתשגן צלפחד צפרדע אגרטל ולים פי כלאמהם לפטה סדאסיה כלהא אצל. ואעלם אן אלאצל[c] אלתלאתי יבלג באלזיאדה אלי ז אחרף מתל השתחויה ואן אלרבאעי יבלג אלי ו אחרף מתל פתיגיל שקערור לא יתגאוזהא ואן אלכמאסי לא יתגאוז אלו באלזיאדה לאן אלכמסה ענדהם גאיה אלאצול פלא תחתמל כתרה אלזיאדה ואיצא פאנה למא לם יתגאוזו אלארבעה באלזיאדה סתה [אחרף] אסתתקאלא מנהם להא כאנת אלכמסה אחק בדלך והם אחק אסתתקאלא מנהם להא. וסיתבין לך גמיע דלך פי מא נסתאנפה מן דכר אלאבניה בחול אללה. וקד ארי אן אלחק איצא במא דכרתה קבל דכר אלאבניה דכר כיפיה תקטיעה באלאפאעיל וכיף תעתבר בהא פי אצלהא וזיאדתהא.

[a] R. om. [b] R. בהחסירם אותם. Ibn Tibbon a donc lu: בתחליפהם; a vraie traduction en hébreu serait: בהטותם אותם [c] R. השם = אלאסם

[1] I Chr. 4, 6. [2] Jér. 2, 16. [3] Gen. 14, 1.

אלבאב אלעאשר

פי מערפה אלאבניה ותקטיעהא באלאפאעיל

אעלם אנך אדא ארדת אן תזן שיא מן אבניתהם באלאפאעיל[a] אעני אנך אדא ארדת אן תקתטע מן לגה פעל מתל בנאיהם וכאנת אחרף דלך אלבנא ג׳ אצליה כלהא פאגעל פא באזא[a] אול חרף מן דלך אלבנא ואגעל עינא באזא חרפה אלתאני ואגעל לאמא באזא חרפה אלתאלת פתסמי אלחרף אלאול מן דלך אלבנא פא אלפעל לאנה מואז לפא פעל ותסמי אלתאני עינה לאנה מואז לעין פעל ותסמי אלתאלת לאמה למואזאתה לאם פעל ולתכון חרכאת מתאלך מתל חרכאת מתאלהם חתי יסאוי וזנך וזנהם לאנך אנמא תחכי אמתלתהם. מתאל דלך אנך תגעל מתאל אמר מן פעל פתסמי אלאלף מן אמר פא אלפעל ותסמי אלמים עינה ותסמי אלרא לאמה למואזאה הדה אלחרוף חרוף פעל כמא תרי אמרפעל. ותגעל מתאל ויי שמע[1] פעל בצרי תחת אלעין. ואן כאן אמתלתהם מן דואת אלמתלין מתל סבב ושדד קלת אנה איצא פעל לאן אלמתל אלאול ענדהם עין אלפעל ואלתאני לאמה לם תפצל ענה פצלה פתצאעף אנת אחד אלחרוף באזא אלפצלה לכן אן כאנת פי מתאלהם פצלה ען פעל צאעפת אנת מתאלך חתי תגעל פיה פצלה מתל פצלתהם. מתאל דלך אנה אדא קיל לך אבן לנא מן פעל מתאל חמרמרו[2] או הפכפך[3] פקד קיל [לך] זד עלי הדה אלאחרף אלתלאתה חרפין פחק הדא אלכלאם אן תכרר אלעין ואללאם לאנך קד עלמת אנהם קד צאעפוא הם עין אלפעל ולאמה פי חמרמרו ופי הפכפך אעני אנהם כררוא אלמים ואלרא אלתאן המא אלעין ואללאם פי חמר ואנהם צאעפוא אלפא ואלכאף אלדי המא אלעין ואללאם פי הפך פאצטררת אנת אלי תצעיף עין ולאם פעל פקלת פי חמרמרו פעלעלו ופי הפכפך פעלעל וקלת פי סגריר[4] פעליל ופי ינופף ידו[5] יפעלל לאן אלואו הי עין אלפעל ואלפא אלתי הי לאמה מצאעף. ואן כאן מתאלהם לפטה רבאעיה אצליה כלהא צאעפת

[a] R. בפעלים

[1] Ps. 34, 7. [2] Lam. 1, 20. [3] Pr. 21, 8. [4] ib. 27, 15. [5] Is. 10, 32.

אנת פי מתאלך לאם אלפעל מרה ואחרה עלי חסב זיאדה חרופהם עלי חרוף [פעל] לאן חרוף פעל תנצרם קבל אנצראם מתאלהם· מתאל דלך אנך ארא ארדת אן תאתי מן אלפעל במתאל יכרסמנה[1] קלת יפעללנה צאעפת אללאם מן אגל אפצאל אלכלמה עלי אלפעל בחרף ואחד והו אלמים ואתית בחרף אלאסתקבאל ובצמיר אלמונת אלגאיב עלי חסב מא אתוא הם בה· וכדלך תקול פי מתאל רטפש[2] 56. פֻּעֲלַל ופי מתאל עבבר פִּעְלָל ופי מתאל חלמיש פַּעֲלִיל תצאעף אלעין פי פעליל ותדגם כמא צאעפוא הם אללאם פי חלמיש וארגמוא· ותקול פי מתאל חבצלת פֲּעַלֶּלֶת ותקול פי [מתאל] האחשתרנים הַפְּעַלְלָנִים בג לאמאת אלאולי מוצע[a] לאם אלפעל והי באזא אלשין ואלאתנתאן זיאדתאן באזא אלתא ואלרא לאנך תאתי אולא במתאל צדר בנאיהם מן לגה פעל אעני אנך תאתי במתאל האחש פתקול פיה הפעל [תם] תצאעף אללאם מרתין ללדי נקצך מן ענז מתאלהם אעני אלתא ואלרא אלא אנך ארגמת אחדי אללאמאת אלתלת והי לאם אלפעל פי אחדי אללאמין אלזאידתין לסכונהא ולכתרה אללאמאת פי אללפטה תם זדת אלנון ועלאמה אלגמע כמא פעלוא הם· ולם תצאעף אלעין ואללאם פתקול הפעלעלנים לאנך כנת תנזל אלתא מן האחשתרנים מנזלה אלעין מן פעל ואלעין מן פעל קד אנצרמת פי אלחא לאן מתאל האחש הפעל פקד אנצרמת שבהאת פעל כלהא ולם יבק לך שי תזן בה פאחתגת אן תצאעף אללאם חתי יבלגך אלי אלמתאל אלדי גרצת אליה· אלא תרי אן הפכפך לפטה תלאתיה מצאעפה אלעין ואללאם בלגת באלתצעיף אלי ה אחרף פאנת תקול פי וזנהא פעלעל פתצאעף איצא אלעין ואללאם מן פעל ואן כל ואחד מן אגרטל וצלפחד לפטה כמאסיה ואנת תקול פי וזנהא פְּעַלָּל פְּעָלָל בתלת לאמאת תרגם אלאולי מנהם פי אלתאניה פלו צאעפת אלעין וקלת פעלעל לכאן ענדך אגרטל וצלפחד עלי מתאל הפכפך והדא גיר מאכוד בה ולא מפלח· ותקול פי האחשדרפנים הַפְּעַלְלְפְּנִים בג

[a] M. מותא

[1] Ps. 80, 14. [2] Job 33, 25.

לאמאת תרגם אלאולי אלסאכנה̈ פי אלת̇אניה̈ אלמתחרכה̈ לאן חז̇ האחשדר הַפְּצַלְ̇ל ת̇ם תרכ̇ב מעה פנים כמא צנעוא הס· ואן כאן פי מת̇אלהם חרף שדיד שרדת אנת איצ̇א אלחרף אלד̇י יואזיה פי מת̇אלך· מת̇אל ד̇לך אן תקול פי מת̇אל דִּבֵּר ושִׁבֵּר אלשרידין פִּעֵל בתשדיד אלעין לאנך תצ̇אעף אלעין ותרגם כמא צנעוא הם פי אלבא וכמא צנעת קבילא פי מת̇ל חלמיש· ואן כאן פי מת̇אלהם חרף לי̇ן זאיד ללמד̇ אתית אנת איצ̇א בה פי מת̇אלך פי אלמוצ̇ע אלד̇י אתוא הם בה פוצ̇עת אלאצלי באזא אלאצלי ואלזאיד באזא אלזאיד· מת̇אל ד̇לך אנך תזן הקריב והגדיל בהפעיל פתאתי באליא בין אלעין ואללאם עלי חסב מוקעה מן מת̇אלהם· ואן ארדת אן תזן תלמיד ותרשיש קלת תפעיל ותזיד תא[a] ויא[a] כמא זאדוהמא וחית̇ זאדוהמא· ואנמא קלנא פי וזן תרשיש תפעיל לג̇הלנא באשתקאקה ולאן אלתא מן חרוף אלזיאדה̈ ג̇ארין פי ד̇לך אלקאנון אלד̇י אצ̇לנאה קבילא· ואן ארדת אן תזן פליט ושריד קלת פָּעִיל ותקול פי שכור וגבור פָּעוּל בתשדיד אלעין ותקול פי מת̇אל כרכמיש פְּעַלְלִיל ופי מת̇אל תינוק תִּפְעוּל ופי מת̇אל ילקוט יַפְעוּל ותקול פי מת̇אל מדבר ומשבר מִפְעָל והד̇א הי אלקיאס פי כל מא ירד עליך מן גירהא מן אלאמת̇לה̈· ובעד אן קד̇מת הד̇ה אלמקד̇מאת אכ̇ד̇ פי תלכ̇יץ מא ועדת בד̇כרה מן אלאמת̇לה̈ ואלאבניה̈ ונודע הד̇א אלבאב מנהא ג̇מהורא יכתפי בה ויסתדל̇ מנה עלי מא לא נד̇כרה אד̇ לא נת̇סע ללאחאטה̈ בג̇מיעהא· וקד קלת אן מן אלאמת̇לה̈ גיר אלמזידה̈ ת̇לאת̇יה̈ ורבאעיה̈ וכ̇מאסיה̈ פאקול אלאן אן אלבנא אלת̇לאת̇י יאתי עלי אמת̇לה̈ מכ̇תלפה̈ פמנה מא יג̇י עלי פְּעַל מלעל אמא אן יכון בסת̇ נקט והו אלאכת̇ר ואמא בכ̇מס והו אלאקל̇ והו כאן אלקיאס פי אלג̇מיע כמא זעם אבו זכריא פי כתאבה פי אלתנקיט[1] ואעתל̇ פי ד̇לך בכת̇רה̈ וקוע אלצרי עלי אלסואכן אללינה̈ אלא אן פתח גדול ופתח קטן קד יקעאן איצ̇א עלי סאכן לי̇ן כמא אשאר אליה אבו זכריא פי אלמקאלה̈ אלאולי מן כתאב חרוף אללין[2] וביּ̇נאה נחן פי כתאב אלתקריב ואלתסהיל[3] ונבי̇נה איצ̇א פי הד̇א אלכתאב פי אלבאב אלד̇י נד̇כר פיה אלאלפאט̇ אלשאד̇ה̈ אלכ̇ארג̇ה̈ ען אלקיאס·

[1] N. p. VIII et 148 (traduction hébraïque). [2] N. p. 6, l. 29. [3] Opuscules p. 288 et suiv.

57. **פאמא** מא ג̇א עלי פֶּעֶל בסת̈ נקט ארץ ואבן ערב ובקר[1] ועליה אבת̇ר אלבאב. ומן הד̇א אלבאב זבַע וקמַח אלא אן אלרא ואלמים מפתוחאן מן אג̇ל אלעין ואלחא אלד̇י המא חלקיאן. וממא ג̇א בכ̇מס נקט והו אלקיאס [פֶּעֶל] ספר אל עבר האפור[2] וחשב אפדתו[3] מצח אהרן[4] ולצלע המשכן[5] אלא אן אלצאד ואללאם מפתוחאן מן אג̇ל אלחא ואלעין ונסך רביעית ההין[6] אצל המזבח[7] או בשתי או בערב[8] או לעקר משפחת גר[9] עקב אשר עשה[10]. ואלצפה̈ ויבא הלך[11] ויקרא שמו פלא[12] גדול יתר מאד[13] ארך אפים[14] ארך האבר[15] לם יתג̇יר לאן באב ארץ לא יתג̇יר ענד אלאצ̇אפה̈ אלא קלילא. וידכ̇ל פי הד̇א אלבנא פְּעָלָה בכסר אלפא ופְעָלָה בפתחהא לאן אלתאנית̇ דאכ̇ל עלי אלתד̇כיר מת̇ל בלגה[16] אסם רג̇ל שמלה וחמאה ושטנה ופטרה ונתתי את הר שעיר לשממה ושממה[17] ושלמה[18] וסלכה[19] אסם מכאן. ומן הד̇א אלבנא ענדי ממא אעתל עינה וגיד ברזל[20] רביעית ההין[21] ותור וסים[22] ומא אשבההא אלוגה̈ פיהא אן תכון עלי זנה̈ ארץ פאסכן אליא ואעל וחוד̇ מא קבלה באלכסר לידל עליה לכ̇פאיה לאן אלכסר מן אליא. וממא יצחח ענדך הד̇א אלמד̇הב קולהם פי ג̇מע עיר ושלשים עֲיָרים להם[23] פג̇מע עלי פְּעָלִים מת̇ל בגד בגדים. ומן הד̇א אלבנא איצ̇א ממא אעתל לאמה חרבה בכה[24] ואלצפה̈ פתי יאמין לכל דבר[25] אליא פיה בדל מן אלהא. ומן הד̇א אלבנא איצ̇א נרד וכרכם[26] לאני אחסבהא מכ̇פפה̈ מן בנא ארץ ואכ̇ואתהא ואיצ̇א ולא תשא עליו חטא[27] אלא אן אלאלף ליגה̈ ואיצ̇א ארד ונעמן[28] ולעל אכ̇תלאף חרכה̈ פאיה ג̇א מן אג̇ל אנה אלף. ורבמא כאן פֶּעֶל באסכאן אלעין בנא[a] מן אבניתהם אלת̇לאת̇יה̈ גיר מכ̇פף מן בנא ארץ בל בנא קאים בנפסה כ̇רג̇ עלי אלערבי. ויג̇י עלי פֶּעֶל משד̇ד אלעין מלעל מת̇ל קולהם ושם האחד סנה[29] אלה הדברים[30] ורבמא כאנת אלהא פי אלה זאידה̈. ויג̇י אלאסם אלת̇לאת̇י עלי

1 Ps. 55, 18. 2 Ex. 28, 26. 3 ib. 28, 8. 4 ib. 28, 38. 5 ib. 26, 20. 6 ib. 29, 40. 7 Lév. 1, 16. 8 ib. 13, 48. 9 ib. 25, 47. 10 II Sam. 12, 6. 11 ib. 12. 4. 12 Is. 9, 5. 13 ib. 56, 12. 14 Ex. 34, 6. 15 Ez. 17, 3. 16 Néh. 12, 5. 17 Ez. 35, 7. 18 Ex. 22, 8. 19 Deut. 3, 10. 20 Is. 48, 4. 21 Ex. 29, 40. 22 Jér. 8, 7. 23 Jug. 10, 4. 24 Ez. 10, 1. 25 Pr. 14, 15. 26 Cant. 4, 14. 27 Lév. 19, 17. 28 Nomb. 26, 40. 29 I Sam. 14, 4. 30 Ex. 35, 1.

פְֶעֶל מלרע ולא יכון אלא בארבע נקט אר֗א כאן סאלמא מת֗ל
תבץ[1] אסם מכאן ותבל אסם מן אסמא אלדניא· ורבמא כאן
מת֗לחמא ואין קול ואין קשב[2] אר֗ לם יכן עלי זנה֗ והקשיב קשב רב
קשב[3] ואנמא צאר אלקאף בקמץ גדול מן אג֗ל אלוקף ורבמא כאן
אסמא מן אסמא אלפאעלין ותכון תרג֗מתה ולא צות ולא מצית אי
ולא סאמע כאנ֗ה קאל לא נאטק ולא מסתמע· ואלצפה֗ הילל בן
שחר[4] *תרג֗מתה יא אי֗הא אלוצ֗ח אבן אלצבאח אי ד֗ו אלצבאח אן
שית יעני אלכוכב אלד֗י יכון בה אלצבאח והי אלמנזלה֗ אלתי יטלע
בה אלפג֗ר אעני אלתי תכון אלשמס אבדא קבל טלועהא פי
אלמנזלה֗ אלת֗אלת֗ה֗ מנהא ואנמא קיל לה ד֗ו אלצבאח לאנה ליסת
תברז אלינא בעדה קבל טלוע אלשמס מנזלה֗ אכ֗רי אר֗ אלמנזלה֗
אלתי בינה ובין אלשמס מסתתרה֗ תחת שעאע אלשמס[a]· ומן
אלמעת֗ל אללאם על כל גאה ורם[5] רעה דוד[6] אלא אנהמא בכ֗מס
נקט והמא צפתאן ואלאסם אלמחץ֗ חלפו עם אניות אבה[7]· ויג֗י עלי
פְֶעֶל מת֗ל זאב שכם והסנה איננו אכל[8] ויתחפש באפר[9] ואלצפה֗ אל
גוי שליו[10]· ורבמא כאן מכ֗פ֗פא מן שלו הייתי[11]· וידכ֗ל פי הר֗א
58. אלבנא תאנה֗ רבלה קח לך לבנה[12] תכלת שחלת ורבמא חר֗כוא
אול אלמת֗אל בקמץ חטף עלי סביל אלתפכ֗ים מת֗ל חרם ובית
ענת[13]· ויג֗י עלי פְֶעָל [מת֗ל] דבש פרת קנז[14] חדד[15] ותעל
השלו[16] כי הנה֗ הסתו עבר[17] בגדי השרד[18] נאחז בסבך בקרניו[19]
על ערש דוי[20] וישב דוד במצד[21] וירד הגבול משפם[22] אחרי הספר[23]
אין גחלת לחמם[24] יחכה יי֗ לחננכם[25] ופניך הלכים בקרב[26]· וידכ֗ל
פי הר֗א אלבנא עלטה קערה לטאה חטאה גדולה[27]· ויג֗וז אן
תדכ֗ל הר֗ה ואמת֗אלהא פי בנא אבק ועפר וידכ֗ל פיהמא שפטיה[28]
עזריה[29] חסדיה[30]· ויג֗י עלי פְֶעְלִי בכסר אלפא מת֗ל איתי בן
ריבי[31] חצרי הכרמלי[32] פערי הארבי[33] נחרי הבארתי[34] ואכ֗תלאף

[a] R. om.

[1] Jug. 9, 50. [2] II Rois 4, 31. [3] Is, 21, 7. [4] ib. 14, 12. [5] ib. 2, 12. [6] II Sam. 15, 37. [7] Job 9, 26. [8] Ex. 3, 2. [9] I Rois 20, 38. [10] Jér. 49, 31. [11] Job 16, 12. [12] Ez. 4, 1. [13] Jos. 19, 38. [14] Gen. 36, 11. [15] ib. 25, 15. [16] Ex. 16, 13. [17] Cant. 2, 11. [18] Ex. 39, 41. [19] Gen. 22, 13. [20] Ps. 41, 4. [21] I Chr. 11, 7. [22] Nomb. 34, 11. [23] II Chr. 2, 16. [24] Is. 47, 14. [25] ib. 30, 18. [26] II Sam. 17, 11. [27] Ex. 32, 30. [28] II Sam. 3, 4. [29] Jér. 48, 2. [30] I Chr. 3, 20. [31] ib. 11, 31. [32] II Sam. 23, 35. [33] ib. ib. [34] ib. 23, 37.

אלחרכה̈ רבמא כאן מן אג̇ל אלאחרף אלחלקיה̈. ואלצפה̈ מוכיח אדם אחרי חן ימצא[1] וסתרי תפסירה פי באבה מן כתאב אלאצול מן הד̇א אלדיואן[2] בחול אללה וסנד̇כרה איצ̇א פי הד̇א אלבאב פי גיר הד̇א אלמת̇אל מן אג̇ל אנפתאח פאיה. ויג̇י עלי פְּעַלְנָה מת̇ל חשבנה[3]. ויג̇י עלי פֶּעֱלָה מת̇ל בני חביה[4]. ויג̇י עלי פָּעָל מת̇ל אבק ועפר[5] דגן אטר ברד. ואלצפה̈ חכם רשע איש חלק[6]. וידכ̇ל פי הד̇א אלבנא דג ותשם בסד[7]. ואלצפה̈ רש עשה כף רמיה[8]. ויג̇י עלי פַּעַל באלתשדיד מת̇ל אכד וכלנה[9] מפדן ארם[10] ופנג ודבש[11] בני גזם[12] בני הרמכים[13] כרוב אדן[14]. וידכ̇ל פי הד̇א אלבנא בלהה בלחות אתנך[15] וקלסה[16] ואיצ̇א ונתתי יארים חרבה[17] מכל אשר בחרבה[18] אצלה אלתשדיד לולא אלרא. ומת̇ל הד̇א ענדי ישא מדברותיך[19] עלי זנה̈ בלחות צלמות[20] אלא אן בלהות מכפף אללאם ואצלה אלתשדיד. ואלצפה̈ גנב סלח האשפים[21] ולבי דוי[22]. וקד יט̇ן אן וחרש לא ימצא[23] וחרשים המה מאדם[24] מת̇ל גנב וגנבים ואנמא ימתנע אלתשדיד מן אג̇ל אלרא ואסתד̇לוא עלי ד̇לך באמתדאד חא חרשים באלקמצות פיקאל לולא אנה̈ עלי מת̇אל גנב וגנבים למא אמתד̈ אלחא באלקמץ בל כאן יכון עלי זנה̈ חכמים המה[25]. ואנא אקול אן אמתדאד אלחא מן חרשים באלקמץ ליס במאנע מן כון חרש עלי מת̇אל חכם וד̇לך באן יכון מד̇הבהם פי מד̈ אלחא מן חרשים באלקמץ כמד̇הבהם פי מד̈ שין שלישים וסין סריסים באלקמץ אלד̇ין אלאצל פיהמא אן יכונא בשבא לאנהמא ג̇מע שליש וסרים מת̇ל פליט ופליטים ושריד ושרידים. ואלדליל עלי אן הד̇א אללגה̈ פי סריסים ופי וסריסי המלך[26] קולה סריסי פרעה[27] בשבא. ואלברהאן אלקאטע עלי אן חרש עלי מת̇אל חכם ואן מד̇הבהם פי חרשים אלמד̇הב. אלד̇י ד̇כרתה לך קולה אבי גיא חרשים כי חרשים היו[28] בשבא ופתח
59. [פיהמא עלי אלאצל. וכד̇א אקול פי חרשי משחית[29] אן אלמדהב

[1] Pr. 28, 23. [2] Col. 36, 1. 2. [3] Néh. 10, 24. [4] ib. 7, 63. [5] Deut. 28, 24. [6] Gen. 27, 11. [7] Job 13, 27. [8] Pr. 10, 4. [9] Gen. 10, 10. [10] ib. 25, 20. [11] Ez. 27, 17. [12] Es. 2, 48. [13] Esth. 8, 10. [14] Es. 2, 59. [15] Ez. 26, 21. [16] ib. 22, 4. [17] ib. 30, 12. [18] Gen. 7, 22. [19] Deut. 33, 8. [20] Job 24, 17. [21] Dan. 1, 20. [22] Lam. 1, 22. [23] I Sam. 13, 19. [24] Is. 44, 11. [25] Jér. 4, 22. [26] Est. 6, 2. [27] Gen. 40, 7. [28] I Chr. 4, 14. [29] Ez. 21, 36.

פיה כאלמדהב פי חדה ואלדליל עלי דלך קולה יועץ וחכם חרשים[1] בשבא ופתח][a] תחת אלחא· ויגי עלי פָּעֵל מתל ענר ונמר וחצר גרב היתרי[2] על גבעת גרב[3] יוחנן בן קרח[4] או בגזל[5] ולכתף השנית[6] גדר מזה וגדר מזה[7] מנעי רגלך מיחף[8] בני פסח[9] מלוש בצק[10] בני אטר[11] אצל בנו[12]· ואלצפה ערום ויחף[13] מקל שקד[14] ובשל מבשל[15] [וכל יאמר שכן][16] כל שמן[17] כבד מאד[18]· וידכל פי הדא אלבנא ואת עלמת ואת מגרשיה[19] ויהועדה הוליד את עלמת[20]· וידכל פיה איצא [אברה חשבה טרפה והו ימאתל איצא תאנה ודבלה· וידכל פיה איצא][b] קהלתה[21] אסם מכאן לאן אלמדהב פי קהלתה כאלמדהב פי ישועתה ועיפתה וגירהמא· ורבמא כאן נד אחד[22] עט סופר[23] ועץ ארז[24] מעתלה אלעין מן הדא אלבנא אלא אני לא אקטע בדלך לעדם אלאשתקאק פיהא· ומן הדא אלבנא מֵת ומא אשבהה והו צפה ואצלה מָוֵת עלי זנה כל שמן[25]· ויגי עלי פַּעֵל משדד אלעין מתל ובית פצץ[26] את כלי השרת[27] אלאצל פי אלרא אלתשדיד לאן פעלה תקילי· ואלצפה ושבח אני את המתים[28] ומתלה אם מאן אתה[29] קרוב ומהר מאד[30] אלאצל פיהמא אלתשדיד לאנהמא מאכודאן מן פעלין תקילין אעני מאן בלעם[31] והאיש מהר[32] ולגתה כלהא תקילה אעני לגה סַהֵר אלא קולהם ירבו עצבותם אחר מהרו[33] ועסי אן יכון ומהר מאר מנה· וידכל פי הדא אלבנא אדרת שער[34] דלקת[35] יבלת[36] ועל דבשת גמלים[37] ילפת[38] ושחפת[39] ואלאצל פיה אלתשדיד וכדלך פי קרחת[40] [אנפתח אלרא פיה][c] מן אגל אלחא וכדלך אלפא פי צפחת המים[41] ואללאם פי בצלחת[42]· ואלצפה תהי נא אזנך קשבת[43] וגאיז אן יכון קשבת מן באב גנב וסלח ומתלה ועל שפתיו כאש צרבת[44]

[a] M. om., supplée d'aprés R. [b] M. om.. supplée d'après R. [c] M. om., supplée d'après R. qui ajonte: וכן בפתחה הדלת בקרחת בעבור החית

[1] Is. 3 3. [2] II Sam. 23, 38. [3] Jér. 31, 38. [4] II Rois 25, 23. [5] Lev. 5, 21. [6] Ex. 27, 15. [7] Nomb. 22, 24. [8] Jér. 2, 25. [9] Es. 2, 49. [10] Os. 7, 4. [11] Es. 2, 16. [12] I Chr. 8, 37. [13] Is 20, 2. [14] Jér. 1, 11. [15] Ex. 12, 9. [16] Is. 33, 24. [17] Jug. 3, 29. [18] Ex. 10, 14. [19] I Chr. 6, 45. [20] ib. 8, 36. [21] Nomb. 33, 22. [22] Jos. 3, 13. [23] Ps. 45, 2. [24] Lév. 14, 4. [25] Jug. 3, 29. [26] Jos. 19, 21. [27] Nomb. 4, 12. [28] Eccl. 4, 2. [29] Ex. 10, 4. [30] Zeph. 1, 14. [31] Nomb. 22, 14. [32] I Sam. 4, 14. [33] Ps. 16, 4. [34] Gen. 25, 25. [35] Deut. 28, 22. [36] Lév. 22, 22. [37] Is. 30, 6. [38] Lév. 21, 20. [39] Deut. 28, 22. [40] Lév. 13, 42. [41] I Sam. 26, 11. [42] Prov. 19, 24. [43] Néh. 1, 6. [44] Prov. 16, 27.

גא באלקמץ לאנה פי סוף פסוק ותפסירה כאש בוערת לאן תרגום והיתה לבער[1] ויהא[a] לצרבא ואן כאן מד̇הבנא נחן פי לבער גיר הד̇א. ויגי עלי פֶּעֶל מלעל בקמצות אלפא ובסגול תחת אלעין מת̇ל און יחשב על משכבו[2] לא תעשו עול[3] ויבתר אתם בתוך[4] ורבמא כאן מקבוצ̇א מן באב ענר ונמר וקד ד̇כר אבו זכריא[5] הד̇ה אלג̇ אלאלפאט̇ ונחן נציף אליהא לפט̇ה̈ ראבעה̈ והי מות וחיים ביד לשון[6]. ויגי עלי פֶּעָל מלרע מת̇ל קדר[7] יהונדב בן רכב[8] והצלעות צלע אל צלע[9] וחמר ושכר וענב בכשיל וכילפות[10] כל בן נכר[11] ומיד בן נכר[12] תפסירה ד̇ו כ̇לאף אי ד̇ו כ̇לאף ען מד̇הבהם ומת̇לה ויסר את מזבחות הנכר[13] אי מד̇אבח אלכ̇לאף ען עבאדה̈ אללה[b]. עם[c] אלהי נכר[14] ובעל בת אל נכר[15] ולא תשתחוה לאל נכר[16] [ואלצפה̈] נצבה שגל לימינך[17]. ויגוז אן יכון מן הד̇א אלבאב זאת נחמתי 80. בעניי[18]. ויגי עלי פֶּעָל משד̇ד אלעין מת̇ל גחלים בערו ממנו[19] לולא אן אלאצל פיה אלתשדיד לכאן אלג̇ים בשבא מת̇ל והצלעות צלע אל צלע[20]. ואלצפה̈ בנים כחשים[21] ורבמא אכ̇תלפת חרכה̈ אלג̇ים ואלכאף מן אג̇ל אלחא ולם יכן אצלה אלתשדיד כמא קיל פי ג̇מע נאצה נאצות גדולות[22] מן אג̇ל אלאלף ואיצ̇א שמעתי את כל נאצותיך[23] כמד אלנון ואלאלף. ויגי עלי פִּיעָל בזיאדה̈ יא ורבמא כאן ד̇לך ללאלחאק בפעלל אלרבאעי *מת̇ל גזבר וטפסר וד̇לך[d] מת̇ל היכל יי[24] ויבן חיכלות[25] עילם ואשור[26] את עיבל ואת אבימאל[27] ורבמא כאן יא עיבל בדלא מן ואו עובל[28]. ויגי עלי פִּיעָל בחרק וביא ללאלחאק איצ̇א מת̇ל עירד[29] אסם רג̇ל אלוף עירם[30]. ויגי עלי פִּיעָל ביא ללאלחאק איצ̇א מת̇ל ואת חילן ואת מגרשיה[31]. ויגי עלי פִּעָל באלתשדיד מת̇ל ויצר ושלם[32] והדבר אין בהם[33] הלא את הקטר[34] כסא שן[35] בן אמר[36] בני גדל[37].

[a] R. ויהון [b] Dans M. se lit ici le mot ואלצפה̈, lequel est omis devant נצבה שגל
[c] Cf. Ousoul col. 485, l. 28. Mais il faudrait biffer עם aux deux endroits. [d] R om.

[1] Is. 6, 13. [2] Ps. 36, 5. [3] Lév. 19, 35. [4] Gen. 15, 10. [5] N. p. X. [6] Prov. 18, 21. [7] Gen. 25, 13. [8] II Rois 10, 15. [9] Ez. 41, 6. [10] Ps. 74, 6. [11] Ex. 12, 43. [12] Lév. 22, 25. [13] II Chr. 14, 2. [14] Jos. 24, 20. [15] Mal. 2, 11. [16] Ps. 81, 10. [17] ib. 45, 10. [18] ib. 119, 50. [19] II Sam. 22, 9. [20] Ez. 41, 6. [21] Is. 30, 9. [22] Néh. 9, 18. [23] Ez. 35, 12. [24] Jér. 7, 4. [25] Os. 8, 14. [26] Gén. 10, 22. [27] I Chr. 1, 22. [28] Gen. 10, 28. [29] ib. 4, 18. [30] ib. 36, 43. [31] I Chr. 6, 43. [32] Gen. 46, 24. [33] Jér. 5, 13. [34] ib. 44, 21. [35] I Rois 10, 18. [36] I Chr. 9, 12. [37] Es. 2, 47.

ואלצפהֿ עור ופסח[1] איש אטר יד ימינו[2] או גבן או דק[3] דור עקש
ופתלתל[4] אשר ארחותיהם עקשים[5] על שלשים ועל רבעים[6] ומן
הדֿה אלבניהֿ ענדי הַמאנים לשמע את דברי[7] סעפים שנאתי[8] עלי
זנהֿ העורים והפסחים[9]. וידכֿל פי הדֿא אלבנא ים כנרת[10] יפרש
אולת[11]. ויגֿי עלי פֻעֵל באלתשדיד מתֿל לאסר אסר[12] בני גבר[13].
ואלצפהֿ הנני יסד בציון אבן[14] אכר וצמדו[15]. וקד גֿא הדֿא אלמתֿאל
באלעין פי מוצֿע אלפא מתֿל כברי. ואן קיל אן גחלים בנים כחשים
מן הדֿא אלמתֿאל עלי זנהֿ כברים ויכון אכֿתלאף חרכהֿ אלגֿים
ואלכאף מן אגֿל אלחא פלא צֿיר. ויגֿי עלי פֻעֵל מלעל מתֿל בקר
אערך[16] עצי גפר[17] רתם אחד[18] נפך ספיר[19] קשט סלה[20] בבגדי
חפש לרכבה[21]. וידכֿל פי הדֿא אלבנא צרעהֿ ואשתאול[22] וקרחה[23]
וכרות שפכה[24] אני חכמה שכנתי ערמה[25] או חפשה[26] וחמטה
וקרית ארבע[27] טמאה[28] לחמלח עליך[29] מלוש בצק עד חמצתו[30]
לאן אלתאניתֿ דאכֿל עלי אלתדֿכיר. ויגֿוז אן אקול פי קֹשְׁטְ אמרי
אמת[31] מתֿל מא קלתה פי גרד וכרכם[32] אעני אנה מכֿפף מן קֹשֶׁט
סלה[33] ואן פֻעֵל איצֿא מצֿמום אלפא סאכן אלעין [ואללאם] מתֿאל מן
אלאמתֿלהֿ אלתלאתֿיהֿ גיר מכֿפֿף כמא קלת איצֿא פי גרד וכרכם.
ומתֿל קשט אמרי אמת מן אלמעתֿל תהו ובהו[34] תחו בן צוף[35] אלא
אנֿהם אלאגוא אללאמאת והי אלואואת וחרֿכוא אלעינאת מנהא
באלשרק ללדלאלהֿ עלי אלואואת אלליגהֿ לאן אלצֿם מן אלואו וכאן
דֿלך אכֿףֿ ענדהם מן סכון אלעינאת וטֿהור אללאמאת מע סכונהא
ולמא חרֿכוא אלעינאת אמתֿרת אלקמצות אלתי כאנת פי אלפאאת
כמא הי פי קאף קשט אמרי אמת פצארת חלם. ואלאחסן ענדי פי 61.
קשט אמרי אמת אן יכון מֻכֿפֿפא מן קשט סלה ואנה למא כֿפֿפוה אי
אסכנוא עינה אנצֿגט אלחלם וצאר קמץ גדול. וכדֿלך אלאחסן ענדי
פי תהו ובהו תחו בן צוף אן תכון מן באב בקר אערך לך פלמא
אלגֿוא אלואואת חרֿכוא מא קבלהא באלצֿם ללדלאלהֿ עליהא.

[1] II Sam. 5, 8. [2] Jug. 3, 15. [3] Lév. 21, 20. [4] Deut. 32, 5. [5] Prov. 2, 15. [6] Ex. 20, 5. [7] Jér. 13, 10. [8] Ps. 119, 118. [9] II Sam. 5, 6. [10] Nomb. 34, 11. [11] Prov. 13, 16. [12] Nomb. 30, 3. [13] Es. 2, 20. [14] Is. 28, 16. [15] Jér. 51, 23. [16] Ps. 5, 4. [17] Gen. 6, 14. [18] I Rois 19, 4. [19] Ex. 28, 18. [20] Ps. 60, 6. [21] Ex. 27, 20. [22] Jos. 19, 41. [23] Lév. 21, 5. [24] Deut. 23, 2. [25] Prov. 8, 12. [26] Lév. 19, 20. [27] Jos. 15 54. [28] Nomb. 5, 19. [29] Ex. 16, 5. [30] Os. 7, 4. [31] Prov. 22, 21. [32] Cant. 4 14. [33] Ps. 60, 6. [34] Gen. 1, 2. [35] I Sam. 1, 1.

וג̇איז ענדי איצ̇א פי תחו בן צוף תחו ובהו אן תכון אלואואת פיהא זאידה̈ ואן תכון לאמאתהא סאקטה̈ ויכון תהיו בהיו עלי מת̇אל טזריקם בכרו[1] פיכון פעלו מת̇אלא מן אמת̇לה̈ אלאסמא אלת̇לאת̇יה̈· ואמא נרד וכרכם פאלאחסן פיה אן יקאל אנה מת̇אל מא מת̇ל ארד ונעמן· ומן בנא בקר אערך לך ענדי עור ואות וכוש ופוט[2] ואת השומים[3] אלא אן עינאתהא אעתלת פאג̇תמע סאכנאן ליגאן אלואו אלמזידה̈ ללמד מן פעל ואלואו אללינה̈ אלתי הי אלעין פחד̇פוא אלואו [אלזאידה̈ ובקת אלואו][a] אלד̇י הי עין אלאסם· והכד̇א ערץ̇ פי גיד וסים ומא אשבההמא מן באב ארץ אעני אנהם אסכנוא אלעינאת ואעלוהא· ומן אלדליל עלי אן אות וכוש ומא אשבההמא מן באב בקר אערך לך קולהם פי ג̇מע שור שורים זבחו[4] ופי ג̇מע והכה בכיור או בדוד[5] בסירות ובדודים[6] פג̇מעא עלי מת̇אל לבקרים אצמית[7] אלד̇י הו ג̇מע בקר ועלי מת̇אל כפרים[8] אלד̇י הו ג̇מע אשכל הכפר[9]· ומן באב קשט אמרי אמת גוי אחד בארץ[10] אוי לך מואב[11]· ויג̇י עלי פועל מלרע מת̇ל שורק[12] ואת כל עורב[13] רב החובל[14] זוחת ובן זוחת[15]· וג̇איז ענדי אן יכון ואת היותר החרמנו[16] אסמא לא פאעלא· ודכ̇ל פי הד̇א אלבנא החתמת והפתילים[17] היתרת[18] לאן אלתא הנא בדל מן הא פאן הד̇א אלמת̇אל קד ג̇א בזיאדה̈ אלהא קיל ולשרקה בני אתנו[19] ואלתאנית̇ דאכ̇ל עלי אלתד̇כיר· ומת̇לה כי תועבה היא[20] צנה וסחרה אמתו[21] ומנה סוללה[22] והו צפה̈ גאלבה̈· ואלצפה̈ חותן משה[23] יותר ממני[24] עולל ויונק[25]· ורבמא כאן סחרה צפה̈ גאלבה̈· ויג̇י עלי פועל ופועל בחלם ובשרק כ̇פיפא מת̇ל לוטן ושובל[26] ארדת ושובל ועובל[27] האמונים עלי תולע[28] שופר שועל עוגב חושם[29] גוזל כומז בן צוער[30] ויתנהו בסוגר[31] פי קראה̈ בן אשר לאן בן נפתלי יקרוה מלעל· ורבמא כאן ואהלים כאשר המה[32] וישכר באהליך[33] איש לאהליו[34]

[a] M. om., suppléé d'après R.

[1] I Chr. 8, 38. [2] Jér. 46, 9. [3] Nomb. 11, 5. [4] Os. 12, 12. [5] I Sam. 2, 14. [6] II Chr. 35, 13. [7] Ps. 101, 8. [8] Cant. 4, 13. [9] ib. 1, 14. [10] II Sam. 7, 23. [11] Nomb. 21, 29. [12] Jér. 2, 21. [13] Deut. 14, 14. [14] Jon. 1, 6. [15] I Chr. 4, 20. [16] I Sam. 15, 15. [17] Gen. 38, 25. [18] Ex. 29, 13. [19] Gen. 49, 11. [20] ib. 43, 32. [21] Ps. 91, 4. [22] II Sam. 20, 15. [23] Ex. 18, 1. [24] Esth. 6, 6. [25] Lam. 2, 11. [26] Gen. 36, 20. [27] ib. 10, 28. [28] Lam 4, 5. [29] I Chr. 1, 45. [30] Nomb. 1, 8. [31] Ez. 19, 9. [32] II Rois 7, 10. [33] Deut. 33, 18. [34] Jug. 7, 8.

מן הדֿא אלצֿרב׳ וממא יוכّד הדֿא אלטֿן קולהם כי באהלים תשבו[1] פי גֿמע אהֶל עלי זנהٌ חרש וחרשים פיגֿב עלי הדֿא אן יכון ואהלים באשר חמה עלי זנהٌ עוללים שאלו לחם[2] ואן יכון אלואחד אוהֶל עלי זנהٌ שופר ועולל שפך על עולל[3]. והדֿא הו אלקיאס פי באהליך ואיצֿא איש לאהליו עלי זנהٌ על גוזליו ירחף[4] ולולא הדֿא למא כאן ואהלים באהליו לאהליך כל כאן יכון מתֿל כי באֳהָלים תשבו לחדשיו יבכר[5]. ומן הדֿא אלמתֿאל וארות לכל בחמה ובהמה[6]׳ ואלצפהٌ 62. לב הותל[7] ואן כאן פתח עורי לאבן דומם[8] טוב ויחיל ודומם[9] אילכה שולל[10] עולל להכרית מחוץ[11] כתאנים השערים[12] ורגֶל מועדת[13] כהם יוקשים בני האדם[14]. ויגֿי עלי פוּעֵל מתֿל ויעבר אלישע אל שונם[15]. ויגֿי עלי פֻּעֵל בצרי איצֿא ומשדّד מתֿל ואת אזן שארה[16]. וידכֿל פי הדֿא אלבנא כסמת[17] קבעת[18]. ויגֿי עלי פֻּעֵל משדّד מתֿל והנה סלם[19] חפר גומץ[20]. ואלצפהٌ מעשה ידי אמן[21] והסנה איננו אכל[22] לקח מאתך[23] לנער היולד[24]. וימכן אן יכון לב הותל[25] מן הדֿא אלבנא ויכון אצלה אלתשדיד פכّפّף כמא כّפّף פעלה והו התל בי[26] ואצלה אלתשדיד לאנה מן ויהתל בהם אליהו[27]. וליס כון לב הותל פתח במאנע מן כונה מתֿל דומם או מתֿל ידי אמן כמא אן [כון] יון תובל ומשך[28] והו עלי זנהٌ לב הותל פתח פי רואיהٌ בן אשר גיר מאנע לה מן אלאסמיהٌ ואלכון מן באב שועל ועוגב וחושם וכומז בן צוער אלקמצין. ואלצפאת אסמא איצֿא אלא אנהא אסמא משתקّהٌ מן אעראצֿ. ויגֿי עלי פֻּעֵיל מלרע מתֿל צעיף וסדין ישבת שפיר[29] הלכי רכיל[30] ורביד על גרונך[31] בחריש ובקציר[32] וחג האסיף[33]. ומן הדֿא אלמתֿאל צפה הצפית[34] אלתא בדל מן אלהא אלדֿי הו לאם אלפעל כמא קאלוא ובנותיו בשבית[35] פאבתדלוא מן הא שבה תא[a] וקאלוא ויעברו ימי בכיתו[36]. ואלצפהٌ איש שעיר[37] אם שכיר הוא[38] שריד ופליט[39] בליל

[1] Jér. 35, 7. [2] Lam. 4, 4 [3] Jér. 6, 11. [4] Deut. 32, 11. [5] Ez. 47, 12. [6] II Chr. 32, 28. [7] Is. 44, 20. [8] Hab. 2, 19. [9] Lam. 3, 26. [10] Mi. 1, 8. [11] Jér. 9, 20. [12] ib. 29, 17. [13] Prov. 25, 19. [14] Eccl. 9, 12. [15] II Rois 4, 8. [16] I Chr. 7, 24. [17] Ex. 9, 32. [18] Is. 51, 17. [19] Gen. 28, 12. [20] Eccl. 10, 8. [21] Cant. 7, 2. [22] Ex. 3, 2. [23] II Rois 2, 10. [24] Jug. 13, 8. [25] Is. 44, 20. [26] Gen. 31, 7. [27] I Rois 18, 27. [a] Gen. 10, 2. [29] Mi. 1, 11. [30] Jér. 6, 28. [31] Ez. 16, 11. [32] Ex. 34, 21. [33] ib. 34, 22. [34] Is. 21, 5. [35] Nomb. 21, 29. [36] Gen. 50 4. [37] ib. 27, 11. [38] Ex. 22, 14. [39] Jér. 42, 17.

חמיץ[1] ואם איש עני הוא[2] וזנה פעיל אליא מנקלבה מן הא ללין אלהא ואנכסאר מא קבלהא ויא אלמד כפיה בין אלנון ואליא· ויגי הדא אלמתאל פי מא כאן עינה מן חרוף אלעלה מקבוצא עלי זנה פֻעֻל מלעל מכסור אלעין כמא גא ותרץ את גלגלתו[3] מקבוצא מן ותריץ[4]· ורבמא לם יכן מקבוצא מן פעיל בל קד כאן בנא מן אבניתהם לאנהם קד יכתצון אלמעתל באלבנא ולא[a] יכון פי אלצחיח· ואלעינאת פי הדא אלמתאל מצחחה מתל זית ושית ויין ואיל ועיט ועיש וקיץ· ורבמא כאנת אלכסרה פי ותרץ עוצא מן סגול· ויגי עלי פַעִיל משדד אלעין מתל פטיש לפיד ספיר בבשיל וכילפות[5] בני חטיל[6]· וידכל פי הדא אלבנא כצפיחת ברבש[7]· ואלצפה וצי אדיר[8] הן אל שגיא[9] אביר כביר העיר העליזה[10] עליזי גאותך[11]· ויגי עלי פְעִיל מכסור אלפא משדד אלעין מתל אשר נתנו חתיתם בארץ חיים[12] כי נתן חתיתם[13]· וגאיז אן יכון וזנה פְעָלִית עלי אן תכון שדה אלתא לאנדגאם אלתא אלתי הי עין אלפעל פיהא אלא אנה למא קיל כי נתן חתיתם בלגה אלתדכיר כאן אלאגוד אן יקאל [אן וזנה 63. פעיל לא פעלית· וגאיז אן יקאל][b] פי גלת עלית[14] אן וזנה פעיל איצא עלי אן תכון אלתא בדלא מן הא עלה כמא קלנא פי צפה הצפית[15] ויכון אלמדהב פי עליות[16] עלי הדא אלתלכיץ כאלמדהב אלדי דכרנאה פי מלכיות. אעני [אן] תכון אליא אלשדידה מקאם יאין אחדאהמא יא אלמד ואלתאניה בדל מן תא עלית ויכון וזנה פְעִילוֹת· וידכל פי הדא אלבנא בצפיתנו צפינו[17] יא אלמד מנדגמה פי אליא אלמנקלבה מן אלהא אלתי הי לאם אלפעל· ויגי עלי פְעִיל בשבא תחת אלפא מתל מעיל חזיר שחין רביר בליל חמיץ[18] חנית כפיר ובנותיו בשבית[19] אלתא בדל מן אלהא אלדי הו לאם אלפעל ואמא קולהם בשבי ילכו[20] פאלקול פיה כאלקול אלמתקדם פי ואם איש עני הוא[21]· וידכל פי הדא אלבנא קשיטה שמיכה כפירה ובארות[22]· ויחסן אן יכון מן הדא אלבנא ארי וצבי וגדי

[a] R. שלא [b] M. om., suppléé d'après R.

[1] Is. 30, 24. [2] Deut. 24, 12. [3] Jug. 9, 53. [4] Ps. 68, 32. [5] ib. 74, 6. [6] Ez. 2, 57. [7] Ex. 16, 31. [8] Is. 33, 21. [9] Job 36, 26. [10] Zeph. 2, 15. [11] ib. 3, 11. [12] Ez. 32, 24. [13] ib. 32, 25. [14] Jug. 1, 15. [15] Is. 21, 5. [16] Jos. 15, 19. [17] Lam. 4, 17. [18] Is. 30, 24. [19] Nomb. 21, 29. [20] Jér. 30, 16. [21] Deut. 24, 12. [22] Jos. 9, 17.

ויסתדל עלי דלך מן קולהם פי אלאנתי תאמי צביה[1] וגדיה עלי זנה פְעִילָה באנדגאם יא אלמד פי יא אלאצל ורעי את גדיותיך[2]. ואמא קולה אֲרָיִים וצבָיִים וגדָיִים ואֲרָיות פעלי חדף יא אלמד מן אלואחד. ואלצפה הוה גביר[3]. ויגי עלי פְעִיל בצרי תחת אלפא מתל הר שעיר[4] משולם חזיר[5] לוי ויהודה[6] שמעי ורעי[7]. ויגי עלי פוֹעִיל מתל ואט אליו אוכיל[8] אופיר[9] אוביל[10] דוכיפת[11] ולא דמיה לי[12] יא אלמד מנדגמה פי אליא אלתי הי לאם אלפעל ומתלה תושיה ואיצא תופיני[13] ואיצא תומיך גורלי[14] עלי מרחב מנת חלקי וכוסי[15]. ואלצפה לך דמיה תחלה[16] פריח וענפח[17]. ויגי עלי פְעְלָל מצאעף אללאם ללאלחאק בגזבר מתל פרחח[18] וחי צפה. [ויגי עלי פְעְלוּל מצאעף אללאם מתל ופעלו לניצוץ[19] ריח ניחוח[20]][a].

ויגי עלי פְעְלוּל בפתח אלפא מצאעף אללאם מתל ונאפופיה[21] קבצו פארור[22] לאנה מן פאר ואן לאנת אלאלף ואלמדהב פיה באלמדהב פי וכוכבים אספו נגהם[23] כמא קד דכרת פי אלמסתלחק[24]. ואיצא ראיתי שערורה[25] שערורית עשתה[26]. ואלצפה הרים גבנונים[27] וגאיז אן יכון גבנונים פְעְלוּנִים. ויגי הדא אלמתאל משדדא מתל כמו שבלול[28]. ויגי עלי פְעְלוּל מתל חבקוק. ויגי עלי פְעְלִיל מצאעפא מתל סגריר[29] ואלצפה חכלילי עינים[30]. ויגי עלי פְעְלָל מצאעפא מתל אמלל[31] והו צפה. ויגי עלי פְעְלֶה מתל עליו עלפה[32] לאנה מן ותך וגו ויתעלף[33] תתעלפנה הבתולות[34] [והו צפה][b]. ומתלה תפתה[35] לאנה מן ותפת לפנים אהיה[36] והו אסם וקד לכצנא הדא פי כתאב אלאצול[37]. ויגי עלי פְעְלֶה בכסר אלפא מתל תחת אלון ולבנה[38] מקל לבנה[39] הו אללבני ואללבני שגר עטים אלסאג [ורבמא כאן מתלה אריה טרף[40]][c]. ואלצפה צחה צמא[41] ולולא אלחא לטהר אלתשריד ללאנדגאם לאנה מן 64.

[a] Suppléé d après R. [b] Suppléé d'après R. [c] Suppléé d'après R.

[1] Cant. 7, 4. [2] ib. 1, 8. [3] Gen. 27, 29. [4] Deut. 2, 1. [5] Neh. 10, 20. [6] Ex. 1, 2. [7] I Rois 1, 8. [8] Os. 11, 4. [9] Gen. 10, 29. [10] I Chr. 27, 30. [11] Lév. 11, 19. [12] Ps. 22, 8. [13] Lév. 6, 14. [14] Ps. 16, 5. [15] ib. ib. [16] ib. 65, 2. [17] Ez. 19, 10. [18] Job 30, 12. [19] Is. 1, 31. [20] Lév. 1, 9. [21] Os. 2, 4. [22] Joél 2, 6. [23] ib. 4, 13. [24] Opuscules p. 102. [25] Jér. 23, 14. [26] ib. 18, 13. [27] Ps. 68, 16. [28] ib. 58, 9. [29] Prov. 27, 15. [30] Gen. 49, 12. [31] Is. 16, 8. [32] Ez. 31, 15. [33] Jon. 4, 8. [34] Am. 8, 13. [35] Is. 30, 33. [36] Job 17, 6. [37] Col. 769, l. 10 à 17. [38] Os. 4, 13. [39] Gen. 30, 37. [40] Nah. 2, 13. Is. 5, 13.

צחיחה[1]. ורבמא כאן מת̇לה אשה ריח ניחוח ליי̈[2] והו אסם. ויג̇י עלי פָעוּל בחלם מת̇ל ערב כבד[3] בחון נתתיך בעמי[4] לאגורת כסף[5]. ואלצפה̈ נקוד וטלוא[6] ויתום וחסון הוא[7] מדוע אדום[8] ערום שאול[9]. ויג̇י עלי פָעוּל בשרק מת̇ל ויחנו באלוש[10] חמול[11] ממשק חרול[12] ואלדליל עלי אן חרול מן הד̇א אלמת̇אל לא מן אלמת̇אל אלמשדד אעני תנור ועמוד כמא יט̇ן קום קולהם פי אלג̇מע חרלים[13] בתחריך אלחא בשבא ופתח ולו כאן אלאצל פי אלרא אלתשדיד לכאנת חרכה̈ אלחא באלפתח מת̇ל עמודים תנורים או באלקמצות מן אג̇ל אמתנאע אלתשדיד בסבב אלרא. ואלצפה̈ שרוע וקלוט[14] נקוד וטלוא[15] והנחש היה ערום[16] מחשבות חרוץ[17]. וידכ̇ל פי הד̇א אלבנא ענות גבורה[18] ענות חלושה[19] הגמולה הזאת[20] ורבה העזובה[21]. ויג̇י מן אלמעתל [אללאם] מכ̇פפא מקבוצ̇א מת̇ל ותרעינה באחו[22] אצלה אן יכון עלי זנה̈ פעול פכ̇פף וג̇איז אן יכון גיר מכ̇פף מן פעול בל עלי זנה̈ ארד ונעמן[23] פאלינת אלואו וחד̇ף מא קבלהא באלצ̇ם ליכון דאלא עלי אלואו אללינה̈ לאן אלצ̇מה̈ מן אלואו וג̇איז איצ̇א אן יכון בנא קאימא בנפסה עלי גיר בנא ארד ונעמן ולא מכ̇פפא איצ̇א מן פעול. ויג̇אנס הד̇א אלבנא [אעני בנא פעול ובית לבאות ושרוחן[24] וזנה פָעוּלֶן. ויג̇י עלי פָעוּל בחלם ובשרק מכסור אלפא משדד אלעין מת̇ל בגור צפור כיור צנור קמוש וחוח[25] פגול הוא[26] הקשואים[27] עד קירות הספון[28] שקוץ שמם[29] לשום חתול[30] צפוי למזבח[31] ותרבי רקוחיך[32] יצילוך קבוציך[33] ואשלם נחומים[34]. ומן הד̇א אלמת̇אל וכראש שבלת ימלו[35]. וקד אסקטוא הד̇א אלואו פי אלג̇מע ודלוא עליהא באלקמצות פי קולהם שבע שבלים[36] וגירה ורבמא חד̇פוא אלקמצות אסתכ̇פאפא כמא צנעוא פי שבלי הזיתים[37] ורבמא כאן ד̇לך ללפרק. ואלצפה̈ גבור ושכור כל הבן הילוד[38] בני שכליך[39] לשמע כלמודים[40] למודי יי̈[41]. וקד ד̇הבנא פי עָרום אלד̇י הו צפה̈ [עלי] מד̇הבין אחדהמא אן יכון

[1] Ps. 68, 7. [2] Lév. 2, 2. [3] Ex. 8, 20. [4] Jér. 6, 27. [5] I Sam. 2, 36. [6] Gen. 30, 32. [7] Am. 2, 9. [8] Is. 63, 2. [9] Job 26, 6. [10] Nomb. 33, 13. [11] Gen. 46, 12. [12] Zeph. 2, 9. [13] Prov. 24, 31. [14] Lév. 22, 23. [15] Gen. 30, 32. [16] ib. 3, 1. [17] Prov. 21, 5. [18] Ex. 32, 18. [19] ib. ib. [20] II Sam. 19, 37. [21] Is. 6, 12. [22] Gen. 41, 2. [23] Nomb. 26, 40. [24] Jos. 19, 6. [25] Is. 34, 13. [26] Lév. 19, 7. [27] Nomb. 11, 5. [28] I Rois 6, 15. [29] Dan. 12, 11. [30] Ex. 30, 21. [31] Nomb. 17, 3. [32] Is. 57, 9. [33] ib. 57, 13. [34] ib. 57, 18. [35] Job 24, 24. [36] Gen. 41, 5. [37] Zach 4, 12. [38] Ex. 1, 22. [39] Is. 49, 20. [40] ib. 50, 4. [41] ib. 54, 13.

מן הדֿא אלבאב אלמשדּד ידל עלי דֿלך קולהם פי אלגֿמע כּי עֵרֻמִּים הם[1] כּאבּקא חרכּה אלעין בחסבהא ואלתֿאני אן יכון מתֿל עָרוֹם שאול[2] ואן אכֿתלפת אלחרכּה כּמא כּאן כּי נעור ממעון קדשו[3] מתֿל נאור אתה אדיר[4] פי קול אבי זכריא[5] ומתֿל ולא יכול יוסף להתאפק[6] פי קולנא נחן. ואמא ומאה צמוקים[7] פצפּה גֿאלבּה. וידכֿל פי הדֿא אלבנא בקרת תהיה[8]. ויגֿי בזיאדה נון עלי הדֿא אלמתֿאל מתֿל 65. בצפרן שמיר[9]. ויגֿי עלי פֻּעוּל מכֿפּפא בחלם ובשרק מתֿל אפוד בד[10] ואזור עור[11] בית האסור[12] אטון מצרים[13] אבוס בר[14]. וימכן אן יכון מתֿלהא ובעירום ובחסר כל[15]. ואלצפּה כּי עירום אנכי[16] בנים לא אמון בם[17] אמונים נצר יי[18]. וקד גֿא הדֿא אלמתֿאל מקבוצֿא מעתֿל אללאם ודֿלך קולהם ללמוצֿע שכו עד בור הגדול אשר בשכו[19]. ויגֿי עלי פַּעוּל מפתוח אלפא משדּד אלעין בחלם ובשרק מתֿל עשה הרתוק[20] וכמון יזרק[21] טבור הארץ[22] הקטפים מלוח[23] והו פי מא אטֿן אסם ללנבאת אלדֿי יקאל לה באלערביה אלמלּאח והו מלח אלטעם פי קול אבֿו אלרואה. תנור וכירים[24] חמוקי ירכיך[25] חנניה בן עזור[26]. וידכֿל פי הדֿא אלבנא חבורה תחת חבורה[27] ובשנת בצרת[28] ועשית כפרת[29] ועשית פרכת[30] לולא אלרא לשדּ. ואלצפּה ובטחות למרגיזי אל[31] אלתקדיר ומשכנות בטוחות למרגיזי אל עלי מדֿהב ובמשכנות מבטחים[32] רחום וחנון יי[33] אל קנוא ונקם יי[34] אלוף נעורי[35] תחיינה אוניך קשבות[36] כדוב שכול[37] ותהיינה נשיהם שכלות[38] חלקי אבנים[39]. ורבמא גֿאנס הדֿא אלבנא ושרוחן[40] וכאן אמתנאע אלתשדיד מן אגֿל אלרא. ויגֿוז אן יעדּ מן הדֿא אלבנא בחור ובתולה[41] לאמתנאע תגייר באיה ענד אלגֿמע ואלאצֿאפּה ואמא בחורי ישראל[42] פמפעול לא צפּה והו פי מעני אכֿד אי כֿירה ישראל והו גֿמע דכב בחור[43]. ויגֿי עלי פְּעוֹל ופְעוּל בחלם ובשרק [מתֿל] שאר לא

[1] Gen. 3, 7. [2] Job 26, 6. [3] Zach. 2, 17. [4] Ps. 76, 5. [5] D. 66, 6; N. 39, 12. [6] Gen. 45, 1. [7] II Sam. 16, 1. [8] Lév. 19, 20. [9] Jér. 17, 1. [10] II Sam. 6, 14. [11] II Rois, 1, 8. [12] Jér. 37, 15. [13] Prov. 7, 16. [14] ib. 14, 4. [15] Deut. 28, 48. [16] Gen. 3, 11. [17] Deut. 32, 20. [18] Ps. 31, 24. [19] I Sam. 19, 22. [20] Ez. 7, 23. [21] Is. 28, 25. [22] Jug. 9, 37. [23] Job 30, 4. [24] Lév. 11, 35. [25] Cant. 7, 2. [26] Jér. 28, 1. [27] Ex. 21, 25. [28] Jér. 17, 8 [29] Ex. 25, 17. [30] ib. 26, 31. [31] Job 12, 6. [32] Is. 32, 18. [33] Ps. 103, 8. [34] Nah. 1, 2. [35] Jér. 3, 4. [36] Ps. 130, 2. [37] II Sam. 17, 8. [38] Jér. 18, 21. [39] I Sam. 17, 40. [40] Jos. 19, 6. [41] Ez. 9, 6. [42] I Sam. 26, 2. [43] Ex. 14, 7.

ימצא[1] כיאר מצרים[2] יוציא אליך את העבוט[3] ככלוב מלא עוף[4] כרוב אחד[5] סתור בן מיכאל[6] צפו וגעתם[7]. ויגוז אן ידכ̇ל פי הד̇א [אלבנא] איצ̇א ענות גבורה[8] ענות חלושה[9] אנשי נטופה[10] ישימו קטורה[11] ומא אשבההא. וידכ̇ל פיה איצ̇א וכתבת קעקע[12] כתנת פסים[13] קטרת נחשת ואיצ̇א צלחית חדשה[14] ואיצ̇א זכוכית[15] והי צפה̈ גאלבה̈ ואיצ̇א ואת רם ואת כלובי[16]. ומן הד̇א אלבאב פדות שלח לעמו[17] ואין כסות לאביון[18] זנות יין ותירוש[19] כי אם ראות עיניו[20] אלתא בדל מן הא. *ואלצפה̈ אלוה מתימן יבא[21]*[a]. ויג̇י עלי פעלתא מת̇ל נחשתא בת אלנתן[22]. ויג̇י עלי פְעְלְתָן מת̇ל נחשתן[23] והי צפה̈ גאלבה̈. ויג̇י עלי פִיעוֹל בזיאדה̈ יא ורבמא כאן ללאחאק באלבנא אלרבאעי אעני גבעול וגלבוע מת̇ל קיטור וצינוק ושיחור מי השילוח[24] שלחה בכישור[25] אריות ותימרות[26].

ויג̇י עלי עֲפול מקלובא מן פְעוֹל ומחיתי את כל היקום[27] פאנה ענדי משתק̈ מן קם יקום יריד ג̇מיע אלקאימין פי אלעאלם אי אלמוג̇ודין והו צפה̈ גאלבה̈ *ואצלה קבל אלקלב קְיוּם*[b]. ויג̇י עלו פְעְלָה בתשדיד אללאם וצ̇ם אלעין מת̇ל סגלה ועבדה רבה[28] אלמתי[29] ואת הכבדה[30] לאגדה אחת[31]. ואלצפה̈ פרה אדמה[32] עקבה מדם[33] תחת כל אלה עבתה[34] כל כבדה בת מלך פנימה[35].

ויג̇י עלי פְעֻלָּה בכסר אלעין ותשדיד אללאם מת̇ל שמטה קהלת. ויג̇י עלי פְעֻלּוֹת בכסר אלעין ותשדיד אללאם וכלמות עולם[36]. ויג̇י עלי פְעֻלּוֹת [מת̇ל] וינהגהו בכבדות[37]. ויג̇י עלי פְעִילּוֹת ביא ותכ̇פיף אללאם ושם בעל פקידת[38] ספר כריתת[39] ובמרירות[40]. ארץ הרסתך[41] עליצתם[42]. ויג̇י עלי פַעֲלוּת בפתח אלפא מת̇ל עבדות מרדות מלכות ילדות פחזות בני בצלות[43] אלמנות חיות[44] אררת חיות. ויג̇י עלי פִעְלוּת בכסר אלפא 66.

[a] R. om. [b] R. om.

[1] Ex. 12, 19. [2] Amos 9, 5. [3] Deut. 24, 11. [4] Jér. 5, 27. [5] Ex. 25, 19. [6] Nomb. 13, 13. [7] Gen. 36, 11. [8] Ex. 32, 18. [9] ib. ib. [10] Es. 2, 22. [11] Deut. 33, 10. [12] Lév. 19, 28. [13] Gen. 37, 3. [14] II Rois 2, 20. [15] Job 28, 17. [16] I Chr. 2, 9. [17] Ps. 111, 9. [18] Job 31, 19. [19] Os. 4, 11. [20] Eccl. 5, 10. [21] Hab. 3, 3. [22] II Rois 24, 8. [23] ib. 18, 4. [24] Is. 8, 6. [25] Prov. 31, 19. [26] I Rois 7, 36. [27] Gen. 7, 4. [28] ib. 26, 14. [29] ib. 37, 7. [30] Jug. 18, 21. [31] II Sam. 2, 25. [32] Nomb. 19, 2. [33] Os. 8, 6. [34] Ez. 6, 13. [35] Ps. 45, 14. [36] Jér. 23, 40. [37] Ex. 14, 25. [38] Jér. 37, 13. [39] Deut. 24, 3. [40] Ex. 21, 11. [41] Is. 49, 19. [42] Hab. 3, 14. [43] Es. 2, 52. [44] II Sam. 20, 3.

ותכפיף אלעין מתל רפאות תהי לשרך[1] שכלות מעט[2] ובשפלות ידים[3]. ויגי הרא אלמתאל בתשדיד אלעין מתל עקשות פה[4]. ויגי עלי פעלנות במד אללאם באלקמצות מתל אלמנות חיות[5] וחרפת אלמנותיך[6] והמא מצאפאן ואלרחמנות מסתפיצה פי כלאם אלאמה. ותרגמה אלמנות חיות אראמל אלחיוה עלי אלחאל אי אנהן צרן אראמל פי חיוה זוגהן למא אעתזל מנהן. ויגי עלי פעלות בפתח אלעין ותשדיד אללאם פתיות ובל ידעה מה[7]. ויגי עלי פעלילות מתל חכלילות [עינים[8]. ויגי עלי פעלליות מתל קוממיות[9]. ויגי עלי פועל מתל ואת חוקק[10] וקיל איצא חוקקה[11]] [c]. ויגי עלי פעול משדדא מתל והלבשת וגו את הכתנת[12] ומתלה ענדי כי את עול סבלו[13] ולדלך גא בקמצות אלבא כמא גא כמלקט שבלים[14] קמץ אלבא למא חדף מנה ואו וכראש שבולת[15] ויגב אן יכון קבל אלאצאפה סבול. ויחסן אן יכון מן הרא אלמתאל כי גנב גנבתי[16] ואיצא את כל ענותו[17] ואלתא פיהבדל מן אלהא אלדי הו לאם אלפעל. ואלאפצל פי עלה אריה מסבכו[18] אן יכון איצא מן הרא אלמתאל ואן יכון אלצם מחרופא מנה כמא חדף איצא [מן] והלבשת אותם כתנות[19] וישאות בכתנותם[20] לאן אלואחדה מנהא כתנת ויטבלו את הכתנת[21]. ומן הרא אלמתאל איצא לעמות אחד החלקים[22]. ויגי עלי פעלעל צפה או צפה גאלבה מתל ירקרק או אדמדם[23] לבנה אדמדמת[24] ארחות עקלקלות[25] בחלקלקות[26] הפכפך. ויגי עלי פעלעול מתל והאספסוף[27] שחרחרת[28] והמא צפתאן ואלאסם אלמחץ פקח קוח[29] אלא אן אללפטה מקסומה עלי קסמין פי אלכט והי פי אלאצל ואחדה. וקד אכטא אלסאגע[30] פי קולה

יען לכל דורש היה נר ונברש באר ויפרש ויפקח קוחי

פטנהא לפטתין. ויגי עלי פעלעיל עגלה יפה פיה[31] והי איצא לפטה מקסומה פי אלכט ולדלך לם תנקלב פיהא אלהא אלתי הי לאם אלפעל יא[a] עלי אלקיאס בל תבתת פי אלכט ופי אללפט מעא

[a] Suppléé d'après R.

[1] Prov. 3, 8. [2] Eccl. 10, 1. [3] ib. 10, 18. [4] Prov. 4, 24. [5] II Sam. 20, 3. [6] Is. 54, 4. [7] Prov. 9, 13. [8] ib. 23, 29. [9] Lév. 26, 13. [10] I Chr. 6, 60. [11] Jos. 19, 34. [12] Ex. 29, 5. [13] Is. 9, 3. [14] ib. 17, 5. [15] Job 24, 24. [16] Gen. 40, 15. [17] Ps. 132, 1. [18] Jér. 4, 7. [19] Ex. 40, 14. [20] Lév. 10, 5. [21] Gen. 37, 31. [22] Ez. 45, 7. [23] Lév. 13, 42. [24] ib. 13, 43. [25] Jug. 5, 6. [26] Jér. 23, 12. [27] Nomb. 11, 4. [28] Cant. 1, 6. [29] Is. 61, 1. [30] Probablement Isaac ben Saül de Lucéna; Opusc. p. VII. [31] Jér. 46, 20.

ואצלחא אן תכון לפטה ואחדה לאנהא מצאעפה אלעין ואללאם וחי צפה ויא אלמד מנדגמה פי אללאם אלמצאעף. [a]ואלאצל פיה יְפֵיפִיָּה עלי זנה פְעַלְעִילָה אלא אן אלהא לם תנקלב יא עלי אלוגה אלמעהוד וארגמת יא אלמד פי אללאם אלמתצאעפה אלמנקלבה יא[a] ואשתדת לדלך[b]. ויגי עלי פְּעוֹלָנִית והי ציגה תדל עלי 67. אלחאל מתל וילכו אחרנית[1] וכי הלכנו קדרנית[2]. ויגי עלי פִּעְלוֹן מתל חברון ושמעון ופתרון וזכרון וזפרונה[3] ופישון[4] וגיחון[5] לאן אשתקאק פישון ענדי מן אלסריאני אעני פושו וסגו[6] ומענאה אלגזארה ואלכתרה ואשתקאק גיחון ענדי מן יגיח ירדן[7] מגיח ממקמו[8] ומענאה אלכרוג ואלפיץ והמא צפתאן באלבתאן. ואלצפה אלמחצה שלטון ואביון ועליון והבריח התיכן[9] המים הזידונים[10] וראשון ואחרון מלפנים ולחיצון[11]. ויגי עלי פִּעְלוֹן בתשדיד אלעין מתל וכל ישראל צרים על גבתון[12] רניאל גנתון[13] ולשלש קלשון[14] ותאר הגבול שכרונה[15]. ואלצפה אוב וידעני[16]. ויגי עלי פִּעְלוֹן בפתח אלפא מתל וררף שלמנים[17] התשים אגמון[18] בעד החלון[19] לאן אשתקאק חלון ענדי מן ובמחלות עפר[20] ומן קול אלתרגום חליל לוחין[21]. ומן הדא קאלת אלאואיל רצי אללה ענהם נקבים נקבים חלולים חלולים[22] פוזן חלון עלי הדא אלתלכיץ פִּעְלוֹן ולאמה מקאם לאמין לאנה עלי מתאל בחצצון תמר[23] פאדגם אחד אללאמין פי אלאכר והו עלי אלכמאל חַלְלוֹן מתל חַצְצוֹן. ואלצפה והוא ארמוני[24] הרים גבננים[25]. ומן אלמעתל אלעין הנני אליך זדון[26] בא זדון[27] וכשל זדון[28]. ומן אלמעתל אללאם קלון וגאון. ומן הדא אלבנא חשמונה[29] וצלמונה[30] ועברונה[31]. ויגי עלי פַּעְלְמוֹן מתל דרכמונים[32]. ויגי עלי פִּעְלוֹן בכסר אלפא וקמצות אלעין מתל שכרון ועורון שדפון וירקון גליון גדול[33] וקנמון[34] ובפתח אלפא איצא בעמק אילון[35] שבת שבתון[36] מלך לשרון[37] ורבמא כאן

[a] M. ואו [b] R. om.

[1] Gén. 9, 23. [2] Mal. 3, 14. [3] Nomb. 34, 9. [4] Gen. 2, 11. [5] ib. 2, 13. [6] Targ. Gen. 1, 22. [7] Job 40, 23. [8] Jug. 20, 33. [9] Ex. 36, 33. [10] Ps. 124, 5. [11] I Rois 6, 29. [12] ib. 15, 27. [13] Néh. 10, 7. [14] I Sam. 13, 21. [15] Jos. 15, 11. [16] Deut. 18, 11. [17] Is. 1, 23. [18] Job 40, 26. [19] Gen. 26, 8. [20] Is. 2, 19. [21] Targ. Ex. 27, 8. [22] Berach. 60 b. [23] Gen. 14, 7. [24] I Sam. 16, 12. [25] Ps. 68, 17. [26] Jér. 50, 31. [27] Prov. 11, 2. [28] Jér. 50, 32. [29] Nomb. 33, 29. [30] ib. 33, 41. [31] ib. 33, 34. [32] Es. 2. 69. [33] Is. 8, 1. [34] Prov. 7, 17. [35] Jos. 10, 12. [36] Ex. 35, 2. [37] Jos. 12, 18.

מת'להא מצפון חנתן[1]. ויג'י עלי פְעָלוֹן מת'ל חיא כסלון[2] ולבנון והו צפה' ג'אלבה' משתק מן כשלג ילבינו[3] לאביצ'אצ'ה באלת'לג' אלנאזל עליה. ומת'לה הבוז לגאיונים[4] ואן אכ'תלפת חרכה' אלעין ואשתקאקה מן על כל גאה ורם[5] ותפסירה ללעט'מא והו צפה'. והו ענד אצחאב אלמסורת עלי גיר הד'א לאנהם קאלוא פיה כתיב מלה חדא וקרי תרתי והו ענדנא כמא וצפת לך. ויג'י עלי פְעָלוֹן בתשדיד אללאם מת'ל אבדון ומות[6] וקד תסקט אלנון מנה' אסתכ'פאפא פיכון עלי פְעָלוֹ מת'ל שאול ואבדה לא תשבענה[7]. ויג'י עלי פְעָלוֹן בכסר אלעין מת'ל בבקעת מגדון[8]. ויג'י בגיר נון מת'ל מלך מגדו[9]. *ויג'י עלי פְעוּלוֹן מת'ל ישרון[10] והי צפה' באלג'ה'[a].

ויג'י עלי פְעִילוֹן מת'ל ותפר האביונה[11] יא אלמר מנרגם פי אליא אלד'י הו לאם אלפעל והו משתק מן אם תאבו ושמעתם[12] כמא סית'צ'ח לך. ויג'י עלי פְעָלְיוֹן מת'ל קיקיון[13]. ויג'י עלי פְעָלֶן מת'ל גרזן לאן אשתקאקה מן נגרזתי[14] אלד'י תפסירה אנקטעת ואנצרמת לאנה מקלוב מן נגזרתי. ויג'י עלי פְעַלְנְיָה מת'ל ואקח את יאזניהו בן ירמיהו בן חבצניה[15] וג'איז אן יכון וזנה פְעַלְלְיָה פיכון רבאעיא עלי בניה' חבצלת השרון[16]. [ויג'י עלי פְעַלְתוֹן מת'ל ויקבר בפרעתון[17]].[b] ויג'י עלי פְעַלָן בכסר אלפא 68. ובפתחהא מת'ל כבשן[18] וזמרן[19] ויתרן[20] בן שפטן[21] אבצן[22] בן עינן[23] לפנות בקר לאיתנו[24] ואת קרתן[25] בן עזן[26] והו צפה' ג'אלבה'. ואלצפה' אלמחצ'ה' גינת הביתן[27] והי צפה' למוצוף מחד'וף תקדירה החצר הביתן או מא אשבה ד'לך ואיצ'א גוי איתן[28] נטעי נעמנים[29] זית רענן[30] אף ערשנו רעננה[31] כי לא אלמן ישראל[32] אלמנה ידי נשים רחמניות[33]. ורבמא כאן אנפתאח הד'ה אלפאאת מן אג'ל אן בעצ'הא אחרף חלקיה' ומן אג'ל אן בעד בעצ'הא אחרף חלקיה'. ואנמא קלנא פי יתרן אנה פְעַלָן ואן כאן פי אולהא חרף מן חרוף אלזיאדה' ולם

[a] R. om. [b] M. om., suppléé d'après R.

[1] Jos. 19, 14. [2] ib. 15, 10. [3] Is. 1, 18. [4] Ps. 123, 4. [5] Is. 2, 12. [6] Job 28, 22. [7] Prov. 27, 20. [8] Zach. 12, 11. [9] Jos. 12, 21. [10] II Chr. 35, 22. [11] Eccl. 12, 5. [12] Is. 1, 19. [13] Jon. 4, 6. [14] Ps. 31, 23. [15] Jér. 35, 3. [16] Cant. 2, 1. [17] Jug. 12, 15. [18] Gen. 19, 28. [19] ib. 25, 2. [20] ib. 36, 26. [21] Nomb. 34, 24. [22] Jug. 12, 8. [23] Nomb. 1, 15. [24] Ex. 14, 27. [25] Jos. 21, 32. [26] Nomb. 34, 26. [27] Esth. 7, 7. [28] Jér. 5, 15. [29] Is. 17, 10. [30] Jér. 11, 16. [31] Cant. 1, 16. [32] Jér. 51, 5. [33] Lam. 4, 10.

נקל אנה יִפְעָל לוגהין אחדהמא אנא אשתקקנאה מן יתר שאת ויתר עז[1] ואלתאני אנא ראינאהם קד סמוא שבצא יתרן תם קאלוא ענה ובני יתר[2] בחרף אלנון פעלמנא אן אליא אצלי· ויגוז אן ידכל פי הדא אלבנא חלבנה[3]· ויגוז אן יכון מן הדא אלמתאל קנין ובנין וענין ודלך עלי גיר מא דכרה פיהא אבו זכריא[4] פאנה קאל פי הדא אלנון אלאכירה מן כל ואחדה מנהא אנהא אלעין מצאעפה ווזנה ענדה פִעְלַע עלי מדהבה פי הגיגי[5] ודלך חסן איצא אלא אני אנא אלי כון הדה אלאלפאט פעלן אמיל מני אלי כונהא פעלע· וממא יוכד דלך ענדי אבדאלהם נון בנין בהא כמא קיל והגזרה והבניה[6] יריד והבנין כמא קאל והבנין אשר אל פני הגזרה וגו' וקיר הבנין[7] ואיצא ומדר ארך הבנין[8] פאבדל מן אלנון הא לאנהא ואידה מתלהא *אלא אן מתאל בניה פִעְלָה[a]· ויגי עלי פָעָלן ופְעָלן בצם אלפא באלקמץ או באלשרק מתל קָרבן וקֻרבן ושלחן·

ויגי עלי פָעָלם ופְעָלם באלקמץ ואלשרק מתל אמנם יי[9] כי האמנם[10] ואת הסלעם[11]· ומן הדא אלמתאל איצא יומם ולילה[12] ויגוז אן יכון אלמים מצאעפא פיכון וזנה פְעָלָל עלי מתאל אמלל· ויגי עלי פִעְלם באלכסר אכתר שי מתל שבו כליהם ריקם[13] חנם נמכרתם[14] לאנה ענדי משתק מן חנונו אותם[15] אלדי תפסירה הבונא איאהם ומענאה אלעטא אלמוהוב בלא תמן ולא גזא· ומתלה ותהי הכנם[16] וזנה פעלם קיאסא בחנם וכאן הדה אלמים פי ריקם וחנם וכנם דאלה עלי אלחאל· וימכן יאן יכון שבי דומם[17] מתלהא עלי אן תכון אלואו עין אלפעל ותכון אלמים ללחאל· ורבמא כאן מתל שכנה דומה נפשי[18] פתכון אלמים בדלא מן הא אלתאנית ואמא לאבן דומם[19] טוב ויחיל ודומם[20] פאנהמא פועלי· ויגי עלי פְעָלום מתל פתאם ואלמים פיה ללחאל איצא ומתלה ולמלכם תועבת בני עמון[21] והו צפה גאלבה ואלצפה כתמול שלשם[22]· ויגי עלי פֻעְלֵ בצם אלפא אמא בקמץ או בשרק מתל אחאב בן עמרי[23]

[a] R. om.

[1] Gen. 49, 3. [2] I Chr. 7, 38. [3] Ex. 30, 34. [4] N. 70, 27 à 30. [5] Ps. 39, 4. [6] Ex. 41, 13. [7] ib. 41, 12. [8] ib. 41, 15. [9] II Rois 19, 17. [10] I Rois 8, 27. [11] Lév. 11, 22. [12] ib. 8, 35. [13] Jér. 14, 3. [14] Is. 52, 3. [15] Jug. 21, 22. [16] Ex. 8, 14. [17] Is. 47, 5. [18] Ps. 94, 17. [19] Hab. 2, 19. [20] Lam. 3, 26. [21] II Rois 23, 14. [22] Gen. 31, 5. [23] I Rois 16, 29.

חפני ופנחס[1] נחבי בן ופסי[2] קרנות שן והבנים[3] בקי בן יגלי[4]. ומן הדׄא אלמתׄאל נעמי[5] אלא אן צׄמהׄ אלפׄא תחול אלי אלעין. ואלצׄפהׄ איש נכרי[6] ונכרים באו שעריו[7]. וידכׄל פי הדׄא אלבאב גפרית ומלח[8] ומרדו את תבנית[9] ותרב לך ברית[10] אלאצל פי אלרא אלתשדיד לאנה אשתקׄ מן יתבררו ויתלבנו ויצרפו[11] פלמא אסקטוא 69. אלתשדיד אסתכׄפאפא אמתדׄת אלקמצות וצארת חלם עלי קיאס אבי זבריא[12] פי מרת רוח[13] והו עוץׄ מן אלשדהׄ. ויגׄי גיר מצׄמום מתׄל לבני ושמעי[14] חצרון וכרמי[15] פלטי בן רפוא[16] תבני בן גינת[17] זמרי בן סלוא[18] גדי בן סוסי[19]. ואלצׄפהׄ או מי נתן לשכוי בינה[20] והו צפהׄ גאלבהׄ. ויגׄי עלי פְּעִלָיָה ורבמא קלבת האוהא תאׄ מתׄל קולהם תחתיה[21] ותחתית[22] ופי אלגׄמע תחתיות[23]. ומן הדׄא אלמתׄאל ענדי בצל דליותיו[24] אלואחדהׄ ענדי דָלִיָה ואלוגׄה פיה דַלְיָה עלי זנהׄ תחתיה פאסכנוא אליא אלאולי מן דלייה ואלקוא חרכתהא עלי אללאם תׄם חדׄפוהא וגׄמעוהא עלי דליות. ואלצׄפהׄ והריותיו יבקעו[25]. ויגׄי עלי פְּעָלִי בפתח אללאם ובפתח אלפא ובכסרה מתׄל מהרי הנטופתי[26] רדי החמישי[27] שמי וידע[28] הדי מנחלי געש[29] חצרי הכרמלי[30] פערי הארבי[31] נחרי הבארתי[32]. ואלצׄפהׄ ולכילי לא יאמר שוע[33] ואיצׄא וכילי כליו רעים[34] מוכיח אדם אחרי חן ימצא[35] תפסירה ואעט אלרגׄל אלמכׄאלף אחטׄי מן מדאהנתה. ויגׄי עלי פְּעָלִית בגיר צׄםׄ מתׄל באחרית הימים[36] אבני גזית[37] אלאצל פי אלזאי אלתשדיד פתרך אכׄתפאפא והו משתקׄ ענדי מן וכן נגזו ועבר[38] פאן מענאה ענדי מן אלאנקטאע ואלאנצראם לא מן אלגׄואז כמא טׄן קום. ומעני גזית נחת וקטע ואלדליל עלי דׄלך קולה לא תבנה אתהן גזית[39] אי מנחותהׄ מקטועהׄ באלחדיד ובין הדׄא אלמעני ובין מעני הנה נאׄ גזזים[40] ויגז את ראשו[41] גזי נזרך[42] מגׄאנסהׄ לאן אלגׄמיע קטע וקד יוקע איצׄא

[1] I Sam. 1, 3. [2] Nomb. 13, 14. [3] Ez. 27, 15. [4] Nomb. 34, 22. [5] Ruth 1, 4. [6] Deut. 17, 15. [7] Ob. 1, 11. [8] Deut. 28, 22. [9] Ez. 43, 10. [10] Jér. 2, 22. [11] Dan. 12, 10. [12] D. 164, 1; N. 112, 15. [13] Gen. 26, 35. [14] Ex. 6, 17. [15] ib. 6, 14. [16] Nomb. 13, 9. [17] I Rois 16, 21. [18] Nomb. 25, 14. [19] ib. 13, 11. [20] Job 38, 36. [21] Ps. 86, 13. [22] Deut. 32, 22. [23] Is. 44, 23. [24] Ez. 17, 23. [25] Os. 14, 1. [26] II Sam. 23, 28. [27] I Chr. 2, 14. [28] ib. 2, 28. [29] II Sam. 23, 30. [30] ib. ib. [31] ib. 23, 30. [32] ib. 23, 37. [33] Is. 32, 5. [34] ib. 32, 7. [35] Prov. 28, 23. [36] Gen. 49, 1. [37] I Rois 5, 31. [38] Nah. 1, 12. [39] Ex. 20, 25. [40] II Sam. 13, 24. [41] Job 1, 20. [42] Jér. 7. 29.

אכתׄר עלמא אלערב אלגׄזׄ עלי כל קטע׃ ויגׄי עלי פְעְלית בכסר אלפא מתׄל אשר נתנו חתיתם[1]׃ וליס בבעיד אן יכון מתׄלה גלת עלית[2] לאנׄא קד וגׄדנא הדׄא אלמעני פי עלל כמא סיתבין לך[a] פי מוׄצעה[3]׃ ויגׄי עלי תְפְעוֹל[b] מתׄל תירוש׃ ואלצפה׳ תינוק׃ וידׄכׄל פי הדׄא אלבנא תלבשת[4]׃ ויגׄי עלי תִפְעָל מתׄל תדהר ותאשור[5] ומתׄלה ולתימן אל תכלאי[6] לאנה משתקׄ מן ימין והו צפה׳ גאלבה׳׃ וידׄכׄל פי הדׄא אלבנא ולצפירת תפארה[7] תפארת[8] תפלצתך[9] עלי זנה׳ כי לא תהיה תפארתך[10] פהו אדׄא גיר מצׄאף תפלצת עלי זנה׳ תפארת׃ ואלצפה׳ תושב ושכיר[11] ומן הדׄא אלמתׄאל ענדי תבל עשו[12] אצלה תְבְלַל משתקׄ מן בעמים הוא יתבולל[13] ומן בלל יי׳[14] אלדׄי מענאה פסאד ותגייר׃ וקד גלט פיה אבו זכריא פי כתאבה פי אלתנקיט[15] אדׄ וׄנה בארץ׃ ומתׄל תבל עשו ענדי ממא הו מן דׄואת אלמתׄלין איצׄא תמס יהלך[16] אצלה תְמְסַס לאנה מן כמסס נסס[17] וימס לבב העם[18]׃ ויגׄי עלי תִפְעָל מתׄל תלשר[19] אסם בלד׃ ויגׄי עלי תְפְעוּל מתׄל תדהר ותאשור[20] תבלל בעינו[21]׃

ויגׄי עלי תַפְעִיל מתׄל תרשיש[22] ותכריך בוץ וארגמן[23]׃ ואלצפה׳ מבין עם תלמיד[24]׃ וידׄכׄל פי הדׄא אלבנא תאניה ואניה[25]׃ וידׄכׄל פיה איצׄא החזיקו בתרמית[26] תכלית שנאה[27] ומא אשבה דׄלך אלתא בדל מן אלהא׃ ויגׄי עלי תַפְעָל מתׄל תשבץ[28]׃ וידׄכׄל פי הדׄא אלבנא תרדמה ותוכחה ורבמא כאן תוכחה מתׄל תושב ושכיר׃

ויגׄי עלי תְפְעְלֵל [מתׄל] ובתקוממיך אתקוטט[29] ואל שרה תחוללכם[30] והמא צפתאן׃ ויגׄי עלי תִפְעוּל מתׄל לא נאוה לכסיל תענוג[31] תמרוק ברע[32] ונתון תמרקיהן[33] תחנונים ידבר רש[34] ואת תחלאיה[35] תהפוכות[36]׃ וידׄכׄל פי הדׄא אלבנא ותעלמה יצא אור[37]׃ ואלצפה׳ ותעלולים ימשלו בם[38] ותהלוכות לימין[39] ואת בני התערבות[40]׃ ואלאכׄרב ענדי פי והנה תחלואי רעב[41] אן יכון צפה׳ לא אסמא מתׄל

a M. דלך; R. לך b R. פיעול

1 Ex. 32, 24. 2 Jug. 1, 15. 3 Ousoul col. 523, l. 32. 4 Is. 59, 17. 5 ib. 41, 19. 6 ib. 43, 6. 7 ib. 28, 5. 8 Ps. 89, 18. 9 Jér. 49, 16. 10 Jug. 4, 9. 11 Ex. 12, 45. 12 Lév. 20, 12. 13 Os. 7, 8. 14 Gen. 11, 9. 15 N. 123 et VIII, D. 184. 16 Ps. 58, 9. 17 Is. 10, 18. 18 Jos. 7, 5. 19 Is. 37, 12. 20 ib. 41, 19. 21 Lév. 21, 20. 22 Ex. 28, 20. 23 Esth. 8, 15. 24 I Chr. 25, 8. 25 Is. 29, 2. 26 Jér. 8, 5. 27 Ps. 139, 22. 28 Ex. 28, 4. 29 Ps. 139, 21. 30 Is. 51, 2. 31 Prov. 19, 10. 32 ib. 20, 30. 33 Esth. 2, 3. 34 Prov. 18, 23. 35 Deut. 29, 21. 36 ib. 6, 14. 37 Job 28, 11. 38 Is. 3, 4. 39 Néh. 12, 31. 40 II Rois 14, 14. 41 Jér. 14, 18.

ואת תחלאיה· וידכ̇ל פי הד̇א אלבנא תרבות אנשים חטאים[1] ותזנות[2] ומא אשבה ד̇לך ואלתא[a] בדל מן אלהא· ויג̇י עלי יַפְעוּל בחלם ובשרק מת̇ל בכלי הרעים ובילקוט[3] הינשוף[4] ויהלם[5]· ויג̇י עלי יִפְעָל מת̇ל יצחק וידלף[6] ויגאל בן יוסף[7] ויבחר ואלישוע[8] וישמא וידבש[9] ואת ישבק[10] תירוש ויצהר[11]· וידכ̇ל פי הד̇א אלבנא וידאלה ובית לחם[12] ואיצ̇א יזרחיה[13] ויצהר צפה̈ גאלבה̈· ויג̇י עלי יִפְעָלִי מת̇ל יאתרי[14]· ויג̇י עלי יְפוּעָל מת̇ל ירחם בן אליהוא[15] כלב בן יפנה[16]· ויג̇י עלי יְפְעִילָה בבסר אליא מת̇ל יזליאה[17] אסם רג̇ל· ויג̇י עלי יַפְעוֹל וַיַפְעוֹלָה מת̇ל יעקב ויעקבה[18] ואנפתאח אליא מן אג̇ל אלעין לאנה פעל מסתקבל מת̇ל יעמרי· ויג̇י עלי יַפְעָל מת̇ל ארץ יעזר[19] ויפלט[20]· ויג̇י עלי מַפְעָל מת̇ל והעביר אותן במלבן[21] במרצע[22] והמזלג[23] את המכתש[24] ויקח המכבר[25] עגל מרבק[26] משען ומשענה[27] מסוה[28] מטוה[29]· וידכ̇ל פי הד̇א אלבנא בסתר המדרגה[30] והמכשלה הזאת[31] משטמה[32] שדה המכפלה[33] מרחשת[34] על המהפכת[35]· וידכ̇ל פיה איצ̇א מתת אלהים[36] ואצלה מַנְתֶּנֶת לאנה מן נתן פאנדגמת אלנון אלאולי וחד̇פוא אלת̇אניה̈ אסתכ̇פאפא· ומנה איצ̇א מוקש ומופת ומועד ואלצפה̈ ממזר· ויג̇י עלי מַפְעָל מת̇ל במלמד הבקר[37] מתן ומפל מצב מרע משאבים[38] מרבדים[39] מטעמים[40] במנעמיהם[41]· ואלצפה̈ מלאך ומלאכים· ואמא תשדידהם אללאמאת מן בעץ̇ הד̇א אלבנא אד̇א צארוא אלי אלג̇מע ותרכהם ד̇לך מן אלבעץ̇ פאן ד̇לך לג̇יר עלה̈ בל עלי קדר אסתסהאלהם או אסתת̇קאלהם· וידכ̇ל פי הד̇א אלבנא ממלכה אנשי המצבה[42]· וקד יכ̇פ̇ף הד̇א אלמת̇אל פיח̇רד̇ עינה בשבא ופתח מת̇ל מרעלה[43] אסם מכאן· ויג̇י עלי מַפְעָל בבסר אלמים מת̇ל מכמש ומשכב ומשכן גזר ממכלה[44] וזנה

[a] M. מן אלתא

[1] Nomb. 32, 14. [2] Ez 16, 26. [3] I Sam. 17, 40. [4] Lév. 11, 17. [5] Ex. 28, 18. [6] Gen. 22, 22. [7] Nomb. 13, 7. [8] II Sam. 5, 15. [9] I Chr. 4, 3. [10] Gen. 25, 2. [11] Deut. 28, 51. [12] Jos. 19, 15. [13] I Chr. 7, 3. [14] ib. 6, 6. [15] I Sam. 1, 1. [16] Nomb. 13, 6. [17] I Chr. 8, 18. [18] ib. 4, 36. [19] Nomb. 32, 1. [20] I Chr. 7, 32. [21] II Sam. 12, 31. [22] Ex. 21, 6. [23] I Sam. 2, 13. [24] Jug. 15, 19. [25] II Rois 8, 15. [26] I Sam. 28, 24. [27] Is. 3, 1. [28] Ex. 34, 33. [29] ib. 35, 25. [30] Cant. 2, 14. [31] Is. 3, 6. [32] Os. 9, 7. [33] Gen. 28, 19. [34] Lév. 2, 7. [35] Jér. 20, 2. [36] Eccl. 3, 13. [37] Jug. 3, 31. [38] ib. 5, 11. [39] Prov. 7, 16. [40] Gen. 27, 3. [41] Ps. 141, 4. [42] I Sam. 14, 12. [43] Jos. 19, 11. [44] Hab. 3, 17.

מפעל כֿתב בהא מוצֿע אלאלף וגֿמעה ממכלאות צאן[1]. וידכֿל פי
הרֿא אלבנא מלחמה וממשלה ומרכבה עד המפשעה[2]. ועשית לו 71.
מסגרת[3] אשר עשתה מפלצת[4]. וידכֿל פיה מורש ומורשה ומא
אשבההמא. וידכֿל פיה איצֿא ועליו כמבנה עיר[5] ומחנה [a]ואנפתאח
מים מחנה מן אגֿל אלחא. ואלצפה המלצר[6] והיא מצער[7] וחרש
מצל[8] אצלה מֻצַלַ עלי זנה מכלל[9] אלדֿי הו צפה מן בניך כללו
יפיך[10] לאנה מן ונסו הצללים[11] כאשר צללו שערי ירושלם[12] ואיצֿא
והיית להם למשמר[13] עלי מעני לכן שמר לראשי אשימך[14]. וידכֿל
פי הרֿא איצֿא והו צפה [קולה][b] יבילו שי למורא[15] והוא מוראכם[16]
וכל מושב בית ציבא עבדים למפיבשת[17] תרגֿמתה וגֿמיע סכן מנזל
ציבא בפתח אלסין וסכון אלכאף ואלסכן[c] הם אלסכֿאן אי גֿמיע מן
אחתוי עליה אלמנזל. ומתֿלה מודע לאישה[18] מודעתנו[19] מולדת
בית[20] ומולדתך אשר הולדת[21] אלתא פי מולדת ופי מודעתנו
ללמבאלגה. ומן הרֿא אלמתֿאל והי צפאת ואסמא פאעלין קולה
הם מעזרים אותם[22] אשר אתם מחלמים[23] ויהרג במשמניהם[24]
במשמניו רזון[25] והערים המבדלות[26] פרש מעלה[27] מעלה במה
ומקטיר לאלהיו[28] כי האלהים מענה בשמחת לבו[29] משנה למלך[30]
ותחת מעשה מקשה[31] במעבה הארמה[32] מרבה להכיל[33] נעת מונֿת
ללכום וימכן אן יכון מן הרֿא אלצנף המצפצפים והמהגים[34] אררת
והמהגים. וקד דֿכרנא פיה פי אלמסתלחק[35] וגֿהא אכֿר גֿאיזא איצֿא
אלֿא אן הרֿא אלוגֿה אולי בה. ומן אלמעתֿל אלעין חנף ומרע[36].

ויגֿי עלי מֻפְעַל מתֿל מזבח ואלצפה ילד מסכן[37]. ורבמא כאן
מן הרֿא אלבנא באב מוקש ומופת. וימכן אן יכון מנה ועליו כמבנה
עיר[38] ותחת מעשה מקשה[39] ומא אשבהה. ואמא מאור ומא
אשבהה מן אלאסמא אלמעתלה אלעינאת אלתי פאאתהא חלקיה
פגֿאיז אן תכון מן בנא מֻפְעַל אלמפתוח אלמים ואן תכון איצֿא מן

a R. om. b M. om.; R. אמרו c M. ואסאכן

1 Ps. 78, 70. 2 I Chr. 19, 4. 3 Ex. 25, 25. 4 I Rois 15, 13. 5 Ez. 40, 3. 6 Dan. 1, 11. 7 Gen. 19, 20. 8 Ez. 31, 3. 9 Ps. 50, 2. 10 Ez. 27, 4. 11 Cant. 2, 17. 12 Néh. 13, 19. 13 Ez. 38, 7. 14 I Sam. 28, 2. 15 Ps. 76, 12. 16 Is. 8, 13. 17 II Sam. 9, 12. 18 Ruth 2, 1. 19 ib. 3, 2. 20 Lév. 18, 9. 21 Gen. 48, 6. 22 II Chr. 28, 23. 23 Jér. 29, 8. 24 Ps. 78, 31. 25 Is. 10, 16. 26 Jos. 16, 9. 27 Nah. 3, 3. 28 Jér. 48, 35. 29 Eccl. 5, 19. 30 Esth. 10, 3. 31 Is. 3, 24. 32 I Rois 7, 46. 33 Ez. 23, 32. 34 Is. 8, 19. 35 Opusc. p. 127. 36 Is. 9, 16. 37 Eccl. 4, 13. 38 Ez. 40, 2. 39 Is. 3, 24.

בנא מַפְעֻל אלמכסור אלמים· ואלצפה מן מתֹל הרֹא יי מעון אתה[1] מענה אלהי קדם[2]· ואמא מכון[3] ויהיה מנון[4] פהו מן בנא מַפְעֻל בפתח אלמים· ואשתקאק מנון מן ינון שמו[5] ונין ונכד[6]· ויגֹי עלי מַפְעֻלות מתֹל אשר לא במסכנות[7]· ויגֹי עלי מַפְעֻל משדד [אלפא] מתֹל מִקדש יי כוננו ידיך[8] השבת מטהרו[9] *אלא אן טא מטהרו מפכמא בקמץ חטף^a· ואלצפה מנזריך כארבה[10]· ויגֹי עלי מַפְעֻלון מתֹל ויצא המסדרונה[11]· ויגֹי עלי מַפְעֻל משדד אלעין מתֹל ימך המקרה[12] והו אלסקף ולמכסה עתיק[13] האליה והמכסה[14] ואת היעים ואת המזמרות[15] ואת המנקיות[16] ומבשלות עשוי מתחת הטירות סביב[17] אלה בית המבשלים[18] יריד אלקדור פסרה אנה וקאל ומבשלות עשוי ומרה דכר פקאל בית המבשלים לאן אלבית אנמא כאן מחתויא עלי אלקדור פנסב אליהא ולם יכן מחתויא עלי אלטבאכין ולא כאן מאוי להם פינסב אליהם ודליל אכר איצא אן קולה אלה אנמא וקע עלי אלמבשלים לא עלי אלבית אד לא יכבר באלה ען ואחד בל ען גמע פאד דלך כדלך פקולה המבשלים אנמא יריד בה אלקדור לא אלטהאה· ודליל דלך קולה אשר יבשלו שם משרתי הבית את זבח העם ואלאשארה בשם אלי אלמבשלים אלתי הי אלקדור לא אלי אלבית· ואמא וקוע בית בין אלה ובין המבשלים פמקחם ולו אראד אלבית לקאל זה בית 52. המבשלים פאלתקדיר אלה המבשלים אי אלקדור וקולה בית מקחם· ואת כל המקטרות הסירו[19] יריד אלמגאמר אלתי כאן יבכר בהא ויקתר פיהא ללצנם· ונחלו מקדשיהם[20] אלאצל פיה אלתשדיד פכפף וקד יקאל פיה אנה גיר מכפף מן תשדיד כאן לאזמא לה בל הו מבני עלי אלתכפיף ואן מזוינו מלאים[21] מתֹלה· ואמא תכפיף ימך המקרה פמן אגל אלרא· ומן הדא אלבנא קיל לא יהיה משם עוד מות ומשכלת[22] במעני שכול מתֹל שכל ואלמן[23]· ואלצפה ואיש דעת מאמץ כח[24] אי אמיץ אי שדיד אלאיד ואיצא והוא ממלא

^a R. om.

[1] Ps. 90, 1. [2] Deut. 33, 27. [3] Ex. 15, 17. [4] Prov. 29, 21. [5] ib. 72, 17. [6] Is. 14, 22. [7] Deut. 8, 9. [8] Ex. 15, 17. [9] Ps. 89, 45. [10] Nah. 3, 17. [11] Jug. 3, 23. [12] Eccl. 10, 18. [13] Is. 23, 18. [14] Ex. 29, 22. [15] Jér. 52, 18. [16] Nomb. 4, 7. [17] Ez. 46, 23. [18] ib. 46, 24. [19] II Chr. 30, 14. [20] Ez. 7, 24. [21] Ps. 144, 13. [22] II Rois 2, 21. [23] Is. 47, 9. [24] Prov. 24, 5.

על כל גדותיו[1] מענאה ומעני והירדן מלא על כל גדותיו[2] ואחדי·

ויג׳י עלי מַפְעַל מת׳ל מקטר מגש[3] אדרת מקטר· והעיד מלאה מטה[4] ותפסירה זיג ומיל אי מיל פי אלחכם ואצלה מֻנְטֶה· והיה מטות כנפיו[5] *רבמא כאן מן אצל מלאה מטה אעני מן נטה פיכון תפסירה ויכון אמתדאד ג׳נאחיה מן מעני ויט אהלו[6] ונטה לו מחוץ למחנה[7] ורבמא כאן ג׳מע וישאהו במוט[8] ואנדגם אלואו פי אלטא פיכון תפסירה ויכון פרוע ג׳נאחיה פלים יכון חיניד׳ מן הד׳א אלמת׳אל ואנמא אלי הד׳א אלוג׳ה אמיל לאנّי אג׳עלה מת׳ל קולה בשברי שם את מטות מצרים[9] יריד עסאכרה[a]· מוצק אחד[10] פרג ואחד להא אי אנהא מסתויה· שבעה ושבעה מוצקות[11] תפסירה מצבّאת· יצקים ביצקתו[12]· ואין מָעמד[13] אצלה מֻעמד עלי זנה מקטר אי ולא מוקף ולנא פיה וג׳ה אכ׳ר סתראה· ויג׳י עלי מַפְעַל מת׳ל ומיסד אבנים יקרות[14] יריד אלאוס מנפיעש משלם[15] מישר על המחקה[16] אי עלי אלנקש· ואלצפה אלופי ומידעי[17] ואסף המצורע[18] ורבמא כאן מפעולא ורבמא כאן אסם אלד׳א נפסה· ויג׳י עלי מַפְעִיל [מת׳ל] תהרגו למשחית[19] מימין להר המשחית[20] והודי נהפך עלי למשחית[21] ואת אחבן ואת מוליד[22] לדוד משכיל[23] וכטל משכים הלך[24]· ואכ׳לץ אלוג׳ה פיה פי באבה מן חרף אלשין בחול אללה[25]· מפיץ וחרב[26]· וידכ׳ל פי הד׳א אלבנא ואבן משכית[27] וזנה מפעיל ואלתא בדל מן אלהא אלתי הי לאמה· ומת׳לה כי מרבית העם רבת מאפרים[28] ואיצ׳א ועד הנה מרביתם שמרים משמרת בית שאול[29] חצי מרבית חכמתך[30] ואיצ׳א וממחצית בני ישראל[31] אלתאאת בדל מן אלהאאת אלתי הי לאמאת אפעאלהא· וידכ׳ל פיה איצ׳א אני מנגינתם[32]· ואלצפה והוא מעריצכם[33] תפסירה מהיבכם אי אלד׳י תעתקדון היבתה· כלב אשה מצרה[34] ד׳את אולאע ואוצאב משתקה מן צירים אחזוני כצירי יולדה[35] ואלאצל פיה מְצַיֶּרָה עלי זנה

[a] R. om.

[1] I Chr. 12, 15. [2] Jos. 3, 15. [3] Mal. 1, 11. [4] Ez. 9, 9. [5] Is. 8, 8. [6] Gen. 12, 8. [7] Ex. 33, 7. [8] Nomb. 13, 23. [9] Ez. 30, 18. [10] I Rois 7, 37. [11] Zach. 4, 2. [12] I Rois 7, 24. [13] Ps. 69, 3 [14] I Rois 7, 10. [15] Néh. 10, 21. [16] I Rois 6. 35. [17] Ps. 55, 14. [18] II Rois 5, 11. [19] Ez. 9, 6. [20] II Rois 23, 13. [21] Dan. 10, 8. [22] I Chr. 2, 29. [23] Ps. 32, 1. [24] Os. 6, 4. [25] Ousoul 721, 33. [26] Prov. 25, 18. [27] Lév. 26, 1. [28] II Chr. 30, 18. [29] I Chr. 12, 29. [30] II Chr. 9, 6. [31] Nomb. 31, 47. [32] Lam. 3, 63. [33] Is. 8, 13. [34] Jér. 48, 41. [35] Is. 21, 3.

מפעילה ᵃקבל אלאעתלאלᵃ כמא קיל וכרקב בעצמותיו מבישה[1] לכנה בני עלי מאר מתל מפר אתות בדים[2] אלדי אצלה מפיר· ואיצא רחם משכיל ראת תבל· ואיצא יתן אכל למכביר[3] [למכביר] צפה ללאכל ואללאם פיה הי אללאם אלראבלה עלי אלמפעולין·

ויגי עלי פעלתון נחש עקלתון[4] והו צפה משתקה מן על כן יצא משפט מעקל[5]· ויגי מן אלמעתל [אלעין] עלי פלילון ברהאב אלעין מנה לאעתלאלה מתל שפיפון[6] ואשתקאקה ענדי מן ישופך ראש[7] והו צפה גאלבה· ויגי עלי פעלל בתכריר אלעין מתל אררט[8]· ויגי עלו פעועל מתל שפופם[9] חצוצרה ברמה[10] ורבמא כאן מתלהא גאואל בן מכי[11] ורבמא כאן מרכבא מתל רעואל פנואל·

73. ויגי עלי פעועל מתל בלחם הקלקל[12] לאנה משתק ענדי מן נחשת קלל[13]· ויגי עלי פעלון מתל ושם אחותם הצללפוני[14] ורבמא כאן מרכבא אעני אן יכון צדרה מן מעני ונסו הצללים[15] ועגזה מן מעני פנה או מא אשבהה· ויגי עלי אפתעול בשבאᵇ תחת אלתא אשתמוע[16] ובקמצות אלתא איצא אשתאול[17] ורבמא כאנת אלקמצות מן אגל אלאלף ורבמא כאן אשתמוע מכפפא מן מתאל אשתאול· ויגי עלי מפעול ומפעול בחלם ובשרק מפתוח אלמים מתל מטמון ומשקוף אם יתגדל המשור[18] ויהי המבול[19] עלי מא בינאה פי אלמסתלחק[20] מסלול ודרך[21] כפות המנעול[22] המה רכליך במכלולם[23] במחליים רבים[24] ואלצפה וכל מערמיהם הלבישו[25]· ויגי עלי מפעול בכסר אלמים מתל מזמור לדוד[26] במשקול עשרים שקל[27] מכשול עונם[28] ויהי כמשלש חדשים[29] ופרשי מכמרת[30]· ואלצפה מגדול ישועות מלכו[31] וכל עיר מבחור[32]· ויגוז אן יכונא אסמין· ואמא ממגדל סונה[33] פאסם מתל מגדל· ויגי עלי נפעול בכסר אלנון מתל נמרד ובסגול תחתהא מתל מי נפתוח[34] ובפתחהא מתל נפתולי אלהים נפתלתי[35]· ויגי עלי

ᵃ R om. ᵇ A. בשוא

[1] Prov. 12, 4. [2] Is. 44, 25. [3] Job 36, 31. [4] Is. 27, 1. [5] Hab. 1, 4. [6] Gen. 49. 17. [7] ib. 3, 15. [8] ib. 8, 4. [9] Nomb. 26, 39. [10] Os. 5, 8. [11] Nomb. 13, 15. [12] ib. 21, 5. [13] Ez. 1, 7. [14] I Chr. 4, 3. [15] Cant. 2, 17. [16] Jos. 21, 14. [17] ib. 15, 33. [18] Is. 10, 15. [19] Gen. 7, 17. [20] Opusc. p. 235. [21] Is. 35, 8. [22] Cant. 5, 5. [23] Ez. 27, 24. [24] II Chr. 24, 25. [25] ib. 28, 15. [26] Ps. 8, 1. [27] Ez. 4, 10. [28] ib. 7, 19. [29] Gen. 38, 24. [30] Is. 19, 8. [31] II Sam. 22, 51. [32] II Rois 3, 19. [33] Ez. 29, 10. [34] Jos. 15, 9. [35] Gen. 30, 8.

אֶפְעוֹל מתֹל אגרוף אזרוע אפרחים[1] אתמול[2] ובשרק איצֹא ואתמול עמי[3]. ואמא קולה ויהי כל יודעו מאתמול שלשם[4] באלתשדיד פאנהם רֹתבוא בה מרֹהב אללפט אלסריאני. *ולנא פי אתמול עמי מרֹהב אכֹר סתראה פי נפס אלדיואן פי חרף אלתא[a][5]. ויגאנס הרֹא אלבנא ויהי באשמרת הבקר[6] ואשמורה בלילה[7]. *ומתֹלה מן אלמעתֹל אלעין כי אם אסוך שמן[8] אצלה אֶסְיוֹךְ פאעתל ומתֹלה והו מצדר ארוש ידושנו[9][b]. ויגי עלי אֶפְעָל מתֹל אשפר אחד[10] אשנב ואקרח והו צפה גאלבה אעני אקרח לאנה משתק מן כי אש קרחה באפי[11] ורֹלך לתוקרה וצפאיה. וידֹכל פי הרֹא אלבנא אצעדה וצמיד[12]. ואלצפה אזרחי. וקד יכון מפתוח אלאלף מתֹל קרית ארבע[13] ארפד[14] ואכשף[15] באשמנים כמתים[16]. וידֹכל פי הרֹא אלבנא אזכרה[17] וקד יסתעמל פי אלמשנה[18] אתקנה פי קולהם הכותב טופסי גטין צריך שיניח מקום האיש ומקום האשה וגו׳ מפני האתקנה. וגאיז אן יקאל פי אזכרה ואתקנה אן אלפיהמא מבתדלאן מן האיין. ואלצפה ארבע פי עדד אלמונת ואכזר ואכזב. ויגי עלי אֶפָעָל מתֹל אלסר[19] ורבמא כאן אלסר מרכבא כמא כאן אליחבא חשעלבני[20] מרכבא. ויגי עלי אַפְעִיל מתֹל בתי אכזיב[21] מחבל אכזיבה[22]. אלא תראהם קאלוא והיה בכזיב[23]. ומשפטי לאור עמים ארגיע[24] ועד ארגיעה לשון שקר[25] במעני רגע. אתיק אל פני אתיק[26] אצלה אנתיק עלי מא אשרחה פי באבה מן כתאב אלאצול[27] בחול אללה.

ויגי עלי אֲפַעִיל משדד אלעין מפתוח אלפא ואת האבטחים[28].

ויגי עלי אֶפְעֲלִי מתֹל אדרעי[29]. ויגי עלי אֲפַעֲל מתֹל אהלי 74. אפדנו[30]. ויגי עלי אַפְעָלוֹן מתֹל אפריון[31]. ויגי עלי אֲפַעְלוֹן מתֹל אדרכונים[32] [ויגוז אן אלאלף זאידה][c] ואלדליל עלי דֹלך סקוט אלאלף פי דרכמונים[33] *פקד תבין אן אלמים זאידה איצֹא פי דרכמונים[d] ואנהמא תלאתיאן. ומתֹלה מן אלמעתֹל אלעין כי ארמון נטש[34] לאנה משתק מן רמה ידך[35] והו צפה גאלבה ואצלה עלי

[a] R. om. [b] R. om. [c] A. om.; suppléé d'après R. [d] R. om.

[1] Deut. 22, 6. [2] Ps. 90, 4. [3] Mi. 2, 8. [4] I Sam. 10, 11. [5] K. ulousoul 764, 3 à 28. [6] Ex. 14, 24. [7] Ps. 90, 4. [8] II Rois 4, 2. [9] Is. 28, 28. [10] II Sam. 6, 19. [11] Deut. 32, 22. [12] Nomb. 31, 50. [13] Gen. 23, 2. [14] Is. 36, 19. [15] Jos. 11, 1. [16] Is. 59, 10. [17] Lév. 24, 7. [18] Gittin 3, 2. [19] Gen. 14, 1. [20] II Sam. 23, 32. [21] Mi. 1, 14. [22] Jos. 19, 29. [23] Gen. 38, 5. [24] Is. 51, 4. [25] Prov. 12, 19. [26] Ez. 42, 3. [27] 469, 6 à 10. [28] Nomb. 11, 5. [29] ib. 21, 33. [30] Da. 11, 45. [31] Cant. 3, 9. [32] Es. 8. 27. [33] ib. 2, 69. [34] Is. 32, 14. [35] ib. 26, 11.

אלתמאם אֻרומון עלי זנה ארדכון וג׳איז אן יכון מעתל אללאם ואן יכון אצלה אֲרְמִיון אלא אנה פי מעני אכ׳ר· ויג׳י עלי אֲפְעָלִי מת׳ל בן אחסבי[1]· ויג׳י עלי אֲפָעֶלֶת מת׳ל אנחרת[2]· ויג׳י עלי אֲפַעְפוּעָה מצ׳אעף נאקץ אללאם מת׳ל אבעבעת[3] והו ענדי משתק מן תבעה אש[4] וד׳לך אן מעני אבעבעת נפאטאת ומעני מים תבעה אש כמא תנפט אלנאר אלמא לאנהם שבהוא מא יחדת׳ אלג׳ליאן פי אלמא מן אלנפאכ׳את באלנפאטאת· ויג׳אנס הד׳א אלמעני קולה נבעה בחומה נשגבה[5] לאנהם שבהוא איצ׳א אקבאל אלסור אלי כ׳ארג מן וסטה באלאנתפאך׳ אלעארץ׳ פי אלמא מן חמיה אלנאר· ויג׳י עלי אַפְעֵלִיוּת מת׳ל אכזריות חמה[6]· ויג׳י עלי יוֹפֶעֶל מת׳ל יוכבד[7] ויועזר[8] ואלאצל יהוכבד יהועזר· ויג׳י עלי יוֹפָעָל מת׳ל יוחנן[9] יוזבד[10] יוידע[11] יואחז[12] יונדב[13] ואלאצל יהוחנן ויהוזבד ויהוידע ויהואחז ויהונדב· ויג׳י עלי יָפְעֶלָה מת׳ל יגבהה[14]· ויג׳י עלי תוֹפְעָלָה מת׳ל תוגרמה[15]· ויג׳י עלי הַפְעָלָה מת׳ל הכרת פניהם[16] רוח והצלה[17] ומן אלמעתל אלעין והנחה למדינות עשה[18] להנפה גוים[19] אצלהמא הניחה והניפה· ומן אלמעתל אללאם הרבה ארבה[20] אצלה הרביה ופי אלמשנה[21] ודמן טעון הזייה·

אלבאב אלחאדי עשר

אבניה אכת׳ר אלאסמא אלרבאעיה

אלאסמא אלרבאעיה תג׳י איצ׳א עלי אמת׳לה מכ׳תלפה אלא אנהא אקל עדדא מן אלאמת׳לה אלת׳לאת׳יה· פיג׳י אלאסם מנה עלי פְּעָלָל מת׳ל פלדש[22] ופתגם[23] אל בדקר שלישו[24] וסרפד[25] ושנאב[26] ושנער[27] ושם עירו דנהבה[28] אלנון פי הד׳ה ופי מא מת׳להא אצליה לאני לם אג׳ד פי אלאמת׳לה אלת׳לאת׳יה אלמערופה אלאשתקאק פִּנְעָל· ואלצפה טפסר[29] מתרדת הגזבר[30]· ויג׳י עלי הד׳א אלוזן

[1] II Sam. 23, 34. [2] Jos. 19, 19. [3] Ex. 9, 10. [4] Is. 64, 1. [5] ib. 30, 13. [6] Prov. 27, 4. [7] Ex. 6, 20. [8] I Chr. 12, 6. [9] ib. 12, 4. [10] ib. ib. [11] Néh. 3, 6. [12] II Chr. 36, 2. [13] Jér. 35, 6. [14] Nomb. 32, 35. [15] Ez. 27, 14. [16] Is. 3, 9. [17] Esth. 4, 14. [18] ib. 2, 18. [19] Is. 30, 28. [20] Gen. 16, 10. [21] Zebach. 5, 1. [22] Gen. 22, 22. [23] Esth. 1, 20. [24] II Rois 9, 25. [25] Is. 55, 13. [26] Gen. 14, 2. [27] ib. 14, 1. [28] ib. 36, 32. [29] Jér. 51, 27. [30] Es. 1, 8.

מצאעפא לאמאה מן מוצע פאיה ועינה מתֿל כהר הגדגד[1] צנצנת אחת[2]· ויגֿוז אן יקאל פי הדֿא אלצֿרב מן אלאסמא ופי מתֿלה מן אלאפעאל אנה תֿלאתֿי וכרהוא אלגֿמע בין אלמתֿלין פפרקוא בינהמא· ויגֿי עלי פִיְעָל בזיאדה יא מתֿל פינחס ורבמא כאן דֿלך ללאלחאק באלבנא אלכֿמאסי אעני נשתון[3] ואשכנז[4] וארגון[5]·

ויגֿי עלי פְעְלָל מתֿל בחדש כסלו[6] ואן קיל פי בחדש כסלו אנה תֿלאתֿי מלחק ואן חנח פְעְלָו פלא גֿנאח פי דֿלך· ויגֿי מפתוח אלפא מתֿל וגנזכיו[7] ברב שרעפי[8] בן פרנך[9] שמגר בן ענת[10]· ואלצפה כרפס ותכלת[11][a]· וידכֿל פי הדֿא אלבנא שמשרי[12]· ויגֿי עלי פַעְלָל מתֿל ברזל וכרמל ופרדס· ומן הדֿא אלבנא סבתכא[13]· ויגֿי עלי פַעְלִיל מתֿל כרמיל[14] ושרביט[15] חרזיף[16] ושחצימה[17]· ויגֿי עלי פְעַלָּל ופְעָלָל [בפתח או בצרי תחת אללאם[b]] מתֿל סמדר וספרד 75.
וחנמל ועמלק וערפל· ויגֿי עלי פְעַלָּל מתֿל עטלף חבצלת השרון[18]· ויגֿי עלי פְעַלּוּל בשבא תחת אלפא מצֿאעף משדד אללאם אלמתֿצאעפה לאנדגֿאם לאם אלאצל פיהא *והדֿא אלאנדגֿאם אנמא הו פי אלמתֿאל כֿאצה מתֿל שקערורת[19] וזנה פְעַלּוּל ואצלה פְעַלְלוּל בגֿ לאמאת אלאולי מן אלאצל והי אלמנדגֿמה ואלאתֿנתאן מתֿצאעפתאן· ויגֿי עלי פְעַלִיל מתֿל סנפיר[20]· ויגֿי עלי פְעִילִיל מתֿל פתיגיל[21]· ויגֿי עלי פְעִילָל מתֿל שמירע[22] ורבמא כאן הדֿא אלאסם מרכבא· ויגֿי עלי פַעֲלִיל בפתח אלפא ותשדיד אלעין מתֿל עכביש· ואלצפה חלמיש· ויגֿי עלי פַעְלוּל בפתח אלפא בחלם או בשרק מתֿל כפתור רפסוד חרגול פרעוש כרכב המזבח[23] נרד וכרכם[24] עכשוב[25] קרסול פשחור כי אין חרצבות למותם[26] ואלצפה גלמוד· ויגֿי עלי הדֿא אלמתֿאל מצֿאעפא לאמאה מן מוצע פאיה ועינה מתֿל בני בקבוק[27] בני חרחור[28] בקרקר[29] ובערעור ובבנותיה[30]· ויגֿי מצֿמום אלפא מתֿל ולקדקד נזיר אחיו[31]· משם נסעו הגדגדה[32]· ויגֿי בכסר אלפא גיר מתֿצאעף מתֿל גלבוע·

[a] A. ajoute מספר [b] supplée d'après R.

[1] Nomb. 33, 32. [2] Ex. 16, 33. [3] Es. 4, 7. [4] Gen. 10, 3. [5] II Chr. 2, 6. [6] Néh. 1, 1. [7] I Chr. 28, 11. [8] Ps. 94, 19. [9] Nomb. 34, 25. [10] Jug. 3, 31. [11] Esth. 1, 6. [12] I Chr. 8, 26. [13] Gen. 10, 7. [14] II Chr. 2, 6. [15] Esth. 5, 2. [16] Ps. 72, 6. [17] Jos. 19, 22. [18] Cant. 2, 1. [19] Lév. 14, 37. [20] ib. 11, 9. [21] Is. 3, 24. [22] Nomb. 26, 32. [23] Ex. 27, 5. [24] Cant. 4, 14. [25] Ps. 140, 4. [26] ib. 73, 4. [27] Es. 2, 51. [28] ib. ib. [29] Jug. 8, 10. [30] ib. 11, 26. [31] Gen. 49, 26. [32] Deut. 10, 7.

ואלצפה גבעול. ויגי עלי פעולל מתל בני חרומף[1] חמוטל בת ירמיהו.[2] מוארך בלארץ[3]. [ויגי הרא אלמתאל באלתשדיד מתל ערלם יבא[4]][a]. ויגי עלי פעליל מתל כתליש[5] ורבמא כאן מתלה בעלים[6] פיכון אנפתאח אלפא מן אגל אלעין. ויגי עלי פעולל מלרע מצאעפא מן מוצע פאיה ועינה מתל ערוער[7]. ויגי עלי פעולל מלעל מתל ברלח[8]. ויגי עלי פעלל בפתח אלפא ותשדיד אלעין מתל דמשק ובכסר אלפא איצא מתל חדקל. ויגי עלי פיעלל בכסר אלפא ויא בעדהא ותכפיף אלעין מתל פילגש ורבמא כאן דכול אליא הנא ללאלחאק בשמאבר[9] וחרנפר[10] אלכמאסיין. ויגי עלי פועלל מכפף אלעין מתל שותלח[11] ומשדד אלעין איצא מתל דומשק[12]. ויגי עלי פעללין בתחריך אלעין בשבא[b] ופתח ותשדיד אללאם אלתאניה מתל ושעלבין[13]. וקד כפפוא מנהא אלבא וחרכוא אלעין בפתח גדול פגא מתאלא אכר קאלוא במקץ ובשעלבים[14] ואיצא באילון ובשעלבים[15] לים הרא אלאסם מגמועא ולא צעגנים[16] איצא מגמועא בל המא עלי היאה אלגמע כמא קאלוא ללואחד מצרים ואפרים ומפים וחפים[17] וחשים[18] [והם] עלי מתאל אלגמע וקיל לבני ושמעי[19] והמא עלי היאה אלנסבה וליסא מנסובאן. ואלמים פי שעלבים מבתדלה באלנון כמא אבתדלת פי כמהם[20] וכמהן[21] והרם[22] והרן[23]. ואחסב אליחבא השעלבוני[24] מנסובא אליהא ואנמא אבדלוא פיה מן יא שעלבין ואוא אסתתקאלא לאגתמאע אלכסראת ואליאאת ורבמא אנהם קד קאלוא פי שעלבין שעלבון [פאבדלוא מן אליא ואוא ונסבוא אליהא השעלבוני. והו אצוב מן כל מא קיל פיה והו אלדי][c] ידל עלי אן שעלבין גיר מגמוע ואבקוא אלואו ואלנון פיה ענד אלנסבה כמא אבקוהמא פי חצרון ענד נסבהם אליה פקאלוא החצרוני[25]. ויגי עלי פעלל מצאעפא מן מוצע פאיה ועינה יירש הצלצל[26]. ויגי עלי פעלל מצאעפא מתל רעמסס[27] אחד לאמיה מצאעף. ורבמא כאן ללאלחאק בבנא

[a] A. om., suppl. d'après R. [b] A. בשוא [c] A. om., suppl. d'après R.

[1] Neh. 3, 10. [2] II Rois 23, 31. [3] Is. 39, 1. [4] Mi. 1, 15. [5] Jos. 15, 40. [6] Jér. 40, 14. [7] Deut. 2, 36. [8] Gen. 2, 12. [9] ib. 14, 2. [10] I Chr. 7, 36. [11] Nomb. 26, 35. [12] II Rois 16, 10. [13] Jos. 19, 42. [14] I Rois 4, 9. [15] Jug. 1, 35. [16] Jos. 19, 33. [17] Gen. 46, 21. [18] ib. 46, 23. [19] Ex. 6, 17. [20] II Sam. 19, 38. [21] ib. 19, 41. [22] Jos. 13, 27. [23] Nomb. 32, 36. [24] II Sam. 23, 32. [25] Nomb. 26, 7. [26] Deut. 28, 42. [27] Ex. 12, 37.

תחפנס[1] אלכ׳מאסי וקד יחרכון הד׳ה אלעין אלסאכנה׳ ויקולון בעסמס[2] פיכון עלי מת׳אל שעטנז אלא אן שעטנז כ׳מאסי.

אלבאב אלת׳אני עשר א.

אבניה׳ אכת׳ר אלאסמא אלכ׳מאסיה׳

ואלאסמא אלכ׳מאסיה׳ תג׳י איצ׳א עלי אבניה׳ מכ׳תלפה׳ אלא אנהא אקל עדדא מן אלאסמא אלרבאעיה׳. פיג׳י אלאסם מנהא עלי פעלל בפתח אלפא או בסגול תחתהא ובסכון אלעין ובג׳ לאמאת פי אלתמת׳יל תחת אלאולי מנהא צרי ותחת אלת׳אניה׳ סגול מת׳ל שמאבר[3] וחרנפר[4] ופתשגן[5]. ויג׳י עלי פעלל ופעלל בג׳ לאמאת אלאולי מנדגמה׳ פי אלת׳אניה׳ פי אלתמת׳יל ובשבא תחת אלפא באכ׳תלאף חרכה׳ אלעין מת׳ל צלפחר צפרדע ואת בעשתרה[6] אגרטלי זהב[7] אחרחל בן חרום[8] ואת האחשתרי[9]. וקד יכון הד׳א אלמת׳אל בזיאדה׳ נון מת׳ל האחשתרן[10]. ויג׳י עלי פעללע בפתח אלפא ואסכאן אלעין ובג׳ לאמאת אלאולי מנהן מצ׳מומה׳ ואלוסטי שדידה׳ מת׳ל צלמנע[11]. וקד תכון אלאולי פי הד׳א אלמת׳אל מפתוחה׳ מת׳ל ובקבקר חרש וגלל[12]. ויג׳י עלי פעליל מת׳ל כרכמיש[13].

ויג׳י עלי פעלל ופעלל בג׳ לאמאת אלאולי מנהא מנדגמה׳ פי אלתמת׳יל פי אלת׳אניה׳ מת׳ל שעטנז[14] ושעשגז[15]. וג׳איז אן יקאל פי האתין אללפט׳תין אנהמא מן באב אשכנז[16] תחפנס הגבירה[17] אלא אן אלחרכה׳ אכ׳תלפת מן אג׳ל אלעין. ויג׳י עלי אפעלל בג׳ לאמאת אלאולי מנדגמה׳ פי אלת׳אניה׳ פי אלתמת׳יל ובסכון אלפא ובפתח אלעין מת׳ל ארפכשד[18]. ויג׳י עלי פעלל ופעלל בכסר אלפא ובג׳ לאמאת אלאולי מנהא מחרכה׳ בקמץ או בשבא ממאל אלי אלפתח מת׳ל אמרפל וארגמן וארגון ואשכנז ותחפנס הגבירה וכתב הנשתון[19] אלאצל פי הד׳ה אלאלפאת ופי תא תחפנס אלכסר עלי מת׳אל הנשתון. ואנמא ג׳עלת אלפאת אשכנז ואמרפל וארגמן

[1] I Rois, 11, 19. [2] Ex. 1, 11. [3] Gen. 14, 2. [4] I Chr. 7, 36. [5] Esth. 3, 14. [6] Jos. 21, 27. [7] Es. 1, 9. [8] I Chr. 4, 8. [9] ib. 4, 6. [10] Esth. 8, 10. [11] Jug. 8, 7. [12] I Chr. 9, 15. [13] Is. 10, 9. [14] Deut. 22, 11. [15] Esth. 2, 14. [16] Gen. 10, 3. [17] I Rois 11, 19. [18] Gen. 11, 10. [19] Es. 4, 7.

והאחשתרי ואגרטלי זהב ואחרחל ותא תחפנס אצליה ולם אקל אנהא מזידה לאן אלזיאראת לא תדכל בנאת אלארבעה מן אלאסמא כאצה [פי אלאול][a] אלא אן תכון אסמא[a] גאריה עלי אפעאלהא עלי מא קד תקדם דכרנא לה. פאן קאל קאיל פלם לא תגעל אלנון פי ארגמן וארגון זאידה ותקול פיהמא אנהמא רבאעיאן קלנא לה אנמא למא וגדנא מתאל ארגמן פי לפטה לא נון פיהא ולם יכן בד מן אן נקול פי תלך. אללפטה אנהא כמאסיה מתל אשכנז ותחפנס *ולם יכן ענדנא דליל מן אלאשתקאק עלי אן אלנון פי ארגון זאידה חמלנאה מחמל אשכנז ותחפנס[b] וגעלנא נונה באזא אלזאי ואלסין מנהמא ואמא למא כאן ארגמן לגה פי ארגון קלנא פי נונה איצא אנהא אצליה כנון ארגון ואיצא פאנה למא כאן ארגמן עלי זנה אמרפל וצענא נונה בחיאל לאם אמרפל. פאן קאל [קאיל] פלם לא תגעל נון אחשתרן אצליה ותקול פי אללפטה אנהא סראסיה קלנא לה לאנה ליס פי אמתלה אלאסמא מתאל סראסי מן גיר זיארה לאן אלמתאל אלכמאסי קליל פי כלאמהם לתקלה עליהם ואלסראסי אדא ענדהם אתקל והו עליהם אצעב. ולו כאן פי מתאלהם מתאל סראסי למא עדמנאה מן כלאמהם פי לפטה לא יכון פיהא חרף מן חרוף אלזיארה פבנא נחמל חיניד אחשתרן מחמלה או בנא סנגר עלי מתאלה לפטה לא יכון פי אכרהא נון ואן כאן פי אולהא אלף או גירהא מן חרוף אלזיארה כמא וגדנא אשכנז ואמרפל ותחפנס פחמלנא ארגמן וארגון מחמלהא פי אלתמתיל אד געלנא נוניהמא מכאן אלזאי ואללאם ואלסין. ואיצא פאנהם לו אסתעמלוא פי אלאסמא מתאלא סראסיא לכאנוא סיסתעמלון פי אלאפעאל מתאלא כמאסיא עלי מא נראהם אסתעמלוא אפעאלא רבאעיה למא אסתעמלוא אסמא[a] כמאסיה אד חטוא אלפעל ען אלאסם חרפא לאן אלאסם אקוי מן אלפעל אד הו מסתגן ענה ולא יסתגני אלפעל ען אלאסם עלי מא קד ביינאה קבל הדא. ומא יבעד פי אלקיאס אן 77. יכון האחשתרי מגאנסא פי אלאשתקאק להאחשתרנים *אד אלאצל פי אחשתרן אחשתר[c] פיכון האחשתרי כאנה מנסוב אליה פיסתדל איצא מן הדא מע מא קדמנא עלי אן נון אחשתרן מזידה. פאן

[a] A. om., suppl. d'après R. (בתחלה) [b] R. om. [c] R. om.

קאל פלם לא תגעל אלפי ארגמן וארגון ונוניתמא זואיד ויכונאן ת̇לאת̇יין כמא כאן אלף אדרכמונים ונונה זאידין ואלף ונון אפריון ואלף ותא אנחרת קלנא לה לעמרך קד אעתרצ̇ת בקול גיר ממתנע פי אלקיאס ואן קאילה לגיר מבטל לכנא אנמא אכ̇תרנא כונהמא כ̇מאסיין למג̇יהמא עלי מת̇אל אשכנז ואמרפל ולאן אלאלף לם תסקט מן אחדהמא פי מוצ̇ע מן אלמואצ̇ע כסקוט אלף אדרכונים מן דרכמונים פאעלמה· ויג̇י עלי תַּפְעֲלֵל בת̇לאת̇ לאמאת אלאולי מנדגמה̈ פי אלת̇אניה̈ פי אלתמת̇יל מת̇ל תחפנחס[1] אסם מכאן· וקד תט̇הר ג̇ אללאמאת פי אלתמת̇יל אד̇א וזנא קולהם וכתחפנחס חשך היום[2] באלפעל פקלנא פיה וּבְתִפְעֲלֵל·

אלבאב אלת̇אלת̇ עשר

באב עאם פי אלתצריף באיגאז

אעלם אן אלאפעאל תנקסם קסמה̈ ג̇נסיה̈ עלי צ̇רבין אחדהמא ת̇לאת̇י ואלת̇אני רבאעי· ואלפעל אלת̇לאת̇י ינקסם קסמין אחדהמא מזיד ואלת̇אני גיר מזיד וכל ואחד מן אלמזיד וגיר אלמזיד ינקסם קסמין למתעד וגיר מתעד· ואלמתעדי יכון עלי ג̇ אצ̇רב מנה מא יתעדי אלי מפעול ואחד ומנה מא יתעדי אלי מפעולין ולך אלאקתצאר עלי אחדהמא [דון אלאכ̇ר][a] ומנה מא יתעדי אלי מפעולין ולא יג̇וז לך אלאקתצאר עלי אחדהמא דון אלאכ̇ר· וינקסם אלת̇לאת̇י איצ̇א קסמה̈ אכ̇רי עלי ד̇ אצ̇רב מנה מא פאיח ועינה ולאמה מתבאינה̈ ת̇לאת̇תהא והו אלאכ̇ת̇ר מת̇ל אמר ושמר ובחר ומא אשבה ד̇לך ומת̇ל הד̇א אלצ̇רב פי אלאסמא דבר ועפר ואדם· ומנה מא לאמה מן מוצ̇ע עינה· והו אקל מן אלאול מת̇ל סבב בלל יי[3] ושלל שללה[4] ומת̇ל הד̇א אלצ̇רב מן אלאסמא ושלל רב עמם הביאו[5] ונפל חלל[6] צחיח סלע[7]· ומנה מא לאמה מן מוצ̇ע פאיה והו קליל אקל מן באב סבב מת̇ל ושלשת תרד[8] ותשרש שרשיה[9]

[a] A om., suppléé d'après R.

[1] Jér. 43, 7. [2] Ez. 30, 18. [3] Gen. 11, 9. [4] Ez. 29, 19. [5] II Sam. 3, 22. [6] Ez. 6, 7. [7] ib. 24, 7. [8] I Sam. 20, 19. [9] Ps. 80, 10.

ומתׄל הדׄא אלצׄרב מן אלאסמא שמׄש ירח[1] ותכריך בוץ[2] אשר בו מום[3]. ומנה מא עינה מן מוצׄע פאיה ודׄלך אקׄל מן כאב ושלשת מתׄל אדדם עד בית אלהים[4] וששיתם את האיפה[5] ומתׄל הדׄא אלצׄרב פי אלאסמא כוכב אלהיכם[6] והיו לטוטפת[7]. ששי ותלמי[8] חקוקים בששר[9] ככר זהב טהור[10] עד ככר לחם[11]. והדׄה אלאצׄרב אלמתצׄאעפהׄ הי ענדי בעץׄ עלמא[a] לסאן אלערב תׄנאיהׄ מתצׄאעפהׄ. ואלפעל אלתׄלאתׄי גיר אלמזיד פאלואגׄב מנה עלי גׄ אמתׄלהׄ אמא עלי פָעַל מתׄל שמר גדל אמר בחר ואמא עלי פָעֵל והוא ירע ואשם[12] כי זקן יצחק[13] כאשר אהב אביו[14] לו חפץ יי̈ להמיתנו[15] עיני גבהות אדם שפל[16] ואמא עלי פָעֹל מתׄל ולא יכל יוסף[17] קטנתי מכל החסדים[18] ואני כאשר שכלתי שכלתי[19] כי יגרתי מפני האף[20]
78. יקשתי לך[21]. וכל ואחד מן הדׄה אלאמתׄלהׄ יסמׄי כׄפיפא. ואלדליל עלי אן פָעֵל בצרי תחת אלעין כׄפיף אן פָעַל אלמפתוח אלעין כתׄירא מא ירגׄע פי אלוקף פָעָל בצרי ואיצׄא פאן אלמסתקבל מן פעל בצרי קד יכון עלי יפעׄל ועלי יפעַל ורבמא כאן עליהמא גׄמיעא מן פעל ואחד כמא קאלוא [מן] אם חפץ בנו יי̈[22] ואם לא יחפץ האיש[23] [וקולה איצׄא] ודרכו יחפָץ[24] והכדׄא יסתעמלאן כתׄירא מן פָעֵל אלמפתוח אלעין כמא קיל מן שבת ישבות וישבת ואיצׄא פאן פָעֵל אלדׄי בצרי אדׄא לם יכן לאמה אלפא ואציׄף אליה צׄמיר אלמתכלׄם או צׄמיר אלמכׄאטב אנצרף אלי פָעַל בפתח אלעין מתׄל קולה כי חפצתי צדקך[25] כי חפצת בי[26] וקיל מן כי זקן יצחק[27] הנה נא זקנתי[28]. ואמא אן כאן לאמה אלפא פרבמא בקי בחסבה מתׄל כי מלתי מלים[29] כי צמאתי[30]. ואלדליל עלי אן פָעֹל איצׄא כׄפיף אן מסתקבלה יכון יפעַל כמא קיל מן קטנתי ותקטן עוד זאת בעיניך[31] ואמא קולהם פי מסתקבל ולא יכל יוסף ולא יוכל לראות את הארץ[32] פאנׄהם אבדלוא פיה אלואו מן יא וכאן דׄלך אכׄף עליהם פי הדׄה אללפטׄהׄ אדׄ כאן אלקיאס אן יקאל ייכל עלי זנהׄ

[a] A. אלעלמא

[1] Hab. 3, 11. [2] Esth. 8, 15. [3] Lév. 21, 18. [4] Ps. 42, 5. [5] Ez. 45, 13. [6] Am. 5, 26. [7] Deut. 11, 18. [8] Nomb. 13, 22. [9] Ez. 23, 14. [10] Ex. 25, 39. [11] Prov. 6, 26. [12] Lév. 5, 3. [13] Gen. 27, 1. [14] ib. 27, 9. [15] Jug. 13, 23. [16] Is. 2, 11. [17] Gen. 45, 1. [18] ib. 32, 11. [19] ib. 43, 14. [20] Deut. 9, 19. [21] Jér. 50, 24. [22] Nomb. 14, 8. [23] Deut. 25, 7. [24] Ps. 37, 23. [25] Job 33, 32. [26] Ps. 41, 12. [27] Gen. 27, 1. [28] ib. 27, 2. [29] Job 32, 18. [30] Jug. 4, 19. [31] II Sam. 7, 19. [32] Ex. 10, 5.

יבש ייטב כי לא יירש בן האמה[1] או ייכול עלי זנה יאתו לנו האנשים[2] לא יצק עליו שמן[3]. ואמא קול אבי זכריא[4] אן אלפעל אלכפיף הו מא גא עלי בניה פעלתי דון אן יחדר חרא אלתחריר ואן יקסם הרא אלתקסים פליס דלך בגלט מנה ואן כאן לם ידכר איצא צרב ולא יכל יוסף בל דלך מנה מסאהלה ומסאמחה. ואלפעל אלתלאתי גיר אלמזיד אלמתעדי הו מתל אמר בחר שמר אהב וגיר אלמתעדי מנה הו מתל גדל צחק ובין כתפיו שכן[5] כי זקן יצחק[6] קטנתי[7]. ואמא אלפעל אלתלאתי אלמזיד הו מא כאלף אלבניה אלכפיפה מתל הִפְעִיל ופוֹעֵל ופִעֵל ופֻעַל ופֻעַל ארא אמתנע אלתשדיד לעלה אחחער פאן הרה אלאחרף כתירא מא תמתנע מן אלתשדיד פכל ואחד מן הרה אלאצנאף יסמי תקילא עלי מא קד בינה אבו זכריא פי כתאב חרוף אללין[8]. פמתאל הפעיל השליך הקריב והו מן אלאפעאל אלמעתלה אלפא הוביש הוריע הוציא והו מן אלאפעאל אלמעתלה אלעין הקים השיב הבין ואצלהא הִקְיִם השייב הביין וקד עללהא אבו זכריא פי כתאב חרוף אללין[9]. וקד תאתי איצא בצרי מתל והפר ברית ונמלט[10] הפרו בית ישראל[11] כן הקרה רעתה[12] הנצו הרמונים[13] הרעו האנשים האלה[14] והרעו במלחמה[15]. ורבמא אבדלוא מן אלצרי פתח כמא צנעוא פי יאהבני אישי[16] הבדל יבדילני[17] וגירהמא פקאלוא והצר לך[18] את בריתי הפר[19] הרע לעם הזה[20] אשר הסתה[21] הכנו והקדשנו[22]. וכל ואחד מן אצנאף אלפעל אלמזיד ינקסם איצא קסמין למתעד וגיר מתעד פאלמתעדי מן הפעיל [מתל] כי לא המטיר יי אלהים[23] והגביר ברית להבים[24] הפליא עצה הגדיל תושיה[25] וגיר אלמתעדי מנה [מתל] ופרעה הקריב[26] ויהי כאשר הקריב לבא מצרימה[27] מרעידים על הדבר[28] עמדתי מרעיד[29] החפיר לבנון[30] צרות לבבי הרחיבו[31] ויאכלו וישבעו וישמינו[32] אל תירא כי יעשיר איש[33] אם
79. יזקין בארץ שרשו[34] הלבינו שריגיה[35] והמשכילים יזהירו[36].

[1] Gen. 21, 10. [2] ib. 34, 22. [3] Nomb. 5, 15. [4] N. 12, D. 14. [5] Deut. 33, 12. [6] Gen. 27, 1. [7] ib. 32, 11. [8] N. ib., D. ib. [9] N. 36, D. 62. [10] Ez. 17, 15. [11] Jér. 11, 10. [12] ib. 6, 7. [13] Cant. 7, 13. [14] Jér. 38, 9. [15] I Sam. 17, 20. [16] Gen. 29, 32. [17] Is. 56, 3. [18] Deut. 28, 52. [19] Gen. 17, 14. [20] Ex. 5, 23. [21] I Rois 21, 25. [22] II Chr. 29, 19. [23] Gen. 2, 5. [24] Dan. 9, 27. [25] Is. 28, 29. [26] Ex. 14, 10. [27] Gen. 12, 11. [28] Es. 10, 9. [29] Dan. 10, 11. [30] Is. 33, 9. [31] Ps. 25, 17. [32] Neh. 9, 25. [33] Ps. 49, 17. [34] Job 14, 8. [35] Joel 1, 7. [36] Dan. 12, 3.

ואלמתעדי מן פועל מתל ואת הנערים יודעתי[1]. מלשני בסתר רעהו[2] אצלה מלושני מן לושן לושנתי אלמאצי פחדפוא אלואו אסתכפאפא ודלוא עליה באלקמצות. ואיצא למשופטי אתחנן[3] מן שופט שופטתי אלמאצי. ואיצא זרמו מים עבות[4] והו פעל מאץ עלי מתאל אשר עולל בי[5] באשר עוללת לי[6]. ואלקיאס פי ואחד וימררהו ורבו[7] אן יכון רובב ופי מאצי יסובבה על חומתיה[8] סובב. ותפסיר זרמו מים עבות אסאל אלסחאב מיאהא ועבות מתל עבים כמא קיל [איצא] בקר לא עבות[9]. וגיר אלמתעדי מן הדא אלבנא בושס ומצדרה יען בושסכם על דל[10] ומא יבעד אן יכון מתעדיא ולא יצל תעדיה אלי מפעולה אלא בקולה על ואן כאן גיר מתעד פרכול על מעה כדכולה מע ועתה שחקו עלי[11] ואנמא לם נקטע פיה באחד אלמדהבין לכפא אשתקאקה ענא. ואעלם אן פעל בצרי תחת אלעין או בפתח תחתה אלשרידין ופעל בצרי תחת אלפא ופתח תחת אלעין או בצרי תחתהמא גמיעא מע כפה אלעין הי כלהא בניה ואחדה. פאלמתעדי מנה מה דבר יי[12] מי בקש זאת מידכם[13] וכבס בגדיו[14] ומלט הוא את העיר בחכמתו[15] ושבר את המצבת[16] עוד למד דעת את העם[17] ברך את אברהם[18] ושרת את אחיו[19] אויב חרף יי[20] וגיר אלמתעדי מנהא פתח הסמדר[21] ופתחו שעריך תמיד[22] לא פתחה אזנך[23] ושערך צמח[24] כי רותה בשמים חרבי[25] ורותה ארצם מדם[26]. פאן קאל קאיל אמא געלך הפעיל מזידא פקד באן לך מן זיאדה אלהא פיה ואמא קולך פי פעל ופעל אלמשדדי אלעין אנהמא מזידאן וכדלך פועל פאני אריד אן אסמע אלחגה מנך פי דלך קלנא לה אמא אלפעל אלמשדד אלעין פקלת פיה אנה מזיד לתצאעף עינה לאן כל חרף משדד אנמא יעד בחרפין אחדהמא מנדגם פי אלתאני וקד אכתלף עלמא אלערב פי אלמזיד מן מתל הדין אלמתלין פבעץ [געלה אלאול ובעץ] געלה אלתאני. ואמא פועל פקלת פיה אנה מזיד לזיאדה אלואו פיה. פאן קאל פלם לא קלת פי פעל אלכפיף [איצא] אנה מזיד לזיאדה אלחרף

[1] I Sam. 21, 3. [2] Ps. 101, 5. [3] Job 9, 15. [4] Ps. 77, 18. [5] Lam. 1, 12. [6] ib. 1, 22. [7] Gen. 49, 23. [8] Ps. 55, 11. [9] II Sam. 23, 4. [10] Am. 5, 11. [11] Job 30, 1. [12] Jér. 23, 35. [13] Is. 1, 12. [14] Lév. 13, 6. [15] Eccl. 9, 15. [16] II Rois 18, 4. [17] Eccl. 12, 9. [18] Gen. 24, 1. [19] Nomb. 8, 26. [20] Ps. 74, 18. [21] Cant. 7, 13. [22] Is. 60, 11. [23] ib. 48, 8. [24] Ez. 16, 7. [25] Is. 34, 5. [26] ib. 34, 7.

אלכפי פיה והו אלסאכן אללין אלדי בין אלפא ואלעין והו אלף פי אללפט וכדלך הו איצא פי פעל אלמאצי אעני קטנתי ויכלתי ופי פעל אעני חפץ שמע ומא אשבההא קלת לה קד בין אבו זכריא[1] פי כתאב חרוף אללין [אלחנה][a] פי געלה פעל אכף אלאבניה ודלך קאל[b] לסקוט אלסאכן אלדי בין אלפא ואלעין מנה פי מסתקבלה ולאן אלפאעל ואלמפעול מנה בלא מים· וגעל פועלתי ופעלתי אלמשדד אלעין ופעלתי גיר אלמשדד אלעין לעלה אהחער תקילא להבאת אלסאכן פי מסתקבלהא או אלשדה פי עינאתהא ואיצא לכון אלפאעל ואלמפעול מנה בזיארה מים· פקד תבין אן אלפעל אלתקיל הו אלמזיד לאן מא זיד פיה אתקל ממא לם יזד פיה· פאד דלך כדלך פמא סאמנאה אלקאיל מן תסמיה פעל מזידא גיר לאזם לאן אלסאכן אלדי בין פאיה ועינה יסקט מנה פי אלמסתקבל וכדלך יסקט איצא מן מסתקבל קטנתי מכל החסדים[2] והו ותקטן[3] ומן מסתקבל חפץ והו יחפץ· ואמא מא סואהא מן אלאבניה ממא געלנאה נחן מזידא פאן אלסואכן תבתת פי מסתקבלאתהא או אלשדה אלתי פי עינאתהא·

30. וינקסם אלתלאתי איצא קסמה תאלתה לסאלם ולמעתל פאלסאלם הו מא סלם מן אחד אחרף אלעלה והי אלאלף ואלואו ואליא ואלהא מתל שמר ובחר ושבר וגדל· ואלמעתל הו מא לם יסלם מנהא והו עלי ד׳ אצרב אמא אן יכון מעתל אלפא פקט מתל אמר ואבד וירד וישב ואמא אן יכון מעתל אלפא ואללאם מתל לא אבה יי[4] ומצות אפה[5] ירה בים[6] ויעה ברד[7] מה יפית ומה נעמת[8]· וקד בין אבו זכריא[9] אן אלהא לא תלין ארא כאנת פא[a] לבנהא תלין ארא כאנת לאמא· ויגאנס הרא אלצרב מן אלמעתל בעץ אלמגאנסה אעני מא אעתל פאוה ולאמה מא כאן מן אלאפעאל פאוה יא ולאמה אלף אעני יצא ירא ודלך אן אלאפעאל אלתי לאמאתהא [אלף תגאנס אלאפעאל אלתי לאמאתהא][c] הא פי לין אללאם פקט והי גיר מגאנסה להא פי אמתנאע[d] אנקלאב אלאלף פי פעלתי מנהא אלי אליא כאנקלאב אלהא אליהא ופי סקוטהא מן

[a] A. om., suppléé d'après R. (הטענה) [b] R. וקאל אן דלך = ואמר שוה [c] A. om.; suppléé d'après R. [d] R. om.

[1] N. 12; D. 14. [2] Gen. 32, 11. [3] II Sam. 7, 19. [4] Deut. 10, 10. [5] Gen. 19, 3. [6] Ex. 15, 4. [7] Is. 28, 17. [8] Cant. 7, 7. [9] N. 7; D. 7.

אללפט̇ פי פעלו פאנך̇ תקול מן אפה וירח אפיתי ויריתי פתקלב אלהא יא״ ותקול מנהא אפו ירו פתסקט אלהא מן אללפט̇ ואלוג̇ה אפיו ויריו מת̇ל דליו שוקים[1] צור חסיו בו[2] נטיו רגלי[3] ותקול מן מצא וקרא מצאתי וקראתי פיבקי אלאלף בחסבה מוג̇ודא פי אללפט̇ ופי אלכ̇ט̇ ותקול מצאו וקראו פיט̇הר אללאם אלד̇י כאן לינא. ואמא אן יכון אלפעל מעתל̇ אללאם פקט מת̇ל עשה ראה בנה קנה. ויג̇אנס הד̇א אלצ̇רב איצ̇א באב קרא וברא ומצא וחטא עלי אלוג̇ה אלד̇י ד̇כרתה קבל הד̇א אעני פי אללין כ̇אצה̈ לא פי אלאנקלאב פי פעלתי אלא אנה רבמא אנקלבת אלאלף הא״ פי בעץ̇ אלאפעאל אלמאצ̇יה̈ פינקלב חיניד̇ אלהא יא פי פעלתי ויג̇רי ד̇לך אלפעל מג̇רי ד̇ואת אלהא כמא ערץ̇ פי וצמית והלכת אל הכלים[4] וגירה. ואמא אן יכון אלפעל מעתל̇ אלעין מת̇ל קם ושב ורץ ומא אשבההא.

ואנקסם אלאפעאל אלת̇לאת̇יה̈ איצ̇א קסמה̈ ראבעה̈ למלחק ולגיר מלחק. אמא גיר אלמלחק פהו מא ג̇א עלי אלבנא אלת̇לאת̇י ולם יכ̇רג̇ אלי בנא אכ̇בר בזיאדה̈ תזאד פיה מת̇ל אמר ושמר ובחר. ואמא אלמלחק פהו מא זיד פיה מן אלאפעאל אלת̇לאת̇יה̈ חרף מן חרוף אללין או מן גירהא מן אלחרוף פאכ̇רג̇ בתלך אלזיאדה̈ אלי אלבנא אלרבאעי כזיאדתהם אלהא עלי שפר פי קולה ברוח שמים שפרה[5] פאן אצל אלכלמה̈ אלשין ואלפא ואלרא לאנה מן אף נחלת שפרה עלי[6] הנתן אמרי שפר[7] פאמא אלהא פמזידה̈ פיה ללאלחאק באלבנא אלרבאעי אעני כרסם חספס והוא כלכל את המלך[8]. וכזיאדה̈ אלהא איצ̇א עלי תחר פי קולהם תחרה מתחרה בארז[9] ואיך תתחרה את הסוסים[10] פאן מתחרה תתחרה מלחקאן באלת̇א בנא מכרסם תכרסם יכרסמנה חזיר מיער[11] מכרבל במעיל בוץ[12]. וכזיאדה̈ אלהא איצ̇א [פי] השתחוה ללאלחאק בהתמהמה וד̇לך אן אלאצל פי השתחוה אלשין ואלחא ואלהא לאנה מן דאגה בלב איש ישחנה[13] פקלבת פיה הא שחה ואוא כמא קלבת הא שלה ואוא פי שלותי[14] ת̇ם אדכ̇לת עליה תא אלאפתעאל וצעף[ת] אללאם ללאלחאק פקיל השתחוה ללאלחאק בהתפעלל מת̇ל חשתי ולא התמהמהתי[15].

[1] Prov. 26, 7. [2] Deut. 32, 37. [3] Ps. 78, 2. [4] Ruth 2, 9. [5] Job 26, 13. [6] Ps. 16, 6. [7] Gen. 49, 21. [8] II Sam. 19, 33. [9] Jér. 22, 15. [10] ib. 12, 5. [11] Ps. 80, 14. [12] I Chr. 15, 27. [13] Prov. 12, 25. [14] Job 3, 25. [15] Ps. 119, 60.

וכזיארה אללאם פי ואמלל כל יושב בה[1] ללאלחאק ברטפש בשרו
מנער[2] לאנה מן מה אמלה לבתך[3]. וכתצעיפהם לאמאת אבת׳
אלאפעאל אלמעתלה אלעין ללאלחאק איצא [מתל] כונן למשפט
כסאו[4] חללה ידו נחש ברח[5] ומא אשבה דלך. ואעלם אן אלקיאס
81. פי מסתקבל שפרה אן יכון ישפרה וכדלך הו מסתקבל תחרה
מתחרה בארז[6] יתחרה ואיך תתחרה את הסוסים[7] עלי מתאל
יכרסמנה[8]. ולים ידשנה סלה[9] מן הדא אלבאב אעני אן הא״ה ליסת
ללאלחאק עלי מא כנא אתבתנאה עליה פי כתאב אלמסתלחק[10] אד
לים פי אלבנא אלרבאעי מא עינה משדד מתל שין ידשנה לכן
האוה מזידה פיה עלי ידשן לגיר אלחאק כמא זידת אלהא פי
ואקראה לך[11] עלי ואקרא. ולא מדהבהם איצא פי זיארה הדה
אלהא הנא כמדהבהם פי זיארתהא פי ואשלחה להגיד לאדני[12]
אשמעה מה ידבר[13] אשאלה תכם[14] לכן עלי מדהב זיארה אלהא פי
השפלה הגבה[15] מכשפה לא תחיה[16] וגירהמא אעני ללמבאלגה.
ויגוז אן יקאל מתל הדא איצא פי הא ואיך תתחרה את הסוסים
והא מתחרה בארז אעני אן תכון פיהמא ללמבאלגה לא ללאלחאק
ואן יטן בהמא אן אלאצל פי אלחא מנהא אלתשדיד מתל ידשנה
פהדא מא יגב אן יעתקד פי ידשנה סלה עלי מא אכרנה לנא טול
אלבחת ודואם אלתנקיח ללכלאם. וקד וגדת פי כלאם אלאואיל
רצי אללה ענהם מא אסתעמל פיה זיארה אלהא ללמבאלגה ודלך
פי קולהם[17] שמא יתעלפה אראד שמא יתעלף אי כי לא יתחיר
וידהש ויגשי עליה לאנה מתל קולהם[18] מי שיש לו חולה בתוך
ביתו ונתעלף וכדומה שמת אי וגשי עליה. ואמא אלמלחק מן
אלאפעאל אלמעתלה פיכון עלי צרבין אחדהמא בתצעיף אללאם
מתל כונן למשפט כסאו[19] בוססו מקדשך[20] כי בשש משה[21] חללה
ידו[22] ומא אשבה דלך אלואואת הי אלעינאת ותנה פעלל מלחק
בכרסם והוא כלכל את המלך[23]. ואלצרב אלב׳ יכון בתצעיף אללאם
ואלפא ואלעין דאהבה מע הדא אלתצעיף מתל טלטל יטלטל הנה
יי׳ מטלטלך טלטלה גבר[24] כלכל יכלכל לא יכלכלוך[25] ומי מכלכל

[1] Os. 4, 8. [2] Job. 33, 25. [3] Ex. 16, 30. [4] Ps. 9, 8. [5] Job 26, 13. [6] Jér. 22, 15. [7] ib. 12, 5. [8] Ps. 80, 14. [9] Ps. 20, 4. [10] Opusc. p. 174. [11] I Sam. 28, 15. [12] Gen. 32, 6. [13] Ps. 85, 9. [14] Jug. 8, 24. [15] Ez. 21, 31. [16] Ex. 22, 17. [17] Sabbath 9 a. [18] Nedârim 87 a. [19] Ps. 9, 8. [20] Is. 63, 18. [21] Ex. 32, 1. [22] Job 26, 13. [23] II Sam. 19, 33. [24] Is. 22, 17. [25] II Chr. 6, 18.

יום באו[1] ונלאיתי כלכל[2] ותתחלחל המלכה[3] פאן מטלטלך מן ויטילו את הכלים[4] ומי סכלכל מן ולא יכילו גוים זעמו[5] ואן ותתחלחל מן אם מפני לא תחילו[6]. ואלפעל אלרבאעי ינקסם קסמה אוליה עלי קסמין אחדהמא מתצאעף ואלאכר גיר מתצאעף. פגיר אלמתצאעף הו מא כאן מתל מכרבל במעיל בוץ[7] יכרסמנה חזיר מיער[8] פרשז עליו עננו[9] רטפש בשרו. מנער[10] ואלמתצאעף הו מא כאן לאמה מן מוצע פאיה ועינה מתל מפזז ומכרכר[11] וכלכלתי אתך[12] והוא כלכל את המלך[13] וטאטאתיה במטאטא השמד[14] וסכסכתי מצרים במצרים[15] כי לולא התמהמהנו[16] המצפצפים והמהגים[17] וקרקר כל בני שת[18]. פאן כל ואחד מן הדה אלאפעאל ומא אשבההא געל לאמה מן מוצע פאיה ועינה אד וזן אלגמיע פעלל עלי זנה כרסם כמא געל אללאם פי סבב ושלל וגמיע באבה מן אלאפעאל אלתלאתיה מן מוצע אלעין פהדה פי בנאת אלארבעה נטיר תלך פי בנאת אלתלתה. וקום מן אהל *אלנחו אלערבי[a] יגעלון אמתאל הדה אלאפעאל פי לגתהם תלאתיה ויעתקדון אן אלפא אנמא צועף כראהה ללגמע בין אלמתלין והדא אלמדהב דהבנא נחן פי אלמסתלחק[19] פי וגלגלתיך מן הסלעים[20] ופי מא אשבהה ממא אשתקאק לה מן אלתלאתי. ואמא מא לא נגד לה אשתקאקא מן אלתלאתי פאנא נגעלה רבאעיא עלי כל חאל מתל וכלכלתי אתך שם[21] וסכסכתי מצרים[22] ומא אשבההמא. וקום מנהם יגעלונהא תנאיה מתצאעפה מן מוצע אלפא ואלעין. ותנקסם איצא אלאפעאל אלרבאעיה קסמין אכרין למתעד וגיר מתעד פאלמתעדי מנהא הו מתל יכרסמנה[23] פרשז[24] מכרבל[25] רטפש[26] וכלכלתי[27] וסכסכתי[28] וטאטאתיה[29] וגיר אלמתעדי הו מתל ביום נטעך תשגשגי[30] מכרכר בכל עז[31]. ואעלם אן חרוף אללין לא תכון 32. אצלא פי בנאת אלארבעה[b] בתה אלא אן יצאעף דלך אלפעל מתל

[a] A. נחו אלערבו, peut-être faut-il lire נחו אלערב; R. דקדוק הערב [b] M. ajoute אלתלאתיה

[1] Mal. 3, 2. [2] Jér. 20, 9. [3] Est. 4, 4. [4] Jon. 1, 5. [5] Jér. 10, 10. [6] ib. 5, 22. [7] I Chr. 15, 27. [8] Ps. 80, 14. [9] Job 26, 9. [10] ib. 33, 25. [11] II Sam. 6, 16. [12] Gen. 45, 11. [13] II Sam. 19, 33. [14] Is. 14, 23. [15] ib. 19, 2. [16] Gen. 43, 10. [17] Is. 8, 19. [18] Nomb. 24, 17. [19] Opusc. p. 180. [20] Jér. 51, 25. [21] Gen. 45, 11. [22] Is. 19, 2. [23] Ps. 80, 14. [24] Job 26, 9. [25] I Chr. 15, 27. [26] Job 33, 25. [27] Gen. 45, 11. [28] Is. 19, 2. [29] ib. 14, 23. [30] ib. 17, 11. [31] II Sam. 6, 14.

וטאטאתיה במטאטא השמד[1] פאן וטאטאתיה במנזלה וכלכלתי·

ותנקסם אלאפעאל עאמה קסמה אכרי עלי קסמין איצא למא מצי מן אלזמאן ולמא לם ימץ· פארא קלת עבר שמר בחר כרסם כרבל יצא ירד שב קם בנה עלם אן כל ואחד מן הדה אלאבניה למא מצי מן אלזמאן· וארא קלת ישמר יעבר יכרבל יכרסם יקום ישוב יראה יבנה בזיארה אליא או אעבר אשמר בזיארה אלאלף או נעבר נשמר בזיארה אלנון או תעבר תשמר בזיארה אלתא עלם אן הדה אלאבניה למא לם ימץ מן אלזמאן· פאן אלאלף ואליא ואלנון ואלתא הי חרוף אלאסתקבאל אלא אנה גאיז אן תכון הדה אלאפעאל אלתי תדכלהא חרוף אלאסתקבאל כאצה ללאסתינאף וגאיז אן תכון פי אלחאל· אמא כונהא מסתאנפה פעלי אלמעהוד אלמשהור מנהא ואמא כונהא פי אלחאל פמתל קולה ויבא חושי רעה דוד העיר ואבשלום יבוא ירושלם[2] אי פי חאל דכולה ופי וקת דכולה ירושלם· פאן אלפעל מבני ללדהר באמתלה פעל למא מצי ויפעל למא אנת פיה ולמא לם יקע בעד· וכדלך אפעל ונפעל ותפעל לאן אלזואיד אלארבע תוגד אלפעל גיר מאץ אלא אנה יצלח לוקתין למא אנת פיה ולמא לם יקע· תקול ראובן יאכל פיצלח אן יכון פי חאל אכלה ואן יכון פי מא יסתקבל כמא יקאל ראובן אוכל אי הו פי חאל אכלה וראובן אוכל מחר פבל עלי חיאלה אלא בין אלפעל אלמסתקבל ובין אסם אלפאעל הדה אלמצארעה אלתי תרי· ואעלם אן אשכאע אלאפעאל תנקסם עלי ג׳ אצרב לאן מנהא מא לא יכון אברא אלא מתעדיא מתל אמר בחר שבר שמר ומתנא מא יכון לאזמא אברא לא יגוז פיה אלתעדי אצלא מתל גבר באחיו[3] גדל צחק צמח שמח צץ המטה פרח הזדון[4] וגלתי בירושלם וששתי בעמי[5]· ומנהא מא יכון עלי וגהין אעני אנהא תכון מתעדיה פי מוצע וגיר מתעדיה פי מוצע אכר פיקאל פעלת אלשי ופעל אלשי[a] נפסה ״ברפע נפסה לאנה אלפאעל בפעל וחקיקה אלאמר אנה תוכיד ללפאעל והו אלשי[b] מתל נטיתי ידי[6] הדא מתעד וכארח נטה ללון[7] גיר מתעד כי בקקום בקקים[8] מתעד גפן בוקק[9] גיר

[a] M שי, R. הדבר [b] R. om.

[1] Is. 14, 28. [2] II Sam. 15, 87. [3] I Chr. 5, 2. [4] Es. 7, 10. [5] Is. 65, 19. [6] Pr. 1, 24. [7] Jér. 14, 8. [8] Os. 10, 1. [9] Nah. 2, 8.

מתעדׄ· וקרמתי עליכם עור[1] מׄתעדׄ ויקרם עליהם עור מלמעלה[2] גיר מתעדׄ קולה הנא עור הו אלפאעל בויקרם פהי ארׄא גיר מתעדׄ אלא תראה יקול והנה עליהם גידים ובשר עלה ויקרם עליהם עור פכמא אן בשר הנא פאעל וקד כאן מפעולא בה פי קולה והעליתי עליכם בשר כדׄלך עור הנא פאעל וקד כאן מפעולא בה פי וקרמתי עליכם עור· ואכתׄר אלאפעאל אלמתעדׄיה פאנמא מתעדׄ אלי מפעול ואחד וקד יתעדׄי בעצׄהא אלי מפעולין כמא קיל המצמיח הרים חציר[3] הודע את ירושלם את תועבתיה[4] הודיעני יׄׄ קצי[5] ויחשבה עלי לשכורה[6] אשים מחשך לפניהם לאור ומעקשים למישור[7] לא יתםׄ אלכלאם פי כל ואחד מן הדׄה אלאפעאל באלמפעול אלואחד דון אלאכׄר ללמעני אלדׄי דׄהב אליהא פיהא· וקד יכון יגׄוז פי אלכלאם אן יקתצר פי בעצׄהא עלי מפעול ואחד אעני אנה לו כאן פי אלכלאם המצמיח הרים לאסתגׄני בדׄלך דון חציר לאנה תבארך ותעאלי יצמיח אלהרים חציר ועצים כמא קאל ויצמח יׄׄ אלהים מן האדמה כל עץ נחמד למראה[8]· פלו אן קאילא יקול המצמיח הרים פקט לכאן כלאמא קאימא בנפסה· וקד יוגׄד מן אלאפעאל מא יתעדׄי אלי מפעולאתה עלי וגׄה אכׄר אעני עלי אלׄא יצל אלפעל אלי אלמפעולין מן פאעל ואחד בל מן פאעלין· ודׄלך קולה מוצאי בקר וערב תרנין[9] ליסת אלהרננה פי מוצאי בקר וערב ללה בל הי ללנאס בתוסׄט אלבארי עזׄ וגׄלׄ ואלמעני אנה תבארך 63. ותעאלי יחמל אלנאס במא יחדׄתׄה מן אלאיאת פי כל צבאח ופי כל מסא עלי אלארנאן באלתסביח ואלתמגׄיד לה אי אנה יגׄעלהם אן יסבׄחוה ואן ימגׄדוה ענד אלגרוב ואלשרוק פאלתסביח אנמא תם בתוסׄט פאעלין אעני אלבארי עז וגׄל ואלכׄלק· ומתׄלה תבין לבם תקשיב אזנך[10] תפסירה תציךׄ ארׄנך אי תגׄעלהא אן תציךׄ חׄי פאלאצאכׄהׄ אנמא תתםׄ מן אלבארי עז וגׄל ומן אלארׄן· ומתׄלה איצׄא להקשיב לחכמה אזנך[11] ואיצׄא גם אויביו ישלם אתו[12] אי אן יגׄעלהם אן יסאלמוה פאלמסאלמהׄ אנמא תתםׄ לה בתוסׄט אלבארי גׄל ועז ואיצׄא החשבים להשכיח את עמי שמי[13] לינסוהם אסמי

[1] Ez. 37, 6. [2] Ez. 37, 8. [3] Ps. 147, 8. [4] Ez. 16, 2. [5] Ps. 39, 5. [6] I Sam. 1, 13. [7] Is. 42, 16. [8] Gen. 2, 9. [9] Ps. 65, 9. [10] ib. 10, 17. [11] Prov. 2, 2. [12] ib. 16, 7. [13] Jér. 23, 27.

פאלנסיאן אנמא תם מן אלמנסיין ומן אלנאסיין· ותנקסם אשכאץ אלאפעאל איצא קסמה אכרי עלי קסמין למשתקה מן אלאחראת ולמשתקה מן אלאסמא גיר אלאחראת· אמא אלמשתקה מן אלאחראת פמתל ראה ראיתי את עני עמי[1] יסר יסרני[2] אכל תאכל[3] שתה תשתו[4] פאן הדה אלאפעאל משתקה מן אחראתהא או מן מצאדרהא· ודלך אן ראיתי משתק מן ראה אלמצדר ויסרני משתק מן יסר ונאכל משתק מן אכל ותשתו משתק מן שתה· ואמא אלמשתקה מן אלאסמא גיר אלאחראת פמתל בין שורתם יצהירו[5] אלמשתק מן זית יצהר[6] אי יעתצרון זיתהם· ומתל וירם תולעים[7] אלמשתק מן ורמה תכסה עליהם[8]· ומתל וזנבתם אתם[9] ויזנב בך[10] אלמשתקין מן זנב· ומתל לא תעולל[11] אלמשתק מן ונשאר בו עללות[12]· ויעפלו לעלות[13] אלמשתק מן עפל ובחן[14]· כי יבער איש שדה[15] אלמשתק מן ושלח את בעירה[16] טענו את בעירכם[17]· ודשנו את המזבח[18]· אלמשתק מן דשן המזבח[19] וכדלך ידשנה סלה[20]· [משתק מנה]· ואיצא לבבתני[21] אלמשתק מן לב ותרגמתה קלבתני אי אצבת קלבי בסהם עיניך· אמרתי אפאיהם[22] אלמשתק מן פאה ואלמעני אני .אבעדהם ואגליהם אלי כל נחה ונאחיה· וברגליהם תעכסנה[23] אלמשתק מן העכסים[24] *ואלמעני ויגעלן[a] פי סאקיהן אלכלאכיל[b]· יהמו יחמרו מימיו[25] אלמשתק מן היה להם לחמר[26] ותרגמתה תצטרב ותהיג מיאהה פתטאן אי תכאלט אלטין ותמתזג בה לכתרה אצטראבהא· מאלמים אלמים[27] אלמשתק מן אלמים· ויבמה[28] ויבם אתה[29] אלמשתקאן מן יבמה יבא עליה[30]· ואעלם אן אלפעל אלמסתקבל מן אלפעל אלכפיף אלסאלם עינה ולאמה מן חרוף אלחלק קד גא עלי יפעול בואו אלמד מתל ישמור יזכור יעבור אשר לא יבשו קוי[31] ויבוש מקורו[32] וגא איצא עלי יפעל בגיר ואו מתל ישכב ויגדל ויפטר מפני שאול[33] ויפצר בם מאד[34] עם גדי

[a] M. ויגעל [b] R. om.

[1] Ex. 3, 7. [2] Ps. 118, 18. [3] Gen. 2, 17. [4] Jér. 25, 28. [5] Job 24, 11. [6] II Rois 18, 32. [7] Ex. 16, 20. [8] Job 21, 26. [9] Jos. 10, 19. [10] Deut. 25, 18. [11] ib. 24, 21. [12] Is. 17, 6. [13] Nomb. 14, 44. [14] Is. 32, 14. [15] Ex. 22, 4. [16] ib. ib. [17] Gen. 45, 17. [18] Nomb. 4, 13. [19] I Rois 18, 5. [20] Ps. 20, 4. [21] Cant. 4, 9. [22] Deut. 32, 26. [23] Is. 3, 16. [24] ib. 3, 18. [25] Ps. 46, 4. [26] Gen. 11, 3. [27] ib. 37, 7. [28] Deut. 25, 5. [29] Gen. 38, 8. [30] Deut. 25, 5. [31] Is. 49, 23. [32] Os. 13. 15. [33] I Sam. 19, 10. [34] Gen. 19, 3.

ירבץ[1] ולא ירגז עוד[2] מזרם הרים ירטבו[3] על קל נרכב[4] ירפד חרוץ עלי טיט[5] ותקטן עוד זאת בעיניך[6] כי לא יירש בן האמה הזאת[7]. ורבמא אסתעמלא גמיעא פי פעל ואחד אעני אנה קד יכון מסתקבל בעץ אלאפעאל יפעֹל ויפעַל גמיעא כמא קיל פי מסתקבל נשך אם ישך הנחש בלא לחש[8] ואיצֹא כנחש ישך[9] וקיל פי מסתקבל שבת וישבת המן[10] ואיצֹא למה תשבת המלאכה[11] וקיל פי מסתקבל נדר טוב אשר לא תדור[12] ואיצֹא וידר ישראל[13] וקיל פי מסתקבל חפץ כי לא אחפוץ במות המת[14] ואיצֹא ודרכו יחפץ[15] וקיל פי מסתקבל טרף פן יטרף כאריה נפשי[16] ואיצֹא זאב יטרף[17] וקיל פי מסתקבל 84. יבש זרעו יבוש תיבש[18] ואיצֹא ויבוש מקורו[19] וקיל פי מסתקבל נדד ידוד ממך[20] וזנה יפעוֹל לאן אלנון מנדגמה פי אלדאל ואצלה ינדוד ואיצֹא ותדד שנתי[21] וזנה ותפעל אצלה ותנדד ואללפטֹתאן *פי מעני ואחד[a] וליס הם פי מעניין כמא זעם אבו זכריא[22]. וקיל פי מסתקבל בגד ובאשת נעוריך אל תבגד[23] ואיצֹא מדוע נבגד איש באחיו[24] וקיל פי מסתקבל פשט ואת בגדי רקמתם יפשטו[25] ואיצֹא ויפשט גם הוא בגדיו[26] וקיל פי מסתקבל הלך מפיו לפידים יהלכו[27] ואיצֹא ולשונם תהלך בארץ[28]. והדֹא ידלך עלי גואז אלוגהין פי כל פעל תֹלאתֹי עינה ולאמה סאלמתאן מן חרוף אלחלק ואנהמא שי ואחד ואנה ליס אחדהמא אולי באחדהמא מנה באלאכֹר ואלא פרק ענד אלעבראניין פרק גיר אלאסתחסאן ואלאסתסהאל. ואמא מא כאן עינה או לאמה מן הדֹא אלמתֹאל חרפא חלקיא פלא יכון מסתקבלה אלא יפעל בגיר ואו עלי אלאכֹתר מתֹל ישלח יקרא ישמע יגבה יכאב יכעס יבחר ויגחר עליו[29] ורבמא שדֹ מן הדֹא אלקליל ממא עינה כֹאצה מן חרוף אלחלק פגֹא עלי יפעוֹל בואו אלמד מתֹל נאות לכם[30] יאותו לנו האנשים[31] מסתקבל כי לך יאתה[32] ומה אזעם[33] מסתקבל לא זעם יי[34] וינהם עליו ביום ההוא[35]

[a] M. פי מעני אלשדוד, R. בענין אחד

[1] Is. 11, 6. [2] II Sam. 7, 10. [3] Job 24, 8. [4] Is. 30, 16. [5] Job 41, 22. [6] II Sam. 7, 19. [7] Gen. 21, 10. [8] Eccl. 10, 11. [9] Prov. 23, 32. [10] Jos. 5, 12. [11] Néh. 6, 3. [12] Eccl. 5, 4. [13] Nomb. 21, 2. [14] Ez. 18, 32. [15] Ps 37, 23. [16] ib. 7, 3. [17] Gen. 49, 27. [18] Zach. 11, 17. [19] Os. 13, 15. [20] Nah. 3, 7. [21] Gen. 31, 40. [22] N. 112, D. 164. [23] Mal. 2, 15. (M. et R. תבגד; Ousoul 31, 13 יבגד comme notre texte. Cf. De Rossi, Variae lectiones V. T., III, 225). [24] ib. 2, 10. [25] Ez. 26, 16. [26] I Sam. 19, 24. [27] Job 41, 11. [28] Ps. 73, 9. [29] II Rois 4, 34. [30] Gen. 34, 15. [31] ib. 34, 22. [32] Jér. 10, 7. [33] Nomb. 23, 8. [34] ib. ib. [35] Is. 5, 30.

מסתקבל נחס· וארא אתצלת הדה אלאפעאל אלמסתקבלה בצמאיר אלמפעולין פאן מא גא מנהא עלי יפעול בואו אלמד יכון אבתרה ענד אתצאלה באלצמיר אלמפעול בה מצבוט אלעין בשבא ויסקט ואו אלמד מתל ולא ישמרנו בעליו[1] ואמרתי לא אזכרנו[2] כי קבר תקברנו[3] הן יקטלני[4] יך ויחבשנו[5] ויתשם יי[6] יפרצני פרץ[7] יתצני סביב[8]· ורבמא גא אלקליל מנהא באלואו עלי אלאצל מתל ושפתי חכמים תשמורם[9] ועלי אלאטראד כי נעים כי תשמרם בבטנך[10]· ויגי בעץ הדא אלבאב מצמום אלעין בקמץ חטף ללדלאלה עלי אלואו מתל הוא יהדפם מפניכם[11] ואצרנה עקב[12] אשר פי יי יקבנו[13] באותי ואסרם[14] ודם ירדפך[15] פי קראה בן אשר ואמא בן נפתלי פיקרוה ירדפך בשבא ופתח· ואמא מא גא מנהא עלי יפעל בלא ואו פאן עינה יכון ענד אתצאלה באלצמיר אלמפעול בה ממדודא בקמץ גדול מתל ואיש אחר ישכבנה[16] ילבשם הכהן[17] ואתה תירשנו[18] בצהרים יירשוה[19] ישקני מנשיקות פיהו[20] פן תדבקני הרעה[21] יאהבני אישי[22]· וקד אנצרף יזעמוהו לאמים[23] אלי באבה ואצלה ולם יאת עלי ומה אזעם· ושדת ען באב יפעל אלפאט ענד אתצאלהא באלצמיר אלמפעול בה ולחקת בבאב יפעול מתל ובמקבות יצרהו[24] אלדי הו ענד אלאנפראד וייצר יי[25] לא יתנני השב רוחי[26] והו ענד אלאנפראד יתן· ואלמסתקבל מן בניה הפעיל יכון עלי אלכמאל ואלתמאם יהפעיל או יהפעל בחרף אליא מתל כי לא בחרב ובחנית יהושיע יי[27] דלתי ולי יהושיע[28] ומשירי אהודנו[29] על כן עמים יהודוך[30] מושליו יהילילו[31] לאן אלמאצי מנהא הושיע הודה הילל וחק אלמסתקבל אן ינתטם מא פי אלמאצי מן אלאחרף אלא אנהם פי אכתר כלאמהם יחדפון [חדה אלהא] אסתכפאפא לאנהא זאידה וילקון חרכתהא עלי חרף 85. אלאסתקבאל פיקולון יברית ויכה וישמיד וישמר ויפיל ויפל ואלאצל

[1] Ex. 21, 36. [2] Jér. 20, 9. [3] Deut. 21, 23. [4] Job 13, 15. [5] Os. 6, 1. [6] Deut. 29, 27. [7] Job 16, 14. [8] ib. 19, 10. [9] Prov. 14, 3. [10] ib. 22, 18. [11] Jos. 23, 5. [12] Ps. 119, 33. [13] Is. 62, 2. [14] Os. 10, 10. [15] Ex. 35, 6. [16] Deut. 28, 30. [17] Ex. 29, 30. [18] Jug. 11, 23. [19] Zeph. 2, 4. (Cette variante pour יגרשוה, mériterait une sérieuse attention ; mais elle ne se lit pas dans R., et, en outre, יירשוה Deut. 1, 39 et Is. 34, 17 porte à la marge un ב, ce qui indique que le mot ne se rencontre que deux fois.) [20] Cant. 1, 2. [21] Gen. 19, 19. [22] ib. 29, 32. [23] Prov. 24, 24. [24] Is. 44, 12. [25] Gen. 2, 7. [26] Job 9, 18. [27] I Sam. 17, 47. [28] Ps. 116, 6. [29] ib. 28, 7. [30] ib. 45, 18. [31] Is. 52, 5.

יהכ'ריתֿ יחשמיד יהפיל· ואעלם אן יַפְעַל אד'א אתצל בצ'מאיר אלפאעלין או בצ'מאיר אלמפעולין עאד אלי יפעיל באליא מת'ל אל תכריתו[1] וישליכו איש מטהו[2] וישמידם יי[3] ישפילנה[4] ישפילה[5] ורבמא בקי בחסבה כמא קיל אם תפרו את בריתי היום[6] אל נא אחי תרעו[7] ויצרו להם[8] הוא יבוא ויושעכם[9]· ואלמסתקבל מן פֻעֵל [או פִעֵל] אלמשדד יכון עלי יְפַעֵל מת'ל ישבר ידבר ילמד באלתשדיד· ואלמסתקבל מן אלמכ'פף מן הד'א אלמת'אל [לעלה] אחהע'ר מכ'פף איצ'א מת'ל יברך ישרת יחרף וינער יי[10] נחש ינחש[11]. ומא אשבה ד'לך· ואלמסתקבל מן פוּעַל יכון יְפוּעַל מת'ל עולל יעוללו כגפן[12] וארה עפרה יחננו[13] יסובבה על חומתיה[14] ישופט מן למשפטי אתחנן[15] יזורם מן זרמו מים עבות[16]· ואלאמר מן אלפעל אלכ'פיף אלד'י מסתקבלה יפעול בואו אלמד יכון פְעוֹל באלואו מת'ל שמֹר ושמעת[17] זכר אל תשכח[18]· ואן כאן אלמסתקבל עלי יפעל בלא ואו כאן אלאמר מנה פְעַל בלא ואו איצ'א מת'ל שכב על צדך השמאלי[19] קרב אתה ושמע[20] חרכה עין אלפעל פי אלאמר תאבעה לחרכה עינה פי אלמסתקבל פי אכת'ר אלאפעאל פאנך אנמא תאמר ממא לם יקע· פאן זדת אלהא אלתי יג'יז אלעבראניון זיאדתהא פי אלאמר עלי פְעוֹל אלד'י בואו כאן ד'לך אלאמר עלי פָעְלָה בקמצות אלפא מת'ל שמור ושמרה זכור וזכרה כרות כרתה בריתך אתי[21]· פיג'וזונה ען כונהא כמא תרי ולם תג'ר עאדתהם אן יזידוא אלהא עליה והו באק עלי ציגתה ולא וג'דנא ד'לך פי מא בין אידינא מן אללגה אצלא בל לא בד להם מן תגייר בניתה· ולד'לך לסנא נסתג'יז אעתקאד כון פשטה וערה וחגורה על חלצים[22] אמרא וד'לך מן וג'הין· אחדהמא מא קלנאה מן אטראד כלאמהם פי מת'ל הד'א אלאמר עלי פָעְלָה ואלת'אני אנא לם נג'דהם יאמרון ג'מאעה אלמונת' באמר אלואחד אלמד'כר· אנמא יומר ג'מאעה אלמונת' וג'מאעה אלמד'כר ואלואחד ואלאת'נתאן בלפט' ואחד[a] אד'א כאן אללפט' מצדרא כ'אצה כמא הו ד'לך משהור פי כלאמהם ומערוף

[a] M. אלואחד, R. אחד

[1] Nomb 4, 18. [2] Ex. 7, 12. [3] Deut. 2, 21. [4] Is. 26, 5. [5] ib. ib. [6] Jér. 33, 20. [7] Gen. 19, 6. [8] Néh. 9, 27. [9] Is. 35, 4. [10] Ex. 14, 27. [11] Gen. 44, 15. [12] Jér. 6, 9. [13] Ps. 102, 15. [14] ib. 55, 11. [15] Job 9, 15. [16] Ps. 67, 18. [17] Deut. 12, 28. [18] ib. 9, 7. [19] Ez. 4, 4. [20] Deut. 5, 24. [21] II Sam. 3, 12. [22] Is. 32, 11.

פי אסתעמאלהם· פלו אראדנא אלאמר אלדי בזיאדה אלהא מן פשט לקאלוא פשטה עלי מתאל זכרה או פשטה בכסר אלפא עלי מתאל שמעה יי צדק[1] לאן אלמסתקבל מן פשט קד אסתעמל עלי יפעול בואו אלמד קיל ואת בגדי רקמתם יפשטו[2] ואסתעמל איצא בגיר ואו קיל ויפשט גם הוא בגדיו[3]· וכדלך ליס רגזה בטחות[4] אמרא חמלא לה עלי פשוטה וחגורה וקיאסא בהמא עליה[a] בל אלג׳מיע מצאדר· ומא כאן ימתנע פי אלקיאס ג׳ואז כון פשוטה וחגורה אמרא ללואחד אלמדכר פי גיר אלפסוק ועלי אנה לם יגיר ען ציגתה ועלי אן עאדה אלעבראניין לם תג׳ר במתל הדא כמא ג׳אז כון מא לם יתגיר ממא זידת עליה אלהא מן אלאמר אלדי הו מן יפעל בלא ואו וקיאסא בה עליה מתל קולהם[b] יי שמעה יי סלחה[5] והו אמר דון תגיר· לכן למא לם נג׳ד מתל הדא פי שי מן כלאמהם לם נג׳וז דלך פי אלפסוק אד ראינא אן חמלה פי אלפסוק מחמל ג׳מיע כלאמהם אולי· וקד שד אספה לי[6] ומכרה כיום[7] ונצרה על דל שפתי[8] מן 86. באב זכר אל תשכח[9] זכרה לי אלהי[10] ולחקת בבאב שמע ישראל[11] שלח ידך[12] שכב לך[13] שמעה תפלתי יי[14] שלחה הנער אתי[15] שכבה עמי[16]· ושד איצא מנה ערכה לפני התיצבה[17] ודלך אן אלפעל אלמסתקבל מנה עלי יפעול בואו אלמד מתל היערך שועך[18] ואלאמר תאבע ללפעל אלמסתקבל פי צמה ופתחה פיג׳ב אן יכון אלאמר מן הדא אלפעל ערוך עלי זנה זכור אל תשכח פלמא זידת עליה אלהא כאן יג׳ב אן יכון מצמום אלפא[c] עלי זנה זכרה לי אלהי פשד ענה· ושד איצא קרבה אל נפשי[19] מן באבה ולחק בבאב זכרה לי אלהי· ואעלם אן עוזה אלהים[20] מן באב זכרה לי אלהי פאן אלשרק מתל אלקמץ והו פעלה ואצלה עלי אלתמאם קבל זיאדה אלהא עזוז עלי זנה זכור אל תשכח· ואן כאן פא אלפעל אלכפיף אלמאמור מנה יא[a] או נונא או לאמא ג׳אז אן יחדף פאוה פי אלאמר אסתכפאפא פיקאל מן ירד רד או רדה בזיאדה הא ומן ירש רש או רשה ומן נתן תן או תנה ומן לקח קח או קחה· ועלי אלאצל

a R. om. b R om. c M. אלעין, R. העין

1 Ps. 17, 1. 2 Ex. 26, 16. 3 I Sam. 19, 24. 4 Is. 32, 11. 5 Dan. 9, 19. 6 Nomb. 11, 16. 7 Gen. 25, 31. 8 Ps. 141, 3. 9 Deut. 9, 7. 10 Néh. 5, 19. 11 Deut. 6, 4. 12 Ex. 4, 4. 13 Ex. 4, 4. 14 Ps. 39, 13. 15 Gen. 43, 8. 16 ib. 39, 7. 17 Job 33, 5. 18 ib. 36, 19. 19 Ps. 69, 19. 20 ib. 68, 29.

יַבַּד יְרַשׁ ים ודרום ירשה[1] נָתֹן לָקח פר אחד בן בקר[2] לכן מרהבהם פי חרף אחרף אלעלה אלאסתכפאף ואלנון תשארך אחרף אלעלה באלגנה אלתי פיהא פהם יחמלונהא מחמלהא פי אלחרף ופי אלאנדגאם פי גיר מתלהא כמא צנעוא פי ויט משה את ידו[3] פאנהם חרפוא אלנון מנה ואחרתוא מכאנהא סאכנא לינא כצנעהם פי וירד וישב ומא אשבההמא ואלאצל פי ויט וינט לאנה מן נטה וקד אדגמוא הרה אלנון פי חטה כמא אדגמוא יא יצק פי כי אצק מים[4] ויא ויתיצב[5] פי הציבו משחית[6] וגירהא מן חרוף אללין. ואמא אללאם פאנהם אנמא אגרוה הרא אלמגרי מן אלחרף ואלאדגאם פי תצריף לקח כאצה. אמא אלחרף פפי קח וקחנו[7] וגירהמא ואמא אלאדגאם פפי יקח וגירה כמא אדגמוא נון נתן פי יתן ודלך למשארכתהא אלנון פי אלמכרג כמא קד תקדם דכרנא לה. וקד קאל בעץ רוסא עלם אלדקדוק והו אבו אלוליד אבן חסדאי רחמה אללה[8] אן יקח מאכוד מן גיר לקח ואעתל פי דלך באנה לם תגר עאדה אלעבראניין באדגאם אללאם פי גיר מתלהא. ולעמרי אנה לקול [a]אן אעתקד[a] לם יכן כארגא ען אלקיאס ולא מנאפיא לאטראד אלא אן אבא זכריא זל קאל[9] וידגמון אללאם אלתי הי פא אלפעל פי עין אלפעל מתל לאם לקח פי יקח ומקח שחד[10] וכאן אבו אלוליד בן חסדאי רחמה אללה ירי אן אלמנדגם פי יקח נון לא לאם וקד כאנת לי מעה פי הרא מקאמה עטימה. וארא חרפוא פא אלפעל פי אלאמר [a]עלי מא תקדם דכרנא לה ולם יזידו אלהא אלתי יגיזון זיאדתהא פי אלאמר[b] פמן עאדתהם אן יחרכוא חרכה עין אלפעל עלי מא כאנת עליה פי אלאסתקבאל. הכרא הו אכתר כלאמהם כמא קאלוא מן יֵשֵׁב שֵׁב ומן יֵרֵד רֵד ומן יִתֵּן תֵּן ומן יִגַּשׁ גַּשׁ פגע בו[11] ומן יִירַשׁ החל רַשׁ[12] וכדלך מא אשבהה. וכדלך איצא אן אתצל דלך אלאמר בצמיר אלמפעול בה כאן אלעין עלי חרכתה קבל אלאתצאל כמא קאלוא מן יִשָּׂא שָׂאהו אל אמו[13] ומן יקח קחנו ועיניך שים עליו[14] ומן יֵדַע בכל דרכיך דָעֵהוּ[15] לאנהם לו לם

[a] R. om. [b] R. om.

[1] Deut. 33, 28. [2] Ex. 29, 1. [3] ib. 14, 27. [4] Is. 44, 3. [5] Ex. 34, 5. [6] Jér. 5, 26. [7] I Sam. 16, 11. [8] Opusc. p. IX. [9] D. 92; N. 55. [10] II Chr. 19, 7. [11] II Sam. 1, 15. [12] Deut. 2, 24. [13] II Rois 4, 19. [14] Jér. 39, 12. [15] Prov. 3, 6.

יחדפו לקאלוא נְשָׂאתו לקחהו ידעהו פבקי בער אלחדף עלי חרכתה. ואמא ותנהו לרחמים[1] פגרי עלי לא יתנני הָשב רוחי[2]

87. וקד תקדם פי קולנא פי לא יתנני השב רוחי אנה שאד ען באבה. וקד יכאלפון הדא אלנטאם אלדי קלנא כמא קאלוא[a] פי אלאמר מן יגש גֶּש הלאה[3] בסגול לאנהם כתירא מא יסתעמלון אלסגול מכאן אלפתח כמא קד דכרנא פי גיר הדא אלמוצע וכמא קאלוא וייקַץ יעקב[4] וקאלוא וייקֶץ נח[5] פאבדלוא מן פתח גדול פתח קטון והו אלסגול וקאלוא מן לא יצק עליו שמן[6] צק לעם[7] ומן כי לא יירש[8] עלה רש[9] פאכתלפת חרכה עין אלפעל פי אלאמר לחרכתה פי אלמסתקבל. ואלאמר מן הפעיל [יכון הַפְעִיל] או הַפְעֵל ואכתרה יגי הפעֵל בלא יא ענד אלאפראד ואמא ארא אתצל בצמיר אלגמיע פבלה ירגע אלי הַפְעִיל. קאלוא פי אלאפראד אל נקמות הופיע[10] הושע יי את עמך[11] הודע את ירושלם[12] ומתניהם תמיד המעד[13] באלפתח מן אגל אלעין השלך על יי יהבך[14] הרכב ידך[15] הקרב אליך[16]. ורבמא גא באלפתח ואן לם יכן אללאם חרפא חלקיא מתל הוקר רגלך[17] אלא אן הדא אלפתח מכאן אלצרי. וקאלוא ענד צלתה באלצמיר השליכהו ארצה[18] קדמה פניו הכריעהו[19] הפילה לישראל[20] האשימם אלהים[21]. ואלאמר מן אלתקיל אלמשדד אלעין יכון עלי פַּעֵל באלתשדיד ארא סלם מן עלה אחהע ואמא ארא לם יסלם מנהא פהו מכפף באלמאצי. [קיל] דבר נא באזני העם[22] ספר אתה למען תצדק[23] סבל נא[24]. *ורבמא כאן בפתח אלעין מתל כתר לי[25] בלע יי פלג לשונם[26] ארדת פלג וקרב אתם אחד אל אחד[27][b]. פאן אמתנע אלתשדיד פי אלמאצי אמתנע איצא פי אלאמר כמא קאלוא[c] ברך אלהים ומת[28] פרקו נזמי הזהב[29] וקרב אתם[30].

ואלאמר מן פועל אלמאצי בפתח או מן פועֵל בצרי לאן הדא אלמתאל קד יכון בפתח מתל אשר עלל לי[31] שמש זרחה ונודד[32] ויכון איצא בצרי מתל ועונן ונחש[33] יכון עלי פועֵל בצרי מתל ועולל

[a] M. קלנא, R. אמרו, précédé de כאשר = למא [b] R. om. [c] M. קלנא R. אמרו

[1] Néh. 1, 11. [2] Job 9, 18. [3] Gen. 19, 9. [4] ib. 28, 16. [5] ib. 9, 24. [6] Nomb. 5, 15. [7] II Rois 4, 41. [8] Gen. 21, 10. [9] Deut. 1, 21. [10] Ps. 94, 1. [11] Jér. 31, 6. [12] Ez. 16, 2. [13] Ps. 69, 24. [14] ib. 55, 23. [15] II Rois 13, 16. [16] Ex. 28, 1. [17] Prov. 25, 17. [18] Ex. 4, 3. [19] Ps. 17, 13. [20] Jos. 13, 6. [21] Ps. 5, 11. [22] Ex. 11, 2. [23] Is. 43, 26. [24] II Sam. 15, 31. [25] Job 36, 2. [26] Ps. 55, 10. [27] Ez. 37, 17. [28] Job 2, 9. [29] Ex. 32, 2. [30] Ez 37, 17. [31] Lam. 1, 12. [32] Nah. 3, 17. [33] II Chr. 33, 6.

למו[1] וקאל אבו זכריא[2] אן פֻעֻל אלמפרד מן וימררוהו ורבו[3] יג׳ב אן יכון רוֹבֵב ויג׳ב אן יכון אלאמר מנה רובב איצ׳א עלי לפט׳ אלמאצ׳י

ואלפאעל מן אלפעל אלכ̇פיף יכון פוֹעֵל בצרי מת̇ל אֹמֵר אני מעשי למלך[4] כי בחר אתה לבן ישי[5] ורבמא כאן בחרק מת̇ל בן שאול איבך[6] הנני אספך[7] ורבמא אשבעת הד̇ה אלכסרה̈ חתי תחדת̇ בעדהא יא מת̇ל הנני יוסיף על ימיך[8] הנני יוסיף להפליא[9]. וקד יכון אסם אלפאעל מנה עלי פָעֵל מת̇ל שמח לאיד לא ינקה[10] מי ירא וחרד[11] החפץ ימלא את ידו[12]. וקד יכון אסם אלפאעל איצ׳א עלי פָעוּל בשרק מת̇ל רב ועצום ממנו[13] והנחש היה ערום[14] ובחלם איצ׳א מת̇ל בגורה אחותה[15][a] הו מת̇ל קולה בוֹגֵדָה· והו מן אלמעת̇ל אלעין *עלי מת̇אל[b] פָעֵל מת̇ל חכם ורשע אעני קם ושב ויכון איצ׳א עלי מת̇אל ירא וחרד מת̇ל מת זר וקד בין הד̇א אבו זכריא[16]. ורבמא כאן אסם אלפאעל מנה עלי גיר הד̇א אלמת̇אל מת̇ל שובי מלחמה[17] כרמת בתוך 'הים[18] אצלה ענדי פָעוּל עלי סרהב כי בך בטוח[19] השכוני באהלים[20]. ויכון אלפאעל מן הפעיל 88. מַפְעִיל. מת̇ל משליך חבל בגורל[21] מצמיח חציר[22] ורבמא כאן מַפְעֵל בצרי מת̇ל מוֹצֵא רוח מאוצרותיו[23]. ואדרכת שיוכ̇א מן אצחאב אלדקדוק ינכרון עלי אלחזנין קולהם מַשֵּׁב הרוח[23] בצרי וילג׳ונהם אלי קולהם מַשִּׁיב ביא ומא פי חמל אלפאעל מחמל אלמסתקבל ענדי ג׳נאח לא סי̈מא אנהם קד קאלוא מוצא רוח בצרי מכאן מוציא ביא·

ויכון מן פֻעֻל אלמֻשדד מְפֻעָל מת̇ל המדבר אליך והבאתו אלי[25] ומשבר סלעים[26]. וקד ג׳א אסם אלפאעל מן הד̇א אלמת̇אל בלא מים עלי פִעֵל בכסר אלפא ופתח אלעין מת̇ל הנני יסד בציון אבן[27] ועלי פִעֵל בפתח אלפא ובצרי תחת אלעין מת̇ל ושבח אני את המתים[28] כי אם מאן אתה[29] ואנמא צאר מים מאן באלקמץ לאמתנאע אלתשדיד· ויכון אלפאעל מן פוֹעֵל עלי מְפוֹעֵל מת̇ל למשפטי אתחנן[30] ומחונן ענוים אשריו[31]. ואלמפעול מן אלכ̇פיף

[a] M. יהודה [b] M. מת̇ל, R. על דמיון

[1] Lam. 1, 22. [2] N. 116; D. 171. [3] Gen. 49, 23. [4] Ps. 45, 2. [5] I Sam. 20, 30. [6] II Sam. 4, 8. [7] II Rois 22, 20. [8] Is. 38, 5. [9] ib. 29, 14. [10] Prov. 17, 5. [11] Jug. 7, 3. [12] I Rois 13, 33. [13] Ex. 1, 9. [14] Gen. 3, 1. [15] Jér. 3, 7. [16] N. 58; D. 38. [17] Mi. 2, 8. [18] Ez. 27, 32. [19] Is. 26, 3. [20] Jug. 8, 11. [21] Mi. 2, 5. [22] Ps. 104, 14. [23] ib. 135, 7. [24] Rituel, dans les Dix-huit bénédictions. [25] II Sam. 14, 10. [26] I Rois 19, 11. [27] Is. 28, 16. [28] Eccl. 4, 2. [29] Ex. 10, 4. [30] Job 9, 15. [31] Prov. 14, 21.

יכון עלי פָעוּל מתֿל שמור לך[1] שש מאות רכב בחור[2]. ויכון מן אלתֿקיל אלמשדּד אלעין עלי בניהֿ מא לם יסםּ פאעלה מתֿל נכבדות מדבר בך[3] המחלל בגוים[4] מקבצת מעמים רבים[5] מקטרת מר[6] מעלפת ספירים[7] חמעשקה בתולת בת ציון[8]. ויכון מן הפעיל עלי מוּפְעָל [מתֿל משלך אליך[9] משכב על מטתי[10] ואצלה מְהוּפְעָל][a] פחדף[b] אלהא אסתכֿפאפא ואלקית חרכתה עלי אלמים ודליל דֿלך קולה מחקצעות[11]. פרבמא כלמהֿ תאתי עלי אלאצל ואלכֿמאל וקד ברהנת עלי אן אלאצל פי כל [מופעל מהופעל ואן אלאצל פי כל] יופעל יהופעל פי כתאב אלמסתלחק[12] וגירה *ואסתבת פי דֿלך פי כתאב אלתשויר[c]. ויכון מן פוּעַל מפוּעָל כֿפיף אעני משופט מזורם מתֿל לשחוק אמרתי מהולל[13] מהוללי בי נשבעו[14] תרגמתה מסתגֿהלי בפתח אלהא וכסר אללאם אי אלדֿין כֿנת אסתגֿהלתהם יקסמון בי אסתנקאצא מנהם לי כאנהֿם כאנוא יקולון גֿעלנא אללה מתֿל פלאן אן כאן כדֿא וכדֿא. ואלמצדר מן אלכֿפיף באבה אן יאתי עלי פָעוֹל מתֿל כי שמר תשמרון[15] זכר תזכר[16] אמר אמרתי[17] כי בגד בגדו בי[18] ובחר אתו מכל שבטי ישראל[19] אכל ושבע[20] יצא אצא גם אני[21] ישב אשב עם המלך[22] כי קום יקומו דברי[23] אצלה קָיוֹם פאסכנוא אליא ונקלוא חרכתהא אלי אלקאף ואסקטוא ואו אלמדּ לאגֿתמאע אלסאכנין וקלבוא אליא ואוא לאנצֿמאם מא קבלהא ראה ראיתי[24] בנה בניתי[25] גלה יגלה[26] כי עשה יעשה לו כנפים[27] הגו סגים מכסף[28]. וקד יבדל מן הדֿא אלהא תא קיל ראות רבות[29] אלות שוא[30] ושתות יין[31]. וקד תאתי איצֿא מצאדר הדֿה אלאפעאל אלכֿפיפהֿ עלי פְעוֹל בשבא[d] תחת אלפא ויכלת עמד[32] עמד פתח האהל[33] עת ספד ועת רקד[34] גם ענש לצדיק לא טוב[35] למען זבח לייֿ אלהיך[36] חסכלת עשה[37] עשה צדקה ומשפט[38] קנה חכמה מה טוב[39] ראה פניך לא פללתי[40]

[a] M. om., suppléé d'après R. [b] M. מחרך, R. וחסרו [c] R. om. [d] M. בשוא

[1] I Sam. 9, 24. [2] Ex. 14, 6. [3] Ps. 87, 3. [4] Ez. 36, 23. [5] ib. 38, 8. [6] Cant. 3, 6. [7] ib. 5, 14. [8] Is. 23, 12. [9] II Sam. 20, 2. [10] II Rois 4, 32. [11] Ez. 46, 22. [12] Opuscules p. 36. [13] Eccl. 2, 2. [14] Ps. 102, 9. [15] Deut. 6, 17. [16] ib. 7, 18. [17] Jug. 15, 2. [18] Jér. 5, 11. [19] I Sam. 2, 28. [20] Joel 2, 26. [21] II Sam. 18, 2. [22] I Sam. 20, 5. [23] Jér. 44, 29. [24] Ex. 3, 7. [25] I Rois 8, 13. [26] Am. 7, 11. [27] Prov. 23, 5. [28] ib. 25, 4. [29] Is. 42, 2. [30] Os. 10, 4. [31] Jér. 35, 8. [32] Ex. 18, 23. [33] Juges 4, 20. [34] Eccl. 3, 4. [35] Prov. 17, 26. [36] I Sam. 15, 15. [37] Gen. 31, 28. [38] Prov. 21, 3. [39] ib. 17, 16. [40] Gen. 48, 11.

לבלתי ירא את יי[1] יקר יקר[2] וינאמו נאם[3] שכל ואלמן[4] ולא ארע
שכול[5]. וקד תבדל הדׄה אלהא איצׄא חא קיל בלא ראות[6] ומה יכלתי
עשות[7] וקנות בינה[8]. וקד אסתעמלוהמא גׄמיעא אעני פֻעׄול
89. בקמצות אלפא ופֻעׄול בשבא פי אצל ואחר לאנהמא ענדהם סוא
קאלוא עשה אלה לך[9] למען עשה כיום הזה[10] שמע שמע עבדך[11]
הנה שמע מזבח טוב[12] ענוש יענש[13] גם ענוש לצדיק לא טוב[14]
אמרים אמור למנאצי[15] האמר למלך בליעל[16] ושתות יין[17] לבלתי
שתות יין[18] ולים הו מתׄל קולה ראות רבות[19] בלא
ראות[20]. אכול ושתו[21] לבלתי אכל ממנו[22]. ויאתי מנהא איצׄא
בלפטׄ אלאמר מתׄל שלח אצבע[23] אחרי שכב המלך[24] כשכב אדני
המלך[25] בשפל קול הטחנה[26] בגוע אחינו[27] רגזה בטחות[28] אלהא
מזידהׄ עלי אלמצדר כזיאדתהא פי אלאמר. וממא אלהא פיה מן
אלמצאדר זאידהׄ קולהם רעה התרעעה[29] מרדה מצרימה[30] רדה
והשכבה[31] אשר תנה הודך[32] פשטה וערה וחגורה[33]. ורבמא
זאדוא אלתא איצׄא עלי אלמצאדר כמא קיל מבלתי יכלת יי[34] עד
יבשת המים[35] בצדקתך אחיותך[36]. ומן מצאדר אלפעל אלכֿפיף
ממא גׄא איצׄא עלי לפטׄ אלאמר קולה הביט ימין וראה[37] ארדת
וראה. ומתׄלה לכה נא אנסכה בשמחה וראה בטוב[38] אלתקדיר
ואנסכה בראה טוב ותרגׄמתה אעודך אלפרח ומשאהדהׄ אלסרור.
למען היה לה ברק[39]. ויכון אלמצדר איצׄא מנהא עלי מֻפְעָל בכסר
אלמים מתׄל למשכב דדים[40] למשכב זכר[41] וחוא שכב את משכב
הצהרים[42] למקרא העדה[43] ומקח שחד[44] אצלה ומלקח ומפתח שפתי
מישרים[45] *מוצא שפתיך[46][a]. מקשה תעשה אתם[47] הו מצדר פי
מוצׄע אלחאל ומתׄלה מקשה תעשה המנורה[48] כתמר מקשה המה[49]
תרגׄמתה הו באלגׄבל אסתוא. ומתׄל הדׄא ענדי עד היום מוסר

a R. שעורו מוצא שפתי

1 Jos. 22, 25. 2 Is. 10, 16. 3 Jér. 23, 31. 4 Is. 47, 9. 5 ib. 47, 8. 6 Nomb. 35, 23. 7 Jug. 8, 3. 8 Prov. 17, 16. 9 Ez. 28, 30. 10 Gen. 50, 20. 11 I Sam. 28, 10. 12 ib. 15, 22. 13 Ex. 21, 22. 14 Prov. 17, 26. 15 Jér. 23, 17. 16 Job. 34, 18. 17 Is. 22, 13. 18 Jér. 35, 8. 19 Is. 42, 20. 20 Nomb. 35, 23. 21 Is. 22, 13. 22 Gen. 3, 11. 23 Is. 58, 9. 24 II Rois 14, 22. 25 I Rois 1, 21. 26 Eccl. 12, 4. 27 Nomb. 20, 3. 28 Is. 32, 11. 29 ib. 24, 19. 30 Gen. 46, 3. 31 Ez. 32, 19. 32 Ps. 8, 2. 33 Is. 32, 11. 34 Nombres 14, 16. 35 Gen. 8, 7. 36 Ez. 16, 52. 37 Ps. 142, 5. 38 Eccl. 2, 1. 39 Ez. 21, 15. 40 ib. 23, 17. 41 Nomb. 31, 17. 42 II Sam. 4, 5. 43 Nomb. 10, 2. 44 II Chr. 19, 7. 45 Prov. 8, 6. 46 Deut. 23, 24. 47 Ex. 25, 18. 48 ib. 25, 31. 49 Jér. 10, 5.

בית יי̈ ועד כלתו[1]. ויכון איצא עלי פְעָלֶה בצם אלפא באלקמץ או באלשרק מתל כשמעתו ענך[2] בבאם אל אהל מועד ובקרבתם[3] למשחה בהם[4]. ונתתי את עריכם חרבה[5] מצדר פי מוצע אלמפעול אלתאני. לשמע בקלו ולדבקה בו[6] לטמאה בה[7]. לרחקה מעל מקדשי[8] בנקל אלצמה מן אלרא אלי אלחא עלי עאדתהם פי אלאחרף אלחלקיה אלמתחרכה ואנמא ארא סבבת פאן אלצמה תבקי פי מוצעהא כמא ערץ פי לרחצה[9]. וקיל לחמלה עליך[10] או חפשה לא נתן לה[11] בשרק ורבמא כאן חפשה אסמא גיר מצדר. וקד יכון אלמצדר בכסר הדה אלפא מתל לשמצה בקמיהם[12] לרבעה אתה[13] זאת משחת אהרן ומשחת בניו[14] ושכב איש אתה שכבת זרע[15] לאשמה בה[16] באלפתח מן אגל אלחרף אלחלקי ומתלה לאהבה את יי̈ אלהיכם[17] לאהבה את שנאיך[18]. ואיצא ולא יוסיפו לדאבה עוד[19] אנפתאח אלדאל מן אגל אלאלף ואצלה אלכסר. ויגי מנהא עלי פְעְלָן באלקמץ מתל באבדן מולדתי[20] או באלפתח מתל והרג ואבדן[21]. 90. ויגי עלי מַפְעֶל בפתח אלמים מתל וכמסתר פנים ממנו[22] קום לך למסע[23] וישב את שר המשקים על משקהו[24] כמהפכת אלהים את סדום[25] משאת כפי מנחת ערב[26]. וקד כתר הדא אלמצדר פי קולה למשאות אותה משרשיה[27] עלי גיר אלעאדה *אד לא מעני ללתכתיר פי אלמצדר לאנה לפט מוצע ללואחד וללגמיע וללמדכר וללמונת[a] ורבמא כאן דלך לאכתלאף וגוה אלמחאולה לדלך. וקד יגעל הדא אלמתאל מן בניה הפעיל ומא יבעד דלך. ולא ימתנע איצא כונה מן בניה אלכפיף אד לם תאת אלמים פיה ללדלאלה עלי אלתקל בל הי אלמים אלדאכלה עלי אלאסמא ואלמצדר מן אלאסמא. ויגי עלי מַפְעוֹל מתל וּמשלוח מנות[28] ומתלה כמבוא עם[29] כמבואי עיר מבקעה[30]. וקד כתר איצא הדא אלמצדר כמא תרי ורבמא כאן לכתרה נחאת אלדכול. ומתלה ומתה ממותי חלל בלב ימים[31] אלא אן הדה מעתלה אלעינאת ומא ימתנע ממותי מן

[a] R. om.

[1] II Chr. 8, 16. [2] Is. 30, 19. [3] Ex. 40, 32. [4] ib. 29, 29. [5] Lév. 26, 31. [6] Deut. 30, 20. [7] Lév. 18, 20. [8] Ez. 8, 6. [9] Ex. 30, 18. [10] Ez. 16, 5. [11] Lév. 19, 20. [12] Ex. 32, 25. [13] Lév. 20, 16. [14] ib. 7, 35. [15] Nomb. 5, 13. [16] Lév. 5, 26. [17] Deut. 11, 13. [18] II Sam. 19, 7. [19] Jér. 31, 11. [20] Esth. 8, 6. [21] ib. 9, 5. [22] Is. 53, 3. [23] Deut. 10, 11. [24] Gen. 40, 21. [25] Is. 13, 19. [26] Ps. 141, 2. [27] Ez. 17, 9. [28] Esth. 9, 19. [29] Ez. 33, 31. [30] Ez. 26, 10. [31] ib. 28, 8.

אן יתאול פי תכתירה וגה אלמגאז איצֿא ודלך אן נפס אלגריק לא
תמות גוטה[a]. ויאתי מנה אלמצדר עלי מפעול בפתח אלמים מתל
ומשא פנים[1] אצלה ומנשוא. ויאתי מנה אלמצדר איצֿא עלי גיר
הדֿא [אלבנא] אעני אנה יאתי עלי מתֿאל ארץ או עלי מתֿאל רחם
רחמתים[2] אן כאן פי אלכלמה חרף חלקי. קיל פתח דבריך יאיר[3]
מצדר ותפסירה אנפתאח ומתלה וכפתחו עמדו כל העם[4]. ומתל
הדֿא שלו כל בגדי בגד[5] בבגדו בה[6]. ומתלה איצֿא הללוהו בתקע
שופר[7] ואיצֿא יען מעלו מעל[8] קצף יי על אבותיכם קצף[9]. הדה
מואצֿע אלמצאדר לא אלאסם אלמחץֿ לאנהא לו כאנת אסמא[a]
לכאנת מחדודה ואנמא הי [הנא] עאמה פהי אדֿא מצאדר אי[b] אסמא
מוצֿע[c] אלמצאדר. ומתל הדֿא למען בצע בצע[10] עשקו עשק וגזלו
גזל[11] ומלכיהם שערו שער[12] וכעסתה צרתה גם כעס[13] עלי מדֿהב
ויאכל גם אכל[14] וקולה עשקו עשק[15] יגרי הדֿא אלמגרי ומתלה
יאסף שללכם אסף החסיל[16]. וממא יגרי הדֿא אלמגרי קולה ואספו
אספה אסיר[17] צנף יצנפך צנפה[18] ואיצֿא יבושו בשת[19]. ואלמצדר
מן אלפעל אלתקיל אלמשדד אלעין יכון משדדא איצֿא עלי [מתֿאל]
לפטֿ אלאמר סוא מתל חנה לא ידעתי דבר[20] קטר יקטירון[21] ולמען
ספר שמי[22] אחר שלח אתו[23]. וקד יזאד אלהא עלי הדֿא אלמתֿאל
פי מתל ויספתי ליסרה אתכם[24] כי טוב זמרה אלהינו[25]. ומן
אלמעתל אללאם לדכא תחת רגליו[26] ונקה לא אנקך[27] אם ענה
תענה[28] באפק עד כלה[29]. ויאתי עלי פעול בפתח אלפא ותשדיד
אלעין מתל יסר יסרני יה[30] ורפא ירפא[31] קוה קויתי יי[32]. וקד תבדל
הדה אלהא תא פי מתל על מחלת לענות[33] יום ענות אדם נפשו[34]
ביום צותו[35] ואם לרמותני לצרי[36] ואמר חלותי היא[37] הו מלעל מן 91.
אגל אלכלמה אלצגרי והי היא. וגאיז אן יכון ויברך ברוך אתכם[38]
מתל יסר יסרני יה ויכון אלאצל פי אלרא אלתשדיד. ויאתי איצֿא

[a] M. גוטה (?); R. בבת אחת [b] R. או [c] M. מואצֿע, R. שומים במקום

[1] II Chr. 19, 7. [2] Jug. 5, 30. [3] Ps. 119, 130. [4] Néh. 8, 5. [5] Jér. 12, 1. [6] Ex. 21, 8. [7] Ps. 150, 3. [8] Ez. 15, 8. [9] Zach. 1, 2. [10] Ez. 22, 27. [11] ib. 22, 29. [12] ib. 27, 35. [13] I Sam. 1, 6. [14] Gen. 31, 15. [15] Ez. 22, 29. [16] Is. 33, 4. [17] ib. 24, 22. [18] ib. 22, 18. [19] ib. 42, 17. [20] Jér. 1, 6. [21] I Sam. 2, 16. [22] Ex. 9, 16. [23] Jér. 40, 1. [24] Lév. 26, 18. [25] Ps. 147, 1. [26] Lam. 3, 34. [27] Jér. 30, 11. [28] Ex. 22, 22. [29] II Rois 13, 17. [30] Ps. 118, 18. [31] Ex. 21, 19. [32] Ps. 40, 2. [33] ib. 88, 1. [34] Is. 58, 5. [35] Lév. 7, 38. [36] I Chr. 12, 18. [37] Ps. 77, 11. [38] Jos. 24, 10.

עלי פְּעֻול בכסר אלפא מתֿל חרב עם שדי יסור[1] חחלו הערמות ליסוד[2]. ויכון מן הפעיל עלי הַפְעִיל או הַפְעֵל מתֿל גם הכלים לא ידעו[3] ולהכחיד ולהשמיד[4] ובהשכיל לחכם[5] לפחת עליו אש להנתיך[6] למה העברת העבר[7] עת להשליך אבנים[8] ובהקהיל את הקהל[9] ובהאריך הענן על המשכן[10] והשלך אל האש אשר אל האח[11] השכם ודבר[12] הביט ימין וראה[13] אדם תועה מדרך השכל[14]. ורבמא אבדלוא פי הדֿא אלמתֿאל מן אלצרי פתח כמא קיל ואון ותרפים הפצר[15] כמא צנע פי אלאמר. ומן אלמעתֿל אללאם הזנה הזנו[16] ומן אלמעתֿל אלפא לעשות אתה והותר[17] אכול והותר[18]. וקד יגֿי עלי הַפְעָלוּת מתֿל להשמעות אזנים[19] ומתֿלה מן אלמעתֿל אללאם העלות והרבות והגלות ומא אשבה דֿלך ואצלה הגליות והרביות והעליות בשרק פחדֿפוא אללאם וקלבוא אלשרק חלם ונקלוה אלי מא קבל אליא. ואעלם אן הידות הוא ואחיו[20] מן הדֿא אלמתֿאל ואצלה אן יכון הוֻיְדוּת עלי מתֿאל להשמעות וזנה הפעלות פקלבוה בנקלהם אליא אלדֿי הו לאם אלפעל אלמנקלב מן הא הוֻדָה אלי מא בעד אלואו אלדֿי הו פא אלפעל כפעלהם פי כבש וכשב ושמלה ושלמה ואבדלוא אלחלם בשרק ואדגמוא אלואו פי אליא ואלקוא אלחרכה אלדאלה עליה עלי אלדאל ואסכנוא אליא טלבא ללאסתכֿפאף *ואתֿבתוא[a] אלואו פי אלכֿט טלבא ללביאן[b]. ואמא מעני אללפטה פהו מתֿל מעני קולה על הודות והלל לי״י[21] אלא אן הודות נאקץ עלי זנה הרבות והידות כאמל עלי זנה להשמעות אזנים. ואעתקאד הדֿא אלמדֿהב פי הרבות והעלות ובאבהמא אולי ענדי מן אעתקאד אלמדֿהבין אלדֿין נקלהמא פיה אבו זכריא[22]. וויוֹד הדֿא אלמדֿהב וגֿראגנא להשמעות ועל הידות ואלגֿמיע גֿאיז [פיה]. ויגֿי עלי הַפְעֵלָה מתֿל הרבה ארבה[23] אצלה הרביה וגיר בעיד אן יכון וזנה הַפְעֵל מתֿל ואון ותרפים הפצר[24] ומתֿל הקר רגלך[25] ואן כאן חוקר אמרא פקד עלמת אן כל אמר לא

a M. ואתבתנא פאן b R. om.

1 Job 40, 2. 2 II Chr. 31, 7. 3 Jér. 6, 15. 4 I Rois 18, 34. 5 Pr. 21, 11 (M. ajoute יוסיף לקח au lieu de יקח דעת). 6 Ez. 22, 20. 7 Jos. 7, 7. 8 Eccl. 3, 5. 9 Nomb. 10, 7. 10 ib. 9, 19. 11 Jér. 36, 23. 12 ib. 7, 13. 13 Ps. 142, 5. 14 Prov. 21, 16. 15 I Sam. 15, 23. 16 Os. 4, 18. 17 Ex. 36, 7. 18 II Rois 4, 43. 19 Ez. 24, 26. 20 Néh. 12, 8. 21 I Chr. 25, 3. 22 D. 102; N, 68. 23 Gen. 3, 16. 24 I Sam. 15, 23. 25 Pr. 25. 17.

. ימתנע מן אלמצדר. ᵃפאד̇א כאן כ̇ד̇לך פאלהא הו אללאם וליסת ללת̇אנית̇ᵃ. ויכון מן פוֹעַל אלמאצ̇י עלי לפט̇ה סוא מת̇ל עולל יעוללו כגפן[1]. וימכן אן יכון מת̇לה יען בושסכם על דל[2]. ומן אלמצאדר מא יאתי עלי בניה̈ מא לם יסם̈ פאעלה מת̇ל כי גנב גנבתי[3] זכור יי̈ לדוד את כל ענותו[4] כי הגד הגד לעבדיך[5] והמלח לא המלחת והחתל לא חתלת[6]. וקד תזאד עליה איצ̇א אלתא כמא קיל יום הלדת את פרעה[7] הֻלֶּד עלי זנה̈ הֻגַּד ואלתא מזידה̈ כזיאדה̈ אלהא פי והשכבה. ואלמסתקבל מן אלאפעאל אלרבאעיה̈ יכון עלי יְפַעְלֵל מת̇ל יכרסמנה חזיר מיער[8] אנכי אכלכל אתכם[9] וכד̇לך יכון מן אלמלחקה̈ בהא מן אלת̇לאת̇יה̈ מת̇ל ואיך תתחרה את הסוסים[10] לאן אלמלחק ᵇבאלרבאעי מן אלת̇לאת̇יᵇ ואלמלחק בה סוא פי אלוזן. ואד̇א כאן אלמלחק מעתל̈ אלעין כאן איצ̇א עלי ד̇לך אלוזן וקד קלנא פי גיר הד̇א אלמכאן אן אלמלחק באלרבאעי מן אלת̇לאת̇י אלמעתל̈ אלעין יכון עלי צ̇רבין אחדהמא מת̇ל עד יכונן[11] יחולל אילות[12] ינפף ידו[13] ומא אשבה ד̇לך ואלת̇אני מת̇ל הנה יי̈ מטלטלך[14] ומי מכלכל את יום בואו[15] וזן אלגמיע יְפַעְלֵל מְפַעְלֵל 92. אלא אן עין אלפעל ד̇אהב מן אלצ̇רב אלמתצ̇אעף אלפא ואללאם ואלואואת פי מת̇ל הד̇ה אלאפעאל אלתי מן אלצ̇רב אלאול אעני פי מת̇ל יכונן יחולל ינופף הי עינאתהא. ואלפאעל מנהא יכון עלי מְפַעְלֵל מת̇ל מכרכר בכל עז[16] מקרקר קיר[17] מכרסם ומן אלמלחק מתחרה בארז[18]. ואלמלחק מן אלמעתל̈ אלעין משובב נתיבות[19] מחוללת תנין[20] מכלכל את יום בואו[21] הנה יי̈ מטלטלך[22]. ואלמפעול מנהא יכון עלי מְפֻעְלָל מת̇ל מכרבל במעיל בוץ[23] דק מחספס[24] ומן אלמלחק אלמעתל̈ אלעין מחולל מפשעינו[25] אל ארץ משובבת מחרב[26] אתי אלמד̇כ̈ר מן הד̇א אלמת̇אל בקמץ ואלמונ̈ת̇ בסגול כמא ג̇א איל וצבי ויחמור[27] בקמץ וג̇א פי גם אילת בשדה[28] בסגול.

ᵃ R. om. ᵇ R. om.

[1] Jér. 6, 9. [2] Am. 5, 11. [3] Gen. 40, 15. [4] Ps. 132, 1. [5] Jos. 9, 24. [6] Ez. 16, 4. [7] Gen. 40, 20. [8] Ps. 80, 14. [9] Gen. 50, 21. [10] Jér. 12, 5. [11] Is. 62, 7. [12] Ps. 29, 9. [13] Is. 10, 32. [14] ib. 22, 17. [15] Mal. 3, 2. [16] II Sam. 6, 14. [17] Is. 22, 5. [18] Jér. 22, 15. [19] Is. 58, 12. [20] ib. 51, 9. [21] Mal. 3, 2. [22] Is. 22, 17. [23] I Chr. 15, 27. [24] Ex. 16, 14. [25] Is. 53, 5. [26] Ez. 38, 8. [27] Deut. 14, 5. [28] Jér. 14, 5.

ואלאמר מנהא יכון עלי פעלל [מתל] כרסם כרבל חספס וכדלך אלמצדר ולכלכל את שיבתך[1]· ומן אלמעתל אלעין אלמלחק ונלאיתי כלכל[2] ערער תתערער[3] לחרחר ריב[4] לאנה יחסן אן יכון מעתל אלעין כמא יחסן אן יכון מן דואת אלמתלין· ותזאד אלהא עלי הדא אלמתאל פיקאל טלטלה גבר[5] חלחלה[6] וקד יכון בזיארה אלמים בלא הא כמא קיל במטאטא השמד[7] והו מן אלצרב אלתאני עלי חלל אילות תשמר[8] לצדד נפשות[9] לשובב יעקב אליו[10] והנהא איצא פעלל לאן אלואואת הי אלעינאת·

וממא ילחק אלפעל מן אלאבניה ללמעני פהי אלאנפעאל ואלאפתעאל ומא לם יסם פאעלה· פאמא מא לם יסם פאעלה מן אלאפעאל אלתלאתיה כאנת כפיפה או תקילה אעני אלתקילה אלמשדדה אלעין פאנה יאתי עלי פעל משדד אלעין לאן הדה אלבניה אעני בניה מא לם יסם פאעלה מן אלפעל גיר אלמזיד תכרג אלאפעאל אלכפיפה אלי אלתקל וקד ברהנת עלי דלך פי גיר הדא אלדיואן *פי כתאב אלתשויר*[a][11]· תקול מן אלאפעאל אלכפיפה כי ארמון נטש המון עיר עזב[12] ולקח מהם קללה[13] ותקול מן אלתקילה אלמשדדה אלעין ואם בכלי נחשת בשלה[14] ואשר בארץ[15] ועלי הדא יגרי מא לם יסם פאעלה מן אלתקיל אלא אן ימנע מן דלך עלה אחהער מתל עניה סערה לא נחמה[16] ורחמתי את לא רחמה[17] טרף טרף יוסף[18] ומא אשבה דלך או אן יכון אלפעל מעתל אלעין מתל לא זרו ולא חבשו[19] או אן ישד אלחרף מתל כי מאיש לקחה זאת[20] וקד בינת הדא גאיה אלתביין פי גיר הדא אלדיואן והו כתאב אלתשויר· ואן כאן מא לם יסם פאעלה מן אלתקיל אלדי עלי בניה הפעיל כאן עלי מתאל הפעל מתל והשלך מכון קדשו[21] כן הנחלת לי ירחי שוא[22]· ומפעולה מסאו פי אללפט למפעול הפעיל מתל יהיו משלכים[23] וקד בינת הדא פי כתאב אלמסתלחק[24] וגירה· ואעלם אן אלמפעול אלדי לם יסם פאעלה אלמאכוד מן אלפעל[b] אלמשדד אלעין מסאו פי אללפט ללמפעול אלדי סמי פאעלה לאסתוא מאציהמא פי אלתקל· מתאל

a R. om. b M. ajoute: אלשדיד, R. om. peut-être faut-il lire אלתקיל

[1] Ruth 4, 15. [2] Jér. 20, 9. [3] ib. 51, 58. [4] Prov. 26, 21. [5] Is. 22, 17. [6] ib. 21, 3. [7] ib. 14, 23. [8] Job 39, 1. [9] Ez. 13, 18. [10] Is. 49, 5. [11] Opusc. 34 et 260; cf. Introd. XLII. [12] ib. 32, 14. [13] Jér. 29, 22. [14] Lév. 6, 21. [15] Ps. 41, 3. [16] Is. 54, 11. [17] Os. 2, 25. [18] Gen. 37, 33. [19] Is. 1, 6. [20] Gen. 2, 23. [21] Dan. 8, 11. [22] Job 7, 3. [23] Jér. 14, 16. [24] Opusc. p. 36.

דלך אן כתער מלטש[1] מסאו פי אללפט לנכברות מדבר בך[2] אי אן מלטש עלי זנה מדבר לאן אלמאצי מן כל ואחד מנהמא מבני עלי אלתקל· ואלאקרב פי מלטש אנה מפעול לם יסם פאעלה לאן אלתקל גיר מוגוד פי תצריף הדה אללגה פלאחסן ארא פיה אן יעתקד מא לם יסם פאעלה ואלאקרב פי מְדֻבָּר אן יכון מפעולא סמי 93. פאעלה לאן אכתר הדה אללגה גרי עלי אלתקל· וגאיז פי כל ואחד מנהמא אן יכון מפעולא לם יסם פאעלה ואן יכון מפעולא סמי פאעלה ואן יכון לְטַש אלתקיל מוגורא באלקוה בוגודנא מְלֻטָּשׁ· והו אלוגה פי מעטה לטבח[3] ותוכחת מגלה[4] ומא מאתל דלך אעני אנה גאיז אן יקאל פיהמא מא קיל פי מלטש ופי מדבר· ואלפעל אלדי לם יסם פאעלה מן אלאפעאל אלרבאעיה יכון עלי פֻּעְלַל ומסתקבלה יְפֻעְלַל תקול כֻּרְסַם יְכֻרְסַם רטפש בשרו[5] ירטפש ומפעולהא יכון מְפֻעְלָל מתל דק מחספס[6] מכרבל במעיל בוץ[7]· וגאיז אן תכון הדה אלבניה למא סמי פאעלה כמא ערץ פי כתער מלטש[8] נכברות מדבר בך[9] ופי יהיו משלכים בחוצות ירושלם[10]· והו פי אלמלחק אלמעתל אלעין עלי הדא אלמתאל איצא מתל באין תהמות חוללתי[11] ולפני גבעות חוללתי[12] ביום הבראך כוננו[13]· ואמא אלאנפעאל פקד ברהנא פי גיר הדא אלדיואן אנה לא יכון אלא מן אלאפעאל אלכפיפה באצטראר וליסת בנא צרורה אלי אעאדה דלך אלקול הנא· ואלמנפעל הו אלפאעל פי נפסה ולא יתעדי אלאנפעאל אלי מפעול אלא אן בניתה קד תכון איצא לגיר מעני אלאנפעאל פתתעדי אלי מפעול ואן כאן לפטהא לפט אלאנפעאל מתל קולה החלצו מאתכם אנשים לצבא[14] אשר נשברתי את לבם הזונה[15] ביום המשח אתו[16] ואת כל ונכחת[17] [וגירהא] וקד בינא הדא פי כתאב אלמסתלחק[18] ואקמנא אלברהאן עליה פי גיר דלך אלכתאב והו כתאב אלתשויר· וקד וגדת איצא בניה אלאנפעאל מע אלפעל אלדי לם יסם פאעלה פכאנה איצא פי אלטאהר אנפעאל מתעד ודלך קולה כי כפיכם נגאלו בדם[19] וגאיז אן יכון מתלה אלה נולדו לו[20] עלי אן אצלה נֻלְּדוּ לו עלי זנה נגאלו בדם פחדף אליא ואלקית

[1] Ps. 52, 4. [2] ib. 87, 8. [3] Ez. 21, 20. [4] Prov. 27, 5. [5] Job 33, 25. [6] Ex. 16, 14. [7] I Chr. 15, 27. [8] Ps. 52, 4. [9] ib. 87, 8. [10] Jér. 14, 16. [11] Prov. 8, 24. [12] Job 15, 7. [13] Ez. 28, 13. [14] Nomb 31, 3. [15] Ez. 6, 9. [16] Nomb. 7, 10. [17] Gen. 20, 16. [18] Opusc. p. 6. [19] Is. 59, 3. [20] I Chr. 20, 8.

חרכתה עלי אלנון· וצפה̈ אלאנפעאל פי אלאפעאל אלסאלמה̈ אלעינאת ואלפאאת מן חרוף אללין הו אן יסכן פא אלפעל ותזאר קבלהא נון מת̇ל נכרת נשמר נבחר· ואלמסתקבל מנה יכון באסכאן הד̇ה אלנון ואדגאמהא פי פא אלפעל נחו יכרת ישמר יבחר· ואלאמר מנה בזיאדה̈ הא פי אולה ואדגאם אלנון מת̇ל השמר אל תפן אל און[1] המלט על נפשך[2]· ואלמצדר יכון כד̇לך איצ̇א אעני באסכאן ואדגאם [נון] אלאנפעאל ואדכ̇אל אלהא עליהא לאמתנאע אלאבתדא באסכאן ואדגאם אלנון [מת̇ל] כי המלט אמלט[3] ואתם הנקה תנקו[4] ביום המשח אותו[5] הכרת תכרת הנפש ההיא[6]· ורבמא לם יסכנו אלנון פאסתגנוא ען אדכ̇אל אלהא כמא צנעוא פי ונחבה לא יוכל[7] אלד̇י הו מצדר מת̇ל קולה חדר בחדר להחבא[8] לאנ̈הם למא אסכנוא אלנון מן נחבה אלד̇י הו מצדר אדכ̇לוא עליהא אלהא ואדגמוא אלנון וקאלוא להחבא ואלאנדגאם לא יט̇הר פי אלחא ואמא ונחבה לא יוכל פלם יסכנו מנה אלנון ולד̇לך לם יג̇תלבו אלהא ואלמעני פיה וההָחבֵא לא יוכל· וקד יכון אלאנפעאל עלי בניה̈ אכ̇רי גיר נִפְעַל אעני אנה קד יכון עלי נִפְעוֹל מת̇ל נמול אברהם[9] אצלה נִגְמוֹל עלי זנה̈ נפעול מן ונמלתם את בשר[10] והו מאצ̇ ומת̇לה ונהפוך הוא[11] ואיצ̇א ונעתור להם[12] *המא פי מעני נמול אברהם[a] והי כלהא מאציה̈ ורבמא כאן מת̇להא ונחתום בטבעת המלך[13]· 94. ואלמסתקבל מן הד̇ה אלבניה̈ יג̇ב אן יכון יִפָּעוֹל בכסר אליא ותחריך אלפא באלקמץ ואדגאם נון אלאנפעאל פיהא· ואלמצדר הִפָּעוֹל באסכאן אלנון וזיאדה̈ אלהא ואדגאם אלנון בעד ד̇לך מת̇ל *הנתן תנתן העיר הזאת[14] ואיצ̇א וצדקיהו מלך יהודה לא ימלט מיד הכשדים[b] כי הנתן ינתן ביד מלך בבל[15] האסף יאסף[16] להראה בשילה[17] וביום הראות בו בשר חי[18] באבדאל אלהא תא· ומת̇לה כהגלות נגלות[19] אדרת כהגלות ואיצ̇א ובהעלות הענן[20] עד יום העלתו[21] ואיצ̇א כהתעות שכור[22]· וג̇איז איצ̇א אן יכון

[a] R. הם בענין נמול אברהם; M. ajoute ונהפוך הוא ונעתור להם; mais sans raison.
[b] R. om.

[1] Job 36, 21. [2] Gen. 19, 17. [3] I Sam. 27, 1. (M. et l'un des mss. de R.: ואתה המלט תמלט, ce qui ne se trouve pas). [4] Jér. 25, 29. [5] Nomb. 7, 10. [6] ib. 15, 31. [7] Jér. 49, 10. [8] I Rois 22, 25. [9] Gen. 17, 26. [10] ib 17, 11. [11] Esth. 9, 1. [12] I Chr. 5, 20. [13] Esth. 8, 8. [14] Jér. 38, 3. [15] ib. 32, 4. [16] II Sam. 17, 11. [17] I Sam. 3, 21. [18] Lév. 13, 14. [19] II Sam. 6, 20. [20] Ex. 40, 36. [21] ib. 40, 37. [22] Is. 19, 40.

אלאצל פי הראות הראיות ופי כהגלות כהגליות ופי ובהעלות ובהעליות ופי כהתעות כהתעיות עלי זנה̈ הנבאות מן קולה איש מחזינו בהנבאתו[1] ותכון זיארה̈ אלואו ואלתא פי הד̇א אלבאב בזיארתהמא פי באב להשמעות אזנים[2] *פאר̇א לא תציר[a] מן באב נפעול· ורבמא לם יסכנו אלנון פי הד̇ה אלבניה̈ איצ̇א פלם ינ̇תלבו אלהא מת̇ל נקרא נקראתי[3] נשאל נשאל[4] ונשלוח ספרים[5] כי נכסף נכספת[6] אך נגוף נגף הוא[7] ואם נלחם נלחם כם[8] בשחר נדמה נדמה[9] הנגלה נגליתי[10]· וקד יבדלון מן הד̇ה אלהא תא פי מת̇ל כהגלות נגלות[11] ארדת נגלות והו אעני נגלות בדל מן כהגלות· ומן הד̇ה אלבניה̈ ענדי כהנדף עשן[12] בהתוך כסף[13] המול ימול[14] וקד בינת כיפיה̈ ד̇לך פי חרף אלנון מן כתאב אלאצול מן הד̇א אלוצ̇ע פי באב אלנון ואלדאל ואלפא[15] מנה· ואמא אלאנפעאל אלד̇י מן אלאפעאל אלד̇י פאאתהא חלקיה̈ פאכת̇ר תלך אלפאאת תאתי פיה מתחרכה̈ מת̇ל ונאכל גדיש[16] נאחז בסבך[17] על כן נאצל[18] נהרסו ממגורות[19] ונהפכו לדם[20] נערמו מים[21] ונאספו שמה כל העדרים[22] החרב נחרבו המלכים[23] ועליה אכ̇ת̇ר אלבאב· ורבמא סכן בעצה וקד ילחק אללין מא כאן מנהא פאוה אלפא מת̇ל ונאחזו בתוכבם[24]· ואמא מא כאן מן אלאנפעאל פאוה יא* פאנה ינקלב ד̇לך אליא פיה פי אכת̇ר אלאפעאל ואוא מת̇ל נושע יושע נורע יודע נולד יולד עלי הד̇א ג̇רי אכת̇ר אלבאב· ורבמא לם ינקלב ד̇לך אליא ואוא בל ידגם פי מא בעדה כארגאמהם אליא אלד̇י הו פא אלפעל מן יתיצב[25] פי צאד נצב לריב יי̈[26] נצבו כמו נד[27] ויא יחמתני אמי[28] פי חא הנחמים באלים[29] עלי זנה̈ הנצבים אלא אן אלחא לא תשד̄· ואלמסתקבל מן הד̇א אלצ̇רב יג̇ב אן יכון ביאין אעני יִיָּצֵב ייחם מת̇ל ירה יירה[30] וייחל עוד[31]· וליס במסתנכר אן יג̇וז איצ̇א פי הנתן ינתן והאסף והראה בשלה והתעות ופי נשאל ונשלוח ונלחם ומא

[a] M. ל . . . ן אלנון תציר (?); R. ואז לא תהיה

[1] Zach. 13, 4. [2] Ez. 24, 26. [3] II Sam. 1, 6. [4] I Sam. 20, 6. [5] Esth. 3, 13. [6] Gen. 31, 30. [7] Jug. 20, 39. [8] ib 11, 25. [9] Os. 10, 15. [10] I Sam. 2, 27. [11] II Sam. 6, 20. [12] Ps. 68, 3. [13] Ez. 22, 22. [14] Gen. 17, 13. [15] Ousoul 410, 25 à 411, 25. [16] Ex. 22, 5. [17] Gen. 22, 13. [18] Ez. 42, 6. [19] Joel 1, 17. [20] Ex. 7, 17. [21] ib. 15, 8. [22] Gen. 29, 3. [23] II Rois 3, 23. [24] Nomb. 32, 30. [25] Deut. 7, 24. [26] Is. 3, 13. [27] Ex. 15, 8. [28] Ps. 51, 7. [29] Is. 57, 5. [30] Ex. 19, 13. [31] Gen. 8, 12.

אשבההא ממא גׄעלנאה מצדרא לנִפְעֹל אן יכון איצׄא מצדרא לנִפְעַל ואן יכון מצדר נפעל יגׄי עלי הִפָּעֹל ועלי הִפָּעֵל אדׄא אסכנת נונה או עלי נפעׂל מתׂל כי נכסף נכספת[1] אך נגף נגף הוא[2] גדמה נדמה[3] ועלי נִפְעַל מתׂל ונחבה לא יוכל[4] אדׄא לם תסכן אלנון כמא גׄא מצדר פָּעַל אלכׂפיף עלי פְּעֹל ופָעֹל וגירהמא מן אלאבניהׄ אלתי קד תקדׄם דׄכרנא להא· ואמא מסתקבל נמול אברהם[5] ונהפוך הוא[6] תעתור להם[7] פלא גׄאיז אן יכון אלא עלי יִפָּעֵל כמא קלת ומצדרהא עלי נִפְעֹל אן לם תסכן אלנון פאן אסכנת כאן עלי הִפָּעֹל קיאסא צחיחא· וממא בנוא בניהׄ אלאנפעאל [מן אלאסמא ואן לם תכן מנפעלהׄ כמא קד בנוא איצׄא מן אלאפעאל][a] מא הו עלי בניהׄ אלאנפעאל אלא [אנה גיר מנפעל מן אגׄל][b] אנה מתעדׄ כמא דׄכרנא דׄלך קבילא ובינׄאה פי כתאב אלמסתלחק וגירה[8] הו קולה 96. כי היתה נסבה מעם האלהים[9] אלנון דׄאכׂלהׄ לגיר אנפעאל עלי כי היתה סבה אלדׄי פי אלנסכׂהׄ אלתׂאניהׄ[10]· ומתׂלה ותבטחו בעשק ונלוז[11] אסם לא מעני ללאנפעאל פיה· ואיצׄא קולהם אם נשאת נשא לנו[12] אלדׄי תרגׄמתה אן הׄאדׄנא בהדיהׄ ואן שית פקל[c] אן אזל אלינא אזלאלא *אי הל אעטאנא אעטא* [לא] ללאנפעאל[d] פליסת תכן אלנון עלי הדׄא ואידהׄ ללאנפעאל עלי מא בינׄתה פי באבה מן חרף אלנון מן כתאב אלאצול[13]· ואיצׄא [פי קולהם] כי כלה אך נבהלה[14] כי כלה ונחרצה[15] ועד כלה ונחרצה[16] כי נחרצה נעשתה[17]· ואיצׄא ובתבואת רשע נעכרת[18] אלדׄי תפסירה פציחהׄ מכה נחלה מאד[19] ולא מעני ללאנפעאל פי הדׄה אלאסמא לאנהא לם תפעל פי נפסהא שיא· וקד אסתעמל פי אלמשנה[20] מתׂל הדׄא פי קולהם נברכת הכובסין אי ברכת הכובסין פגׄא נברכת עלי זנהׄ אם נשאת[21] לאן אלאצל פיה ננשאת באטׂהאר אלנון אלמדגׄמהׄ פי אלשין ובתחריך אלאלף· ואמא אלאפתעאל פקד בינׄא פי כתאב אלמסתלחק[22] וגירה אנה ידכׂל אלפעל אלכׂפיף ואלפעל אלתׂקיל

1 Gen. 31, 30. 2 Jug. 20, 39. 3 Os. 10, 15. 4 Jér. 49, 10. 5 Gen. 17, 26. 6 Esth. 9, 1. 7 I Chr. 5, 20. 8 Opusc. p. 6 et 349. 9 II Chr. 10, 15. 10 I Rois 12, 15. 11 Is. 30, 12. 12 II Sam. 19, 43. 13 Ousoul 459, 9 à 23. 14 Zeph. 1, 18. 15 Is. 10, 23. 16 Dan. 9, 27. 17 ib. 11, 36. 18 Prov. 15, 6. 19 Jér. 14, 17. 20 Bâbâ bathrâ II, 1. 21 II Sam. 19, 43. 22 Opusc. p. 19 (cf. Introduction p. xxxiii).

איצא אלא אן אכתר דכולה אנמא יכון פי אלאפעאל אלתקילה ומא יבעד קול מן קאל אן אלאפתעאל כאך באלפעל אלתקיל דון אלכפיף עלי מא אורדנאה פי גמלה מא אורדנאה מן אלכלאם פי אלאפתעאל פי גיר הדא אלדיואן. וליס וגודנא וילכו ויצטירו[1] הצטידנו[2] בבאסר לקולנא פי גיר הדא אלדיואן אן אלאפתעאל לא ידכל אלאפעאל אלכפאף אלמעתלה אלעינאת ללין אלעין פי צידה שלח לחם[3] ופי ציר נאמן[4] לאן הדין אעני צידה וציר ליסא פעלין בל יגב אן יעד ויצטירו הצטידנו מן גמלה אלאצול אלתי נבהנא עליהא הנאך אלתי לם יג מנהא גיר אלאפתעאל ועדדנאהא הנאך מן גמלה אלאפעאל אלתקילה לאן אלתקל משאהר פיהא. ואלאפתעאל פי אלאפעאל אלסאלמה אלעינאת מן אללין הו דכול אלתא למעני אלאפתעאל קבל פא דלך אלפעל [אלא אן כאן פא אלפעל] סינא או צארא או זאיא או שינא פאן דלך אלתא יתאכר חיניד ען פא אלפעל אלא אן ישד ען דלך קליל וקד שרחנא הדא שרחא ואסעא וביננאה ביאנא כאפיא פי באב זכה מן כתאב אלמסתלחק[5]. אלא אן מא כאן מן אלאפעאל תא אלאפתעאל מתקדמה פיה דלך אלפעל כאן יגב אן יסמי תפעלא לא אלפתעאל וכאן יגב אן יכון באסם אלאפתעאל מא כאן מנהא תא אלאפתעאל מתאכרה ען אלפא פיה אעני מא כאן פאוה סינא או צארא או זאיא או שינא אלא[a] אנה למא כאן אלאפתעאל ואלתפעל ואחדא פי אלעבראני וגרי קבלנא אבו זכריא פיהמא הדא אלמגרי אעני תסמיתה אלגמיע אפתעאלא גרינא נחן פיהמא איצא כדלך מסאמחה ומסאהלה מנא לאבי זכריא. ולא בד מן זיאדה הא פי אויל אלאפעאל אלתי ידכלהא אלאפתעאל ודלך לסכון תא אלאפתעאל או לסכון אלסין ואלצאד ואלזאי ואלשין אלתי הי פאאת אלאפעאל אלתי ידכלהא אלאפתעאל. מתאל דלך התהלך נח[6] אתחבר יהושפט[7] אלאלף פיה בדל מן אלהא התחזק יהוידע[8] התאמץ לעלות במרכבה[9] אשר התמכר[10] והתפלל אל הבית הזה[11] והתברך בלבבו[12] והתגדלתי והתקדשתי[13] והתברכו בו[14] קומי נא

[a] M. או, R. אך

[1] Jos. 9, 4. [2] ib. 9, 12. [3] Ps. 78, 25. [4] Prov. 25, 18. [5] Opusc. p. 129 à 141. [6] Gen. 6, 9. [7] II Chr. 20. 35. [8] ib. 23, 1. [9] ib. 10, 18. [10] I Rois 21, 25. [11] ib. 8, 42. [12] Deut. 29, 18. [13] Ez. 38, 23. [14] Jér. 4, 2.

והשתנית[1] הצטירנו[2] פאדא תאכר תא אלאפתעאל ען פא פעל
יכון צאדא אנקלב דלך אלתא טא[a] אסתכפאפא ואסתסהאלא ללנטק
בדלך ואסתתקאלא ללנטק פיה באלתא *מתל קולה* פי ומא
נצטדק[3] ויצטירו[4] חם הצטידנו אתו[5] גשמיה יצטבע[6]. ואדא
96. תאכר [תא התפעל] ען פא פעל [יכון זאיא אנקלב דאלא ללעלה
דכרתהא פי הזדמנתון[7]. ואדא תאכר ען פא פעל][b] יכון סינא בקי
עלי חאלה לם יתגיר מתלה פי ויסתבל החגב[8] מסתולל בעמי[9]
לעדם אלעלה אלמתקדמה. ותלכיץ דלך אנהם אנמא קלבוה טא
פי נצטדק לילא ינקלב אלצאד סינא לו אבקוה עלי חאלה פכאן
יכון נסתדק[c] ובדלך אנמא קלבוה פי הזדמנתון דאלא לילא ינקלב
אלזאי סינא לו אבקוה עלי חאלה פכאן יכון הסתמנתון אד ליס פי
אלאמכאן אן יקדם אללסאן עלי גיר דלך פלים פי ויסתבל החגב
ופי מא אשבהה שי יכאף מן הדא ולים הו איצא פי וישתמר חקות
עמרי[10] ופי מא אשבהה. ואעלם אן פי אלאפתעאל מא יתעדי
ואכתרה לא יתעדי כמא קיל ויתפרקו כל העם את נזמי הזהב אשר
באזניהם[11] פאן נזמי הזהב מפעול בויתפרקו וקיל והתנחלתם אתם
לבניכם[12] וגיר דלך כתיר. ואלמסתקבל מן אלאפתעאל יכון יִתְפַּעֵל
בצרי ואיצא בפתח גדול מתל וישתמר חקות עמרי[13] ויסתבל החגב[14]
יתהלל המתהלל[15] אל תתהדר לפני מלך[16] כי על כל יתגדל[17]. וקד
גא עלי יִתְפַּעֹל בואו אלמד ירדף אויב נפשי[18]. קאל אבו זכריא[19]
אצלה יִתְרַדֵּף והו מתעד אלי נפשי. ואלפאעל מן אלאפתעאל יכון
עלי מִתְפַּעֵל מתל מתהלך בתמו צדיק[20] יתהלל המתהלל[21]
ממתכבד וחסר לחם[22] יש מתעשר ואין כל[23]. ואלאמר מנה הִתְפַּעֵל
בצרי מתל ועתה התחתן במלך[24] התהלך לפני[25] ובאלפתח
איצא מתל לך התחזק ודע וראה את אשר תעשה[26]. ואלמצדר עלי
לפט אלאמר סוא מתל כליל התקדש חג[27] להתהלך לפני יי בארצות
החיים[28] להתהלך לפני אלהים באור החיים[29] אחר התגלחו[30] כי

[a] M. מתקלה, R. כמו [b] M. om., suppléé d'après R. [c] M. נצתדק, R. נצסדק

[1] I Rois 14, 2. [2] Jos. 9, 12. [3] Gen. 44, 16. [4] Jos. 9, 4. [5] ib. 9, 12. [6] Dan. 4, 12. [7] ib 2, 9. [8] Eccl. 12, 5 [9] Ex. 9, 17. [10] Mi. 6, 16. [11] Ex. 32, 3. [12] Lév. 25, 46. [13] Mi. 6, 16. [14] Eccl. 12, 5. [15] Jér. 9, 23. [16] Prov. 25, 6. [17] Dan. 11, 37. [18] Ps. 7, 6. [19] D. 92; N. 55. [20] Prov. 20, 7. [21] Jér. 9, 23. [22] Prov. 12, 9. [23] ib. 13, 7. [24] I Sam. 18, 23. [25] Gen. 17, 1. [26] I Rois 20, 22. [27] Is. 30 29. [28] Ps. 116, 9. [29] ib. 56, 14. [30] Nomb. 6, 19.

קצר המצע מהשתרע[1] הנקלה בעיניכם התחתן במלך[2] לבר על כל התנדב[3] וכהתפלל עזרא[4] ואת התרגזך אלי[5]. וקד יגי עלי התפעלות מתל ומן התחברות אליו[6]. ומן הדה אלבניה איצא ואן כאן עינה מסרודא קולה עם התנדבות עמא וכהניא[7] פאן אלסריאני מואפק ללעבראני פי הדה אללגה אלא תראהם קאלוא פי אלפאעל די כל מתנדב במלכותי[8]. ומן אלמעתל אללאם בהתגלות לבו[9] וכהתפלל עזרא וכהתודתו[10] אצלהמא התגליות התודיות עלי מתאל התחברות אלא אן אללאם אעתלת פחדפת. וקד אסתעמל מא תעדי מן אלאפעאל בניה מא לם יסם פאעלה קיל אחרי הכבס את הנגע[11] אחרי הכבס אתו[12] אצלה הִתְכַּבֵּס ומתלה אחרי אשר הטמאה[13] אצלה הִתְטַמְּאָה פארגם אלתא פי אלטא ומתלה לא התפקדו בתוכם[14] התפקדו וכלכלו[15]. וארי אן אלמפעול ממא יתעדי מן בניה אלאפתעאל לא יכון אלא בעד צרפה אלי מא לם יסם פאעלה אעני אלי מֻתְפַעַל פיקאל מֻתְפָּרַק או מְפֹרָק באלאנדגאם מתפקד או מפקד באלאנדגאם מתכבס או מכבס באלאנדגאם מתטמאה או מטמאה באלאנדגאם. וקד קלנא פי גיר הדא אלוצע אן אלאפתעאל לא ידכל אלאפעאל אלכפיפה אלמעתלה אלעינאת ואלי הדא אלמעני דהבנא קבילא פי קולנא ואלאפתעאל פי אלאפעאל אלסאלמה אלעינאת מן אללין הו דכול אלתא למעני אלאפתעאל קבל פא דלך אלפעל לאן אלאפעאל אללינה אלעינאת כפאף כלהא אדא כאנת עלי בניה פָעַל אלא אן תתצאעף לאמאתהא פתכרג אלי אלתקל פתכון עלי בניה פוֹעֵל. וקלנא קבילא איצא אן הצטידנו 97. אתו[16] גיר כאסר להדא אלקול ואן כאן אלקול מן צידה לאן צידה ליס פעלא והצטידנו מבני עלי אלתקל פלים יגב אן יחכם עלי אצלה באלכפה אלא בדליל והו אלחכם פי וילכו ויצטירו[17]. ונקול הנא אן אלאפתעאל ידכל אלאפעאל אלמלחקה אלמתצאעפה אללאמאת מן אלאפעאל אלמעתלה אלעינאת לאנהא תקילה איצא למכאלפתהא בניה פָעַל עלי תלך אלשריטה נפסהא מן תקדם תא אלאפתעאל עלי פא אלפעל אדא לם יכן דלך אלפא סינא או צאדא

[1] Is. 28, 20. [2] I Sam. 18, 23. [3] Es. 1, 6. [4] ib. 10, 1. [5] II Rois 19, 27. [6] Dan. 11, 23. [7] Es. 7, 16. [8] ib. 7, 13. [9] Prov. 18, 2. [10] Es. 10, 1. [11] Lév. 13, 55. [12] ib. 13, 56. [13] Deut. 24, 4. [14] Nomb. 1, 47. [15] I Rois 20, 27. [16] Jos. 9, 12. [17] ib. 9, 4,

או זאיא או שינא· הד̇א הו אלקיאס מת̇ל אל תתלוצצו[1] וירא און ולא יתבונן[2] ממתקוממים בימינך[3] מתעורר להחזיק בך[4] וסער מתחולל[5] ויתפצצו הררי עד[6] ומא אשבה ד̇לך· ואעלם אן אלאפעאל אלתי פאאתהא יא אד̇א ד̇כ̇להא אלאפתעאל קד ינקלב אליא פי בעצ̇הא ואוא מת̇ל בהתודע יוסף[7] ועם ישראל יתוכח[8] והתודה עליו[9] ופי אכ̇ת̇ר אלבאב יבקי אליא בחסבה מת̇ל ויתילדו על משפחתם[10] ויתיעצו על צפוניך[11] ויתיצב מלאך יי״[12]· וקד ד̇כ̇ל אלאנפעאל פי בעץ̇ כ̇לאמהם עלי אלאפתעאל קיל ונוסרו כל הנשים[13] אצלה וְנִתְנַסְּרוּ וקיל ואשת מדינים נשתוה[14]· ואמא כ̇לאם אלאואיל פאנה מטרד פיה· קאל אבו אלוליד קד ד̇כרנא פי הד̇א אלבאב אכ̇ת̇ר תצריף אלאפעאל אלסאלמה̈ מן אללין ומן אלמת̇לין ונחן נרשד פי תצריף אלאפעאל אלמעתלה̈ ואלאפעאל ד̇ואת אלמת̇לין אלי כתאבי אבי זכריא אעני כתאב חרוף אללין וכתאב ד̇ואת אלאמת̇לין ונרשד פי עלם ד̇לך איצ̇א אלי כתאבנא נחן פי אלמסתלחק ורסאלתנא אלמוסומה̈ בכתאב אלתנביה וכתאבנא פי אלתסהיל ואלתקריב וגירהא ממא אלפנאה מן הד̇א אלפן· וליס ימכן אן יקאם ממא ד̇כרנא מן תצריף אלאפעאל אלסאלמה̈ עלי ג̇מיע תצריף אלאפעאל אלמעתלה̈ ואלאפעאל ד̇ואת אלמת̇לין לאן מן כ̇לאמהם אכ̇תצאץ הד̇ין אלקבילין באבניה̈ לא תכון פי גירהמא ואן כאן קד יכון להמא אלבנא אלד̇י לה נט̇יר פי אלאפעאל אלסאלמה̈ מנהמא· פלהד̇א יג̇ב אן ילתמס עלם ד̇לך מן אלכתב אלמכ̇צוצה̈ בה אלתי ארשדנא אליהא· ונחן רבמא נצל במא תקדם ד̇כרה מן אלתצריף מא יג̇אנסה והו ד̇כר בעץ̇ מא יערץ̇ פי אלאפעאל אלתי ידכ̇להא אחד אחרף אלחלק אלתי הי אחהע פאנהא קד תכ̇אלף פי תצריפהא גירהא מן אלאפעאל פי אכ̇ת̇ר אלוג̇וה·

[1] Is. 28, 22. [2] Job 11, 11. [3] Ps. 17, 7. [4] Is. 64, 6. [5] Jér. 23, 19. [6] Hab. 3, 6. [7] Gen. 45, 1. [8] Mi. 6, 2. [9] Lév. 16, 21. [10] Nomb. 1, 18. [11] Ps. 83, 4. [12] Nomb. 22, 22. [13] Ez. 23, 48. [14] Prov. 27, 15.

אלבאב אלראבע עשר

דֹכר מא יערץׅ מן אלאפעאל ואלאסמא אלתי תדכֹלהא אחרף אלחלק.

אעלם אן לחרוף אלחלק כֹואץׅ ואנֿהא גיר מא לגירהא מן אלחרוף· וראית ראס אלמתיבה אלפיומי רחמהֿ אללה עליה יקול פי שרחה ספר יצירה אן לה פיהא וצֿעא באסלא אלא אנה לם יבלגני ולא *אנתהי אלי״[a] פאנא אדֹכר מן דֹלך פי הדֹא אלבאב גמלהֿ באיגֹאז תד״ל עלי מא סאירהא בחול אללה· פאקול אנה אדֹא כאן פא אלפעל אחד אחרף אלחלק כאן דֹלך אלפא פי אלפעל אלמסתקבל מתחר״כא פי אכתֹר אלמואצֿע ויכון חרף אלאסתקבאל מחרֿכא באלפתח ואן כאן אלפעל כֹפיפא אן כאנת חרכהֿ אלפא באלפתח או באלסגול אן כאנת חרכהֿ אלפא באלסגול *או באלשבא ואלסגול[b] מתֹל ויערכו אתם למלחמה[1] ויעברו אנשים[2] ויחלמו חלום שניהם[3] ויחנטו הרפאים[4] ויאספו את כל זקני ישראל[5] ויעמדו לפני יי״[6] ביום השבת יערכנו[7] איכה יעבדו[8] וסדוע נעבדנו[9] ויעבדום וישתחוו להם[10] נעזבה נא[11] ויהפכהו למעלה[12] ואהרגה את יעקב[13] ויאסרהו בשנים 96. עבתים[14] אם תארגי[15] אל תחרש ממני[16] ואעשך לגוי גדול[17] אענדנו עטרות לי[18] אל תחטאו בילד[19] ויאמצו בני יהודה[20] ויחרדו איש אל אחיו[21] למען תחזקו[22] נארבה לדם[23] ויארבו על שכם[24] יהרסם ולא יבנם[25] יהלמני צדיק[26]. וקד ישד״ מנה כתֹיר ען הדֹא אלאטראד ויגֹי בסכון אלפא עלי אלאצל ויחר״ך חרף אלאסתקבאל מנה בפתח גדול ומר״הֿ בסגול מתֹל אולי יחסרון[27] עתה יחרדו[28]. ויעקבני זה פעמים[29] תם אני ויעקשני[30] ואיש אחר יחנכנו[31] ויחלקו את הארץ[32] נעצרה נא אותך[33] ואהרגהו בצקלג[34] ויעזרו אחרי אדניהו[35] ונראהו ולא מראה ונחמדהו[36] עד אשר יאשמו ובקשו פני[37]. פאן כאן אלעין שדידא פלים יכון דֹלך אלפא אלחלקי אלא סאכנא אבדא מתֹל

[a] R. ראיתידו = ראיתה [b] R. om.

[1] Gen. 14, 8. [2] ib. 27, 28. [3] ib. 40, 5. [4] ib. 50, 2. [5] Ex. 4, 29. [6] Lév. 9, 5. [7] ib. 24, 8. [8] Deut. 12, 30. [9] Jug. 9, 28. [10] Jér. 16, 11. [11] Néh. 5, 10. [12] Jug. 7, 13. [13] Gen. 27, 41. [14] Jug. 15, 13. [15] ib. 16, 13. [16] Ps. 28, 1. [17] Gen. 12, 2. [18] Job 31, 36. [19] Gen. 42, 22. [20] II Chr, 13, 18. [21] Gen. 42, 28. [22] Deut. 11, 8. [23] Prov. 1, 11. [24] Jug. 9, 34. [25] Ps. 28, 5. [26] ib. 141, 5. [27] Gen. 18, 28. [28] Ez. 26, 18. [29] Gen. 27, 36. [30] Job 9, 20. [31] Deut. 20, 5. [32] Jos. 14, 5. [33] Jug. 18, 15. [34] II Sam. 4, 10. [35] I Rois 1, 7. [36] Is. 53, 2. [37] Os. 5, 15.

ויחדלו לבנות העיר[1] ויחפרו כל מצרים[2] לכה ונעברה אל מצב הערלים[3]. ובדלך מא כאן מן אלאפעאל אלמאציה עלי מתאל הפעיל ופא דלך אלפעל חלקי כאן מתחרכא עלי אלאכתר פי אלמאצי ואלמסתקבל מתל העלית מן שאול נפשי[4] אל תעלני בחצי ימי[5] האריכו למעניתם[6] למען יארכון ימיך[7]. והדא וגירהא ממא יגאנסה הו ממא יגמע אלעבראניון פיה בין ג׳ אחרף מתחרכה *עלי אן כלאמהם גיר מבני עלי דלך. וקד יגמעון איצא בין ג׳ אחרף מתחרכה פי אלכלמה אלתי יתואלי פיהא מתלאן כמא קד בין דלך אבו זכריא פי כתאב חרוף אללין[8] וזעם אנהם לא יגמעון בינהא פי כל כלמה סאלמה מן אלחרוף אלחלקיה ומן אלתקא אלמתלין. וקד אוגרנא נחן פי רסאלה אלתקריב ואלתסהיל[9] כלמאת כתירה גמע פיהא בין ג׳ חרכאת ותלך אלכלמאת סאלמה מן אחהע ומן אלתקא אלמתלין. אלא אן חרכה אלחרף אלחלקי וחרכה אלמתל אלמחרך וחרכה אלחרף אלדי ליס בחלקי ולא מתלא פי תלך אלכלמאת אלתי אחצרנאהא נחן ופי גירהא כתיר ליסת בלאזמה. פלדלך אסתסהלוא פיהא אלגמע בין ג׳ חרכאת וקד יאתי סאכנא עלי אלאצל מתל ושחטה שטים העמיקו[10] העמיקו שחתו[11] ויי העלים ממני[12] תעלים לעתות בצרה[13]. ואן כאן לאם אלפעל חלקיא כאן עינה פי מסתקבלה אלמתצל באלצמיר אלמפעול בה ממדודא באלקמץ עלי אלאטראד פי כל פעל כמא קד דכרנא פי באב אלתצריף ענד דכרנא ואיש אחר ישכבנה[14] וגירה לאן מסתקבל כל פעל יכון לאמה חלקיא לא יכון אלא עלי יִפְעַל בלא ואו מתל ישלח ישמע יקרא יגבה. ודלך מתל וישלחהו מעמק חברון[15] וימצאהו איש[16] ויקחהו וישלכו אתו[17] אם לא יסחבום[18] ישמעני אלהי[19] אם אשכחך ירושלם[20] וישנאה אמנון[21] יקחהו ישאהו[22]. ואלאמר ללואחד וללגמע מן הדה אלאפעאל אדא אתצל באלצמיר יכון במד עין אלפעל באלקמץ מתל שמעני נתתי כסף השדה[23] שמענו ארני[24] שמעוני אחי ועמי[25] על הים ובקעהו[26] קום משחהו[27] ספחני נא[28] והו

[1] Gen. 11, 8. [2] Ex. 7, 24. [3] I Sam. 14, 6. [4] Ps. 30, 4. [5] ib. 102, 25. [6] ib. 129, 3. [7] Ex. 20, 12. [8] D. 6; N. 6. [9] Opusc. 280 à 283. [10] Os. 5, 2. [11] ib. 9, 9. [12] II Rois 4, 27. [13] Ps. 10, 1. [14] Deut. 28, 30. [15] Gen. 37, 14. [16] ib. 37, 15. [17] ib. 37, 24. [18] Jér. 49, 20. [19] Mi. 7, 7. [20] Ps. 137, 5. [21] II Sam. 13, 15. [22] Deut. 32, 11. [23] Gen. 23, 13. [24] ib. 23, 5. [25] I Chr. 28, 2. [26] Ex. 14, 16. [27] I Sam. 16, 12. [28] ib. 2, 36.

אלקיאס פי אלאמר מן כל יפעל ואן לם יכן לאמה חלקיא אעני אן תקול נשקני נשקהו ירשה לבשהו. ואן כאן פא הד̇א אלפעל ממא יג̇וז ח̇דפה וח̇דף בקי אלעין עלי אלקמצות מת̇ל שאהו אל אמו[1] קחנו ועיניך שים עליו[2] בכל דרכיך רעהו[3]. ואן כאן עין אלפעל חלקיא כאן מסתקבלה איצ̇א עלי יפעל מת̇ל שאל ישאל שחט ישחט 99. סער יסער בחן יבחן ואד̇א את̇צל בצ̇מיר אלמפעול כאן אלעין ממדודא איצ̇א מת̇ל ולמה תשאלני[4] כי ישאלך בנך[5] וישחטהו ויחטאהו[6] יסעדנו על ערש דוי[7] וימינך תסעדני[8] אחד מאחיו יגאלנו[9] קדש ישראל ויבחרך[10] אם לא יסחבום[11]. ורבמא חרכוא אלעין בשבא ופתח וד̇לך קליל מת̇ל ואנעלך תחש[12]. וכאן פי אלאמר אלמת̇צל באלצ̇מיר אלמפעול בה ממדודא איצ̇א מת̇ל סעדני ואושעה[13] בחנני יי׳ ונסני[14] שבו וסחרוה[15] קרבה אל נפשי גאלה[16] האתיות שאלוני[17]. ורבמא כאן מסתקבל בעץ̇ מא עינה חלקי עלי יפעול מת̇ל יאתו לנו האנשים[18] וינחם עליו ביום ההוא[19] ומה אזעם לא זעם יי׳[20] ורבמא כאן ואנעלך[21] קבל את̇צאלה באלצ̇מיר אֶנְעוֹל פיכון חיניד̇ ואנעלך עלי ואגבה. ואן לם יכן אלאמר מן הד̇א אלצ̇רב מת̇צלא בצ̇מיר וכאן אמרא ללג̇מיע כאן אלפא מפתוחא מן אג̇ל אלחרף אלחלקי מת̇ל קולה רחצו הִזכו[22] רחקו מעל יי׳[23] וסעדו לבכם[24] בחרו לכם היום[25] טעמו וראו[26] לחמו בלחמי[27] טענו את בעירכם[28] ושחטו הפסח[29] ושאלו לנתבות עולם[30]. וקד ישתבה הד̇א אלאמר מן אלפעל אלכ̇פיף באלאמר מן אלפעל אלת̇קיל אלד̇י עינה חלקי איצ̇א וד̇לך לאמתנאע אלתשדיד פיה מת̇ל קולה מהרו ללכת[31] נחמו נחמו עמי[32] בַּאר[33] מן קולה ובאר על הלחות[34]. ומא כאן מן אלאפעאל אלתי לאמהא חלקי עלי מת̇אל פָּעֲלְתְּ או הִפְעַלְתְּ בכסר אלהא או הֻפְעַלְתְּ בצ̇ם אלהא פי מכ̇אטבה̈ אלמונת̈ מת̇ל וצור מעזך לא זכרת[35] וסגרת הדלת[36] ויצקת על כל הכלים[37] את נטשת אתי[38] העשרת מלכי ארץ[39] הָשלכת פי תאנית השלכת מקברך[40] פאן

[1] II Rois 4, 19. [2] Jér. 39, 12. [3] Prov. 3, 3. [4] I Sam 28, 16. [5] Ex. 13, 14. [6] Lév. 9, 15. [7] Ps. 41, 4. [8] ib. 18, 36. [9] Lév. 25, 48. [10] Is. 49, 7. [11] Jér. 49, 20. [12] Ez. 16, 10. [13] Ps. 119, 117. [14] ib. 26, 2. [15] Gen. 34, 10. [16] Ps. 69, 10. [17] Is. 45, 11. [18] Gen. 34, 22. [19] Is. 5, 30. [20] Nomb. 23, 8. [21] Ez. 16, 10. [22] Is. 1, 16. [23] Ez, 11, 15. [24] Gen. 18, 5. [25] Jos. 24, 15. [26] Ps. 34, 9. [27] Prov. 9, 5. [28] Gen. 45, 17. [29] Ex. 12, 21. [30] Jér. 6, 16. [31] II Sam. 15, 14. [32] Is. 40, 1. [33] Deut. 27, 8. [34] Hab. 2, 2. [35] Is. 17, 10. [36] II Rois 4, 4. [37] ib. ib. [38] Jér. 15, 6. [39] Ez. 27, 33. [40] Is. 14, 19.

לאם דלך אלפעל יחרך באלפתח ותכון אלתא אלתי הי עלאמה
אלתאנית משדדה איצא מתל כי ביי אלהיך פשעת[1] ולקחת בידך
עשרה לחם ונקדים[2] ברב דרכיך יגעת[3] אשר שכחת אתי[4] הגעת
למלכות[5] השבעת עמים רבים[6] והמלח לא המלחת[7] והו אלקיאס
איצא פי נִפְעַלְתְּ מתל וזכרת את דרכיך ונכלמת[8] אעני אן יחרך
אללאם באלפתח פיקאל פי מכאטבה אלמונת נשכחת נלקחת ומא
אשבה דלך· ואן אבדלת אלתא מן הא נִפְעֲלָה מן אלאכבאר ען
אלמונת חרך אללאם איצא באלפתח אלא אן אלתא יכון מכפפא·
והדא הו אלפרק בין מכאטבה אלמונת ובין אלאכבאר ענה פי הדא
אלמתאל אעני שדה תא אלמכאטבה וכפה תא אלמכבר ענהא מתל
ונשכחת צר[9] ואת כל ונכחת[10]· וקד פסרנא ונכחת פי צדר כתאב
אלמסתלחק[11] וברהנא על צחה מדהבנא פיה ואבלגנא פי דלך איצא
פי גיר דלך אלכתאב והו כתאב אלתשויר· והדא אלפרק אלדי
דכרנא בין מכאטבה אלמונת ובין אלאכבאר ענהא אנמא הו פי
אלאפעאל אלסאלמה אללאמאת מן אלליך· ואמא אלאפעאל אללינה
אללאם פלא פרק פיהא בין אלבאבין כמא קיל פי מכאטבה אלמונת
גלאית ברב עצתיך[12] עוד אבנך ונבנית[13] וקיל פי אלאכבאר ענהא
כי נשאת למעלה מלכותו[14]· ואמא ולקחת גם את דודאי בני[15] פהו
מצדר מעטוף עלי מצדר והו קחתך את אישי והו מתל ולקחת רצון 100.
מידכם[16] אלדי הו איצא מצדר מעטוף עלי מצדר אעני פנות אל
המנחה ואללאם מן כל ואחד מנהמא פאוה פהו אדא מצדר באמלי
וקולה ולבלתי קחת מוסר[17] מצדר נאקץ ואלתא פיהמא מזידה לגיר
עוץ מן שי מתלהא פי בצדקתך אחיותך[18] וגירה אלא אן אלתא
פי קחת רבמא כאן ללעוץ מן אלנקצאן פלמא רדוא אליה פי ולקחת
גם את דודאי בני ופי ולקחת רצון מא כאן נקץ מנה אבקוא דלך
אלעוץ בחסבה לילא יכתלף אלמצדר כמא קלנא אנהם יפעלון דלך
פי אלאפעאל דואת אלמתלין אעני פי יסב אתו[19] ויסבו את העיר[20]
ופי יכת שער[21] וכל פסיליה יכתו[22] ומא אשבההא פאן כל ואחד מן
יסב ויכת נאקץ אחד מתליה ואלאצל פיהמא יִסְבֹּב וְיִכְתֹּת פלמא

[1] Jér. 3, 18. [2] I Rois 14, 3. [3] Is. 57, 10. [4] Jér. 13, 25. [5] Esth. 4, 14. [6] Ez. 27, 33. [7] ib. 16, 4. [8] ib. 16, 61. [9] Is. 23, 15. [10] Gen. 20, 16. [11] Opuscules p. 6. [12] Is. 47, 13. [13] Jér. 31, 3. [14] I Chr. 14, 2. [15] Gen. 30, 15. [16] Mal. 2, 13. [17] Jér. 17, 23. [18] Ez. 16, 52. [19] I Rois 7, 23. [20] Jos. 6, 14. [21] Is. 24, 12. [22] Mi. 1, 7.

חׄדׄפוא אלמתׄל אלואחד מן כׄל ואחד מנהמא עׄוׄצׄוא מנה במא יקום מקאמה פי אכׄמאל אלבניה̈ אמא פי יסב פבאלסאכׄן אללין אלמזיד בעד אליא ואמא פי יכׄת פבשדה̈ אלכׄאף לאן מן עאדה̈ אלעבראניין אלתעויצׄ בהדׄין אלצנפין עלי מדׄהב אבי זכריא פיהמא[1]. ואמא נחן פלנא פי הדׄה אלשדה̈ מדׄהב [אכׄר] סתראה פי באב אלאדגאם. אלא אנהם למא רדוא אלי כׄל ואחד מן יסב ויכׄת מא כאן נקץ מנה פי קולהם ויסבו את העיר[2] וכל פסיליה יכתו[3] אעני למא רדוא בא יסבב פי יסבו וארגמוה ותא יכׄתת פי יכתו וארגמוה אבקוא אלסאכׄן אלמעוׄצׄ בה פי יסוב פי קולהם ויסׄבו ואלשדה̈ אלמעוׄצׄ בהא פי יכׄת פי קולהם יכתו ועלי אנהם קד רדוא אלי כׄל ואחד מנהמא באלאדגאם מא כאן נקץ מנה וזאלת ענה אלעלה̈ אלמוגׄבה̈ לזיאדה̈ אלעוׄצׄ. ואנמא פעל אלעבראניון דׄלך לילא יכׄתלף אלפעל אלמסתקבל אעני לאן יכון פעל אלגׄמיע מבניה̈ עלי פעל אלואחד מסאויא לה לא פרק בינהמא פי אלכׄיפיה̈ אללאחקה̈ ללפא *אעני ללפא אלמשדד מתׄל כׄאף יכׄת שער וכׄאף יכתו ומא אשבההמא וליא אלאסתקבאל אעני יא יסב אותו ויא ויסבו את העיר ומא אשבההמא* כמא [כאן] דׄלך כדׄלך פי גׄמיע אלאפעאל אלמסתקבלה̈ מן גיר הדׄא אלצׄרב. והדׄא מן פעל אלעבראניין ואסתעמאלהם מגׄאנס לפעל אלערב *פי קולהם ועד יעד וזן יזן וגׄד יגׄד פחדׄפוא אלואואת אלתי הי פאאת אלאפעאל מן הדׄה אלאפעאל אלמסתקבלה̈ לוקועהא בין יא וכסרה̈ אסתתׄקאלא מנהם לדׄלך. הדׄא הו אעתלאל עלמאיהם פיהא. תׄם אנהם חדׄפוא אלואואת איצׄא ומא אשבההא מן סאיר אלאפעאל אלמסתקבלה̈ ואן לם תכן פיהא אלעלה̈ אלמוגׄבה̈ לסקוטה פי יפעל אעני וקועהא בין יא וכסרה̈ ודׄלך קולהם אעד ונעד ותעד ואזן ונזן ותזן ואגׄד ונגׄד ותגׄד וליס לדׄלך עלה̈ ענדהם גיר עאדתהם אלא יכׄתלף אלבאב ואן יכון אלמצׄארע כלה תאבעא לליא. הדׄא קולהם ואעתלאלהם פיה ואחתגׄאגׄהם[b] עליה. וקד אסתעמלוא מתׄל הדׄא ושבהה פי גיר הדׄא אלצׄרב וקד דׄכרנא נחן דׄלך ענהם פי גיר הדׄא אלדיואן והו

[a] R. om. [b] R. om.

[1] D. 145; N. 101. [2] Jos. 6, 14. [3] Mich. 1, 7.

כתאב אלתשויר לצ̇רורה̈ דעתנא אלי ד̇לך באבי̇ן מן הד̇א אלכלאם.
והד̇א כלה עארץ̇ פי אלבאב. פלנרג̇ע אלי מא כנ̇א פיה פנקול
אן וזן לקחת *אשיר אלי ולקחת גם את דודאי בני ולקחת רצון
מידכם[a] עלי מא תקד̇ם מן אלתלכ̇יץ̇ פֻעֶלְת באלתכ̇פיף עלי מת̇אל
עלמת[1] אסם בלד ואנפתאח אלקאף אנמא הו מן אג̇ל אלחא וזן
צדקת מן קולך בצדקתך אחיותך פאלפֻעֶלְת באלתשדיד עלי מת̇אל
דבשת גמלים[2]. ומא כאן מן הד̇ה אלאפעאל אלתי לאמאתהא
חלקיה̈ עלי זנה̈ פוֹעֵל ג̇אז פי עינה תחריכה באלפתח מת̇ל לרוקע
הארץ[3] רגע הים[4] ושסע שסע[5] בראך יעקב[6]. וקד יערץ̇ הד̇א פי מא
לא יכון לאמה חלקי וד̇לך קליל מת̇ל כי גוי אבד עצות[7]. ורבמא חר̇ך
בצרי מא לאמה חלקי עלי אצלה פתתולד בין אלעין ואללאם חרכה̈
באלפתח מן אג̇ל אלחרף אלחלקי מת̇ל פותח את ידך[8] כי שמע אל
אביונים יי[9]. ותערץ̇ הד̇ה אלחרכה̈ איצ̇א פי מא̇ כאן עלי גיר הד̇א
מת̇אל פועל ממא לאמה חלקי איצ̇א מת̇ל קולה מנגח ימה וצפנה[10]
מפתח בית דוד[11] עשה ירח למועדים[12] ורצע אדניו את אזנו
במרצע[13]. ומא כאן עלי מת̇אל פֻעֶלְת מת̇ל ותהי למלך סכנת[14]
סמא לאמה חלקי חר̇ך עינה ולאמה באלפתח מת̇ל ורבקה שמעת[15]
ויהי לגפן סרחת[16] ושסעת שסע[17]. ומא כאן עלי מְפֻעֶלְת מן הד̇א 101.
אלבאב מת̇ל כי משמרת אתה עמדי[18] תבון[b] עינה ולאמה מפתוחין
איצ̇א מת̇ל רקח מרקחת[19] ואין משלחת במלחמה[20]. פאן כאן אלפא
מן הד̇א אלמת̇אל חלקיא אנפתח אלמים פיה מת̇ל קולה אל
המהפכת[21] ללחם המערכת[22] כל מחמצת[23] מרחשת[24]. ואן וקע חרף
אלתעריף או אלחרף אלד̇י תנקל אליה חרכתה ענד חד̇פה עלי חרף
חלקי אמתנע ד̇לך אלחרף אלחלקי מן אלתשדיד וחר̇ך חרף
אלתעריף או אלחרף אלד̇י אנתקלת אליה חרכתה באלקמצות מא
לם יכן ד̇לך אלחרף אלחלקי חא. מת̇ל קולה שני העמר לאחד[25]
האחד העבד העברי[26] האפד[27] העברים[28] העולה היא למעלה[29] והאיש

[a] R. om. [b] M. כאן

[1] I Chr. 6, 45. [2] Is. 30, 6. [3] Ps. 136, 6. [4] Is. 51, 15. [5] Lév. 11, 7. [6] Is. 43, 1. [7] Deut. 32, 28. [8] Ps. 145, 16. [9] ib. 69, 34. [10] Dan. 8, 4. [11] Is. 22, 22. [12] Ps. 104, 20. [13] Ex. 21, 6. [14] I Rois 1, 2. [15] Gen. 27, 5. [16] Ez. 17, 6. [17] Lév. 11, 3. [18] I Sam. 22, 23. [19] Ex. 30, 25. [20] Eccl. 8, 8. [21] Jér. 29, 26. [22] Néh. 10, 34. [23] Ex. 12, 20. [24] Lév. 7, 9. [25] Ex. 16, 22. [26] Gen. 39, 17. [27] Ex. 28, 6. [28] Gen. 40, 15. [29] Eccl. 3, 21.

משה[1] לאחר[2] לאפד[3] לאיש[4] כי באש יי̈[5] ההר בהר. ורבמא חרّך בעצה באלפתח ודלך קליל מתֹל העורים[6] עינים הייתי לעור[7] ופי אלמסרת העברים קמץ העורים פתח. פאמא אן וקע חרף אלתעריף עלי הא פאנמא יחרّך באלפתח פקט מתֹל החדש הזה[8] השעיר החי[9] כל גבורי החיל[10]. ואן חדֹף חרף אלתעריף ונקלת חרכתה אלי מא קבלה חרّך אלחרף אלמנתקלה̈ אלחרכה̈ אליה באלפתח איצֹא מתֹל ויטמנהו בחול[11] לאפד ולחשן[12] אשר לחרב לחרב[13] לפרעה לחמש[14] וכחול ארבה ימים[15] בחסד אשר עשיתי עמך[16]. הדֹה אלפתחאת מנתקלה̈ אלי הדֹה אלחרוף מן חרף אלתעריף אלמחדוף פאן אלאצל *פיהא בהחול ולהחשן להחרב להחמש וכהחול כהחסד. וקד יג̇רי אלסגול [הדֹא] אלמג̇רי פי מתֹל[a] גבורי החיל[17] את השעיר החי[18] ללחם המערכת וגו̈ השבתות החדשים[19] ישבי החרבות האלה[20] ואן חדֹף אלהא נקלת חרכתה אלי מא קבלה מתֹל קולה אם לא אשר בחרבות[21] פשבתות ובחדשים[22] לשבתות ולחדשים[23] [אלאצל פיהא כהחרבות וכהחדשים ולהחדשים][b]. ואד̈ חרף כאן ואג̇בת אן יחרّך בקמץ חטף כאנת אלחטפות מנה פי אלב̈ט ואללסאן מעֹא או כאנת פי אללסאן פקט דון אלבט̈ וכאן אלחרף אלדֹי יתלוה חלקיא נקלת אלקמצות מנה אלי אלחרף אלחלקי וחרّך הו בקמץ גדול אד̈ לא יתקדّם אלקמץ חטף פתח גדול אלא אן יכון אלחרף אלדֹי הו פיה רגש מתֹל ואלקטה בשבלים[24] ידל עלי דֹלך צֹבטהם לאם לחרשיו יבכר[25] בקמץ גדול ודלך מן אג̇ל אלחטף אלדֹי בעדה ואצלה אן יכון בחרק מתֹל שכן לשבטיו[26]. וכדֹלך אלאצל פי קאף קסמי נא לי באוב[27] אן יכון בחרק פחרّך בקמץ גדול מן אג̇ל אלחטף אלדֹי בעדה ואן כאן שארֿא. וצֹבטהם איצֹא ואו וחליים רעים ונאמנים[28] בקמץ גדול מן אג̇ל אלחטף אלדֹי בעדה ואצלה אן יכון בשרק מתֹל ופראים עמדו על שפיים[29]. וצֹבטהם מים טבעתי ביון מצולה ואין מעמד[30] בקמץ גדול

a R. om. b M. om., suppléé d'après R.

1 Nomb. 12, 8. 2 ib. 15, 12. 3 Ex. 25, 7. 4 Gen. 43, 6. 5 Is. 66, 16. 6 II Sam. 5, 6. 7 Job 29, 15. 8 Ex. 12, 2. 9 Lév. 16, 21. 10 Jos. 1, 14. 11 Ex. 2, 12. 12 ib. 25, 7. 13 Jér. 11, 20. 14 Gen. 47, 26. 15 Job 29, 18. 16 Gen. 21, 23. 17 Jos 6, 2. 18 Lév. 16, 20. 19 Néh. 10, 34. 20 Ez. 33, 24. 21 ib. 33, 27. 22 ib. 46, 3. 23 II Chr. 8, 13. 24 Ruth 2, 2. 25 Ez. 47, 12. 26 Nomb. 24, 2. 27 I Sam. 28, 8 28 Deut. 29, 59. 29 Jér. 14, 6. 30 Ps. 69 3.

מן אג̇ל אלחטף אלד̇י בעדה ואן כאן שאד̇א לאנהם רבמא פכ̇מוא בקמץ חטף מן אלחרוף מא עארתהם תחריכה בשבא ופתח עלי מא בינת ענד ד̇כרי אלאלפאט̇ אלשאד̇ה. וקד ג̇את פי ואין מעמד פי רסאלה אלתקריב ואלתסהיל[1] ונ̇הא אכ̇ר ג̇ירא איצ̇א. ואצל מים ואין מעמד[2] אן יכון בפתח גדול מת̇ל וממעמדך אהרסך[3] ומת̇ל מא ד̇כרנא[a] ממא תנקל מנה אלקמצות אלי אלחרף אלחלקי *ויחרד הו בקמץ גדול[b] קולהם מא תארו[4] כאן אלוג̇ה אן יכון מת̇ל חדשו 102
ושרשו. על מאסם את תורת יי[5] כאן אלוג̇ה אן יכון [מת̇ל] באמרם אליו יום יום[6]. ומת̇ל הד̇א ביום בחרי בישראל[7] היה מעמד במרכבה[8] בתוך ערים מחרבות[9] וכבש בזהב לכסא מאחזים[10] כאן אלוג̇ה פיהא אן תכון מת̇ל שש משזר[11] אשר אתה מראה בהר[12] ומקור משחת[13]. כי החליתי[14] כאן אלוג̇ה פיה אן יכון מת̇ל עליך השלכתי[15] בושו והכלמו[16] ולא הכלמנו[17] מאשר לא הגלו בבלה[18] הבקעה העיר[19]. יעמד חי[20] יחרם כל רכושו[21] כאן אלוג̇ה פיהמא אן יכון אלחטף פי אליא מנהמא מת̇ל בליל תקטר[22]. למשחך למלך[23] אלוג̇ה אן יכון מת̇ל לשמרך בדרך[24] לאנה קבל אצ̇אפתה אלי אלכנאיה למשח עליהם מלך[25]. ורבמא אסכן אלחרף אלחלקי ובקית אלקמצות מכאנהא מת̇ל ועלה באשו[26] יעלה באשם[27]. וקאלוא רחבו[28] פאסכנוא אלחא ושד̇דוא אלבא. וקיל והחתל לא חתלת[29] פלם תנקל אלקמצות אלי אלחא מן אג̇ל שד̇ה אלתא ואן כאנת קמצות אלהא עלי אלשד̇וד̇ כמא ד̇כרנא ד̇לך פי באב אלאלפאט̇ אלשאד̇ה. ורבמא חרכוא באלפתח מן חרוף אלחלק מא אצלה אן יחרך באלשבא מת̇ל עין הלמענך תעזב[30] פאנהם אסתת̇קלוא אלשבא פיה מן אג̇ל אלשבא אלד̇י בעדה. ומת̇לה ואם גאל יגאל איש ממעשרו[31] המעלך מארץ מצרים[32] ונעלך לא בלחה[33] ממעיני הישועה[34] וכפר בעדך ובעד העם[35] והעליתם עולה בעדכם[36] והכ̇רא יערץ̇ פי הא

[a] M. ajoute: פי אול הד̇א אלפצל [b] R. om.

[1] Opusc. p. 309. [2] Ps. 69, 3. [3] Is. 22, 19. [4] I Sam. 28, 14. [5] Am. 2, 4. [6] Esth. 3, 4. [7] Ez. 20, 5. [8] I Rois 22, 35. [9] Ez. 29, 12. [10] II Chr. 9, 18. [11] Ex. 26, 1. [12] ib. 25, 40. [13] Pr. 25, 26. [14] I Rois 22, 24. [15] Ps. 22, 11. [16] Ez. 36, 32. [17] I Sam. 25, 17. [18] Jér. 40, 7. [19] ib. 39, 2. [20] Lév. 16, 10. [21] Es. 10, 8. [22] Lév. 6, 15. [23] I Sam. 15, 1. [24] Ex. 23, 20. [25] Jug. 9, 8. [26] Joel 2, 20. [27] Is. 34, 3. [28] Ex. 25, 11. [29] Ez. 16, 4. [30] Job 18, 4. [31] Lév. 27, 31. [32] Deut. 20, 1. [33] ib. 29, 4. [34] Is. 12, 3. [35] Lév. 9, 7. [36] Job 42, 8.

אלאסתפהאם אלואקע עלי אלחרף אלחלקי אעני אנה יחרך באלפתח· ורבמא יחרך באלסגול מתׄל העבד ישראל[1] והדׄא הו אלפרק בין הא אלתעריף והא אלאסתפהאם אעני הא העבד ישראל פתח והא העבׄד העברי קמץ· והדׄא אלאטראד פי מא ישבהה ומתׄלה העורם חיים[2] העצב נבזה[3] האורח עולם תשמר[4] האתה זה[5] האיש כמוני יברח[6] החייתם כל נקבה[7] ובאלסגול האנכי לאדם שיחי[8] האנכי הריתי[9] ההיתה זאת בימיכם[10] האמר תאמר אלהים אני[11]· וכדׄלך אן כאנת הא הפעיל ואקעהׄ עלי חרף חלקי וכאן מוצׄעהא שבא גׄרת איצׄא הדׄא אלמגׄרי מן אלפתח מתׄלהא העירתהו בצדק[12] החתת ביום מדין[13] לאן אלוגׄה פי העירתהו [אן] יכון מתׄל והשמותיהו[14] לולא אלעין ואלוגׄה פי החתת אן יכון מתׄל הסבת את לבם[15] לולא אלחא וקד גלט אלשאער פי קולה

העירות חדשת אהבים   והלהבת והשקת קרבים

פחרך אלהא בשבא ופתח וקד רדדת הדׄא אלרד עליה ואנא גׄלאם פי חין קראתי שערה עליה·   ומא כאן [מן] ואואת אלעטף ואגׄבה אן יכון בשבא פוקע עלי חרף חלקי מתחרך בשבא ופתח לם יסטטע אללסאן עלי תחריך דׄלך אלואו בשבא אלמבתדא בה מן אגׄל תחרך מא בעדה פחרך דׄלך אלואו באלפתח מתׄל ואחלל שרי 108. קדש[16] ואשכרם בחמתי[17] ויחר אפי בהם ואכלם[18] ואמתתהו[19]· אצל הדׄה ומתׄלהא אן תכון בשבא ואן כאן מעני אכתׄרהא אלמצׄי לאן מן אסתגׄזאתהם תחריך אלואו אלדאלהׄ עלי אלמצׄי בשבא אלמבתדא בה איצׄא מתׄל קולה ואתנה לחרם יעקב[20] ואבוס עמים באפי[21] ואוריד לארץ נצחם[22] ואלאצל פי הדׄה אלואואת אלשבאיהׄ אלקמצות [לאן מעני הדׄה אלאפעאל אלמצׄי ואבדׄלת אלקמצות בשבא][a] לאנהׄ קד יכון כתׄירא אלפעל אלמסתקבל מכאן אלמאצׄי פלמא כאן מדׄהבהם אן תכון הדׄה אלאפעאל אלמפתוחהׄ אלואואת בשבא ואמתנע דׄלך אצׄטרארא חולת אלשבא אלי אלפתח וקד בינת הדׄא באכתׄר מן הדׄא אלתביין פי רסאלהׄ אלתקריב ואלתסהיל[23]· והדׄא אלתעליל מן גׄמלהׄ מא לם יאבה אליה אחד

[a] M. om., suppléé d'après R.

[1] Jér. 2, 14. [2] Ex. 4, 18. [3] Jér. 22, 28. [4] Job 22, 15. [5] Gen. 27, 21. [6] Néh. 6, 11. [7] Nomb. 31, 15. [8] Job 21, 4. [9] Nomb. 11, 12. [10] Joel 1, 2. [11] Ex. 28, 9. [12] Is. 45, 13. [13] ib. 9, 3. [14] Ex. 14, 8. [15] I Rois 18, 37. [16] Is. 43, 28. [17] ib. 63, 6. [18] Ex. 32, 10. [19] II Sam. 1, 10. [20] Is. 43, 28. [21] ib. 63, 6. [22] ib. ib. [23] Opusc. p. 338—342.

קבלנא· ומא כאן ואג̇בה מן וואת אלעטף אן יכון בשרק מת̇ל ושמרתם לעשות[1] ולמדתם אתם ושמרתם[2] וקראתם בשם אלהיכם[3] ומא אשבההא וכאן בעדה חרף חלקי מתחרך בשבא ופתח פאן דׄלך אלשרק יבדל בפתח אסתת̇קאלא ללנטק בה מת̇ל ועברתם את הירדן[4] ועניתם ודברת אליהם[5] ואמרתם אליו[6] ואכלתם אתו בחפזון[7] ועבדתם את יי̈ אלהיכם[8] ואהבך וברכך[9] ועשה את חטאתך[10] ואספתו אל תוך ביתך[11] והלכתם אחריו[12] ואסרתם את הפרות[13] ואסרנוהו לענותו[14] ובאתי ועשיתיהו לי ולבני[15] ואכלנהו ומתנו[16] כי אכלו את יעקב ואכלהו[17] והעם הזה עצים ואכלתם[18]. ואג̇ב הדׄה אלוואת ומא ג̇אנסהא אן תכון בשרק פאסתת̇קל לתחרך מא בעדהא בשבא ופתח מע כונה חלקיא· ולו כאן גיר חלקי למא אסתת̇קל דׄלך פיה ואן כאן מחרכא בשבא ופתח כמא קיל ותבקשי ולא תמצאי עוד[19] ושבה שביך[20] וגירהמא כת̇ירי· ואללאם אלואג̇ב תחרכהא בחרק אלואקעה̈ עלי שבא מת̇ל לאם לקרא לשבוים דרור[21] לשמרך בדרך[22] עת לקרוע ועת לתפור[23] ומא אשבה דׄלך אד̇א כאן אלחרף אלשבאי̈ אלדׄי בעד אללאם חלקיא מחרכא בשבא ופתח חרכת תלך אללאם באלפתח מכאן אלחרק מת̇ל לאם ולאסורים פקח קוח[24] לאחזת עולם[25] לאשר בחשך הגלו[26] לעזור ולהכשיל[27] לחטא בהנה[28] לעלות על מזבחי[29] לחצי שבט המנשה[30] ולאביגיל[31] האמרות לאדניהם[32]. והד̇א איצ̇א הי עלה̈ אנפתאח לאם לאדני לעשו[33] פאן אצל הדׄה אלאלף אן תכון מחרכה̈ בשבא ופתח פלמא לאנת בקית אללאם עלי אנפתאחהא· והכד̇א אקול פי אנפתאח לאם ליי̈ אלהינו[34] וכא אך ביי̈ אל תמרדו[35] וכאף מי כיי̈ אלהינו[36] ומת̇ל הד̇א ערץ̇ איצ̇א פי בא בעבדה אשר תעבד עמדי[37] [לאנהא] נכרה̈ ולו אנ̈הא מערפה̈ לכאנת אלבא קמוצה לאן אצלהא בהָעבדה בקמצות אלהא פלו אסקטת אלהא עלי עאדתהם לאנתקלת אלקמצות אלי אלבא כמא ערץ̇ פי בא כי

[1] Deut. 11, 32. [2] ib. 5, 1. [3] I Rois 18, 24. [4] Deut. 12, 10. [5] I Rois 12, 7. [6] Gen. 45, 9. [7] Ex. 12, 11. [8] ib. 23, 25. [9] Deut. 7, 13. [10] Lév. 9, 7. [11] Deut. 22, 2. [12] Jos. 3, 3. [13] I Sam. 6, 7. [14] Jug. 16, 5. [15] I Rois 17, 12. [16] ib. ib. [17] Jér. 10, 25. [18] ib. 5, 14. [19] Ez. 26, 21. [20] Jug. 5, 12. [21] Is. 61, 1. [22] Ex. 23, 20. [23] Eccl. 3, 7. [24] Is. 61, 1. [25] Gen. 17, 8. [26] Is. 49, 9. [27] II Chr. 25, 8. [28] Lév. 5, 22. [29] I Sam. 2, 28. [30] Deut. 3, 13. [31] I Sam. 25, 14. [32] Am. 4, 1. [33] Gen. 32, 5. [34] Deut. 29, 28. [35] Nomb. 14, 9. [36] Ps. 113, 5. [37] Gen. 29, 27.

באש יי נשפט[1] ובא בהר[2] וגירהמא· וכדלך ערץ̇ פי בא בערוץ נחלים לשכן[3] באכלכם מלחם הארץ[4] ופי כאף כארזים עלי מים[5] לאנ̇הא נכרה̈ ואמא בחור כארזים[6] פקמץ אלכאף לאנהא מערפה̈ ואלאצל פיה כהָארזים בקמצות אלהא פלמא חדפת אלהא נקלת אלקמצות אלי אלכאף לאן אכת̇ר כלאמהם הכד̇א הו בחד̇ף הד̇ה אלהא· ורבמא לם יחד̇פותא כמא קיל להעם הזה[7] להגדוד אשר בא אליו מאפרים[8] ויאמר יחזקיהו להעלות העלה להמזבח[9]· ורבמא חר̈כוא בעץ̇ הד̇ה אלחרוף אלתי אצלהא אלחרק בסגול מת̇ל ויהי בעזור האלהים את הלוים[10] אלוג̇ה אן יכון בחרק מת̇ל ויהי בשמור יואב אל העיר[11] ויצ̇א לאליתה בניו ואחיו[12]· ורבמא חר̈ך בצרי לא סימא אן כאן בעדה אלף לינ̈ה̈ מת̇ל אמרו לאלהים[13] באלהים נעשה חיל[14]· 104. ורבמא אסתעמלוא אלסגול מכאן אלחרק ואן לם יכן ת̇ם חרף חלקי כמא צנעוא פי וחטאתם מלפניך אל תמחי[15] ואל תמח חסדי[16] ודל̇ך̇ אן אלאצל פיהמא תְּמְחֶה בחרק פג̇א ואל תמח חסדי נאקצא מת̇ל יכל בשרו מראי[17] אלד̇י אצלה יכלה וכאן אלוג̇ה אן יכון אלתא בחרק מת̇ל [יא] יכל בשרו או בצרי מת̇ל תא אל תפן אל מנחתם[18] ותא ותכה מכעס עיני[19] פג̇א בסגול· ואמא אל תמחי פאן אליא פיה ברל מן אלהא פי קול אבי זכריא[20] ואמא תחריך אלתא מנה בסגול פיג̇ב אן יעל̈ל עלי הד̇א אלמד̇הב באן יקאל אנהם למא אסתת̇קלוא אלכסרה̈ תחת אלתא מע כסרה̈ אלחא אבדלוה בסגול· וג̇אז פי אל תמחי ענדי אן יכון נאקצא מת̇ל ואל תמח ואן תכון אליא פיה מזידה̈ מת̇להא פי הישבי בשמים[21] ההפכי הצור אגם מים[22] מלשני בסתר רעהו[23] *ולא אן תכון* בדלא מן אלהא אלד̇י [הו] לאם אלפעל כמא קאל אבו זכריא ולולא אן אל תמחי נאקץ למא אודעוא בין אלתא ואלמים סאכנא לינ̈א ג̇עלוה עוצ̇א מן נקצאן אללאם ולם יעתד̈וא בזיאדה̈ אליא לאנהם אנמא זאדוהא בעד אן מצ̇י כלאמהם עלי אלתעויץ̇· וד̇א דכ̇ל אלאנפעאל פעלא פאוח

[a] M. ואן תכון, R. לא שתהיה

[1] Is. 66, 16. [2] ib. 25, 6. [3] Job 30, 6. [4] Nomb. 15, 19. [5] ib. 24, 6. [6] Cant. 5, 15. [7] II Chr. 10, 7. [8] ib. 25, 10. [9] ib. 29, 27. [10] I Chr. 15, 26. [11] II Sam. 11, 16. [12] I Chr. 25, 27. [13] Ps. 66, 3. [14] ib. 60, 14. [15] Jér. 18, 23. [16] Néh. 13, 14. [17] Job 33, 21. [18] Nomb. 16, 15. [19] Job 17, 7. [20] D. 119; N. 88. [21] Ps. 123, 1. [22] ib. 114, 8. [23] ib. 101, 5.

חרף חלקי חד̇ דלך אלפא מת̇ל הנחמדים מוזהב[1] החרב נחרבו[2] נערמו מים[3] נאמנים פצעי אוהב[4] וקד יכון סאכנא כסאיר אלחרוף ניר אלחלקיה̈ מת̇ל מאפס ותהו נחשבו לו[5] ונאמן ביתך וממלכתך[6] ויסכן איצ̇א באצ̇טראר אד̇א כאן עין דלך אלפעל שדידא מת̇ל נהפכו כקשת רמיה[7]. ומן כ̇ואץ̇ בעץ̇ אלאחרף אלחלקיה̈ אנהא לא תשד̄ אלא קלילא ואמא אלחא מנהא פאנהא לא תשד̄ אצלא וכ̇דלך אלעין איצ̇א לא תשד̄. ומא כאן מן אלאסמא עלי מת̇אל פוׄעֶל מת̇ל שרש ישי[8] חדש ימים[9] וכאן עינה חלקיא אנפתח דלך אלעין מת̇ל תואר וצהר תעשה לתבה[10] כמהר הבתולת[11] כזהר הרקיע[12] אבני שהם[13] ויכין וצחר[14] עלי הד̇א אט̇רד אלבאב אלא אהֶל ועל בהן ידו[15]. וכ̇דלך אן כאן לאמה חלקיא אנפתח אלעין פיה איצ̇א מת̇ל רמח ורבע הקב דביונים[16] רקח מרקחת[17] טפח סביב[18] היו עלי לטרח[19]. ומא כאן מן אלאסמא עלי מת̇אל אוצר ושופר וחותם וכאן לאמה חלקיא אנפתח לה עין דלך אלאסם מת̇ל וכובע[20] וקובע[21] ורבמא גׄא באלקמץ מת̇ל כקש נחשבו תותח[22] וד̇לך לכונה פי אתנח. ואעלם אן כובע וקובע ענד אבי זכריא[23] קמוצין מת̇ל תותח ואמא נחן פמא ראינאהמא פי אלמצאחף אלמות̇וק בהא אלא פתחין אלא אן וכובע[a] פי בעץ̇ אלמצאחף מלעל והו וכובע נחשת על ראשו[24] וכובע ישועה בראשו[25] ופי בעצ̇הא מלרע והו מגן וכובע תלו בך[26] כלם מגן וכובע[27] [פגׄא כלם מגן וכובע] קמץ לאנה פי סוף פסוק. ואמא ונתן קובע נחשת על ראשו[28] פהו מלרע ולית דכותיה. וכ̇דלך צנה ומגן וקובע[29] מלרע ולית דכותיה. ומא כאן 105. מן אלאסמא עלי מת̇אל ארץ וכאן לאמה חלקיא אנפתח לה עינה מת̇ל זרע רב[30] צמח בלי יעשה קמח[31] בצע כסף[32] פאן כאן אלעין חלקיא אנפתח אלפא ואלעין מת̇ל שער ונער בהט ושש[33] ונחל וסף רעל[34] רחב לא מוצק תחתיה[35] סבבוני בכחש[36] מטעם המלך[37] ומא

[a] M. ajoute נחשת

[1] Ps. 19, 11. [2] II Rois 3, 23. [3] Ex. 15, 8. [4] Prov. 27, 6. [5] Is. 40, 17. [6] II Sam. 7, 16. [7] Ps. 78, 57. [8] Is. 11, 10. [9] Gen. 29, 14. [10] ib. 6, 16. [11] Ex. 22, 16. [12] Dan. 12, 3. [13] Ex. 25, 7. [14] Gen. 46, 10. [15] Lév. 8, 23. [16] II Rois 6, 25. [17] Ex. 30, 25. [18] ib. 25, 25. [19] Is. 1, 14. [20] Ez. 27, 10. [21] ib. 23, 24. [22] Job 41, 21. [23] D. 190; N. (Tankît) xiii. [24] I Sam. 17, 5. [25] Is. 59, 17. [26] Ez. 27, 10. [27] ib. 38, 5. [28] I Sam. 17, 38. [29] Ez. 23, 24. [30] Deut. 28, 38. [31] Os. 8, 7. [32] Jug. 5, 19. [33] Esth. 1, 6. [34] Zach. 12, 2. [35] Job 36, 16. [36] Os. 12, 1. [37] Jon. 3, 7.

אשבה דלך ורבמא שד עין חרא אלקליל וגא עלי אצלה מתל פטר כל רחם[1] מרחם משחר[2] מרחם אמו[3] ואן כאנוא קד קאלוא רחם רחמתים[4] מני רחם[5] בהעביר כל פטר רחם[6] ברכות שדים ורחם[7] עלי אטראד אלבאב וחרא מן אקוי אלבראהין וארל אלדלאלה עלי אן שער מן באב ארץ׳ ומן אלשאד איצא עין אלאטראד ואן כאן עלי אצל אלבאב לחם אלהיו[8] וקד שד מנה איצא ולחק בבאב צלע אל צלע[9] ודם ענב[10] קולה והיא הפכה שער לבן[11] לשער הצהב[12]. ואמא ושער הרגלים[13] פהו עלי אלאטראד וגמיע הרא מן באב ארץ׳. ומא כאן מן אלאסמא עלי מתאל עשן ושלל וכאן עינה חא פאנה יאתי פתח מתל אחרת ואחר [ואחר] וליסת חרה אלאחרף מן אצחאב שער ונער כמא זעם אבו זכריא[14] אנהא שארה ענהא לכונהא מלרע׳ ולא שער ואצחאבה בנא עלי חיאלה גיר בנא ארץ כמא זעם איצא אבו זכריא[15] כל הו מן בנא ארץ ואנמא אכרגה ענה כון עינה חלקיא ואלדליל עלי דלך קולה פטר רחם ורחם רחמתים פהו עלי אטראד אלבאב פי אנתקאל מתאל ארץ אליה מן אגל אלחרף אלחלקי׳ ואמא פטר רחם פהו עלי אצל אלבאב אלא אנה שאר עין אלאטראד׳ וקד שד [עין] אחר ואחת [ואחר] פי כונהא פתחין חרף ואחד אתי קמוץ והו מחר ויגב אן יצאף אליה רחב הזונה[16] ויצאף אליה איצא רחב צפה ללמדבר אלדי מונתה אל ארץ טובה ורחבה[17] ודליל דלך קולהם רחב נפש[18] פאנה לו לם יכן קבל אלאצאפה מלרע למא תגיר ענר אצאפתה׳ ואמא קהל וזהב ורעב ונהר פהו עלי באבה אעני באב שלל ועשן לם יגירהא אלחרף [אלחלקי] אלי פתחות כמא גיר אחר וצאחביה למא כאן דלך אלחרף חא וליסת בשארה עין באב שער כמא זעם אבו זכריא[19] לאן שער מן באב ארץ׳ *ואעלם אנא אנמא ארכלנא אחת פי באב עשן מן טריק אן אלוזן ואחד לא לאן אלתא פיהא אצליה באזא נון עשן וכאן ילזם אבו זכריא אן ינבה עלי מתל הרא פי איה מרתבה הו פיהא אר געלהא שארה עין באב שער פלם יפעל[a]. ומא כאן מן

[a] R. om.

[1] Ex. 13. 2. [2] Ps. 110, 3. [3] Nomb. 12, 12. [4] Jug. 5, 30. [5] Is. 46, 3. [6] Ez. 20, 26. [7] Gen. 49, 25. [8] Lév. 21, 17. [9] Ez. 41, 6. [10] Deut. 32, 10. [11] Lév. 13, 10. [12] ib 13, 36. [13] Is. 7, 20. [14] D. 182; N. vii. [15] D. ib.; N. v. [16] Jos. 6, 17. [17] Ex. 3, 8. [18] Prov. 28, 25. [19] D. 182; N. vi.

אלמצאדר אלמחרופה̈ אלפאאת אלתי עלי מת̇אל שבת ורדת ולכ̇ת מאכ̇ורא מן פעל לאמה חלקי אנפתח אלעין מע ד̇לך אללאם ענד אתצאל אלתא בה מת̇ל קולה ודעת קדשים ארע[1] קחת מוסר[2] עת לטעת[3] לפחת עליו אש[4] לגעת בך[5] אלא קולהם צ̇את השאבות[6] לליׄן אלאלף פיהי· והד̇א איצ̇א דליל עלי אן שער ואצחאבה מן באב ארץ ואצחאבה ואנמא אכ̇רג̇ה אלי אלפתח אלחרף אלחלקי· *וד̇לך אן לכ̇ת ושבת ואצחאבהמא עלי תקט̇̈ע ארץ ואצחאבה[a] ואן כ̇אנא מן אלאפעאל אלתי פאותא יא ודעת וקחת ועת לטעת עלי תקטיע שער ואצחאבה ודעת מן פעל פאוה יא וקחת מן פעל פאוה לאם 10a ולטעת [מן] פעל פאוה נון ואנמא קלנא אנהא עלי מת̇אל ארץ ושער ואן כ̇אנת הד̇ה מצאדר מחרופה̈ ומעוצ̇ה̈[b] לאן ארתקטיע ואחד· וליס קולהם רום עינים ורחב לב[7] פי אצ̇אפה̈ רחב לא מוצק תחתיה[8] ולא קולהם לבלתי קחת כסף[9] באלתגייר ענד אלאצ̇אפה̈ [ואן לם יתגי̈ר שער ובאבה ענד אלאצ̇אפה̈][c] בכ̇אסר לבאב שער פרב̇ כלמה̈ שאד̇ה̈ תחפט̇ ולא יתל[וי] בה אלקיאס אלא אנא לא נשאה̈ אלשערא פי מת̇ל ד̇לך ענד צ̇רורה̈ אלוזן ולד̇לך לסנא נסתקבח מן קול אלשאער עדי נ̇צל רגלי מא אסתקבחה גירנא· ומא כ̇אן מן אלאסמא אלתי עלי מת̇אל קשבת[10] מאכ̇ורא מן פעל לאמה חלקי כאן אלעין ואללאם מנה מפתוחין מת̇ל קרחת[11] וגבחת[12] וצרעת[13] וקרחת[14]· ומא כ̇אן מן אלאפעאל אלמסתקבלה̈ אלמחרופה̈ אללאמאת אלתי עלי מת̇אל ויפן כה וכה[15] וירף ממנו[16] מאכ̇ורא מן פעל פאוה חלקי כ̇אן פא ד̇לך אלפעל אלמחד̇וף וחרף אלאסתקבאל איצ̇א מפתוחין מת̇ל ויען ויעל ויחץ והד̇ה אפעאל כ̇פאף וקד השתבה באלת̇קיל מן הד̇א אלג̇נס מת̇ל ויעל פר ואיל[17]· *ורבמא כ̇אן קמוץ וד̇לך פי אלוקף·[d] ורבמא כ̇אן חרף אלאסתקבאל פיה מכסורא עלי ואג̇בה וכ̇אן אלפא מפתוחא מת̇ל ויחן את פני העיר[18] ויחר אף יי̈[19]· ואמא ויחד יתרו[20] פאלואג̇ב פיה ענדי אן יכון סאכ̇ן אלפא והו אלחא *עלי מת̇אל וישב ישמעאל[21] וישת מן

[a] R. om. [b] M. מוצ̇עה̈, R. ומומרים [c] M. om., suppléé d'après R. [d] R. om.

[1] Prov. 30, 3. [2] Jér. 5, 3. [3] Eccl. 3, 2. [4] Ez. 22, 20. [5] II Sam. 14, 10. [6] Gen. 24, 11. [7] Prov. 21, 4. [8] Job 36, 16. [9] II Rois 12, 9. [10] Néh. 1, 6. [11] Lév. 26, 19. [12] ib. 13, 42. [13] ib. ib. [14] ib. ib. [15] Ex. 2, 12. [16] ib. 4, 26. [17] Nomb. 23, 2. [18] Gen. 33, 18. [19] Ex. 4, 14. [20] ib. 18, 9. [21] Jér. 41, 10.

היין[1][a] לכנֿה אנפתח לכונה חלקיא· ואסתדל עלי מא קלת מן כונה עלי מת̇אל וישב ישמעאל וישת מן היין בשיין אחדהמא באשתראר ראלה כאשתראר בא וישב ישמעאל ותא וישת מן היין פאנה [לו] כאן אלמד̇הב פיה כאלמד̇הב פי ויחן את פני העיר כאן[b] תכון ראלה כ̇פיפה ככ̇פה פא וירף ממנו[1] ופא וייף בגדלו[3] לאן אלוגה פי וייף אן יכון עלי זנה וירף ממנו פאעתל אליא אלד̇י הו פא אלפעל מנה· ואלשי אלת̇אני צ̇בטהם אלדאל בשבא כפעלהם פי בא וישב ישמעאל ותא וישת מן היין ולם יצ̇בטו [כד̇לך] פא וירף ממנו ולא נון ויחן את פני העיר· וארכ̇ל אבו זבריא[4] אל יחר בימי שנה[5] מע יחר על עפר ישכבו[6] ולעמרי אן אלמעני למואפק לד̇לך ואמא אלקיאס אללגוי פמאנע מנה למא ד̇כרתה מן שרֿה אלדאל וצ̇בטה באלשבא· ואן כאן [עין] אלפעל מן הד̇ה אלאפעאל אלמחד̇ופה חלקיא אנפתח לה אלפא מת̇ל ותלך ותתע[7] ותכה מכעס עיני[8]· ומא כאן מן אלאפעאל אלמעתלֿה אלעין פאוה עינא או חא· או כאן לאמה עינא או חא· או רא· כאן פא ד̇לך אלפעל פי ג̇ל כלאמהם מחרֿכא באלפתח מת̇ל ויעף ד̇וד[9] ותחש על מרמה רגלי[10] ותנח התבה[11] וינע לבבו[12] ויצר עליה[13] ויסר אליה[14] ויזר את הגזה[15]· ורבמא אג̇רוה באלקמצות עלי אצלה מת̇ל ויעף אלי אחד מן השרפים[16]· והד̇ה אפעאל כ̇פאף וקד אג̇רוא אלאפעאל אלת̇קילֿה מן הד̇א אלגנס אלמעתֿל אלעין הד̇א אלמג̇רי מת̇ל ויער יי̇ את רוח[17] ויעד יי̇ בישראל[18] ותרע לעשות[19] וירח יי̇[20] וירע העם[21] ותגח בנהרתיך[22] 107. וינח יי̇ להם מסביב[23] ותסר בגדי אלמנותה[24]· ומא כאן מן אלאנפעאל פאוה חלקיא אמתנע מן אלתשדיד פי אלאמר ואלמצדר ואלאסתקבאל וחוֿד מא קבל ד̇לך אלפא באלצרי מת̇ל ואתם האסרו[25] אחיכם אחד יאסר[26] ואתה בן אדם האנח[27] ויאנחו בני ישראל[28] האנק דם[29] ואם האכל יאכל[30] יאמן נא דברך[31] ויצו אל ביתו ויחנק[32] ומא אשבה ד̇לך·

[a] R. om. [b] M. ואן

[1] Gen. 9, 21. [2] Ex. 4, 26. [3] Ez. 31, 7. [4] N. 16. [5] Job 3, 6 [6] ib. 21, 26. [7] Gen. 21, 14. [8] Job. 17, 7. [9] II Sam. 21, 15. [10] Job 31, 5. [11] Gen. 8, 4. [12] Is. 7, 2. [13] II Rois 17, 5. [14] Jug. 4, 18. [15] Jug. 6, 38. [16] Is. 6, 6. [17] Agg. 1, 14. [18] II Rois 17, 13. [19] I Rois 14, 9. [20] Gen. 8, 21. [21] Jos 6, 20. [22] Ez. 32, 2. [23] Jos. 21, 42. [24] Gen. 38, 14. [25] ib. 42, 16. [26] ib. 44, 19. [27] Ez. 21, 11. [28] Ex. 2, 23. [29] Ez. 24, 17. [30] Lév. 7, 18. [31] I Rois 8, 26. [32] II Sam. 17, 23.

אלבאב אלכאמס עשר

פי דכר תעדי אלאפעאל [ואלמצאדר[a]]

אעלם אן אלאפעאל אלמתעדיה תתעדי אלי מפעולאתהא עלי ג׳ אצרב אחדהא אלא תתעדי אלא בחרף ולא יגוז חדפה· ואלתאני אן יכון תעדיהא מרה בחרף יוקע עלי אלמפעול בה ויגוז סקוטה ומרה מן [רון] דלך אלחרף ואלאסתדלאל עלי אלמפעול ענד סקוט אלחרף יכון באלאעתבאר· ואלתאלת אן תתעדי מרה בחרף יגוז סקוטה ומרה בחרף לא יגוז סקוטה· ואלחרוף אלואקעה עלי אלמפעולין תכון עלי צרבין אמא חרף יגוז סקוטה מתל את ואללאם ואל אלתי במעני אללאם ואמא חרף לא יגוז סקוטה מתל אלבא ומתל על· אמא מא תעדי מנהא בחרף יגוז סקוטה ורון דלך אלחרף פמתל קולה כי הרג שאול את כהני יי׳[1] ויואב ואבישי אחיו הרגו לאבנר[2] הדא בחרף ובגיר חרף כי באפם הרגו איש[3] יהרג בברד גפנם[4]· וקאלוא והכתיו והצלתי מפיו[5] בגיר חרף ובחרף הכיתי אתכם בשדפון ובירקון[6]· וקיל כאשר צוני יי׳ אלהי[7] עשיתי ככל אשר צויתני[8] בגיר חרף ובחרף כי כן צוה אתי בדבר יי׳[9] תורה צוה לנו משה[10] כאשר צוה יי׳ אל משה[11]· ויניחהו אהרן[12] [בגיר חרף והנח אתו[13] בחרף[b]]· וקיל וירץ עשו לקראתו ויחבקהו[14] בגיר חרף ובחרף ויחבק לו[15]· וקיל אנא שא נא פשע אחיך[16] בגיר חרף ובחרף ועתה שא נא לפשע עבדי אלהי אביך[17]· וקיל ולא יאבה יי׳ סלח לו[18] ואיצא ולא אבה יי׳ לסלוח[19]· וקיל וימאן אדום נתן את ישראל[20] מאן בלעם הלך עמנו[21] ואיצא עד מתי מאנת לענת[22] כי מאן יי׳ לתתי להלך עמכם[23]· [וקיל] לרבעה תבל הוא[24] ואיצא לרבעה אתה[25]· וקיל ולא יכלו דברו לשלם[26] [ואיצא כאשר דבר לך[27] וידבר יי׳ אל משה[28]· וקיל שמע קול תחנוני[29] [c]] ואיצא וישמע אלהים את קול

a Suppléé d'après R. b Suppléé d'après R. c Suppléé d'après R.

1 I Sam. :2, 21. 2 II Sam. 3, 30. 3 Gen. 49, 6. 4 Ps. 78, 47. 5 I Sam. 17, 35. 6 Am. 4, 9. 7 Deut. 4, 5. 8 ib, 26, 14. 9 I Rois 13, 9. 10 Deut. 33, 4. 11 Ex. 16, 34. 12 ib. ib. 13 ib. 16, 33. 14 Gen. 33, 4. 15 ib. 29, 13. 16 ib 50, 17. 17 ib. ib. 18 Deut. 29, 19. 19 II Rois 24, 4. 20 Nomb. 20, 21. 21 ib. 22, 14. 22 Ex. 10, 3. 23 Nomb. 22, 13. 24 Lév. 18, 23. 25 ib. 20, 16. 26 Gen. 37, 4. 27 Deut. 12, 20. 28 Ex. 5, 10. 29 Ps. 28, 2.

הנער[1] ולא ישמעו לקול האת הראשון[2] ולא ישמעו לקול אביהם[3] וישמע יי׳ אלי[4]. הדׄא הו אלבאב ועליה אכׄתר כלאמהם אעני אן כל פעל יצל אלי מפעולה באת או באללאם או באל פאנה יצל אליה איצׄא דון הדׄא אלחרף. והדׄה ומתׄלהא הי אלאפעאל אלמתעדׄיה מרׄה בחרף יגׄוז סקוטה ומרׄה מן דון דׄלך אלחרף. ואמא אלאפעאל אלמתעדׄיה מרׄה בחרף יגׄוז סקוטה ומרׄה בחרף לא יגׄוז סקוטה פמתׄל קולה ואותנו אל תמרדו[5] ואיצׄא וביי׳ אל תמרדו[6] וימרד בו[7]. וקיל והתחתנו אתנו[8] ויתחתן לאחאב[9] ואיצׄא לא תתחתן בם[10] 108. ועתה התחתן במלך[11]. וקיל כאשר לא נגענוך[12] אלאצל פיה נגענו אותך פאסקט אלחרף ואיצׄא הנגע באיש הזה ובאשתו מות יומת[13]. [וקיל] ולא יכלו דברו לשלום[14] תקדירה דבר אתו או דבר לו פחׄדׄף אלחרף ואתצל ללצׄמיר ואיצׄא רוח יי׳ דבר בי[15] פה אל פה אדבר בו[16]. וקיל וירגמו אתו אבן[17] עם הארץ ירגמהו באבן[18] ואיצׄא רגם ירגמו בו כל הערה[19]. וקיל החפץ אחפץ מות הרשע[20] ואיצׄא אם חפץ בנו יי׳[21] כי לא אחפץ במות המת[22]. וקיל ריבה יי׳ את יריבי[23] רבת יי׳ ריבי נפשי[24] ואיצׄא ריבו באמכם ריבו[25]. וקיל אל תלחם את לחם רע עין[26] ואיצׄא לכו לחמו בלחמי[27]. וקיל שתה מים מבורך[28] ואיצׄא ושתו ביין מסכתי[29]. וקיל ויתנכלו אתו להמיתו[30] ואיצׄא להתנכל בעבדיו[31]. וקיל ויקנאו אתו פלשתים[32] ואיצׄא ותקנא רחל באחתה[33]. וקיל שמע קול תחנוני[34] וישמע אלהים את קול הנער[35] ולא ישמעו לקול האת[36] וישמע יי׳ אלי[37] ואיצׄא וישמע בקולם ותבא תפלתם למעון קדשו השמים[38]. וקיל הקשיבה לקול שועי[39] הקשיבה יי׳ אלי[40] ואל נקשיבה אל כל דבריו[41] ואיצׄא הקשיבה בקול תפלתי[42]. ואמא אלאפעאל אלתי לא תתעדׄי אלא בחרף ולא יגׄוז חדׄפה פמתׄל קולה ועתה על מי בטחת[43] ואיצׄא בטח אל יי׳ בכל לבך[44] לכל הבטחים בו[45] יען בטחך במעשיך[46]. ואן קאל

[1] Gen. 21, 17. [2] Ex. 4, 8. [3] I Sam. 2, 25. [4] Deut. 9, 19. [5] Jos 22, 19. [6] ib. ib. [7] II Rois 24, 1. [8] Gen. 34, 9. [9] II Chr. 18, 1. [10] Deut. 7, 3. [11] I Sam. 18, 22. [12] Gen. 26, 29. [13] ib. 26, 11. [14] ib. 37, 4. [15] II Sam. 23, 2. [16] Nomb. 12, 8. [17] Lév. 24, 23. [18] ib. 20, 2. [19] ib. 24, 16. [20] Ez. 18, 23. [21] Nomb. 14, 8. [22] Ez. 18, 32. [23] Ps. 35, 1. [24] Lam. 3, 58. [25] Os. 2, 4. [26] Prov. 23, 6. [27] ib. 9, 5. [28] ib. 5, 15. [29] ib. 9, 5. [30] Gen. 37, 18. [31] Ps. 105, 25. [32] Gen. 26, 14. [33] ib. 30, 1. [34] Ps. 28, 2. [35] Gen. 21, 17. [36] Ex. 4, 8. [37] Deut. 9, 19. [38] II Chr. 30, 27. [39] Ps. 5, 3. [40] Jér. 18, 19. [41] ib. 18, 18. [42] Ps. 66, 19. [43] II Rois 18, 20. [44] Prov. 3, 5. [45] Ps. 125, 1. [46] Jér. 48, 7.

קאיל אנך קד קלת[a] פי צדר הדׄא אלבאב אן אלבא מן אלחרוף אלתי תתעדׄי בהא אלאפעאל ולא יגוז חדׄפהא ען אלמפעולין בגואז חדׄף את [ואללאם] ונחן נראהם קאלוא כי לא אחפץ במות המת[1] [באלבא] וקאלוא החפץ אחפץ מות רשע[2] פחדׄפוא אלבא וכתׄיר מן מתׄל הדׄא אגׄלבתה פי הדׄא אלבאב קלנא לה אמא הדׄא אלפעל אלדׄי אסתנגׄדת בה עלינא ומא אשבהה ממא עׄדי אלי מפעולה בבא ובגיר בא פאן פיה לגתין מכׄתלפתין לקום יכׄתלף אסתעמאלהם לה אחדאהמא אללגׄה אלתי יתעדׄי פיהא [בגיר בא ואלתׄאניה אללגׄה אלתי יתעדׄי פיהא[b]] באלבא· פאמא אלקום אלדׄין יעדׄון באלבא לא ירון חדׄף אלבא אצלא ואלדליל עלי דׄלך קול אלכתׄאב הבטחה באצרתיה[3] הבטחים על חילם[4] פלא יגוז חדׄף [בא באצרותיה כמא לא יגוז חדׄף על[c]] מן קולה על חילם אלא אן יחדׄף ויכון פי אלניׄה לא אן יתעדׄי אלפעל אלי מפעולה דונה· כמא ערׄץ פי קולה אנחנו פשטנו נגב הכרתי[5] פאן פשטנו לם יתעדׄ אלי נגב הכרתי אלא בעל לכנׄה פי אלניׄה ואלדליל עלי דׄלך אלמעטוף[d] אלדׄי בעדה בעל פהדׄא ברהאן קאטע עלי אן חדׄף אלבא גיר גׄאיז· ואמא תעדׄי אלמצדר אדׄא וצׄע מוצׄע אלאמר פמשהור מתׄל קולה זכור את יום השבת[6] שמור את חדש האביב[7] ומא אשבה דׄלך· וקד תתעדׄי אלמצאדר ואן לם תכן פי מוצׄע אלאמר מתׄל קולה אחר שלח אתו נבוזראדן[8] בלדת אותם[9] בשאת אתו[10] בפקד אתם[11] למשׂאות אותה משרשיה[12] ביום המשח אתו[13] אלא אן הדׄא אלמצדר אעני המשח מבני בניׄה אלאנפעאל· *ומתׄל הדׄה אלמצאדר פי הדׄה אלמואצׄע באלמצאדר אלמנוׄנה פי אללסאן אלערבי אלתי ינתצב מא בעדהא בהא·[e]

[a] A. עקדת; R. אמרת [b] Suppl. d'après R. [c] Suppl. d'après R. [d] A. לעטוף [e] R. om.

[1] Ez. 18, 32. [2] ib. 18, 23. [3] Jér. 49, 4. [4] Ps. 49, 7. [5] I. Sam. 30, 14. [6] Ex. 20, 8. [7] Deut. 16, 1. [8] Jér. 40, 1. [9] Gen. 25, 26. [10] Ex. 27, 7. [11] ib. 30, 12. [12] Ex. 17, 9. [13] Lév. 6, 13.

109.

אלבאב אלסאדס עשר

אלצ̇מאיר

אעלם אן אלצ̇מאיר תכ̇תלף לאכ̇תלאף אלאסמא אלתי תצ̇מר פאן מן אלצ̇מאיר מא יכון צ̇מירא ללפאעל ומנהא מא יכון צ̇מירא ללמפעול בה ומנהא מא יכון צ̇מירא ללמצ̇אף אליה ומנהא מא יכון צ̇מירא ללמכ̇בר ען נפסה ומנהא מא יכון צ̇מירא ללמכ̇אטב וכל ואחד מן הד̇ה אלצ̇מאיר יכ̇תלף איצ̇א מן טריק אלאפראד ואלג̇מע· ומעני אלצ̇מיר הו אן תסתר אלאסם אלט̇אהר ותאתי בכנאיתה̈ וצ̇מירה̈ עלי סביל אלאיג̇אז ואלאכ̇תצאר ולהד̇א מא סמ̇ת אלאואיל רצ̇י אללה ענהם אלצ̇מיר דרך קצרה לאכ̇תצארה̈· ומן אלצ̇מאיר [מנהא] מתצלה̈ ומנהא מנפצלה̈· פאלצ̇מיר אלמתכלם ד̇כרא כאן או אנת̇י אלתא ואליא אלתין המא פי עשיתי וראיתי ומא אשבההמא· וצ̇מיר אלג̇מאעה̈ [אלמתכ̇למין] ד̇כורא כאנוא או אנאת̇א אלנון ואלואו אלתין המא פי עשינו וראינו ומא אשבההמא· וצ̇מיר אלואחד אלגאיב אלד̇כר מסתתר פי פעלה לא יט̇הר תקול עשה וראה פלא יכון פי אחדהמא עלאמה̈ ללפאעל· וצ̇מיר אלג̇מאעה̈ אלגי̇ב ד̇כורא כאנוא או אנאת̇א אלואו אלתי פי ובני ראובן בנו[1] ופי או לבניהן אשר ילדו[2] ומא אשבההמא· וצ̇מיר אלואחד אלמונת̇ מסתתר פי פעלה לא יט̇הר· וצ̇מיר אלואחד אלד̇כר אלמכ̇אטב תא ממדודה̈ באלקמץ בעדהא הא לינה̈ פי אללפט̇ ורבמא ת̇בתת פי אלכ̇ט כקולך עשית̈ ראית̈[a]· ואמא אלמונת̇ פתא·ה מוקף̈ [בשבא] כ̇אצה̈· וצ̇מיר ג̇מאעה̈ אלרג̇אל אלמכ̇אטבין מים מע תא כקולה עשיתם וללמונת̇ נון· ואעלם אן צ̇מיר אלפאעל אלמכ̇בר ענה לא תט̇הר לה עלאמה̈ פי אלפעל אלמאצ̇י אד̇א תקד̈ם ד̇כר אלפאעל אנמא הו פי אלני̇ה̈ והו מסתתר פי פעלה אלמאצ̇י גיר ט̇אהר פיה כמא קלנא וד̇לך כקולך ארני שאל את עבדיו[3] פפי שאל צ̇מיר מסתתר פיה עאיד אלי ארני ולו ג̇מעתה לט̇הר פקלת ארני שאלו· ומת̇לה ביי̈ אלהי ישראל בטח[4] פאד̇א ג̇מעתה קלת בך בטחו ולא בושו[5]· פאן תקדם אלפעל ט̇הר אלפאעל וכאן אלפעל אלמתקד̈ם פארגא ולא

[a] R. עשיתה (I Sam. 14, 43), ראיתה (II Sam. 18, 23)..

[1] Nomb. 32, 37. [2] Gen. 31, 43. [3] ib. 44, 19. [4] II Rois 18, 5. [5] Ps. 22, 6.

יקד̇ר פיה צ̇מיר אצלא כמא קיל אמר יי̈ מבשן אשיב[1] כ̇ה אמר המלך צ̣א[2] פאן ג̇מעת אתית בצ̇מיר אלג̇מע תקד̈ם פעל אלפאעלין או תאכ̇ר וד̇לך עלי סביל אלביאן אד̇א כאן אלפאעל מתקד̈מא 110. ואמא אלפאעלון אלט̇אהרון בעד אלצ̇מיר פבדל מנה· ואנמא פ̇על ד̇לך פי פעל אלג̇מיע כ̇אצ̈ה̈ ליעלם אלסאמע מן או̈ל והלה אן אלמכ̇בר ענה אכת̇ר מן ואחד. כמא קיל וכל אשר שאלו עיני[3] אלואו פי שאלו צ̇מיר עיני אלמתאכ̇ר והו צ̇מיר קב̣ל אלד̇כר עלי סביל אלביאן ועיני בדל מן אלצ̇מיר· וקיל ענד תאכ̇ר אלפעל ועיני ראו ולא זר[4] אלואו פי ראו צ̇מיר עיני והו עאיד אליהמא· וקיל איצ̇א פי תקד̈ם אלצ̇מיר עלי סביל אלביאן והקריבו הקהל[5] והחרישו העם ולא ענו אתו דבר[6]· ואכת̇ר כלאמהם עלי הד̇א אלמד̇הב מן תקדים אלמצ̇מר עלי אלמט̇הר פי פעל אלג̇מיע לאן מן אסתעמאלהם ואסתג̇אזתהם תקדים אלמצ̇מר עלי אלט̇אהר חתי אנהם לקד יצ̇מרון מא לא יד̇כרונה אצלא אד̇א כאן פי אלכלאם דליל עליה· מת̇ל קו̇לה העיר ההללה אשר היתה חזקה בים היא וישביה אשר נתנו חתיתם לכל יושביה[7] יריד לכל ישבי הארץ פאצ̇מר מא לם יד̇כר לא מן קבל ולא מן בעד אד̇ לא לבס פי הד̇א· ומת̇לה ענדי בחורי און ופי בסת בחרב יפלו והנה בשבי תלכנה[8] אראד ונשיה או ובנותיה כמא קאל [בערה] ובתחפנחס חשך היום בשברי שם את מטות מצרים ונשבת בה גאון עזה היא ענן יכסנה ובנותיה בשבי תלכנה[9] [אי ונשיה מת̇ל בנות ציון[10] וכד̇א אלמד̇הב פי והנה. בשבי תלכנה[a]] אלא אנה אצ̇מאר מא לם יד̇כר· ומת̇לה פי אלאצ̇מאר היו לי כלם כסדם וישביה כעמרה[11]· ומת̇לה איצ̇א בן אדם אמר לה את ארץ לא מטהרה היא[12] פאצ̇מר מא לם יד̇כר ואיצ̇א אל תבט אל מראהו ואל גבה קומתו כי מאסתיהו[13] והו ישיר אלי שאול ומא כאן ד̇כרה פי ד̇לך אלמוקף· ומא אסתעמל פיה אלמצ̇מר קבל אלמט̇הר קולה לבלתי באו הכלים הנותרים בבית יי̈[14] אלוג̇ה באו ואלואו הו צ̇מיר אלכלים אלא אנה צ̇מיר קבל אלד̇כר והו איצ̇א עלי הד̇א אלוג̇ה שאר

[a] Suppléé d'après R.

[1] Ps. 68, 23. [2] I Rois 2, 30. [3] Eccl. 2, 10. [4] Job 19, 27. [5] Lév. 4, 14. [6] II Rois 18, 36. [7] Ez. 26, 17. [8] ib. 30, 17. [9] ib. 30, 18. [10] Cant. 3, 11. [11] Jér. 23, 14. [12] Ez. 22, 24. [13] I Sam. 16, 7. [14] Jér. 27, 18.

מן טריק אכ̇ר אר̇א אנמא כאן יג̇ב אן יקאל בּאם עלי הד̇א אלמד̇הב מן תקדים אלמצ̇מר עלי אלמט̇הר· *וקד ד̇כרת פיה פי אלמסתלחק פי באב זור[1] וג̇היז אחדהמא הד̇א אלד̇י ד̇כרתה הנא ועליה עולת איצ̇א הנאך·ª ואלוג̇ה אלת̇אני ג̇וּ̇זתה חינד̇ עלי אלאמכאן ואמא אלאן פמא אקול פיה בגיר הד̇א אלוג̇ה פאעלמה· ומת̇לה בבאה רגליך העירה ומת הילד[2] וכאן חק אלהא אן תכון מפיק והו איצ̇א שאד̇ מת̇ל כאו אד̇ כאן יחתאג̇ אן יכון בבּאם רגליך· ואנמא כאן ד̇לך מן אג̇ל אנה קד יוג̇ד צ̇מיר אלואחד [פי מכאן צ̇מיר אלג̇מיע] נחו לחללו את ביתי[3] אלד̇י אלוג̇ה פיה לחללם את ביתי·ª ואיצ̇א הנני מאכילם את העם הזה[4] ישנו עם אחד[5] ואחריתה שמחה תוגה[6] עונותיו ילכדנו את הרשע[7] ויכו האחד את האחד[8] וג̇איז אן יכון או ויכו בדל מן הא מת̇ל וישנו את טעמו[9] פאן אלאליק בואו וישנו [אן יכון] בדלא מן הא כאנ̇ה קאל וישנה את טעמו· וקד יחד̇פון צ̇מיר אלג̇מע אלמקדם אלד̇י קלנא פיה אנהם יאתון בה עלי סביל אלביאן כּמא קיל ויבא אלי האנשים[10] וקבל היהודים[11] ויאמר שרי סכות[12] ויקרא השערים ויגידו בית המלך פנימה[13] ולא יהיה הגוי אשר לא יבא שם נדחי עילם[14]· ומא יבעד ענדי אן יכון אלפאעל ואלפאעלין מצ̇מרין פי מת̇ל הד̇ה אלאפעאל ואן יכון איצ̇א פי אמר יי̇ מבשן אשיב[15] כה אמר המלך צא[16] צ̇מיר מתקדם עלי סביל אלתאכיד כּמא כאן ד̇לך פי פעל אלג̇מיע אלא אן צ̇מיר אלג̇מיע ט̇אהר וצ̇מיר אלואחד כ̇פי מסתתר לאנהם קד יצ̇מרון קבל אלד̇כר כת̇ירא כּמא קלת· ופעל אלואחד אלמונ̇ת̇ יג̇רי איצ̇א הד̇א אלמג̇רי מן אסתתאר אלצ̇מיר פיה מע תקדם ד̇כרה מת̇ל קולה ופילגשו אשר בשכם ילדה לו גם היא בן[17] פאן פי ילדה צ̇מירא כ̇פיא מסתתרא עאידא אלי ופילגשו· ואמא אלהא פאנה עלאמה̇ ללתאנית וליסת בצ̇מיר ואד̇א תאכ̇ר ד̇כר אלפאעל אלמונ̇ת̇ לם יתקדםᵇ פי אלפעל צ̇מיר אצלא מת̇ל קולה ילדה מלכה גם היא[18] פאן ילדה פארג לא צ̇מיר פיה אלא עלי III. אלמג̇אז אלד̇י קלנאה פי אלמד̇כּר עלי סביל אלתאכיד· ואמא אלהא

ª R. om. ᵇ R ישוער, c'est en arabe יתקד̇ר

[1] Opuscules 75. [2] I Rois 14, 12. [3] Jér. 44, 7. [4] ib. 9, 14. [5] Esth. 8, 8. [6] Prov. 14, 13. [7] ib. 5, 22. [8] II Sam. 14, 6. [9] I Sam. 21, 14. [10] Es. 14, 1. [11] Esth. 9, 23. [12] Jug. 8, 6. [13] II Rois 7, 11. [14] Jér. 49, 36. [15] Ps. 68, 23. [16] I Rois 2, 30. [17] Jug. 8, 31. [18] Gen. 22, 20.

פי ילדה מלכה פעלאמה אלתאנית ורבמא חרפוא הדה אלעלאמה אדא לם יכאפו[a] לבסא כמא קיל ילד שבר ואת תרחנה[1] אשר הביא שפחתך[2]. ואמא אלפעל אלמסתקבל פאנה יסתתר איצא פיה צמיר אלפאעל אלואחד אדא תקדם דכרה כמא קיל אם יי׳ לא ישמר עיר[3] ויטהר פי אלגמע מתל בעבור ישמרו חקיו ותורתיו ינצרו[4] ורבמא יחדפוה[b] אדא לם יכאפו[c] לבסא מתל וצדיקים ככפיר יבטח[5] אוילים יליץ אשם[6] ויעלו בנגב ויבא עד חברון[7]. ואדא תאכר דכר אלפאעל אלואחד מן פעלה אלמסתקבל כאן דלך אלפעל פארגא מתל קולה יבא אלהינו ואל יחרש[8] ואן אעתקד אן פיה צמירא עלי סביל אלתאכיד פלא ציר. ואדא תאכר דכר אלפאעלין מן אלפעל אלמסתקבל טהר צמירהם פי דלך אלפעל עלי סביל אלביאן וכאן אלאסם אלטאהר בעד אלצמיר בדלא מן דלך אלצמיר כמא כאן פי אלמאצי קיל יכבדו בניו ולא ידע[9] לא יאכלו הכהנים[10] אם ישמרו בניך את דרכם[11]. ואעלם אנה גאיז אן יקאל פי מתל אלואו אלדי [פי] וכל אשר שאלו עיני[12] ופי מתל אלואו אלדי פי אם ישמרו בניך אעני אלוואת אלתי פי אלאפעאל אלמתקדמה אנהא ליסת צמאיר לכן עלאמאת ללתתניה ואלגמע כאלהא אלתי פי ילדה מלכה גם היא[13] ואלהא אלתי פי ופילגשו אשר בשכם ילדה לו גם היא[14] אלתי כל ואחדה מנהמא עלאמה אלתאנית. ואדא אעתקד הדא פלא יכון פי פעל אלואחד אלמתקדם צמיר מסתתר וכלא[d] אלקולין גאיזאן[e] ענדנא וענד עלמא אלנחו אלערבי פימא גרי מן כלאמהם הדא אלמגרי. ואמא הוא והיא והם והן ואני ואתם ואתן ואנחנו פחרוף ללתאכיד או צמאיר מנפצלה. ואן כאן אלפעל אלמסתקבל אלמפרד אלמכבר בה ללמונת כאן אלצמיר מסתתרא פיה איצא מתל מכל אשר יצא מגפן היין לא תאכל יין ושכר אל תשת וכל טמאה אל תאכל כל אשר צויתיה תשמר[15] פפי כל ואחד מן הדה אלאפעאל צמיר עאיד אלי האשה אלמתקדמה אלדכר פי קולה מכל אשר אמרתי אל האשה תשמר[16] ואלתאאת פי אואילהא

[a] A. יכפו [b] A. חדפוה [c] A. יכפו [d] A. וכלי [e] A. גאיזין

[1] I Chr. 2, 48 [2] I Sam. 25, 27. [3] Ps. 127, 1. [4] ib. 105, 45. [5] Prov. 28, 1. [6] ib. 14, 9. [7] Nomb. 13, 22. [8] Ps. 50, 3. [9] Job 14, 21. [10] Ez. 44, 31. [11] I Rois 2, 4. [12] Eccl. 2, 10. [13] Gen. 22, 20. [14] Jug. 8, 31. [15] ib. 13, 14. [16] ib. 13, 13.

עלאמה̈ אלתאניה̇ ופי הד̇א דליל̇ קוי̈ עלי אן אלהא פי פְּעֻלָּה אלמאצ̇י ללואחד אלמונ̈ת̇ עלאמה̈ ללתאניה̇ לא צ̇מיר· וכד̇לך אן כאן אלפעל אלמסתקבל̇ לגמאעה̈ אלמונ̈ת̇ כאן צ̇מירהם מסתתרא פיה איצ̇א מת̇ל קולה מגוי יעמדנה[1] ויחמנה בבאן לשתות[2] וישרנה הפרות[3] אלנון ואלהא עלאמה̈ גמע אלמונ̈ת̇ וליסת̇ צ̇מירא· ופי אכת̇ר כלאמהם יג̇עלון חרף אלאסתקבאל פי הד̇א אלמת̇אל̇ אלתא̇ אלתי תכון לאסתקבאל אלפעל אלואחד אלמונ̈ת̇ חרצא מִנהם עלי אלביאן מת̇ל קולהם תכרענה ילדיהן תפלחנה חבליהן תשלחנה[4]· וצ̇מיר אלפאעל מסתתר איצ̇א פי פעלה מת̇ל כי המלך בטח ביי̈[5] שמר כל עצמתיו[6] שמח לאיד לא ינקה[7]· והו [איצ̇א] פי אלג̇מע כ̇פי תקול בוטחים שומרים השמחים אלי גיל[8] ואליא ואלמים עלאמה̈ ללג̇מע· והו מסתתר איצ̇א פי אלפאעלה̈ ופי אלפ̇אעלאת מת̇ל אש אכלה הוא[9] האמרה אלי[10] הבטחה באצרתיה[11] האמרות לארניהם[12] 112. בנות בטחות[13] אלהא עלאמה̈ אלתאניה̇ וכד̇לך אלואו ואלתא̇ עלאמה̈ לג̇מע אלמונ̈ת̇ וליסא צ̇מירא· ועלאמה̈ אלואחד אלמכ̇בר ען נפסה אלמצ̇אף̇ אליה אלמת̇צל באלאסמא ואלחרוף̇ יכון יא מת̇ל עבדי לחמי בני אבשלום[14]. שעו מני[15] אליא וחדהא פי מני הי אלאסם ואשתראר נונה עלי גיר קיאס· ורבמא ג̇עלוא אלאסם פי הד̇א אלצ̇רב נונא ויא כמא המא פי תחתני[16] הן בעודני חי עמכם[17] ואשתד̇אר נון בעודני עלי גיר קיאס· ואסם אלפאעל יג̇רי הד̇א אלמג̇רי אעני פי כון צ̇מיר אלמתכל̈ם אלמת̈צל בה גיר אלמנפצל̇ מנה יא פקט מת̇ל יי̈ רעי לא אחסר[18] גאלי חי[19] יצרי מבטן[20] ורבמא כאן נונא ויא מת̇ל ישאני עשני[21] אין ראני[22]· וצ̇מיר מא כאן אכת̇ר מן ואחד יכון נונא וואוא מת̇ל בננו וח[23] מימינו בכסף שתינו עצינו במחיר יבאו[24] לחמנו הם[25] עודינו תכלינה עינינו[26] הד̇ה אלנון כ̇פיפה̈[a] אבדא אלא פי קולהם ממנו אד̇א כאן אלצ̇מיר פיה ללמתכלמין· ויקאל אן אהל אלעראק יחמלון ממנו פי אכ̇באר[b]

[a] R. כפ̈פת = הקלו
[b] A. אכת̇ר

[1] Dan. 8, 22. [2] Gen. 30, 38. [3] I Sam. 6, 12. [4] Job 39, 3. [5] Ps. 21, 8. [6] ib. 34, 21. [7] Prov. 17, 5. [8] Job 3, 22. [9] Is. 30, 30. [10] Mi. 7, 10. [11] Jér. 49, 4. [12] Am. 4, 1. [13] Is. 32, 9. [14] II Sam. 19, 1. [15] Is. 22, 4. [16] II Sam. 22, 37. [17] Deut. 31, 27. [18] Ps. 23, 1. [19] Job 19, 25. [20] Is. 49, 5. [21] Job 32, 22. [22] Is. 47, 10. [23] Deut. 21, 20. [24] Lam. 5, 4. [25] Nomb. 14, 9. [26] Lam. 4, 17.

אלמכ̇ברין ען אנפסהם מחמל אלבאב כלה פי תכ̇פיף אלנון והו אלג̇הה· וצ̇מיר אלואחד אלגאיב אלמצ̇אף אליה אלמכ̇בר ענה יכון ראוא תקול עבדו בנו לחמו לרעב נתן[1] ממנו פנה ממנו יתד[2]· וקד יכון הא[a] וואוא כמא קיל איש שורו ואיש שיהו[3] ומעלתהו פנות קדים[4] במעני ומעלותיו מגן גבריהו מאדם[5] במעני גבוריו ועיניהו על דרכיהם[6] במעני ועיניו ועל מי לא יקום אורהו[7] אשבר מוטהו[8] ושמר תורה אשרהו[9] תחת כל השמים ישרהו[10] ובעד נכריה חבלהו[11] ודקרהו אביהו ואמו[12] איש באחיהו ידבקו[13] הנה בתי הבתולה ופילגשהו[14] שמע מנחו[15] מאויבים מנהו[16]· ומת̇ל הד̇א רוח איש יכלכל מחלהו[17] ומקנהו פרץ בארץ[18] מכסהו[19] ומעשהו[20] *וישב את שר המשקים על משקהו[21]· וקד יגלט מן יג̇על הא מקנהו ומעשהו[a] ואצחאבהמא לאמאת אלאפעאל לאן לאלמאת הד̇ה אלאפעאל אלמעתלה לא תטהר[b] אצלא· וצ̇מיר אלואחד אלמונת̇ אלמכ̇בר ענה מצ̇אפא אליה כאן או מפעולא בה יכון הא[a] טאהרה̈ מת̇ל קולה על ביתה ועל שדה[22] ותינק את בנה[23] אז ראה ויספרה 112 הכינה וגם חקרה[24]· ורבמא אלאגוא הד̇א אלהא אסתכ̇פאפא כמא קיל עונה בה[25] בחטאה בשגגה[26] ועברתו שמרה נצח[27] לבנות לה בית בארץ שנער[28]· וצ̇מיר אלג̇מאעה̈ אלגיב אלמד̇כרין אלמת̇צל באלאסמא ואלחרוף יכון מימא מת̇ל זאת עינם בכל הארץ[29] ויעבר מלכם לפניהם וי״י בראשם[30] ושכנתי בתוכם[31] ויברך אתם[32] להם לבדם נתנה הארץ[33]· ויכון הד̇א אלצ̇מיר פי אלמונת̇את[c] נונא· ומא יבעד ענדי ג̇ואז מלכהם ועינהם וראשהם קיאסא עלי ד̇לך בקולה המה ישפטו אותהם[34] וברא אותהן בחרבותם[35] ואת חלבהן[36] ואכלו את פריהן[37] בקוץ מנד כלהם[38] קצב אחד לכלהנה[39] לבדהן[40] *כל לא מרפע פי ג̇ואז ד̇לך בל הו אלאצל[d]· פאן את̇צל

[a] R. om. [b] A. תצח [c] A. אלמנותיו (!) [d] R. om.

[1] Ez. 18, 16. [2] Zach. 10, 4. [3] I Sam. 14, 34. [4] Ez. 43, 17. [5] Nah. 2, 4. [6] Job 24, 23. [7] ib. 25, 3. [8] Nah. 1, 13. [9] Prov. 29. 19. [10] Job 37, 3. [11] Prov. 27, 13. [12] Zach. 13, 3. [13] Job 41, 9. [14] Jug. 19, 24. [15] Job 1, 10. [16] Ps. 68, 42. [17] Prov. 18, 14. [18] Job 1, 10. [19] Ex. 35, 11. [20] Jug. 13, 12. [21] Gen. 40, 21. [22] II Rois 8, 5. [23] I Sam. 1, 20. [24] Job 28, 27. [25] Nomb. 15, 31. [26] ib. 15, 28. [27] Am. 1, 11. [28] Zach. 5, 6. [29] ib. ib. [30] Mi. 2, 13. [31] Ex. 25, 8. [32] Gen. 1, 22. [33] Job 15, 19. [34] Ez. 23, 45. [35] ib. 23, 47. [36] Lév. 8, 16. [37] Jér. 29, 28. [38] II Sam. 23, 6. [39] I Rois 7, 37. [40] Gen. 21, 28.

ח̇רא אלצ̇מיר בג̇מע מא כאן הא[a] ומימא בקולהם ארניהם גמליהם עבריהם סוסיהם פניהם ורבמא כאן מימא וואוא מת̇ל הרס שנימו בפימו[1] [ארדת שנימו ישר יחזו פנימו[2] שפתימו יכסמו[3] שיתמו][a] נדיבמו[4] כל נסיכמו[5] ונשליכה ממנו עבתימו[6] לאנהם אר̇א ח̇רפוא אלהא מן אלצ̇מיר אלמתצל באלג̇מאעה̈ כאן עארתהם אן ילחקוא בעד אלמים ואוא כמא תרי· וקד יפעלון מת̇ל הד̇א איצ̇א באלצ̇מאיר אלמתצלה̈ באלחרוף ואלאסמא אלמפרדה̈ פאנהם יקולון אליהם עליהם פיהם פאר̇א ח̇רפוא אלהא אלחקוא בעד אלמים ואוא פקאלוא אז ידבר אלימו באפו[7] עלימו יתעלם שלג[8] הרס שנימו בפימו[9] ארדת בפימו· ואן אתצל הד̇א אלצ̇מיר בג̇מע אלמונ̇ת̇ אלד̇י באלואו ואלתא *כאן מימא מת̇ל למשפחותם חרבותם שדותם ידותם ורבמא[b] כאן הא[a] ומימא מת̇ל למשפחותיהם שדותיהם חרבותיהם והו מן אלמונ̇ת̇ באלנון· פאן ח̇רפת אלהא אלחקת אלואו ננתקה את מוסרותימו[10] וכאן קבל אלואו מוסרותיהם· ואן את̇צל הד̇א אלצ̇מיר באלאפעאל אלמאצ̇יה̈ ואלמסתקבלה̈ כאן מימא מת̇ל אם הרגם ודרשוהו[11] אל תהרגם[12] יהרסם ולא יבנם[13] ורבמא כאן מימא וואוא מת̇ל קולה לכן ענקתמו גאוה[14] יאחזמו רעד[15] תהמת יכסימו[16] יאכלמו כקש[17] ובחרונו יבהלמו[18]· ואעלם אן אלצ̇מיר אלמפעול [בה] לואחד כאן או לג̇מאעה̈ למד̇כ̇ר כאן או למונ̇ת̇ פעלא כאן אלעאמל פיה או מצדרא פאנה ג̇איז פיה אן יכון מתצלא ואן יכון מנפצלא· מת̇אל ד̇לך אנה אן וקע אלפעל אלמאצ̇י ללואחד אלגאיב או פעל אלג̇מאעה̈ אלג̇יב̈ עלי צ̇מיר אלמפעול בה או בהם פאן ד̇לך אלצ̇מיר פי כלאמהם עלי צ̇רבין אמא אן יכון מתצולא כמא קיל למועד אשר דבר אתו אלהים[19] כאשר צוה אתו אלהים[20] כי כן צוה אתי בדבר יי̈[21] והקטיר אותם הכהן[22] והניף אתם הכהן תנופה[23] צרר רוח אותה[24] אשר נשא לבן אתנה[25] ואמא אן יכון מנפצלא כמא קיל אשר לא דברו יי̈[26] כל איש אשר נשאו לבו[27] ושחטו פתח אהל

[a] Suppléé d'après R. [b] R. om.

[1] Ps. 58, 7. [2] ib. 11, 7. [3] ib. 140, 10. [4] ib. 83, 12 [5] ib. ib. [6] ib. 2, 3. [7] ib. 2, 5. [8] Job 6, 16. [9] Ps. 58, 7. [10] ib. 2, 3. [11] ib. 78, 34. [12] ib. 59, 12. [13] ib. 28, 5. [14] ib. 73, 6. [15] Ex. 15, 15. [16] ib. 15, 5, [17] ib. 15, 7. [18] Ps. 2, 5. [19] Gen. 21, 2. [20] ib. 21, 4. [21] I Rois 13, 9. [22] Lév. 7, 5. [23] ib. 14, 24. [24] Os. 4, 19. [25] Ex. 35, 26. [26] Deut. 18, 21. [27] Ex. 35, 21.

114. מועד[1] וגאלו מיד חזק ממנו[2] עברי רמני[3] אכלני הממני בלעני[4] הוא עשנו[5] אשר גאלם מיד צר[6] וראך ושמח בלבו[7] הוא עשך ויכוננך[8] ושנאה האיש האחרון[9] ושלחה מביתו[10]. וקד יגעלון אלצמיר אלואחד אלגאיב אלמפעול בה אלמתצל באלפעל אלמאצי עלי צרבין אמא אן יכון ואוא פקט כמא אתבתנאה קבילא פי אשר נשאו לבו[11] ולא נתנו אלהים[12] אשר לא דברו יי[13] וגירהא ואמא אן יכון הא ואוא מתל וקראהו אסון[14] שמח שמחהו[15] וצבי עדיו לגאון שמהו[16]. ואמא פי אלאפעאל אלמעתלה אללאמאת פאנה הא וואו פקט מתל אשר צוהו[17] אשר לו הים והוא עשהו[18] לאשר קנהו מאתו[19]. וקד יגלט מן יגעל חרה אלהאאת לאמאת [פאן לאמאת] אלאפעאל אללינה אללאמאת לא תטהר[a] אצלא לכן רבמא קלבת יא[a] כמא ערץ פי יא כי בך חסיה נפשי[20] דליו שוקים[21] כנחלים נטיו[22]. ואמא כון אלצמיר אלואחד אלגאיב אלמפעול בה וצמיר אלגמאעה אלגיב אלמפעול בהם וצמיר אלמכאטב או אלמכאטבין או אלמתכלם או אלמתכלמין מפצולא ומוצולא ענד וקוע פעל אלגמאעה עליה פמתל קולה פי אלמפצול והקטירו אתו בני אהרן[23] והביאו אתו לפני אהל מועד[24] ואכלו אתם[25] ונחמו אתכם[26] והרגו אתי[27] וקאלוא פי אלמוצול ארזים לא עממהו[28] המרה בנוהו[29] המרה קרוהו[30] אשר תלאום שמה[31] ולא הרגום[32] בשדה אשר רדפום בו[33] כל סתום לא עממוך[34] סבוני גם סבבוני[35] מדוע קראוני אלה[36] זדים הליצני עד מאד[37]. ואן כאן אלפעל אלמאצי אלואקע עלי צמיר אלמפעול בה או בהם או ללמתכלמין כאן איצא עלי צרבין אמא מנפצלא מתל ועשיתי אותם לגוי אחד בארץ[38] והוצאתי אתכם וקבצתי אתכם מן העמים[39] הנה ברכתי אתו והפריתי אתו והרביתי אתו[40] ברכנו אתכם[14] ואמא מתצלא מתל כי הרחקתים

[a] A. תצח

[1] Lév. 3, 2. [2] Jér. 39, 10. [3] II Sam. 19, 27. [4] Jér. 51, 34. [5] Ps. 100, 3. [6] ib. 107, 2. [7] Ex. 4, 14. [8] Deut. 32, 6. [9] ib. 24, 3. [10] ib. ib. [11] Ex. 35, 21. [12] Gen 31, 7. [13] Deut. 18, 21. [14] Gen. 44, 29. [15] Jér. 20, 15. [16] Ez. 7, 20. [17] Gen. 7, 5. [18] Ps. 95, 5. [19] Lév. 27, 24. [20] Ps. 57, 2. [21] Prov. 26, 7. [22] Nomb. 24, 6. [23] Lév. 3, 5. [24] ib. 4, 14. [25] Ex. 29. 33. [26] Ez. 14, 23. [27] Gen. 12, 12. [28] Ez. 31, 3. [29] Néh. 3, 13. [30] ib. 3, 3. [31] II Sam. 21, 12. [32] Jos. 9, 26. [33] ib. 8, 24. [34] Ez. 28, 3 [35] Ps. 118, 11. [36] Jér. 13, 22. [37] Ps. 119, 51. [38] Ez. 37, 22. [39] Jér. 29, 14. [40] Gen. 17, 20. [41] Ps. 129, 8.

בגוים וכי הפיצותים בארצות[1] אדבר דבר ועשיתיו[2] והשמותיהו לאות ולמשלים[3] והביאותיהו בבלה[4] ואני לא הבאבתיו[5] ברכנוכם מבית יי[6] עד אשר אם הביאנום[7] לא הכלמנום ולא נפקד להם מאומה[8] ולא עזבנהו[9] ואסרנהו לענותו[10] וברכתיה והיתה לגוים[11]. ואן כאן אלצ̇מיר אלמפעול בה ללמתכלם נפסה וכאן מפצולא קלת הכיתי אותי פצעתי אותי ואן וצלת קלת הכיתיני פצעתיני כמא קיל לי יארי ואני עשיתני[12] בצלה̈ אלצ̇מיר. ואן כאן אלפעל אלמאצי אלואקע עלי צ̇מיר אלמפעול או אלמפעולין ללמכ̇אטב או ללמכ̇אטבין כאן אלצ̇מיר איצ̇א עלי וג̇הין אמא אן יכון מנפצלא מת̇ל וקדשת אתם[13] ורחצת אתם[14] וחטאת אותו[15] למה רמיתם אתנו[16] ואמא אן יכון מתצלא מת̇ל ולא נטשתני[17] כי אם זכרתני[18] הצום צמתוני[19] למה העליתונו[20] וכפרתהו[21] ואתה לא מצאתה[22]. ופי מכ̇אטבה̈ אלמונ̈ת̇ יכון איצ̇א עלי צ̇רבין אמא מנפצלא מת̇ל ותשחדי אותם[23] ותשליכי אותי אחרי גוך[24] ואמא מתצלא מת̇ל ותתנים בהעביר 115. אותם להם[25] ותקחי את בגדי רקמתך ותכסים[26] ותזבחים להם לאכול[27]. ואן אתצל אלצ̇מיר אלמפעול בה בפעל אלמונ̈ת̇ אלמאצ̇י כאן איצ̇א עלי וג̇הין אמא מנפצלא ואמא מתצלא. פאן כאן אלצ̇מיר ללואחד אלג̇איב כאן עלי צ̇רבין אמא אן יכון ד̇לך אלצ̇מיר מנפצלא פיכון אתו ואתה ואמא אן יכון מתצלא פיכון עלי צ̇רבין אמא אן יכון הא* וואוא מת̇ל ומיכל בת שאול אהבתהו[28] אשה הרגתהו[29] תהום רממתהו[30] חיה רעה אכלתהו[31] צרה החזיקתהו[32] גמלתהו טוב[33] על צחיח סלע שמתהו לא שפכתהו על הארץ[34] ואמא אן יכון ואוא פקט מת̇ל קולה ולא שזפתו עין איה[35] כאשר גמלתו[36] כי כלתך אשר אהבתך ילדתו[37]. ואן כאן אלצ̇מיר ללמונ̈ת̇ אלואחד אלג̇איב כאן הא לינה̈ מת̇ל קולה צרה וחבלים אחזתה[38] לו חיה רעה אעביר בארץ ושכלתה[39] וידו חלקתה להם בקו[40] ואלוגה פי הד̇א [אלהא] אלט̇הור פאסתת̇קל ד̇לך. ואן כאן אלצ̇מיר לג̇מע אלמד̇כרין

[1] Ez. 11, 16. [2] ib. 12, 25. [3] ib. 14, 8. [4] ib. 17, 20. [5] ib. 13, 22. [6] Ps. 118, 26. [7] Nomb. 32, 17. [8] I Sam 25, 7. [9] II Chr. 13, 10. [10] Jug. 16, 5. [11] Gen. 17, 16. [12] Ez. 29, 3. [13] Ex. 28, 41. [14] ib 29, 4. [15] Ez. 43, 20. [16] Jos 9, 22. [17] Gen. 31, 28. [18] ib. 40, 14. [19] Zach. 7, 4. [20] Nomb. 20, 5. [21] Ez. 43, 20. [22] Gen. 38, 23. [23] Ez. 16, 33. [24] ib. 23, 35. [25] ib. 16, 21. [26] ib. 16, 18. [27] ib. 16, 20. [28] I Sam. 18, 28. [29] Jug. 9, 54. [30] Ez. 31, 4. [31] Gen. 37, 33. [32] Jér. 50, 43. [33] Prov. 31, 12. [34] Ez. 24, 7. [35] Job 28, 7. [36] I Sam. 1, 24. [37] Ruth 4, 15. [38] Jér. 49, 24. [39] Ez. 14, 15. [40] Is. 34, 17.

אלג̇יב כאן עלי צ̇רבין אמא מנפצלא פיכון אתם כמא קיל ובלעת אתם[1] ואמא מתצלא [פיכון] מימא מת̇ל על כן נצרתם נפשי[2] כי רחל גנבתם[3] אש שרפתם[4]. ואן כאן אלצ̇מיר ללואחד אלמכ̇אטב כאן איצ̇א עלי צ̇רבין אמא מנפצלא ואמא מתצלא פאלצ̇מיר אלמנפצל אתְּה בתחריך אלכאף בקמץ גדול וללמונ̇ת̇ בתוקיפה [a]ואן כאן אלצ̇מיר מתצלא כאן ללמונ̇ת̇ כאפא מוקופא מת̇ל קולה כי כלתך אשר אהבתך[5] וללמד̇כר בתחריכה בקמץ. ואן כאן אלצ̇מיר לג̇מאעה̈ אלמכ̇אטבין כאן אתכם מת̇ל ושכלה אתכם[6] והמעיטה אתכם[7] וללמונ̇ת̇ אתכן ולו וצלת לקלת ושכלתכם והמעיטתכם וללמונ̇ת̇ באלנון. ואן כאן אלצ̇מיר ללמתכ̇לם וכאן מנפצלא כאן את̇י ואן כאן מתצלא כאן נונא ויא מת̇ל קולה ששזפתני השמש[8] ורוח נשאתני[9] רוח אל עשתני[10]. ובד̇לך תלחק חד̇ה אלצ̇מאיר אלמפעול בהא אלפעל אלמסתקבל עלי צ̇רבין איצ̇א אמא אן תכון מנפצלה̈ ואמא אן תכון מת̇צלה̈. פאן כאן אלצ̇מיר ללואחד אלג̇איב או אלואחדה̈ אלג̇איבה̈ וכאן מנפצלא כאן [ד̇לך] אלצ̇מיר אותו או אותה. ואן כאן מתצלא כאן עלי ג̓ אצ̇רב אמא הא וואוא ללמד̇כר והא ואלפא ללמונ̇ת̇ ואן לם תכן אלאלף ת̇אבתה̈ פי אלכ̇ט או הא מוקופה̈ פקט ואמא אן יכון נונא וואוא ללמד̇כר והו אלאכת̇ר ונונא והא ללמונ̇ת̇ ואמא אן יכון ללמד̇כר ואוא פקט. קאלוא פי אלהא ואלואו אלמד̇כר ימצאהו בארץ מדבר[11] וישערהו ממקמו[12] ישמרהו ויחיהו[13] בכסף ובזהב ייפהו[14] אללאם סאקטה̈ מן יחיהו ומן ייפהו ואשבאהחמא ללינהא ואעתלאלהא עלי מא תקדם מן קולנא פי ג̇ירהמא יגאלהו חשך וצלמות[15] יבעתהו כמרירי יום[16] לרצנכם תזבחהו[17] וללמונ̇ת̇ ואקרע את הממלכה מבית דוד ואתנה לך[18] ויתקעה בבטנו[19] וישנאה אמנון[20] בחצר אהל מועד יאכלוה[21] וימצאה מלאך יי[22] אז ראה ויספרה[23] ויוצאה מחיקו[24] [בתוקיף אלהא והד̇א אלפעל אעני ויוצאה ויספרה[b]] ואן כאן מאצ̇יא באלואו

[a] R. om. [b] Suppléé d'après R.

[1] Nomb. 16, 30. [2] Ps. 119, 129. [3] Gen. 31, 32. [4] Is. 47, 14. [5] Ruth 4, 15. [6] Lév. 26, 22. [7] ib. ib. [8] Cant. 1, 6. [9] Ez. 3, 14. [10] Job 33, 4. [11] Deut. 32, 11. [12] Job 27, 21. [13] Ps 41, 3. [14] Jér. 10, 4. [15] Job 3, 5. [16] ib. ib. [17] Lév. 19, 5. [18] I Rois 14, 8. [19] Juges 3. 21. [20] II Sam. 13, 15. [21] Lév. 6, 9. [22] Gen. 16, 7. [23] Job 28, 27. [24] Ex. 4, 7.

אלמפתוחה̈ פאנה אן חרפת מנה אלואו בקי מסתקבלא מחצא והדא
איצא הו מגאז ארדאלנא והקטירו אתו בני אהרן[1] וגירה פי
אלאפעאל אלמאציה̈· ואן כאן מסתקבלא באלואו אלשבאיה̈ פאנה אן
חרפת מנה אלואו בקי מאציא מחצא· וקאלוא פי אלנון ואלואו
אלמדבר פן יקראנו אסון[2] אם לא אביאנו אליך[3] אנכי אערבנו מידי 116.
תבקשנו[4] יי̈ יסעדנו[5] וללמונת ואני אתננה לכם[6] ומכה נפש בהמה
ישלמנה[7] ואם גאל יגאלנה[8]· וקיל באלואו פקט וביום השמיני תתנו
לי[9] וזה שמו אשר יקראו[10] אויב ירדפו[11] ורשתו אשר טמן תלכדו[12]
[עונותיו ילכדנו[13]]· ואמא אלמונת פבאלמונת אלדי צמיר מדברה
הא וואו באלוגהין גמיעא אעני בהא ובאלף ובהא מוקפה̈· ואן כאן
אלצמיר ללגמאעה̈ אלגיב וכאן מתצלא כאן מימא פקט מתל אל
תהרגם פן ישכחו עמי[14] זאב ערבות ישדדם[15] אל מחוץ למחנה
תשלחום[16] לא תאכלום כי שקץ הם[17]· ואן כאן מנפצלא כאן אותם·
ואן כאן אלצמיר ללואחד אלמכאטב או לאכתר מן ואחד כאן איצא
עלי צרבין אמא מתצלא ואמא מנפצלא פאן כאן מנפצלא וכאן
לואחד כאן אותך ואן כאן מתצלא כאן כאפא והא מתל ואעשך
לגוי גדול ואברכך[18] יברכך יי̈ מציון[19] יודוך עמים אלהים[20] שפתי
ישבחונך[21] ומא אשבה דלך· ואן כאן לאכתר מן ואחד וכאן מנפצלא
כאן אתכם ואן כאן מתצלא כאן כאפא ומימא מתל קולה הוא יבוא
ויושעכם[22] יקומו ויעזרוכם[23]· ואן כאן אלצמיר אלמפעול בה
ללואחד אלמתכלם או לאכתר מן ואחד כאן איצא עלי צרבין אמא
[אן יכון] מנפצלא פיכון ללואחד אותי ולאכתר מן ואחד אותנו ואן
כאן מתצלא פיכון ללואחד נונא ויא פקט מתל אל תעלני בחצי
ימי[24] אל תמשכני עם רשעים[25] יאחזוני ימי עני[26] ולאכתר מן ואחד
נונא וואוא פקט מתל יחיונו מימים[27] יי̈ יצילנו[28]· ולחאק
אלצמיר אלמפעול בה בפעל אלפאעל יכון איצא אמא מנפצלא מתל
יי̈ יוצר אותה להכינה[29] [ואת הלוים משרתי אתי[30] או מתצלא

[1] Lév. 3, 5. [2] Gen. 42, 4. [3] ib. 44, 32. [4] ib. 43, 9. [5] Ps. 41, 4. [6] Lév. 20, 24. [7] ib. 24, 18. [8] ib. 27, 13. [9] Ex. 22, 29. [10] Jér. 23, 6. [11] Os. 8, 3. [12] Ps. 35, 8. [13] Prov. 5, 22. [14] Ps. 59, 12. [15] Jér. 5, 6. [16] Nomb. 5, 3. [17] Lév. 11, 42. [18] Gen. 12, 2. [19] Ps. 128, 5. [20] ib. 67, 4. [21] ib. 63, 4. [22] Is 35, 4. [23] Deut. 32, 38. [24] Ps. 102, 13. [25] ib. 28, 3. [26] Job 30, 16. [27] Os. 6, 3. [28] II Rois 18, 32. [29] Jér. 33, 2. [30] ib. 33, 22.

מתֹל[a]] ואת הלוים הכהנים משרתי[1] כה אמר יי̈ עשה[2] קדוש ישראל ויוצרו[3] וגאלו יי̈ צבאות[4] כל ידעו מאתמול שלשום[5] העשו יגיש חרבו[6] וישכח ישראל את עשהו[7] ונלוז דרכיו בוזהו[8] אשר היית משקהו[9] אלהא ואלואו פי הדֹה אלכלמאת המא אלצֹמיר עלי מא בינּא פי גירהא· המאכילך מן במדבר[10] המוליכך במדבר הגדול[11] יי̈ רעי לא אחסר[12] כמעט ישאני עשני[13] אמרת אין ראני[14]· ואן אתצל בפעל אלפאעלהֿ וכאן מנפצלא כאן אותי או אותו או אותם או אותה או אותך או אתכם ואן כאן מתצלא כאן יא או ואוא או כאפא *והא[a] ללמדבר וללמונת כאפא פקט[b] או כאפא ומימא או מימא פקט מתֹל ותשאהו אמנתו[15] יועצתו להרשיע[16] ותגל יולדתך[17] תשיש סחרתך[18] חפרה יולדתכם[19] הובישה הורתם[20]· והדֹה אלצֹמאיר ואן כאנת מצֹאפהֿ אליהא פי אללפטֹ פאנּהא מפעולהֿ בהא פי אלמעני· ואתֹצאל אלצֹמיר אלמפעול בה פי אלאמר יכון אמא מנפצלא מתֹל הורד אותם אל המים[21] בא אל אשת אחיך ויבם אתה[22] ואמא מתֹצלא מתֹל הניעמו בחילך והורידמו[23] והיניקהו לי[24] ואכלוה מצות[25] הורידוהו אלי[26] לאמר תפשוהו[27] השליכהו ארצה[28] וקראנה באזנינו[29] הודיענו במה נשלחנו למקומו[30]· ואן כאן ללפעל מפעולאן לם יכן אלואחד אלא מנפצלא פי גמיע הדֹה אלאבואב כמא קיל פי אלאמר חנונו אותם[31] ותפסירה הבונא איאהם· וכדֹלך אן כאן אלצֹמיר אלמפעול הו ללפאעלין אנפסהם לם יכן אלא 117. מפצולא איצֹא מתֹל וירעו הרעים אותם ואת צאני לא רעו[32] ויראו שטרי בני ישראל אתם ברע לאמר[33]· ואלצֹמיר אללאחק באלמצדר יכון [עלי צֹרבין] אמא אן יכון צֹמיר אלפאעל ואמא אן יכון צֹמיר אלמפעול לה פאן כאן צֹמיר אלפאעל אלואחד או אכתֹר מן אלואחד לא יכון אלא מוצולא מתֹל בשלחי את חצי הרעב הרעים בהם[34] ובדברי אותך אפתח את פיך[35] בדברם אל פרעה[36] באמרם אליו יום

[a] Suppléé d'après R. [b] R. om.

[1] Jér. 33, 21. [2] ib. 33, 2. [3] Is. 45, 11. [4] ib. 44, 6. [5] I Sam. 10, 11. [6] Job 40, 19. [7] Os. 8, 14. [8] Prov. 14, 2. [9] Gen. 40, 13. [10] Deut. 8, 15. [11] ib 8, 15. [12] Ps. 23, 1. [13] Job 32, 22. [14] Is. 47, 10. [15] II Sam. 4, 4. [16] II Chr. 22, 3. [17] Prov. 23, 25. [18] Ez. 27, 12. [19] Jér. 50, 12. [20] Os. 2, 7. [21] Jug. 7, 4 [22] Gen. 38, 8. [23] Ps. 59, 12. [24] Ex. 2, 9. [25] Lév. 10, 12. [26] Gen. 44, 21. [27] I Rois 13, 4. [28] Ex. 4, 3. [29] Jér. 36, 15. [30] I Sam. 6, 2. [31] Jug. 21, 22. [32] Ex. 34, 3. [33] Ex. 5, 19. [34] Ez. 5, 16. [35] ib. 3, 27. [36] Ex. 7, 7.

יום[1] כדברה אל יוסף יום יום[2] ובשחטם את בניהם לגלוליהם[3] בשנותו את טעמו[4]· ואן כאן צׄמיר אלמפעול בה כאן עלי צׄרבין אמא מנפצלא מתׄל לרשת אותם[5] לרשת אתה[6] בלדת אתם[7] בהעביר אותם להם[8] בשאת אתו[9] ובחור אותו מכל שבטי ישראל[10] ואמא מתצלא מתׄל לא תאחר לשלמו[11] ויי׳ חפץ דכאו[12] ועשית סירתיו לדשנו[13] ולא יכלו דברו[14] לא תוכל עשהו[15] אלהא ואלואו גׄמיעא לצׄמיר עלי מא תקדׄם מן תביינּא· ותכל להשקתו[16] ולא יסף עוד לדעתה[17] ולזרותם בארצות[18] לא מאסתים ולא געלתים לכלותם[19] ואם לרמותני לצרי[20] יוצר אותה להכינה[21] אשר אשלח אותם לשחתכם[22] להבריאכם מראשית כל מנחת ישראל[23] אי לתסמנוא אנפסכם· לבלתי שלחם[24] הלהרגני אתה אמר[25] אל תאיצו לנחמני[26] ולהכעיסני[27]· קחם על זרועתיו[28] הו מתׄל קחתם במעני קחת אותם פאנׄהם קד קאלוא ולקחת אתנו לעבדים[29] פפצלוא וקאלוא לקחתך לו לאשה[30] פוצלוא ומענאה לקחת אותך לו וליס מתׄל קולה המעט קחתך את אישי[31] לאן אלכאף פי קחתך את אישי מצׄאף אליה והו צׄמיר אלפאעל ואלכאף פי לקחתך לו מפעול בה· וקאלוא איצׄא לתת אתנו ביד האמרי[32] פפצלוא וקאלוא למען תתם ביד[33] פוצלוא ומענאה תת אתם ביד וקאלוא איצׄא ולתתך עליון[34] במעני ולתת אותך עליון וליסא מתׄל בתתך לו לחם[35] לתתם למפלגות לבית אבות לבני העם[36] פאן אלכאף פי בתתך לו לחם מצׄאף אליה והו צׄמיר אלפאעל וכדׄלך אלמים פי לתתם למפלגות מצׄאף אליה והו צׄמיר אלפאעלין· והמה יקרבו אל שלחני לשרתני[37] בשובני והנה אל שפת הנחל[38] תפסירה ענד רגׄעי אי ענד מא רגׄעת בצׄםׄ אלרא וכסר אלגׄים במעני רדדת וצרפת יקאל רגׄעת אנא פהדׄא גיר מתעד ורגׄעת אלשי במעני רדדתה פהדׄא מתעדׄ והכדׄא הו פי אללסאן אלעבראני איצׄא יקאל שבתי וראה תחת השמש[39] ולא שבו אל יי׳ אלהיהם[40] פהדׄא גיר מתעדׄ וקיל

[1] Esth. 3, 4. [2] Gen. 39, 10. [3] Ez. 23, 39. [4] Ps. 34, 1. [5] Deut. 12, 29. [6] Lév. 20, 24. [7] Gen. 25, 26. [8] Ex. 16, 21. [9] Ex. 27, 7. [10] I Sam. 2, 28. [11] Ex. 23, 22. [12] Is. 53, 10. [13] Ex. 27, 3. [14] Gen. 37, 4. [15] Ex. 18, 18. [16] Gen. 24, 19. [17] ib. 38, 26. [18] Ps. 106, 27. [19] Lév. 26, 44. [20] I Chr. 12, 18. [21] Jér. 33, 2. [22] Ez. 5, 16. [23] I Sam. 2, 29. [24] Ex. 9, 17. [25] ib. 2, 14. [26] Is. 22, 4. [27] Ez. 8, 17. [28] Os. 11, 3. [29] Gen. 43, 18. [30] I Sam. 25, 40. [31] Gen. 30, 15. [32] Deut. 1, 27. [33] II Chr. 25, 20. [34] Deut. 26, 19. [35] I Sam. 22, 13. [36] II Chr. 35, 12. [37] Ez. 44, 16, [38] ib. 47, 7. [39] Eccl. 9, 11. [40] Os. 7, 10.

תגני שב שבות אהלי יעקב[1] כי יפקדם יי׳ אלהיהם ושב שביתם[2] בשוב יי׳ את שיבת ציון[3] בשובי את שבותם[4] והדא מתעד׳ ותפסיר אלגמיע רגע ורד׳ וצרף· וקד בינא דלך ביאנא שאפיא פי כתאב אלאצול מן הדא אלדיואן[5] וברהנא עלי והם אבי זכריא פי הדה אלאלפאט· ואלדליל עלי צחה קולנא פי בשובני קולה ויוליכני

118. וישיבני על שפת הנחל[6] תם קאל בשובני תפסיר דלך פמשאני ורגעני אלי שפה אלואדי פענד רגעי כאן כדא וכדא או ענד צרפי ולו לם יכן בשובני מתעדיא וכאן אלצֿמיר [ללפאעל כאן יקול בשובי לאן אלבאבאן עלי חדא אלמדהב גאריאן אעני אן צֿמיר[a]] אלפאעל אלמתצל באלמצדר יכון יא[a] מתל קולה בשלחי את חצי הרעב[7] באמרי לרשע[8] ומא אשבההמא וצֿמיר אלמתכלם אלמפעול בה אדא כאן מתצלא באלמצדר יכון נונא ויא מתל קולה הלהרגני[9] אל תאיצו לנחמני[10] ומא מאתלהמא אלא אלפאט קלילה שאדה גא פיהא צֿמיר אלמתכלם אלמפעול בה יא[a] פקט· מנהא קולה לא אבה יבמי[11] אלוגה יבמני לאן אלצֿמיר מפעול בה ואן קיל אנה צֿמיר אלפאעל מתל ובדברי אותך אפתח את פיך[12] וגעל אלפעל ליבמה כאן מחאלא לאנה ואן יכון אליבם מן באב אלמצֿאף פאן אלפעל מנסוב אלי הדא דון אליבמה כמא קיל ולקחה לו לאשה ויבמה[13] וגאיז אן יכון אלמראד פי יבמי יבם מצדר ואן תכון אליא זאידה· ומנהא קולה ועשית מרעה לבלתי עצבי[14] אלוגה פיה לבלתי עצבני· *ויחתמל וגהא אכר קד דכרנאה קבל הדא והו אן יכון אלתקדיר לבלתי הביא עצבי או מא אשבהה[b]· ומנהא לתתי להלך עמכם[15] אלוגה לתתני לאן מתל הדא אלצֿמיר לא יכון אלא ללפאעל מתל קולה אשר לתתי לו בשרה[16]· וקד בינת פי כתאב אלמסתלחק[17] אן אלאצל פי תת תֵּנֶת לאנה מצדר מן נתן עלי זנה גשת מן נגש אלא אן אלנון אלדי הו לאם אלפעל חדף אסתכפאפא ודלך לכתרה אלאסתעמאל פכאן אלוגה פי לתתי להלך עמכם לְתִתְּנִי אלתא אלאולי עין אלפעל ואלפא מחדוף ואלנון לאמה ואלתא אלתאניה

[a] Suppléé d'après R. [b] R. om.

[1] Jér. 30, 18. [2] Zeph. 2, 7. [3] Ps. 126, 1. [4] Jér. 31, 22. [5] Ousoul 706, 15 et suiv. [6] Ez. 47, 6. [7] ib. 5, 16. [8] ib. 3, 18. [9] Ex. 2, 14. [10] Is. 22, 4. [11] Deut. 25, 7. [12] Ez. 3, 27. [13] Deut. 25, 5. [14] I Chr. 4, 10. [15] Nomb. 22, 13. [16] II Sam. 4, 10. [17] Opusc. p. 216.

מזידה ללמצדר בזיאדה אלתא פי גשת ופי קחת ופי שבת ופי רדת ופי מא אשבה דלך ופי הרבות והגלות והעלות יום ענות[1] אם לרמותני לצרי[2] עלי מדהב מן יגעל הדה אלתא זאידה פתכדא כאן יגב אן יכון צׄמיר אלמפעול בה בעד זיאדה אלתא פי לתתי גונא ויא[3] מתלה פי ואם לרמותני לצרי ולו כאן הדא אלצׄמיר מנפצלא לכאן לרמות אותי מתׄל לצות אתי נגיד על עם יי[8] פאפהם דלך·

אלבאב אלסאבע עשר

דׄכר אחכאם ואו אלעטף

אדׄא·כאנת ואו אלעטף פי כלמה מסתעליה אעני מלעל כאנת תלך אלואו פי גׄל כלאמהם קמוצה כקולהם הוציא לחם ויין[4] קנה שמים וארץ[5] ויאספו יין וקיץ[6] צפנה ונגבה קדמה וימה[7] אני ואתה[8] אני והוא[9] זהב וכסף[10] שור וכשב ועז[11] ועגל וכבש[12] ושור ואיל[13] אתה והם[14] עם גדול ורם[15] מה לי ולך[16] מקיר העיר וחוצה[17] מהיום ההוא והלאה[18] אבן שלמה וצדק[19] ולא ילך נא אתנו אמנון[20]· ופי מא יעטף מן אלאפעאל וחיו את בניהם ושבו[21] הכדא הו אכתׄר כלאמהם· וקד יאתי בעצׄה בשבא מתׄל קולה כל חלב שור וכשב[22] ואתם אספו יין וקיץ ושמן[23] ונשים וטף וסריסים[24] ויין ושמן ובקר וצאן לרב[25] עם גדול ורב [ורם כענקים][26]· ולים כון 119.
ושמן וכשב ורב בתברה במכׄרג להא עׄן נטׄראיהא לאן אלאלחאן ערצׄיה פי אלכלאם וליסת מן טביעה אללגה חסבך אנה קד קיל אתה והם ואהרן[27] בקמץ והו בתברה· ואן כאנת ואו אלעטף פי כלמה מנבׄפצׄה אעני מלרע כאנת בשבא מתׄל אנשים ונשים וטף וסריסים[28] מה לי ולהם[29] איש ואשתו[30] קטן וגדול[31]· ואן וקעת ואו אלעטף עלי חרף סאבן טאהר קריית אלפא מהמוזה מתׄל ואו וקראתם בשם אלהיכם[32] ושמרתם ועשיתם[33] ובכן ראיתי רשעים

[1] Is. 58, 5. [2] I Chr. 12, 18. [3] II Sam. 6, 21. [4] Gen 14, 18. [5] ib. 14, 19. [6] Jér. 40, 12. [7] Gen. 13, 14. [8] ib. 31, 44. [9] ib. 41, 11. [10] Ex. 25, 3. [11] Lév. 7, 24. [12] Ib. 9, 3. [13] ib. 9, 4. [14] Nomb. 16, 16. [15] Deut. 1, 28. [16] Jug. 11, 12. [17] Nomb. 35, 4. [18] I Sam. 18, 9. [19] Deut. 25, 15. [20] II Sam. 13, 26. [21] Za. 10, 9. [22] Lév. 7, 23. [23] Jér. 40, 10. [24] ib. 41, 16. [25] I Chr. 12, 40. [26] Deut. 2, 21. [27] Nomb. 16, 16. [28] Jér. 41, 16. [29] II Sam. 16, 10. [30] Gen. 7, 2. [31] Job 3, 19. [32] I Rois 18, 24. [33] Deut. 4, 6.

קבורים[1]· פאן כאן פי מוצע הדא אלסאכן אלטאהר חרף חלקי סתחרך כשבא ופתח קלבת אלצמה פתחא לאסתצעאבהם אלנטק פיה באלצם כמא [קיל] ואכלהו ויכלהו[2] וכאן אלוגה אלחמז ואלצם מתל ורגמהו[3]· ואמא אנפתאח ואו ואמתתהו[4] פקד בינת אלעלה פיה פי רסאלה אלתקריב ואלתסהיל[5] ופי דכר[a] מא יערץ פי אלאפעאל ופי אלאסמא אלתי תדכלהא אחרף אלחלק מן הדא אלדיואן· פאן כאן דלך אלסאכן אלטאהר יא אלינת אליא וחרכת אלואו באלכסר ללדלאלה עלי אליא אללינה יכון אצל אלואו אן תכון מהמוזה או בשבא מבתדא בה בקולהם וירא מצות[6] ויפת תואר[7] ויריחו[8] ויהודה[9] וישחקו לפנינו[10] וישיבום מדרכם הרעה[11] ויעדהו לאמר[12] ויסדתיך בספירים[13] וישב אל יי וירחמהו[14] ויאבד את אשור[15] ויערו את הארון[16] וישלחם ויהפכו ארץ[17] כרמים ויגבים[18] ויוניחו בן חמעכתי[19]· וקד אבטא אלשאער פי קולה ־

באחותכם הדמיתם חברי	עמד רגע נשמות תוך פגרים
ובינותן ודעותן אדמות	ומדברות תציות ויערים

[19a] באטהאר יא יערים לכבא נעדרה לצרורה אלוזן· פאן כאנת ואו אלעטף אלואקעה עלי אליא אלסאכנה ללמצי כאנת מפתוחה ולם תלן אליא מתל ואכלהו ויכלהו[20] ויעדהו אנשי הבליעל[21]· פאן כאנת אליא מחרכה באלחרק או בגירה וכאן חק אלואו אן יכון בשבא מבתדא בה בקית אלשבא בחסבהא בקולה ויעפו נערים ויגעו[22] הן יבושו ויכלמו[23] וקאלוא ויהפכו ארץ[24] ויבא כגשם[25] וישבו בארץ ויסחרו אתה[26]· ורבמא אסכנת אליא אלמכסורה ואלינת ונקלת אלכסרה אלי אלואו כמא קיל הן יעצר במים ויבשו[27] וישערהו ממקומו[28] ויללת אדירי הצאן[29]· ואן וקע ואו אלעטף עלי בא או מים או פא מתחרכה באי חרכה תחרכת קרית תלך אלואו אלפא מהמוזה בקולה ומלאו פני תבל[30] ומשמרתם הארן[31] ומתו

[a] M. דלך

[1] Eccl. 8, 10. [2] Jér. 10, 25. [3] Deut. 21, 21. [4] II Sam. 1, 10. [5] Opusc. p. 338 et suiv. [6] Prov. 13, 18. [7] I Sam. 25, 3. [8] Jos. 6, 1. [9] Ex. 1, 2. [10] II Sam. 2, 14. [11] Jér. 23, 22. [12] I Rois 21, 10. [13] Is. 54, 11. [14] ib. 55, 7. [15] Zeph. 2, 13. [16] II Chr. 24, 11. [17] Job 12. 15. [18] Jér. 39, 10. [19] ib. 40, 8. [20] ib. 10, 25. [21] I Rois 21, 13. [22] Is. 40, 30. [23] Ps. 35, 4. [24] Job 12, 15. [25] Os. 6, 3. [26] Gen. 34, 21. [27] Job 12, 15 (nos éditions: ויבשו) [28] ib. 27, 21. [29] Jér. 25, 36. [30] Is. 27, 6. [31] Nomb. 3, 31.

גדולים וקטנים[1] ומת בהר[2] ובאו ורננו במרום ציון[3] ובא המלך דוד[4] ופגשו ציים[5]. עלי הד̇א יטרד כ̇לאמהם אלא קלילא קיל ראיתי רשעים קבורים וָבאו[6] לבלתי תת יצא ובא[7] מן המלוא וביתה[8] גפרית ומלח[9] ופיהו מבית לכתרת ומעלה[10] ומתו כל הצאן[11] ברך אלהים ומות[12] ומתה ממותי חלל[13]. ואם ישבנו פה ומתנו[14] למען תזכרי ובשת[15] וחתו ובושו[16] התקבצו ובאו[17]. ולא אד̇כ̇ר פי וקתי הד̇א אן אחד אלספרים אסתת̇ני מן הד̇א אלבאב שיא בל אבו זכריא[18] אבתדי אלקצ̇א אן הד̇ה אלואו לא תקרא אלא אלפא מהמוזה ולא תקרא ואוא אצלא. ואעלם אנ̄הם אד̇א אכ̇ברוא ען פעל אלגאיב או אלג̇יב אלמאצ̇י אד̇כ̇לוא ואו אלעטף אלמפתוחה̈ עלי אלאפעאל אלמסתקבלה̈ פי ג̇ל כ̇לאמהם וידל ד̇לך ענדהם עלי אלמצ̇י וד̇לך מת̇ל קולהם ויאכלו וישתו וילכו ויקומו ויבא ויאכל וישת וידבר ײ[19]. הד̇א הו מנהאג̇ אכת̇ר כ̇לאמהם ורבמא כ̇אלפוא הד̇א פאד̇כ̇לוא ואו אלעטף גיר אלמפתוחה̈ עלי אלאפעאל אלמאצ̇יה̈ פי אלאכ̇באר ען אלגאיב כמא קיל ובא המלך דוד עד בחורים[20] ובא ולן ושכב ארצה[21] ומלאו את המקום הזה דם נקים[22] ולו אנ̄ה עלי מטרד כ̇לאמהם לכאן ויבא המלך דוד ויבא וילן וישכב ארצה וימלאו את המקום הזה. *עלי הד̇א יג̇רי אכ̇באר אלואחד ען נפסה ואכ̇באר אלג̇מאעה̈ איצ̇א ען אנפסהם כמא קיל ואקד ואשתחוה לײ[23] ונפן ונעל דרך הבשן[24][a]. וקד יכון אלנסק בגיר ואו איג̇אזא ואכ̇תצארא מת̇ל קולהם אדם שת אנוש[25] וסאיר תלך אלאסמא ואיצ̇א שמש ירח[26] וגיר ד̇לך כת̇יר. ומן אלעטף מא יכון בגיר ואו איצ̇א ויקאל לה עטף אלביאן וד̇לך מת̇ל קולה ולאלה תטמאו כל הנגע בנבלתם יטמא עד הערב[27] ת̇ם עטף ללביאן פקאל לכל הבהמה אשר היא מפרסת פרסה[28] אלי תמאם אלקול.

[a] R. om.

[1] Jér. 16, 6. [2] Deut. 32, 50. [3] Jér. 31, 11. [4] II Sam. 16, 5. [5] Is. 34, 14. [6] Eccl. 8, 10. [7] I Rois 15, 17. [8] II Sam. 5, 9. [9] Deut. 29, 22. [10] I Rois 7, 31. [11] Gen. 33, 18. [12] Job 2, 9. [13] Ez. 28, 8. [14] II Rois 7, 4. [15] Ez. 16, 3. [16] Is. 37, 27. [17] ib. 45, 20. [18] D. p. 11; N. p. 10. [19] Ex. 6, 10. [20] II Sam. 16, 5. [21] ib. 12, 16. [22] Jér. 19, 4. [23] Gen. 24, 48. [24] Deut. 3, 1. [25] I Chr. 1, 1. [26] Hab. 3, 11. [27] Lév. 11, 24. [28] ib. 11, 26.

אלבאב אלת̇אמן עשר

אלאצ̇אפה

אלאצ̇אפה תכון עלי צ̇רבין אחדהמא אצ̇אפה פי אללפט̇ ואלאכ̇ר אצ̇אפה פי אלמעני· פאלאצ̇אפה אלתי פי אלמעני יקאל להא נסבה לאנ̇ה אר̇א נסבת אחדא אלי צנאעה או קבילה או בלד פקד אצ̇פתה אליהא וסאפרד להד̇א אלצ̇רב מן אלאצ̇אפה באבא עלי חד̇ה· ואמא אלאצ̇אפה אלתי פי אללפט̇ פבאצ̇אפתך לפט̇ה אלי אכ̇רי תצלהא בהא והד̇ה אלאצ̇אפה כת̇ירא מא תגי̇ר אללפט̇ה
121. אלמצ̇אפה עו בנאיתהא פאמא אן תגי̇ר אולהא פקט ואמא אן תגי̇ר אכ̇רהא ואמא אן תגי̇ר אולהא ואכ̇רהא ורבמא לם תתגי̇ר אללפט̇ה ענד אצ̇אפתהא אלי אלאסמא אלט̇אהרה̈ ותגי̇רת ענד אצ̇אפתהא אלי אלצ̇מאיר ורבמא כאן אלאמר פיהא באלצ̇ד̇· ואמא אלד̇י יג̇מע באליא ואלמים פאן מימה תסקט ללאצ̇אפה ורבמא תגי̇ר אולהא ורבמא לם יתגי̇ר וסתרי פי הד̇א אלבאב ג̇מיע ד̇לך עלי חסב מא ד̇כרתה לך אן [שא] אללה· ואעלם אן אלקיאס ואלוג̇ה אלמסתעמל אלא יתוסט בין אלמצ̇אף ואלמצ̇אף אליה שי לאן אלמצ̇אף אליה מן תמאם אלמצ̇אף והמא ג̇מיעא במנזלה̈ אסם ואחד אלא אנ̇הם רבמא כ̇אלפוא הד̇א כמא קיל כל תשא עון[1] ואלוג̇ה כל עון תשא וקאלוא איצ̇א חלא כגעת בה רוח הקדים[2] ואלוג̇ה חלא כגעת רוח הקדים בה וקיל וביום הראות בו בשר חי יטמא[3] ואלוג̇ה וביום הראות בשר חי בו יטמא· וקיל מה טוב לכם המשל בכם שבעים איש אם משל בכם איש אחד[4] ואלוג̇ה המשל שבעים איש בכם אם משל איש אחד בכם· וקאלוא ויהי כנוח עליהם הרוח[5] ואלוג̇ה כנוח הרוח עליהם· ויי ישלמך טובה תחת היום הזה אשר עשית לי[6] אלתקדיר תחת אשר עשית לי היום הזה· אחר שלח אתו נבוזראדן רב טבחים[7] אלתקדיר אחר שלח נבוזראדן רב טבחים אותו· וקד ג̇וז̇נא פי אחר שלח אתו גיר הד̇א אלוג̇ה· והד̇א פי אסתעמאלהם קליל· ואעלם אנ̇ה מא כאן עלי מת̇אל פעל כסת̇ה̈ נקט אי בכ̇מסה̈ פאן אכ̇ת̇רהא

[1] Os. 14, 3. [2] Ex. 17, 10. [3] Lév. 13, 14. [4] Jug. 9, 2. [5] Nomb. 11, 25. [6] I Sam. 24, 20. [7] Jér. 40, 1.

לא יתגיר ענד אצאפתה אלי אלאסמא אלטאהרה מתל ארץ מצרים דרך ים סוף[1] ספר התורה[2] שבט אפרים[3] ולא שבט אלוה עליהם[4] עלי הדא יטרד אכתר אלבאב. וקד יתגיר בעצה ענד אלאצאפה כתגיר חדר פי קולה ובחדר משכבך[5] וכתגיר שגר פי שגר אלפיך[6] ואן כאן גיר מתגיר פי קולה וכל פטר שגר בהמה[7] וכתגיר זרע פי קולה כזרע גד הוא[8] ואן כאן גיר מתגיר פי קולה כזרע גד לבן[9] וכתגיר נטע אעני ועשה קציר כמו נטע[10] פי קולה נטע שעשועיו[11] וכתגיר בחסר ובכפן[12] פי קולה ואוילים בחסר לב ימותו[13]. וכתגיר ולא נותר כל ירק בעץ[14] פי קולה וירק דשא[15]. ורבמא כאן מצאף כלה דשא ירק לא היה[16] ואן כאן הו ואלדשא שיא ואחדא כמא קיל כירק עשב[17]. ואלמדהב פי הדא [כ]אלמדהב פי קולה מישני אדמת עפר[18] ואלאדמה הי אלעפר נפסה ורבמא כאן וירק דשא מצאף טוב ארחת ירק[19] עלי הדא אלמדהב נפסה מן אלאצאפה אלא אנה ליס יכון חיניד לנא פיה שהאדה אד ליס מן באב ארץ. ואני לאעגב מן אבי זכריא פי קולה[20] אנה לם יתגיר מן הדא אלבאב ענד אלאצאפה גיר הבל הבלים[21] תם קאל פאחפט הדה אללפטה פמא אערף להא תאניה. ואמא ויכלו המים מן החמת[22] פאנמא תגיר מנה [פי אלאצאפה] אלמים פקט ודלך קולה ויקח לחם וחמת מים[23] כמא תגיר אלקאף מן מקל שקד[24] פי קולה מקל לבנה[25] ואן כאנוא קד 22. קאלוא מקל תפארה[26] פלם יגירוהא. ואנמא לם יתגיר אכתר הדא אלבאב ענד אלאצאפה לאן בעץ מא יתגיר ענד אלאצאפה מן אלאמתלה קד יכון פי חאל תגירה עלי הדא אלמתאל אעני עלי מתאל ארץ פלמא כאן דלך כדלך כאן ארץ ובאבה ענדהם חריא באלא[a] יתגיר ענד אלאצאפה אלי אלאסמא אלטאהרה. מתאל דלך קולה פי אצאפה עשן פי בעץ אלמואצע כעשן הכבשן[27] וקולה פי אצאפה וערל זכר[28] פי בעץ אלמואצע ערל לב וערל בשר[29] וקולה פי אצאפה כבד מאד[30] עם כבד עון[31] ופי אצאפה ירך וכתף כתף

[a] B. באליא

[1] Nomb. 14, 25. [2] Jos. 1, 8. [3] Gen. 41, 19. [4] Job 21, 9. [5] Ex. 7, 28. [6] Deut. 28, 18. [7] Ex. 13, 12. [8] Nomb. 11, 7. [9] Ex. 16, 31. [10] Job 14, 9. [11] Is. 5, 7. [12] Job 30, 3. [13] Prov. 10, 21. [14] Ex. 10, 15. [15] Is. 37, 27. [16] ib. 15, 6. [17] Gen. 9, 3. [18] Dan. 12 2. [19] Prov. 15, 17. [20] Tankît (chez N.) p. x, l. 4 à 7. [21] Eccl. 1, 2. [22] Gen. 21, 15. [23] ib. 21, 14. [24] Jér. 1, 11. [25] Gen. 30, 37. [26] Jér. 48, 17. [27] Ex. 19, 18. [28] Gen. 17, 14. [29] Ez. 44, 9. [30] Gen. 13, 2. [31] Is. 1, 4.

הבית[1] ירד המזבח[2] ופי אצׄאפהׄ גדר מזה וגדר מזה[3] וגדר אבניו נהרסה[4] ופי אצׄאפהׄ או בגזל[5] גזל אח[6]. וזעם אבו זכריא[7] אנׄה לם יוגׄד עלי הד̇א אלמתׄאל אעני מא יכון עלי פַעַל פאד̇א אצׄיף כאן עלי פֱעֱל גיר ירד וכתף וגדר וגזל. וקד אצׄפנא נחן אליהא כבד וערל ולחק בהא עשן פי בעץׄ אלמואצׄע. ואנׄמא לם נחמל ערל לב וערל בשר וכבד עון מחמל ארך אפים[8] ארך האבר[9] *אעני אנׄא לם נגׄעלהא מן באב ארץ כמא גׄעלנא ארך אפים ארך האבר מנה[a] לאנׄא וגׄדנאהם יקולון פי אלאנפצאל וערל זכר כבד מאד עלי זנהׄ ירד וכתף תׄם ראינאהם יקולון פי אלאתׄצאל ערל לב וערל בשר כבד עון עלי מתׄאל כתף הבית ירד המזבח פקלנא אן בנאיהא ואחד ואן באנוא הד קאלוא ואני ערל שפתים[10] כי כבד פה וכבד לשון אנכי[11] עלי אלאצל. וליס בבעיד[b] אן יכון ערל לב כבד עון מן באב ארץ ומן אגׄל ד̇לך לם יתגׄיׄר ענד אלאצׄאפהׄ פאנׄה ליס במסתנכר אן יכון מן כלאמהם פי לפטׄהׄ ואחדהׄ פַעַל עלי זנהׄ ירד וכתף ופֱעֱל עלי זנהׄ ארך. פקד קאלוא יתר מרעהו צדיק[12] עלי זנהׄ ירד וכתף וקאלוא איצׄא גדול יתר מאד[13] עלי זנהׄ ארץ והמא צׄפתאן גיר מצׄאפתין פי מעני ואחד. וחכד̇א יחתמל איצׄא אן יקאל פי עלה עשן באפו[14] ופי כעשן הכבשן[15] אי אנהמא מתׄלאן פי לגהׄ ואחדהׄ לשי ואחד ואן כעשן הכבשן לם יתגׄיׄר לאנה מן באב ארץ ואן עלה עשן באפו אד̇א אצׄיף כאן עשן העיר[16] עלי אצלה ובאבה. ואעלם אנׄא לסנא נחגׄר עלי אלשאער תגייר מא כאן עלי מתׄאל ארץ ענד אצׄאפתה אלי אסם טׄאהר לאנׄא קד וגׄדנא הד̇א אלמתׄאל מתגׄיׄרא פי אלכתאב פי מוצׄע שתי ענד אצׄאפתה אלי אלאסמא אלטׄאהרהׄ עלי מא תקדׄם ד̇כרנא לה ועלי הד̇א אלמד̇הב קאל [אלשאער והו מר[c]] יצחק בן מר שאול רחמה אללה

קָרַב לבי וכליותי מהימים   לשעשועי לרעי הנעימים

פאצׄאף והקרב והכרעים[17] אלי אסם טׄאהר וגׄיׄר. וקד וקע פי הד̇א אלבית אמר טׄריף לא באס פאוקׄפך עליה וד̇לך אן אכתׄר אלרואהׄ

a R. om. b B. ajoute: וליס באצל (?) c Suppléé d'après R.

1 I Rois 6, 8. 2 Lév. 1, 11. 3 Nomb. 22, 24. 4 Prov. 24, 31. 5 Lév. 5, 22. 6 Ez. 18, 18. 7 Tankît x, 14. 8 Ex. 34, 6. 9 Ez. 17, 3. 10 Ex. 6, 12. 11 ib. 4, 10. 12 Prov. 12, 26. 13 Is. 56, 12. 14 II Sam. 22, 9. 15 Ex. 19, 18. 16 Jos. 8, 20. 17 Lév. 1, 13.

אנמא ירוונה סגור לבי וחברא יוגד פי אבתר אלנסך וחברא כבת ארויה אנא איצא ען גירי פלמא קראת הדא אלשער עלי קאילה פי זמאן אלחראתה רד׳ עלי׳ קרב לבי פקלת לה אני לם אראה פי כל נסכה אלא סגור לבי פמן אין דכלת אלדאכלה פאכברני אנה ר׳ א׳ מרח בהדא אלשער יעקב ובניה אצחאב אלאגזאל רח׳ א׳ ואנה בעת בה אליה מן בלדה אלי קרטבה פורד אלממדוח ואבו זכריא בן חננא ואבו אברהים בן כלפון [ענדה] פאנכרא תגייר והקרב והכרעים ענד אלאצאפה וראוא אן יבדלא אללפטה בסגור עלי סביל אלאצלאח פאפסדא אלמעני. קאל פאנתסך אלשער בקרטבה עלי 123. דלך אלתגייר ואלאבדאל. ואכברני אבו אברהים בן סהל אלתלמסאני ר׳ א׳ אנה שאהד קומא במצר מן אהל אלדקדוק ינכרון עלי הדא אלשאער הדא אלקול איצא ויעתקדון עליה אנה אנמא קאלה לטנה אן קול אלפסוק וקרב לבו[1] מן מעני והקרב והכרעים ואלשאער מברא מן כל מא אקתדפוה בה. ואדא אציף באב ארץ אלי אלצמאיר תגיר בקולך ארצי ארצו ארצך ארצם קברי קברו קברך קברם וכדלך גמיע אלבאב. ומא כאן עלי מתאל פֶּעֶל בקמצתין מלרע מתל שלל ועשן ובקר וחלב פאנה יתגיר ענד אצאפתה אלי אלאסמא אלמטהרה ואלמצמרה כמא קיל ואכלת את שלל איביך[2] עשן העיר[3] בקר זבח השלמים[4] ודי חלב עזים[5] ויעל עשנו[6] כה יעשה לבקרו[7] ואת כל שללה[8] שתיתי ייני עם חלבי[9] ויקאל פי אצאפה נקם אקח[10] ואנקמה נקם אחת משתי עיני[11] תפסירה פאנתקם מנהם נקמה אחרי עיני אי ולי נקמה אחרי עיני פקולה אחת הו מצאף אליה אעני אן נקם אציף אליה ואחת איצא מצאף פי אלמעני אלי קולה משתי עיני ולים בנעת כמא טן קום מן וגהין אחדהמא אן נקם מדכר פלא ינעת במונת ואלתאני אנה מצאף פי אללפט כאצאפה נקם ברית[12] ולים לקולהם וגה פי אלגואז אלא אן תחילנא להם באן נחמל נקם, אחת מחמל מא אציף מן אלמוצופין אלי אלוצף כמא סתרי מתל דלך פי הדא אלבאב ומע הדא פאנה מעני צעיף מע אן נקם מדכר כמא קלנא[a]. ומן באב שלל ענדי

[a] B. קיל; R. אמרנו

[1] Ps. 55, 22. [2] Deut. 20, 14. [3] Jos. 8, 20. [4] Nomb. 7, 88. [5] Prov. 27, 27. [6] Ex. 19, 18. [7] I Sam. 11, 7. [8] Deut. 13, 17. [9] Cant. 5, 1. [10] Is. 47, 3. [11] Jug. 16, 28. [12] Lév. 26, 25.

קולה אריתי מורי עם בשמי[1] לאנה לו כאן מצׂאף וקנה בשם[2] לכאן בְשָׂמִי בצׂם̃ אלבא בקמץ מת̇ל קרש וקרשי ושרש ושרשי ולו כאן מצׂאף וקנמן בשם[3] לכאן בְּשמי בבסר אלבא מת̇ל קבר וקברי או בפתחה מת̇ל ושמני וקטרתי[4] פהו אר̇א מצׂאף בָשָׂם עלי מת̇אל שלל ודבר תקול מנחא שללי ואת כל שללה[5] כן יהיה דברי[6]. ורבמא כאן עם בשמי שארה̈ ען באב ארץ כמא ש̇ד איצׂא וסגר דלתך בעדך[7] אלד̇י אלוג̇ה פיה אן יכון [מת̇ל] ויקב חר בדלתו[8]. וד̇לך אנה למא כאן באב ארץ ובאב שלל ת̇לת̇יין סהל עליהם אכ̇ראג̇ כל ואחד מנהמא אלי צאחבה פי אלפאט̇ מא כמא כ̇רג̇ בשמי ודלתך מן באב ארץ אלי באב שלל וכ̇רג̇ ענף מן באב שלל פי קולה ענפכם תתנו[9] אלי באב ארץ פאן אלקיאס כאן [אן] יכון עלי מת̇אל ואסף שללכם[10] פג̇א עלי מת̇אל ארצכם שממה[11]. ומן באב שלל איצׂא זהב ונהר וקהל ורעב וליסת שארה̈ מן באב שער [וארץ] כמא זעם אבו זכריא[12] לאן̃ שער מן באב ארץ כמא קד בינ̃א קבל הד̇א פהי תתג̇יר ענד אלאצׂאפה̈ כתג̇יר שלל קיל מנהר מצרים[13] וזהב הארץ ההיא[14] ולמה הבאתם את קהל יי̈[15]. ומא כאן עלי פֵעֶל מלרע וכאן מעתל̃ אללאם מת̇ל עלה נדף[16] על החזה[17] שדה קנה וסוף[18] נוה משלח[19] מן הקצה אל הקצה[20] פאנ̃ה יתג̇יר ענד אצׂאפתה אלי אלאסמא אלט̇אהרה̈ קיל והנה עלה זית[21] חזה התנופה[22] בשדה פלשתים[23] קנה המרה[24] בנוה שלום[25] נוה רעים[26] עיר קצה גבולך[27]. פאן אצׂיף אלי צׂמיר אלואחד אלגאיב או אלואחדה̈ אלגאיבה̈ לם יתג̇יר קיל לא יבל עלהו[28] איש שדהו[29] 124. והראני אתו ואת נוהו[30] ירכה וקנה[31] ואיצׂא ואזרעי מקנה תשבר[32] ואלוג̇ה פי אלהא אלט̇אהר ונגע בקצהו[33]. וכד̇לך אן אצׂיף אלי צׂמיר אלואחד אלמתכלם לם יתג̇יר איצׂא כמא קיל את שדי אשר בענתות[34]. והו אלוג̇ה ענד אצׂאפתה אלי צׂמיר אלמתכל̃מין. ואן אצׂיף אלי צׂמיר אלג̇מע אלג̇יב תג̇יר כמא קיל ובהרי מרום ישראל

[1] Cant. 5, 1. [2] Exod. 30, 23. [3] ib. ib. [4] Ez. 16, 18. [5] Deut. 13, 17. [6] Is. 55, 11. [7] ib. 26, 20. [8] II Rois 12, 10. [9] Ez. 36, 8. [10] Is. 33, 4. [11] ib. 1, 7. [12] D. 182, N. 123, IV. [13] Gen. 15, 18. [14] ib. 2, 12. [15] Nomb. 20, 4. [16] Lév. 26, 36. [17] ib. 7, 30. [18] Is. 19, 6. [19] ib. 27 10. [20] Ex. 26, 28. [21] Gen. 8, 11. [22] Ex. 29, 27. [23] I Sam. 6, 1. [24] Ez. 40, 5. [25] Is. 32, 18. [26] Jér. 33, 12. [27] Nomb. 20, 16. [28] Ez. 47, 12. [29] Gen. 47, 20. [30] II Sam. 15, 25. [31] Ex. 25, 31. [32] Job 31, 22. [33] Ex. 19, 12. [34] Jér. 32, 7.

יהיה נוהם[1] והשבתי אתהן על נוהן[2]. ואן כאן הדא אלמתאל מן אלסאלם מתל זקן וישבע[3] ותתקע את היתד[4] פאנה יקאל ענד אצאפתה אלי אלאסמא אלטאהרה זקן ביתו[5] שבע רצון[6] יתד האהל[7] חצר המשכן[8] ערל שפתים[9] כבד פה וכבד לשון[10]. עלי הדא יטרד אלבאב מן אלתגייר עלי הדה אלצפה אלא אלפאטא קלילה שאדה. קיל פי אצאפה ירך וכתף[11] וגדר מזה[12] או בגזל[13] ירך המזבח[14] כתף הבית[15] וגדר אבניו נהרסה[16] גזל אח[17] ורבמא כאן מתלהא ערל לב וערל בשר[18] עם כבד עון[19]. ורבמא לם יגירו הדא אלמתאל ענד אלאצאפה כמא קיל ועפו בכתף פלשתים[20]. ומן באב ירך וכתף ענדי קולה על כן קראו שמה אבל מצרים[21] פאנהם אסתעמלוא פי הדה אללגה אֶבֶל בסתה נקט עלי מתאל ארץ כמא קיל אבל כבד זה למצרים[22] ואסתעמלוא פיה אָבֵל עלי מתאל ירך וכתף אלא אנהם לם יגירוה פי קו אבל מצרים והו מצאף כמא לם יגירו ועפו בכתף פלשתים והו איצא מצאף. ופי הדא עון כביר עלי אעתקאד ערל לב וערל בשר בניתין ואן ערל לב לים מצאף וערל זכר בל הו מן באב ארץ אלדי לא יתגייר [מנה] אלא קלילא כמא אן אבל כבד זה ואבל מצרים בניתין מכתלפתין. ולגה אלתלמוד פי הדה אללגה אעני לגה אבל מצרים פי גיר אלאצאפה איצא פי רואיה פקהא בלדנא[a]. ואמא ענד אצאפה הדא אלמתאל אלי אלצמאיר פקאלוא תחת ירכי[23] ירכה וקנה[24] פרץ גדרו[25] כתפי משכמה תפל[26]. וקד אתת ד׳ אלפאט עלי פֶעֶל מלעל ממא עינה חרף עלה וגרת פי אלאצאפה מגרי אלשדוד איצא ותלך אלאלפאט הי און יחשב על משכבו[27] ויבתר אתם בתוך[28] לא תעשו עול[29] מות וחיים[30] פקיל ענד אצאפתה בעול רכלתך[31] אל תוך הים[32] אחרי מות אישך[33] ואמא און פמא ארכרה מצאפא אלי אסם טאהר. ואמא ענד אצאפה הדה אלאסמא אלי אלצמאיר פקאלוא וישב עליהם את אונם[34] מחשבות אונך[35] כל

[a] R. ajoute: בשתכפוהו אבליו

[1] Ex. 34, 14. [2] Jér. 23, 3. [3] Gen. 25, 8. [4] Jug. 4, 21. [5] Gen. 24, 2. [6] Deut. 33, 23. [7] Jug. 4, 21. [8] Ex. 27, 9. [9] ib. 6, 12. [10] ib. 4, 10. [11] Ez. 24, 4. [12] Nomb. 22, 24. [13] Lév. 5, 21. [14] ib. 1, 11. [15] I Rois 6, 8. [16] Prov. 24, 31. [17] Ez. 18, 18. [18] ib. 44, 9. [19] Is. 1, 4. [20] ib. 11, 14. [21] Gen. 50, 11. [22] ib. ib. [23] ib. 24, 2. [24] Ex. 25, 31. [25] Is. 5, 5. [26] Job 31, 22. [27] Ps. 36, 5. [28] Gen. 15, 10. [29] Lév. 19, 15. [30] Prov. 18, 21. [31] Ez. 28, 18. [32] Ex. 14, 28. [33] Ruth 2, 11. [34] Ps. 94, 23. [35] Jér. 4, 14.

125. אשר בתוכו יטמא[1] ובעולו אשר עשה בו ימות[2]. ומא כאן עלי פַעַל מלרע מת̇ל לבב עקש[3] לשער הצהב[4] צלע אל צלע[5] ואין עמו אל נכר[6]. פמנה מא לם יתגי̈ר ענד אצ̇אפתה אלי אלט̇אהר כמא קיל אלהי נכר הארץ[7] ואנמא צאר נכר מלעל למג̇אורתה מא הו מלעל אעני הארץ. ומנה מא יתגי̈ר כמא קיל פי אצ̇אפה̈ לבב עקש כלבב דויד אביו[8] ויין ישמח לבב אנוש[9] ופי אצ̇אפה̈ לשער הצהב ויחל שער ראשו[10] ושקל את שער ראשו[11] ולקח את שער ראש נזרו[12]. והו יתגי̈ר איצ̇א ענד אצאפתה אלי אלמצ̇מר כמא קיל ענבימו ענבי ראש[13] ושערו לא הפך לבן[14] יגלח את כל שערו[15] ושערך צמח[16]. ואמא שערך כעדר העזים[17] פמצ̇אף שֵׂעָר מלעל מת̇ל ושער הרגלים[18] אלא אן ושער לם יתגי̈ר לאן באבה לם יתגי̈ר ענד אצ̇אפתה אלי אלאסמא אלט̇אהרה̈ פהד̇א הו אלפרק בינהמא. ולא חיה לבבו שלם[19]. ואמא על צלעו האחת[20] פהו מצ̇אף ולצלע המשכן[21] אלד̇י הו מן באב ארץ והו עלי מת̇אל ארצו *וליסא מן באב צלע אל צלע[a]. ומא כאן עלי מת̇אל פֹעֶל מלעל מת̇ל קדש ובקר ושרש וחרש או פֹעַל בפתח אלעין מת̇ל תואר ורמח וכובע פאני̈ וגדת כובע פי בעץ̇ אלמואצ̇ע מלעל ופי בעצ̇הא מלרע פאן הד̇א אלמת̇אל לא יתגי̈ר ענד אצ̇אפתה אלי אלאסמא אלט̇אהרה̈ כמא קיל לחדש שנים עשר הוא חדש אדר[22] ובישר לבבך[23] שרש ישי[24] וכובע נחשת[25] וכובע ישועה[26] כתואר בני המלך[27] בפעל כפיו נוקש רשע[28]. פאן אצ̇יף אלי אלמצ̇מיר תגי̈ר פקיל שרשי פתוח אלי מים[29] חרשה ושבתה[30] טרחכם ומשאכם[31] מה תארו[32] בנקל אלצ̇ם פי חרכה̈ אלכלמה̈ אלי אלחרף אלחלקי כמא בינ̈א פי גיר הד̇א אלבאב וכד̇לך רמחי ורמחו בצ̇ם אלרא לאן הד̇ה אלצ̇מה̈ תלאזם אלאסם פי אלאכת̇ר ענד אצ̇אפתה וג̇מעה. אמא [ענד] אצ̇אפתה פכמא תרי ואמא ענד ג̇מעה פכקולהם חדשים[33] בקדשים לא יאכל[34] כי באהלים תשבו[35] חמרים חמרים[36] פי ג̇מע חמר מים

a R. om.

1 Lév. 11, 33. 2 Ez. 33, 13. 3 Ps. 101, 4. 4 Lév. 13, 36. 5 Ez. 41, 6. 6 Deut. 32, 12. 7 ib. 31, 16. 8 I Rois 11, 4. 9 Ps. 104, 15. 10 Jug. 16, 22. 11 II Sam. 14, 26. 12 Nomb. 6, 18. 13 Deut. 32, 32. 14 Lév. 13, 4. 15 ib. 14, 9. 16 Ez. 16, 7. 17 Cant. 4, 1. 18 Is. 7, 20. 19 I Rois 15, 3. 20 Ex. 25, 12. 21 ib. 26, 20. 22 Esth. 3, 12. 23 Deut. 9, 5. 24 Is. 11, 10. 25 I Sam. 17, 5. 26 Is. 59, 17. 27 Jug. 8, 18. 28 Ps. 9, 17. 29 Job 29, 19. 30 Os. 2, 18. 31 Deut. 1, 12. 32 I Sam. 28, 14. 33 Gen. 38, 24. 34 Lév. 22, 4. 35 Jér. 35, 7. 36 Ex. 8, 10.

רבים[1]. ורבמא אסקטוא הד̇ה אלצ̇מה מן אלג̇מע אסתכ̇פאפא אד̇א לם יכן אלפא חלקיא כמא קיל ותוכחתי לבקרים[2] פי ג̇מע בקר וקאלוא פי ג̇מע אשכל הכפר[3] כפרים עם נרדים[4] וקאלוא פי ג̇מע בפעל כפיו[5] רב פעלים[6] וקאלוא פי ג̇מע רתם אחד[7] גחלי רתמים[8] וקאלוא והרמחים והמגנים[9] פי ג̇מע רמח. אלא אנהם למא אצ̇אפוא הד̇א אלג̇מע אלי אלצ̇מאיר קאלוא רמחיהם וקשתתיהם[10] באלצ̇ם עלי אלאצל עלי מת̇אל חדשיכם ומועדיכם[11]. ואמא קולה אמרי אל[12] אמריה החליקה[13] פמא יבעד אן יכון ג̇מע גיר ותגזר אמר[14] אעני אמא אן יכון ג̇מע אֶמֶר עלי זנה קבר ואמא ג̇מע אִמְרָה כמא ג̇מע שנה עלי שנים ומלה עלי מלים ואלמה עלי אלמים ומא יבעד איצ̇א אן יכון ג̇מע ותגזר אמר בחד̇ף ואו אלמד והו ענדי אולי *ואן 126. כאן פאוה חלקיא[a] אד̇ לם נג̇ד אמר עלי זנה קבר והד̇א איצ̇א קולי פי קולה ונחלת אמרו מאל[15] אעני אנהם חד̇פוא מנה ואו אלמד כמא חד̇פוא ואו ובסר גמל[16] מן יחמס כגפן בסרו[17] וכמא חד̇פוא ואו נכח השלחן[18] מן נכחו תחנו[19] כי נכחו יצא[20] וכמא חד̇פוא ואו והשמדתי חזק ממלכות הגוים[21] פי קולה ארחמך יי חזקי[22] וואו כפר מן כפרים וואו בקר מן בקרים כמא קלנא קבילא. פעלי הד̇א יג̇רי אלבאב מן סקוט אלואו מן אלואחד ענד אצ̇אפתה אלי אלצ̇מאיר ומן אלג̇מע איצ̇א ענד אצ̇אפתה אליהא ואלתעויץ̇ מנה באלקמץ פי אלאכת̇ר אלא מא ש̇ד̇ ען ד̇לך כש̇ד̇וד̇ קולה ופעלו לא יתן לו[23] פאנה מצ̇אף כי פעל פעל בימיכם[24] וכאן אלוג̇ה אן יכון מת̇ל והגיתי בכל פעלך[25] פש̇ד̇ ען הד̇א אלאט̇ראד פי לגתה ג̇מיעא כמא ש̇ד̇ מן הד̇א אלמת̇אל איצ̇א פי לגתה ג̇מיעא ותוארו מבני ארם[26] ואלוג̇ה אן יכון מת̇ל מה תארו[27]. ואמא ענד אצ̇אפה אלג̇מע אלי אלצ̇מאיר פלא בד מן סקוט אלואו ות̇באת אלצ̇ם. ומא כאן עלי מת̇אל פעל ממא הו מעתל אללאם פאנה יתגיר ענד אצ̇אפתה אלי אלאסמא אלט̇אהרה כמא תגיר יאחזוני ימי עני[28] פי קולה אם

a R. om.

1 Hab. 3, 15. 2 Ps. 73, 14. 3 Cant. 1, 14. 4 ib. 4, 14. 5 Ps. 9, 17. 6 II Sam. 23, 20. 7 I Rois 19, 5. 8 Ps. 120, 4. 9 Néh. 4, 10. 10 ib. 4, 7. 11 Is. 1, 14. 12 Job 20, 29. 13 Prov. 2, 16. 14 Job. 22, 28. 15 ib. 20, 29. 16 Is. 18, 5. 17 Job 15, 33. 18 Ex. 26, 35. 19 ib. 14, 2. 20 Ez. 46, 9. 21 Agg. 2, 22. 22 Ps. 18, 2. 23 Jér. 22, 13. 24 Hab. 1, 5. 25 Ps. 143, 5. 26 Is. 52, 14. 27 I Sam. 28, 14. 28 Job 13, 16.

ראת תראה בעני אמתך[1] והו אלקיאס פי חלי[a] ופי גירה מת̇לה. ואנמא כאן הד̇א לאנהם קד יג̇ירון הד̇א פי גיר אלאצ̇אפה̈ אסתכ̇פאפא כמא קיל גם כל חלי וכל מכה[2] אני הגבר ראה עני[3] ומן הד̇א אלצ̇רב על יפי חכמתך[4] וחד̇ף אלצ̇ם מנה אסתכ̇פאפא. ואד̇א אצ̇אפוא פועל אלד̇י הו מלרע לם יג̇ירוהא קיל חתן משה[5] אני חתנך יתרו[6] ויחזק בו חתנו[7] בקי אלחלם פי חתנו ולם יתג̇יר. ואד̇א אצ̇אפוא פועל אלקמוץ מלרע מת̇ל אוצר וגורל וחותם לם יתג̇יר ענד אצ̇אפתה אלי מט̇הר או מצ̇מר קיל אוצר יי יבא[8] יראת יי היא אוצרו[9] גורלך תפיל בתוכנו[10] אתה תומיך גורלי[11] ותחתם בחתמו[12]. ולא יתג̇יר איצ̇א ענד אלג̇מע כמא קיל גורלות אוצרות הבאת אל אצרות שלג ואוצרות ברד תראה[13] פת̇בת אלואו פי ג̇מיע הד̇א [ואן לחק בעצ̇הא אלתג̇יר פי אלתנקיט][b] אלא אנה קיל פי ג̇מע ועל יובל ישלח שרשיו[14] כערבים על יבלי מים[15] פחד̇ף מנה אלואו כמא חד̇ף אלצ̇ם מן קולה ותוכחתי לבקרים[16]. ואד̇א אצ̇אפוא מא כאן עלי פעל מלעל ממא עינה [חרף] חלקי מת̇ל שער נעל ונחל ובאבהא אלי אסם ט̇אהר לם יג̇ירוה פי אכת̇ר כלאמהם קיל כל יצאי שער עירו[17] נחל מצרים[18] ושער הרגלים[19] זעף יי אשא[20]. וממא יג̇רי הד̇א אלמג̇רי קולה ולבלתי קחת מוסר[21] וכד̇לך ודעת קדשים ארע[22] ודעת אלהים מעולות[23] הלא כגערת בה רוח הקדים[24] לאן אלוג̇ה הלא כגעת רוח הקדים בה באצ̇אפה̈ געת אלי רוח. ואמא ותהי סחר גוים[25] פאעתקאדי פיה אן חד̇ה הי איצ̇א בניתה קבל אצ̇אפתה עלי זנה̈ רבש וחלב[26]. וקד אנכר עלי אלשאער [פי קולה]

עדי געל רגלי ומכנסי שודי

פג̇יר בית חלוץ הנעל[27] ענד אצ̇אפתה אלי אסם ט̇אהר והו מן באב
שער. וליס יתג̇יר אלא אנה אחתג̇ ד̇לך אלשאער בותהי סחר גוים[28] 127.
ולכ̇צמה אן יקול לה פי סחר גוים כמא קלנא נחן פיה אלאן. ולו

a B. האולי b Suppléé d'après R.

1 I Sam. 1, 11. 2 Deut. 28, 61. 3 Lam. 3, 1. 4 Ez. 28, 7. 5 Ex. 18, 1. 6 ib. 18, 6. 7 Jug. 19, 4. 8 Jos. 6, 19. 9 Is. 33, 6. 10 Prov. 1, 14. 11 Ps. 16, 5. 12 I Rois 21, 8. 13 Job 38, 22. 14 Jér. 17, 8. 15 Is. 44, 4. 16 Ps. 73, 14. 17 Gen. 34, 24. 18 Jos. 15, 4. 19 Is. 7, 20. 20 Mi. 7, 9. 21 Jér. 17, 23. 22 Prov. 30, 3. 23 Os. 6, 6. 24 Ez. 17, 10. 25 Is. 23, 3. 26 Cant. 4, 11. 27 Deut. 25, 11. 28 Is. 23, 3.

אחתג̇ פי ג̇ואז קולה עדי נעל רגלי בקול אלכתאב לבלתי קחת כסף[1] לכאן ד̇לך ענדי מג̇וזא לקולה פי צ̇רורה̈ אלשער· ותלכ̇יץ ד̇לך אנ̇ה קד ביּנ̇א קבל הד̇א פי אן נעל ושער ובאבהמא מן ג̇מלה̈ באב ארץ ואן אלאחרף אלחלקיה̈ אכ̇רג̇תהא ענה וקלנא איצ̇א אן דעת וקחת ומא אשבההמא מן באב שבת ולכת ואנ̇מא אכ̇רג̇הא ענה אלאחרף אלחלקיה̈ וקלנא אן שבת ולכת עלי תקטיע ארץ ואן דעת וקחת עלי תקטיע שער ונעל פתשאבהת אלאבואב כמא תרי פכמא אנ̇הם ג̇ירוא קחת מוסר ענד אצ̇אפתה אלי אסם ט̇אהר פי קולה קחת כסף והו עלי תקטיע שער ונעל ומ̇שבה לה פי כ̇רוג̇ה ען באב שבת ולכת בכ̇רוג̇ שער ונעל ען באב ארץ אלד̇י לכת ושבת עלי תקטיעה כד̇לך לא ימתנע תג̇יר שער ונעל ואצחאבהמא ענד אצ̇אפתהמא אלי אסם ט̇אהר לא סימא פי צ̇רורה̈ אלשער פהד̇א ביּן ואצ̇ח· ואבין מא יכון מן אלאחתג̇אג̇ פי ג̇ואז עדי נעל רגלי ומת̇לה ענד אלצ̇רורה̈ קול אלכתאב ענד אצ̇אפה̈ רחב לא מוצק תחתיה[2] רום עינים ורחב לב[2] פג̇יר והד̇א קאטע· פאן קאל קאיל פאד̇א כאן אלעבראניון קד ג̇ירוא מא כאן מן באב שער ענד אצ̇אפתה אלי אלאסמא אלט̇אהרה̈ פמא באלך תג̇יז ד̇לך ללשערא מסאמחא לצ̇רורה̈ אלוזן והלא אג̇זתה פי אלכלאם קיל לה אנ̇מא ד̇לך לאנ̇ה לם יטרד אסתעמאל אלעבראניין לה באלתגייר אנ̇מא וקע פי כלאמהם שאד̇א· פאד̇א אצ̇אפוא ושער הרגלים[4] שער עירו[5] ובאבהמא אלי אלמצ̇מר קיל שערך כעדר העזים[6] ולא יכילו גוים זעמו[7] ויעמד הים מזעפו[8] וחלצה נעלו[9] פאג̇רוה מג̇רי ארץ· פאן כאן שי מן הד̇ה אלבניה̈ ממא עינה חלקי מלרע פאנ̇ה מן באב שלל ותג̇יר ענד אלאצ̇אפה̈ כמא קיל מנהר מצרים[10] וזהב הארץ ההיא טוב[11] קהל יי[12]· ומא כאן עלי פָעיל בקמצות אלפא וכ̇פה̈ אלעין מת̇ל סרין וצעיף ורביד פאנה יתג̇יר ענד אלאצ̇אפה̈ כמא קיל וישם רביד הזהב[13] ותסר צעיפה מעליה[14]· פאן כאן משד̇דא מת̇ל פטיש וספיר ולפיד לם יתג̇יר כמא קיל ולפיד אש[15] אביר הרעים[16]. ואמא אביר ישראל[17] פג̇איז אן יקאל פיה אנה קבל אלאצ̇אפה̈ כ̇פיף

[1] II Rois 12, 9. [2] Job 36, 16. [3] Prov. 21, 4. [4] Is. 7, 20. [5] Gen. 28, 18. [6] Cant. 4, 1. [7] Jér. 10, 10. [8] Jon. 1, 15. [9] Deut. 25, 6. [10] Gen. 15, 18. [11] ib. 2, 12. [12] Nomb. 16, 3. [13] Gen. 41, 2. [14] ib. 38, 19. [15] ib. 15, 17. [16] I Sam. 21, 8. [17] Is. 1, 24.

איצׄא עלי מתׄאל הן גביר שמתיו לך[1] וגׄאיז אן יקאל פיה איצׄא אנׄהם אנמא כׄפׄפוה וגׄירוה ענד אלאצׄאפהׄ כׄאצׄהׄ כמא צנעוא פי חלמיש אעׄני קולה מצור החלמיש[2] אלדׄי כׄפׄפוה וגׄירוה ענד אלאצׄאפהׄ פי קולה עזׄ וגׄלׄ ושמן מחלמיש צור[3] וכמא צנעוא איצׄא פי בלהות אתנךׄ[4] אדׄ אצׄאפוה וקאלוא בלהות צלמות[5]. ואנמא פעלוא דׄלך ענד אלאצׄאפהׄ אסתתׄקאלא מנהם ללתתׄקיל פיהא לטול אלאסם לאן אלמצׄאף אליה מן תמאם אלמצׄאף פאלגׄמיע אסם ואחד. ומא כאן עלי פעיל מקבׄץ אליא מלעל מתׄל זית וקיץ ויין ושית ואיל ועיט ושיש תגׄיר ענד אלאצׄאפהׄ כמא קיל ארץ זית שמן[6] וביין חלבון[7] מסכה יינה[8] באיל האשם[9] שיתו ושמירו[10]. ומא

128\. כאן עלי פֻעַל משדׄד מתׄל עור ופסח[11] איש אטר[12] דור עקש[13] לם יתגׄיר ענד אלאצׄאפהׄ קיל עקש לב לא ימצא טוב[14] אטר יד ימינו[15]. וכדׄלך לא יתגׄיר איצׄא מא כאן עלי פֻעַל מתׄל כבר ואכר כמא קיל כבר זהב טהור[16] *לכנׄה יכׄרגׄ מן אלקמצות אלי אלפתחות[a]. ומא כאן עלי פֻעול באלתשדיד מתׄל תנור ועמוד לם יתגׄיר כמא קיל והנה תנור עשן[17] ולעמוד ברזל[18] אלוף נעורי[19] אלופי ומידעי[20]. וכדׄלך לא יתגׄיר איצׄא מא כאן עלי פֻעוֹל בכסר אלפא ותשדיד אלעין מתׄל כבור וצנור וקמוש וכיור כמא קיל כיור נחשת[21] זכרי גבור אפרים[22]. ומא כאן עלי פִיעוֹל מתׄל צינוק[23] ומי השילוח[24] לם יתגׄיר כמא קיל והנה עלה קיטור הארץ[25] בקיטור הכבשן[26]. ומא כאן עלי פֻעוֹל בצׄם אלפא ותשדיד אלעין תגׄיר ענד אצׄאפתה אלי אלצׄמאיר כחדׄף אלואו מנה ואלדלאלהׄ עליה בקמץ כמא גׄירוא ויטבלו את הכתנת[27] פי קולה ויפשטו את יוסף את כתנתו[28] פשטתי את כתנתי[29] וחו אלקיאס פי כי את על סבלו[30] אעני אנׄה קבל אלאצׄאפהׄ סֻבּוֹל. ואמא ענד אצׄאפהׄ הדׄא אלמתׄאל אלי אלאסם אלטׄאהר פאנׄה לא יתגׄיר. ומא כאן עלי פְעֹלֶת מתׄל קטרת לם יתגׄיר ענד אצׄאפתה אלי אסם טׄאהר כמא קיל קטרת סמים דקה[31]

[a] R. om.

[1] Gen. 27, 37. [2] Deut. 8, 15. [3] ib. 32, 13. [4] Ex. 26, 21. [5] Job 24, 17. [6] Deut. 8, 8. [7] Ex. 27, 18. [8] Ps. 9, 2. [9] Lév. 5, 16. [10] Is. 10, 17. [11] II Sam. 5, 8 [12] Jug. 3, 15. [13] Deut. 32, 5. [14] Prov. 17, 21. [15] Jug. 20, 16. [16] Ex. 25, 39. [17] Gen. 15, 17. [18] Jér. 1, 18. [19] ib. 3, 4. [20] Ps. 55, 14. [21] Ex. 30, 18. [22] II Chr. 28, 7. [23] Jér. 29, 26. [24] Is. 8, 7. [25] Gen. 19, 28. [26] ib. ib. [27] ib. 37, 31. [28] ib. 37, 24. [29] Cant. 5 3. [30] Is. 9, 3. [31] Lév. 16, 12.

ותגייר ענד אצׄאפתה אלי אלצׄמאיר כמא קיל ושמני וקטרתי[1]. ומא כאן עלי פֻעוֹל מתׄל אזור ואבוס לם יתגייר ענד אצׄאפתה אלי אלאסמא אלטׄאהרהׂ כמא קיל ואזור עור[2] אבוס בעליו[3] אטוך מצרים[4] נושא אפוד בד[5] עם אלון מצב[6] *וקד יגׄוז אן יכון אלון מן גיר הדׄא אלוזן[a]. ותגייר ענד אלאצׄאפהׂ אלי אלצׄמאיר כמא קיל אם ילין על אבוסך[7]. ורבמא כאן אבוסך גׄמעא ואן כאן בלא יא כמא כאן מאיבי תחכמני מצותך[8] בלא יא והו גׄמע והי שנים חסרים פי אלמסורת וכמא כאן ויבאני חסדך[9] גׄמעא בלא יא ולית דבותיה חסר וכמא כאן העבר עיני מראות שוא בדרכך חיני[10] גׄמעא בלא יא ואלמסורת עליה שלשה חסרין וגׄא פי אלמסורת דברך[11] חסר יוד דברך[b] כתיב חד מן יגׄ וכמא גׄא פי אלמסורת ידך[12] חמשה חסרין. ומא כאן מן אלגׄמע אלדׄי באליא ואלמים סקטת מימה ענד אלאצׄאפהׂ ותגייר אולה פי אלאכתׄר כמא קיל פי אצׄאפהׂ דמים קול דמי אחיך[13] ופי אצׄאפהׂ מים מי המבול[14] ופי אצׄאפהׂ רועים רועי צאן[15] ופי אצׄאפהׂ גמלים מגמלי אדניו[16] ופי אצׄאפהׂ מגנים מגני נחשת[17] ופי אצׄאפהׂ שמחים נאנחו כל שמחי לב[18] פסקטת אלמים ותגייר אולה ופי אצׄאפהׂ יראים יראי אלהים[19] ופי אצׄאפהׂ רשנים כל רשני ארץ[20] ופי אצׄאפהׂ זקנים זקני העיר ההיא[21] זקניכם ושטריכם[22] ופי אצׄאפהׂ החפצים ליראה את שמך[23] דרושים לכל חפציהם[24] וסתרי תפסירה פי מוצׄעה[25] ופי אצׄאפהׂ לבנים נפלו[26] הבה נלבנה לבנים[27] לא תגרעו מלבניכם[28] פסקטת אלמים ותגייר אול אכתׄרהֹ. וממא לם יתגייר אולה מן הדׄא אלמתׄאל קולה שמחי
129. רעתי[29] חפצי צדקי[30] כל גוים שכחי אלהים[31] ויצאו זקניך[32] זקינינו וכל ישבי ארצנו[33] רק חטאי ירבעם בן נבט[34] שני גדיי עזים[35]. והדׄא כאן אלמדׄהב פי קולה על לחיי עמים[36]. ורבמא אקחמוא אלמים בעד סקוטה ללאצׄאפהׂ כמא קיל אילים צמר[37] סיגים כסף

[a] R. om. [b] B. om.

[1] Ez. 16, 18. [2] II Rois 1, 8. [3] Is. 1, 3. [4] Prov. 7, 16. [5] I Sam. 22, 18. [6] Jug. 9, 6. [7] Job 39, 9. [8] Ps. 119, 98. [9] ib. 119, 41. [10] ib. 119, 37. [11] ib. 119, 16. [12] ib. 32, 4. [13] Gen. 4, 10. [14] ib. 7, 7. [15] ib. 46, 23. [16] ib. 24, 10. [17] I Rois 14, 27. [18] Is. 24, 7. [19] Ex. 18, 21. [20] Ps. 22, 30. [21] Deut. 21, 3. [22] ib. 29, 10. [23] Néh. 1, 11. [24] Ps. 111, 2. [25] Ousoul 241, 19 à 21. [26] Is. 9, 9. [27] Gen. 11, 3. [28] Ex. 5, 19. [29] Ps. 35, 26. [30] ib. 35, 27. [31] ib. 9, 18. [32] Deut. 21, 2. [33] Jos. 9, 11. [34] II Rois 10, 29. [35] Gen. 27, 9. [36] Is. 30, 28. [37] II Rois 3, 4.

חיו[1] ולשכה ופתחה באילים השערים[2] שני טורים רמונים[3] אלוגה אלי צמר סיגי כסף באילי השערים טורי רמונים פאקחמת אלמים בעד סקוטהא ללאצאפה· והדא הו אלמדהב פי קולה ויי אלחים הצבאות[a] [4] אלוגה פיה אן יכון ויי אלהי הצבאות· ומתל הדא קולה במצלתים נחשת להשמיע[5] באקחאם אלמים· ואיצא מים ברכים[6] פאן חקה אן יכון מי ברכים מתל מי אפסים[7] מי מתנים[8] לכן אקחמת אלמים פיה בעד סקוטהא עלי מדהב להם כמא תקחם אלערב איצא הא אלתאנית פי אלנדא בעד סקוטהא וקד תקחם פיה כלמה תנאיה[b]· ולא תטנן בי אני אנמא אסתשהד בכלאם אלערב ובמדאהבהם פי לגאתהם פי כתאבי הדא ופי גירה מן כתבי עלי סביל אלתאייד בהא למדהבי פי מדאהב אלעבראניין ואסתעמאלאתהם כל לארי אלאגמאר וגירהם מן אלמתעאקלין אלדין יטנון בנפוסהם אלמערפה והם אערא מנהא אן הדא אלדי אגיזה פי אלעבראני הו גאיז איצא פי גירה מן אללגאת· ואמא גמע אלמונת אלדי באלואו ואלתא פאנה לם יסקט מנה שי ענד אלאצאפה לכנה יתגיר קיל ענד אצאפה וכל היתדות למשכן ולחצר[9] כל יתדות המשכן[10] ופי אצאפה וגדרות לצנאכם[11] וגדרות צאן[12] ופי אצאפה כתפת עשו לו[13] על כתפת האפד[14] ופי אצאפה וכל הבארת אשר חפרו[15]. בארת בארת חמר[16] וקיל ויחפר את בארת המים[17] פלם יגיר ופי אצאפה ושריך לאשכלות[18] ויהיו נא שדיך כאשכלות הגפן[19]· ומתלה אשכלות מרורות למו[20] פאן אשכלות מצאף אלי מרורות ודלך אנה למא דכר אלגפן ואלענב וצף ענאקידה באנהא [ענאקיד] מראראת לא ענאקיד ענב וליס מרורות בנעת לאשכלות כמא טן קום ותרגמתה ענאקיד אלמראראת אי מראראת אלחיואן והי אכיאס אלמרה אלצפרא יריד אנהא ליסת ענאקיד ענב בל הי ענאקיד אלמראראת והדא עלי אלתשביה ואלתמתיל ורבמא כאן מרורות עינא מא כמא קאל על מצות ומרורים יאכלוהו[21]. וקיל פי אצאפה מן הבתים ומן החצרות[22]

[a] R. ajoute יי זכרו d'après Osée 12, 6. [b] R. שלמה

[1] Ex. 22, 18. [2] ib. 40, 33. [3] I Rois 6, 42. [4] Anos 9, 15. [5] I Chr. 15, 19. [6] Ez. 47, 4. [7] ib. 47, 3. [8] ib. 47, 4. [9] Ex. 38, 20. [10] ib. 38, 31. [11] Nomb. 32, 24. [12] Séph. 2, 6. [13] Ex. 39, 4. [14] ib. 28, 12. [15] Gen. 27, 15. [16] ib. 14, 10. [17] ib. 26, 18. [18] Cant. 7, 8. [19] ib. 7, 9. [20] Deut. 32, 32. [21] Nomb. 9, 11. [22] Ex. 8, 9.

ובחצרות בית האלהים[1] וקיל פי אצ'אפה ברכות בחשבון[2] ברכות מים[3] פלם יג'ירו כמא לם יג'ירו ואחדה חד'א אלג'מע פי אכת'ר אלמוצ'ע כמא סתראה פי מא בעד הד'א בחול אללה· וקיל פי אצ'אפה לשני המקצעת יהיו[4] למקצעת המשכן[5] פג'ירוא וקאלוא איצ'א בארבעת מקצועות החצר[6] פלם יג'ירו כמא אנהם קאלוא למא ג'מעוא מקצוע ג'מע אלתד'כיר פאצ'אפוה אל ארבעת מקצועי החצר[7] פלם יג'ירוה איצ'א· ואמא ענד אצ'אפה הד'א אלג'מע אלי אלצ'מאיר פקיל הוא יבנה ביתי וחצרותי[8] חצרותיו בתהלה[9] וכל יתדותיו[10] ויתדותיה[11] ומקצועותיו לו[12] פלם יג'ירו· וקיל ויעשו להם סכות איש על גגו ובחצרותיהם[13] פג'ירוא· וקיל ענד אצ'אפה ולבני אהרן 130. תעשה כתנות[14] כתנות עור[15]· ומא כאן מן הד'א אלג'מע קמוץ אלעין מת'ל ברכות וגבעות פאנה יתג'יר ענד אלאצ'אפה קיל ענד אצ'אפה מקפץ על הגבעות[16] שחו גבעות עולם[17] וענד אצ'אפה וברכות לראש משביר[18] ברכות שמים מעל ברכות תהום וגו'[19] וקיל פי אצ'אפה ישבו במצרות[20] וישב במצדות עין גדי[21] פלם יג'ירו וכד'לך קאלוא איצ'א ובאו במערות צורים[22] מנאות התורה[23] מניות הלוים[24] פלם יג'ירו ולם יג'ירו איצ'א ועשית קערותיו[25]· ואמא מא כאן מן אחאד הד'א אלמת'אל ממא פי אכ'רה הא אלתאנית' פאן ד'לך אלהא ינקלב תא פי אלאצ'אפה ויתג'יר אולה מת'ל קולה פי אצ'אפה נשמה נשמת רוח חיים[26] ופי אצ'אפה אשה חכמה[27] וכל אשה חכמת לב[28]· פקד קאלוא מערת עדלם[29] פלם יג'ירו אולה· ומא כאן מן אלאחאד אלתי פי אואכ'רהא הא אלתאנית' עלי זנה פְּעָלָה בצרי תחת אלעין אסמא כאן או צפה מת'ל אבדה וטמאה שאלה אחת קטנה[30] פאן הא·ה ינקלב איצ'א תא ולא יתג'יר אולה פי אכת'ר אלמואצ'ע כמא קיל לכל אבדת אחיך[31] גזלת העני[32] ואת הר ישראל ושפלתה[33] טמאת השם[34] טמאת הנדה[35] ברכת השלח[36] נבלתי יקומון[37] יאכל גפנך ותאנתך[38] גפנה ותאנתה[39] תחת

[1] Néh. 8, 16. [2] Cant. 7, 5. [3] Eccl. 2, 6. [4] Ex. 26, 24. [5] ib. 36, 28. [6] Ez. 46, 21. [7] ib. 46, 21. [8] I Chr. 28, 6. [9] Ps. 100, 4. [10] Ex. 27, 19. [11] ib. 39, 40. [12] Ez. 41, 22. [13] Néh. 8, 16. [14] Ex. 28, 40. [15] Gen. 3, 21. [16] Cant. 2, 8. [17] Hab. 3, 6. [18] Prov. 11, 26. [19] Gen. 49, 25. [20] Jér. 51, 30. [21] I Sam. 24, 1. [22] Is. 2, 19. [23] Néh. 12, 44. [24] ib. 13, 10. [25] Ex. 25, 29. [26] Gen. 7, 22. [27] II Sam. 14, 2. [28] Ex. 35, 25. [29] I Sam. 22, 1. [30] I Rois 2, 20. [31] Deut. 22, 3. [32] Is. 3, 14. [33] Jos. 11, 16. [34] Ez. 22, 5. [35] ib. 22, 10. [36] Néh, 3, 15. [37] Is. 26, 19. [38] Jér. 5, 17. [39] Osée 2, 14.

בהמתם[1] שאלתי ובקשתי[2] מה שאלתך[3]. ורבמא גיׄר אוׄל חרׄא אלמתׄאל כמא קיל ואת בהמת הלוים[4] או בנבלת בהמה טמאה[5] אשה יראת ײ[6] ויתן להם שאלתם[7] מי יתן תבא שאלתי[8]. וקיל פי אצׄאפה ותרדמה נפלה על אברם[9] ווזנה תִּפְעָלָה כי תרדמת ײ[10] פלם יגׄיר אולה. ואמא מא כאן עלי וזן מפעלה מתׄל מסכה ומצבה פאנׄהם רבמא גיׄרוא ורבמא לם יגׄירוה קיל מסכת זהבך[11] מגפת הסוס[12] מצבת קבורת רחל[13] מצבת אבשלום[14] כמהפכת אלהים[15] פלם יגׄירו אולה וקיל את מצבת הבעל[16] פגׄירוא. וקד ערץׄ פי אצׄאפה גׄמע הדׄא אלמתׄאל מתׄל הדׄא איצׄא קיל את כל מגפותי[17] פלם יגׄירו אולה וקיל ומצבות עזך[18] פגׄיר. וקיל פי אצׄאפה שנה בשנת מות המלך אחז[19] ופי אצׄאפה הרה וילדת בן[20] ורחמה הרת עולם[21] והו נעת לקולה ורחמה. וקיל פי אצׄאפה חוות קשה[22] אשה קשת רוח[23] ופי אצׄאפה שפה אחת[24] איש שפת רעהו[25] ופי. אצׄאפה מאה ופאה פאנׄהמא מן אלבאב ואנׄמא אכׄתלפת חרכה אולהמא מן אגׄל אלאלף מאת ארנים[26] למאת הכבר[27] פאת ים[28]. הכדׄא יגׄרי אלבאב פי אנקלאב אכׄר האאת אלתאנית פי אלאצׄאפה תא׳ ופי תגׄיר אול אלאסם אלי אלשבא אלמבתדי בה אלא אנׄהם קד קאלוא פחת יהודה[29] פלם יבתדו בשבא ואנׄמא חרׄכוא אלפא באלפתח לכׄפׄתה וקאלוא הקריבהו נא לפחתך[30] פאקרׄוא חרכה אלפא עלי וגׄההא וקאלוא ויהי כאיפה שעורים[31] מאה אלף כרים ומאה אלף אילים צמר[32] את עשרה השבטים[33] עשרה כסף[34] ורחב עשרה אלף[35] 131. פלם יקלבו אלהא תא׳ והדׄה אלאלפאטׄ מצׄאפה פי אלמעני ואן לם תכן מצׄאפה פי אללפטׄ. וקאלוא איצׄא פי אצׄאפה אֱלָה אלתי אשר בזה[36] פלם יגׄיר אולה כמא קאלוא לפחתך ורבמא כאן דׄלך מן אגׄל אלאלף. וממא יתגׄיר ענד אלאצׄאפה איצׄא ממא קד דׄכרה אלסופרים ז״ל פי כתאב אלמצותאת וגירה ממא נסתגני נחן ען דׄכרה לשהרתה מתׄל תגׄיר משפט ומא כאן עלי מתׄאלה ענד

1 Nomb. 3, 45. 2 Esth. 5, 7. 3 ib. 5, 6. 4 Nomb. 3, 41. 5 Lév. 5, 2. 6 Prov. 31, 30. 7 Ps. 106, 15. 8 Job 6, 8. 9 Gen. 15, 12. 10 I Sam. 26, 12. 11 Is. 30, 22. 12 Zach. 14, 15. 13 Gen. 35, 20. 14 II Sam. 18, 18, où Aboulw. aurait ajouté après le mot אבשלום מצבת; mais peut-être faut-il lire מצבת אבן, Gen. 35, 14. 15 Jér. 50, 40. 16 II Rois 3, 2. 17 Ex. 9, 14. 18 Ez. 26, 11. 19 Is. 14, 28. 20 Gen. 17, 11. 21 Jér. 20, 17. 22 Is. 21, 2. 23 I Sam. 1, 15. 24 Gen. 11, 1. 25 ib. 11, 7. 26 Ex. 38, 27. 27 ib. ib. 28 Nomb. 35, 5. 29 Hag. 1, 1. 30 Mal. 1, 8. 31 Ruth 2, 17. 32 II Rois 3, 4. 33 I Rois 11, 31. 34 II Sam. 18, 11. 35 Ez. 45, 1. 36 ib. 17, 19.

אלאצ'אפה מן אלקמצות אלי אלפתחות ומת'ל תג'יר מחנה ומא כאן עלי מת'אלה מן אלסגול אלי אלצרי וגיר ד'לך כת'יר ממא קד ד'כרת מן תקדמנא פלא נטיל אלבאב בנקלה הנא אד' ליס גרצ'נא כמא קלנא פי מא תקדם אלאכ'באר במא [בינתה] אלאואיל פאחסנוא פיה לאנה לא יםכננא תג'אוז קולהם לא באלתוהם ולא באלקול לכנא אנמא נד'כר מא לם ידכ'רה גירנא או מא ד'כרה פקצר פיה אלא מא נד'כרה עלי סביל אלתנביה ליטלב פי מכ'אנה כ'אצה אלא אנא נרי אן נשרח הנא כלמה ואחדה ד'כרהא אבו זכריא גיר משרוחה וקד סאלני ענהא כת'יר מן אלטלבה ותלך אלכלמה הי קולה פי באב אסף מן אלמקאלה אלאולי מן כתאב חרוף אללין[1]. קאל ואן ארדנא אן נקול מן אסף מנפעלא קלנא נאסף ממדודא באלקמצות פי כל מוצ'ע *אלא פי אלמצ'אף כ'אצה. אראד אן נאסף אל עמי[2] קמוץ לאנה גיר מצ'אף[a] ולו אצ'יף אלי אסם ט'אהר לכאן פתח כמא אן נאמן חו קמוץ לאנה גיר מצ'אף ונאמן רוח[3] פתח לאנה מצ'אף. ופי הד'א אלבאב מבחת' אכ'ר והו אן יסאל פיקאל וכיף חכם אבו זכריא עלי נפעל אד'א כאן גיר מצ'אף והו במעני מנפעל אנה ממדוד באלקמץ וקד קיל ונאמן ביתך וממלכתך[4] והו פתח וגיר מצ'אף אנכ'באה אנה גיר מנפעל לכנה פעל מאצ' פי מוצ'ע מסתקבל עלי מת'אל ונקרב בעל הבית[5] ונהפך ללבן[6] ונשבר או מת[7] ואמת'אלהא ותקדיר הד'ה אלאלפאט' ויאמן ביתך וממלכתך ויקרב בעל הבית ויהפך ללבן וישבר. וקד קיל ענד אצ'אפה המעשר והתרומה[8] הביאו את כל המעשר[9] אלד'ין בצרי מעשר דגנך[10] באלפתח יזיד ד'לך וצ'וחא קולהם והלוים יעלו את מעשר המעשר[11] בפתח שין מעשר לאנה מצ'אף ותחריך שין המעשר באלצרי לאנה גיר מצ'אף. ומא כאן מן אלמצאדר עלי פָעול מת'ל אמרים אמור[12] פאנה יתג'יר ענד אלאצ'אפה כמא קיל יען אמר מואב[13]. ואן כאן צ'פה תג'יר איצ'א כמא קיל חמוץ בגדים[14] ולא מחאלה אנה קבל אלאצ'אפה קמוץ אלחא אד' לא יוג'ד פי אלצפאת פעול בשבא אלא קלילא *מת'ל אלוה

[a] R. om.

[1] D 36, N. 18. [2] Gen. 49, 29. [3] Prov. 11, 13. [4] II Sam. 7, 16. [5] Ex. 22, 7. [6] Lév. 13, 17. [7] Ex. 22, 13. [8] Mal. 3, 8. [9] ib. 3, 10. [10] Deut. 14, 23. [11] Néh. 10, 39. [12] Jér. 23, 17. [13] Ex. 25, 8. [14] Is. 63, 1.

מתימן יבוא[1][a]. ומא כאן עלי הדֿא אלמתֿאל מן אלאסמא אלמעתלֿה אללֿאם פאנֿה לֿא יתגיֿר ענד אלאצֿאפה כמא קיל ענד אצֿאפה חזות קשה[2] וחזותכם את שאול[3] ופי אצֿאפה גלות לגלות המלך יויכין[4] בחמשה לחדש לגלותנו[5] ואיצֿא והגות לבי תבונות[6] ויתנו בברותי ראש[7] ומלאתי הגאיות רמותך[8] ואמא ושב שבותם[9] כי אם ראות עיניו[10] ענות עני[11] נדת דותה[12] ומא אשבה דֿלך פאנמא הו קבל אלאצֿאפה מתֿלהא ענד אלאצֿאפה אעני עלי זנה פְעוֹל בשבא תחת אלפא מתֿל פדות שלח לעמו[13] ואין כסות לאביון[14] זנות ויין ותירוש[15]. אמא קולנא פי הדֿה אלאסמא אלאול אעני חזות וגלות ובאבהמא אנֿהמא עלי מתֿאל אמרים אמור למנאצי[16] פלאנֿהא עלי חנהא ואלתאאת פיהא עלי הדֿא הי אללאמאת. ואמא ענד תדקיק אלנטֿר פמא הי ענדי אלא עלי מתֿאל עבדות ומרדות אלא אנֿהא נאקצה אללאמאת ואלדליל עלי דֿלך אמתנאעהא מן אלתגיֿר ענד אלאצֿאפה כאמתנאע עבדות ומרדות מן דֿלך. ואמא אלצֿרב אלתֿאני מן אלאסמא אעני פדות ובאבה פמא יצלח ענדי אן יכון אלא פְעוֹל בשבא מתֿל חלום אחד הוא[17] שבול ואלמן[18] וגירהמא ואלתא פיהא 132. בדל מן אלהא אלתי הי לאם אלפעל ולא יצלח אן יקאל פיהא אנֿהא פְעָלוֹת אצלא מן אגל אנֿהא בשבא *מתֿל כי היא כסותה לבדה[19] וכדֿלך תקול מנה כסותנו. וקד דֿהב קום אלי אן יברהנוא עלי אן וזן חזות וגלות פעלות מתֿל עבדות ומרדות מן וצף אלכתאב בצפה מונתֿה כקולה חזות קשה קאלוא הדֿא אלדליל עלי אן אצל חזות וגלות חזיות וגליות עלי מתֿאל עבדות ומרדות ומלכות ולם ירומו בהדֿא אבטאל ברהאננא נחן אלתי הו אמתנאע תגיֿרה ענד אלאצֿאפה בל אנֿמא ראמוא תפצֿילה עליה. ואנא ארי ברהאננא נחן אקוי לאנֿה גֿאר מגֿרי אלעלֿה פי מעלולהא לאן פעלות קד וצפת באלתדֿכיר פי מתֿל קול אלכתאב עיני גבהות אדם שפל[20] ואלתקדיר גבהות עיני אדם שפל פברהאננא אדֿא אעם מן ברהאנהם[b]. ומא כאן עלי פְעָל מתֿל דבש ושלו וקרב וכל יקר ראתה עינו[21] פבעצֿה

[a] R. om. [b] B., M. et R. om.

[1] Hab. 3, 3. [2] Is. 21, 2. [3] ib. 28, 18. [4] Ez. 1, 2. [5] ib. 33, 21. [6] Ps. 49, 4. [7] ib. 69, 22. [8] Ez. 32, 5. [9] Seph. 2, 7. [10] Eccl. 5, 10. [11] Ps. 22, 25. [12] Lév. 12, 2. [13] Ps. 111, 9. [14] Job 31, 19. [15] Osée 4, 11. [16] Jér. 23, 17. [17] Gen. 41, 26. [18] Is. 46, 9. [19] Ex. 22, 26. [20] Is. 2, 11. [21] Job 28, 10.

יתגיּר אוּלה ענד אלאצֿאפהֿ אלי אלצֿמאיר כמא קיל פי אצֿאפהֿ דבש אכלתי יערי עם דבשי[1] ואכֿרה לא יתגיּר כמא קיל *פי אצֿאפהֿ יְקָר אשר המלך חפץ ביקרו[2] ואת כל יקרה[3] וקיל[a] פי אצֿאפהֿ כי כתב אשר נכתב בשם המלך[4] הכל בכתב מיד יי̈ עלי השכיל[5] מדינה ומדינה ככתבה[6] ואל היהודים ככתבם[7] ואן כאן כי כתב אשר נכתב בשם המלך צחיפהֿ ובכתב מיד יי̈ כּטּא ושכלא אסם כתב יגֿמעהמא כמא גֿמעהמא אלכתאב פי אללסאן אלערבי· וכדֿלך לא יתגיּר ענד אצֿאפתה אלי אלאסמא אלטֿאהרהֿ כמא קיל פי אצֿאפהֿ והיה השרב לאגם[8] החפכי הצור אגם מים[9] ופי אצֿאפהֿ וכל יקר ראתה עינו[10] ואת יקר תפארת גדלתו[11] *אלא אן אכֿרה[b] יתגיר מן אלקמצות אלי אלפתחות פי אלאכֿר[c]· וקד קלת פי באב אלאבניהֿ אן מן הדֿא אלמתֿאל וישב דוד במצד[12]· ומא כאן עלי מתֿאל מועד ומופת ומוקש ומוקד לא יתגיּר כמא קיל כי היה שם אהל מועד האלהים[13] וקיל פי אצֿאפהֿ ואבן למוסדות[14] מוסדות השמים[d] ירגזו[15] וקיל פי אצֿאפהֿ וארבעה שלחנות[16] לשלחנות הכסף[17] בתגיּר קמצות אלחא אלי שבא ופתח וקיל פי אצֿאפהֿ בתוכחות על עון[18] כסף תועפות לך[19] ודרך חיים תוכחות מוסר[20] ותועפות הרים לו[21] כתועפות ראם לו[22]· ומעני וכסף תועפות לך אלגֿלאלהֿ ואלרפעהֿ אי כתֿיר גזיר· וקיל פי אצֿאפהֿ פה פי בקלב אלהא יא[e] קיל בפי כל נביאיך[e] אלה[23] על פי יי̈[24] והיה פי ראשו[25] ופי המעיל בתוכו כפי תחרא[26] מפי ירמיהו[27] בעברי פי פחת[28] מפיך ומפי זרעך[29] וישם דבר בפיו[30] ופיהו את פיך ידבר[31] אלהא פי ופיהו ללצֿמיר מע אלואו· וקד תסקט הדֿה אליא ענד אצֿאפהֿ אלמתכלּם אלאסם אלי נפסה לאגֿתמאע סאכנין לינין ודֿלך קולה כי פי המדבר אליכם[32] וישם פי כחרב חדה[33]· וקיל פי אצֿאפהֿ שה תמים[34] אלי אלצֿמיר או את שיו[35] ואיש שיהו[36] בתצחיח אליא

[a] R. om. [b] A. אכדתה [c] B. R. om. [d] B. R. הרים (voy. II Sam. 22, 8). [e] A. B. R. עבדיך

[1] Cant. 5, 1. [2] Esth. 6, 6. [3] Jér. 20, 5. [4] Esth. 8, 8. [5] I Chr. 28, 19. [6] Esth. 1, 22. [7] ib. 8, 9. [8] Is. 35, 6. [9] Ps. 114, 8. [10] Job 28, 10. [11] Esth. 1, 4. [12] II Chr. 11, 7. [13] II Chr. 1, 3. [14] Jér. 51, 26. [15] Ps. 18, 8. [16] Ez. 40, 42. [17] I Chr. 28, 16. [18] Ps. 39, 12. [19] Job 22, 28. [20] Prov. 10, 23. [21] Ps. 95, 4. [22] Nomb. 23, 22. [23] I Rois 22, 23. [24] Ex. 17, 1. [25] ib. 28, 32. [26] ib. 39, 23. [27] Jér. 36, 32. [28] ib. 48, 28. [29] Is. 59, 21. [30] Nomb. 23, 16. [31] Jér. 34, 3. [32] Gen. 45, 12. [33] Is. 49, 2. [34] Ex. 12, 5. [35] Deut. 22, 1. [36] I Sam. 14, 34.

אלמנקלבה מן אלהא· ואמא ענד אצאפתה אלי אלמטהר פלם יגיר הרא אלנוע מן אלתגייר בל תגירא אכר פי אלצבט ודלך אן שה ארא כאן מנפצלא [הו] בתלת נקט והו ארא כאן מתצלא בנקטתין פאן שה תמים[1] בסגול ושה כבשים ושה עזים[2] בצרי· וקיל פי אצאפה מא כאן עלי פעלון אלמשדד אלעין מתל תמהון ושכרון ועורון ושברון וכליון בשברון מתנים[3] ובתמהון לבב[4] וכליון עינים[5] בתכפיף אלעין ותוקיפה בשבא· ורבמא אבקוא אלשדה בחסבהא מע תגיירהם אלקמץ אלי אלשבא כמא קיל פי אצאפה מור אהלים וקנמון[6] וקנמן בשם מחציתו[7] *ופי אצאפה בעצבון תאכלנה[8] ומעצבון ידינו[9]*[a]· וממא אסתעמלוא פיה אלאצאפה עלי גיר קיאס אצאפתהם אלמוצוף אלי אלצפה ודלך מתל קולה בני שלשים[10] 132. אלאצל פיה בנים שלשים· ואיצא בני רבעים ישבו לך[11] ואלוגה בנים רבעים· ואיצא קולה בחיל כבד[12] בצרי תחת אלחא ואלוגה בחיל בקמץ גדול תחתהא· ואיצא[b] ויקח יהוידע הכהן ארון אחד[13] בשבא ופתח תחת אלאלף ואגבה קמץ גדול· ואיצא אל נוה איתן[14] ואלוגה אן יכון מתל נוה משלח ונעזב[15] לאן איתן צפה לה· ואיצא אנשי בני בליעל[16] ואלוגה אנשים בני בליעל כמא קיל פי גיר הרא אלמוצע יצאו אנשים בני בליעל[17]· והו אלקיאס פי נטעי נעמנים[18] אעני אן אלוגה פיה נטעים נעמנים לאן נעמנים צפה· מי המרים[19] אלוגה פיה המים המרים לאן המרים צפה ללמא· ומתלה עשה לך חרבות צורים[20] באצאפה חרבות אלי צורים והי צפה להא ואלוגה אן יכון מתל חרבות שניו[21]· ומתלה ומסל המצות אשר לפני יי לקח חלת מצה אחת[22] אלוגה חלה מצה לאן מצה צפה ללחלה ואן קיל פי תא חלת אנה בדל מן הא מתל תא ושכורת ולא מיין[23] ותא אם אתן שנת לעיני[24] כאן עלי גיר הרא· ואן געל גבר תמים[25] מן לגה גבר חכם בעוז[26] כאן איצא מן הרא אלבאב אעני מן באב מא אציף פיה אלמוצוף אלי אלצפה וכאן איצא שארא ען באב ארץ פי

[a] B., R. om. [b] R. ajoute בפתח; c'était à l'origine une note marginale, destinée à remplacer la mauvaise leçon בקמץ גדול

[1] Ex. 12, 15. [2] Deut. 14, 4. [3] Ez. 21, 6. [4] Deut. 28, 28. [5] ib. 28, 65. [6] Prov. 7, 17. [7] Ex. 30, 23. [8] Gen. 3, 17. [9] ib. 5, 29. [10] ib. 50, 23. [11] II Rois 10, 30. [12] ib. 18, 17. [13] ib. 12, 10. [14] Jér. 49, 19. [15] Is. 27, 10. [16] Jug. 19, 22. [17] Deut. 13, 14. [18] Is. 17, 10. [19] Nomb. 5, 23. [20] Jos. 4, 2. [21] Prov. 30, 14. [22] Lév. 8, 26. [23] Is. 51, 21. [24] Ps. 132, 4. [25] ib. 18, 26. [26] Prov. 24, 5.

אצׄאפתה כמא שדׄ ענה ובחדר משכבך[1] וגירה ממא קד דׄכרתה קבל· ואן גׄעל סריאניא מתׄל איתי גבר[2] כאן עלי וגׄהה· ויגׄנס הדׄא קולה אבני עשר אמות ואבני שמנה אמות[3] פאנׄה למא כאן הדׄא אלעדד מערבא ען אלטול וכאן אלטול וצפא ללאבנים כמא תקול חגׄארהׄ עשאריהׄ וחגׄארהׄ תׄמאניהׄ אקאמות מקאם אלטול ווצפוא בה תׄם אצׄאפוא אלמוצוף אלי אלצפהׄ עלי אסתעמאל כאן לחם ולו לם יכן פי אלכלאם חדׄף לכאן חקׄה אן יכון אבנים ארוכות עשר אמות ומתׄלה וחוט שתים עשרה אמה יסב את העמוד השני[4] ואיצׄא וקו שלשים באמה יסב אתו סביב[5]· ומתׄלה ארץ ארבע מאות שקל כסף[6] אקים אלעדד מקאם אלצפהׄ תׄם אצׄיף אלמוצוף אליה וכאן אלתקדיר ארץ ישוה ארבע מאות שקל כסף פחדׄפוא אלנעתין ואקאמוא הדׄה אלאעדאד מקאמהמא ואצׄאפוא אליהמא כמא כאנוא יצׄיפון אלי אלנעתין· ומתׄלה וחלת לחם שמן אחת[7] למא כאן קולה שמן מֻערבא ען בלול בשמן אלדׄי הו וצף ללחם מקים מקאמהׄ תׄם אצׄיף אליה אלמוצוף· ורבמא אצׄאפוא אלי מצׄאף אליה מחדׄוף והם יתוהׄמונה חאצׄרא ויצׄיפון אליה כמא קיל נתנני אדני בידי לא אוכל קום[8] פאן קולה בידי ליס מצׄאפא אלי לא אוכל קום אדׄ ליס וצפא ולא פי מוצׄע וצף ולא הו מן סבב בידי פי שי בל הו אעני בידי מצׄאף אלי מצׄאף אליה מתוהׄם ואלתקדיר בידי ארנים קשה או בידי אכזר או מא אשבה דׄלך· וקולה לא אוכל קום אסתקצא ואבלאג פי וצף אלחאל והדׄא אלאסתעמאל מן איגׄאזהם ואכׄתצארהם ובלאגׄתהם· ואשנע מן הדׄא אצׄאפתהם אלי אלגׄמל כמא יצׄיפון אלי אלוצף ארׄא קאמת תלך אלגׄמל מקאם אלוצף כמא קיל כי גאו המים מי שחו[9] פאן שחו פעל ופאעל והדׄה[a] גׄמלהׄ והו מערב ען קולך [מים] רבים· וממא יגׄרי פי כלאמהם מגׄרי אלמצׄאף וליס במצׄאף קולה שמר מה מליל[10] יסאויׄ לפטׄה והו גיר מצׄאף לפטׄ 134. ליל שמורים הוא[11] אלמצׄאף· ואיצׄא ואל המלכים אשר מצפון[12] בשבא תחת אלצאד ואלוגׄה קמץ גדול· ואיצׄא אין לשמור למחלקות[13] בשבא תחת אללאם והו בסוף פסוק ואלוגׄה אלקמצות

[a] A. והדׄא [b] B. סאוי, R. השוה

[1] Ex. 7, 28. [2] Dan. 5, 11. [3] I Rois 7, 10. [4] ib. 7, 15. [5] ib. 6, 23. [6] Gen. 23, 15 [7] Lév. 8, 26. [8] Lam. 1, 14. [9] Ez. 47, 5. [10] Is. 21, 11. [11] Ex. 12, 42. [12] Jos. 11, 2. [13] II Chr. 5, 11.

כמא קיל פי מוצ̇ע אכ̇ר כי לא פטר יהוידע הכהן את המחלקות[1]. ואיצ̇א דרך הירדן על המעברות[2] בשבא תחת אלבא ואלוג̇ה אלקמצות כמא קיל והמעברות נתפשו[3]. והו אלוג̇ה איצ̇א פי קולה כי הרבה אפרים מזבחות לחטא היו לו מזבחות לחטא[4] ואיצ̇א קולה מקום אשר נתנו שם ריח ניחח לכל גלוליהם[5]. וממא יג̇רי מג̇רי אלמצ̇אף ואן לם יכן מצ̇אפא קולה דרך השכוני באהלים[6] ואלוג̇ה השכונים ואיצ̇א חוי משכימי בבקר שכר ירדפו מאחרי בנשף[7]. הד̇א ומת̇לה ליס במצ̇אף לאן אלבא תקטע אלאצ̇אפה̈ ולא וג̇ה איצ̇א פי אלמעני לאצ̇אפתה ואנ̇מא חד̇פוא אלמים מן הד̇א ומן אמת̇אלה אסתכ̇פאפא. ואט̇הר[a] מן הד̇א קולה השתים במזרקי יין[8] פאן ד̇הב ד̇אהב אלי אן יג̇עלהא מצ̇אפא כאן אלמשרוב מג̇הולא והד̇א מחאל. וקד אמתנעוא מן תגייר אשיא פי אלאצ̇אפה̈ כאן אלתגייר לאזמא להא פיהא וד̇לך עלי אלשד̇וד̇ ואלכ̇רוג̇ ען אלאט̇ראד ואלאסתעמאל מנהא קולה פי איה̈ אלנזיר לאחיו ולאָחתו[9] במד̇ אלאלף באלקמץ עלי מא כאנת פי אחות לנו קטנה[10] ואלוג̇ה אן יכון מת̇ל ולאֲחתו הבתולה[11] ואיצ̇א האחיהם יבאו למלחמה[12] ובאחיכם בני ישראל[13] במד̇ אלאלף מנהמא באלפתח מת̇לה פי כי אנשים אחים אנחנו[14] ואלוג̇ה אן יכון מת̇ל והלחמו על אחיכם[15]. ומנהא איצ̇א קולה בָגודה אחותה יהודה[16] ואלוג̇ה אן יכון מת̇ל קרובה רחוקה גדולה פשד̇ ען אלבאב. ואיצ̇א קולה קטני עבה ממתני אבי[17] אלוג̇ה פיה אן יכון קטוני עלי זנה̈ גרוני כמא קיל ואיש את קרבו[18] בקרבי אקדש[19] פאד̇א אצ̇יף אלואחד אלמתכ̇לם אלי נפסה יקאל קרובי פהכ̇ד̇א יג̇ב אן יכון קטוני פלם יג̇ירו אלקאף וארג̇מוא ואו אלמד̇ פי אלנון. ומת̇לה ותהי שם המלחמה נפוצת[20] ואלוג̇ה פיה נפוצה עלי זנה̈ גדולה ורחוקה וקרובה אן כאן מן לגה̈ כי נפץ העם מעלי[21] פלם יתג̇יד̇ ענד אלאצ̇אפה̈ אלא אנ̇הם אבדלוא מן אלהא תא ואן כאן מן לגה̈ פן נפוץ[22] פבאן אלקיאס אן יכון עלי מת̇אל כי אין בפיהו נכונה[23]. וג̇איז פיה ענד יאיצ̇א אן יכון פעלא מאצ̇יא עלי מת̇אל

[a] A. ואשהר

[1] II Chr. 23, 8. [2] Jos. 2, 7. [3] Jér. 51, 32. [4] Osée 8, 11. [5] Ex. 6, 13. [6] Jug. 8, 11. [7] Is. 5, 11. [8] Amos 6, 6. [9] Nomb. 6, 7. (Dans nos textes, patach.) [10] Cant. 8, 8. [11] Lév. 21, 3. [12] Nomb. 32, 6. [13] Lév. 25, 46. [14] Gen. 13, 5. [15] Néh. 4, 8. [16] Jér 3, 7. [17] I Rois 12, 10. [18] Ex. 32, 27. [19] Lév. 10, 3. [20] II Sam. 18, 8. [21] I Sam. 13, 11. [22] Gen. 11, 4. [23] Ps. 5, 10.

והמסלכה נבונה[1] וכל מרעיתם נפוצה[2] אלא אן אלהא אנקלבת תא[a] כאנקלאב הא ושבה אל בית אביה[3] תא[a] פי ושבת לנשיא[4] ואנקלאב הא אזלה תא[a] פי כי אזלת יד[5] ואלמעני אנّה למא אנחשרת אלחרב פי אלארץ̇ כת̇ר קתל אלשערא מנהם עלי מד̇הב והיה ארון יי̈ בא עיר דוד ומיכל בת שאול נשקפה בעד החלון[6]. וג̇איז אן יכון מן הד̇א אלבאב אעני ממא לם יתגייר פי אלאצ̇אפה̈ קולה בצל דליותיו תשכ̇נה[7] והריותיו יבקעו[8] כמא אן הרות הגלעד[9] והרותיהם תבקע[10] מנה. *ואיצ̇א לכן יכיר מעבדיהם[11] אלוג̇ה אן יהד̈ף אלבא בשבא עלי זנה̈ משפטיהם לאן מעבד [עלי זנה̈] משפט לולא אלחרף אלחלקי ועלי זנה̈ מעגל וכמא קיל במעגלי צדק[12] ואין משפט במעגלתם[13] בשבא תחת אלגים כד̇לך יג̇ב אן יקאל מעבדיהם בשבא תחת אלבא. וממא לם יתגי̈ר איצ̇א קולה מעמקי ים[14] וקצ̈תה קצ̈ה̈ מעבדיהם. ומת̇לה מחמדי בטנם[15] מחשכי ארץ[16] במנעמיהם[17] ואיצ̇א משמני ארץ[18]. וליסת אלשד̈ה̈ פי הד̇ה אלאלפאט̇ סבב אמתנאע אלתגייר פאנّהא גיר לאזמה̈ חסבך אנّהם קד אסקטוא אלשד̈ה̈ אללאזמה̈ מן חלמיש פי קולהם מחלמיש צור[19] ומן זכרון לבני ישראל[20] [פי אין זכרון לראשנים[21]] וג̇אצ̈ה̈ פי אלאצ̇אפה̈[a]. וממא לא יתגי̈ר ענד אלאצ̇אפה̈ קולה השקיתנו יין תרעלה[22]. ולמא ג̇אנס הד̇א אלבאב אלד̇י נחן פיה מא יתגי̈ר פי אלאנפצאל עמّא הו עליה פי אלאת̈צאל לאן כל מצ̇אף מת̈צל וכל גיר מצ̇אף מנפצ̇ל ראינא אן נתלו ד̇כרה במא ד̇כרנא פי הד̇א אלבאב.

125. # אלבאב אלתאסע עשר

אלאת̈צאל ואלאנפצאל ופי ד̇כר מא ינצרף ומא לא ינצרף.

אעלם אן אכת̇ר מא יאתי פי אלאת̈צאל ואלאנדראג̇ פתח ממא הו עלי וזן ארץ או עלי גירה מן אלאוזאן ואלאמת̇לה̈ פאנّה ינצרף פי אלוקף ואלאנפצאל קמץ̇. וקד יכון אלשי אלואחד מן הד̇א פי בעץ̇

[a] B. R. om.

[1] I Rois 2, 46. [2] Jér. 10, 21. [3] Lév. 25, 13. [4] Ez. 46, 17. [5] Deut. 32, 36. [6] II Sam. 6, 16. [7] Ez. 17, 23. [8] Osée 14, 1. [9] Amos 1, 13. [10] II Rois 5, 12. [11] Job 34, 25. [12] Ps. 23, 3. [13] Is. 59, 8. [14] ib. 51, 10. [15] Osée 9, 16. [16] Ps. 74, 20. [17] Ps. 34, 25. [18] Gen. 27, 39. [19] Deut. 32, 13. [20] Ex. 28, 12. [21] Eccl. 1, 11. [22] Ps. 9, 8.

אלמואצע מנפצלא בחאלה מתצלא· מתאל דלך אן ארץ ינצרף פי אכתר מואצע אלאתנח וסוף פסוק אלי אלקמצות וקד יכון פיהמא איצא פתח· ויערץ מתל הדא איצא פי גיר באב ארץ ופי אלאפעאל אלמאציה ממא יכון עלי וזן פָעל אעני אנה קד יכון פי אלאנפצאל קמוץ כלה· וקד תתגייר אמתלה אכרי פי אלוקף אלי אלצרי ואלסגול ואלי גיר הדא איצא עלי מא סתראה פי הדא אלבאב והדה אלמואצע מקיידה פי אלמסורת[a]· ומן באב ארץ מא לא ינצרף אצלא אעני מא לא יכון אברא פי אתנח וסוף פסוק אלא פתח בחסבה פי אנדראג אלכלאם מתל גדר ואפר ותבן וספר ומלך ומלח יצודו חרם[1] ובטח בין עדר ובין עדר[2] ואיצא המאכלת לאן אכרה עלי מתאל ארץ הדה כלהא וגירהא איצא תאתי פי אתנח וסוף פסוק עלי חסב מא הי עליה פי גיר אתנח וסוף פסוק מן כון בעצהא בצרי ובעצהא בסגול פלא תנצרף· וקד קייד הדא ומא אשבהה פי אלמסורת[b] אפאצל אלסופרים פלא וגה לדכרה הנא וחסבנא אנא קד נבהנא עליה פליוכד מן מואצעה· ואמא מא אלחאגה דאעיה אלי דכרה הנא ממא הו פי אלאנפצאל בכלאף מא הו עליה פי אלאתצאל פמתל תגייר כתיר מן אלאפעאל אלמאציה ואלמסתקבלה פי אלאנפצאל עמא הי עליה פי אלאתצאל· ודלך מתל קולה פי אלאתצאל וברכך בארץ[3] והטיבך והרבך[4] בשבא תחת אלכאף ותחת אלבא· וקיל פי אלאנפצאל הלא הוא אביך קנך[5] ואלקיאס אן יכון פי אלאתצאל קנך עלי זנה אשר קרך בדרך[6] הוא עשך ויכננך[7] לאנה פעל מאץ מתלהמא אלא אנה אסתעמל פי אלאנפצאל בסגול כמא קיל פי אלאתצאל צור ילדך תשי[8] ופי אלאנפצאל שמע לאביך זה ילדך[9]· וקיל פי אלאנפצאל ושב יי אלהיך את שבותך ורחמך[10] עלי זנה ושכב בשלמתו וברכך[11] ואלוגה פי אלאתצאל אן יכון בשבא עלי זנה וברכך בארץ *כמא קיל ורחמך והרבך[12c]· וקיל פי אלאנפצאל עלה וקבר את אביך כאשר השביעך[13] ואלוגה פי אלאתצאל אן יכון בשבא ופתח· וקיל כי לא אתך מאסו

[a] B. אלמוסרת [b] B. אלמוסרת [c] B. R. om.

[1] Mikha 7, 2. [2] Gen. 32, 17. [3] Deut. 28, 8. [4] ib. 30, 5. [5] Deut. 32, 6. [6] ib. 25, 18. [7] ib. 32, 6. [8] ib. 32, 18. [9] Prov. 23, 22. [10] Deut. 30, 3. [11] ib. 24, 13. [12] ib. 13, 18. [13] Gen, 50, 6.

כי אתי מאסו ממלך עליהם[1] בקמץ פי אלאנפצאל והו זקף לאן אלאנפצאל קד יכון כתֿירא פי זקף. וקיל פי אלאתֿצאל כי גברו עלינו האנשים[2] ופי אלאנפצאל מאריות גברו[3] ואיצֿא ושמרו בני ישראל את השבת[4] אכל בערים ושמרו[5] יתר הבז אשר בזזו[6] ואת כל חילם בזזו[7] וטהרה ממקור דמיה[8] וכפר עליה הכהן וטהרה[9] לקטו לחם משנה[10] איש לפי אכלו לקטו[11] ויחי יעקב[12] כאשר שמעת אתה ויחי[13] ויתאבלו העם[14] את הדבר הרע הזה ויתאבלו[15] באו מלכים נלחמו אז נלחמו מלכי כנען[16] מה יקחך לבך[17] ומשם יקחך[18] תרועה יתקעו[19] ואם באחת יתקעו[20] אשר תקחו מאתם[21] ממחציתכם תקחו[22] באש ישרפו אתו ואתהן[23] באש תשרפו[24] 136. תשמרו להקריב לי במועדו[25] אך את שבתתי תשמרו[26] ירחצו מים ולא ימתו[27] ובקרבתם אל המזבח ירחצו[28] זאת החיה אשר תאכלו[29] אתה תאכלו[30] ואדברה באזניהם[31] האזינו השמים ואדברה[32] ואת אלה תשקצו מן העוף[33] ואת נבלתם תשקצו[34]. ופי אלאמר ועתה הרגו כל זכר בטף וכל אשה ידעת איש למשכב זכר הרגו[35] עמדו עמדו[36] בשלו את הבשר[37] ואת אשר תבשלו בשלו[38]. ופי אלמצאדר[a] למען ענתך לנסתך[39] ולמען נסתך להיטבך באחריתך[40] בצאתך משעיר[41] שמח זבולן בצאתך[42]. ופי אלאסמא מקומך אל תנח[43] ברח לך אל מקומך[44] שורך טבוח לעיניך[45] לא תעבד בבכר שורך[46] שדך לא תזרע[47] כי תקצר קצירך בשדך[48] ומטך אשר הכית בו[49] נטה את ידך במטך[50] רעך ורע אביך[51] שלמת רעך[52] נביא מקרבך מאחיך[53] והסרתי מחלה מקרבך[54] ושתי את גבלך[55] והרחבתי את גבלך[56] על כל קרבנך תקריב מלח[57] ואם מנחת

[a] B. ופי אלמצדר, R. ובמקור

[1] I Sam. 8, 7. [2] II Sam. 11, 23. [3] ib. 1, 23. [4] Ex. 31, 17. [5] Gen. 41, 35. [6] Nomb. 31, 32. [7] ib. 31, 9. [8] Lév. 12, 7. [9] ib. 12, 8. [10] Ex. 16, 22. [11] ib. 16, 18. [12] Gen. 47, 28. [13] Deut. 4, 33. [14] Nomb. 10, 39. [15] Ex. 33, 4. [16] Jug. 5, 19. [17] Job 17, 12. [18] Deut. 30, 4. [19] Nomb. 10, 6. [20] ib. 10, 4. [21] Ex. 25, 3. [22] Nomb. 31, 29. [23] Lév. 20, 14. [24] Ex. 12, 10. [25] Nomb. 28, 2. [26] Ex. 31, 13. [27] ib. 30, 20. [28] ib. 40, 32. [29] Lév. 11, 2. [30] ib. 11, 3. [31] Deut. 31, 28. [32] ib. 32, 1. [33] Lév. 11, 13. [34] ib. 11, 11. [35] Nomb. 31, 17. [36] Nah. 2, 9. [37] Lév. 8, 31. [38] Ex. 16, 23. [39] Deut. 8, 2. [40] ib. 8, 16. [41] Jug. 5, 4. [42] Deut. 33, 18. [43] Eccl. 10, 4. [44] Nomb. 24, 11. [45] Deut. 28, 31. [46] ib. 15, 19. [47] Lév. 19, 19. [48] Deut. 24, 19. [49] Ex. 17, 5. [50] ib. 8, 1. [51] Prov. 27, 10. [52] Ex. 22, 25. [53] Deut. 18, 15. [54] Ex. 23, 25. [55] ib. 23, 31. [56] ib. 34, 24. [57] Lév. 2, 13.

מרחשת קרבנך[1] ואל אשת עמיתך[2] בצדק תשפט עמיתך[3] ותדבר אמתך באזניך[4] ושמע את דברי אמתך[5] לא תתן חסידך[6] לאיש חסידך[7]. ופי אלצ̇מיר אני יי אלהיכם[8] כי קדוש אני[9]. וממא יתג̇יר פי אלאנפצאל עמא הו עליה פי אלאתצאל פאחד ואחת פאן אכת̇ר מא יאתיאן עליה פי אלאתצאל אן יחרד אלאלף מן כל ואחד מנהמא בפתח גדול ואמא פי אלאנפצאל פבפתח קטן והד̇א מעלום משהור. ואעלם אן אכת̇ר אלאנפצאל אנמא יכון פי אתנח וסוף פסוק וקד יכון בעצ̇ה פי זקף ורבמא אג̇רוא אלסגול אעני אלטעם אלד̇י ילי אלזרקה פי אלאנפצאל מג̇רי הד̇ה כמא קיל ותשכח יי עשך נוטה שמים ויסד ארץ[10] בקמץ גדול כמא יכון פי אתנח וסוף פסוק ואיצ̇א הנני מביא אותם מארץ צפון וקבצתים מירכתי ארץ[11]. ואיצ̇א חנה החיה יי אותי כאשר דבר[12] בצרי תחת בא דבר כמא יכן פי אתנח וסוף פסוק ואלמסורת עליה לית דכותיה וכל אתנח וסוף פסוק דכותיה. וקיל בחרו לכם היום את מי תעבדון[13] בואו אלמד כמא יכון פי אלאנפצאל. וקיל חמשים ללאות עשה ביריעה האחת[14] בפתח קטון עלי מא הו פי אתנח וסוף פסוק. ואיצ̇א טרם ישכבו[15] בקמץ כמא הו פי אתנח וסוף פסוק. ואיצ̇א ויאמר עלי לשמואל לך שכב[16] והי ג̇ קמוצין קד חצרתהא אלמסורת והי ת̇לת̇תהא פי אלמעני נפסהא אחדהא ויאמר לא קראתי שוב שכב[17] והו פי אתנח ואלת̇אני לא קראתי בני שוב שכב[18] והו פי סוף פסוק ואלת̇אלת̇ הד̇א אלד̇י ד̇כרנא פג̇רת הד̇ה אללפט̇ה פי אלסגול מג̇ראהא פי אתנח וסוף פסוק. ומת̇ל הד̇א איצ̇א קולה משם נסעו ויחנו מעבר ארנון[19]. ואעלם אנה מא כאן עלי זנה ארץ פד̇כל עליה הא אלתעריף והו פי גיר אתנח וסוף פסוק פאנה באק עלי בניתה לא יתג̇יר ענהא אלא ארץ וחרה פאנה קד ערץ̇ לה אמר עג̇יב וד̇לך אנהם יג̇ירונה מן אלפתחות אלי אלקמצות ענד תעריפהם איאה פי אי מוצ̇ע כאן מן אלאנפצאל ואלאתצאל קאלוא מן הארץ 137. ההיא יצא אשור[20] ישבו לארץ ידמו[21] לגור בארץ באנו[22]. וקד אג̇רוא כלמאת פי אלאתצאל מג̇ראהא פי אלאנפצאל כמא אנהם קד

[1] Lév. 2, 7. [2] ib. 18, 20. [3] ib. 19, 15. [4] I Sam. 25, 24. [5] ib. ib. [6] Ps. 17, 10. [7] Deut. 33, 8. [8] Ex. 6, 7. [9] Lév. 11, 44. [10] Is. 51, 13. [11] Jér. 31, 7. [12] Jos. 14, 10. [13] ib. 24, 15. [14] Ex. 36, 12. [15] Gen. 19, 4. [16] I Sam. 3, 9. [17] ib. 3, 5. [18] ib. 3, 6. [19] Nomb. 21, 13. [20] Gen. 10, 11. [21] Lam. 2, 10. [22] Gen. 47, 4.

אג̇רוא כלמאת פי אלאנפצאל מג̇ראהא פי אלאתצאל עלי מא ד̇כרנא פי צדר הד̇א אלבאב מן אלכלמאת אלתי לא תנצרף ותלך אלכלמאת הי מת̇ל קולה צור חסיו בו[1] כאן אלוג̇ה אן יכון בשבא תחת אלסין מת̇ל דליו שקים[2] לאנה מתצל פי אללחן גיר מנפצל ואיצ̇א פי בך חסיה נפשי[3] ואיצ̇א ישפוטו הם[4] ואיצ̇א וגם לא תעבורי מזה[5] ואיצ̇א ישליו אהלים לשדדים[6]. וממא יג̇אנס הד̇א אלבאב מא אג̇רוא פיה אלמתצל מג̇רי אלמנפצל ואלמנפצל מג̇רי אלמתצל *פי אלכ̇ט̇ אמא מא אג̇רוא פיה אלמנפצל מג̇רי אלמתצל[a] פכתאבתהם[b] מים אשר המפרוצים[7] והו פי אכ̇ר אלכלמה̈ *פי צורה̈[c] אלמים פי אואיל אלכלמאת ופי אוסאטהא וכתאבתהם[d] איצ̇א נון מן סערה[8] עלי הד̇א אלוג̇ה ובאלצ̇ד̇ פאנהם כתבוא מים לםרבה המשרה[9] והי וסיטה̈ פי אלכלמה̈ בצורה̈ אלמים אלד̇י פי אואכ̇ר אלכלמאת.

הד̇א אלבאב אלעשרון

אלאצ̇אפה̈ אלנסביה̈.

אעלם אן אלנסבה̈ תכון אלי אלג̇ד̇ ואלי אלקבילה̈ ואלי אלבלד ואלי אלצנאעה̈. וקד ינסבון אלי גיר אלקבילה̈ לחאדת̇ה̈ מא ולקצ̇ה̈ מא תקע ללמנסוב מע אלמנסוב אליה. פאד̇א נסבת אלי אסם מפרד זדת פי אכ̇רה יא ללנסב וג̇ירת אולה ורבמא לם יתג̇יר. תקול פי אלנסבה̈ אלי עבר לאברם העברי[10] ואלי גבל והארץ הגבלי[11] ואלי אדום אדומי ואלי רכב רכבי ואלי דן שבט הדני[12] ואלי גד בני הגדי[13] ואלי אשר וישב האשרי[14]. וקאלוא עלי אלשד̇וד̇ ואל האשורי ואל יזרעאל[15] קאל פיה אלתרגום ועל בית אשר. ואלי מכיר מכירי ואלי שאול השאולי[16] ואלי חמול החמולי[17]. ואמא אלנסב אלי ימין פהו הימני עלי גיר קיאס וכד̇לך אלנסב אלי שמאל השמאלי עלי גיר קיאס איצ̇א ורבמא כאן מד̇הבהם פי אלנסבה̈ אלי ימין ימני

[a] R. om. [b] B. פכתאבהם [c] B. בצורה̈ [d] B. וכתאבהם

[1] Deut. 32, 37. [2] Prov. 26, 7. [3] Ps. 57, 2. [4] Ex. 18, 22. [5] Ruth 2, 8. [6] Job 12, 6. [7] Néh. 2, 13. [8] Job 40, 6. [9] Is. 9, 6. [10] Gen. 14, 13. [11] Jos. 13, 5. [12] Jug. 13, 1. [13] Nomb. 34, 14. [14] ib. 1, 23. [15] II Sam. 2, 9. [16] Nomb. 26, 13. [17] ib. 26 21.

אלתפרקה בינה ובין אלנסבה אלי בנימין אד קאלוא איש ימיני[1]
תם אגרוא עליה השמאלי לאנהמא יתקאבלאן וכאן אלקיאס מתל
חנוך משפחת החנוכי[2]. וקד וגרת פי אלמשנה נחוא מן הדא
אלאסתעמאל ודלך קולהם פי מס' פרה[3] אמר ר' יהושע לא שמעתי[a]
אלא שלשית אמרו לו מה לשון שלשית אמר להם כך שמעתי סתם
אמר בן עזאי אני אפרש אם אומר אתה שלישית לאחרות במנין
וכשאתה אומר שלשית בת שלש שנים כיוצא בו כרם רבעי אמרו לו
מה לשון רבעי אמר להם כך שמעתי סתם אמר בן עזאי אני אפרש
אם אומר אתה רביעי לאחרים במנין וכשאתה אומר רבעי בן ארבע
שנים ספרקוא בין אלמעניין באכתלאף אללפטין. פאן כאן פי
אלאסם אלמפרד שי מן חרוף אלזיאדה אבקיתה בחסבה ונסבת אלי
אלגמיע פתקול פי אלנסב אלי חצרון חצרוני[4] ואלי זבולון זבולוני[5]
ואלי ארמון ארמוני[6] ואלי ישוב ישובי[7] ואלי יכין יכיני[8] ואלי יאיר
עירא היאירי[9]. פאן כאנת תלך אלזיאדה תשבה עלאמה אלגמע
חדפתהא ונסבת אלי סאיר אלאסם כמא קאלוא פי אלנסב אלי 138.
מצרים מצרי ואלי ספרוים ספרוי[10] וקיל פי אלנסב אלי אפרים האפרתי
אתה[11] פחדפוא אליא ואלמים וזאדוא תא[a] עלי אלשדוד פאשבה
אלנסב אלי אפרת היא בית לחם[12] כמא קאלוא ודוד בן איש אפרתי
הזה[13] אלא אנהם קד קאלוא פי אלנסב אלי שעלבין אסם מכאן
השעלבני[14] פלם יחדפו אלזיאדה אלתי תשבה עלאמה אלגמע. וקד
לבצנא כיפיה דלך פי דכר אבניה אלאסמא אלרבאעיה. פאן כאן
אלאסם אלמנסוב אליה מרכבא מן אסמין קד געלא אסמא ואחדא
עלי אלתמאם אעני בקולי עלי אלתמאם אנה וצל בינהמא באלצבט
או באלתאליף אן כאן אכר אלאסם אלאול ממא לא ינצבט אעני אן
כאן חרפא לינא נסבת אלי גמלה דלך אלאסם כמא קיל פי אלנסב
אלי גלעד זהו אסם מרכב מן אסמין אעני מן קולה הגל הזה עד
ביני ובינך היום על כן קרא שמו גלעד[15] פוצל בינהמא באלצבט
אעני באלשבא אלדי תחת לאם גל והדא אלמכאן הו ארץ הגלעד[16]

[a] A. אמרו

[1] Esth. 2, 5. [2] Nomb. 26, 5. [3] M. Para 1, 1. [4] Nomb. 26, 6. [5] ib. 5, 27. [6] Gen. 25, 25. [7] Nomb. 26, 24. [8] ib. 26, 12. [9] II Sam. 20, 26. [10] II Rois 17, 31. [11] Jug. 12, 5. [12] Gen. 48, 7. [13] I Sam. 17, 12. [14] II Sam. 23, 32. [15] Gen. 31, 48. [16] Nomb. 32, 29.

פי[a] נפסה ואן אבתלף לפטהמא[b] וכת סמי אלרגל גלעד[1] פקיל פי אלנסב אליה הגלעדי[2]. וקיל פי אלנסב אלי מלכיאל המלכיאלי[3] ואלי ישראל הישראלי[4] ואלי אחירם האחירמי[5] ואלי איעזר האיעזרי[6] ואלי יחלאל היחלאלי[7] ואלי יחצאל היחצאלי[8] ואלי אשריאל האשריאלי[9]. וכדלך אן כאן אחד אלאסמין מצאפא אלי אלתאני אלא אנהמא געלא אסמא ואחדא ואן לם יוצל בינהמא באלצבט ולא[c] באלתאליף נסב איצא אלי גמלה דלך אלאסם אלא אנהם אדא ערפוה פאנהם יערפון אלמצאף אליה מנהמא פקט כמא קיל פי אלנסבה אלי בית לחם בית הלחמי[10] פנסב אלי אלאסמין ואדכל אלתעריף פי אלתאני מנהמא. וקיל פי אלנסבה אלי בית שמש יהושע בית השמשי[11] ופי אלנסב אלי אביעזר יואש אבי העזרי[12] והכדא קאלוא פי אלנסבה אלי בית אל בימיו בנה חיאל בית האלי את יריחה[13]. ואנמא קאלוא האחירמי[14] האיעזרי[15] באדכאל אלתעריף פי אלאסם אלאול לאנהם געלוא אלאסמין ואחדא עלי אלתמאם *באלתאליף. ואמא בנימין והו אסם מרכב מן אסמין עלי אלתמאם[d] פאנהם נסבוא אליה עלי אלוגהין גמיעא אעני אנהם קאלוא התשיעי לחדש התשיעי אביעזר הענתותי לבנימיני[16] פאדכלוא אלתעריף פי אול אלאסם אד געלוא אללפטתין לפטה ואחדה עלי אלתמאם במנזלה גלעד וישראל ומא אשבה דלך ומרה חדפוא אלאסם אלאול אסתכפאפא ונסבוא אלי אלתאני מנהמא פקט כמא געלוהמא פי אלכט כלמתין פי קולהם ויהי איש מבן ימין[17] פקאלוא איש ימיני[18]. והכדא צנעוא פי אלנסב אלי אבל מחולה[19] והו אסם מרכב מן אסמין אחדהמא מצאף אלי אלתאני אעני אנהם חדפוא אלאסם אלאול אסתכפאפא ונסבוא אלי אלתאני פקאלוא ברזלי המחולתי[20]. וקד וגד פי כלאם אלאואיל הדא אלאסתעמאל והדא אלאסתכפאף אעני אנהם קאלוא פי אלנסב אלי בית לחם לחמיות בקולהם מלודיות עד לחמיות בחצי לג[21]. ואעלם אן קולהם אבי העזרי דליל עלי אן אביעזר ליס ענדהם אסמא

[a] B. R. om. [b] A. לפטאהמא [c] B. או [d] R. om.

[1] Nomb. 26, 29. [2] ib. ib. [3] ib. 26, 45. [4] Lév. 24, 10. [5] Nomb. 26, 38. [6] ib. 26, 30. [7] ib. 26, 26. [8] ib. 26, 48. [9] ib. 26, 31. [10] I Sam. 16, 1. [11] ib. 6, 14. [12] Jug. 6, 11. [13] I Rois 16, 34. [14] Nomb. 26, 38. [15] ib. 26, 30. [16] I Chr. 27, 12. [17] I Sam. 9, 1. [18] Esth. 2, 5. [19] Jug. 7, 22. [20] II Sam. 21, 8. [21] M. Kélîm chap. ıı, 2.

ואחרא עלי אלתמאם אי אנ̇ה ליס תאליפה מחצ̇א לכנ̇ה במנזלה̈

139. בית שמש ובית אל ואן לם יג̇ר פי אלמצחף הד̇א אלמג̇רי· פאן כאן פי אכ̇ר אלאסם יא ישבה יא אלנסבה̈ וארארוא אן ינסבוא אליה חד̇פוא ד̇לך אליא וארד̇לוא מכאנה יא אלנסבה̈ לאמתנאע אג̇תמאע סאכנין ליּנין לאן יא אלנסבה̈ לינה̈ ואליא אלתי פי אלאסם לינה̈ איצ̇א· קאלוא פי אלנסב אלי מת̇ל הד̇א לכרמי משפחת הכרמי[1] לחגי משפחת החגי[2] לשוני משפחת השוני[3] לגוני משפחת הגוני[4]· פאן כאן פי וסט אלאסם אלמנסוב אליה חרף מצ̇אעף חד̇פוה קאלוא פי אלנסב אלי שפופם השופמי[5] לאנ̇הם נסבוא אלי שופם עלי מת̇אל אלנסב אלי חופם פי קולהם החופמי[6] ואלי שוחם השוחמי[7]· ואן כאן פי אכ̇רה אלף סאכנה̈ חד̇פוהא כמא קאלוא פי אלנסבה̈ אלי פלוא הפלואי[8]· ואן כאן פי אכ̇רה הא לינה̈ ללתאנית̇ עאקבתהא יא אלנסב פי אכת̇ר כלאמהם כמא קאלוא פי אלנסב אלי בריעה הבריעי[9] ואלי תמנה התמני[10] ואלי צרעה וחצי המנחתי[11] חצרעי[12]· ורבמא עוצ̇וא מן אלהא נונא ת̇ם ארד̇לוא עליה יא אלנסבה̈ כמא קאלוא פי אלנסב אלי שלה השלני[13] ואלי פוה הפוני[14] פאנ̇הם אסקטוא אלהא מן פוה ועוצ̇וא מנה נונא ת̇ם אסקטוא אלואו אלמתחרכה̈ ואבקוא ואו אלמד̇ אד̇ כאן ד̇לך אכ̇ף עליהם מן קולהם הַפְּוָנִי עלי זנה̈ השוחמי לו אתוא בה עלי אלאצל או מן קולהם הפוני לו לם יעוצ̇וא· ורבמא לם יחד̇פו אלהא בל קלבוה תא* כמא קאלוא פי אלנסב אלי מעכה ויזניהו בן המעכתי[15] וקד פעלוא הד̇א קבל אלנסבה̈ איצ̇א פי קולהם וישב גשור ומעכת[16]· וקאלוא לעזתים לאמר[17] העזתי והאשדודי[18] פקלבוא הא עזה תא* לאנ̇ה ג̇איז ענדהם קלב כל הא ללתאנית̇ פי גיר אלאצ̇אפה̈ תא כמא קאלוא ושכורת ולא מיין[19] אם אתן שנת לעיני[20] וקאלוא פי אלנסב אלי מורשת מיכה המורשתי[21] ופי אלנסב אלי נטופה הנטופתי[22] ואלי אבל מחולה ברזלי המחולתי[23] וקד נסבוא איצ̇א אלי צרעה הצרעתי והאשתאולי[24] ואלי נעמה צופר הנעמתי[25]· ואמא קולהם לימנה משפחת הימנה[26]

[1] Nomb. 26, 6. [2] ib. 26, 15. [3] ib. ib. [4] ib. 26, 48. [5] ib. 26, 39. [6] ib. ib. [7] ib. 26, 42. [8] ib. 26, 5. [9] ib. 26, 44. [10] Jug. 15, 6. [11] Jos. 15, 33. [12] I Chr. 2, 54. [13] Nomb. 26, 20. [14] ib. 26, 28. [15] I Jér. 0, 8. [16] Jos. 13, 13. [17] Jug. 16, 2. [18] ib. 13, 3. [19] Is. 51, 21. [20] Ps. 132, 4. [21] Mich. 1, 1. [22] I Chr. 27, 13. [23] II Sam. 21, 8. [24] I Chr. 3, 53. [25] Job 2, 11. [26] Nomb. 26, 44.

פאנ̃ה ג̇יר מנסוב כל אבקוא אלאסם בחסבה ותעריפהם איאה ואן כאן אסמא עלמא[a] כתעריפהם ארונה פי קולהם הארונה היבוסי[1] ובקולהם שבט המנשה[2]. ואן אעתקד פי קולהם לכרמי משפחת הכרמי[3] לחגי משפחת החגי[4] וג̇ירהמא ממא ישבההמא מת̇ל הד̇א לם יכן בעידא. ורבמא חמלוא אלנון אלזאיד פי אואכ̇ר אלאסמא מחמל אלהא פי חד̇פהם להא כמא קאלוא פי אלנסב אלי נעמן הנעמי[5] כמא ינסבון אלי נעמה בחד̇ף אלהא. פאן נסב אלי אסם פי אכ̇רה ואו לינ̃ה̈ אבקוא אלואו וזאדוא בעדה נונא כמא קאלוא פי אלנסב אלי שילו אחיה השילוני[6] ואלי גילה אחיתפל הגילוני[7] קיל וישלח אבשלום את אחיתפל הגילוני יועץ דוד מעירו מגילה[8]. פאן ג̇מע אלאסם אלמנסוב ארכ̇לת עליה עלאמה̈ אלג̇מע אעני אליא ואלמים ללמד̇כרין ואלואו ואלתא ללמונ̃ת̇ין וצ̇אעפת יא אלנסב לתמכ̃ן מן תחריכהא אד̇ הי סאכנה̈ ויא אלג̇מע וואוה סאכנאן איצ̇א ולא יג̇מע בין סאכנין לינ̃ין ת̇ם אדג̇מת אחדי אליאין פי אלאכ̇רי פיבקו אללסאן מנהמא נבוה̈ ואחדה̈ כמא קיל אלהי העבריים נקרא עלינו[9] ופלשתיים מכפתר[10] ופי אלמונ̃ת̇ המצריות[11] העבריות[12]. והכ̇רא צנעוא פי ואחד אלמונ̃ת̇ פי קולהם העבריה[13] נערה מואביה[14] והיתה להם תרומיה[15] למא ארארוא אלנסבה̈ אלי 140. תרומה חד̇פוא הא אלתאנית̇ כמא צנעוא ענד מא נסבוא אלי תמנה פקאלוא התמני ת̇ם ארכ̇לוא יא אלנסבה̈ מתצ̇אעפה̈ ליתמכ̃ן מן תחריכהא לאנהא סאכנה̈ לינ̃ה̈ והא אלתאנית̇ סאכנה̈ לינ̃ה̈ וקאלוא משאול תחתיה[16] ועוד בה עשיריה[17]. ולו נסבוא אלי תמנה או אלי מעכה שכ̇צא מונ̃ת̇א לקאלוא תמניה מעכיה בחד̇ף הא מעכה והא תמנה וארכ̇אל יא אלנסב ועלאמה̈ תאנית̇ ד̇לך אלשכ̇ץ אלמונ̃ת̇ כמא צנעוא פי תרומיה. פאן אבדלוא מן הד̇ה אלהא תאא[a] לם ישד̃דו אליא אד̇ לא צ̇רורה̈ תדעו אלי ד̇לך לאן אלתא סאכן ט̇אהר צלד פקאלוא עברית יהודית ישראלית ארומית עמונית מצרית חתית[b]. ורבמא חד̇פוא יא אלנסב מן ג̇מע אלמד̇כר אסתת̇קאלא לאג̇תמאע

[a] A. עלמיא [b] B. תחתית

[1] II Sam. 24, 16. [2] Deut. 3, 13. [3] Nomb. 26, 6. [4] ib. 26, 15. [5] ib. 26, 40. [6] I Rois 11, 29. [7] II Sam. 15, 12. [8] ib. ib. [9] Ex. 3, 18. [10] Amos 9, 7. [11] Ex. 1, 19. [12] ib, 1, 15. [13] Deut. 15, 12. [14] Ruth 2, 6. [15] Ez. 48, 12. [16] Ps. 86, 13. [17] Is. 6, 13.

אליאאר̇ת פקאלוא פלשתים עברים ונסעו הקהתים[1] ישמעאלים מואב והגרים[2] בית חרכבים[3]. ורבמא אבדלוא מן אחרי יאᵃ· אלנסב פי אלג̇מע אלפא אסתת̇קאלא איצ̇א לאג̇תמאע אליאאת כמא קאלוא ההגריאים[4] הערביאם[5]. וממן נסב אלי גיר קבילה̈ לחארת̇ה̈ מא פ̇חו ואלד עמשא כמא קיל ואבי עמשא יתר הישמעאלי[6] ואנמא כאן ד̇לך לחארת̇ה̈ מא אמא למסאכנתה איאהם כמא נסב עבד אדום אלי גת[7] והו מן בני מררי[8] ואמא לקצ̇ה̈ גיר ח̇רה̇. ואלדליל עלי אן יתר הד̇א מן ישראל קולה ענה̇ ועמשא בן איש ושמו יתר הישראלי[9] פהד̇א קאטע. ואלי הד̇א אלמעני ד̇הב אלסאג̇ע פי קולה̇ לממרוחח

נאᵃ פנת יקרת	וערב ממי פרת	השבעתיך בתורת	משה הקרחי
שאחותי תחשב	ואזן לי הקשב	ותשובה השב	משיבת מרוחיᵇ

פקאל משה הקרחי אי צאחבᶜ קרח אעני אלד̇י כאנת לה מעה אלקצ̇ה̈ אלמשהורה̈ ואנ̇מא אצ̇טר̇ה אלי ד̇לך אלקאפיה̈. וקד אנכר עליה הד̇א אהל זמאנה אעני אצ̇אפתה אלרסול עליה אלסלאם אלי קרח ולעמרי אנה למנכר עלי ח̇ד̇א פאן חק̇ אלרסול אן יצ̇אף אליה לא אן יצ̇אף אלי גירה לכנ̇הם *לא יחסנואᵈ הד̇א אלתאויל. ושביה בהד̇א קול גירנא פרעון מוסי אי אלד̇י כאן פי זמאנה. ומת̇ל מא ד̇כרנאה קולהם דואג הארומי[10] נסב אליהם לחארת̇ה̈ מא אלא תרי כיף וצף אלכתאב לה בקולה ושם איש מעבדי שאול ביום ההוא נעצר לפני יי̈ ושמו דואג הארומי אביר הרועים אשר לשאול[11]. וקד ימכן אן יתחי̇ל להד̇א אלסאג̇ע בחילה̈ אכ̇רי לטיפה̈ עלי̇ אן יריד בקולה משה הקרחי אלנסב אלי אלג̇ר̇ ותלך אלחילה̈ הו אן יעני אלד̇י ג̇ר̇ה ונ̇ר̇ קרח ואחד אלד̇ין ינתסבאן אלי נ̇ר̇ ואחד.

ᵃ A. פה ᵇ Ainsi A., B. מזרחי, R. מדוחי ᶜ A. אצחאב ᵈ R לא הרגישו = arabe לם יחסּו

[1] Nomb. 10, 21. [2] Ps. 83, 7. [3] Jér. 35, 3. [4] I Chr. 5, 10. [5] II Chr. 17, 11. [6] I Chr. 2, 17. [7] II Sam. 6, 10. [8] I Chr. 5, 10. [9] II Sam. 17, 25. [10] I Sam. 21, 8. [11] ib. ib.

הד̇א אלבאב אלחאדי ואלעשרון

ד̇כר אלאדגאם[a] ומענאה ומן אין וג̇ב.

אעלם אן אלמת̇לין אד̇א כאנא מתג̇אורין פי כלמה̈ ואחדה̈ וסכן אלאו̇ל מנהמא פאדגאמה פי אלת̇אני ג̇איז׳ ותאויל קולנא חרף מנדגם אי אנ̇ה לא חרכה̈ תפצל בין אלמנדגם ובין *אלמנדגם פיה[b] ואנ̇מא יעתמד להמא פי אללסאן אעתמאדה̈ ואחדה̈ לאן אלמכ̇רג̇ ואחד ולא פצל בינהמא וד̇לך מת̇ל קולך רבו משערות ראשי[1] רכו דבריו משמן[2] וחדו מזאבי ערב[3] אצלה רבבו רככו חדדו בסכון אלמת̇ל אלאו̇ל׳ וקד יט̇הרון הד̇א אלמת̇ל ולא ידגמונה ואן כאן סאכנא קאלוא סבבו את העיר[4] ושממו עליה[5]׳ ורבמא לם יכן אצל אלחרף אלמנדגם אלסכון פיסכנונה ת̇ם ידגמונה כמא צנעוא פי 141. סבוני כמים[6] אלד̇י אצלה אן יכון מת̇ל סבבוני בכחש אפרים[7] פאסכנוא אלמת̇ל אלאו̇ל ואדגמוה אד̇ לא יג̇וז אן ידגם חרף מתחרך חתי תד̇הב חרכתה לאן אללסאן אנ̇מא ינבו ען אלחרף אלמנדגם ואלמנדגם פיה נבוה̈ ואחדה̈ והו אלדליל עלי ד̇האב אלחרכה̈ מן אלחרף אלמנדגם׳ וכמא צנעוא פי חנני אלהים[8] אלד̇י אצלה חְנָנַנִי מת̇ל אכלני הממני[9] פאסכנוא ואדגמוא׳ וכד̇לך אן כאן אלמת̇לאן פי טרפי כלמתין אעני אן יכון אחדהמא פי אכ̇ר כלמה̈ מא ואלת̇אני פי או̇ל כלמה̈ תתלוהא ולא מחאלה̈ אן אלאו̇ל מנהמא סאכן אד̇ לא יוקף עלי מתחרך ואן אלת̇אני מתחר̇ך אד̇ לא יבתדא בסאכן פאנ̇ה אד̇א כאן כד̇לך ולם יפצל בינהמא לחן ג̇אז אדגאם אלאו̇ל פי אלת̇אני׳ מת̇אל ד̇לך קולך יהושע בן נון[10] ראית מקאלה̈ תעזי אלי ראס אלמתיבה אלפיו̇מי רחמה אללה זעם פיהא אן מן אלעבראניין מן ידגם נון בן פי נון נון ומנהם מן יט̇הרה׳ וג̇ואז אלאדגאם פי גמיע מא ישבה הד̇א חסן ענדי קיאסא עליה בהד̇א אעני מת̇ל קולה בו ירוץ צדיק ונשגב[11] ואזל לו אז יתהלל[12] זה שבתה הבית מעט[13] צרר רוח אותה בכנפיה[14] שלח חשך ויחשיך[15] ולים מא

[a] B. אלאנדגאם [b] A. אלמדגם

[1] Ps. 69, 5. [2] ib. 55, 22. [3] Hab. 1, 8. [4] Jos. 6, 15. [5] Lév. 26, 32. [6] Ps. 88, 18. [7] Osée 12, 1. [8] Gen. 33, 11. [9] Jér. 51, 34. [10] Nomb. 11, 28. [11] Prov, 18, 10. [12] ib. 23, 14. [13] Ruth 2, 7. [14] Osée 4, 19. [15] Ps. 105, 28.

תחרת אלרא ואלזאי ואללאם ואלחא מן אללחן במאנע מן[a] אלאנדגאם כמא טן קום יזעמון אן אלקצד בד̇לך אלטעם אנמא הו למנע אלאנדגאם ולים אלאמר כד̇לך פאן הד̇א אללחן גיר פאצל בין אללפט̇תין והו איצ̇א מוגודא כת̇ירא פימא לא יג̇ח פיה אלאנדגאם מת̇לה פי ערף כלב[1] גרש לץ[2] עשק דל[3] פיטר מים[4] יקח לב[5] הנח לו[6] מי חכם ויבן אלה[7] וגיר ד̇לך כת̇יר פהו אד̇א פי תלך אלאלפאט̇ לגיר מא ט̇נוה. ומת̇ל הד̇א ישׂשום מדבר וציה[8] ג̇אז אדגאם מים ישׂשום פי מים מדבר ומת̇לה איצ̇א הביטו אליו ונהרו[9] ג̇איז ענדי אדגאם ואו אליו פי ואו ונהרו. ומן אקוי אלבראהין עלי ג̇ואזה חץ אלאואיל רצ̇י אללה ענהם[10] עלי אלאפצאח בכל מת̇לין יקעאן פי קרית שמע עלי הד̇ה אלצפה ותרגיבהם פי אט̇הארהמא אעני בכל לבבך[11] על לבבך[12] בכל לבבכם[13] עשב בשדך[14] ואבדתם מהרה[15] על לבבכם[16] הכנף פתיל[17] אתכם מארץ[18] פהד̇א ד̇ליל ואצ̇ח עלי אן אלאט̇האר אפצ̇ל מן אלאדגאם פי קרית שמע כ̇אצה ואד̇א כאן אלאט̇האר אפצ̇ל פאלאדגאם גיר מחרם אלא אנה אקל פצ̇לא ואיצ̇א פאן תכ̇ציצהם קרית שמע בהד̇א ד̇ליל עלי אנה מטלק פי גירהא ואנמא אמכן אלאדגאם פי הד̇ה אלאלפאט̇ כלהא עלי אן אללחן יפצל פי בעצ̇הא בין אלמת̇לין מת̇ל פצלה בין הכנף ובין 142. פתיל תכלת ובין אתכם ובין מארץ לאן קרית שמע תסבר פי אלצלאה סברא בלא לחן יפצל בין בעץ אלפאט̇הא ובין בעץ. ואלאדגאם איצ̇א ג̇איז ענדי פי כל חרפין גיר מת̇לין אד̇א תקארבא פי אלמכ̇רג̇ וכאנא פי טרפי כלמתין כמא קלנא. מת̇אל ד̇לך ויתן לי את מערת המכפלה[19] פאנה ג̇איז ענדי אדגאם נון ויתן פי לאם לי למקארבתהמא[b] פי אלמכ̇רג̇ אן אראד ד̇לך מריד ובעכס ד̇לך לך אל נמלה עצל[20] ואיצ̇א אם נא מצאתי חן בעיניך אל נא[21] מא יבעד ענדי ג̇ואז אנדגאם כל ואחד מן אללאמין פי כל ואחד מן אלנונין. ומת̇ל ד̇לך להכרית מארץ זכרם[22] יחפץ זנבו[23] פאנה ג̇איז ענדי אדגאם אלצאד פי אלזאי לתקארב מכ̇רג̇יהמא[c] או קלב אלצאד פי

[a] B. פי [b] B. לתקארבהמא [c] A. מכ̇רג̇הא

[1] Is. 66, 3. [2] Prov. 22, 10. [3] ib. 14, 31. [4] ib. 17, 14. [5] Osée 4, 11. [6] ib. 4, 17. [7] ib. 14, 10. [8] Is. 35, 1. [9] Ps. 34, 6. [10] Berakh. 16 b. [11] Deut. 6, 5. [12] ib. 6, 6. [13] ib. 11, 13. [14] ib. 11, 15. [15] ib. 11, 17. [16] ib. 11, 18. [17] Nomb. 15, 38. [18] ib. 15, 31. [19] Gen. 23, 9. [20] Prov. 6, 6. [21] Gen. 18, 3. [22] Ps. 34, 17. [23] Job 40, 17.

אלזאי וארגאמה פיה· והו קולי פי כסף וזהב[1] ופי מא אשבההי· והכדא לא אתחרג[a] מן ארגאם אלחרף אלסאכן פי מא יתלוה אדא תקארב מכרגאהמא ואן כאנא פי כלמה ואחדה מתל קולהם והעבטת גוים רבים[2] פאן ארגאם אלטא פי אלתא או ארגאמהא בעד קלבהא תא[a] גיר ממתנע ענדי· ומתל דלך והמעטתים[3] ושחטתם בזה[4] ובהדא אקיס עלי כל מא אשבה דלך· ואנמא קלת בגואז הדא מן גיר קטע בה לאני לם אלק אלי חיני הדא פציחא אתק בנקלה כל אלתקה[b] פאכד אלקראן ענה סמאעא· ואנמא אעתמארי פי תצחיח אללפט עלי אלמצאחף אלצחאח וקד טפרת מנהא במצחף שאמי ואכר כופי[c] ועלי כתב אלעלמא איצא מעולי פי הדא וקד אדרכת מנהא כתבא לבעץ אלמקדסיין ועלי אלמסורת איצא מעתמדי פי דלך· וליס מא דכרתה מן עדם לקאי[c] לתקאת אצחאב אלתלקין ען תקציר ותואן[d] ילחקני פי אלבחת ואלטלב פאנתם תעלמון בחתי וטלבי וחרצי ומתאבתתי עלי אלטלב מן לדן נשאתי לכנה נשאנא פי הדה אלקאציה אלמרגוב ענהא אלמזהוד פיהא פכאן מא וקע לי מן עדם לקא מן הדה צפתה באצטראר· וגמלה אקול אנה ולו לם תגר אלעאדה בארגאם שי[e] ממא גאותה[f] למא כאן גואז דלך ממתנע ענדי קיאסא עלי ארגאמהם נון בן פי נון נון· פמן אלאנדגאם מא יקוד עליה אלקיאס כמא תרי ומנה מא גא עלי גיר קיאס כמא סתראה פי הדא אלבאב· פממא גא איצא מן אלאנדגאם עלי אלקיאס קולה ונתנוך בידם[5] הליועץ למלך נתנוך[6] באשתראך נון אלמתכלמין לאנדגאם אלנון אלדי הו לאם אלפעל פיה ואלאצל פיה ונתננוך נְתַנְנוּךָ עלי זנה כמה קבענוך[7]· ומתלה ונתנו את בנתינו[8] אלאצל פיה ונתננו עלי זנה וישבנו אתכם[9] ולקחנו את בתינו והלכנו[10]· ומתלה ולנה בגבעה[11] אלוגה פיה וְלַנְנוּ· בצל דליותיו תשכנה[12] אלאצל פיה תשכננה עלי זנה ועיניך דרכי תצרנה[13] ותעמדנה אצל הפרות[14] חרעות פרעה תפלנה[15] אלנון אלאולי לאם אלפעל אעני נון שכן ישכן ואלנון אלתאני

[a] B. אחתרג [b] B. תקה [c] R. בבלית [d] A. ותהאון, R. עצלתי [e] A. שיא [f] B. גחתה

[1] Nomb. 22, 18. [2] Deut. 15, 6. [3] Ez. 29, 15. [4] I Sam. 14, 34. [5] Jug. 15, 13. [6] II Chr. 25, 16. [7] Mal. 3, 8. [8] Gen. 34, 16. [9] ib. ib. [10] Gen. 34, 17. [11] Jug. 19, 13. [12] Ez. 17, 23. [13] Prov. 23, 26. [14] Gen. 41, 3. [15] Ez. 30, 25.

עלאמה גמע אלמונת· ובעונותינו נתנו[1] ואלאצל נִתַּנּוּ עלי זנה נשמדנו מהתיצב[2]· ומתלה כי עליך נשענו[3] אלאצל פיה נשעננו· הכנו והקדשנו[4] אצלה הכננו עלי זנה הפרנו והצרנו מן את בריתי הפר[5] והצר לך[6]· ויכוננו ברחם אחר[7] אצלה ויכוננני אלנונאן אלאולאן מן אלאצל לאנה מסתקבל כאשר כונן[8] מתל אלהים יכונגה עד עולם[9] פאנדגם אלנון אלמתצאעף פי אלנון אלדי הו צמיר אלגמע אלמתכלמין· ואימתך אל תבעתני[10] אצלה תבעתנני עלי זנה זבח תודה יכבדנני[11] ומתלה תברכני נפשך[12]· ואמא הן תוי שדי יענני[13] פרבמא כאנת אלשדה פיה לאנדגאם אלהא אלדי הו לאם אלפעל אעני לאם יענה והדא עלי גיר אלאטראד ואלאסתעמאל ואן כנא קד וגדנאה רפה פי בעץ אלמצאחף עלי ואגבת· יסר יסרני יה[14] 142
אצלה יסרנני לאנהם קד יזידון אלנון עלי אלאפעאל אלמאציה כמא יזידונהא עלי אלמסתקבלה וקד בינת הדא פימא קבל· והשחתם ועשיתם פסל[15] אצלה והשחתתם עלי זנה והקרבתם אשה עלה[16] פארגם אלתא אלדי הו לאם אלפעל פי תא אלמכאטבין· אשר כרתי[17] אצלה כרתתי עלי זנה שמעתי· ובבאו נבעתי[18] אצלה נבעתתי· גוער בים ויבשהו[19] אצלה וייבשהו עלי זנה ויעזקהו ויסקלהו[20] ומתלה וישרם למטה מערבה[21] אצלה וַיְיַשְּׁרֵם עלי זנה וישברם וכדלך יכתב ויישרם פי בעץ אלמצאחף ביאין והמא אעני ויבשהו וישרם פעלאן תקילאן· ואמא וישרנה הפרות[22] ויחמו הצאן[23] ויחמנה בבואן לשתות[24] פגאיז אן תכון מתל ויבשהו וישרם אעני אפעאלא תקילה ואן לם תכן מפתוחה אליאאת וקד אקמת אלברהאן אלואצח מן כלאם אבי זכריא פי דלך פי גיר הדא אלמוצע אעני כתאב אלתשויר· וגאיז איצא אן תכון אפעאלא כפאפא ואן תכון אליאאת פיהא ללאסתקבאל· וקד יצאעפון אלחרף וידגמון אלאול פי אלתאני ויפעלון דלך כתירא פי אלוקף ואנקטאע אלכלאם בקולהם חדלו פרזון בישראל חדלו[25] ליס פי חדלו אלמשדד מן אלמעני גיר מא פי חדלו אלאול אלא מעני אלוקף פשדדוה לדלך

[1] Esra 9, 7. [2] II Sam. 21, 5. [3] II Chr. 14, 10. [4] ib. 29, 19. [5] Gen. 17, 14. [6] Deut. 28, 52. [7] Job 31, 15. [8] Is. 51, 13. [9] Ps. 48, 9. [10] Job 13, 21. [11] Ps. 50, 23. [12] Gen. 27, 19. [13] Job 31, 35. [14] Ps. 118, 18. [15] Deut. 4, 25. [16] Nomb. 28, 19. [17] Jér. 11, 10. [18] Dan. 8, 17. [19] Nahum 1, 4. [20] Is. 5, 2. [21] II Chr. 32, 30. [22] I Sam. 6, 12. [23] Gen. 30, 39. [24] ib. 30, 38. [25] Jug. 5, 7.

ליקוי אלאעתמאד עליה· ומתלה ורעבים חדלו[1] ואיש ברעהו יהתלו[2] למען היה לה ברק מרטה[3] לשונם בצמא נשתה[4] הנה נא רוח אלהים רעה מבעתך[5] אצלה מְבַעֶתְךָ בסגול תחת אלעין ובשבא תחת אלתא ובתכפיפה עלי זנה מלמדך להועיל[6] לאן אלרוח ידבר ויונה כמא קיל ורוח גדולה וחזק מפרק הרים ומשבר סלעים[7] פחרך אלעין באלכסר לאן מן עאדתהם אתיאן מתל הדא כמא צנעוא פי סין ומאספכם אלהי ישראל[8] ואלנבואת אנמא נזלת עלי לגאתהם ולדלך תראנא נגסב אסתעמאלאתהא אליהם ואלוגה אן יכון בסגול וכמא צנעוא איצא פי מים אאמצכם במו פי[9] נחרך אלתא באלסגול ללוקף כעאדתהם עלי מא קד תבין פי בא[illegible] אלאתצאל ואלאנפצאל ותקלוה* לחדא אלמעני איצא אעני לל[illegible] וגאיז אן יכון תתקיל נון הן תוי שדי יענני[10] לחדא אלמע[illegible] תשדד אלערב איצא חרוף אלרוי מן אשעארהם אדא ל[illegible]לינא ללוקף· וקד ישדד איצא אלעבראניון אלחרף לגיר מ[illegible]ברנא בל טלבא ללאפצאח בדלך אלחרף אלמשדד אדא כיף ע[illegible] אלאלתבאס בחרף אכר יקרב מנה פי אלמכרג כתשדידהם קא[illegible] נתקנוהו מן העיר[11] כופא מן אשתבאהה באלכאף וקאף בנות מ[illegible] ביקרותיך[12] וקאף ולו יקהת עמים[13] וקאף עקשות פה[14] וקא[illegible] עקבותיך לא נודעו[15] וקאף אם יקרך עון[16] וקאף מקדש אדני כונ[illegible]יך[17] כופא מן מתל דלך איצא· [ו]כתשדידהם צאד ירבו עצבות[illegible] כופא מן אשתבאהה באלסין· והו מדהבהם פי תשדיד צ[illegible] ומחבש לעצבותם[19] וצאד נצרה על דל שפתי[20] נצרה כי היא ח[illegible] ולא אריח בעצרתיכם[22]· וכתשדידהם שין ונאספו עשבות הרים[23] [illegible] מן אלאלתבאס באלזאי· וקד בינת הדא גאיה אלתביין פי גיר הדא אלמוצע· ומן אגל מא דכרתה פי חדה אלאלפאט מן כוף אלאלתבאס אמרת אלאואיל רצי אללה ענהם[24] באטהאר זאי למען תזכרו ועשיתם[25] ואלאפצאח בה ואטהאר סין כי לעולם חסדו[26]

* A. ותקול, B. ויקאל, R. והכבידוהו = ותקלוה

[1] I Sam. 2, 5. [2] Jér. 9, 4. [3] Ez. 21, 15. [4] Is. 41, 17. [5] I Sam. 16, 15. [6] Is. 48, 19. [7] I Rois 19, 11. [8] Is. 52, 12. [9] Job 16, 5. [10] ib. 31, 35. [11] Jug. 20, 32. [12] Ps. 45, 10. [13] Gen. 49, 10. [14] Prov. 4, 24. [15] Ps. 77, 20. [16] I Sam. 28, 10. [17] Ex. 15, 17. [18] Ps. 16, 4. [19] ib. 147, 3. [20] ib. 141, 3. [21] Prov. 4, 13. [22] Amos 5, 21. [23] Prov. 27, 24. [24] Jer. Berakhôth 4 d. [25] Nomb. 15, 40. [26] Ps. 20, 21.

ואלאפצאח בה איצ̇א· אמ̇א אלזאי פכ̇ופא מן אן תשתבה באלסין ואמא אלסין פכ̇ופא מן אן תשתבה באלזאי לאן אלזאי אלסאכ̇נה̈ אלתי בעדהא כאף קריבה̈ פי מכ̇רגהא מן מכ̇רג̇ אלסין וכד̇לך אלסין אלסאכ̇נה̈ אלתי בעדהא דאל קריבה̈ אלמכ̇רג̇ מן מכ̇רג̇ אלזאי וכמא אן אלסין אלסאכ̇נה̈ אלתי בעדהא ג̇ים קריבה̈ אלמכ̇רג̇ מן מכ̇רג̇ אלזאי ותבין[a] ד̇לך פי קולך ותסגר הדלת[1] נשגב יי[2]. וקד יתת̇קל אלעבראניון אלרא פי בעץ̇ אלמואצ̇ע עלי אנ̇הם יסתת̇קלון ד̇לך פיה פי אכ̇תר אלמואצ̇ע ואנ̇מא פעלוא ד̇לך ליקוי ·אלאעתמאד עליה לת̇קלה עלי אללסאן מן אג̇ל אלתכריר אלד̇י פיה וקד בינ̇ת מאהיה̈ הד̇א אלתכריר פי גיר הד̇א אלמוצ̇ע [אעני] פי כתאב אלתשויר· וד̇לך קולהם בעבור הרעמה[3] אלונ̇ה פיה תכ̇פיף אלרא לאנ̇ה מצדר הרעים לכ̇נ̇הם צנעוא בה הד̇א כמא צנעוא בצאר ולא יכלה עוד הצפינו[4] אלד̇י שד̇דוה ואלוג̇ה תכ̇פיפה לאנה מצדר הצפין עלי זנה̈ השליך· ואמא הראיתם אשר בחר בו יי[5] פג̇איז אן יכון מד̇הבהם פי תשדיד ראיה̈ ותשדיד רא הראיתם כי שלח בן המרצח הזה[6] הו הד̇א אלמד̇הב נפסה אעני אלאעתמאד עליה· וג̇איז איצ̇א אן יכון מד̇הבהם פיה הו מד̇הבהם פי קולהם הברב כח יריב עמדי[7] הבדרך אבותיכם[8] באלתשדיד לאנ̇המא אסתפהאם מת̇להמא· וקד בינ̇ת הד̇א מן אסתעמאלהם פי באב אלאסתפהאם· וקאלוא וקשתותם תשברנה[9] פשד̇דוא אלשין מן אג̇ל אן ד̇לך אכ̇ף עליהם פי הד̇ה אלכלמה̈ ענד אג̇תמאעה בתאאין מן אכ̇תפאפה· ואעלם אנ̇ה ליס מן עאדתהם תת̇קיל כל חרף בשבא פיה אלאלתבאס או כל חרף צעב אלנטק בה עליהם מכ̇פפא לאנ̇הם קד יסתת̇קלון פי וקת מא יסתסהלונה[b] פי גירה ובאלצ̇ד· ואיצ̇א פאן כ̇וף הד̇א אלאלתבאס ומד̇הב קוה̈ אלאעתמאד ליס עאמ̇א לג̇מיעהם בל אנ̇מא ד̇לך לגה̈ לקום מנהם דון קום ומן אלבין אן הד̇א אלמד̇הב לקליל מנהם ומן אג̇ל ד̇לך אתי[c] באלתת̇קיל פי אכ̇ל̈ אלמואצ̇ע עלי לגה̈ אולאיך אלקום ואסתעמאלהם לאנהם אנמא כ̇וטבוא במא יסתעמלונה· ואמא אשתדאד תא ויהי כל יודעו מאתמול שלשם[10]

[a] B. יסתבין [b] R. מה שהוא קל עליהם; A. ויסתסהלונה [c] B. יאתי

[1] II Rois 4, 5. [2] Is. 33, 5. [3] I Sam. 1, 6. [4] Ex. 2, 3. [5] I Sam. 10, 24. [6] II Rois 6, 32. [7] Job 23, 6. [8] Ez. 20, 30. [9] Ps. 37, 15. [10] I Sam. 10, 11.

פאנ̇מא ד̇לך מנ̇אנם לאסתעמאל אלסריאניין פי קולהם מאתמלי ומדקמותי[1]. וקד שד̇דוא אלאלף עלי גיר קיאס ועלי אסתת̇קאלהם ד̇לך פיה פי אכת̇ר אלמואצ̇ע פי קולהם תביאו לחם תנופה[2] ויביאו לו את המנחה אשר בידם[3] ויביאו לנו כיד אלהינו הטובה עלינו[4]. ואמא אשתראר ושפו עצמתיו לא ראו[5] פהו אלקיאס ואלבאב. וקד שד̇דוא אלנון עלי גיר קיאס פי קולהם ואת ענבי נזירך[6] ענבי רוש[7] 145. הענתתי[8] מנזריך כארבה[9] חן בעודני חי עמכם[10] עודנו הארץ לפנינו[11] אלוגה אן יכון מת̇ל עודינו תכלינה עינינו[12] ואלמעני פיה מא דמנא הכד̇א. ואמא אשתראר נון אשר תדפנו רוח[13] חכמות שרותיה תעננה[14] ומא אשבהמא פהו אלבאב. וקד שד̇דוא אלדאל מן אל יחד בימי שנה[15] עלי גיר קיאס לאנ̇ה מת̇ל אל תחד כבודי[16] ועלי זנ̇ה̈ יקד יקד[17] ותרד עיני דמעה[18] והי כלהא עלי זנ̇ה̈ מה ילד יום[19] ואן כאן קד יחתמל אן יכון מן גיר ד̇ואת אליא. וכד̇לך אשתראר טא עת לטעת[20] עלי גיר קיאס לאנ̇ה מת̇ל לתת לנו[21] לקחת לשבת לרדת אן כאן עלי מא וג̇דנאה עליה פי בעץ̇ אלמצאחף פאנ̇י וג̇דתה פי בעצ̇הא שדידא והו מצחף דמשקי צחיח ואן כאן פי אכת̇רהא כ̇פיפא. פאן כאן שדידא פהו עלי גיר קיאס אלא אן כאנוא כ̇שוא פיה אלאלתבאם באלתא. וממא ג̇א משד̇דא עלי גיר אלוג̇ה אלמסתעמל קולהם וקנמן בשם מחציתו[22] בשד̇ה̈ אלנון ואלוג̇ה̇ תכ̇פיפהא לאן̇ מא כאן פי אלאנפצאל מן הד̇א אלמת̇אל משד̇דא פאנ̇ה יכ̇פ̇ף פי אלאת̇צאל כמא קיל פי אלאנפצאל אכה כל סוס בתמהון[23] ומשנה שברון[24] כליון חרוץ[25] וקיל פי אלאתצאל ובתמהון לבב[26] בשברון מתנים[27] וכליון עינים[28] פהכ̇ד̇א כאן אלקיאס פי מר אהלים וקנמון[29] אן יכון ענד אלאצ̇אפה̈ מכ̇פ̇ף אלנון. וקד שד̇דוא עלי גיר קיאס כת̇ירא מן אלג̇מוע מת̇ל גמלים[30] שפנים[31] מעטים[32] מרבדים[33] ומעקשים[34] בחלקלקות[35] עקלקלות[36] מהתלות[37] לפני חשכים[38] מעשקות[39] קטנים[40] מים

[1] Cf. Targoum sur ce verset. [2] Lév. 23, 17. [3] Gen. 43, 26. [4] Esra 8, 18. [5] Job 33, 21. [6] Lév. 25, 5. [7] Deut. 32, 32. [8] II Sam. 23, 27. [9] Nah. 3, 17. [10] Deut. 31, 27. [11] II Chr. 14, 6. [12] Lam. 4, 17. [13] Ps. 1, 4. [14] Jug. 5, 29. [15] Job 3, 6. [16] Gen. 49, 6. [17] Is. 10, 17. [18] Jér. 13, 17. [19] Prov. 27, 1. [20] Eccl. 3, 2. [21] Deut. 6, 23. [22] Ex. 30, 23. [23] Zach. 12, 4. [24] Jér. 17, 18. [25] Is. 10, 22. [26] Deut. 28, 28. [27] Ez. 21, 11. [28] Deut. 28, 65. [29] Prov. 7, 17 (A. R. ואהלים). [30] Gen. 24, 10. [31] Prov. 30, 26. [32] Eccl. 5, 1. [33] Prov. 7, 16. [34] Is. 42, 16. [35] Dan. 11, 21. [36] Jug. 5, 6. [37] Is. 30, 10. [38] Prov. 22, 29. [39] Is. 33, 15. [40] Cant. 2, 15.

עמקים[1] וקד גא מגלה עמקות[2] באלתֿכפיף· ורבמא כאן הדֿא אלאשתדאר לאנדגאם אלסואכֿן אללינֿה אלתי הי ללמדֿ· וקד ידגמון פי גיר אלמתֿל חרוף אללין ואלמדֿ וסואכֿן אלמדֿ איצֿא ותֿלתֿהֿ אחרף צלדהֿ[a]· אמא גֿ אלאחרף אלצלדהֿ פהי אללאם ואלנון ואלתא· אמא אלתא פתדגם[b] ענד אלאפֿתעאל כקולה והעמיד הכהן המטהר את האיש המטהר[3] אצלה האיש המתטהר פאדגם אלתא פי אלטא וכֿדֿלך ותמיד כל היום שמי מנאץ[4] קאל אבו זכריא[5] אצלה מתנואץ אי מתכֿבֿרהֿ[c] בפתח אלרא משנו· וישמע את הקול מדבר אליו[6] אצלה מתדבר ותנשא מלכתו[7] אצלה ותתנשא וכבסו בגדיהם והטהרו[8] אצלה והתטהרו הנבאו בבעל[9] אצלה התנבאו ולדֿלך אשתדֿת אלבא ולו אנֿה אנפעאל לכֿאנת אלבא כֿפיפהֿ ואלנון קמוצה· ואמא אלנון פאןֿ פא אלפעל אדֿא כאן נונא גֿאז אדגאמה פי עינה כמא אדגמוא נון נפל פי יפול ונון נדר פי ידור ומא אשבה דֿלך וכמא ידגם נון אלאנפעאל פי פא אלפעל[d] קיאסא מסתמדֿא וכמא אדגמוא נון מן פי מתֿל מבן שלשים שנה[10] מכל מלמדי השכלתי[11] והוא בן בליעל מדבר אליו[12] אצלה מן דבר אליו אי מן אן יתכֿלם מעה ומתֿלה מכרע על ברכיו[13] אי מן אלרכוע מהר עשו מקטל[14] אצלה מן קטל· ואמא אנדגאם אללאם פי גיר מתֿלה ודֿלך קליל פהו כאנדגאם לאם לקח פי יקח ולאם מלתעות כפירים[15] פי ושני כפירים נתעו[16] אצלה נלתעו אי תגיב פיהם· ואמא אדגאמהם[e] חרוף אללין פקד ביֿן דֿלך אבו זכריא פי כתאב חרוף אללין[17] ודֿלך פי מתֿל הציבו משחית[18] כי אצק מים על צמא[19] וגיר דֿלך כתֿיר גדא· ואמא מא לם ידֿכרה אבו זכריא מן דֿלך ומא אשאר אליה פהו אדגאם אלעינאת אללינֿהֿ 146 פי מא בעדהא כאדגאם ואו לול פי לאם ובלולים יעלו אל התיכנה[20] ותפסירהא רואזן ואלדליל עלי אן הדֿא אלמנדגם ואו והו אלעין מגֿאנסתה ללאות חמשים[21] ואן כאן תפסירהא עדֿי לאןֿ לול אסם עאםֿ לכל מא יתסֿלק ויתוצֿל מנה אלי מא בעדה ערוהֿ

[a] B. ajoute גיר אלמתֿל [b] B. פינדגם [c] R. מתנכרה [d] R. ajoute פי אלאסתקבאל = בעתידות
[e] B. אנדגאם

[1] Prov. 18, 4. [2] Job 12, 22. [3] Lév. 14, 11. [4] Is. 52, 5. [5] D. 92, N. 55. [6] Nomb. 7, 89. [7] ib. 24, 7. [8] ib. 8, 7. [9] Jér. 23, 13. [10] Nomb. 4, 3. [11] Ps. 119, 99. [12] I Sam. 25ׄ 17. [13] I Rois 8, 54. [14] Obad. 1, 9. [15] Ps. 58, 7. [16] Job 4, 10, [17] D. 8, N. 8. [18] Jér. 5, 26. [19] Is. 44, 3. [20] I Rois 6, 8. [21] Exod. 36, 17.

כאגרה או רזנהׄ וחן ללאורת פועְלָאות אלאלף פיה זאידהׄ כזיארתהא פי דודאי תאנים[1]· וכארגאם יא ציץ פי ופטורי צצים[2] וכארגאם אלחרף אללין אלדי הו ואו פי ישר ממסוכה[3] פי כאף לשכים בשניכם[4] וכארגאם יא ציד פי ראל והיו לכם לצדים[5] אי פיכונון לכם מצאיד תקען פיהא· וכארגאם ואו וישאהו במוט[6] ויקח חנניה הנביא את המוטה[7] מוטת עץ שברת[8] פי טא והיו מטות כנפיו[a][9] *ואלאליק באלתגנים בקולה מטות כנפיו אכתׄר מן הדׄה אלאלפאטׄ ואן כאן אלאשתקאק ואחדא פקולה בשברי שם את מטות מצרים[10] פאןׄ אלמראד בהמא גמיעא הו אלעסאכר פאקול אן מתׄל ואו מוטות מצרים אנדגם פי טא מטות כנפיו[b]· ואנדגאם ואו תלונה פי נון תלנות בני ישראל[11] והדׄה אלואו הי עין אלפעל והי אלמנקלבהׄ פי אלפעל אלתׄקיל יא אעני פי אשר הלינתם[12] כמא קיל בני תמותה[13] בואו וקיל פי אלפעל אלתׄקיל המית ביא· הדׄא הו אלקיאס פי תלונות ואן כבׄא לם נגׄד תלונה מכׄפׄפא מסתעמלא· וכארגאם אלף אכל והו פא אלפעל פי כאף מכלת לביתו[14] אצלה מאכלת עלי זנהׄ מחגרת שק[15] פאלינת אלאלף וארגמת כמא אנׄה אלין אלף אסר פי קולה במסרת הברית[16] ואצלה מאסרת אלא אנׄהם לם ידגמוהא· ואמא ארגאם חרוף אלמדׄ פמתׄל ארגאם יא פעילה פי מתׄל ענִיה סערה[17] שביה בת ציון[18] מה אמך לביא[19] כי שם ארם נחתים[20] חנה פעילים עלי זנהׄ שרידים[21] פארגם אליא פי אלתא· וקד ארגמוא אליא איצׄא פי תאניה ואניה[22] ולא דמיה לי[23] פריה וענפה[24] במשכיות כסף[25]· וכארגאם יא אליאתה[26] פי מא בעדהא בעד קלב אלאלף יא וקולהם אליתה[27] וארגאם ואו מחויאל[28] בעד קלבה יא פי אליא בעדה [וקו׳ מחייאל][29] וכארגאם ואו קטון פי נון קטני עבה[30]· ואמא ארגאמהם אלסואכן אלמזידהׄ ללתעויץ *ולגיר אלתעויץ[c] פמתׄל ארגאם אלסאכן פי מסית אתך

[a] R. ajoute: כי הם נגורים מִענין כי ימיטו עלי און אשר הוא סמיכה ומשיכה [b] R. om. [c] A. R. om.

[1] Jér. 24, 1. [2] I Rois 6, 18. [3] Mich. 7, 4. [4] Nomb. 33, 55. [5] Jug. 2, 3. [6] Nomb. 13, 23. [7] Jér. 28, 10. [8] ib. 28, 13. [9] Is. 8, 8. [10] Ez. 30, 18. [11] Nomb. 14, 27. [12] ib. 14, 29. [13] Ps. 102, 21. [14] I Rois 5, 25. [15] Is. 3, 24. [16] Ez. 20, 37. [17] Is. 54, 11. [18] ib. 52, 2. [19] Ez. 19, 2. [20] II Rois 6, 9. [21] Jos. 10, 20. [22] Is. 29, 2. [23] Ps. 22, 8. [24] Ez. 19, 10. [25] Prov. 25, 11. [26] I Chr. 25, 4. [27] ib. 25, 27. [28] Gen. 4, 18. [29] ib. ib. [30] I Rois 12, 10.

בנו[1] ואצלה אן יכון עלי זנה משיב ומקים *פארגמוא· וארגם איצא אלסאכן פי פן יסית אתכם חזקיהו לאמר יי׳ יצילנו[2] ואצלה אן יכון מתל יקים ישיב[a]· וארגאם אלסאכן אלדי בעד פא שני פיות[3] פי אליא אלדי פי חרח כחרב פיות[4]· והכדא יגב אן יעתקד מן יקול [פי] והסג אחור משפט[5] אנה מעתל אלעין אן אשתראר סינה אנמא הו לארגאם מתל אלסאכן אלדי בעד הא הוקם והושב פיה והדא אלדי אכתארה אנא פי והסג אחור משפט *ארא קלנא פיה אנה מעתל אלעין[b] ופי יגענו ולא הונח לנו[6] אעני אן אצלה חונח באלתכפיף מן מעני לא שקטתי ולא נחתי[7] ומן בניה הניחו את רוחי[8]· וקד ידגמון איצא סואכן אלתעויץ מן נקצאן אלאפעאל דואת אלמתלין כמא
147.
צנעוא פי ויסב אלהים[9] ויסבו את ארון אלהי ישראל[10] לאן[c] אלוגה פי ויסב אלהים אן יכון בעד אליא סאכן לין ללתעויץ מן אלמתל אלסאקט מתלה פי ויסך בדלתים ים[11] ויגל את האבן[12] פארגמוח פי אלסין· והדא ממא לם יאבה אליה אבו זכריא[13] בל געל אלתשדיד נפסה עוצא מן אלנקצאן דון אן יעתקד פיה אנה לאנדגאם אלסאכן אללין אלמעוץ בה· והכדא אקול פי על כמון יסב[14] אן מתל אלסאכן אלמזיד פי לחם יודק[15] ופי מוסבות[16] אנדגם פי סינה ואצלה אן יכון יוסב בסאכן לין מזיד בעד אליא ללתעויץ מתלה פי יודק וחו אלקיאס פי יכת שער[17] ופי מא אשבההו· וליס קולי אן אבא זכריא לם יאבה אליה במוגב אן קולה גיר גאיז לכן חדא אלדי קלנאה נחן אליך בחדה אלאלפאט ובמא אשבהחא וארכל פי אלקיאס מן קבל אן אלשדה לא תכון אלא לאנדגאם מא ואלקול באן אלסאכן אלמזיד חו אלמנדגם אקיס מן אן תכון אלשדה לגיר אנדגאם שי·

[a] R. om. [b] R. om. [c] וכאן = והיה

[1] Jér. 48, 8. [2] Is. 86, 18. [3] Jug. 8, 16. [4] Prov. 5, 4. [5] Is. 59, 14. [6] Lam. 5, 5. [7] Job 8, 26. [8] Zac. 6, 8. [9] Ex. 18, 18. [10] I Sam. 5, 8. [11] Job 88, 8. [12] Gen. 29, 10. [13] D. 165, N. 118. [14] Is. 28, 27. [15] ib. 28, 28. [16] Exod. 89, 18. [17] Is. 24, 12.

אלבאב אלת̇אני ואלעשרון

מא אכ̇תיר פיה אלאט̇האר עלי אלאדגאם[a] ואלאתמאם עלי אלנקצאן.

קד בינ̈א פי אלבאב אלמתקד̈ם להד̇א אלבאב אן אלעבראניין כ̇תירא מא יסתת̇קלון אט̇האר מת̇לין מתואליין פי כלמה̈ ואחדה̈ פהם ידגמון אחדהא פי אלת̇אני אד̇א וג̇דוא אלי ד̇לך סבילא. וקד יחד̇פון אחד אלמת̇לין ויסתג̇זיון באלת̇אני כקולהם ונבוזה בהם עד אור הבקר[1] אלא אנ̈הם קד יכ̇אלפון[b] פיט̇הרון אלמת̇לין[c] פי אלמוצ̇ע אלד̇י כאן ימכנהם פיה אלאדגאם וכד̇לך קד יכמלון אלבנא פי אלמוצ̇ע אלד̇י ג̇רת עאדתהם פיה באלחד̇ף כקולהם לגזז[2] וגירה. פמן ד̇לך קולהם כי אפפו עלי רעות[3] לו אמתת̇לוא פיה פעלהם פי גירה לכאן עלי מת̇אל רבו משערות ראשי[4] רכו דבריו משמן[5]. ומת̇לה איצ̇א דללו וחרבו[6] כאן אלוג̇ה עלי אלאט̈ראד̇ אן יכון מת̇ל דלו עיני למרום[7]. ומת̇לה סבבו את העיר[8] בזזו איש לו[9] לאמר שממו[10] וגללו את האבן[11] ואלאטראד עלי מת̇אל וחתו מנס שריו[12] ומת̇לה וזקנים לא חננו[13]. וקאלוא כן שבתי וזממתי[14] וכאן אלוג̇ה אן יכון מת̇ל זמתי בל יעבר פי[15]. וקיל והחתתי את עילם[16] ואלאטראד עלי מת̇אל והשמתי אני[17] כמא קיל החתת כיום מדין[18]. וקיל הרנינו לאלהים[19] ואלוג̇ה אן יכון מת̇ל הסבי עיניך[20]. וקיל ולכן יחכה יי̈ לחננכם[21] כי עת לחננה כי בא מועד[22] ואלאטראד עלי אלאדגאם כמא תקול חגה[23] וחגכם[24] וקיל אולי יחנן יי̈ אלהי צבאות[25] ואכת̇ר אלאטראד עלי אלנקצאן כמא קיל ונער לא יחן[26] לכנ̈תם אכ̇תארוא פיה אלאתמאם. וקיל לגזז את צאנו[27] לשדוד את כל פלשתים[28] ועאדתהם אלנקצאן כמא קיל לרס את הסלת[29] ולחג את חג הסכות[30] לעוז במעוז פרעה[31]. וקאלוא אין גחלת לחמם[32] ומן 148.

[a] B. אלאנדגאם [b] A. יכ̇לפון [c] A. אלמת̇ל

[1] I Sam. 14, 36. [2] Gen. 31, 19. [3] Ps. 40, 13. [4] ib. 69, 5. [5] ib. 55, 22. [6] Is. 19, 6. [7] ib. 38, 14. [8] Jos. 6, 15. [9] Nomb. 31, 53. [10] Ex. 35, 12. [11] Gen. 29, 3. [12] Is. 31, 9. [13] Lam. 4, 16. [14] Zac. 8, 15. [15] Ps. 17, 3. [16] Jér. 49, 37. [17] Lév. 26, 32. [18] Is. 9, 3. [19] Ps. 81, 2. [20] Cant. 6, 5. [21] Is. 30, 18. [22] Ps. 102, 14. [23] Osée 2, 13. [24] Amos 5, 21. [25] ib. 5, 15. [26] Deut. 28, 50. [27] Gen. 31, 19. [28] Jér. 47, 4. [29] Ez. 46, 14. [30] Zac. 14, 16. [31] Is. 30, 2. [32] ib. 47, 14.

עארתהם אלחרף מתל לבוש ואין לחם לו[1] או מתל ונתתיך לבז לגוים[2]. וקאלוא ושדדו את בני קדם[3] פאטהרוא ואלאסתעמאל הו אלארגאם פכאן אלוגה אן יכון וְשדו בואו אלמד ואלאנדגאם עלי מתאל סבו ציון[4] או שֹדו בקמץ וארגאם עלי מתאל רנו שמים[5].

הדא אלבאב אלתאלת ואלעשרון

אלגמע ואלתתניה.

ונדכר אלגמע הנא באכתצאר אד קד דכרנא בעצה פי באב אלצמאיר ונדכר איצא בעצה פי באב אלתדכיר ואלתאנית. אעלם אן אלגמע ואלתתניה מן ואד ואחד ודלך אן אלגמע אנמא הו צם שי אלי שי וכדלך אלתתניה הו צם שי אלי שי ואנמא אלכלאף בין אלצנפין פי אלכמיה[a] פקט פאלגמע ואלתתניה ארא תחת גנס ואחד ולהדא אגאז אלעבראניון אן יאתוא בבעץ אלגמוע עלי [מתאל] לפט אלתתניה ואגאזוא פי אכתר אלתתניה אן יכון עלי [מתאל] לפט אלגמע וארא כאן דלך כדלך פלים יכלונה מן עלאמה תדל עלי אלתתניה כמא סיתצח דלך פי הדא אלבאב. ואעלם אנהם ארא גמעוא אלואחד אלמדכר אלדי יעקל פאן אכתר גמעהם לה יכון באליא ואלמים כמא תקול גבר וגברים עבד ועבדים טבח וטבחים משקה ומשקים אופה ואופים ורבמא גמעוה באלואו ואלתא מתל אב ואבות ועל אבותם המולדים אותם[6]. ואמא ארא גמעוא אלואחד אלמדכר אלדי לא יעקל פקד יגמעונה כתירא באליא ואלמים ובאלואו ואלתא כמא קיל פי גמע את המאור הגדל[7] יהי מארת[8] וקיל מאורים כל מאורי אור בשמים[9] וקיל פי גמע שבוע אחד[10] שבועים שבעה[11] ואיצא שבעה שבעות[12] וקיל פי גמע שדה שדים על שדי חמד[13] ואיצא ומן השדות[14]. ואמא ארא גמעוא אלואחד אלמונת אלדי יעקל פאן אכתרה יכון באלואו ואלתא לאן פי

[a] Dans A. et B.: פי אלכיפיאת, R. בכמות

[1] Hag. 1, 6. [2] Ez. 25, 7. [3] Jér. 49, 28. [4] Ps. 48, 13. [5] Is. 44, 23. [6] Jér. 16, 3. [7] Gen. 1, 16. [8] ib. 1, 14. [9] Ez. 32, 8. [10] Dan. 9, 27. [11] ib. 9, 25. [12] Deut. 16, 9. [13] Is. 32, 12. [14] Ex. 8, 9.

ואחדתה אכת̇ר שי עלאמה̈ ללתאנית̇ כמא קיל פי ג̇מע שפחה שפחות ופי ג̇מע מילדת מילדות ואלאטראד עליה ורבמא ג̇מעוה באלעלאמתין ג̇מיעא ואן לם תכן פיה עלאמה̈ ללתאנית̇ כמא קיל פי ג̇מע נפש נפשים ונפשות· ואן כאן ד̇לך אלג̇מע למא לם יעקל ולם יכן פי ואחדה עלאמה̈ ללתאנית̇ פקד יג̇מע באליא ואלמים פעלי[a] אללפט̇ ובאלואו ואלתא עלי אלמעני כמא קיל פי ג̇מע הצפר החיה[1] שתי צפרים חיות[2] וקיל פי ג̇מע הצלע התיכנה[3] צלעות וצלעים וקיל פי ג̇מע חצר חצרות וחצרים· וג̇איז אן יכון מן הד̇א אלג̇נס ותר וגוזל[4] לקולהם שתי תרים[5] באלתאנית̇ ואן כאן קד קיל באלואחד ועשה את האחד מן התרים[6] באלתד̇כיר איצ̇א *ורבמא כאן קולה האחד באלתד̇כיר למא סיעקבה בקולה או מן בני היונה באלתד̇כיר[b]· ואן כאן פי ואחד מא לא יעקל עלאמה̈ ללתאנית̇ ג̇מע באלעלאמתין ג̇מיעא אעני באליא ואלמים עלי חד̇ף אלעלאמה̈ מן אלואחד ובאלואו ואלתא כמא קיל פי ג̇מע שנה שנים ושנות דר ודר[7]· ורבמא ג̇מעוא בין עלאמתי אלג̇מע פי כלמה̈ ואחדה̈ אעני
149. בין אלואו ואלתא ואליא ואלמים כמא צנעוא פי את כל לחתים[8] אד̇א זיד אליא ואלמים עלי לוחות והו אלמד̇הב פי רכתים אלפי שנאן[9]· ואמא אלעלאמה̈ אלתי תד̈ל עלי אלתת̇ניה̈ אד̇א אתוא בהא בלפט̇ אלג̇מע פהי שני ושתי כמא קיל ושתי תורים או שני בני יונה[10]· ואמא אד̇א כאנת אלתת̇ניה̈ בגיר לפט̇ אלג̇מע פאנ̈הם יסתגנון פיהא ען אלעלאמה̈ לאן בניה̈ אללפט̇ה̈ תד̈ל עלי אלתת̇ניה̈ מת̇ל והידים ידי עשו[11] הואל קח ככרים[12] חמור חמרתים[13] רחם רחמתים[14] מאתים לחם[15] שנתים אחר המבול[16] וטמאה שבעים[17] בין הערבים[18] וכת̇יר מת̇לה· ואמא אלג̇מע אלד̇י יכון עלי הד̇א אלבניה̈ פמת̇ל והמזלג שלש השנים[19] לקחנו לנו קרנים[20] שבעה עינים[21] שש כנפים[22] ונעקש דרכים[23] בעצלתים ימך המקרה[24] נלאית ברב עצתיך[25] וגיר הד̇ה· *והד̇ה אלעלאמה̈ ללג̇מע הי אלתי

[a] B. עלי [b] A. om.

[1] Lév. 14, 51. [2] ib, 14, 4. [3] I Rois 6, 8. [4] Gen. 15, 9. [5] Lév. 5, 7. [6] ib. 1, 14. [7] Deut. 32, 7. [8] Ez. 27, 5. [9] Ps. 68, 18. [10] Lév. 14, 22. [11] Gen. 27, 22. [12] II Rois 5, 23. [13] Jug. 15, 16. [14] ib. 5, 30. [15] I Sam. 25, 18. [16] Gen. 11, 10. [17] Lév. 12, 5. [18] Ex. 12, 6. [19] I Sam. 2, 13. [20] Amos 6, 13. [21] Zac. 3, 9. [22] Is. 6, 2. [23] Prov. 28, 18. [24] Eccl. 10, 18. [25] Is. 47, 13.

פי כל לחתים[1] ופי רבתים[2] ואיצ̇א בין החמתים[3] וליסת אליא ואלמים פי החמתים ללתת̇ניה̈ פמן אלמחאל אן יתת̇ני מא קד ג̇מע לאן החומות ג̇מע ואליא ואלמים איצ̇א עלאמה̈ ללג̇מע ולו אראד בקולה בין החומותים אלתת̇ניה̈ אלמחצ̇ה̈ לקאל בין שתי החומות ואנ̇מא ג̇מע בקולה בין החומותים ואן כאן יריד סורין פקט לאן כל תת̇ניה̈ ג̇מע כמא קד קלנא[a].

אלבאב אלראבע ואלעשרון 150.

מא אסתעמל פיה אלחרף.

אעלם אן אלעבראניין כת̇ירא מא יחד̇פון ויבתזלון מן אלכלאם מא לא יתם̇ ד̇לך אלכלאם באלחקיקה̈ אלא בה אסתכ̇פאפא ואיג̇אזא וד̇לך אד̇א עלם אלמכ̇אטב מא יענון. פממא ג̇א מחד̇ופא מן כ̇לאמהם קולהם וימד שש שערים[4]. שש השערים האלה נתן לי[5] בחד̇ף אסם אלכילי. לא יצעק ולא ישא[6] אראד ולא ישא קולו ומת̇לה ישאו בתף וכנור[7] יריד ישאו קול. ולצת לבדך תשא[8] יעני תשא עונך מן מעני עותה ושתי המלכה[9] את אשר העוה עבדך[10] אי אן כ̇טאך וג̇נאיתך אנ̇מא ילחקך אנת וחדך ליס עלי גירך מנה שי. ותשא הארץ מפניו[11] יריד ותשא הארץ מפניו אימה כמא קיל נשאת אמיך[12]. מי ליי̈ אלי[13] במעני יבוא אלי יגש אלי ואמרתם ליי̈ ולגדעון[14] אראד חרב ליי̈ ולגדעון או נקמה ליי̈ ולגדעון. ואהיה מאהל אל אהל וממשכן[15] ואלתקדיר ואחיה מתהלך מאהל אל אהל וממשכן אל משכן. ובצור נחלים אופיר[16] יעני זהב אופיר לאן אופיר בלד יג̇לב מנה אלד̇הב כמא קיל ללכת אופירה לזהב[17]. וישלח אבשלום את אחיתפל הגילוני יועץ דוד מעירו מגלה[18]. אלמראד ויקח את אחיתפל הגילוני. כי לך יאתה[19] יריד בד̇לך יאתה המלכות או היראה. כי יודע כל שער עמי[20] אי כל יוצא שער עמי או כל

[a] B. R. om.

[1] Ex. 27, 5. [2] Ps. 68, 18. [3] II Rois 25, 4. [4] Ruth 3, 15. [5] ib. 3, 17. [6] Is. 42, 2. [7] Job 21, 12. [8] Prov. 9, 12. [9] Esth. 1, 16. [10] II Sam. 19, 20. [11] Nah. 1, 5. [12] Ps. 88, 16. [13] Ex. 32, 26. [14] Jug. 7, 18. [15] I Chr. 17, 5. [16] Job 22, 24. [17] I Rois 22, 49. [18] II Sam. 15, 12. [19] Jér. 10, 7. [20] Ruth 3, 11.

באי והחיות רצוא ושוב[1] אלתקדיר ירוצון רצוא וישובון שוב או רצות רצוא ושבות שוב ורבמא אנ̈הם וצ̇עוא הד̇א אלמצדר מוצ̇ע אלצפה̈ ואלתקדיר רצות ושבות. לעזתים לאמר[3] במעני ויגד לעזתים לאמר. באזני יי̈ צבאות[2] אי אמר יי̈ צבאות. תדשא הארץ דשא עשב מזריע זרע עץ פרי עשה פרי[4] יריד ותוצא עץ עושה פרי כקולה בעדה ותוצא הארץ דשא עשב מזריע זרע למינהו ועץ עשה פרי אשר זרעו בו[5]. ותכל דוד המלך[6] אראד נפש דוד עלי מעני כלתה לתשועתך נפשי[7]. ואמר להרגך ותחס עליך[8] יריד ותחס נפשי עליך או ותחס עיני. כי לא אשר יראה האדם כי האדם יראה לעינים ויי̈ יראה ללבב[9] *תקדירה כי לא אשר יראה האדם כי אם אשר יראה יי̈ כי האדם יראה לעינים[a]. ענתות לך על שדך[10] 151.
תקדירה איש ענתות ומת̇לה דמשק אליעזר[11] תקדירה איש דמשק וקולה אליעזר ואִן כאן מוכ̇רא פי אללפט̇ פהו מקד̇ם פי אלמעני ותקדירה אליעזר איש דמשק. חדש יהיו בלבנון שנים חדשים בביתו[12] יריד איש בביתו. וירץ כל המחנה[13] אלוג̇ה כל איש המחנה ומת̇לה וישם יי̈ את חרב איש ברעהו ובכל המחנה ויגס המחנה[14]. ארור כנען[15] יריד אבי כנען פכ̇דלך כאן יכ̈ני כמא קיל וחם הוא אבי כנען[16] ומת̇לה ואשתון הוליד את בית רפא[17] יריד ואבי אשתון עלי מא קיל קבל הד̇א וכלוב אחי שוחה הוליד את מחיר הוא אבי אשתון[18] ת̇ם קאל ואשתון הוליד את בית רפא יריד אבי אשתון. ויך אלחנן בן יערי ארגים בית הלחמי את גלית הגתי[19] יריד את אחי גלית הגתי כמא קיל פי דברי הימים[20]. לעיני חנמאל דודי[21] יריד בן דודי כמא קאל ענה ויצא אלי חנמאל בן דודי כדבר יי̈[22]. וישלח יי̈ את ירבעל ואת בדן[23] אלמראד̇ פיה ואת בֶן דן *יריד שמשון[b] פאכ̇תצר כמא צנע פי עשתי עשר אלד̇י אצלה על שתי עשר עלי מא בי̈נ̈אה פי באב אלעדד. ויאמר יי̈ אל משה שלח ידך ואחז בזנבו וישלח ידו ויחזק בו ויהי למטה בכפו למען יאמינו[24]

[a] A. om. [b] A. om.

[1] Ez. 1, 14. [2] Jug. 16, 2. [3] Is. 5, 9. [4] Gen. 1, 11. [5] ib. 1, 12. [6] II Sam. 13, 39. [7] Ps. 119, 81. [8] I Sam. 24, 11. [9] ib. 16, 7. [10] I Rois 2, 26. [11] Gen. 15, 2. [12] I Rois 5, 28. [13] Jug. 7, 21. [14] ib. 7, 22. [15] Gen. 9, 25. [16] ib. 9, 22. [17] I Chr. 4, 12. [18] ib. 4, 11. [19] II Sam. 21, 19. [20] I Chr. 4, 12. [21] Jér. 32, 12. [22] ib. 32, 8. [23] I Sam. 12, 11. [24] Exod. 4, 4.

תקדירה ויאמר לו תעשה האות הזה לעיניהם למען יאמינו או מא ישבה הדא מן אלאצמאר· שמרו מי בנער באבשלום[1] יצלח אן יכון אלמראד בה שמרו מי ישלח ידו או מי יגע בנער באבשלום· אשר נאפה משבה ישראל[2] צדקה נפשה משבה ישראל[3] אלוגה עדת משובה וקולה ישראל בדל ממא קבלה· וכדלך אלוגה פי כי מרי המה[4] כי בית מרי המה· ומתל הדא קולה ויאמר זאת הרשעה[5] אי בעלת הרשעה· וגאיז אן תכון הדה אלאסמא מכאן אלצפאת· כי מישראל והוא חרש עשהו[6] תקדירה כי מעצת ישראל וקולה והוא אנמא ישיר בה אלי אלמלך אלמדכור קבל הדא פי קולה הם המליכו ולא ממני[7] אלמעני אן אלצנם צנע בראי אלגמיע אי אלסלטאן ואלרעיה· ויחפרו כל מצרים סביבת היאר מים לשתות[8] תקדירה להוציא מים לשתות· ואם שלש אלה לא יעשה לה[9] יריד ואם אחת שלש אלה· לא תלין פעלת שכיר אתך[10] אלוגה לא ילין שכר פעלת שכיר אתך פלמא אקים אלמצאף אליה והו מונת מקאם אלמצאף אנת אלפעל· ומתלה מעז לתם דרך יי[11] יריד לבעלי התם· בן חכם מוסר אב[12] אלמעני יקח או ישמע מוסר אב· כי ביי נשבעתי כי אינך יוצא[13] אראד כי אם אינך יוצא· ומתלה תשובו לתוכחתי[14] אראד אם תשובו· ומתלה ויש יי עמנו[15] אלמעני ואם יש יי עמנו· וצמית והלכת אל הכלים[16] אי ואם צמית לאנה ליס יכברהא באנהא סתעטש· ותמאן לשלחו[17] יריד ואם תמאן· וחכמת המסכן בזויה[18] יריד ואם חכמת המסכן בזויה יקול מפצלא ללחכמה חאצא עליהא טובה חכמה מגבורה וחכמת המסכן בזויה אי ועלי אן חכמה אלמסכין מזדראה פאנהא כיר לה מן אלגברה ואנפע ואגדי עליה· ומן הדא אלבאב ענדי קולה ונתן לכם יי לחם צר ומים לחץ[19] תקדירה ואם נתן לכם וקד תקדם תלכיצנא לה פי באב תלכיץ אכתר מעאני חרוף אלזיאדה פי דכרנא אלמעאני אלתי תעתור אלואו· והשבתיך מזונה[20] אי מהיות זונה· ומתלה וימאסך ממלך[21] אי מהיות מלך· ויסרה מגבירה[22] אי מהיות גבירה· לכו ונכחידם מגוי[23] מהיות גוי ומתלה לכו ונכריתנה מגוי[24]. בצל

[1] II Sam. 18, 12. [2] Jér. 3, 8. [3] ib. 3, 11. [4] Ez. 2, 7. [5] Zac. 5, 8. [6] Osée 8, 6. [7] ib. 8, 4. [8] Ex. 7, 24. [9] ib. 21, 11. [10] Lév. 19, 13. [11] Prov. 10, 29. [12] ib. 13, 1. [13] II Sam. 19, 8. [14] Prov. 1, 23. [15] Jug. 6, 13. [16] Ruth 2, 9. [17] Ex. 4, 23. [18] Eccl. 9, 16. [19] Is. 30, 20. [20] Ez. 16, 41. [21] I Sam. 15, 23. [22] I Rois 15, 13. [23] Ps. 83, 5. [24] Jér. 48, 2.

חשבון עמדו מכח נסים[1] אי מבלי כח· גם מיום אני הוא[2] יריד גם מלפני יום אי קבל אלזמאן· נאור אתה אדיר מהררי טרף[3] יריד מלפני הררי טרף אי קבל אלמכאן· ודעת אלהים מעלות[4] אי הרבה 152.
מעולות ומת̇לה תקוה לכסיל ממנו[5] ואיצ̇א משבעה משיבי טעם[6] הנחמדים מזהב ומפז רב ומתוקים מדבש[7] רטפש בשרו מנער[8] אכת̇ר מן וקת אלצבא ומן וקת אלצגר ויקנאו אתו מכל אשר עשו אבותם[9] אלמעני פיהא כ̇להא ופי מא אשבההא אכת̇ר מן כר̇א וכד̇א· ואמא ועל העבים אצוה מהמטיר עליו מטר[10] אי מן אן תמטר עליה והו מן באב והוא בן בליעל מדבר אליו[11]· ויג̇אנס הד̇א אלבאב אלד̇י נחן פיה קולה טובם כחדק ישר ממסוכה[12] תפסירה כ̇ירהם ואפצ̇להם כאלשוך אלפלאני וקיומהם שר̈ מן חט̇ירה̈ אלשוך לאן מסוכה ואן כאן בסמך[a] פהו כמת̇ל כמשכת חדק[13]· ואם ימעט הבית מהיות משה[14] אי מדי שה· ופסיליהם מירושלם ומשמרון[15] תקדירה אשר הם גדולים מפסילי ירושלם ומפסילי שומרון· *ורק היא יחידה אין לו ממנו בן או בת[16] אלתקדיר אין לו חוץ ממנה בן או ב̇ת פחד̇ף חוץ· וקיל ממנו באלתד̇כיר עלי אלמג̇אורה̈ אי למא כאן לו מד̇כ̇רא ד̇כ̇ר איצ̇א ממנו עלי אלמג̇אורה̈ ללו וחק̈ה וואג̇בה אן יכון ממנה וסתרי כת̇ירא מן מת̇ל הד̇ה אלמג̇אורה̈ פי באב מא קיל בלפט̇ מא ואלמראד בה ג̇ירה· ותרגמה̈ אללפט̇ ולם יכן לה אבן או אבנה̈ ג̇ירהא תרג̇מת חוץ ממנה ג̇ירהא פחד̇ף חוץ עלי מא תרי מן אסתעמאלהם אלחד̇ף את̈כאלא עלי פהם אלנאט̇ר ואלסאמע· וקד חד̇פת הד̇ה אללפט̇ה̈ איצ̇א מן קולהם והאלמנה אשר תהיה אלמנה מכהן יקחו[17] אלתקדיר חוץ מכהן יקחו אי מן כאן מן אלכהנים ג̇יר כהן גדול יתזו̈ג̇הא אי כהן הדיוט וכהד̇א ורד אלנקל ען אלאנביא עליהם אלסלאם וכד̇לך קאל אלתרגום איצ̇א שאר כהניא יסבון· ופס̈רת חוץ ג̇יר עלי מא הו משהור פי כלאם אלאואיל רצ̇י אללה ענהם· ומת̇לה כי מי יאכל ומי יחוש חוץ ממני[18] אי ג̇ירי ואן כאן יחתמל איצ̇א חוץ ממני מעני

[a] A. בסמאך

[1] Jér. 48, 45. [2] Is. 43, 13. [3] Ps. 76, 5. [4] Osée 6, 6. [5] Prov. 26, 12. [6] ib. 26, 17. [7] Ps. 19, 11. [8] Job 33, 25. [9] I Rois 14, 22. [10] Is. 5, 6. [11] I Sam. 25, 17. [12] Mich. 7, 4. [13] Prov. 15, 19. [14] Ex. 12, 4. [15] Is. 10, 10. [16] Jug. 11, 34. [17] Ez. 44, 22. [18] Eccl. 2, 25.

אכ̇ר[a]· אנחנו פשטנו נגב הכרתי ועל אשר ליהודה ועל נגב כלב[1] אראד על נגב הכרתי· לא אחת ולא שתים[2] אי לא פעם אחת· ואת כל הארץ היא[3] תקדירה לי היא ואלמעני פאנא אצנע פיהא שיאתי· פן יאמרו הארץ אשר הוצאתנו משם[4] אי יושבי הארץ ומת̇לה וכל הארץ באו מצרימה[5]· אלף ושבע מאות זהב[6] בח̇ד̇ף אלמשקל· היפלו ולא יקומו אם ישוב ולא ישוב[7] יריד היפלו דברי ולא יקומו אם ישוב דברי ולא ישוב ישוב אלאו̇ל מן אלרג̇וע ואלאנצראף ואלת̇אני מן אלתמאדי ואלנפור̇ והמא צ̇ד̈אן ומת̇ל אלת̇אני אלד̇י הו פי מעני אלתמאדי ואלנפור̇ קולהם כלה שב במרוצתם[8] תפסירה ג̇מיעהם מתמאדון פי ג̇ריהם ונאפר̇ון פיה ואלמעני פי אם ישוב ולא ישוב הל ירג̇ע קולי ען מראדי ומד̇הבי פיהם ולא ינפר̇ ולא יתמאדי עזמי פיהם ואלוג̇ה פי קולהם היפלו כאלוג̇ה פי קולה לא נפל דבר אחד מכל דברו הטוב[9]· כה אמר יי̈ הלך וקנית בקבק יוצר חרש ומזקני העם ומזקני הכהנים[10] תקדירה מעשה יוצר חרש ולקחת עמך מזקני העם ומזקני הכהנים· והיתה שבת הארץ לכם לאכלה[11] אלשבת לא תכון אכלא ואנמא אלמעני והיתה תביאת *שבת הארץ[b] לכם לאכלה· לחטתה הדרך[12] אל̇ הדרך· אראנו ולא עתה אשורנו ולא קרוב[13] אלואו פיהמא צ̇מיר שי מחד̇וף אמא דבר ואמא שי ישבהה אי אנ̈י ארי הד̇א אלאמר כאינא בעד מד̈ה· כאשר ישבר את כלי היוצר[14] תקדירה כאשר ישבר איש· אם יחרש בבקרים[15] תקדירה אם יחרש איש בבקרים או אם יחרש החורש בבקרים· ויקרא יעבץ לאלהי ישראל לאמר אם ברך תברכני והרבית את גבולי והיתה ידך עמי ועשית מרעה לבלתי עצבי ויבא אלהים את אשר שאל[16] בחד̇ף ג̇ואב אלשרט אלא אן פי הד̇א אללפט̇ תקדימא ותאכ̇ירא ונט̇אמה[c] ועשית לבלתי עצבי מרעה· ראיתי את הארץ והנה תהו ובהו ואל השמים ואין אורם[17] תקדירה והבטתי אל השמים· ואתן להם יעברום[18] אלתקדיר ואתן להם מצות או חקים· ואין אתכם אלי נאם יי̈[19] תקדירה ואין משיב אתכם אלי אי ולא

[a] R. om. [b] B. שנת שבת הארץ, R. השבת [c] B. ajoute: ותקדירה

[1] I Sam. 30, 14. [2] II Rois 6, 10. [3] Jér. 45, 4. [4] Deut. 9, 28. [5] Gen. 41, 57. [6] Jug. 8, 26. [7] Jér. 8, 4. [8] ib. 8, 6. [9] I Rois 8, 56. [10] Jér. 19, 1. [11] Lév. 25, 6. [12] Nomb. 22, 23. [13] ib. 24, 17. [14] Jér. 19, 11. [15] Amos 6, 12. [16] I Chr. 4, 10. [17] Jér. 4, 23. [18] ib. 8, 13. [19] Hag.

מרשר ירשרכם אלי טאעתי· כי אראה שמיך וגו̇ מה אנוש כי תזכרנו[1] אלתקדיר אומר מה אנוש· הפיל פור הוא הגורל לפני המן מיום ליום ומחדש לחדש שנים עשר הוא חדש אדר[2] אלתקדיר מיום ליום ומחדש לחדש שנים עשר ויפל הפור על חדש שנים עשר· שמר מה מלילה שמר מה מליל[3] יריד מה הלך מלילה מה הלך מליל או מה פנה מלילה או מה אשכח דלך· והנה ידו מצרעת כשלג[4] לם ישכ̇ה נפס אלעל̇ה באלתלג̇ אנ̇מא שב̇ה בה לון ידה כ̇אצ̇ה̇ ואלתקדיר והנה ידו מצורעת והיא לבנה כשלג· חלקו 158. מחמאת פיו[5] אלתקדיר חלקו מחמאות אמרי פיו· ואלמים פי מחמאות מכאן מן ואן כאן מפתוחא מת̇להא פי כי למבראשונה לא אתם[6] ואלמרח̇ב פיה כאלמרח̇ב פי רכו דבריו משמן[7]· נרדם ורכב וסוס[8] אי נרדם איש או ארם ורכב וסוס· ותלבש אסתר מלכות[9] אי בגדי מלכות· אנוש כחציר ימיו[10] אי כימי חציר· לא אוכל און ועצרה[11] אי לא אוכל נשוא און או לא אוכל הביט אל און ועצרה· כי נשני אלהים את כל עמלי ואת כל בית אבי[12] אי ואת כל עמל בית אבי· ויאמר אל בנתיו ואיו למה זה עזבתן את האיש קראן לו ויאכל לחם ויואל משה לשבת את האיש[13] בחדף ותקראנה לו ויאכל לחם· בקרבתם לפני יי̇ וימתו[14] בחדף באש זרה ואלתקדיר בקרבתם לפני יי̇ באש זרה· אלהים יראני בשררי[15] יריד יראני נקמה בשוררי כמא קאל אראה נקמתך מהם[16]· ויקח האיש נזם זהב בקע משקלו ושני צמידים עלי ידיה[17] אראד ויקח האיש נזם זהב בקע משקלו וישם על אפה וישם שני צמידים על ידיה כמא קאל ואשם הנזם על אפה והצמידים על ידיה[18]· והמזלג שלש השנים בידו[19] אי בעל שלש השנים כקולה בעל פיפיות[20]· ויענש את הארץ מאה ככר כסף וככר זהב[21] יריד ומאה ככר זהב אי גירה מן אלאע̇דאד[a]· ויאמר ליוסף הנה אביך חלה[22] ויגד ליעקב ויאמר הנה בנך[23] אלפאעלאן מחדופאן[b]· ואנכי שלוח אליך קשה[24] אי נבואה

[a] B. אלע̇דד, R. המספר [b] R. ajoute: האומר והמגיד

[1] Ps. 4, 5. [2] Esth. 3, 7. [3] Is. 21, 11. [4] Ex. 4, 6. [5] Ps. 55, 22. [6] I Chr. 15, 18. [7] Ps. 55, 22. [8] ib. 77, 7. [9] Esth. 5, 1. [10] Ps. 103, 15. [11] Is. 1, 17. [12] Gen. 41, 51. [13] Ex. 2, 20. [14] Lév. 16, 1. [15] Ps. 59, 11. [16] Jér. 20, 12. [17] Gen. 24, 22. [18] ib. 24, 47. [19] I Sam. 2, 13. [20] Is. 41, 15. [21] II Chr. 36, 3. [22] Gen. 48, 1. [23] ib. 48, 2. [24] I Rois 14, 6.

קשה· מלאו ידיכם היום ליי כי איש בבנו ובאחיו[1] אלתקדיר כי שלחתם יד איש בבנו ובאחיו· ואנכי ישב אשב עם המלך לאכל[2] אלתקדיר ואנכי ישב אשב מתמול שלשום עם המלך לאכל אי מן[a] עאדתי מא אכלתה פי אלמואסם· לא עליך אתה היום כי אל בית מלחמתי[3] יריד לא עליך אתה באתי או עליתי היום· ויסירהו מלך מצרים בירושלם[4] אלמעני מהיות מלך בירושלם כמא קיל פי מלכים ממלך בירושלם[5] וכחכי איש גדודים חבר כהנים[6] אי כן חבר כהנים· אל חכך שופר כנשר על בית יי[7] אלתקדיר שים אל חכך שופר ואמור הנה גוי בא ממרחק ויראה כנשר על בית יי כמא קאל ישא יי עליך גוי מרחק מקצה הארץ כאשר ידאה הנשר[8]· אשר לתתי לו בשורה[9] תקדירה אשר חשב או אשר בא או מא אשבה ذלך· כי האדם עץ השדה לבא מפניך במצור[10] יריד כי יעזב האדם עץ השדה וכי הנא במעני אדٔא יקול אדٔא חאצרת מדינה מא פלא תקטע שגרהא אלמתמר אדٔא אנחצר אהל אלמדינה קדאמך ותרכוא אלדרב ען שגרהם ואלחמי ען פנאיהם· ויקח ישי חמור לחם[11] אראד משא חמור לחם וגאיז אן יכון מתל חמור חמרתים[12]· ונתנו לך שתי לחם[13] אי שתי ככרות לחם· כי נסגר לבא בעיר דלתים ובריח[14] אי ذאת מצראעין· הכל נתן ארונה המלך למלך[15] אלתקדיר ארונה עבד המלך למלך ורבמא כאן המלך נדאٔ· עד למחנה גדול כמחנה אלהים[16] אלונה פיה עד אשר היה למחנה גדול כמא קיל ועתה הייתי לשני מחנות[17]· מפני עמך אשר פדית לך ממצרים גוים ואלהיו[18] תקדירה והורשת מפניהם גוים ואלהיו· וימשחו ליי לנגיד ולצדוק לכהן[19] ואלונה וימשחו אותו ליי לנגיד· אבל ארון האלהים העלה דוד מקרית יערים בהכין לו דוד[20] אלתקדיר ושם אותו במקום אשר הכין לו דוד· 154. ותשב באיתן קשתו[21] תקדירה איצٔא במקום איתן· ואנחנו יי אלהינו ולא עזבנהו[22] אלתקדיר ואנחנו עבדנו יי אלהינו ורבמא לם יחתג

[a] B. אן; R. כי

[1] Ex. 32, 29. [2] I Sam. 20, 5. [3] II Chr. 35, 21. [4] ib. 36, 3. [5] II Rois 23, 33. [6] Osée 6, 8. [7] ib. 8, 1. [8] Deut. 28, 49. [9] II Sam. 4, 10. [10] Deut. 20, 19. [11] I Sam. 16, 20. [12] Jug. 15, 16. [13] I Sam. 10, 4. [14] ib. 23, 7. [15] II Sam. 24, 23. [16] I Chr. 12, 23. [17] Gen. 32, 11. [18] II Sam. 7, 23. [19] I Chr. 29, 22. [20] II Chr. 1, 4. [21] Gen. 49, 24. [22] II Chr. 13, 10.

אלי אצֿמארּ[a] עלי אן יכון יי אלהינו אבתדאּ[a] וכֿבראּ· אי זה עבר רוח יי מאתי לדבר אותך[1] אלתקדיר איזה הדרך כמא קיל פי אלנסכֿהֿ אלתֿאניהֿ[2]· ובשנה השביעית התחזק יהוידע וגו עמו בברית[3] אלתקדיר ויבא אותם עמו בברית· כי אם בא אתה עשה חזק למלחמה יכשילך האלהים לפני אויב[4] אלתקדיר פן יכשילך האלהים או למה יכשילך האלהים· וילך חלקיה ואשר המלך אל חלדה הנביאה[5] תקדירה ואשר שלח המלך או ואשר צוה המלך לאנּהֿ קד קאל פוק הדֿא ויצו המלך את חלקיהו וגו׳ לאמר לכו דרשו את יי[6] ופי הדֿה אלצפהֿ איצֿא קיל ואל מלך יהודה השלח אתכם לדרוש ביי כה תאמרון אליו כה אמר יי אלהי ישראל הדברים אשר שמעת[7] אלתקדיר מדבר הדברים או עושה או מקים הדברים או נחו דֿלך· אני פי מלך שמר[8] תקדירה אני אצוך פי מלך שמר או אני אומר לך או מא אשבה דֿלך· והכהנים ירדו על ידיהם[9] אלתקדיר ירדו שחד על ידיהם מן מעני וירדהו אל כפיו[10] ודֿלך עלי סביל אלמגֿאז· מרעידים על הדבר ומהגשמים[11] ליס קולה מהגשמים מעטופא אלי הדבר ולו כאן כדֿלך לכאן ועל הגשמים לכןּ פיה אצֿמאר כאנּה קאל ומרעידים מהגשמים· וכל ישראל כי לא שמע המלך אליהם[12] אראד וירא כל ישראל כמא קיל פי אלנסכֿהֿ אלתֿאניהֿ[13] או יריד וכל ישראל ראו· ויאמר אליהם עוד שלשת ימים ושובו אלי[14] אראד לכו עוד שלשת ימים כמא קיל פי אלנסכֿהֿ אלתֿאניהֿ[15]· וכשלו איש באחיו כמפני חרב[16] תקדירה כאשר יכשלו מפני חרב· בהשמה מהם[17] אלתקדיר בעת השמה פחדֿף עת ואסכנת אלהא ונקלת צֿמּתה אלי אלבא ואלאצל פי אלשין אלתשדיד לאנּה מתֿל כל ימי השמה תשבת[18] פכֿפּפת אצֿטרארא מן אגֿל סכון אלהא· והמה אם ישמעו ואם יחדלו[19] הדֿא קסם ואלמקסם בה מחדֿוף ואלתקדיר חי אני אם ישמעו ואם יחדלו· ומתֿלה אם תעשון כזאת כי אם נקמתי בכם[20] ואלתקדיר חי יי אם תעשון כזאת· ופיה איצֿא חדֿף אכֿר והו אם אשקט כי אם נקמתי

[a] A. אלאצֿמאר

[1] I Rois 22, 24. [2] II Chr. 18, 23. [3] ib. 23, 1. [4] ib. 25, 8. [5] ib. 34, 22. [6] ib. 34, 20. [7] ib. 34, 26. [8] Eccl. 8, 2. [9] Jér. 5, 31. [10] Jug. 14, 9. [11] Ezra 10, 9. [12] II Chr. 10, 16. [13] I Rois 12, 16. [14] II Chr. 10, 5. [15] I Rois 12, 5. [16] Lév. 26, 37. [17] ib. 26, 43. [18] Lév. 26, 35. [19] Ez. 2, 5. [20] Jug. 15, 7.

בכם. לך מנגד לאיש כסיל ובל ידעת שפתי דעת[1] תקדירה ואם לא בל ידעת שפתי דעת ותרגמתה[a] תנח ען אלגאהל ואלא פקד גהלת אקואל אלחכמא. אל תרבו תדברו גבהה גבהה[2] אלתקדיר מלה גבוהה פחרף אלמוצוף ואקימת אלצפה מקאמה. שנים שלשה גרגרים בראש אמיר[3] אלוגה פיה בראש חֹרֶש אמיר ומעני אמיר עאל מרתפע מן קולה את יי׳ האמרת היום וגו׳ ויי׳ האמירך היום[4] והו אלקיאס פי קולה כעזובת החרש והאמיר[5] אי והענף האמיר או מא אשבה דלך. ומתל הדא פי חדף אלמוצוף ואקאמה אלצפה מקאמה קולה לכל לא טהור[6] אלתקדיר לכל איש לא טהור. ואיצא נדרשתי ללוא שאלו נמצאתי ללא בקשני[7] אי לעם לא שאלו לעם לא בקשוני. 155. ואיצא לאשר קנהו מאתו לאשר לו אחזת הארץ[8] ויוסף אמר לאשר על ביתו[9] [אלתקדיר לאיש]. ואיצא ותשב באיתן קשתו[10] תקדירה במקום איתן או במושב איתן או נחו דלך וקד תקדם דכרה. ואיצא ולתבנית המרכבה הכרובים זהב לפרשים[11] תקדירה זהב לכרובים פורשים פאקאמוא אלצפה מקאם אלמוצוף ואמא קולה הכרובים פהו בדל מן קולה המרכבה. אל תהי מרי כבית המרי[12] תקדירה אל תהי איש מרי *מתל כבית המרי[b] ורבמא כאן מרי צפה מתל פתי יאמין לכל דבר[13]. הנה צרפתיך ולא בכסף[14] יריד ולא בכור כסף. הנה בטני כיין לא יפתח[15] אי כבאר יין. לולי האמנתי לראות בטוב יי׳[16] הו מחדוף אלגואב ותקדירה כמעט שכנה דומה נפשי או אז אבדתי בעניי או מא אשבה דלך. ובכל כחי הכינותי לבית אלהי הזהב לזהב והכסף לכסף והנחשת לנחשת הברזל לברזל והעצים לעצים[17] אלתקדיר הזהב למעשה הזהב או למלאכת הזהב או לכלי הזהב והכסף למעשה הכסף או למלאכת הכסף או לכלי הכסף והו אלקיאס פי סאיר אלגואהר. ויאמר שמואל אל העם יי׳ אשר עשה את משה וגו׳[18] חדף מנה עד כאנה למא קאל עד יי׳ בכם[19] וקאלוא הם עד אעאד אלכלאם תאכידא לה פקאל עד יי׳ אשר עשה את משה ואת אהרן. אכלי שלחן איזבל[20] יריד אכלי לחם על שלחן

[a] B. ותפסירה [b] B. R. om.

[1] Prov. 14, 7. [2] I Sam. 2, 8. [3] Is. 17, 6. [4] Deut. 26, 17 et 18. [5] Is. 17, 9. [6] II Chr. 30, 17. [7] Is. 65, 1. [8] Lév. 27, 24. [9] Gen. 44, 4. [10] ib. 49, 24. [11] I Chr. 28, 18. [12] Ez. 2, 8. [13] Prov. 14, 15. [14] Is. 48, 10. [15] Job 32, 19. [16] Ps. 27, 13. [17] I Chr. 29, 2. [18] I Sam. 12, 6. [19] ib. 12, 5. [20] I Rois 18, 19.

איזכל כמא קיל ואתה תאכל לחם על שלחני תמיד[1] ומתֿלה והיו באכלי שלחנך[2] יריד והיו באוכלי לחם על שלחנך אי פי גמלתהם· וכי ימצא איש את איבו ושלחו בדרך טובה ויי ישלמך טובה תחת היום הזה אשר עשיתה לי[3] פיה אצֿמאר ואלתקדיר וכי ימצא איש את אויבו ושלחו בדרך טובה יי ישלם לו טובה ויי ישלמך טובה תחת היום הזה אשר עשית לי· מה ידידות משכנותיך[4] תקדירה מה רב ידידות משכנותיך· ואת רעבון בתיכם[5] תקדירה ואת שבר רעבון בתיכם כמא קיל פי מוצֿע אכֿר[6] ודֿלך אן רעבון הו אסם אלגוע נפסה כמא קיל ובימי רעבון ישבעו[7]· וקד יחדֿפון כתֿירא חרף אלנפי לא סימא מן מנפי מעטוף עלי מנפי קבלה בלא פכאן לא אלאול ינוב ען אלתֿאני איצֿא ודֿלך פי מתֿל קולה יי אל בקצפך תוכיחני ובחמתך תיסרני[8] ואלמעני ואל בחמתך תיסרני· וכבודי לאחר לא אתן ותהלתי לפסילים[9] אראד ולא תהלתי לפסילים· לא רבים יחכמו וזקנים יבינו משפט[10] אי ולא זקנים· כי לא לנצח ישכח אביון תקות עניים תאבד לעד[11] אי ולא תקות עניים· יחי ראובן ואל ימת ויהי מתיו מספר[12] אי ולא יהי מתיו מספר· ולא למדתי חכמה ודעת קדשים אדע[13] אי ולא דעת קדושים אדע· כי לא כצורנו צורם ואיבינו פלילים[14] אלמעני ולא אויבינו פלילים אי ליסו פקהא עלמא מתֿלנא לכֿנהם גֿהאל· כי אז מהבקר נעלה העם איש מאחרי[a] אחיו[15] תקדירה לא נעלה העם· ולקד אסתחסן כון ואשר יגאל מן הלוים ויצא[16] מן הרא אלבאב אעני אן יכון תקדירה ואשר לא יגאל מן הלוים ויצא אי ואי לוי לם יפך מנזלה לאנה קד כאן קאל קבל 156.
הרא גאלת עולם תהיה ללוים[17] פכאף אלדהר [יכון להם] אי אן להם אן יפכוא מתי שאוא תֿם קאל ומן לם יפך מנהם מא רהנה פליכֿרג רהנה פי אליובל ואן כאן תחת סור· ולאהל אלתפסיר פי יגאל שרח יסתגנון בה ען אצֿמאר לא ודֿלך אנהם יחמלונה מחמל יקנה אי מן אשתרי מנהם פליברא[b] מנה פי אליובל ואלעבארתאן אלי מעני[c] ואחד תאולאן[d] והו אנצראף אלמלך אלי אללוי פי אליובל אלא אן

[a] A. מעל [b] A. פליתברא [c] B. מדכל [d] B. תולאן

[1] II Sam. 9, 7. [2] I Rois 2, 7. [3] I Sam. 24, 20. [4] Ps. 84, 2. [5] Gen. 42, 33. [6] ib. 42, 19. [7] Ps. 37, 19. [8] ib. 38, 2. [9] Is. 42, 8. [10] Job 32, 9. [11] Ps. 9, 19. [12] Deut. 33, 6. [13] Prov. 30, 3. [14] Deut. 32, 31. [15] II Sam. 2, 27 (notre texte a מאחרי). [16] Lév. 25, 33. [17] ib. 25, 32.

אחדאהמא[a] ארק̈· *ואיצ̇א אן אללגה̈ לם תסתעמל יגאל מכאן לגה̈ יקנה[b]· וקד יחדפון גיר חרף אלנפי פי קציה̈ מא ארא תקדם דכר דלך אלחרף פי קציה̈ אכרי מקארנה̈ להא ודלך פי מת̇ל קולה מתן בסתר יכפה אף ושחד בחק חמה עזה[1] אלתקדיר ושחד בחיק יכפה חמה עזה פאסתגני[c] באלאול ען אלת̇אני לאן אלקציתין מתקארנתין· ומת̇ל קולה איצ̇א כל אשר ילק בלשונו מן המים כאשר ילק הכלב תציג אותו לבד וכל אשר יכרע על ברכיו לשתות[2] אנמא יתם אלמעני בזיארה̈ תציג אותו לבד חתי יכון עלי הד̇א אלנט̇אם וכל אשר יכרע על ברכיו תציג אותו לבד· ומת̇ל רוח צפון תחולל גשם ופנים נזעמים לשון סתר[3] תקדירה ופנים נזעמים תחולל לשון סתר והד̇א מן אלמעאני אלמקלובה̈ לאן אלוג̇ה אנמא הו אן יכון יזעם פנים· ויצלח אן יכון מן הד̇א אלצ̇רב קולה זית רענן יפה פרי תאר[4] אי יפה פרי יפה תואר· וינצ̇אף אלי הד̇א קולה בישישים חכמה וארך ימים תבונה[5] אי ובארך ימים פגאב אלבא אלאול ען אלת̇אני· וכת̇ירא מא יחדפון אשר ודלך פי מת̇ל קולה והודעת להם את הדרך ילכו בה[6] נתן נשמה לעם עליה[7] לכל יבוא גבורתך[8] וכל יש לו נתן בידו[9] ויזבחו לײ ביום ההוא מן השלל הביאו[10] ויראו הצפים לשאול[11] עזבו האלהים לנסותו לדעת כל בלבבו[12] אל הכינותי לו[13] ולא ימות מכל לבני ישראל דבר[14] ואחרי לא יועלו הלכו[15] עד כלות המלאכה ועד יתקדשו הכהנים[16] אי ועד אשר יתקדשו עד רצתה הארץ את שבתותיה[17] להתחזק עם לבבם שלם אליו[18] המה יסד דויד[19] אלתקדיר אשר יסד דויד לכל העיר האלהים את רוחו[20] על הוסד בית ײ[21] תקדירה על אשר הוסד ולים יבעד אן יכון הוסד מצדרא עלי מת̇אל כי הגד הגד לעבדיך[22] יום הלדת את פרעה[23] ואן אכ̇תלפת חרכה̈ אלסין אלא אן אלואו אלמנדגם פי הלדת ט̇אהר פי הוסד· וקד יחדפון בעצ̇ שבה̈ אלכלמה̈ אסתכ̇פאפא כקולה ודן ויון מאוזל[24] יריד ודדן· שרשת גבלות[25] יריד

a B אחדהמא b R. om. c B. פאסתגווא, au marge: פאסתגנוא

[1] Prov. 21, 14. [2] Jug. 7, 5. [3] Prov. 25, 23. [4] Jér. 11, 16. [5] Job 12, 12. [6] Ex. 18, 20. [7] Is. 42, 5. [8] Ps. 71, 18. [9] Gen. 39, 4. [10] II Chr. 15, 11. [11] I Sam. 14, 16. [12] II Chr. 32, 31. [13] I Chr. 15, 12. [14] Ex. 9, 4. [15] Jér. 2, 8. [16] II Chr. 29, 34. [17] ib. 36, 21. [18] ib. 16, 9. [19] II Chr. 9, 22. [20] Ezra 1, 5. [21] ib. 3, 11. [22] Jos. 9, 24. [23] Gen. 40, 20. [24] Ez. 27, 19. [25] Ex. 28, 22.

שרשרות גבלות· ימלט אי נקי[1] יריד ימלט איש נקי· ברחץ הליכי בחמה[2] יריד בחמאה· וקאלוא ודבר חד את אחד[3] [יריד אחד] ורבמא כאן חד מן אללפט̇ אלסריאני מת̇ל די דניאל חד מנהון[4]· ומקרני רמים עניתני[5] יריד ראמים· ועלתה כאר̇[6] מכאן כיאר כמא קיל פי גיר הד̇א אלמוצ̇ע[7]· לאביגל[8] מכאן לאביגיל· אחותיך הגדלות מסך[9] מכאן אחיותיך· והמדנים מכרו אתו[10] מת̇ל ויעברו אנשים מדינים[11]· ומשלח מדנים בין אחים[12] והו מת̇ל מדינים ישלח[13] בחומת בית שן[14] אראד בית שאן· אל תדם בת עינך[15] מת̇ל בבבת עינו[16] פחד̇ף אלמת̇ל אלואחד· פאן אחתג̈ עלינא אחד בקול אלשאער

157. בנות קיני הדיבוני בגאותם ידיבוני

פי ג̇מע בת עינך ואראד אן ינתג̈ מן ד̇לך אן בת עינך ליסת במעני בבת כמא קלנא נחן פליעלם אן אלשאער אנ̈מא פעל ד̇לך למא אשבה לפט̇ה לפט̇ בת אשר[17] פג̇מעה כמא תג̇מע בת אשר מסאמחא[a] אד̇ לם יתהי̈א לה פי אלוזן גיר ד̇לך· הד̇א מא אב̇רנאה ענה פי קולה הד̇א וקד תפעל אלערב איצ̇א מת̇ל הד̇א· והד̇א אלשאער ענדי אחסן תכ̈לצא מן אלאכ̇ר אלד̇י קאל

הלנצח אהי דואג לחצי בבותיך וגם אידא חניתם

בתחריך אלבא בשבא אלמבתדא בה לצ̇רורה̈ אלוזן ואלוג̇ה פיה אלקמצות לאן בבה עלי מת̇אל במה פבמא קיל על במותיך חלל[18] כד̇לך יג̇ב אן יקאל בָבותיך באלקמצות ומן אקוי אלדלאיל עלי ד̇לך קולה בבבת עינו[19] בגיר תגי̈ר אלבא פי אלאצ̇אפה̈· ואלאחסן ענדי פי בבבת עינו ובמה כונהמא *מעתל̈י אלעין[b]· שלתיאל[20] מת̇ל שאלתיאל[21] שער השפות[22] מכאן האשפות[23] כתוא מכמר[24] מת̇ל ותאו וזמר[25] בחד̇ף אלאלף ואלאלף אלמכתובה̈ הי מכאן אלואו [ואלואו] אלד̇י קבל אלאלף פללמד̇· עשה עש כסיל וכימה[26] מת̇ל ועיש על בניה תנחם[27]· הה ליום[28] מת̇ל אהה[29] ורבמא כאן אלאלף

[a] B. מסאמחה̈ [b] B. מעתלאן

[1] Job 22, 30. [2] ib. 29, 6. [3] Ez. 33, 30. [4] Dan. 6, 3. [5] Ps. 22, 22. [6] Amos 8, 8. [7] ib. 9, 5. [8] I Sam. 25, 32. [9] Ez. 16, 61. [10] Gen. 987, 36. [11] ib. 37, 28. [12] Prov. 6, 19. [13] ib. 6, 14. [14] I Sam. 31, 10. [15] Lam. 2, 18. [16] Zach. 2, 12. [17] Nomb. 26, 46. [18] II Sam. 1, 28. [19] Zach. 2, 12. [20] Agg. 1, 12. [21] ib. 1, 1. [22] Néh. 3, 13. [23] ib. 3, 14. [24] Is. 51, 20. [25] Deut. 14, 5. [26] Job 9, 9. [27] Job 38, 32. [28] Ez. 30, 2. [29] II Rois 6, 15.

פי אהה מזירה· וקיל שת בריח[1] מכאן בריאה פחרף יא אלמר וקלב אלאלף יא· וקיל האם תמנו לגוע[2] פחרף אלמתל אלואחד· וקיל ונחלת בך[3] ונחלו מקרשיהם[4] ואלאצל ונחללת ונחללו לאנה מן ובאו בה פריצים וחללוה[5]· וקאל וכעת צאת הקץ לימים שנים[6] ואצלה ימימים לאנה תתניה ימים תחיה גאלתו[7] אלדי תפסירה עאם כמא קיל פי הדא אלמעני ויהי לימים מימים[8] פחרף אלמים וחרף אליא מעה· וימים תהיה גאלתו עלי זנה תמים פכמא אן גמע תמים ותתניתה תמימים כדלך יגב אן יכון גמע ימים ותתניתה ימימים פחרפוא כראהה לאגתמאע אלמימאת ואן כאנוא קד יסתסהלון אגתמאע אלאמתאל פי מואצע כתירה ואן כאנוא קד פעלוא פי תמים צד פעלהם פי ימים אעני אנהם זאדוא פיה מימא ויא[a] ודלך קולהם וביום החדש פר בן בקר תמימם[9] אנמא ואגבה אן יכון תמים לאנה וצף ללפר פקט אלא אן געל וצפא להמא גמיעא· ולא תנכרן[a] חדפהם בעץ אלכלמה מתל קולהם אי נקי[10] מכאן איש וגירה ממא דכרתה פאן אלכלמה אדא גרת עלי אלסנתהם כתירא יכפפונה· וקד יפעל גיר אלעבראניין איצא מתל הדא *כמא קאלת אלערב אלמנא מכאן אלמנאיא ומכאן אלמנאזל פחרפת[b]· וקד יחדפון אכתר מן הדא חתי אנהם לקד יסתגזיון מן אלכלמה בדכר אול שבהה מנהא חכי דלך ענהם סיבויההם *ואנשד לבעצהם

באלכיר כיראת ואן שרא פא ולא אריד אלשר אלא אן תא

ארא̈ד ואן שרא פשרא פאסתגזוא באלפא פקט וארא̈ד בקולה אלא אן תא אלא אן תריד פאסתגזי באלתא פקט[c]· ויחרפון איצא פאאת בעץ אלאפעאל מן אלאמר מתל של נעליך[11] אלמשתק מן ונשל גוים רבים מפניך[12]· ומן קח נא מפיו תורה[13] ומן גש פגע בו[14] ומן תן לי הנפש[15] ומא אשבה דלך· וקד חרפוא אלפא מן אלפעל אלמאצי פי קח על מים רבים[16] אלוגת פיה לקח· ופי ואיבי תתה לי ערף[17] אלאצל נתתה· ופי והיום רד מאד[18] אצלה ירד ופי אהבו הבו[19] אצלה אהבו מן כאשר אהב[20] וסנבין דלך פי באבה מן כתאב 158.

[a] A. ינכרן [b] R. om. [c] R. om.

[1] Ez. 34, 20. [2] Nomb. 17, 28. [3] Ez. 22, 16. [4] ib. 7, 24. [5] ib. 7, 22. [6] II Chr. 21, 19. [7] Lév. 25, 29. [8] II Chr. 21, 19. [9] Ez. 46, 6. [10] Job 22, 30. [11] Ex. 3, 5. [12] Deut. 7, 1. [13] Job 22, 22. [14] II Sam. 1, 15. [15] Gen. 14, 21. [16] Ez. 17, 5. [17] II Sam. 22, 41. [18] Jug. 19, 11. [19] Osée 4, 18. [20] Gen. 27, 9.

אלאצול מן הרא אלריואן[1]. וכתירא מא יסתעמל אלחדף פי אפעאל דואת חרוף אללין ופי אלאפעאל דואת אלמתלין עלי מא בין פי כתאב חרוף אללין ופי כתאב דואת אלמתלין ופי כתאב אלמסתלחק. וקד יתקארב לפט בעץ מא חדף לאמה מן אלאפעאל אלמסתקבלה אלתקילה אלמעתלה אללאמאת ולפט מא חדף לאמה מן אלאפעאל אלמסתקבלה אלכפיפה אלמעתלה אללאמאת איצא כתקארב ותכל כל עבדת[2] ותכה מכעס עיני[3] ותלך ותתע[4] אלתי הי מחדופה מן אלאפעאל אלכפיפה ולפט ויפן זנב אל זנב[5] ויקש את ערפו[6] ויזן ארת ישבי ירושלם[7] אלמחדופה מן אלאפעאל אלתקילה. ואלפרק בינהמא יכון באלצבט ודלך אן חדף אלאסתקבאל מן אלמחדופה מן אלאפעאל אלכפיפה יכון בצרי כתא ותכל ותא ותכה ותא ותתע פאנהא ומא מאתלהא בצרי וחרף אלאסתקבאל מן אלמחדופה מן אלאפעאל אלתקילה יכון בסגול כיא ויפן ויקש ויזן ומא אשבההא. וקד קיל גם את תשכרי תהי נעלמה[8] בחדף יא היה לאן הדה אליא אנמא הי ללתאנית ואצלה תהיי מתל ולא תהיי לאיש[9] לאנה יכאטב מונתא ואמא לפט תהי פלא יכון אלא אכבארא עץ מונת מתל אל נא תהי כמת[10] אל נא תהי מריבה[11] או מכאטבה למדכר[a] מתל אל תהי עד חנם ברעך[12]. וקד אכתרת אלשערא ולא סימא מר יצחק בן מר שאול רחמה אללה מנהם מן קול יהו והם ירידון יהיו אסתכפאפא. וגאיז ענדי אן יקאל פי יא תהי נעלמה אנהא עין אלפעל אעני אנהא יא היה ואן עלאמה אלתאנית סאקטה מנה כסקוטהא מן ותבוא עד שנותיך[13] אלדי ואגבה אן יכון מתל ותבאי בעדי עדים[14] וקאלוא איצא העשו לבלי חת[15] ואצלה העשוי בחדף אללאם. וקד יסקטון כתירא עינאת אלאפעאל אלמעתלה אלעינאת אדא קאלוא מנהא ופעלתי[b] ופעלתם מתל וגלתי בירושלם וששתי בעמי[16] וקמתי על בית ירבעם[17] ושבתם וראיתם[18] והנה קמתם[19]. ויחדפון כתירא אלהאאת מן מצאדר אלאפעאל אלתקילה אלתי עלי בניה הפעיל ומן

[a] B. לדכר [b] R. פעלתי

[1] Ousoul 23, 22 à 30. [2] Ex. 39, 32. [3] Job 17, 7. [4] Gen. 21, 14. [5] Jug. 15, 4. [6] II Chr. 36, 13. [7] ib 21, 11. [8] Nah. 3, 11. [9] Osée 3, 3. [10] Nomb. 12, 12. [11] Gen. 27, 9. [12] Prov. 24, 28. [13] Ex. 22, 4. [14] ib. 16, 7. [15] Job 41, 25. [16] Is. 65, 19. [17] Amos 7, 9. [18] Mal. 3, 18. [19] Nomb. 32, 14.

מסתקבלאתהא איצֹא מן מתֹל לנחתם הדרך[1] אלדֹי אצלה להנחתם [מתֹל להנחתם] בהדרך[2] לאנֹה מצדר אשר הנחני[3] ומן לראתכם בדרך אשר תלכו בו[4] למרות עיני כבודו[5] ואצלה להמרות לעביר את בית המלך[6] אצלה להעביר לחלק משם בתוך העם[7] אצלה להחליק לביא אתו בבלה[8] אצלה להביא לשמיד מעזניה[9] אצלה להשמיד ולשבית עניי ארץ[10] אצלה ולהשבית לסתיר עצה[11] אצלה להסתיר לחטיא את בשרך[12] אצלה להחטיא חדֹפת אלהאאת ונקלת פתחאתהא[a] אלי אללאמאת לאןֹ אלאפעאל אלמאציֹה אשר הנחני[13] הן הראנו[14] כי המרו את רוחו[15] העביר אתו לערים[16] כי החליק אליו[17] אשר הביא שפחתך[18] והשביתו בניכם את בנינו[19] הסתירו פנים[20] השמידו יי̈ אלהיך מקרבך[21] אשר החטיא[22]. ומתֹלהא לצבות בטן ולנפל ירך[23] אצלהמא להצבות ולהנפיל. ואלמסתקבל מנהא ינחני במעגלי צדק[24] יראני בשררי[25] ויעבירום עמם אל המלון[26] לשונם יחליקון[27] יביא את קרבנו[28] אשר ימרה את פיך[29] אל השערה ולא יחטא[30] פחדֹף אלהאאת איצֹא ואצלהא יהנחני יהראני ויהעבירום יהחליקון יהביא יהמרה יהחטיא פחדֹפת אלהאאת ונקלת חרכתהא אלי אליאאת. ורבמא אתֹבתת אלהאאת פי מתֹל הדֹא בקולהם כי לא בחרב ובחנית יהושיע יי̈[31] יהודה לתפלה[32] והדֹא בײַ פי כתאב חרוף אללין[33]. וקד יחדֹפון אלהאאת איצֹא מן מצאדר אלאנפעאל וינקלון חרכתהא אלי מא קבלהא איצֹא כמא קיל בבא כל ישראל לראות[34] אלאצל להראות מתֹל וביום הראות בו בשר חי[35] ומתֹל לענת מפני[36] אצלה להענות ובכשלו אל יגל לבך[37] אצלה ובהכשלו מתֹל ובהכשלם יעזרו עזר מעט[38] ואצל יעזרו יהעזרו. בעטף עולל[39] אצלה בהעטף. ואן חמלת הדֹה אלמצאדר מחמל נשאל נשאל דוד[40] ומחמל ונחבה לא יוכל[41] לם תכן נאקצֹה 159.

[a] B. פאתחאתהא

[1] Ex. 18, 21. [2] Néh. 9, 19. [3] Gen. 24, 48. [4] Deut. 1, 33. [5] Is. 3, 8. [6] II Sam. 19, 19. [7] Jér. 37, 12. [8] ib. 39, 7. [9] Is. 23, 11. [10] Amos 8, 4. [11] Is. 29, 15. [12] Eccl. 5, 5. [13] Gen. 24, 48. [14] Deut. 5, 21. [15] Ps. 106, 33. [16] Gen. 47, 21. [17] Ps. 36, 3. [18] I Sam. 25, 27. [19] Jos. 22, 25. [20] Is. 59, 2. [21] Deut. 4, 3. [22] I Rois 16, 26. [23] Nomb. 5, 22. [24] Ps. 23, 3. [25] ib. 59, 11. [26] Jos. 4, 8. [27] Ps. 5, 10. [28] Lév. 7, 29. [29] Jos. 1, 18. [30] Jug. 20, 16. [31] I Sam. 17, 47. [32] Néh. 11, 17. [33] D. 41; N. 22. [34] Deut. 31, 11. [35] Lév. 13, 14. [36] Ex. 10, 3. [37] Prov. 24, 17. [38] Dan. 11, 34. [39] Lam. 2, 11. [40] I Sam. 20, 28. [41] Jér. 49, 10.

האאת· וקד חדפוא הא הפעיל מן קולהם בינתי בספרים[1] מדוע אליו ריבות[2] ואלוגה פיהא הבינותי הריבות· וקד חדפוא הדה אלהא איצא פי קול אבי זכריא[3] מן מצאדר הדה אלאפעאל אלמעתלה אלעינאת מן קולהם בין תבין[4] ריב יריב את ריבם[5] וממא אשבההמא· וחדפוהא איצא פי קולה מן אלאמר מתל קולהם כי אם שישו וגילו[6] ומא אשבההמא· וגירה יקול אן אליא פי הדין אלקבילין בדל מן ואו ואנהמא מן אפעאל כפאף· וחדפוא אלהא איצא מן קולהם כיום[7] ביום ההוא[8] ליום אשר אני עשה[9] ולגר ולתושב[10] בדרך אשר תלכו בה[11] ולעם הזה[12] ומן כתיר מתלהא מן אלמעארף ואלאצל פיהא כהיום בהיום להיום להגר ולהתושב בהדרך ולהעם· ורבמא אתוא בהא עלי אלאצל כמא קיל ויהי כהיום הזה[13] ויבדילם אמציהו להגדוד[14] ולהגרים הגרים בתוכבם[15] מי כהחכם[16] בהשמים חסדך[17] ולהקרדמים[18] אם תהיה לטוב להעם הזה[19] מעל להחומה[20] כהחלנות האלה[21] להנחתם בהדרך[22] ויאמר חזקיהו להעלות העלה להמזבח[23]· וקאלוא וחמור והאריה עמדים אצל הנבלה[24] מכאן והחמור פחדפוא אלהא ואיצא הדק לעפר ושרף אשרה[25] מכאן האשרה ואיצא וישרף עליו את בית מלך[26] יריד את בית המלך ואצעדה אשר על זרעו[27] מכאן והאצעדה לעשיר היה צאן ובקר[28] מכאן להעשיר או לעשיר בצרי תחת אללאם ובחדף אלהא לאנה קד קאל אחד עשיר ואחד רש[29] פכאן יגב אן יכון אלתאני מערפה לאן אלכלאם יכון אולא נכרה תם יערף ליעלם אנה דלך אלדי אבתדי בה· וקיל בקדש ובכליו[30] ואלוגה בקדש בפתח אלבא ותשדיד אלקאף ואלאצל עלי אלתמאם בהקדש מתל בהדרך· ומתלה את עמוד הענן לא סר מעליהם ביומם להנחתם בהדרך ואת עמוד האש בלילה להאיר להם[31] ואלוגה ביום ובלילה בפתח אלבאין ותשדיד אליא ואללאם· להשתחות למלך יי צבאות[32] אלוגה אן יכון תחת אללאם פתח

[1] Dan. 9, 2. [2] Job 33, 13. [3] D. 65; N. 38. [4] Prov. 28, 1. [5] Jér. 50, 34. [6] Is. 65, 18. [7] Gen. 25, 31. [8] ib. 15, 18. [9] Mal. 3, 17. [10] Nomb. 35, 15. [11] Deut. 1, 33. [12] Jér. 5, 23. [13] Gen. 39, 11. [14] II Chr. 25, 10. [15] Ez. 47, 22. [16] Eccl. 8, 1. [17] Ps. 36, 6. [18] I Sam. 13, 21. [19] II Chr. 10, 7. [20] Néh. 12, 38. [21] Ez. 40, 25. [22] Nah. 9, 19. [23] II Chr. 29, 27. [24] I Rois 13, 28. [25] II Rois 23, 15. [26] I Rois 16, 18. [27] II Sam. 1, 10. [28] ib. 12, 2. [29] ib. 12, 1. [30] Nomb. 4, 16. [31] Néh. 9, 19. [32] Zach. 14, 17.

גדול· וחדפוא אלהא אלתי ללתאנית מן פחה פי קולהם להיות פחם[1] אצלה אן יכון פחתם כמא קיל הקריבהו נא לפחתך[2] פחדף מנה הא פחה· וחדפוא אלהא איצא מן מלה ושנה פי קולהם מלים ושנים ומן מכה טריה[3] פי קולהם מן המכים אשר יכהו ארמים[4] גמעוא הדה אלאלפאט עלי חדף אלהא מן אלואחדה ומן פנה פי קולה עבר בשוק אצל פנה[5] אצלה פנתה מתל או מי ירה אבן פנתה[6] וקד דכרת הדא פי באב כרה מן כתאב אלמסתלחק[7]· *וקד חדפוא אלהא מן הם פי קולהם בם ואלאצל בהם ולם יחדפוהא מן להם פיקולוא לם לכנהם ארא זאדוא עליה אלואו אסקטוא אלהא פקאלוא חמת למו[8] כמא צנעוא פי קולהם פימו[9] ואלימו[10] ופנימו[11] ועלימו[12] ואלאצל פיהמו אליהמו ופניהמו ועליהמו ומא נשאה נחן אחרא פי אסתעמאל דלך עלי אלאצל פאלהאאת לאזמה פי אלאצל לכל מא גאנס הדא ואלדליל עלי דלך קולהם ואנשים צדיקים המה ישפטו אותהם[13] וברא אותהן בחרבותם[14] ואת חלבהן[15] אכלו את פריהן[16] בקוץ מנד כלהם[17] קצב אחד לכלהנה[18] לבדהן[19 a]· וקד יחדפון כתירא ואו אלנסק כקולהם אדם שת אנוש קינן מהללאל ירד[20] וסאיר אלאסמא· ואיצא שמש ירח עמד זבלה[21] והקרב אליו 160. כרשנה שתר אדמתא תרשיש מרס מרסנא ממוכן[22] ויקח לו רחבעם אשה את מחלת בת ירימות בן דויד אביחיל בת אליאב בן ישי[23]· עקב ענוה יראת יי״[24] אלוגה ויראת יי׳ באלעטף ולולא אעתקאד אלאואיל[25] פי ועד כרם זית[26] מא אעתקדוה פיה לוגב אן יצם אלי הדא אלבאב כמא קאל פיה אלתרגום ועד כרמא ועד זיתא· וקד חדף יא וצי אדיר[27] מן גמעה קיל יצאו מלאכים מלפני בצים[28] אצלה בציים מתל איים אלדי ואחדה ישב האי הזה[29]· וחדפוא יא אלנסבה מן פלשתים ועברים והגבלים[30] וגירה כתיר וחדה אליאאת הי ללגמע ואלאצל פלמתיים עבריים וכושיים ביאין אחדהמא ללנסבה ואלאכרי ללגמע וקד אתי בהא עלי אלאצל פי

a R. om.

[1] Néh. 5, 14. [2] Mal. 1, 8. [3] Is. 1, 6. [4] II Rois 8, 29. [5] Prov. 7, 8. [6] Job 38, 6. [7] Opuscules p. 150. [8] Ps. 58, 5. [9] ib. 17, 10. [10] ib. 2, 5. [11] ib. 11, 7. [12] Job 6, 16. [13] Ez. 23, 45. [14] ib. 23, 47. [15] Lév. 8, 16. [16] Jér. 29, 28. [17] II Sam. 23, 6. [18] I Rois 7, 37. [19] Gen. 21, 28. [20] I Chr. 1, 1. [21] Hab. 3, 11. [22] Esth. 1, 14. [23] II Chr. 11, 18. [24] Prov. 22, 4. [25] Bâbâ meçî'â 87b. [26] Jug. 15, 5. [27] Is. 33, 21. [28] Ez. 30, 9. [29] Is. 20, 6. [30] I Rois 5, 32.

קולה ופלשתיים מכפתור[1] אלהי העבריים[2] הלא כבני כשיים[3]· וקד חרפוא מים אלגמע אסתכפאפא מן קולה ותפלטני מריבי עמי[4] הרודד עמי תחתי[5] הייתי שחק לכל עמי[6] אלוגה פיהא עמים ועלי הדא אתבתהא צאחב אלמסורת[a]· ומתלהא תחכמני ראש השלשי[7] אלוגה השלשים עלי מא תבת פי דברי הימים[8]· ומתל דלך כחוט השני[9] אראד השנים מתל אם יהיו חטאיכם כשנים[10] ושנים הדא מן אלגמע אלדי לא ואחד לה· ומן הדא אלבאב מעסיס רמני[11] אלוגה רמונים· ורבמא כאן יא רמוני ללנסבה ויכון רמוני צפה ללעסים אלא אנה עלי הדא ממא אציף מן אלמוצוף אלי אלצפה ורבמא כאן גיר מצאף עלי מתאל גביר ומא אשבהה ואן כאן קד קיל וכעסיס דמם ישכרון[12] פלים בבעיד אן יגתמע פי לפטה ואחדה מתאלאן ואזיד כמא קיל אביר הרעים[13] באלתשדיד ואביר ישראל[14] באלתכפיף· ומן הדא אלבאב קולה משכימי בבקר מאחרי בנשף[15] לם תחדף אלמים למעאקבה אלאצאפה לאן אלבא תקטע אלאצאפה לכנה ממא חדף אסתכפאפא· ועלי הדא קיל גמולי מחלב עתיקי משדים[16] ואיצא ואמרת לנביאי מלבם[17] האלהי מקרב אני נאם יי ולא אלהי מרחק[18]· וקד חדפוא יא הפעיל מן מסתקבלה אעני מן יעשרנו המלך[19] ומן וידבקו גם המה[20]. ומן וידרכו את לשונם[21] ומן מחצרים בחצוצרות[22]· וקד חדפוא יא הפעיל איצא פי קולהם החבאתה את המלאכים[23] כאן אלוגה פיה החביאה פחדפוא אליא אסתכפאפא פבקי החבאת פקלבוא אלהא תא כמא צנעוא פי נפלאת בעינינו[24] תם זאדוא הא תאניה ללתאנית כמא צנעוא פי נפלאתה אהבתך לי[25] ופי ישועתה ליי[26] וגירהמא· וקד יחדפון מן אללפט מן כמא צנעוא פי קולהם ושמן על ראשך אל יחסר[27] אלמעני מן על ראשך אל יחסר· וכעסיס דמם ישכרון[28] אצלה מן דמם· ולא סרו מצות המלך על הכהנים והלוים[29] יגוז אן יריד מן מצות המלך אי לם ימלו[b] ען וציה אלמלך פחדף מן וימכן אן יכון מענאה ולם

a B. אלמוסרת b B. ימילו

1 Amos 9, 7. 2 Ex. 3, 18. 3 Amos 9, 7. 4 II Sam. 22, 44. 5 Ps. 144, 2. 6 Lam. 3, 14. 7 II Sam. 23, 8. 8 I Chr. 11, 11. 9 Cant. 4, 3. 10 Is. 1, 18. 11 Cant. 8, 2. 12 Is. 49, 26. 13 I Sam. 21, 8. 14 Is. 1, 24. 15 ib. 5, 11. 16 ib. 28, 9. 17 Ez. 13, 2. 18 Jér. 23, 23. 19 I Sam. 17, 25. 20 ib. 14, 22. 21 Jér. 9, 2. 22 I Chr. 15, 24. 23 Jos. 6, 17. 24 Ps. 118, 23. 25 II Sam. 1, 26. 26 Jon. 2, 10. 27 Eccl. 9, 8. 28 Is. 49, 26. 29 II Chr. 8, 15.

יכאלפו אמר אלמלך מן קולה וסרת טעם[1] פלים יכון פיה עלי הדא חדף. הוא דמשק אליעזר[2] יחתמל אן יראד בה מן דמשק כמא קיל אלעזר בן דודו בית לחם[3] אי מן בית לחם. עד יקם גוי איביו[4] יריד מן אויביו. ויגידו לדוד וירד הסלע[5] יריד מן הסלע. השמרו לכם עלות בהר ונגע בקצהו[6] תקדירה מן עלות בהר ומן נגוע בקצהו. ויתר מהמה בני הזהר עשות ספרים הרבה אין קץ[7]
161. יריד מן עשות. והכדא גרי אסתעמאל הדה אללגה[a] פי כלאם אלאואיל רצי אללה ענהם בלא מן פי קולהם[8] לא הוחזרו כשרות לינשא לפסולין אלוגה מלהנשא לפסולין. ולם ימנע אלחכים בהדא אלקול אלאסתכתאר מן אלעלום אלדיאניה אלמקרבה מן אללה ולא מן גירהא מן אלעלום אלנאפעה אלמדרכה באלחקיקה אנמא מנע בה מן אלאשתגאל באלכתב אלמודיה בזעם מנתחליהא אלי עלם אלמבארי ואלאצול אלמבחות בהא ען כנה כלקה אלעאלם אלעלוי ואלעאלם אלספלי לאנה שי לא יוקף מנה עלי חקיקה ולא יבלג מנה אלי גאיה מע אנה מפסד ללדין מדהב לליקין מתעב ללנפס בלא עאידה ולא פאידה כמא קאל ולהג הרבה יגעת בשר[9]. ואלי הדא איצא אשאר אלחכים בקולה כל הדברים יגעים לא יוכל איש לדבר[10] אי אנהא אמור מתעבה גיר מדרכה פכאן אלאצוב ענד אלחכים אלאסתסלאם ללה ואלאנקיאד למא אמרת בה אלשריעה ואלארתבאט באלדין כמא קאל בעדה סוף דבר הכל נשמע וגו'[11] ותרך מא לא תדרך חקיקתה. ומן דהב פי הזהר עשות ספרים הרבה אין קץ אלי אלחץ עלי אסתעמאלהא ואלאמר באכתסאבהא לא אלי אלנהי ואלמנע כמא קלנא נחן פהו גיר מציב מן וגוה[b] מנהא לקול אלחכים אין קץ פאנה מן אלמחאל אן יאמרנא בטלב מא לא נהאיה לה *כל מן אלחכמה אן יצדנא ענה אד טלב מא לא נהאיה לה[c] גיר מפיד לאן דלך אלמטלוב גיר מדרך וטלב מא לא ידרך ענא. ומנהא איצא קולה יגיעת בשר ומנהא אחאלתה איאנא בעד הדא עלי אלתקוי פקט בקולה סוף דבר הכל נשמע וגו' יקול גמלה אלאמר ואכבר כל וציה אוציך בהא פעלין באלתקוי פאנה

[a] A. אלוגוה [b] B. אוגה [c] R. om.

[1] Prov. 11, 22. [2] Gen. 15, 2. [3] II Sam. 23, 24 (dans notre texte אלחנן, comp. v. 9). [4] Jos. 10, 13. [5] I Sam. 23, 25. [6] Ex. 19, 12. [7] Eccl. 12, 12. [8] Jebamôth 85 a. [9] Eccl. 2, 12. [10] ib. 1, 8. [11] ib. 12, 13.

אפצ̇ל מא ארתבט בה אלמר[a] ואן אלאנקיאד אלי אלשריעה אחסן מא חאולה אלאנסאן· פקד צ̇רנא בהד̇א אלקול ען מא סוי הד̇א אי ען גיר אלתקוי וען אלנט̇ר פי גיר אלעלום אלדיאניה̈ והו מא[a] לא תבלג גאיתה̈ מן אלמטאלב ולא ידרך[b] כנהה ולא יוקף עלי חקיקתה· פסקוט מן מן קולה עשות ספרים הרבה מע חזהר הו מת̇ל סקוטה מן עלות בהר ונגוע בקצהו[1] מע השמרו לכם סוא לאן קולך הזהר עשות ספרים הרבה ואנת תריד מעשות הו מת̇ל קולך השמרו עלות בהר ונגוע בקצהו ואנת תריד מעלות בהר ומנגוע בקצהו סוא· פהד̇א בין ואצ̇ח וממא יזידה ביאנא וצ̇וחא מא ד̇כרנאה מן אסתעמאל אלאואיל לה בלא מים ופי מעני אלנהי לא פי אלאמר ואלחץ̇ וד̇לך קולהם לא הוזהרו בשרות לינשא לפסולין ותרגמתה לם יחפט̇ אלנסא אלבריאת מן אלעיוב ען אלתזוג̇ באלרגאל אלמעיבין אי לם ינהון ען ד̇לך ולא ינ̇ה אן יתרגם לם יחץ̇ אלנסא אלבריאת מן אלעיוב עלי אלתזוג̇ באלרג̇אל אלמעיבין לאסתחאלה̈ אלמעני· וקולה ויתר מהמה אנ̇מא ישיר בה אלי מתקדם קולה דברי חכמים כדרבנות וגו'[2] יקול אן מן אפצ̇ל טרק אלחכמה̈ אן תג̇תהד[c] פי תרך אתעאב נפסך פי טלב מא לא תדרך חקיקתה ולא תבלג גאיתה מן אלעלום אלעלויה̈ ואן תקבל עלי אלתקוי ועלי טאעה̈ אללה ואלתזאם אלשריעה̈ מת̇ל קולה ראשית חכמה יראת יי'[3] ויותר הנא צפה̈· וקד חד̇ף מן איצ̇א מן קולה לבד ממכריו על האבות[4] פאן עאדה̈ אהל אללגה̈ אן יקולוא לבד מן כד̇א וכד̇א כמא קיל לבד מאיל וצבי ויחמור[5] או אן יקולוא מלבד כד̇א וכד̇א כמא קיל מלבד נשי בני יעקב[6] פחד̇פוא מן פי הד̇א אללפט̇ ופי קולה איצ̇א לבד על כל התנדב[7] וכאן אלתקדיר מלבד על כל התנדב אי סוי עט̇ם אלתברע· ואעלם אן הד̇א אללפט̇ מן ג̇מלה̈ מא אחצ̇רנאה פי הד̇א אלכתאב ממא אנתמע פיה עאמלאן וד̇לך אן אלקיאס הו אן יכון מלבד כל התנדב בלא על ותרג̇מתה *סוי כל[d] אלתברע

162. ואלמעני *אן ג̇יראנהם[e] הארוהם וקוֹוהם באלד̇הב ואלפצ̇ה̈ ואלת̇יאב

[a] B. ממא · [b] A. יטלב [c] B. יג̇תהד [d] B. בלא [e] A. פי גוי אנהם, B פי גיר אנ̇הם, R. ששכיניהם

[1] Ex. 19, 12. [2] Eccl. 12, 11. [3] Ps. 111, 10. [4] Deut. 18, 8. [5] I Rois 5, 3. [6] Gen. 46, 26. [7] Ezra 1, 6.

לחאג֗ה[a] אנפסהם סוי מא תברעו בה פי בניאן אלבית דלך קולה וכל סביבתיהם חזקו בידיהם בכלי כסף בזהב ברכוש ובבהמה ובמגדנות לבד על כל התנדב אי אנ֗הם קוו֗הם בה֗ד֗ה אלאשיא סוי מעט֗ם תברעהם וה֗ד֗א עלי אעמאל לבד ואסקאט על· וג֗איז פי אלקיאס איצ֗א אן יעמל על וילגי לבד ויכון אלמעני אנ֗הם קוו֗הם בה֗ד֗ה אלאשיא זיאד֗ה עלי תברעהם· ופעלהם ה֗ד֗א מן תקויתהם ותברעהם הו אמתת֗אלהם פעל מא אמר בה כורש חין יקול וכל הנשאר מכל המקומות אשר הוא גר שם ינשאוהו אנשי מקומו בכסף ובזהב וברכוש ובבהמה עם הנדבה לבית האלהים אשר בירושלם[1] נאדי פי קומה באן יקו֗י ישראל בה֗ד֗ה אלאשיא מע מא יתברעון בה ללבית ואן ינצרף מן ישראל אלי אלשאם מן ופ֗קה אללה לד֗לך פוצף אלכתאב אמתת֗אל אלפריקין לאמרה פקאל ויקומו ראשי האבות ליהודה ובנימין והכהנים והלוים לכל העיר האלהים את רוחו לעלות לבנות את בית יי֗ אשר בירושלם[2] פה֗ד֗א הו אמתת֗אל ישראל קולה מי בכם מכל עמו יהי אלהיו עמו ויעל[3] ואמא אמתת֗אל קומה קולה להם וכל הנשאר וגו֗ פהו קולה וכל סביבתיהם חזקו בידיהם· ואנ֗מא באלגת פי שרח ה֗ד֗א למא פיה מן אלאשכאלי· וקד חד֗ף כי אם מן קולה אין טוב באדם שיאכל ושתה[4] יריד כי אם שיאכל ושתה פחד֗ף ואלמראד בה֗ד֗א אלקול הו אלמנע מן אלתקתיר ואלתצ֗ייק עלי אלנפס ממא קד אפא[a] אללה בה עלי אלמר[a] לאנ֗ה מן אלכפראן בנעם אללה ואלג֗חוד לאחסאנה· וקד יחד֗פון חרף אלאסתקבאל אסתכ֗פאפא כמא צנעוא פי ונבל כעלה כלנו[5] אלד֗י אצלה ונגבל לאנ֗ה אנפעאל מן כגבל עלה מגפן[6] ופי יצב גבלת עמים[7] פי קול *בעץ֗ אהל אלעלם[b] והו מר יצחק בן מר שאול רחמה אללה· ופי ידו גורל[8] פי קולה איצ֗א אלא אן מא יכתנפה מן אללפט֗ ואלמעני אנ֗מא ידל עלי אלמצ֗י עלי מד֗הב אבי זכריא פיה[9] ואן כאן ה֗ד֗א ממא לא ימנע ג֗ואז קול מר יצחק פיה· וסקט חרף אלאסתקבאל איצ֗א פי ברוך יי֗ ואעשר[10] ופי ואענה את זרע דוד[11] ופי· ואחללך מהר אלהים ואבדך[12] וקד בינ֗ת ה֗ד֗א פי

[a] A. B. לכ֗אצה, R. לצורך [b] A. אהל בעץ֗ אלעלם, B. בעץ֗ אלעלמא

[1] Ezra 1, 4. [2] ib. 1, 5. [3] ib. 1, 3. [4] Eccl. 2, 24. [5] Is. 64 8. [6] ib. 34, 4. [7] Deut. 32, 8. [8] Obad. 1, 11. [9] D. 169; N. 110. [10] Zach. 11, 5. [11] I Rois 11, 39. [12] Ez. 28, 16.

כתאב אלתסויה[1]· כמא אנ̈הם קד זארוה פי ייללו[2] יילל[3] לא ייטיב[4] ממרחק יידע[5] עלי מא סאוצ̇חה ואב̈ינה פי אלבאב אלד̇י בעד הד̇א· וקד יחד̇פון כאף אלתשביה פי מת̇ל קולהם נזם זהב באף חזיר אשה יפה וסרת טעם[6]· ואיצ̇א נזם זהב וחלי כתם מוכיח חכם על אזן שמעת[7] אלתקדיר כנזם זהב· עיר פרוצה אין חומה איש אשר אין מעצר לרוחו[8] תקדירה כעיר פרוצה ופי משלי מן מת̇ל הד̇א כת̇יר· ומת̇לה איצ̇א גור אריה יהודה[9] יששכר חמר גרם[10] נפתלי אילה שלחה[11] בנימין זאב יטרף[12]· ויקרב מן הד̇א חד̇ף אלכאף מן כאשר פי קולה עז̈ וג̈ל שבעת ימים תאכל מצות אשר צויתך[13] יריד כאשר צויתיך ומת̇לה כי אשר ראיתם את מצרים היום[14]· וקד יחד̇פון בא אלאלזאק ובא אלאסתעאנה̈ כמא צנע פי קולה ורעו אתכם דעה והשכיל[15] יריד בדעה· ירחצו מים[16] יריד במים· לא יטמא בעל בעמיו להחלו[17] יריד בבעל· וימת סלד לא בנים[18] וימת יתר לא בנים[19] אי בלא בנים· ויצאה חנם אין כסף[20] יריד באין כסף כמא קיל באין חזון יפרע עם[21]· רק הכסא 163. אגדל ממך[22] אצלה בהכסא· וקד חד̇פוה כת̇ירא מן אלט̇רוף פי מת̇ל אין אלהים כל מזמותיו[23] אי בכל מקטב· ישוד צהרים[24] יריד בצהרים· אני תורתך שעשעתי[25] אי בתורתך· רק הכסף והזהב וכלי הנחשת והברזל נתנו אוצר בית יי̈[26] ואם בית אישה נדרה[27] אך לא יעשה בית יי̈[28] לזנות בית אביה[29] יריד פיהא בלהא בבית· ויקברהו ביתו[30] יריד בביתו· זכרה ירושלם ימי עניה[31] יריד בימי עניה· אותי נהג וילך חשך ולא אור[32] יריד בחשך· ומת̇לה ואיביו ירדף חשך[33]· בישישים חכמה וארך ימים תבונה[34] יריד ובארך ימים או ועם ארך ימים כמא קיל ברב עם הדרת מלך[35]· כתוא מכמר[36] יריד במכמר· ופחדת לילה ויומם[37] [אי בלילה וביומם]· היצא השדה שנה שנה[38] אי בהשדה· לנחתם הדרך[39] אלוג̇ה בהדרך כמא קיל פי עזרא[40] וכמא קיל ינחני במעגלי צדק[41]· וצ̇רב

[1] Opuscules p. 365 et suiv. [2] Osée 7, 14. [3] Is. 15, 3. [4] Job 24, 21. [5] Ps. 138, 6. [6] Prov. 11, 22. [7] ib. 25, 12. [8] ib. 25, 28. [9] Gen. 49, 9. [10] ib. 49, 14. [11] ib. 49, 21. [12] ib. 49, 27. [13] Ex. 34, 18. [14] ib. 14, 13. [15] Jér. 3, 15. [16] Ex. 30, 20. [17] Lév. 21, 4. [18] I Chr. 2, 30. [19] ib 2, 32. [20] Ex. 21, 11. [21] Prov. 29, 18. [22] Gen. 41, 40. [23] Ps. 10, 4. [24] ib. 91, 6. [25] ib. 119, 70. [26] Jos. 6, 24. [27] Nomb. 30, 11. [28] II Rois 12, 14. [29] Deut. 22, 21. [30] II Chr. 33, 20. [31] Lam. 1, 7. [32] ib. 3, 2. [33] Nah. 1, 8. [34] Job 12, 12. [35] Prov. 14, 28. [36] Is. 51, 20. [37] Deut. 28, 66. [38] ib. 14, 22. [39] Ex. 13, 21. [40] Néh. 9, 19. [41] Ps. 23, 3.

אכ̇ר מן אלחרף פי אלט̇רוף צאו ההר והביאו[1] ויעקב נסע סכתה[2] וילך עשו השדה[3] קום לך פדנה ארם[4] ביתה בתואל[5] וילך חרנה[6] וישלכו אתו הבורה[7] לחוריד מצרימה[8] ויעל על גזזי צאנו וגו̇ תמנתה[9] ויוצא אתו החוצה[10] ונסב הגבול מעצמון נחלה מצרים[11] ועבר צנה[12] ועלה אדרה ונסב הקרקעה[13] חסדי יי̇ עולם אשירה[14] ופלשתים נאספים מכמש[15] כי הלך שמעי מירושלם גת[16] וילך שפי[17] אי ומט̇י אלי כ̇דיה̇ מן אלכ̇די. לרוץ בית לחם עירו[18]. והד̇א כת̇יר ג̇דא פי אלכתאב והי כלהא ט̇רוף מחד̇וף מנהא אל או אללאם וליסת מפעולה̈ בהא. ולא אלהאאת אלתי פי ויוצא אתו החוצה ויעקב נסע סכתה וגירהמא מקאם אל[19] לאנ̈הם קד קאלוא לצפונה ליום ארבעה לנגבה ליום[20] באלהא ובאללאם אלתי מקאם אל. וקד בינ̈א הד̇א פי מא תקד̈ם מן הד̇א אלכתאב. וקד חד̇פוא לאם אלאצ̇אפה̈ פי גיר אלט̇רוף פי מת̇ל ושני אנשים שרי גדודים היו בן שאול[21] אי לבן שאול. ואיצ̇א חלילה לאל מרשע ושדי מעול[22] אלוג̇ה ולשדי מעול. ורבמא כאן מת̇להמא לא יטמא בעל בעמיו[23] אי לבעל בעמיו או רבמא אן ואג̇בה על בעל בעמיו. וקד יחד̇פון כת̇ירא אלצ̇מאיר אלעאידה̈ עלי מא קבלהא אלתי לא יתם̈ אלכלאם אלא בהא ט̇אהרה̈ כאנת פי אללפט̇ או מסתכנ̈ה̈ פי אלני̈ה̈. וד̇לך פי מת̇ל קולה עז וג̇ל וחשקת בה ולקחת לך לאשה[24] תקדירה̈ ולקחתה לך בהא ט̇אהרה̈ צ̇מיר אלאשה או יכון ולקחת אותה לך פחד̇ף הד̇א אלצ̇מיר מן אללפט̇ ואבקי פי אלניה̈. ומת̇לה אדני המלך הרעו האנשים האלה את כל אשר עשו לירמיהו הנביא את אשר השליכו אל הבור[25] אלתקדיר את אשר השליכוהו או אשר השליכו אותו. עד יום אשר נלכדה ירושלם[26] אלתקדיר אשר נלכדה בו. מגלחי זקן וקרעי בגדים[27] אלוג̇ה מגלחים זקנם וזקנם

164. מכאן זקניהם וקרועים בגדיהם מת̇ל קולה קרוע כתנתו[28] לאן אלכלאם לא יתם̈ ואלמעני לא יקום אלא באלעאיד פאצ̇אף וחד̇ף אלעאיד אלא אנ̈ה פי אלני̈ה̈ ולולא ד̇לך לכאן אלכלאם נאקצא

[1] Néh. 8, 15. [2] Gen. 33, 17. [3] ib. 27, 5. [4] ib. 28, 2. [5] ib. ib. [6] ib. 28, 10. [7] ib. 37, 24. [8] ib. 37, 25. [9] 38, 12. [10] ib. 15, 5. [11] Nomb. 34, 5. [12] ib. 34, 4. [13] Jos. 15, 3. [14] Ps. 89, 2. [15] I Sam, 13, 11. [16] I Rois 2, 41. [17] Nomb. 23, 3. [18] I Sam. 20, 6. [19] Voy. Jebam. 13 b. [20] I Chr. 26, 17. [21] II Sam. 4, 2. [22] Job 34, 10. [23] Lév. 21, 4. [24] Deut. 21, 11. [25] Jér. 38, 9. [26] ib. 38, 28. [27] ib. 41, 5. [28] II Sam. 15, 32.

ואנמא גאות אלאצאפה הנא ואלחדף לאנה קד עלם אנה לא יעני מן אללחי אלא לחאהם ומן אלתיאב אלא תיאבהם. שה פזורה ישראל אריות הדיחו[1] אלוגה הדיחוה או הדיחו אותה. הביטו אל צור חצבתם ואל מקבת בור נקרתם[2] בחדף ממנו וממנה. זכור את היום הזה אשר יצאתם ממצרים[3] תקדירה אשר יצאתם בו. באנו אל הארץ אשר שלחתנו[4] תקדירה אשר שלחתנו אליה או אשר שלחתנו לתור אותה או לרגלה. וזכרת את כל הדרך אשר הוליכך יי אלהיך[5] יריד אשר הוליכך בה. ומן הדא אלבאב אקתצארהם[a] עלי דכר בעץ מא ילזם דכרה כלה אתכאלא עלי אנא נחן נציף אלי דלך אלמדכור מא ינקץ מנה ופי מתל הדא תקול אלאואיל רצי אללה ענהם[6] דבר שנאמר במקצת והוא נוהג בכל. מתאל דלך אקתצאר אלכתאב עלי דכר בעץ שבעה הגוים פי בעץ אלמואצע והו יעני אלגמיע כמא קיל ושלחתי את הצרעה לפניך וגרשה את החוי את הכנעני ואת החתי מלפניך[7] פאקתצר עלי דכר תלתה קבאיל מן גמלה סבעה אעלאמא באנה הו אלחכם לגמיעהא. ומנה ונקב שם יי מות יומת[8] ואלנקב פלא עקובה עליה חתי יכון בצפה מן קיל פיה ויקב בן האשה הישראלית את השם ויקלל[9] *עלי מא אתי בה אלפקה[10] אד חדה אללפטה ענדהם מן מעני אשר נקבו בשמות[11] ולו אנהא מן יקבהו עמים[12] לכאן מענאהא ומעני מקלל ואחרא[b]. ומנה איצא אשר יתן מזרעו למלך מות יומת[13] ואלמעני אשר יתן ויעביר גמיעא כמא קיל ומזרעך לא תתן להעביר למלך[14] פאסתגני ענה בקולה יתן פמן כלאמהם אלאסתגנא ען אלשי באלשי חתי יכון אלמסתגני ענה מסקטא וסוי פי הדא אלמולך או גירה מן אלמעבודאת. ופי מתל הדא קאלת אלאואיל רצי אללה ענהם[15] דבר שנאמר בזה והוא הדין לחברו. ומן הדא אקתצארה פי קולה ודם זבחיך ישפך על מזבח יי אלהיך[16] דון אן יקול חלבם תקטיר. ומתלה איצא קילה רק חזק לבלתי אכל הדם[17] דון אן יציף אליה אלחלב עלמא מנה באנא נחן נציפה אליה.

[a] B. אקתצאידהם [b] R. om.

[1] Jér. 50, 17. [2] Is. 51, 1. [3] Ex. 18, 3 [4] Nomb. 18, 27. [5] Deut. 8, 2. [6] Les XXXII Middôth de R. Eliézer fils de R. Jôsé Hagguelili, no. 18. [7] Ex. 23, 28. [8] Lév. 24, 16. [9] ib. 24, 11. [10] Sanhedrin 56a. [11] Nomb. 1, 17. [12] Prov. 24, 24. [13] Lév. 20, 2. [14] ib. 18, 21. [15] Les XXXII Middôth, no. 19. [16] Deut. 12, 27. [17] Lév. 8, 17.

לתקדם נהיה עז וגל ען אבלחמא גמיעא פי קולה כל חלב וכל דם לא תאכלו[1]· ומן אלחרף איצא מא חרף וגיר ען וגהה ודלך מתל קולה כי תצא אש ומצאה קצים ונאכל גדיש או הקמה או השדה[2] יריד או כל אשר בשדה לאנך ארא דכרת מא ידל עלי אלשי פהו כדכרך איאה· וירב היער לאכל בעם[3] יריד וירב עץ היער עלי מא ערץ לאבשלום או ותרב חית היער· כשד שלמן[4] קיל אן אצלה שלמן אסר וכדלך קיל פי נצרים באים[5] אנהם מנסובון אלי נבוכדנצר· וממא יגאנס איצא מא אסתעמל פיה אלחרף אלפאט גא׳ת מכתצרה מוגזה פציחה לא תתאול אלא בזיאדה· ודלך מתל קולה ישֻשום מדבר וציה[6] תקדירה ישושו בם או אתם· ואיצא הגידו ונגידנו[7] תקדירה ונגיד עליו ודלך אנהם כאנוא יתאמלון פי אלסעי בה אלי אלסלטאן· בני יצאני ואינם[8] מענאה יצאו ממני· כי ארץ הנגב נתתני[9] אלמעני נתת לי· ובכלי הבקר בשלם הבשר[10] אי בשל לחם· שפטני יי׳[11] במעני שפט לי· ומתלה דנני אלהים[12] אי חכם לי עלי אעדאיי באנאטתהם באסעאפה לי· אל תגש בי כי קדשתיך[13] במעני קדשתי ממך אי אני אטהר מנך· לא יגרך רע[14] 16a. אי לא יגור אתך רע· וברחמיך הרבים לא עשיתם כלה[15] אי לא עשית אתם כלה במעני עמם כמא קאל אך אתך לא אעשה כלה[16] במעני עמך· פזר עצמות חנך[17] אי חונה עליך· פן יאמר איבי יכלתיו[18] אי יכלתי לו· וילחמוני חנם[19] וילחמו בי· תמלאמו נפשי[20] במעני תמלא מהם נפשי בשבא תחת אלמים והו מסתקבל כי מלאה הארץ חמס מפניהם[21] אלדי הו פי מעני גמלאה ואלדליל עלי דלך קולה ותמלא הארץ חמס[22] עלי בניה גמלאה וכדלך תמלאמו נפשי במעני תמלא מהם נפשי בקמץ תחת אלמים מתל ותמלא הארץ חמס· ותזנים וגם לא שבעת[23] תקדירה ותזני אותם· פן תשבענו והקאתו[24] ושבעתם על שלחני סום ורכב[25] אלתקדיר פן תשבע ממנו ושבעתם על שלחני מסום ומרכב· וקיל ענד אנפצאל אלצמיר ושבעתם אתו[26] והכדא תקול אלערב איצא שבעת כבזא ולחמא

[1] Lév. 3, 17. [2] Ex. 22, 5. [3] II Sam. 18, 8. [4] Osée 10, 14. [5] Jér. 4, 16. [6] Is. 35, 1. [7] Jér. 20, 10. [8] ib. 10, 20. [9] Jos. 15, 19. [10] I Rois 19, 21. [11] Ps. 7, 9. [12] Gen. 30, 6. [13] Is. 65, 5. [14] Ps. 5, 5. [15] Néh. 9, 31. [16] Jér. 30, 11. [17] Ps 53, 6. [18] ib. 13, 5. [19] ib. 109, 3. [20] Ex. 15, 9. [21] Gen. 6, 13. [22] ib. 6, 11. [23] Ez. 16, 28. [24] Prov. 25, 16. [25] Ex. 39, 20. [26] Joel 2, 19.

אימן כבז ומן לחם. והשבני דבר[1] אי והשב לי דבר. לשמר את בריתו לעמדה[2] מענאה לעמד בה כמא קיל ויעמד כל העם בברית[3]. שבו וסחרוה[4] אי וסחרו בה. וישחטהו ויחטאהו כראשון[5] אי ויחטא בו. לפלמוני המדבר[6] אחסבה מרכבא מן פלני אלמני[7]. וממא ידכל פי באב אלחרף חרפהם ואו אלמד מן אלאפעאל אלמסתקבלה וידלון עליהא באלצם כקולהם יקבץ און לו[8] בחרף ואו ויקבץ את כל אכל שבע שנים[9] אדראגא ללכלאם. איש אחד מכם ירדף אלף[10] בחרף ואו וכי ירדף גאל הדם[11]. יתמך דברי לבך[12] בחרף ואו יתמך כבוד[13]. הן לצדק ימלך מלך[14] בחרף ואו יי ימלך[15]. וחרפהם איאה איצא מן אלאמר פי אדראגהם ללכלאם בקולהם חרס שנימו[16] אזר נא כגבר חלציך[17] אמר נא לבית המרי[18] אמר לה את ארץ[19] לך אתה מלך עלינו[20]. וקד חדפוה איצא מן אלמצאדר קיל לפני מלך מלך[21] כי טוב אמר לך עלה הנה[22] בענש לץ יחכם פתי[23] והיה בקרב איש[24]. ואמא ארא לם יחדפו פקאלוא יען אמר מואב ושעיר[25] בקרב עלי מרעים[26] עד מלך מלכות פרס[27] גם ענוש לצדיק לא טוב[28]. והדא מחדוד ענד אצחאב אלמסורת והם יסמון אלואחד מלעל והו אלדי תבת פיה אלואו ואלאכר מלרע. וקד יחדפונה מן אלצפאת איצא אדראגא ללכלאם כמא קיל ארך אפים וגדול חסד[29] בחרף ואו גדל העצה[30] והדא ואן כתב בואו פאנה מצמום באלקמץ ואלואו גיר מחתסב בה לסקוטה מן אללפט ואיצא גדל חמה נשא ענש[31] בלא ואו ואיצא אהב טהר לב[32] וטהר ידים[33] בחרף ואו טהור עינים[34]. ומן הדא אלבאב קולה תועבת יי כל גבה לב[35] הו קבל אלאצאפה גבוה עלי זנה גדול וטהור וכאן יגב אן יכון מצמום אלבא באלקמצות למא חדף מנה אלואו עלי מתאל גדל חמה וטהר ידים פאסתתקל דלך פחדפוא מנה אלצמה. ומתלה טוב ארך רוח מגבה רוח[36]. וחדפוה איצא מן מלשני בסתר רעהו[37] למא זאדוא אליא ואסכנוא אלשין אדראגא

[1] Gen. 37, 14. [2] Ex. 17, 14. [3] II Rois 23, 3. [4] Gen. 34, 10. [5] Lév. 9, 15. [6] Dan. 8, 13. [7] Ruth 4, 1. [8] Ps. 41, 7. [9] Gen. 41, 48. [10] Jos. 23, 10. [11] ib. 20, 5. [12] Prov. 4, 4. [13] ib. 29, 23. [14] Is. 32, 1. [15] Ex. 15, 18. [16] Ps. 58, 7. [17] Job 38, 3. [18] Ez. 17, 12. [19] ib. 22, 24. [20] Jug. 9, 14. [21] Gen. 36, 31. [22] Prov. 25, 7. [23] ib. 21, 11. [24] II Sam. 15, 5. [25] Ez. 25, 8. [26] Ps. 27, 2. [27] II Chr. 36, 20. [28] Prov. 17, 26. [29] Ps. 145, 8. [30] Jér. 32, 19. [31] Prov. 19, 19. [32] ib. 22, 11. [33] Job 17, 9. [34] Hab. 1, 13. [35] Prov. 16, 4. [36] Eccl. 7, 8. [37] Ps. 101, 5.

ללכלאם· וקד חרפות מן אלאסם אלמנסוב מתל קולהם אשדדיות עמניות[1]· וממא אסתעמל פיה אלחרף איצא אסתכפאפא חרפהם
166. ואו וידוע חלי[2] מן קולה גם כל חלי וכל מכה[3] וגירה וחרפהם ואו ופנג ודבש ושמן וצרי[4] מן קולהם קחו צרי למכאובה[5] וגירה וואו לחם עני[6] יאחזוני ימי עני[7] מן קולהם אני הגבר ראה עני[8] אסירי עני וברזל[9] וואו עין ראי[10] מן קולהם אל ראי[11] והו אלקיאס פי קולהם והריקו חרבותם על יפי חכמתך[12] אעני אנהם חרפוא מנה ואו כלילת יפי[13] וכליל יפי[14] ללאצאפה אלא אנהם אנחפוא בה בחרפהם מנה איצא אלצמה אלדאלה עלי אלואו והו קולי פי מה חרי האף הגדול[15] ופי אל דמי לך[16] ופי ואני עשה המלך שלמה[17] אעני אן אצלהא חורי דומי ואוני קיאסא עליהא במא אחצרנאה הנא מן הדא אלמתאל· וממא יגאנס מא אסתעמל פיה אלחרף תכפיפהם מא אלוגה פיה אלתתקיל מתל קולהם והם מלאו את הארץ[18] ואלוגה פיה תשדיד אללאם לאנה פעל מאץ תקיל ואמא מלאו באלתכפיף פאמר מן פעל כפיף מתל קולה מלאו ארבעה כדים מים[19] וקאלוא פי אלאמר מן הדא אלפעל אלתקיל ומלאו את החצרות חללים[20] באלתכפיף איצא ולדלך גא בפתח אלמים ומתלה קראו מלאו ואמרו[21] ובקשו ברחובותיה[22] אלוגה פיהא ופי מא ישבההא אלתשדיד ובקשו אמר מן בקש יי לו[23]· וקיל פי מצדר פעל תקיל בעננו ענן[24] באלתכפיף ואלוגה אלתתקיל עלי זנה ובדברי אותך[25] ואיצא בקנאו את קנאתי[26] אלוגה אלתשדיד עלי מתאל נפשי יצאה בדברו[27] לאנה מצדר אשר קנא לאלהיו[28] פכפף· וקאלוא ויקנאו אתו פלשתים[29] וימלאום למלך[30] ואיצא מידי תבקשנו[31] תהמת יכסימו[32] כי חרבך הנפת עליה ותחללה[33] ותאלצהו[34] לבד מיושבי גבעה התפקדו[35] ויתפקדו בני בנימין[36] ויתילדו על משפחתם[37] וינקשו מבקשי נפשי[38] ואביכן התל בי[39] כהתל באנוש תהתלו בו[40] מי יתן בספר ויחקו[41] בחקו חוג על פני

[1] Néh. 13, 23. [2] Is. 53, 3. [3] Deut. 28, 61. [4] Ez. 27, 17. [5] Jér. 51, 8. [6] Deut. 16, 3. [7] Job 30, 16. [8] Lam. 3, 1. [9] Ps. 107, 10. [10] Job 7, 8. [11] Gen. 16, 13. [12] Ez. 28, 7. [13] ib. 27, 3. [14] ib. 28, 12. [15] Deut. 29, 23. [16] Ps. 83, 2. [17] I Rois 9, 26. [18] ib. 20, 27. [19] ib. 18, 34. [20] Ez. 9, 7. [21] Jér. 4, 5. [22] ib. 5, 1. [23] I Sam. 13, 14. [24] Gen. 9, 14. [25] Ez. 3, 27 [26] Nomb. 25, 11. [27] Cant. 5, 6 [28] Nomb. 25, 13. [29] Gen. 26, 14. [30] I Sam. 18, 27. [31] Gen. 43, 9. [32] Ex. 15, 5. [33] ib. 20, 25. [34] Jug. 16, 16. [35] ib. 20, 15. [36] ib. ib. [37] Nomb. 1, 18. [38] Ps. 38, 13. [39] Gen. 31, 7. [40] Job 13, 9. [41] ib. 19, 23.

תהום[1] בחוקו מוסדי ארץ[2] נסעה ונלכה[3] ותתצו הבתים לבצר החומה[4] ודליותיו שלחת לו[5] שלחו באש מקדשך[6] ויאמר הנני[7] הננו אתנו לך[8] המלמד ידי לקרב[9] המבקשים[10]. המלקקים[11] המעשקה בתולת בת צידון[12] תעגנה לעיניהם[13] אלוגה פי הדה כלהא ופי כתיר גדא מתלהא אלתתקיל פכפפת. ומן הדא אלבאב ענדי ויזד יעקב נזיד[14] פאן פא אלפעל והו נון נזיד דאחב מן ויזד ואלוגה פיה אלתשדיד עלי מתאל ויצל אלהים את מקנה אביכם[15]. וקד כפף איצא מגבורתם בושים[16] מבציר אביעזר[17] מלמעלה החרס[18] ומקצה אחיו[19] מלאם יאמץ[20] וישב דויד במצד[21] נבדלו אל דויד למצד[22] והלוים במלאכת[23] ומחית בשר חי בשאת[24] ולשאת ולספחת[25] למני ממסך[26] תפסירה ללעדד אי ללגמע אלכתיר ואשתקאקה מן ואתה תמנה לך חיל[27] והדא מעני לגד[28] איצא ענדי אי ללגמהור וכאן יגב אן יכון למני משדדא מתל לגד. ומאת המעט תמעיטו[29] כי אתם המעט[30] כי צו לצו קו לקו[31] ורבמא כאן אלמדחב פי צו לצו קו לקו כאלמדהב פי משער לשער[32]. את המקלות[33] ומקלו יגיד לו[34] וישא משאת[35] העורים והפסחים[36] יעור פקחים[37] מגלה עמוקות[38] לאנה גמע עמקה משאול[39]. ומן הדא אלבאב ענדי 167.
המבלי אין קברים במצרים[40] אלאצל פי אלמים אלתשדיד מתל הייטב בעיני יי[41] לאנהא ללאסתפהאם איצא ולולא דלך אעני לולא אן אצלה אשתראר אלמים לכאן אלהא בשבא ופתח מתלהא [פי] המבלי אין אלהים בישראל[42]. ומן אלמכפף איצא קולה אלהים יחנך בני[43] חנון יחנך[44] אלוגה אן יכון אליא מן יחנך בשבא ואן יכון אלחא מצמומא באלקמץ ואן יכון אלנון שדידא עלי מתאל יחננו ויברכנו[45] שארית עמי יבזום[46] וסלף בגדים ישדם[47] פקלבת אללפטה ען וגההא אסתכפאפא. ומנה איצא ונבזה בהם עד אור הבקר[48]. וממא יגאנס מא תקדם דכרה מן אלחדף חרפהם

[1] Prov. 8, 27. [2] ib. 8, 29. [3] Gen. 33, 12. [4] Is. 22, 10. [5] Ez. 17, 7. [6] Ps. 74, 7. [7] I Sam. 4, 5. [8] Jér. 3, 22. [9] Ps. 144, 1. [10] Ex. 4, 19. [11] Jug. 7, 6. [12] Is. 23, 12. [13] Ez. 4, 12. [14] Gen. 25, 29. [15] ib. 31, 9. [16] Ez. 32, 30. [17] Jug. 8, 2. [18] ib. 8, 13. [19] Gen. 47, 2. [20] ib. 25, 23. [21] I Chr. 11, 7. [22] ib. 12, 9. [23] II Chr. 13, 10. [24] Lév. 13, 10. [25] ib. 14, 56. [26] Is. 65, 11. [27] I Rois 20, 25. [28] Is. 65, 11. [29] Nomb. 35, 8. [30] Deut. 7, 7. [31] Is. 28, 10. [32] Ex. 32, 27. [33] Gen. 30, 38. [34] Osée 4, 12. [35] Gen. 43, 34. [36] II Rois 5, 6. [37] Ex. 23, 8. [38] Job 12, 22. [39] ib. 11, 8. [40] Ex. 14, 11. [41] Lév. 10, 19. [42] II Sam. 1, 3. [43] Gen. 43, 29. [44] Is. 30, 19. [45] Ps. 67, 2. [46] Zeph. 2, 9. [47] Prov. 11, 3. [48] I Sam. 14, 36.

אלחרכאת מן אחרף תלזמהא אלחרכה̈ ואסכאנהם איׄאה מתׄל חרׄפהם אלחרכה̈ מן סין אל תוסף על דבריו[1] ומן שין קשט אמרי אמת[2] ומן בא מעם מזבחי[3] זנח יי מזבחו[4] וכליל על מזבחך[5] וחרכה̈ ראל מכׄל חלבו את מקדשו[6] לאן אלוגׄה פי אל תוסף על דבריו אן יכון מתׄל אל תוסף דבר אלי עוד[7] ואלוגׄה פי קשט אמרי אמת אן יכון מתׄל מפני קשט סלה[8] ואלוגׄה פי מקדשו ומזבחו אן יכונא מתל ומקדשי תיראו[9] ומתׄל אשר לפני משכנו[10] ונתתי משכני בתוככם[11] ובא אלה לפני מזבחך[12] ולו וקפת לקלת מזבחך במד̈ אלבא ובתחריך אלחא בסגול כמא כאנת חרכה̈ חא וכליל על מזבחך[13] בסגול. וחרכה̈ שין שהם בהמה המה[14] שהוא עמל[15] אלא אן סכון הדׄין אלשינין ליס במחץׄ לאנׄהמא מכתרא בחמא ולא יכתרא בסאכן. וחרכה̈ בא גנבתי יום וגנבתי לילה[16] ולקד לכׄצת מענאהמא פי חרף אלגׄים מן כתאב אלאצול[17]. וחרכה̈ בא ובכל בהמה לא תתן שכבתך[18] ויתן איש בך את שכבתו[19] ואלוגׄה פיהמא אן יכונא מתׄל גבורתך גבורתו. וחרכה̈ מים בחמתך לא תרביע כלאים[20] תחת בהמתם[21] לאן בהמה עלי זנה̈ שאלה אחת קטנה[22] אבדה תאנה נבלה גנבה ווגׄדנא לאם שאלה ונון תאנה ולאם נבלה מתחרכה̈ באלקמץ ענד אצׄאפתהא אלי אלצׄמאיר כמא קיל והשמתי גפנה ותאנתה[23] נבלתי יקומון[24] שאלתי ובקשתי[25] מה שאלתך[26] והו אלקיאס פי אבדה וגנבה וכדׄלך אסתעמלת אלאואיל רצׄי אללה ענהם פי קולהם פי אלגוי אבדתו מותרת[27]. וממא אסכן מן הדׄא אלמתׄאל קולה ושאלה אשה משכנתה[28] אלוגׄה פי אלנון אן יכון מבסוטא[a] באלקמץ ומתׄלה והיא חברתך[29]. וממא אסכן איצׄא פיהא בא נחבאים במערה[30] ומים אתם נטמאים[31] ובא והעם אשר המה נבאים[32] אלוגׄה אן יכון באלקמץ מתׄל קולה בן אדם הנבא אל נביאי ישראל הנבאים[33]. ומן הדׄא אלצׄרב לבלתי

[a] B. à la marge מצׄבוטא ; R. פשוטה

[1] Prov. 30, 6. [2] ib. 22, 21. [3] Ex. 21, 14. [4] Lam. 2, 7. [5] Deut. 33, 10. [6] Nomb. 18, 29. [7] Deut. 3, 27. [8] Ps. 60, 6. [9] Lév. 19, 30. [10] Jos. 22, 29. [11] Lév. 26, 11. [12] I Rois 8, 31. [13] Deut. 33, 10. [14] Eccl. 3, 18. [15] ib. 2, 22. [16] Gen. 31, 39. [17] Col. 141, 19 à 31. [18] Lév. 18, 23. [19] Nomb. 5, 20. [20] Lév. 19, 19. [21] Nomb. 3, 45. [22] I Rois 2, 20. [23] Osée 2, 14. [24] Is. 26, 19. [25] Esth. 5, 7. [26] ib. 7, 2. [27] Baba kamma 28 a. [28] Ex. 3, 22. [29] Mal. 2, 14. [30] Jos. 10, 17. [31] Ex. 20, 30. [32] Jér. 14, 16. [33] Ez. 13, 2.

השיב המלך את נדחו[1]· ומן הד̇א אלבאב קולה אל גוי שלו[2] אלוג̇ה אן יכון מת̇ל שלו הייתי[3]· ומנה איצ̇א קולה ולאביו שלח כזאת[4] לזאת יקרא אשה[5] בזאת יבא אהרן[6] לאן עאדה̈ אלעבראניין אד̇א ארכ̇לוא עלי שי מן חד̇ה אללג̇ה̈ אלבא אלזאידה̈ או אללאם או אלכאף אן יחרכוהא באלקמץ כמא קיל ובחנוני נא בזאת[7] כזאת וכזאת יעץ אחיתפל וכו׳ וכזאת וכזאת יעצתי אני[8] הלא לזה יענו במחלות[9] אי לזאת אסלח לך[10] כי כזה וכזה תאכל החרב[11] ובזה
168. הנערה באה אל המלך[12] ושחטתם בזה[13]· ומנה בהשמה מהם[14] אלאצל פי אלהא תחריכהא בשרק או בקמץ גדול לאנ̈ה מת̇ל כל ימי השמה[15] וקד תקד̈ם לנא אלכלאם פיה· ומן הד̇א אלבאב קולה היחברך כסא הוות[16] הו ענדי פעל מסתקבל ת̇קיל מן בניה̈ פועל ואצלה אן יכון היחוּבֶּרְךָ כת̇באת ואו פועל אד̇ מסתקבל פועל אנמא הו יפועל וכסגול תחת אלבא פאסכנוא אלבא אדראג̇א ללכלאם פלמא כאן ד̇לך אג̇תמע סאכנאן אחרחמא ואו אלמד̈ פחד̇פוה ורד̈וא עליה באלקמץ·

אלבאב אלכ̇אמס ואלעשרון

מא ויד פיה ללתאכיד ממא פי אלכלאם גני ענה.

קד יעאד אלפעל או אלחרף לג̇יר צ̇רורה̈ תדעי אלי ד̇לך פי קיאס אלמעני לכן עלי סביל אלתאכיד· ורבמא כאן אלתאכיד לאזמא וד̇לך לואסטה̈ תתוס̈ט בין אלפעל או בין אלחרף ובין מא ית̈צל בה[a] פיעאד ד̇לך אלפעל או ד̇לך אלחרף לאנקטאעה עמ̈א ית̈צל בה חתי יכון אלכלאם מנתט̇מא ואנ̈מא פעל הד̇א כלה טלבא ללביאן· וקד יכ̇תרון אלואחד אמא ללתאכיד ואמא ללתעט̇ים לשאנה פמן ד̇לך קולה אמר אל הכהנים בני אהרן ואמרת אליהם[17]· ואיצ̇א ומעץ הדעת טוב ורע לא תאכל ממנו[18] פאן̈ אלמים אלתי פי קולה

[a] R. ajoute מן הדברים = מן אלאלפאט̇

[1] II Sam. 14, 13. [2] Jér. 49, 31. [3] Job 16, 12. [4] Gen. 45, 23. [5] ib. 2, 23. [6] Lév. 16, 3. [7] Mal. 3, 10. [8] II Sam. 17, 15. [9] I Sam. 21, 12. [10] Jér. 5, 7. [11] II Sam. 11, 25. [12] Esth. 2, 13. [13] I Sam. 14, 34. [14] Lév. 26, 43. [15] ib. 26, 34. [16] Ps. 94, 20. [17] Lév. 21, 1. [18] Gen. 2, 17.

ומעץ מגניה ען ממנו לולא אלתאכיד אעני אנה לו קיל ומעץ הדעת טוב ורע לא תאכל פקט לאגזא דלך. ומתלה את יי צבאות אתו תקדישו[1] קולה את מגן[a] ען אתו פאעיד ללתאכיד. ואיצא ובאחיכם בני ישראל איש באחיו[2] זיאדה איש באחיו ללביאן. כי אכלו את יעקב ואכלהו ויכלהו[3] אעיד ואכלוהו ללתאכיד יקול אפנוא יעקב תם אפנוה ואסתאצלוה. ואיצא חן גוענו אבדנו כלנו אבדנו[4] תכריר כלנו אבדנו ללתאכיד. וילכו שלשת בני ישי הגדולים הלכו אחרי שאול[5]. ויאמר המלך אחשורש ויאמר לאסתר המלכה[6] ובמשפטיך חטאו בם[7] אעאד אלעאמל תאכידא. ואמא ואני כאשר שכלתי שכלתי[8] פאן שכלתי אלדי פי סוף פסוק פי מוצע אשכל אי כאשר שכלתי מן יוסף אשכל מן בנימן. וממא אעיד ללתאכיד איצא קולה יעקב יעקב[9] אברהם אברהם[10] משה משה[11] שמואל שמואל[12] ויצברו אתם חמרים חמרים[13] ואמרה האשה אמן אמן[14] כל הקרב הקרב[15] בדרך בדרך אלך[16] מעלה מעלה[17] מטה מטה[18]. ומן אלתאכיד קולה כי כל העדה כלם קדשים[19] לו קיל כי כל העדה קדושים לכאן מגזיא לכן אנמא אעיד כלם ללתאכיד. ומתלה כל מלכי גוים כלם[20] כל בית ישראל כלה[21] וכל צריך כלם[22]. וממא כתר ללתאכיד קולה כי כוכבי השמים וכסיליהם[23] וליס פי אלסמא כוכב יסמי כסיל גיר ואחד וחו אלמעדוף בסהיל והו פי אלקטב אלגנובי[b] ותואזיה פי אלקטב אלשמאלי[c] כימה והי אלפרקדאן וכדלך עש פי אלקטב אלשמאלי ולדלך קאל עשה עש כסיל וכימה וחדרי תמן[24] אעני לכונה פי אלקטבין וקום יגעלון כימה אלתריא ואמא קולה חדרי תימן פאראד בה אלמיל אלגנובי[d] ואנמא כתר כסיל עלי סביל אלתאכיד באן צם אליה מא חואליה מן אלכואכב פסמי אלגמיע כסילים כמא צנע פי קולה ואבדו בתי השן[25] ולם יאתנא אלכבר ענהם באכתר מן בית ואחד מן עאג אתכדה[e] אחאב כמא קיל ובית השן אשר בנה[26]

[a] M. מגניה [b] B. אלשמאלי [c] B. אלגנובי [d] R. om. [e] A. אכדה

[1] Is. 8, 13. [2] Lév. 25, 46. [3] Jér. 10, 25. [4] Nomb. 17, 27. [5] I Sam. 17, 13. [6] Esth. 7, 5. [7] Néh. 9, 29. [8] Gen. 43, 14. [9] Gen. 46, 2. [10] ib. 22, 11. [11] Ex. 3, 4. [12] I Sam. 3, 10. [13] Ex. 8, 10. [14] Nomb. 5, 22. [15] ib. 17, 28. [16] Deut. 2, 27. [17] ib. 28, 43. [18] ib. ib. [19] Nomb. 16, 3. [20] Is. 14, 18. [21] Ez. 20, 40. [22] Jér. 30, 16. [23] Is. 13, 10. [24] Job 9, 9. [25] Amos 3, 15. [26] I Rois 22, 39.

לכנّה הנא צّם אליה ביותא שריפהّ פסמّי אלגׄמיע בתי השן. וכמא צנע פי ויפל על צואריו[1] באן סמّי מא חואלי אלצואר צואר תׄם גׄמע אלגׄמיע צואריו וקד קיל עלי אלאפראד בצוארו ילין עז[2] וישם רבד הזהב על צוארו[3]. ומתׄל הדׄא ושוליו מלאים את ההיכל[4] והגי ביניו ובין העי[5] וחמשתיו יסף עליו[6] לאנّה מתׄל קולה ואת חמישתו יוסף 169.
עליו[7]. ואיצׄא והנה הנגע עמד בעיניו[8] ואם בעיניו עמד הנתק[9] לאנّהמא מתׄל והנה לא הפך הנגע את עינו[10]. זבח שלמים[11] לאנّה מתׄל ושלם מריאיכם[12] איל המלאים[13]. ואיצׄא תחתיו לאמר[14] נפשנו תחתיכם[15] תחתיך יצע רמה[16] ועמדנו תחתינו[17] ואם תחתיה תעמד הבהרת[18]. וממّא כתֿר ללתאכיד איצׄא קולה ואתה תצא בערב לעיניהם כמוצאי גולה[19] ואלוגׄה במוצא גולה מתׄל ארת מוצאך ואת מובאך[20]. ואיצׄא כמבואי עיר מבקעה[21] ואלוגׄה כמבוא מתׄל כמבוא עם[22] ואן אכׄתלף אלמעניאן קלילא. ואיצׄא ומתרה ממותי חלל[23]. ואיצׄא למשאות אותה משרשיה[24] גׄמע משאת כפי[25]. ואיצׄא ליל שמרים הוא[26] כי יום כפרים הוא[27] למשכב דדים[28] כי טובים דדיך מיין[29] שם אתן את דודי לך[30] אנّמא הו ודّ ווראר וחבّ. ואיצׄא כי בן זקנים הוא[31] בני הנעורים[32]. ואיצׄא בתולים ורחמים אשת זנונים וילדי זנונים[33]. וממّא כתֿר ללתעטׄים ואלאגׄלאל ואלשרף קולהם אלהים ארנים קשה[34] כסף ישיב לבעליו[35] וביום החדש פר בן בקר תמימם[36] אראר תמים ואלמסורת[a] עליה בקר תמימים לית דכותיה. ולא אמר איה אלוה עשי[37] ישמח ישראל בעשיו[38] כי בעליך עשיך[39] ואלוגׄה פיה אן יכון עשֶׂךָ בלא יא ובצרי תחת אלשין לולא אנّה אריד בה מא דׄכרנאה מן אלתעטׄים ואלאגׄלאל והו אלמדׄהב פי בעליך איצׄא ואגׄבה אן יכון בֹעֲלֵךְ עלי זנהّ וגאלך קדוש ישראל[40]. וממא כתֿר תכרימא[b] ותשריפא איצׄא

[a] B. ואלמוסרת [b] A. תכרמא; B. תכרמהّ; à la marge תכרימא

[1] Gen. 33, 4. [2] Job 41, 14. [3] Gen. 41, 42. [4] Is. 6, 1. [5] Jos. 8, 11. [6] Lév. 5, 24. [7] ib 5, 16. [8] ib. 13, 5. [9] ib. 13, 37. [10] ib. 13, 55. [11] ib. 3, 1. [12] Amos 5, 22. [13] Ex. 29, 31. [14] II Sam. 3, 12. [15] Jos. 2, 14. [16] Is. 14, 11. [17] I Sam. 14, 9. [18] Lév. 13, 28. [19] Ez. 12, 4. [20] II Sam. 3, 25. [21] Ez. 26, 10. [22] ib. 33, 31. [23] ib. 28, 8. [24] ib. 17, 9. [25] Ps. 141, 2. [26] Ex. 12, 42. [27] Lév. 23, 28. [28] Ez. 23, 17. [29] Cant. 1, 2. [30] ib. 7, 13. [31] Gen. 37, 3. [32] Ps. 127, 3. [33] Osée 1, 2. [34] Is. 19, 4. [35] Ex. 21, 34. [36] Ez. 46, 6. [37] Job 35, 10. [38] Ps. 149, 2. [39] Is. 54, 5. [40] ib. ib.

קולה אם שוב תשבון אתם ובניכם מאחרי[1] יריד אם שוב תשוב אתה ובניך לאנה אנמא יכאטב ואחדא· ומתלה יען אשר עזבוני וישתחוו לעשתרת אלהי צדנין לכמוש אלהי מואב ולמלכם אלהי[a] בני עמון ולא הלכו בדרכי לעשות הישר בעיני וחקתי ומשפטי כדוד אביו[2] הדא תשריף ללמלך עלי מא אגאזתה אללגה· וממא זיד ללתאכיד קולה וראיתי אני דניאל לבדי את המראה[3] פאן קולה אני תאכיד ללצמיר אלדי פי וראיתי· ומתלה ופניתי אני בכל מעשי[4] אמרתי אני בלבי[5] כאן[b] פי קולה ופנית· אמרתי דון אני כפאיה וקואם אלמעני כמא קיל תרתי בלבי[6] קניתי עבדים ושפחות[7] לולא [אראד] אלתאכיד· ומתלה מי יתן מותי אני תחתיך[8]· ומתלה איצא בנינו ובנתינו אנחנו רבים[9] פאן קולה אנחנו תאכיד ללצמיר אלדי פי בנינו ובנותינו והו צמיר אלמתכלמין· וליס אנחנו אבתדא ורבים כברה כמא יטן מן יגעל רבים מן מעני ולא רבית במחיריהם[10] פיכשי אד דלך גיר גאיז פי אלתצריף כמא סיתבין דלך מן כתאבי אבי זכריא ומן כתאבנא נחן איצא· ואנמא אותם אצחאב הדא אלטן מא ראוה מן קולה והנה אנחנו כבשים את בנינו ואת בנתינו לעבדים[11] ומן קולה איצא שדתינו וכרמינו ובתינו אנחנו ערבים[12] וליס אלאמר כדלך ואנמא הדא אעני קולה בנינו ובנותינו אנחנו רבים קול טאיפה מנהם שדידה אלאמלאק דוי צפף כתיר פכאנוא
170. יקולון ענד שדה פאקתהם אמא נחן פאולאדנא כתיר פביעוא בנא אלבעץ פי אלקות דלך קולהם ונקחה דגן ונאכלה ונחיה[13]· ומתל בנינו ובנותינו אנחנו פי אלתאכיד קולהם אשר נשבענו שנינו אנחנו[14]· וממא אעיד ללוסאיט אלקאטעה לנטאם אלכלאם קולה והיו המים אשר תקח מן היאר והיו לדם ביבשת[15] אעאד והיו לקטע אשר תקח מן היאר בין והיו אלאול ובין קולה לדם אעני אן נטאם אלכלאם כאן והיו המים לדם פלמא וסט בין הדא אלנטאם אשר תקח מן היאר ללביאן אעאד והיו תאכידא ותביינא· ומתלה ויאמר אל האיש לבש הבדים ויאמר[16]· ואיצא כה אמר יי צבאות

[a] A. תועבת [b] A. פאן

[1] I Rois 9, 6. [2] ib. 11, 33. [3] Dan. 10, 7. [4] Eccl. 2, 11. [5] ib. 2, 1. [6] ib. 2, 3. [7] ib. 2, 7. [8] II Sam. 19, 1. [9] Néh. 5, 2. [10] Ps. 44, 13. [11] Néh. 5, 5. [12] ib. 5, 2. [13] ib. ib. [14] I Sam. 20, 42. [15] Ex. 4, 9. [16] Ez. 10, 2.

בימים ההמה אשר יחזיקו עשרה אנשים מכל לשנות הגוים והחזיקו בכנף איש יהודי[1]· ומתלה ואין אני ואחי ונערי ואנשי המשמר אשר אחרי אין אנחנו פשטים בגדינו[2] למא טאל אלכלאם אעאד אין אנחנו· ומתלה והיה ערכך הזכר מבן עשרים שנה ועד בן ששים שנה והיה ערכך[3] אעאד וחית ערכך לטול אלואסטה· ואיצא ויאמר אלהים לישראל במראת הלילה ויאמר יעקב יעקב[4] אעאד ויאמר לאעתראץ׳ במראות הלילה· ואיצא ועתה אם באמת ובתמים עשיתם ותמליכו את אבימלך ואם טובה עשיתם עם ירבעל ועם ביתו ואם כגמול ידיו עשיתם לו[5] הנא תם̃ אלשרט וכאן יג̃ב אן יתלוה אלג̃ואב והו קולה שמחו באבימלך[6] פאעתרץ׳ בין אלשרט וג̃ואבה כלאם אכ̃ר והו אשר נלחם אבי עליכם[7] אלי אכ̃ר אלקול פלמא טאל אלכלאם אעאד אלשרט וצלה באלג̃ואב פקאל ואם באמת ובתמים עשיתם עם ירבעל ועם ביתו היום הזה שמחו באבימלך[8]· וכי יבא הלוי מאחד שעריך מכל ישראל אשר הוא גר שם ובא בכל אות נפשו[9] אעאד ובא לטול אלואסטה· ויג̃אנס הד̃א תציפהם חרף אלאסתקבאל פי וגבה ממרחק יידע[10] ואלמנה לא ייטיב[11] לכן ייליל מואב כלה ייליל[12] על נבו ועל מידבא מואב ייליל[13] כי יילילו על משכבותם[14] פי קראה̈ בן אשר ואמא בן נפתלי פאנ̃מא יקראה[a] ביא ואחדה̈ פאליאאת אלאול פי כל ואחדה̈ מן הד̃ה אלאלפאט̇ מזידה̈ ולו חרפת לבקי[b] יֵדַע עלי זנה̈ יקד יקד[15] ויטיב ויליל מת̇ל לא ייטיב יי[16] אליאאת עלי הד̃א ללאסתקבאל ואלסואכן בעדהא פאאת אלאפעאל ולו ט̇הרת הד̃ה אלפאאת לכאנת אלאלפאט̇ יֵילִיל יֵיטִיב עלי זנה̈ ישליך כמא קאל אבו זכריא[17] *ואמא ידע פעלי זנה̈ יִפְעַל[c] פאליאאת אלאול פי לכן ייליל מואב למואב כלה ייליל ופי נט̇אירהמא[d] מזידה̈ ואליאאת אלת̇ואני הי ללאסתקבאל ואמא אלסואכן אלתי בעד הד̃ה אליאאת אלת̇ואני פהי פאאת אלאפעאל ולו כאנת אלואאת אלת̇ואני פאאת אלאפעאל כמא זעם אבו זכריא[18] למא כאן ללסואכן אלתי בעדהא

a B. יקרוה b A. פבקי c R. om. d A. נט̇ראידהמא

1 Zach. 8, 23. 2 Néh. 4, 17. 3 Lév. 27, 3. 4 Gen. 46, 2. 5 Jug. 9, 16. 6 ib. 9, 19. 7 ib. 9, 17. 8 ib. 9, 19. 9 Deut. 18, 6. 10 Ps. 138, 6. 11 Job 24, 21. 12 Is. 16, 7. 13 ib. 15, 2. 14 Osée 7, 14. 15 Is. 10, 16. 16 Soph. 1, 12. 17 D. 45; N. 25. 18 D. 47; N. 26.

מעני· ולו קאל קאיל אן הדה אלסואכן מזידה פי חדה אלאפעאל ללזמה אן יגעלהא מזידה איצא פי יקד יקוד וירד וישב ויצא ויטיב ופי מא אשבההא והדא כלף מן' אלקול· ואמא על מואב איליל[1] פהו מרכב מן ייליל עלי זנה לא ייטיב יי ולא ירע[2] ומן איליל עלי זנה איטיב אי אפעיל ואכבארה בייליל עלי זנה לא ייטיב יי הו ען אלדי יכבר ענה בקולה אל אנשי קיר חרש יהגה[3]· וכדלך קולה ומשבר רוח תילילו[4] מרכב מן יילילו עלי זנה יפעילו ומן תילילו עלי זנה תפעילו· והדא מן גמלה מא כפי ען אבי זכריא· וממא יגאנס מא נחן פיה מן גהה אלתרכיב קולה תאכלהו אש לא נפח[5] פאנה ענדי מרכב מן אכלהו אמר ללאש ומן תאכלהו אכבאר ענהא ודכרת אלאש פי הדא אלאמר כמא דכרת פי קולה ענהא לא נפח ופי [אש] יצא מחשבן[6] וגירהמא והדא אלאמר יכרג איצא מכרג אלדעא 171. כמא יכרג איצא מכרג אלדעא קולה תרצחו כלכם[7] פי קראה בן אשר אלדי יקרוה מצמום אלרא· וממא כרג מכרג אלדעא איצא מן אלאפעאל אלמסתקבלה קולה תבואתה לראש יוסף[8]· ומן באב יליל קולה וייף בגדלו[9] בטהור אליאין ודלך פי קראה בן[a] אשר פאן אליא אלאולי זאידה עלי ויף בטהור אליא אלואחדה פקט פי קראה בן[b] נפתלי ווזן ויף פי הדה אלקראה אעני קראה בן נפתלי וישב ישמעאל[10] ויפת בסתר לבי[11] אליא ללאסתקבאל ואלסאכן בעדה פא אלפעל והו פי מוצע אלשין מן וישב הדא קול אבי זכריא[12] והו אלצחיח פאליא אלאולי אדא פי קראה בן אשר מזידה· ואמא יהי אור[13] יחי המלך[14] ומא אשבההמא פכאן אלוגה אן יכון עלי זנה אל ישט אל דרכיה לבך[15] וישת מן היין[16] ויפת בסתר לבי[17] פאסתתקל סכון אלהא מע סכון אליא וטהורה פאלאנוא אליא וחרכוא אלהא באלכסר למגאורתה אליא ולידל עליה לכפאיה לאן אלכסרה מן אליא ולאן אלנטק באלהא אלסאכנה ואליא אללינה בעדהא ממתנע· ואמא יא אלאסתקבאל פגירוה לאנהם לו אבקוה עלי חרכתה לתולד בינה ובין פא אלפעל והו אלהא סאכן לין פכאן ישתבה באלאפעאל

[a] B. אבן [b] B. אבן

[1] Jér. 48, 31. [2] Seph. 1, 12. [3] Jér. 48, 31. [4] Is. 65, 14. [5] Job 20, 26. [6] Jér. 48, 45. [7] Ps. 62, 4. [8] Deut. 33, 16. [9] Ez. 31, 7. [10] Jér. 41, 10. [11] Job 31, 27. [12] D. 115; N. 81. [13] Gen. 1, 3. [14] II Sam. 16, 16. [15] Prov. 7, 25. [16] Gen. 9, 21. [17] Job 31, 27.

אלמחרוּפהֿ אלמעוּצֿהֿ מתֿל יכל בשרו מראי[1] ומא אשבהה והדֿא אלצֿרב אעני אל ישט אל דרכיה לבך[2] וישב ישמעאל[3] גיר מעוּץ פלמא חדֿף הא יהי באלכסר ראוא אן יחרֿכוא יא אלאסתקבאל באלשבא אלמבתדא בה פראךא מן הדֿא אלאשתבאה ולם יכֿפו[a] הדֿא אלאשתבאה פי אלוקף פי קולהם אמר ויהי[4] מי זה אמר ותהי[5] וגירהמא לאן כלאמהם קד גֿרי פי גיר אלוקף עלי אלשבא אלמבתדא בה פעלם מן דֿלך אנֿה חו חוי קאל אבו אלוליד קד אנגֿזת[b] פי הדֿא אלבאב ופי אלבאב אלדֿי קבלה והו באב אלחדֿף מא כנת ועדת פי כתאב אלתשויר מן תביינה ותלכֿיצה פי הדֿא אלדיואן מן מדֿהב אלעבראניין כאן פי היחברך כסא הוות[6] ופי תאכלהו אש לא נפח[7] ופי יהי אור[8] ופי יחי המלך[9]. ואעלם אן פעל אלעבראניין פי תצֿעיפהם יא אלאסתקבאל פי הדֿה אלאלפאטֿ אלמתקדֿמהֿ אלדֿכר מגֿאנס לפעל אלערב פי תצֿעיפהם המזהֿ אפעל אלמאצֿי[c] פי קולהם אראק אלמא ואהראקה ולולא אלכֿרוג ען גרצֿנא לבינֿת כיפיֿהֿ דֿלך. ויתֿצל בהדֿא אלבאב קולה כי דרשנו את יי אלהינו דרשנו וינח לנו מסביב[10] דרשנו אלתֿאני מלגי. קול צפיך נשאו קול[11] קול אלאוֿל מלגי. גם אנחנו גם אתה גם טפנו[12] גם אלאוֿל מלגי. ומתֿלה גם אנחנו גם אשר נמצא הגביע בידו[13] ויעל עמו גם רכב גם פרשים[14]. ושמתי לך מקום אשר ינוס שמה[15] באלגֿא[d] אשר פלא תאתֿיר לה פי אלתפסיר ואלתרגֿמהֿ. ומתֿלה ויעשו אנשי עירו והזקנים והחורים אשר הישבים בעירו[16] ואיצֿא וכי יפתה איש בתולה אשר לא ארשה[17]. ויקראו בשמות את שמות הערים אשר בנו[18] ונטֿאם אלכלאם ויקראו בשמות את הערים. איך לא עזבה עיר תהלת[19] בזיאדהֿ לא ומתֿלה כי עתה צעדי תספור לא תשמר על חטאתי[20] קולה לא מלגי פי אלמעני. מי יגיד לי או מה יענך אביך קשה[21] בזיאדהֿ או ומענאה מן יכֿברני ממא יגֿאובך בה אבוך מן אלשדֿהֿ ואלצעובהֿ פי אמרי פאגֿאבה יהונתן כה יעשה יי ליהונתן וכה יוסיף כי ייטיב אל אבי את הרעה עליך וגליתי את

[a] B. יכאפו [b] B. אנבזת, à la marge אנגזת [c] A. אלפעל, B. אפעאל אלמאצֿי, R. אפעל

[1] Job 33, 21. [2] Prov. 7. 25. [3] Jér. 41, 10. [4] Ps. 33, 9. [5] Lam. 3, 37. [6] Ps. 94, 20. [7] Job 20, 26. [8] Gen. 1, 3. [9] I Sam. 16, 16. [10] II Chr. 14, 6. [11] Is. 52, 8. [12] Gen. 43, 8. [13] ib. 44, 16. [14] ib. 50, 9. [15] Ex. 21, 13. [16] I Rois 21, 11. [17] Ex. 22, 15. [18] Nomb. 32, 38. [19] Jér. 49, 25. [20] Job 14, 16. [21] I Sam. 20, 10.

אזניך[1] בזיארה̈ אל איצ̇א כזיארתה פי קולה ויתן צמרתו אל בין עבותים[2] ופי אין לחם חל אל תחת ידי[3] ואלמעני אן חסן אבי 172 מסא־תך· עד אשר עד כה ברכני יי̈[4] עד אלאול סלג̇י· ופי אלכתאב מן הד̇א כת̇יר ואנ̇מא נד̇כר מן כל פן̇ טרפא יחתד̇י בה אלי מא לא נד̇כרה· ואעלם אן מן עאדה̈ אלעבראניין ואסתעמאלהם אן יזידוא לי ולך ולכם עלי סביל אלתאכיד ללכלאם· פמן ד̇לך קולהם אלכה לי אל הגדלים[5] וילך לו אל ארצו[6] ונס לו מפני חרב[7] אכל יטעם לו[8] קמו ועברו לכם את נחל זרד[9] קחו לכם מלא חפניכם[10] חלף הלך לו[11]· וקד קיל פי הד̇א אלמעני וירא ויקם וילך אל נפשו[12] חדל לך למה יכוך[13] לך לך מארצך[14] קח לך סמים[15] סור לך מאחרי[16]· וממא זיד פיה קולהם ממני וממנו וממנה וד̇לך אן אלאסם אלמצ̇מר מן כל ואחד מנהא אנ̇מא הו אלואו ואליא ואלהא פחק̇ אלכלאם אד̇א אן יכון מנו בתשדיד אלנון או מנהו בזיארה̈ אלהא כמא קיל שמץ מנהו[17] ומני פי ואחד אלמתכ̇לם כמא קיל שעו מני[18] גברו מני[19] לעשות עצה ולא מני[20] והו אלקיאס פי אלמונ̇ת̇ אלגאיב אעני אן יקאל מנה ופי ג̇מאעה̈ אלג̇יב̇ איצ̇א אעני אן יקאל מנם לכנ̇הם אנ̇מא תכ̇למוא בה בזיארה̈ אלהא פקאלוא ומנום אבד מנהם[21] ואבקוא אלשד̇ה̈ אלתי כאנת לאזמה̈ פי מנם לו תכ̇למוא בה וליס פי אלתכ̇לם בה ענרי חרג̇· ואמא שד̇ה̈ נון מאויבים מנהו[22] פהו ללוקף· פקולהם אד̇א ממנו וממני וממנה אנ̇מא הו עלי תכריר מן· וקד זאדוא מן איצ̇א פי קולהם ולפני מזה אלישיב הכהן[23] ורבמא כאן מקלובא מן ומלפני זה· ומת̇ל הד̇א קולהם מימי הירדן[24] מימי מצרים[25] פאן אלאסם גיר אלמצ̇אף אנמא הו מים פאד̇א אצ̇יף קיל מי הירדן[26] פקולה אד̇א מימי הירדן מימי מצרים אנ̇מא הו מצ̇אעף· ואעלם אן אליא ואלמים פי מים עלאמה̈ ללג̇מע מת̇להמא פי בעצלתים ימך המקרה[27] אלד̇י הו ג̇מע עצלה תפיל תרדמה[28] אד̇ לא וג̇ה לכונה תת̇ניה̈· ומת̇ל הד̇א חלא בחזקנו לקחנו לנו קרנים[29] ואיצ̇א את כל לחתים[30] ואן כאן פי לוחותים

[1] I Sam. 20, 18. [2] Ex. 31, 10. [3] I Sam. 21, 5. [4] Jos. 17, 14. [5] Jér. 5, 5. [6] Ex. 18, 27. [7] Is. 31, 8. [8] Job 12, 11. [9] Deut. 2, 13. [10] Ex. 9, 8. [11] Cant. 2, 11. [12] I Rois 19, 3. [13] II Chr. 25, 16. [14] Gen. 12, 1. [15] Ex. 30, 34. [16] II Sam. 2, 22. [17] Job 4, 12. [18] Is. 22, 4. [19] Ps. 65, 4. [20] Is. 30, 1. [21] Job 11, 20. [22] Ps. 68, 24. [23] Néh. 13, 4. [24] Jos. 4, 7. [25] Ex. 8, 2. [26] Jos. 3, 13. [27] Eccl. 10, 18. [28] Prov. 19, 15. [29] Amos 6, 13. [30] Ex. 27, 5.

עלאמתאן ללגמע אעני אלואו ואלתא ואליא ואמים פלים פי מים ארא בעד עלאמה אלגמע חרף אצלי גיר אלמים ומן אלמחאל כון אסם עלי חרף ואחד מן גיר אלצמאיר ואלכנאיאת אלמתצלה פמן אלואגב ארא אן יטן אן פי ואחדה אלמפרד אלמתוהם יא חתי יכון דלך אלאסם אלמפרד אלמתוהם עלי זנה שי ועי אעני עלי זנה יובל שי[1] ומלך חעי[2] וכאן אלקיאס לו תכלם בהרא אלגמע עלי אלתמאם אן יכון עלי מתאל שמים אד קולי איצא פי שמים הו 178. כקולי פי מים אעני אנה גמע לם יתכלם בואחדה ואלקיאס פי אלואחד אן יכון שם עלי זנה יד ידים פלמא כאן אחד חרפי מפרד מים אלמתוהם מן חרוף אללין אעני מי מתל שי תקל עליהם תחריכה פי אלגמע כתחריך אלמים מן שמים פאלאגוה ואסקטוה· פקד תבין אן מימי הירדן מצאעף ואן מי הירדן גיר מצאעף ואן מים נאקץ ואסתעמל אלתצעיף ותרכה פי מים ענד אצאפתה אלי אלאסמא אלטאהרה כמא תראהם קאלוא מימי הירדן ומי הירדן· ואמא ענד אצאפתה אלי אלצמאיר פלם יכלוה מן אלתצעיף אצלא לאנהם לו לם יצאעפוה לאכתל ענד אצאפתה אלי צמיר אלמתכלם וצמיר אלגאיב וצמיר אלמכאטב ברהאב עלאמה אלגמע מנהא· קאלוא ולקחתי את לחמי ואת מימי[3] ונתן מימיו[4] ואם מימיך נשתה[5] מימינו בכסף שתינו[6] כל מקוה מימיהם[7]· ולים יגוז אן יטן אן הרה אלמים אלתאניה פי כל ואחרה מן הרה אלאלפאט הי מים ומים בכסף תתן לי[8] ואן אליאאת בעדהא עלאמה אלגמע איצא פאן מתל הרה לא יערץ אלא פי גמע אלמונת מתל ושנותיך לא יתמו[9] ובין דורותינו אחרינו[10] לדרתיכם[11] ומא אשבה דלך ואיצא פאן מתל הרה אלמים אלתי ללגמע לא תתבת ענד אצאפה אלאסמא אלתי הי פיהא אלי אלצמאיר כמא תראהם יקולון פי אצאפה בנים בני יצאני[12] בניך ובנתך[13] בנינו ובנתינו[14] בגיר מים וכדלך מא אשבהה· ויגאנס הרא ארכאלהם בעץ חרוף אלמעאני עלי בעץ ללתאכיד ודלך כרכול אללאם עלי אלבא פי כי לבעבור[15] וכרכולהא עלי מן פי למן היום הוסדה[16] למן עולם ועד עולם[17]

[1] Is. 18, 7. [2] Jos. 8, 1. [3] I Sam. 25, 11. [4] Nomb. 20, 8. [5] ib. 20, 19. [6] Lam. 5, 4. [7] Ex. 7, 19. [8] Deut. 2, 28. [9] Ps. 102, 28. [10] Jos. 22, 27. [11] Gen. 17, 12. [12] Jér. 10, 20. [13] Deut. 28, 32. [14] Jér. 35, 8. [15] Ex. 20, 20. [16] ib. 9, 18. [17] Jér. 7, 7.

למיום סור אפרים[1] ולא נשא דויד מספרם למבן עשרים שנה ולמטה[2] ולמקצת הימים אשר אמר המלך להביאם[3] ועלי אן אללאם ומן הנא ללאבתדא· ואשנע מן הדׄא ארכֿאלהם אללאם ומן עלי אלבא והי תׄלאתׄתהא ללאבתדא פי קולהם למבראשונה[4] ואנפתאח אלמים ואן כאן אלוגה פיה למֿן כאנפתאח מים חלקו מחמאת פיו[5] אלדׄי אצלה מן חמאות וכאן אלוגׄה אן יכון תחתה צרי וחמאות גׄמע חמאה ודבש[6] עלי זנהׄ חרפה וחרפות· וקד קיל ומקצתם יעמדו לפני המלך[7] ומקצת ימים עשרה[8] בלא לאם ובעכס הדׄא פקד אדכֿלוא מן עלי אללאם פי מלמטה ומלמעלה מלפנים ולחיצון[9] 174. מלמעלה החרס[10]· ודכֿלת איצֿא עלי על פי ויעל מעל ליונה[11]· וקד דכֿלת אלכאף עלי אללאם פי כל עמת שבא כן ילך[12] לאןׄ אלוגׄה פי הדׄה אללפטׄהׄ אן תכון מתׄל לעמת המסגרת[13] פאדכֿלוא אלכאף עלי אללאם ועזׄלותמא חרפא עלי חיאלה כמא צנעוא פי בשל אשר יעמל האדם[14] עלי מא סאבינֿה פי גׄמלהׄ אלפאטֿ כֿארגׄהׄ ען אלקיאס· וגֿאיז אן תכון עמת לפטֿהׄ קאימהׄ בנפסהא ואן תכון כל איצֿא קאימהׄ בנפסהא גיר מנפצלהׄ מן גירהא· ויגֿאנס הדׄא זיאדתהם מן פי ואין מבלעדי מושיע[15] מבלעדי מזבח יײ אלהינו[16] ופי והוא יושב ממלי[17]· ודכֿלת אללאם זאידהׄ איצֿא פי ואלכה לנגדך[18] כי הכעיסו לנגד הבונים[19] כי ירט הדרך לנגדי[20]· ודכֿלת זאידהׄ איצֿא פי מתחת לבית אל[21]· ודכֿלת מן זיאדהׄ איצֿא פי מתׄל אל מחוץ למחנה[22] אל מנגב למעלה עקרבים[23]· חסדי יײ כי לא תמנו[24] אלנון מזידהׄ וכאנֿהא עוׄץ מן אלמתׄל אלמנדגם פי ספו תמו[25]· ומתׄלה ענדי אלא אנֿה פעל מתעדׄ קולה תמנו חפש מחפש[26] אלוגׄה פיה איצֿא תמו ותלכֿיץ תעדׄיה ותביין אלמעני פיה הו אן אקול קאל אלגׄבי ען אלפסֿאק יחפשו עולת תמנו חפש מחפש[27] תרגׄמתה יפתשון ען אלמעאצי ויבחתׄון ענהא פיכמלון ויתמֿמון דׄלך אלמבחותׄ ענה אי אנֿהם יאתון תלך אלמעאצי אלתי יתטֿלעון אליהא תׄם קאל משנעא מעטֿמא לתלך אלמעאצי וקרב

[1] Is. 7, 17. [2] I Chr. 27, 23. [3] Dan. 1, 18. [4] I Chr. 15, 18. [5] Ps. 55, 22. [6] Is. 7, 15. [7] Dan. 1, 5. [8] ib. 1, 15. [9] I Rois 6, 29. [10] Jug. 8, 13. [11] Jon. 4, 6. [12] Eccl. 5, 15. [13] Ex. 25, 27. [14] Eccl. 8, 17. [15] Is. 43, 11. [16] Jos. 22, 19. [17] Nomb. 22, 5. [18] Gen. 33, 12. [19] Néh. 3, 37. [20] Nomb. 22, 32. [21] Gen. 35, 8. [22] Lév. 4, 12. [23] Jos. 15, 3. [24] Lam. 3, 22. [25] Ps. 78, 19. [26] ib. 64, 7. [27] ib. ib.

איש ולב עמק אי וארא֗והם פי אלשר֗ בעידא ואפכארהם פיה עמיקא יעני אנ֗הם יבעדון אלפכר פי אלשר ויבלגון פיה אלגאיה֗ ת֗ם אנ֗הם ימתת֗לון פעל מא את֗ארתה להם ארא֗והם פכרא. וקד זארוא אליא עלי מן פי מני מכיר[1] מני אפרים[2] סורו מני דרך הטו מני ארח[3]. וינט֗ם אלי הד֗א אלבאב מא יאתון בה מן אלאסמא אלט֗אהרה֗ פי אלמואצ֗ע אלתי יצלח אצ֗מארהא פיהא פכאנ֗הא זיארה֗ פי אללפט֗ ואנ֗מא יפעלון הד֗א ומא אשבהה טלבא ללביאן וחרצא עלי אלתביין. ודלך מת֗ל קולה וראה הכהן את הנגע והסגיר את הנגע שבעת ימים[4] ולו אצ֗מר פקאל והסגירו לכאן מגניה֗. ומת֗לה קולה וראה את הנגע ביום השביעי כי פשה הנגע[5] לו אצ֗מרה לגאז. ומת֗לה ומן השמן יצק הכהן על כף הכהן השמאלית[6] ולו קאל על כפו לכפי. ומת֗לה וצוה הכהן ופנו את הבית בטרם יבא הכהן לראות את הנגע ולא יטמא כל אשר בבית ואחר כן יבא הכהן לראות את הבית[7] ולו אסתעמל פיה אלאצ֗מאר לכאן עלי הד֗א אלמת֗אל וצוה הכהן ופנו את הבית בטרם יבא לראותו ולא יטמא כל אשר בו ואחר כן ובא לראותו לכן֗ אנ֗מא אכ֗תיר הנא פי *הד֗ה אלמעאני[a] אלאט֗האר עלי אלאצ֗מאר ללביאן. ומת֗ל הד֗א קולה איצ֗א והקריב אהרן את פר החטאת אשר לו וכפר בעדו ובעד ביתו ושחט את פר החטאת אשר לו[8] ולו אצ֗מר לקאל ושחטו פקט ופי הד֗א אללפט֗ תקדים ותאכ֗יר ותקדירה והקריב אהרן את פר החטאת אשר לו ושחטו וכפר בעדו ובעד ביתו. ומת֗לה ועתה אדני חי יי֗ וחי נפשך אשר מנעך יי֗ מבא בדמים[9] ולו אצ֗מר יי֗ אלת֗אני לגאז לכן֗ למ֗א תוס֗ט אלכלאם והי נפשך בעד אלפעל אעני אשר מנעך פכאן אלאט֗האר אולי. ובהד֗א אעלל אט֗האר את פר החטאת אשר לו אעני אנ֗ה למ֗ה תוס֗ט אלכלאם וכפר בעדו ובעד ביתו בער ושחט פכאן אלאט֗האר אבין. והד֗א פי כלאמהם כת֗יר ג֗דא אלא אן אלאצ֗מאר ואלאיג֗אז אכת֗ר. ומת֗ל הד֗א קולה ורחבות העיר ימלאו ילדים וילדות משחקים ברחבתיה[10] לו אצ֗מר פקאל משחקים בם לכאן חסנא. וממא זיד תאכידא ופצאחא קולה מי פעל ועשה[11]

[a] A. הד֗א אלמעני

[1] Jug. 5, 14. [2] ib. ib. [3] Is. 30, 11. [4] Lév. 13, 50. [5] ib. 13, 51. [6] ib. 14, 26. [7] ib. 14, 36. [8] ib. 16, 11. [9] I Sam. 25, 26. [10] Zach. 8, 5. [11] Is. 41, 4.

173. ליס פי קולה ועשה מן אלמעני אכת̇ר ממא פי קולה פעל לכנ̇הא פצאחה̇ ובלאגה̇· ומת̇לה קולה בראתיו יצרתיו אף עשיתיו[1] ליס פי יצרתיו ולא פי עשיתיו מעני אכת̇ר מן מעני בראתיו· ויג̇אנס הד̇א קולה בחרתיך ולא מאסתיך[2] פאנ̇ה פי קו̇ה קולה בחרתיך ונ̇ב ולא מאסתיך לכנ̇ זיד פי אללפט̇ פצאחה̇ ותאכידא· פבהד̇א פקס[a] עלי כל מא ירד עליך מן מת̇לה· ואן קאל קאיל אד̇א לם יכן פי ועשה גיר מעני פעל ולם יכן איצ̇א פי יצרתיו אף עשיתיו גיר מעני בראתיו פלם̇ לם יכן אלאיג̇אז אולי קלנא לה אן אלביאן פי צנאעה̇ אלכ̇טאבה̇ אחכם ואבלג ואפצח וללאיג̇אז איצ̇א מוצ̇עה̇ מן אלפצאחה̇· וממא זיד פיה אצטלאחא ותואטוּא זיארתהם אליא פי אלג̇מע אלתי באלואו ואלתא אד̇א אצ̇אפוה אלי אלצ̇מיר אעני פי מת̇ל בנות ושנות ואחיות וחטאות ורמות ותועבות ונאצות פאנ̇הם אד̇א אצ̇אפוא בנות אלי צ̇מיר אלמכ̇אטב אלמד̇כ̇ר קיל בניך ובנותיך[3] בזיארה̇ אליא עלי עלאמה̇ אלג̇מע אעני עלי אלואו ואלתא פכאנ̇הם ג̇מעוא אלג̇מע כמא ג̇מעוא עלאמתין ללג̇מע פי כל לחתים[4] רבתים אלפי שנאן[5] וגירהמא וקד לכ̇צנא אלוג̇ה פי כון רבותים אלפי שנאן ג̇מע אלג̇מע פי באבה̇ מן חרף אלרא מן כתאב אלאצול[6]· וקיל פי מכ̇אטבה̇ אלואחד אלמונ̇ת̇ בנותיך בשרה[7] ופי מכ̇אטבה̇ אלג̇מע בנתיכם[8] ופי אלאכ̇באר ען אלואחד אלמד̇כ̇ר ויאמר אל בנתיו ואיו[9] ופי אלאכ̇באר ען אלואחד אלמונ̇ת̇ בנתיה[10] אשר סביבתיה[11] ופי אלאכ̇באר ען אלגיב̇ אד̇א כאן צ̇מירהם הא· ומימ̇א בנותיהם ואמא אד̇א כאן מימא פקט פלא יזאד פיה אליא קיל לדרתם ברית עולם[12] ונתצתם את מזבחתם ושברתם את מצבתם[13][b] ותלכו במועצותם[14]· וקיל ושנותיך לא יתמו[15] ותקריבי ימיך ותבוא עד שנותיך[16] וכענן חטאותיך[17] כחצי הטאתיך[18] ועל כל גלולי תועבותיך[19] ונתצו רמתיך[20] שמעתי את כל נאצותיך[21] בקחתך את אחותיך הגדלות ממך[22] אלא אן אחותיך נאקץ אללאם *ואצלה̇ אן יכון אחותך עלי אלנקצאן כמא קיל אשר פללת

[a] B. קס [b] A. ajoute ויבשו מזבחותם (Osée 4, 19).

[1] Is. 43, 7. [2] ib. 41, 9. [3] Deut. 28, 58. [4] Ez. 27, 5. [5] Ps. 68, 18. [6] 662, 1 à 13. [7] Ez. 26, 8. [8] Gen. 34, 9. [9] Ex. 2, 20. [10] Nomb. 21, 25. [11] Gen. 41, 48. [12] Exod. 31, 16. [13] Deut. 12, 3. [14] Mich. 6, 16. [15] Ps. 102, 28. [16] Ez. 22, 4. [17] Is. 44, 22. [18] Ez. 16, 51. [19] ib. 16, 36. [20] ib. 16, 39. [21] ib. 34, 12. [22] ib. 16, 61.

לאחותך[1] והו ג׳מע נאקץ אללאם[a] ואמא עלי אלתמאם פהו אחיותיך כמא קיל ואת אחי ואת אחיותי[2] ושלחו וקראו לשלשת אחיותיהם[3]. עלי הד׳א אט׳רד אלכ׳אב פי כלאמהם ואלוגה סקוט אליא מן בעד אלתא כמא קיל וגם את בושי ושאי כלמתך בצדקתך אחיותך[4] עלי אלתמאם וקיל אשר פללת לאחותך[5] עלי אלנקצאן. ואיצ׳א והפלא יי׳ את מכתך[6] ולם יקל מכותיך עלי אלאט׳ראד פרב׳ כלמה תאתי עלי אלאצל ותכ׳רג ען אלאט׳ראד. *וקד קאלוא ולאחותיכם רחמה[7] בזיאדה אליא וליס בג׳מע לכ׳ן למא כאן אכ׳בר אלאסם ואוא ותא[a] כמא פי אואכ׳ר אלג׳מע פחמל מחמלה. וממא זאדוא פיה אליא איצ׳א קולה אך רחוק יהיה ביניכם וביניו[8] פאליא פי ביניכם בעד אלנון זאידה וכד׳לך הי פי וביניו וקד קיל ביני ובין בני ישראל[9] בגיר זיאדה[b]. וממא זיד פי אלכלאם מא קד תב׳ינת[c] זיארתה מן אלחרוף פי אלכלמאת אלתי הי זיאדה פיהא פי ד׳כרנא חרוף אלזיאדה. וממא הו מזיד איצ׳א פסואכן אלתעויץ ואלחרוף אלמתצ׳אעפה *פי אלאפעאל אלמעתלה אלעין ואלחרוף אלמתצ׳אאפה[d] אלמנדג׳מה ללוקף וג׳מיע הד׳א יתבין מן כתאב חרוף אללין וכתאב ד׳ואת אלמת׳לין ומן כתאבנא פי אלמסתלחק וכתאבנא הד׳א.

אלכ׳אב אלסאדס ואלעשרון

מא כר׳ר אצ׳טראראו שביהא באלאצ׳טראר.

קד יכ׳ררון אללפט׳ה פי בעץ׳ אלמואצ׳ע אצ׳טראראאד׳א לם יתם אלמעני אלא בד׳לך אלתכריר וד׳לך מת׳ל קולה ויהי כדברה אל יוסף יום יום[10] ואותי יום יום ידרשון[11] לם יכן בד׳ מן הד׳א אלתכריר לאקאמה אלמעני לאן אלמעני יומא פיומא או פי כל יום ומת׳לה בבקר בבקר בהיטיבו את הנרת[12] אי פי כל צבאח וכל בכרה ואיצ׳א ביום השבת ביום השבת יערכנו[13] היצא השדה שנה שנה[14]. ורבמא

a R. om. b B. R. om. c B. ב׳ינת d B. om.

1 Ez. 16, 52. 2 Jos. 2, 13. 3 Job 1, 4. 4 Ez. 16, 52. 5 ib. ib. 6 Deut. 28, 59. 7 Osée 2, 3. 8 Jos. 3, 4. 9 Ex. 31, 17. 10 Gen. 39, 10. 11 Is. 58, 2. 12 Ex. 30, 7. 13 Lév. 24, 8. 14 Deut. 14, 22.

זרוא בא[a] פקאלוא וכן יעשה שנה בשנה[1] פתכון אלבא במעני אלפא פי לגה̈ אלערב פי קולהם סנה̈ פסנה̈ אי סנה̈ בעד סנה̈. וקד יסתגנון ען הד̇א אלתכריר פי בעץ̇ אלמואצ̇ע כמא קיל דינו לבקר משפט[2] ואלמעני פי כל צבאח ואיצ̇א ועלות לבקר ולערב[3]. ויקרב מן הד̇א קולה אלף למטה אלף למטה לכל מטות ישראל תשלחו לצבא[4] אלמעני אלף מכל[a] מטה וקד אסתגנוא ען אלתכריר פי בעץ̇ אלמואצ̇ע כמא קיל וימסרו מאלפי ישראל אלף למטה[5] וישלח אתם משה אלף למטה[6]. ומן הד̇א אלבאב קולה חמשת חמשת שקלים לגלגלת[7] איש אחד איש אחד למטה אבתיו תשלחו[8]. ויג̇אנס הד̇א קולה איש איש על עבדתו ועל משאו[9] אי כל אמרי. ורבמא אקתצר עלי אלואחד ולם יכר̈ר כמא קיל איש שה לבית אבות[10]. וקיל איצ̇א איש איש אשר יקלל את אביו ואת אמו[11] אלמעני אי̈מא רג̇ל. ומת̇לה איש איש מזרע אהרן[12]. ורב̈מא לם יכר̈רו פי הד̇א אלמעני איצ̇א כמא קיל ואיש אשר ישכב את זכר[13] ואיש אשר ינאף את אשת איש[14]. ויקרב מן הד̇א אלמד̇חב קולה חלק כחלק יאכלו[15] ירי̇ד אקסאמא מסתויה̈ ומת̇לה בד בבד יהיה[16]. ופי צ̇ד הד̇א קולה לא יהיה לך בכיסך אבן ואבן[17] צנג̇את מכ̇תלפה̈ ומת̇לה לא יהיה לך בביתך איפה ואיפה[18] ואיצ̇א בלב ולב ידברו[19]. ויג̇אנס הד̇א קולה ביני ובין בני ישראל[20] מעני הד̇ה אללפט̇ה̈ אלתוס̈ט בין שיין או בין אכת̇ר מן שיין ולא תאתי אבדא אלא מכר̈רה̈ כמא תרי או מג̇מועה̈ אד̇א את̈צל בהא צ̇מיר או תאתי מפרדה̈ ויג̇מע מא את̈צל בהא מן אלאסמא אלט̇אהרה̈ או יתנ̈י. אמא מג̇יהא מכר̈רה̈ פכמא קלנא ביני ובין בני ישראל בין האור ובין החשך[21] וזכרתי את בריתי אשר ביני וביניכם ובין כל נפש חיה בכל בשר[22]. ואמא מג̇יהא מג̇מועה̈ פמת̇ל קולה יי̈ יהיה שמע בינותינו[23] כי המליץ בינתם[24]. ואמא מג̇י מא את̈צל בהא מן אלאסמא אלט̇אהרה̈ מג̇מועא[b] פמת̇ל קולה שמע בין אחיכם[25] בין הגזרים האלה[26] ובין דורותינו אחרינו[27].

[a] B. פי כל [b] B. מג̇מועה̈

[1] I Sam. 1, 7. [2] Jér. 21, 12. [3] II Chr. 2, 3. [4] Nomb. 31, 4. [5] ib. 31, 5. [6] ib. 31, 6. [7] ib. 3, 47. [8] ib. 13, 2. [9] ib. 4, 49. [10] Ex. 12, 3. [11] Lév. 20, 9. [12] ib. 22, 4. [13] ib. 20, 13. [14] ib. 20, 10. [15] Deut. 18, 8. [16] Ex. 30, 34. [17] Deut. 25, 13. [18] ib. 25, 14. [19] Ps. 12, 3. [20] Ex. 31, 17. [21] Gen. 1, 4. [22] ib. 9, 17. [23] Jug. 11, 10. [24] Gen. 42, 23. [25] Deut. 1, 16. [26] Gen. 15, 17. [27] Jos. 22, 27.

ואמא מגֹיה מתֹנֿי פמתֹל מבין שני הכרבים[1] ויוכיחו בין שנינו[2]· וקד יסתעמל אלעבראניון אללאם מכאן בין אלתֹאני אלמכרֿר פיגֹי גנאת ויגֹזי ענה כמא קיל והבדלתם בין הבהמה הטהרה לטמאה[3] במעני ובין הטמאה· ובין העוף הטמא לטהר[4] במעני ובין הטהור· ואיצֹא ולא יבקר בין טוב לרע[5]· בין דם לדם בין דין לדין ובין נגע לנגע[6] בין קדש לחל[7]· ורבמא עטפוא אלכלמהֿ אלתי פיהא אללאם כמא יעטפון בין אלמכרֿר פי קולה ביני ובין בני ישראל קיל בין האולם ולמזבח[8] כאנֿה קיל ובין המזבח ולו קיל בין האולם למזבח כמא קיל בין הבהמה הטהרה לטמאה לכאן חסנא· וקד אכֿטא אלשאער[a] פי אסתעמאלה בין גיר מכררֿהֿ ולא מעוֿצֿהֿ מנהא בלאם אדֿ קאל

177.

באחותכם הדמיתם חברי	עמד רגע נשמות תוך פגרים
ובינותן ורעותן אדמות	ומדברות תניות ויערים

אראד ובינותן ובין רעותן לכנֿ למֿא לם יסג לה דֿלך פי אלוזן אסקֽט בין פאכֿטא ולו עלם לקאל ובינותן לרעותן פכאן יסתקים לה אלוזן ויצחֿ אלמעני ואללפטֿ· אמא קול אלכתאב כי אם עונותיכם היו מבדילים בינכם לבין אלהיכם[9] פאןֿ הדֿה אללאם מכאן ואו אלעטף כאנֿה קאל ובין אלהיכם וקד בינֿֿא הדֿא פי תלכֿיץ מעאני חרוף אלזיאדהֿ וקרנֿא בה הנאך בני ישוע לקדמיאל[10] וגירה·

באב. וקד יזידון פי אלכֿטֿ מא לא יטֿהרונה פי אללפטֿ מתֹל כלֿ כתיב ולא קרי ממא דֿכר פי אלמסורת אעני מתֹל כתאבתהם אם פי דֿ מואצֿע מן אלכתאב ולא יקרא[11] ומתֹל כתאבהם נא פי מוצֿע ואחד ולא יקרא[12] וכתאבהם את פי מוצֿע ואחד ולא יקרא[13] ומתֹל כתאבהם חמש פי מוצֿע ואחד ולא יקרא ודֿלך פי יחזקאל פי אלפסוק אלדֿי אולֿה ואלה מדותיה[14] ומתֹל כתאבהם ידרך זאידהֿ פי קולהם אל ידרך הדרך קשתו[15] וענהא קיל פי אלמסורת חד מן הֿ מלין דכתיבין ולא קרין תֹם עדדת ואחדהֿ ואחדהֿ· ומתֹל

[a] R. ajoute ז״ל = רחמה אללה [b] Voy. Opuscules p. 383; R. om. ce chapitre additionnel.

[1] Ex. 25, 22. [2] Gen. 31, 37. [3] Lév. 20, 25. [4] ib. ib. [5] ib. 27, 33. [6] Deut. 17, 8. [7] Ez. 22, 26. [8] Joel 2, 17. [9] Is. 59, 2. [10] Néh. 7, 43. [11] Mas. Ruth 3, 12. [12] II Rois 5, 18. [13] Jér. 38, 16. [14] Ez. 48, 16. [15] Jér. 51, 3.

כתאבהם ואוריד כאביר יושבים[1] כל הבאיש[2] ונאשאר אני[3] באלפאת מזידה פי וסט אלכלמאת· ומתל כתאבהם ההלכוא אתו[4] ולא אבוא שמוע[5] באלף פי אכר כל ואחדה מנהמא· וקד כנת גניא ען דכר מתל הדה אלזיאדאת אד ליסת פי אללפט ומגזאי אנא מא כאן פי אללפט לא פי אלכט פקט לכן למא אשאר אבו זכריא[6] פי התין אללפטתין אעני פי ההלכוא אתו ולא אבוא שמוע אלי מעני לא ארתציה ראית אן אנבה עליה ולם יחסן דלך אלא בדכר מתל הדה אלזיאדאת· קאל אבו זכריא פיהמא אנהמא גריא בזיאדה אלאלף פיהמא מגרי לגה אלערב והדא קול גיר מחרר לאן אלאלף אלתי בעד ואו אלגמאעה פי לגה אלערב ליס במתחקקה פי תלך אלאפעאל אלתי וקעת פיהא ולא דלך פי אול לגתהם ולא הו ממא בני כלאמהם עליה ואנמא כתאבהם אלחרת אתבתוהא הנאך ללפצל בין תלך אלואו ובין ואו אלנסק אד כשוא אן תשתבה בהא ובדלך יערפהא אלנחויון באלף אלפצל מתלא אקול ואנהם כתבוא כפרוא וורדוא באלף בעד אלואו מן כל ואחד מנהמא כופא מן אן יגלט אלקארי ויטן אן אלפעל לואחד פיקרא כפר וורדו פעלי אלעטף ולמא כשוא הדא אלאשתבאה פי אלואו אלמפצולה ממא קבלהא פי כטהם וזאדוא בעדהא אלפא ללפצל עלי מא דכרת ראוא אן יזידוהא איצא בעד אלואואת אלמוצולה במא קבלהא ואן לם יכן הנאך לבס ליכון חכם הדה אלואו פי גמיע אלמואצע ואחדא· פאד דלך כדלך וליס קול אבי זכריא פיהא אנהא תגרי מגרי לגה אלערב בחק אד ליס דלך בלאזם ללגתהם ולא במסתעמל פיהא קדימא ואנמא אלכתאב אלחדת זאדוהא הנאלך כמא זאדוא אלואו פי עמרו בפתח אלעין וסכון אלמים פי חאל אלרפע ואלכפץ לילא ישתבה בעמר בצם אלעין ופתח אלמים אלא אנהם אדא צארוא עלי חאל אלנצב אסקטוא מנה אלואו לסקוט תלך אלשבהה לאנה מצרוף ועמר גיר מצרוף·

[1] Is. 10, 13. [2] ib. 30, 5. [3] Ez. 9, 8. [4] Jos. 10, 24. [5] Is. 28, 12. [6] D. 27; N. 12. Voyez Bacher, Die grammatische Terminologie, p. 4.

אלבאב אלסאבע ואלעשרון

מא קיל בלפט מא ואלמראד בה גירה.

אנ̃הם קד יאתון בלפט̇ מא ואלמראד בה גירה ואנ̃מא יג̇יזון [ד̇לך מן אג̇ל][a] אג̇תמאע אללפט̇תין פי אלג̇נס או פי אלנוע או פי אלכ̇יפיה̈ או פי גיר ד̇לך מן אלאמור וקד יקע אלשי *פי מוצ̇ע אלשי[b] ואן לם יג̇תמע מעה פי שי וד̇לך למד̇הב להם [פי ד̇לך] גיר מא ד̇כרנא אד̇א מא טלב וג̇ד· מן ד̇לך קולה לעם נכרי לא ימשל למכרה[1] אלמראד לאיש וג̇אז ד̇לך לאן̇ אלעם אישים ולהד̇א אלתג̇ניס קיל איצ̇א הגוי גם צדיק תהרג[2]· וקיל ולקחתי את לחמי ואת מימי[3] ואלאקרב ענדי אן יראד בה ואת ייני אד̇ מן אלבעיד אן יבכ̇ל אחד באלמא· או אן ימתן̇ בה וג̇אז ד̇לך לתג̇אנסהמא פי אלשראביה̈ ולים קול עבדיהו ואכלכלם לחם ומים[4] במוג̇ב לנקץ̇ קולנא אן̇ אלמא לא יבכ̇ל בה ולא ימתן̇[c] בה לאן̇ קולה ד̇לך אנ̃מא כאן לעזאזה̈ אלמא פי ד̇לך אלזמאן כמא קאלת אלאואיל רצ̇י אללה ענהם פי ד̇לך[5] למה הזכיר מים מפני שהיתה מציאתו קשה בימים ההם כלחם· המריקים מעליהם הזהב[6] אראד השמן והמא̇ תחת כיפיה̈ אלצפא ואלנקא· וטהרתים מכל עונם אשר חטאו לי[7] מכאן אשר עוו לי לאן̇ אלעון ואלכ̇טא תחת ג̇נס ואחד והו אלעציאן ואלמרוק ען אלטאעה̈· ואיצ̇א וסלחתי לכל עונותיהם אשר חטאו לי ואשר פשעו בי[8]· ואיצ̇א והצילו גזול מיד עשוק[9]· ויקח את העגל אשר עשו וישרף באש[10] מכאן ויתך לאן̇ אלד̇הב לא יחתרק 178. לכנ̃ה ינ̇סבך ואנ̃מא קיל ד̇לך לתאת̇ר מא יחרק ומא ינסבך מן אלנאר· ויטחן עד אשר דק[11] מכאן ויכת לאן אלד̇הב לא יטחן לכן̇ יברד כמא קאל ואכת אתו טחון[12] ואג̇תמעא תחת תרקיק אלאג̇זא· והביא את אשמו[13] מכאן קרבנו ואנ̃מא סמ̃אה אשם לכון אלאסתגפאר בה ען אלאשם· ומת̇לה ואשמים איל צאן על אשמתם[14]· ומת̇לה

[a] Suppléé d'après R. [b] = R. במקום הדבר, A.: פי אלמוצ̇ע [c] A. ימן̃

[1] Ex. 21, 8. [2] Gen. 20, 4. [3] I Sam. 25, 11. [4] I Rois 18, 13. [5] Jer. Pêa 16a. [6] Zach. 4, 12. [7] Jér. 33, 8. [8] ib. ib. [9] ib. 22, 3. [10] Ex. 32, 20. [11] ib. ib. [12] Deut. 9, 21. [13] Lév. 5, 7. [14] Ezra 10, 19.

חבחת פסח לײ אלהיך צאן ובקר[1] סמּי אלגנם ואלבקר אלמדֹבוחהֿ
פי אלפסח [פסח] כמא סמּאהא איצֿא חג פי קולה אסרו חג
בעבתים[2] חגים ינקפו[3]. וטמא ראש נזרו[4] מכאן שער נזרו לאנה
פי אלראס ומתֿלה הורידו לארץ ראשן בתולות ירושלם[5] אי שערן
ואמּא קולה ולקח את שער ראש נזרו[6] פאןּ אלוגֿה פיה שער נזרו
וקולה ראש מלגי. אשר יצא ממעיך[7] מכאן מחלציך. ײ ילחם
לכם ואתם תחרישן[8] מכאן תעמדון כמא קיל דמו עד הגיענו
אליכם[9] מכאן עמדו ואיצֿא וידם השמש[10] מכאן ויעמד. עזובות
ערי ערוער[11] ליס יריד ערוער נפסהא לכנּה יריד דמשק ואנּמא
סמּאהא ערוער מגֿדרא באןּ מאלהא סתולי שרּ מאֿל חתי תכון
מתֿל ערוער אלמפרד ען אלעמראן פי אלצחרא כמא קיל ותהינה
כערוער במדבר[12] אי ולתכון הדֿה אלמדן וחשהֿ כאליהֿ וקד כֿלא
מא תואליהא חתי תציר מתֿל אלמדינהֿ אלמסמּאהֿ ערוער והדֿא
אלמדֿהב דֿהב הנא פי קולה עזבות ערי ערוער אי אןּ דמשק תציר
כערוער. ואלדליל עלי צחּהֿ הדֿא אלתאויל אן ערוער ליס מן חוז
דמשק בל הי מן קרי מואב כמא קיל למואב אל דרך עמדי וצפי
יושבת ערוער[13]. גם זרע יעקב ודוד עבדי אמאס[14] מכאן אהרן
לאסתחאלהֿ כון אלמראד בה יעקב עלי טֿאהרה מן קבל אן דוד מן
זרע יעקב והדֿא מוצֿע שכֿצין לא יקע אחדהמא תחת אלאכֿר מתֿל
אהרן ודוד פדוד ואקע תחת יעקב פאלמראד בה גם זרע יעקב ודוד
עבדי ומא קיל קבל הדֿא יויּד הדֿא אלתאויל ודֿלך קולה כי כה 17a
אמר ײ לא יכרת לדוד איש יושב על כסא בית ישראל ולכהנים
הלוים לא יכרת איש מלפני מעלה עולה ומקטיר מנחה ועשה זבח
כל הימים[15] תֿם קאל ויהי דבר ײ אל ירמיהו לאמר כה אמר ײ אם
תפרו את בריתי היום וגו׳ גם בריתי תפר את דוד עבדי מהיות לו
בן מלך על כסאו ואת הלוים הכהנים משרתי[16] פדֿכר דוד ואלכהנים
תֿם אעאד הדֿא אלמעני וקאל הלא ראית מה העם הזה דברו
לאמר שתי המשפחות אשר בחר ײ בהם וימאסם[17] יריד בשתי
המשפחות בית אהרן אלמתקדּם אלדֿכר ובית דוד פגֿעל גֿואב קול

1 Deut. 16, 2 2 Ps. 118, 27. 3 Is. 29, 1. 4 Nomb. 6, 9. 5 Lam. 2, 10. 6 Nomb. 6, 18. 7 Gen. 15, 4. 8 Ex. 14, 14. 9 I Sam. 14, 9. 10 Jos. 10, 13. 11 Is. 17, 2. 12 Jér. 48, 6. 13 ib. 48, 19. 14 ib. 33, 26. 15 ib. 33, 17. 16 ib. 33, 9—21. 17 ib. 33, 24.

אלקאילין שתי המשפחות אשר בחר יי̈ בהם וימאסם קולה כה אמר יי̈ אם לא בריתי יומם ולילה חקות שמים וארץ לא שמתי גם זרע יעקב ודוד עבדי אמאס יריד שתי המשפחות אלמתקד̈מי אלד̇כר פלא מעני לד̇כר יעקב הנא אד̇ לא יג̇וז אן יכון יעקב משפחה עלי חדה ודוד משפחה עלי חדה לאן̈ דוד ולד יעקב פקד באן אן יעקב הנא מכאן אהרן ואנ̈מא ד̇לך לאג̇תמאעהמא פי אלשרף ואלריאסה̈. ואת חמשת בני מיכל בת שאול[1] אראד מרב והי אכ̇תהא. כי יואב נטה אחרי אדניה ואחרי אבשלום לא נטה[2] מכאן שלמה אד̇ לם יד̇נב יואב לאנחראפה ען אבשלום ואנ̈מא אד̇נב לאנחראפה ען שלמה. והד̇א ממ̈א תסתעמלה אלערב איצ̇א והד̇א אלמד̇הב ד̇הב אלשאער בקולה

כמו יוסף בצורתו ובשער אדניה

אראד אבשלום פקאל אדניה ללקאפיה̈ חד̇א מא אכ̇ד̇נאה ענה פיה ענד קראתי שערה [עליה]. ואנ̈מא ד̇כרת קול הד̇א אלשאער הנא ליתאכ̇ד̇ ענדך מד̇הבנא פי הד̇א אלבאב וקד אראד בעץ̇ מן ידעי̈ אלעלם ממ̈ן לם יפהם [כלאם] חד̇א אלשאער פי קולה ובשער אדניה אן יג̇עלה מן תצחיף אלנס̈אך̇ ואצלחה בזעמה פאפסדה בנקלה לפט̇ אלשאער והו ובשער אדניה אלי ושער אח אדניה ולם יקל אלשאער אלא ובשער אדניה והכ̇ד̇א קראנאה עליה פי אלחראתה̈ והד̇א מא אכ̇ד̇נאה ענה פיה ואמא ושער אח אדניה פהו אנפר מן עיר שרור ואוחש מן פקר אלנעם. והיתה יד יי̈ בכם ובאבותיכם[3] יריד ובמלכיכם לאנתסאב אלנאס אלי אלמלך ואלי דולתה כאנתסאבהם אלי אלג̇ד̈. ראו נא לי איש מיטיב לנגן[4] במעני בקשו. ויעל אביתר עד תם כל העם לעבור מן העיר[5] מכאן ויעמד אביתר. מי עור כמשלם ועור כעבד יי̈[6] מכאן וחרש כמא קיל מי עור 180. כי אם עבדי וחרש כמלאכי אשלח[7] וג̇אז ד̇לך לאג̇תמאעהמא פי אלעאה̈. ובהתפנחס חשך היום[8] בסין מכאן שין לאן̈ אלצורה̈ ואחדה̈. ומן הד̇א אלבאב ברך נבות אלהים ומלך[9] ברך אלהים ומת[10] מן טריק אלאג̇לאל ללה תעאלי. ושם אחתו מעכה[11] מכאן

[1] II Sam. 21, 8. [2] I Rois 2, 28. [3] I Sam. 12, 15. [4] ib. 16, 17. [5] II Sam. 15, 24. [6] Is. 42, 19. [7] ib. ib. [8] Ez. 30, 18. [9] I Rois 21, 13. [10] Job 2, 9. [11] I Chr. 7, 15.

אשתו קאל ומכיר לקח אשה לחפים ולשפים ושם אחתו מעכה ושם השני צלפחד[1] יקול אן מכיר תזוג̈ אמראתין אחדאהמא מעכה ואלאכ̇רי צלפחד [מן קבילין אלאחד חפים ואלת̇אני שפים[a]] ואללאם הנא פי לחפים ופי לשפים מכאן מן ואשה מכאן נשים והשני מכאן השנית [וקד אתינא באלשואהד עלי כל ד̇לך פי הד̇א אלכתאב[b]] ת̇ם קאל ותלד מעכה אשת מכיר פקולה אד̇א ושם אחותו אנ̈מא הו מכאן ושם אשתו· אשר ימרוך למזמה[2] מכאן יזכרוך· האמור בית יעקב[3] מכאן הקרוא· וזמרת זר תזרענו[4] מכאן תטענו· וזרעו במים רבים[5] מכאן ושרשו· לא עליך אתה היום כי[c] אל בית מלחמתי[6] מכ̇אן מקום מלחמתי· ותקול אלערב פי מת̇ל הד̇א ראר אלחרב· ויהיו לו ולבניו לעבדים עד מלך מלכות פרס[7] מכאן עד בא מלכות פרס או עד מלך מלכי פרס· ונהיה אנחנו ואדמתנו עבדים לפרעה[8] מכאן קנין לפרעה כמא קיל פוק הד̇א קנה אותנו ואת אדמתנו בלחם[9] וקיל איצ̇א בעֻדה הן קניתי אתכם היום ואת אדמתכם לפרעה[10] פאלמעני אד̇א ונהיה אנחנו ואדמתנו קנין לפרעה לאן̈ אלארץ̇ לא תסתעבד לכן̈ תמלך· המזבח עץ שלוש אמות גבה[11] אראד השלחן כמא קאל ענה פי אכ̇ר אלפסוק זה השלחן אשר לפני יי̈ וקאל אלתרגום פבין̈ מקביל מרבחא פתורא ראעא תלת אמין רומיה עלי גיר הד̇א· וקד אסתעמל צ̇ד הד̇א פבנ̈י באלשלחן עלי אלמזבח פי קולה והמה יקרבו אל שלחני לשרתני[12]· נשבע יי̈ בנפשו[13] מכאן בשמו ומת̇לה אשר לא נשא לשוא נפשי[14] מכאן שמי· השליכהו אל היוצר וגו̓ ואשליך אתו בית יי̈ אל היוצר[15] אלמראד בה אל האוצר· אל יפל לב אדם עליו[16] אראד לבך עליך פאנ̈לה̇ ען אלמקאבלה̇ בד̇לך פכנ̈י ענה באדם· ויי̈ ישיב לאיש את צדקתו ואת אמנתו[17] אראד ישיב לי את צדקתי ואת אמונתי פתואצ̇ע ען ד̇לך· הלוא בראשי האנשים ההם[18] מכאן בראשינו פנכבוא ען הד̇א תשו̈מא ומת̇לה העיני האנשים ההם תנקר[19] אלמעני הל תטמס אבצארנא ועקולנא ען אלחק̈· ומת̇לה כה

[a] Suppléé d'après R. [b] Suppléé d'après R. [c] A. et R. ajouent אם après כי

[1] I Chr. 7, 15. [2] Ps. 139, 20. [3] Mich. 2, 7. [4] Is. 17, 10. [5] Nomb. 24, 7. [6] II Chr. 35, 21. [7] ib. 36, 20. [8] Gen. 47, 19. [9] ib. ib. [10] ib. 47, 23. [11] Ez. 41, 22. [12] ib. 44, 16. [13] Amos 6, 8. [14] Ps. 24, 4. [15] Zach. 11, 13. [16] I Sam. 17, 32. [17] ib. 26, 23. [18] ib. 29, 4. [19] Nomb. 16, 14.

יעשה אלהים לאיבי דוד[1]. וילך הלוי[2] מכ̇אן וישב הלוי. וגם דוד העצמים תחתיה[3] מכ̇אן העצים. ויהי ביום השביעי ויאמרו לאשת שמשון[4] מכ̇אן ביום השלישי ואלדליל עלי ד̇לך קולה ולא יכלו 181. להגיד החידה שלשת ימים[5] [ת̇ם קאל ויהי ביום השביעי ויאמרו לאשת שמשון ולו כ̇אן אלסאבע עלי אלחקיקה̈ לקאל ולא יכלו להגיד החידה ששת ימים ואן ליס כ̇ד̇לך מא מ̇ד̇הב קולה שלשת ימים דון אן יקול ששת ימים ודליל אכ̇ר איצ̇א קולה ותבך עליו שבעת הימים אשר היה להם המשתה ויהי ביום השביעי ויגד לה[6] לכ̇ן אלמעני פי ולא יכלו להגיד החידה שלשת ימים[a]] אי אנ̈הם אסתפרגוא וסעהם ואג̇הדוא אד̇האנהם פי אסתכ̇ראג̇הא אלי [אליום] אלת̇אלת̇ פלמא כ̇אן פי אלת̇אלת̇ קאלוא להא זאולי זוג̇ך חתי יכ̇ברך בהא פזאולתה בקיה̈ אלאסבוע אי מן בעד ג̇ אי̈אם אלמד̇כורה̈ ד̇לך קולה ותבך עליו שבעת הימים *פלו כ̇אן ביום השביעי עלי אלחקיקה̈ למא קאל ותבך עליו שבעת הימים ת̇ם ויהי ביום השביעי[b]. ומת̇ל קולה שבעת הימים אי פי בקיה̈ שבעת הימים הו קול אלכ̇תאב ומושב בני ישראל אשר ישבו במצרים שלשים ושנה וארבע מאות שנה[7] אי לתמאם הד̇א אלעדד מן קול אללה לאברהם ידע תדע כי גר יהיה זרעך וגו׳ ארבע מאות שנה[8] אי אלי *אנקצ̇א ת׳ שנה פאלי הד̇א אשאר אלפסוק בקולה ומושב בני ישראל אשר ישבו במצרים שלשים שנה וארבע מאות שנה אי אלי[c] תמאם הד̇א אלעדד מן וקת אלוחי. וזה הדבר אשר מל יהושע[9] מכ̇אן ואלה האנשים. ובצאתם אל החצר החיצונה אל החצר החיצונה אל העם[10] יריד ובצאתם מן החצר הפנימית אל החצר החיצונה. ותאמר האשה התקעית אל המלך ותפל על אפיה ארצה ותשתחו ותאמר הושעה המלך[11] ותאמר אלאו̈ל מכ̇אן ותבוא לאנ̈ אלכ̇לאם לם יקע אלא מע אלד̇כ̇ול. קומו השרים משחו מגן[12] מכ̇אן שלחן ישיר אלי לילה̈ מקתל בלשצר והו עלי שראבה. ושמחת עולם על ראשם[13] מכ̇אן בלבם לאן אלפרח לא יכון פי אלראס לכ̈ן פי אלנפס ומן אסתעמאל אלעבראניין אן יג̇עלוא אלפרח ואלסרור

[a] Suppl. d'après R. [b] R. om. Peut-être A. et R. présent-ils deux redactions. [c] R. om.

[1] I Sam. 25, 22. [2] Jug. 17, 10. [3] Ez. 24, 5. [4] Jug. 14, 15. [5] ib. 14, 14. [6] ib. 14, 17. [7] Ex. 12, 40. [8] Gen. 15, 13. [9] Jos. 5, 4. [10] Ez. 44, 19. [11] II Sam. 14, 4. [12] Is. 21, 5. [13] ib. 35, 10.

פי אלקלב עוצׄא מן אלנפס ורבּמא אראדוא באלקלב אלנפס עלי
סביל אלאסתעארהׄ כמא קיל לכן שמח לבי[1] וראך ושמח בלבו[2].
ויאמר המלך היד יואב אתך בכל זאת ותען האשה ותאמר חי
נפשך אדני המלך אם אש להמין ולהשמיל מכל אשר דבר ארני
המלך[3] דבר הנא מכאן שמע. ונתתי את כל איביך אליך ערף[4]
מכאן מנוס או נסים והדׄא מגׄאנס לקולה הנני נתנך למגור[5] ולכן
למא כאן איצׄא אלמנוס מע אלמגור אקים מקאמה איצׄא. *לתבונתו
אין מספר[6] מכאן אין חקר*[a]. ויכהן אלעזר ואיתמר על פני אהרן
אביהם[7] מכאן בחיי אהרן אביהם והדׄא שביה במא קאלה אלערב
כאן דׄלך עלי רגׄל פלאן אי פי זמאנה וגׄאיז אן יכון מתׄל אם לא
על פניך יברכך[8] אי בחצׄרתך ובין ידיך. קח בידך מזה שלשים
אנשים[9] ויקח עבד מלך את האנשים בידו[10] ליס יריד אנּה קבצׄהם
פי ידה או צׄבט עליהם אנּמא יריד אנּה חמלהם מע נפסה. כי נעים
כי תשמרם בבטנך[11] מכאן בנפשך או בלבך או בקרבך. והנה עברי
דוד ויואב בא מהגדוד[12] [מכאן] מהמלחמה או מא אשבה דׄלך
לאנּהם הם כאנוא אלגדוד כמא קיל ולא אמרו לעלות עליהם
לצבא[13] מכאן למלחמה. אם זרחה השמש עליו[14] יריד מא קאל
פיה אלתרגום אם עינא דסהדיא נפלת עלוהי. ומתׄלה ושכב עם
נשיך לעיני השמש הזאת[15] אי עלאניהׄ. וכבו את גחלתי אשר
נשארה[16] הדׄא עלי סביל אלמתׄל ואלגרץׄ והמיתו את בני הנשאר. 182.
ונקרב בעל הבית אל האלהים[17] מכאן ונשבע בעל הבית [באלהים]
ורבמא כאן אללפט עלי וגׄהה באצׄמאר וישבע חתי יכון אלתקדיר
ונקרב בעל הבית אל האלהים וישבע אם לא שלח וגו׳ ויכון
אלמדׄהב פי קולה [ונקרב אל האלהים כאלמדׄהב פי קולה] ועמדו
שני האנשים אשר להם הריב לפני יי׳[18] ואלמעני אלאוּל אפצח
ואבׄצר. בתוך עמי אנכי ישבת[19] הדׄא עלי סביל אלמתׄל ואלמעני
אנּני עזיזהׄ גיר מחתאגׄהׄ אלי אחד לעזּי ושרפי כמא תקול אלערב
פלאן פי דׄרוהׄ קומה. ויאהב יצחק את עשו כי ציד בפיו[20] אלמעני

[a] R. om. cf. Ousoul, 492, 5.

[1] Ps. 16, 9. [2] Ex. 4, 14. [3] II Sam. 14, 19. [4] Ex. 23, 27. [5] Jér. 20, 4. [6] Ps. 147, 5. [7] Nomb. 3, 4. [8] Job 1, 11. [9] Jér. 38, 10. [10] ib. 38, 11. [11] Prov. 22, 18. [12] II Sam. 3, 22. [13] Jos. 22, 33. [14] Ex. 22, 2. [15] II Sam. 12, 11. [16] ib. 14, 7. [17] Ex. 22, 7. [18] Deut. 19, 17. [19] II Rois 4, 13. [20] Gen. 25, 28.

לאנה מבכת מגדד פי אלציד פבאנה לא יזאל אלציד פי פיה אי לא יזאל אכלא לה לכתרתה ענדה והדא כמא תקול אלערב פלאן מטעם אלציד לכתרתה ענדה וקד יתסעון פי הדא חתי אנהם יקולון פלאן מטעם אלנסר[a] לכתרה מא יציד אי כאנה יטעם אלנסר פאליק אלתראגם ארא[b] בקולה כי ציד בפיו לאנה מטעם אלציד. ולא עשה רגליו[1] *ומא אסתעאן ואלדליל עלי דלך קולה ולא עשה שפמו[2] ואלדליל עלי אן רגליו הנא[c] כנאיה ען אלעאנה קולה ושער הרגלים[3]. מקול אנחתי דבקה עצמי לבשרי[4] אראד לעורי עלי מעני צפד עורם על עצמם[5]. *אל תהי עד חנם ברעך[6] במעני עד שקר כמא קיל ורבו שנאי שקר[7] במעני שונאי חנם ומתלה אך לשקר שמרתי[8] ואיצא עצמו מצמיתי איבי שקר[9][d]. אל תעזבני עד מאד[10] ליס עד מאד גאריא עלי אל תעזבני אנמא הו גאר עלי לפט אכר סמא יחתוי עליה מעני אל תעזבני ודלך עלי אללפט הו סמכני או סעדני או מא אשבה דלך פתאויל אל תעזבני עד מאד סמכני עד מאד. ומתלה ואל תצל מפי דבר אמת עד מאד[11] לאנה פי מעני והכן בפי דבר אמת ולדלך חסן מעה עד מאד. ותקח את הבצק ותלש[12] [אלוגה ותקח הקמח] לאן אלבצק הו אלעגין נפסה ואנמא אלמראד ותקח את הקמח ותלש. *ומן התיכנה אל השלשים[13] מכאן אל השלישית[e]. וממא יגאנס הדא אלבאב מא 188. קיל בלפט אלעמום ואלמראד בה אלכצוץ מתל כל אלמנה ויתום לא תענון[14] אי לא אחד פי חדין אלצנפין. וכל אדם לא יהיה באהל מועד[15] אי ולא ואחד מן אלנאס. בכל קדש לא תגע[16] אי פי שי מן אלאקדאס. כי היא היתה אם כל חי[17] יריד אלחי אלנאטק אלמית כאצה. ותמלא הארץ אתם[18] יריד ארץ גשן כאצה. כי יתן איש אל רעהו חמור או שור או שה וכל בהמה לשמר[19] אי בעץ אלחיואן מן גיר הדה אלאצנאף אלמדכורה. והבשר אשר יגע בכל טמא לא יאכל[20] כרג אלבשר הנא מכרג אלעמום ואלמראד בה אלכצוץ אי בשר קדש *כאצה לאנה פי דכר בשר זבח השלמים[f]

[a] A. אלציד, R. אלשר [b] A. כדא [c] R. om. [d] R. om. [e] R. om. [f] R. om.

[1] II Sam. 19, 25. [2] ib. ib. [3] Is. 7, 20. [4] Ps. 102, 6. [5] Lam. 4, 8. [6] Prov. 24, 28. [7] Ps. 38, 20. [8] I Sam. 25, 21. [9] Ps. 69, 5. [10] ib. 119, 8. [11] ib. 119, 43. [12] II Sam. 13, 8. [13] I Rois 6, 8. [14] Ex. 22, 21. [15] Lév. 16, 17. [16] ib. 12, 4. [17] Gen. 3, 20. [18] Ex. 1, 7. [19] ib. 22, 9. [20] Lév. 7, 19.

ואלמראד פי בכל טמא [אלכצוץ] פי שי מן אלאנגאס· כי כל שאר וכל דבש[1] שי מנהמא· והשחתם ועשיתם פסל תמונת כל[2] ליס יריד צפה גמיע אלאשיא בל אי צפה כאן מן גמיע אלאשיא· ועתה נפשנו יבשה אין כל[3] לא שי מענא גיר אלמן· כי כל הנפש אשר לא תענה[4] יריד אלבאלגין אלאצחא מנהם כאצה· מברך רעהו בקול גדול[5] מענאה רב מן יפעל הדא· ומתלה נחלה מבהלת בראשונה[6]· ומן הדא אלבאב תסמיתהם אלגז באסם אלגמיע מתל קולהם הנה חרש מחר[7] ויהי החרש וישב המלך[8] ממחרת החרש השני[9] לא חרש ולא שבת[10] והדה אללפטה אעני חרש אנמא תקע פי גל כלאם אלעבראניין עלי גמלה אלשהר פסמוא בה הנא אולה פקט· ומן הדא אלבאב וצעהם אלגז מכאן אלגמיע *פי אלשבע אלואחד או פי נועה[a]· מתל קולהם לא תשאר פרסה[11] אנמא ירידון שבצא ואחדא או נועא ואחדא מן אלחיואן די אלפרסה ואיצא עמר לגלגלת[12] והם ירידון אלשבע באסרה· ומן הדא אלבאב איצא מא קיל בלפט כאצי ואלמראד בה אלגמיע ואלעמום ודלך מא אסתעמל פי קהלת תחת השמש[13] מכאן תחת השמים [ואיצא] ורב שלום עד בלי ירח[14] והו יריד גמיע אלפלך כמא קיל עד בלתי שמים לא יקיצו[15]· ואיצא אשר יתן מזרעו למלך מות יומת[16] ואלמלך הו אסם צנם מכצוץ לקום מכצוצין פלים ידהב בה הנא הדא אלמדהב כל מדהב אלעמום אעני אנה יריד גמיע אלאצנאם פוצע אלמלך מוצעהא· איפת צדק והין צדק[17] ליס יריד הדין אלמקדארין פקט בל גמיע אלמקאדיר· ומן הדא איצא קולה וכי ימות מן הבהמה אשר היא לכם לאכלה[18] ואלטיר דאכל פי הדא· וקיל פי שריעה אלסבת אתה ובנך ובתך ועבדך ואמתך ובהמתך[18] ואלטיר דאכל פי הדא חתי אנה יחרם בעתה אלטיר באלכתאב פי אלסבת· והו דאכל איצא פי קולה בהמתך לא תרביע כלאים[19]· ומנה איצא קולה אמחה את האדם אשר בראתי מעל פני האדמה מאדם עד בהמה עד רמש ועד עוף השמים[20] פואקע הדה אלאנואע תחת אדם וליסת

[a] R. om.

1 Lév. 2, 11. 2 Deut. 4, 25. 3 Nomb. 11, 6. 4 Lév. 23, 29. 5 Prov. 27, 14. 6 ib. 20, 21. 7 I Sam. 20, 5. 8 ib. 20, 24. 9 ib. 20, 27. 10 II Rois 4, 23. 11 Ex. 10, 26. 12 ib. 16, 16. 13 Eccl. 1, 3. 14 Ps. 72, 7. 15 Job 14, 12. 16 Lév. 20, 2. 17 ib. 19, 36. 18 Lév. 11, 39. 19 Ex. 20, 10. 20 Lév. 19, 19. 21 Gen. 6, 7.

ואקעה תחתה ואנّמא אלתקדיר אמחה את כל היקום אשר בראתי אלדי הו עאםّ לגמיע הדה אלאנואע כמא קאל וימח את כל היקום אשר על פני האדמה מאדם עד בהמה וגו׳[1]· וממא קיל באללפט אלכאצّ איצׄא ויראד בה אלעמום איש פאנّה קד יכון עאםّא ללדכר ואלאנתי לא יכׄץّ בה אחדהמא דון אלאכׄר פי בעץׄ אלמואצׄע ויכון הנאלך מכאן אדם· ודלך פי מתׄל קולה מכה איש ומת מות יומת[2] אשרי איש ירא את יײ[3] ולכל בני ישראל לא יחרץ כלב לשנו למאיש ועד בהמה[4] כאנّה קאל למאדם ועד בהמה· וכבש איצׄא יעםّ אלדכר ואלאנתי אמא וקועה עלי אלאנתי כׄאצّהׄ פפי מתׄל קולה [ואם כבש יביא קרבנו לחטאת נקבה תמימה יביאנה[5] וגׄא
184. עלי אלדכר ואלאנתי פי קולה[a]] אם כשב הוא מקריב את קרבנו[6] פאנّה גׄאיז אן יכון דכרא או אנתי לקולה קבלה ואם מן הצאן קרבנו לזבח שלמים ליײ זכר או נקבה תמים יקריבנו[7] ואנّמא אחתאגׄ אן יקול בעדה אם כשב הוא מקריב את קרבנו ליפצל בין אלצׄאן ואלמעז אלואקעין תחת אלצאן כמא קאל אם כשב הוא מקריב[8] ואם עז קרבנו[9]· ובדלך אקול פי עז אנّה קד יעםّ אלדכר ואלאנתי פי בעץׄ אלמואצׄע בדליל קולה ואם מן הצאן קרבנו וגו׳ זכר או נקבה תמים יקריבנו[10] וכמא[b] כאן קולה אם כשב הוא מקריב עאםّא ללדכר ואלאנתי כדלך[c] קולה ואם עז קרבנו עאםّ ללדכר ואלאנתי לאנّהמא גׄמיעא ואקעאן תחת קולה ואם מן הצאן קיבנו וגו׳ זכר או נקבה תמים יקריבנו· ומתׄלה פי אלעמום קולה אשר ישחט שור או כשב או עז במחנה[11] פאנّה תׄלתׄתהא עאםّהׄ ללדכר ואלאנתי אלّא אן אלאצל פי אלעז אן יכון ללאנתי כמא קיל עזים מאתים ותישים עשרים[12] ואיצׄא ויסר ביום ההוא את התישים העקדים והטלאים ואת כל העזים הנקדות והטלאות[13] כמא אן אלאצל פי שור וכשב אן יכונא ללדכר פיגׄריאן עלי אלאנתי פי בעץׄ אלמואצׄע· וקד יתכלّם באללפט אלכׄאצّ ויראד בה אלעמום איצׄא עלי וגׄה אכׄר גיר מא דכרנא והו אן יחמל עליה אלשי עלי אעםّ

[a] Suppléé d'après R. [b] A. ממא, R. וכאשר [c] A. הדלך. R. כך

[1] Gen. 7, 23. [2] Ex. 21, 12. [3] Ps. 112, 1. [4] Ex. 11, 7. [5] Lév. 4, 32. [6] ib. 3, 7. [7] ib. 3, 6. [8] ib. 3, 7. [9] ib. 3, 12. [10] ib. 3, 6. [11] Lév. 17, 3. [12] Gen. 32, 15. [13] ib. 30, 35.

אלוגוה אלתי יקע עליהא ויחמל דכר אלאכל [a]ואן כאן אלמדהב פיהמא ואחרא אעני פי אלאכל ואלאכתר. פמן דלך קול אלכתאב איש אשר לא יהיה טהור מקרה לילה[1] וקד יערץ אלקרי נהארא וילזם צאחבה מא ילזם אלקרי לילא אלא אנה למא כאן אכתר מא יערץ לילא חמל עליה ואלחכם פיהמא ואחד. ומתלה ובשר בשדה טרפה לא תאכלו[2] וקד תתפק אלטרפה פי גיר אלשדה לכן למא כאן אכתר דלך פי אלשדה חמל עליה. ואיצא כל אלמנה ויתום לא תענון[3] ואלמנע ען עינוי גיר אלאלמנה ואליתום כאלמנע ען עינוי הדין [לכן] למא כאנא אכתר שי מצטהדין מקהורין לא גאצר להמא אלא אללה חמל לפט אלעינוי עליהמא. ואיצא אשר יצוד ציד חיה או עוף[4] [והו חכם] אלמשתרי ואלמוהוב. ואלקול פי כי תבנה בית חדש ועשית מעקה לגגך[5] הו מתל הדא איצא אי אן אלמעקה לאזם לגיר אלחדש כלזומה ללחדש וילזם איצא אלמשתרי כמא ילזם אלמבני. ומן הדא קולה לא תבשל גדי בחלב אמו[6] והו חכם אלכבש ואלתור[b]. ויגאנס הדא אלבאב קולה הלוא אנכי טוב מעשרה בנים[7] זה עשר פעמים תכלימוני[8] אם יוליד איש מאה[9] כי עתה כמנו עשרת אלפים[10] יפל מצדך אלף ורבבה מימינך[11] כי טוב יום בחצריך מאלף[12] ויספתי ליסרה אתכם שבע על חטאתיכם[13] תן חלק לשבעה וגם לשמונה[14] כי שבע יפול צדיק וקם[15] כי שבעתים יקם קין ולמך שבעים ושבעה[16] ליס אלמראד הדה[c] אלאעדאד באעיאנהא ואנמא אראד בהא אלכתרה וכדלך קולה תחתים שנים ושלישים[17] ליס יעני ג טבקאת פקט בל אכתר [ומתלה שנים שלשה גרגרים בראש אמיר[18] שנים שלשה סריסים[19][d]]. ואמא קול אלחכים חכמות בנתה ביתה חצבה עמודיה שבעה[20] פהו ענדי עלי חקיקה אלעדד ודלך אן הדא אלעדד אנמא ישיר בה ענדי אלי אלאסבאב אלז אלתי יכון בה אלעלם ובמערפתהא יחאט באלעלום עלי מא דכרה אלפלאספה. והו אלכבר ואלמתאל 165.

[a] R. om. [b] R. ולשאר חיה ועוף, p.-8. ולשאר corrompu de ולשור et suppléé par חיה ועוף [c] A. בה, R. אלה [d] Suppléé d'après R.

[1] Deut. 23, 11. [2] Ex. 22, 30. [3] ib. 22, 21. [4] Lév. 17, 13. [5] Deut. 22, 8. [6] Ex. 23, 19. [7] I Sam. 1, 8. [8] Job 19, 3. [9] Eccl. 6, 3. [10] II Sam. 18, 3. [11] Ps. 91, 7. [12] ib. 84, 11. [13] Lév. 26, 18. [14] Eccl. 11, 2. [15] Prov. 24, 16. [16] Gen. 4, 24. [17] Gen. 6, 16. [18] Is. 17, 6. [19] II Rois 9, 32. [20] Prov. 9, 1.

ואלכלף ואלתאליף ואלפצל ואלברהאן[a] ואלתמאם והדא שי לם אסמע קט ען אחד מן אלעבראניין אנה דכרה או אנה אבה אליה כמא לם אסמע ען אחד ידכר כל גריב אתינא בה פי הדא אלכתאב ופי גירה מן כתבנא ממא נחסר פיה ונגאפק פיה פבעצה נגאחר באלטען עליה ובעצה יעזי אלי קאיל גיר מוגוד ולא מערוף חסרא לנא עלי מא קיץ אללא לנא מן דלך· ואנא ואצף לך פי הדא אלמכאן בעץ מא לקיתה מן הדא מן קום מן אכואני· ודלך אן סאילא סאלני בקרטבה ען מעני גאמץ מן מעאני אלכתאב וכאן אלסאיל לי רגלא מן אצדקאי· וכאן אלמעני אלמסוול ממא לם יפבח אחד קבלי ממן אנתהי אלינא וצפה פלמא אורדת עליה מא כאן ענדי פיה קאם אלי יקבל בראסי סרורא מנה במא אורדתה עליה· פכאן מן קצא אללה אן גלינא מן קרטבה אלי סרקסטה מן אגל אלפתן אלתי תארת פיהא וכאן הדא אלסאיל[b] לי מן גמלה אלגאלין אלי סרקסטה ואתפק אן ורד עלינא מן קרטבה בעד סנין כתירה אבו יוסף בן חסדאי רחמה אללה פסאלני ען דלך אלמעני נפסה פטאר בה כל מטאר וסר בה כל סרור וקאל לי ברמאם מא ביני ובינך יא אבא אלוליד הל ראית הדא אלקול לגירך מן אלמתקדמין פקלת לה לא ולא קאל בה גירי אחד אצלא פלמא פארקני אגתמע באלסאיל לי אולא פקאל לה *פאכברא עליה[c] לקד אפאדני אליום אבו אלוליד [פאידה עטימה] פי קול אלכתאב כית וכית במעני עגיב לם יתקדמה אליה אחד והו כדא וכדא פלמא אבתדי באיראד אלקול עליה געל יבדר אלי אתמאמה אליה וקאל לה הדא אלקול קד סמעתה לגירה· וכאן הדא אלמעני אלדי סאלת ענה הו מעני ויקבר אתו בגיא[1] וכנת אעתקד פיה יומיד מא סאדכרה לך פי חרף אלאלף ואלתא מן כתאב אלאצול[2] וכאן דלך אלקול פיה ממא לם יאבה אליה אחד קבלי· ומתל הדא ערץ לי פי מעני אכר מע צדיק אכר איצא· ואמא אלחאסד אלמנאקץ לי פי מסאיל מן אלמסתלחק פאנה עזי בעץ אלמעאני אלגריבה אלתי וקעת לי פיה אלי קום מן אהל אלמשרק לם יכלקו בעד· ואשנע מן הדא ממא

[a] A. ואלבראהין; R. והמופת [b] A. אלקאיל; R. השואל [c] A. עליך פאכבר: R. כמתפאר עליו

[1] Deut. 34, 6. [2] Ousoul 75, 21 à 27.

אבתלית בה מן חסר אלחסֹאד[a] ורגבתהם פי אלקדח פי׳ אנכם
18a. תעלמון אן אלשער ליס צנאעתי ואן אלקריץ׳ ליס בצֹאעתי ולא[b]
אנא מנתסב אליה ולא מערוף בה ולא הו איצֹא ענדי׳ פי מנזלה
ירגב פיהא או ישאח עליה *בל אתגאלֹ[c] ענה וארתפע ען קולה
אלא אנני קרצֹת מנה פי אלחראתה קטעאת מוגורה ענדנא מערופה
לי פבלג אלחסד בבעץ׳ אלנאס אן כתב מנהא קטעה צאלחה פי
כתאב ונסבהא אלי אבן כֹלפון אלשאער ודפעהא אלי בעץ׳ אהל
טליטלה׃ פאכֹברני בעץ׳ אלטלבה ממן ערף אלשער לי אנה אגתמע
יומא מא פי טליטלה בקום יקרון [דֹלך] אלשער וחם ינסבונה אלי
דֹלך אלשאער אלמדֹכור פקאל להם אן הדֹא אנמא׳ הו לפלאן יעניני
ונחן שאהדנאה יקרצֹה וענה אכֹדנאה פמא אצגוא אליה׃ ומן
הדֹא אלבאב אסתעארתהם פעל גארחה מא לגארחה אכֹרי ליסת
הי להא כקולה חדור אתם ראו דבר יי׳[1] מכאן שמעו׃ ומתלה ראה
דבריך טובים ונכחים[2] ומא יחסן אן יכון הדֹא אלרויה אלא
ללקלב׃ ואיצֹא ראה ריח בני כריח שדה[3] מכאן הריח לאן הדֹא
ממא לא ירא לכן ישם׃ וקאלוא אשר הבאשתם את ריחנו בעיני
פרעה ובעיני עבדיו[4] מכאן באף פרעה ובאף[d] עבדיו לכן למא לם
יכן אלמראד הנא אלראיחה לכן אלחאל קיל בעיני פרעה ואלמעני
אנמא אפסדתמא חאלנא ענדהם׃ ויגאנס הדֹא אלבאב מא חמל
עלי אלמעני לא עלי אללפט מתל קולה אחבשה לי החמור וארכב
עליה[5] אנת עלי מעני הבהמה׃ ואיצֹא אתה דברת אל המקום הזה
להכריתו לבלתי היות בו יושב למאדם ועד בהמה כי שממות עולם
תהיה[6] פלו חמל אלפעל עלי לפט המקום הזה לכאן יהיה לכן חמל
עלי מעני הארץ הזאת׃ אם חבל תחבל שלמת רעך עד בא השמש
תשיבנו לו[7] עלי מעני בגד רעך׃ ומתלה[e] איצֹא מא אנת תאנית
אלגמאעה מתל ותהי ישראל[8]׃ ומן הדֹא אלבאב איצֹא מא חמל עלי
אללפט לא עלי אלמעני מתל קולה אמרה קהלת[9] וגם לנועדיה
הנביאה[10] קולה אמרה מחמול עלי לפט קהלת וכדֹלך קולה
הנביאה מחמול עלי קולה נועדיה וליס באמראה פקד קיל אנה

[a] A. אלחאסד; R. המקנאים [b] A. אלא; R. ואינני [c] A. באלאתגאל [d] A. ובאפי [e] A. ומנה

[1] Jér. 2, 30. [2] II Sam. 15, 3. [3] Gen. 27, 27. [4] Ex. 5, 21. [5] II Sam. 19, 27. [6] Jér. 51, 62. [7] Ex. 22, 25. [8] II Sam. 24, 9. [9] Eccl. 7, 27. [10] Néh. 6, 14.

שמעיה בן דליה[1] ואנמא סמאה נועדיה לקולה לה נועד אל בית
האלהים[2] וגאיז אן תכון אלהא פי תנביאה ללמבאלגה מתל הא
מכשפה לא תחיה[3]. ומן הדא אלבאב מא חמל לפטה עלי לפט
אלמנאור לה לא עלי חקיקה מענאה ודלך מתל קולהם ויראו את
העם אשר בקרבה יושבת לבטח[4] אלוגה יושב לאן אלאכבאר אנמא
הו ען אלעם לא ען אלמדינה כמא קיל שקט ובטח[5] לכנה אנת
187. עלי אלמנאורה לקולה בקרבה. ומתלה קשת גברים חתים[6] אלוגה
חתה או חתית לאן אלנעת ללקשת לא ללגבורים לכנה גמע
באלתדכיר עלי אלמגאורה ללגבורים. ומתלה ושכר הבהמה איננה[7]
אלוגה איננו לאן אלנפי אנמא הו ללשכר לא ללבהמה לכנה אנת
עלי אלמגאורה [ללבהמה]. *ומתלה אין לו ממנו בן או בת[8] אלוגה
ממנה ואלתקדיר אין לו חוץ ממנה בן או בת אד ליס לה אבן ולא
אבנה גירהא פחדף חוץ עלי מא קד בינת פי באב אלחדף וקיל
ממנו מכאן ממנה למגאורתה ללו[a]. ומתל דלך לא נסור אל עיר
נכרי אשר לא מבני ישראל הנה[9] אלוגה היא לכנה גמע עלי
אלגואר לערים אלמקדר פי אללפט ודלך אן תקדיר אללפט אשר
לא מערי בני ישראל הנה וגאיז אן יכון גמעה עלי אלגואר לישראל
וכאן אלוגה אן יכון המה עלי הדא אלמדהב אלא אנה אנת כמא
אנת והנה באו עד תוך הבית לקחי חטים[10] דרך הנה פניהם[11] והם
ירידון פיהמא גמיעא המה *פאבדלוא מן אלמים נונא. ומתלה אלה
בקשו כתבם המתיחשים ולא נמצאו[12] ואלוגה נמצא עלי שבה מא
וקע פי אלנסכה אלתאניה[13] לאן אלנפי אנמא וקע פי אלכתאב לא
עלי אלמתיחשים ואנמא גמע אלצמיר למגורתה אלגמע והו
המתיחשים[b]. ומתל קולה. וישב וישלח שר חמשים שלשים
וחמשיו[14] אלוגה שלישי נעת ללשר ולא וגה לכונה נעתא ללחמשים
ולא סימא וקד עטף בקולה וחמשיו אנמא אלנעת ללשר כמא קיל
שר חמשים אחר[15] ולם יקל אחרים. וקד גרי פי כלאם אלערב איצא
מתל הדא. ויגאנם הדא קולה תהמת יכסימו[16] בשרק מן אגל

[a] R. om. [b] R. om.

[1] Néh. 6, 10. [2] ib. ib. [3] Ex. 22, 17. [4] Jug. 18, 7. [5] ib. 18, 27. [6] I Sam. 2, 4. [7] Zach. 8, 10. [8] Jug. 11, 34. [9] ib. 19, 12. [10] II Sam. 4, 6. [11] Jér. 50, 5. [12] Esra 2, 62 [13] Néh. 7, 64. [14] II Rois 1, 13. [15] ib. 1, 11. [16] Ex. 15, 5.

מנ̇אורתה ללשרק אלד̇י פי אליא ואג̇בה אן יכון בחלם. ומן הד̇א אלבאב וצ̇עהם בעצ̇ אמת̇לה̈ אלפעל מכאן בעצ̇ מת̇ל ומשה יקח את האהל ונטה לו מחוץ למחנה[1] מכאן לקח. ומת̇ל כי אדבר אל נבות היזרעאלי[2] אז ידבר יהושע[3] אז ישיר משה[4] אז יעלה רצין מלך ארם[5] תהמת יכסימו[6] תערך לפני שלחן[7] מוסדות השמים ירגזו[8] אעלה אתכם ממצרים[9] ויעמדו כל העם ולא ירדפו עוד אחרי ישראל[10] וכל אנשי המלחמה יברחו ויצאו מן העיר[11] כי מי עמד בסוד יי̈ וירא וישמע את דברו[12] פהד̇ה כלהא אפעאל מסתקבלה̈ וצ̇עת מוצ̇ע אלאפעאל אלמאצ̇ירה̈. וקד וצ̇עוא אלמאצ̇יה̈ מוצ̇ע אלמסתקבלה̈ פי מת̇ל שמעו עמים ירגזון חיל אחז ישבי פלשת או נבהלו אלופי אדום[13] רבת אדני ריבי נפשי גאלת חיי[14] פן מצא לו ערים בצרות והציל עיננו[15] מכאן ימצא. [וכד̇לך] והיה כי מלאו ימיך ללכת עם אבתיך[16] ומולדתך אשר הולדת אחריהם[17] כי עתה שלחתי את ידי ואך אותך ואת עמך בדבר ותכחד מן הארץ[18] אלמעני ולקד כנת קאדרא אן אבידך מן אול̈. וקולה למען יראתם את יי̈ אלהיכם כל הימים[19] כי עבדו בם גם המה[20] מכאן יעבדו. ומן הד̇א וצ̇עהם אלפאעל מכאן אלמאצ̇י כקולה ופרעה חלם והנה[21]

188. מכאן חָלַם פעל מאצ̇. ומת̇לה כי כאשר השמים החדשים והארץ החדשה אשר אני עשה[22] מכאן אשר עשיתי ואנ̈מא וצ̇פהא בחדשים וחדשה ליגפי ענהא אלקדם אלד̇י יעתקדה אלדהריה̈. ומת̇לה עשה שמים וארץ[23] קנה שמים וארץ[24]. ואיצ̇א מת̇ל זמרי הרג אדניו[25] במעני הרג ד̇הבת פי קולהא הד̇א אלי תהדידה אי אנ̈ת סתכון עאקבה̈ גדיך רדיה̈ כמא כאנת עאקבה̈ זמרי רדיה̈[26]. ומן הד̇א וצ̇עהם אלמצדר מכאן אלאמר פי מת̇ל זכור את היום הזה[27] שמור את חדש האביב[28] שמע בין אחיכם[29] עמד פתח האהל[30] רגזה בטחות פשטה וערה וחגורה על חלצים[31] וקד אקמנא אלבראהין אלואצ̇חה̈ פי גיר הד̇א אלוצ̇ע[32] עלי אן̈ עמד פתח האהל

[1] Ex. 33, 7. [2] I Rois 21, 6. [3] Jos. 10, 12. [4] Ex. 15, 1. [5] II Rois 16, 5. [6] Ex. 15, 5. [7] Ps. 23, 5. [8] II Sam. 22, 8. [9] Jug. 2, 1. [10] II Sam. 2, 28. [11] Jér. 52, 7. [12] ib. 23, 18. [13] Ex. 15, 14. [14] Lam. 3, 58. [15] II Sam. 20, 6. [16] I Chr. 17, 11. [17] Gen. 48, 6. [18] Ex. 9, 15. [19] Jos. 4, 24. [20] Jér. 25, 14. [21] Gen. 41, 1. [22] Is. 66, 22. [23] Ps. 115, 15. [24] Gen. 14, 19. [25] II Rois 9, 31. [26] I Rois 16, 18. [27] Ex. 13, 3. [28] Deut. 16, 1. [29] ib. 1, 16. [30] Jug. 4, 20. [31] Is. 32, 11. [32] Opuscules XLIII et 100.

מצדר ובדׄלך פשטה וערה וחגורה ורגזה[a]. ורבמא וצׄעוא אלמצדר מכאן אלמאצׄי כמא קיל או השבע שבעה[1] מכאן נשבע. למן היום הוסדה ועד עתה[2] במעני אשר נוסדה ולדׄלך לם תטׄהר אלהא ורבּמא כאן אצלהא אלטׄהור פאלינת כמא קיל עונה בת[3] צרה אורח[4] פלים יכון [עלי] הדׄא מכאן אלפעל אלמאצׄי. והכבד את לבו[5] מכאן והִכביד. נקהלו ועמד על נפשם[6] מכאן ועמדו. ילדה ועזוב[7] מכאן ועזבה. וקד צנעוא צׄדּ הדׄא [אי] אנּהם וצׄעוא אלפעל אלמאצׄי מוצׄע אלמצדר כמא קיל לבלתי שבו איש מרעתו[8] מכאן שוב. ולבלתי ראו[9] מכאן ראות. וקד וצׄע אלמצדר מוצׄע אלאסם פי קולה והחיות רצוא ושוב[10] אי רצות ושבות. ואיצׄא והמים היו הלוך וחסור[11] מכאן הולכים וחסרים. וקד וצׄע אלמצדר מוצׄע אלחאל פי קולה ואהיה אצלו אמון[12] [פאןּ אמון] מצדר מן מעני ויהי אמן את הדסה[13] והו פי מוצׄע אלחאל. ומתׄלה וילך והלם[14] וקד פסּרנאה פי באבה מן כתאב אלאצול[15] מע לכן ישוב עמו הלם[16]. [וקד גׄעל אלמצדר מכאן אלמפעול פי קולה לכן ישוב עמו הלם[b]] פאנּה פי מעני הָלוּם בקמצות אלהא ובשרק. ומתׄלה כה אמר ײ גאל ישראל קדושו לבזה נפש[17] [הו] מצדר עלי מתׄאל קנה חכמה[18] ואלוגׄה לבזוי נפש. וקד וצׄעוא אלמצדר מכאן אלמנפעל פי קולה כי הבית אשר אני בונה גדול והפלא[19] אי ונפלא וגׄאיז אן יכון מכאן ופלא צפה. ומן הדׄא אלבאב חמלהם מצדר אחד אלפעלין אלמתּפקין פי אלמעני או אלמתקארבין פיה אלמכׄתלפין פי אללפטׄ מחמל אלאכׄר ודׄלך מתׄל קולה וידבר ײ אל משה לאמר[20] אשר ברא אלהים לעשות[21] פאןּ לאמר מכאן דבר מצדר מתׄל הנה לא ידעתי דבר[22] ולעשות מכאן ברוא מצדר וקד תביןּ מעני הדׄין אללאמין פי תלכׄיצנא מעאני חרוף אלזיאדה. ומנה איצׄא אטלאקהם עלי אלמצדר פעלא מן גיר ציגתה מתׄל קולה ערם 189. יערם[23] קטר יקטירון[24] [פאןּ לו אטלקוא אלפעל מן ציגה אלמצדר

[a] R. om. [b] Suppléé d'après R.

[1] Nomb. 30, 3. [2] Ex. 9, 18. [3] Nomb. 15, 31. [4] I Sam. 20, 20. [5] Ex. 8, 11. [6] Esth. 9, 16. [7] Jér. 14, 5. [8] ib. 23, 14. [9] Ez. 13, 3. [10] ib. 1, 14. [11] Gen. 8, 5. [12] Prov. 8, 30. [13] Esth. 2, 7. [14] I Sam. 14, 16. [15] Col. 175, l. 24 à 29. [16] Ps. 73, 10. [17] Is. 49, 7. [18] Prov. 16, 16. [19] II Chr. 2, 8. [20] Ex. 6, 10 et passim. [21] Gen. 2, 3. [22] Jér. 1, 6. [23] I Sam. 23, 22. [24] ib. 2, 16.

לקאלוא ערום יערום קטר יקטרון[a]]· ואיצֿא מוט התמוטטה[1] ואנּמא כאן אלקיאס לו אטלקוא עלי אלמצדר פעלה מן ציגתה אן יקאל מוט מטה· ומתֿלה רעה התרעעה[2]· וממא אכֿתלף פיה אלפעל ואלמצדר קולה והפדה לא נפדתה[3] שרוף ישרפו בשבת[4] ובחורים כשול יכשלו[5] שרוט ישרטו[6] לו שקל ישקל כעשי[7] החרב נחרבו[8] והחתל לא חתלת[9]· וממא יגֿאנס הדֿא קולה הלך אלך עמך[10] פאןּ אלפעל אלמאצֿי מן הלך הָלַךְ ואלפעל אלמאצֿי מן אלך ילך לאנּה מן היליכי את הילד הזה[11] עלי זנהֿ והיניקהו לי[12] פכמא אן אלפעל אלמאצֿי אלכֿפיף מן והיניקהו ינק פכדֿלך יגֿב אן יכון אלפעל אלמאצֿי אלכֿפיף מן היליכי ילך ומסתקבלה אלך ומסתקבל הלך יהלך[13] פאןּ אלהא לא תלין פי אואיל אלאפעאל עלי מא קד בינּה אבו זכריא[14]· וקד גֿעלוא אלפעל אלמסתקבל מכאן אלמצדר פי קולהם ויהי בעת יביא את הארון אל פקודת המלך ביד הלוים[15] פגֿעלוא אלפעל אלמסתקבל מכאן הביא מצדר ובעכסה קולהם וזאת תורת המנחה הקרב אתה בני אהרן[16] מכאן יקריבו· וקד גֿעלוא אלאסם מכאן אלמצדר פי קולהם ועשו אחיו בא מצידו[17] אלוגֿה מצודו באלואו [מצדר] לאןּ מצידו אסם מתֿל ציד חיה או עוף[18]· וקד גֿעלוא אלאסם מכאן אסם אלפאעל פי קולה שובה משבה ישראל[19] אשר נאפה משבה ישראל[20] וקד גֿוֹזנא פיה פי באב אלחרף וגֿהא אכֿר· וקד גֿעל אלאסם איצֿא מכאן אלמפעול כמא קיל בהרג הרג בתוכך[21] אלוגֿה כחרג הרוג· ויחסן אן יכון מתֿלה וכסתה הצרעת את כל עור הנגע[22] במעני הנגוע· ומן הדֿא אלבאב מא גֿא עלי בניהֿ אלמפעול והו באלחקיקהֿ פאעל מתֿל דרך חשכוני באהלים[23] מכאן השוכנים· ויהושע היה לבוש בגדים צואים[24] מכאן לובש· כי בך בטוח[25] מכאן בוטח· ימי כצל נטוי[26] מכאן נוטה אי מאיל כמא קיל כצל כנטותו נהלכתי[27]· ובעכס דֿלך מא גֿא עלי בניהֿ אלפאעל והו באלחקיקהֿ מפעול בה מתֿל קולה

[a] Suppléé d'après R.

[1] Is. 24, 19. [2] ib. ib. [3] Lév. 19, 20. [4] II Sam. 23, 7. [5] Is. 40, 30. [6] Zach. 12, 3. [7] Job 6, 1. [8] II Rois 3, 23. [9] Ez. 16, 4. [10] Jug. 4, 9. [11] Ex. 2, 9. [12] ib. ib. [13] Jér. 9, 3. [14] D. 7; N. 7. [15] II Chr. 24, 11. [16] Lév. 6, 7. [17] Gen. 27, 30. [18] Lév. 17, 13. [19] Jér. 3, 12. [20] ib. 3, 8. [21] Ez. 26, 15. [22] Lév. 13, 12. [23] Jug. 8, 11. [24] Zach. 3, 3. [25] Is. 26, 3. [26] Ps. 102, 12. [27] ib. 109, 23.

ומלך ישראל היה מעמיד במרכבה[1] מכאן מעמד כמא קיל פי מלכים[2]. הכמכת מכהו הכהו[3] אלוגה מוכהו כמא קיל אם כהרג הרגיו הרג[4]. ואיצא לבזה נפש למתעב גוי[5] ואלוגה למתועב גוי אי למסתקדר אלאמם או ען מסתקדר אלאמם עלי מעני תעבוני כל מתי סודי[6]. עמדתי מרעיד[7] מכאן מורעד ומתלה מרעידים על הדבר[8]. ומנה איצא והסנה איננו אכל[9] אם תראה אתי לקח מאתך[10] לנער היולד[11] ורגל מועדת[12] כהם יוקשים בני האדם[13] פאנהא כלהא פי מעני פעולים עלי מא תבת פי כתאב חרוף אללין[14] ופי כתאב אלמסתלחק[15]. ואמא אלדי אעתמדנא עליה פיהא פי באב אלאבניה מן הדא אלוצע פהו אן תכון צפאת גיר מנתקלה[a] מן בניה אכרי בל אן יכון אכל ולקח לנער היולד עלי מתאל ידי אמן[16] ואן תכון מועדת ויוקשים לב הותל[17] עלי מתאל עורי לאבן דומם[18] כתאנים השערים[19]. וגאיז פי הותל אן יכון מן באב לנער היולד ידי אמן אלא אנה גא מכפפא כמא כפף אכתר לגתה אעני אם כהתל באנוש תהתלו בו[20] התל בי[21] אלתי אצלהא אלתתקיל. ויגאנס הדא אלבאב מא גא מעטופא עלי גיר שבהה 190. מתל קולה ותלך יד בני ישראל הלוך וקשה[22] וקולה וקשה צפה עלי זנה והדוה בנדתה[23] לבלה נאפים[24] הרה וילדת[25] והי[b] פי מוצע אלמצדר וכאן אלוגה וקשה בחלם עלי זנה כי עשה יעשה לו כנפים[26] פכאן יעתדל אלכלאם או כאן יכון הולכה וקשה בעטף צפה עלי צפה כמא קיל ויהי קול השופר הולך וחזק מאד[27] הלך וגדל וטוב[28] וילך הפלשתי הלך וקרב[29]. ואמא וילך דוד הלוך וגדול[30] פגאיז אן יכון וגדול צפה ואן יכון מצדרא. הסתר ואקצף[31] אלוגה וקצוף בעטף מצדר עלי מצדר. עושו ובאו כל הגוים סביב ונקבצו[32] אלוגה והקבצו פוצע אלפעל אלמאצי מוצע אלאמר. ומתל הדא קולה נסו נדו אמד העמיקו לשבת[33] [ואיצא העמקו לשבת] ישבי דדן[34] פאן הדא פעל מאץ והו פי מוצע אלאמר. וקד

[a] R. נעתקים; A. מעתקלה [b] הו; R. והיא

[1] II Chr. 18, 34. [2] I Rois 22, 35. [3] Is. 27, 7. [4] ib. ib. [5] ib. 49, 7. [6] Job 19, 19. [7] Dan. 10, 11. [8] Ezra 10, 9. [9] Ex. 3, 2. [10] II Rois 2, 10. [11] Jug. 13, 8. [12] Prov. 25, 19. [13] Eccl. 9, 12. [14] D. 34; N. 17. [15] Opusc. 15 et suiv.; cf. p. 350. [16] Cant. 7, 2. [17] Is. 44, 20. [18] Hab. 2, 19. [19] Jér. 29, 17. [20] Job 13, 9. [21] Gen. 31, 7. [22] Jug. 4, 24. [23] Lév. 15, 33. [24] Ez. 23, 43. [25] Jér. 31, 7. [26] Prov. 23, 5. [27] Ex. 19, 19. [28] I Sam. 2, 26. [29] ib. 17, 41. [30] I Chr. 11, 9. [31] Is. 57, 17. [32] Joel 4, 11. [33] Jér. 49, 30. [34] ib. 49, 8.

אסתעמלוא צ׳ד הד׳א אעני אנהם אסתעמלוא אלמאצ׳י עלי לפט׳ אלאמר כמא קיל קולי אל אלהים והאזין· אלי[1] בפתח [תא] והאזון ואלוג׳ה אן יכון בסגול מת׳ל ולא האזין אליכם[2]· וג׳איז אן יכון והאזין אלי מצדרא פי מוצ׳ע אלפעל אלמאצ׳י· כאשר עשה ביום הזה צוה יי לעשת לכפר עליכם[3] מכאן עשיתי· וארא· כי על כל ארות אשר נאפה משבה ישראל[4] מכאן ותרא לאנה מעטוף עלי קולה ותרא בגודה אחותה יהודה· וקד וצ׳ע פעל אלמאצ׳י אלכ׳פיף מכאן נפעל אלמאצ׳י איצ׳א פי קולה ושער בנגע הפך לבן[5] ושערה לא הפך לבן[6] כלו הפך לבן[7] מכאן נהפך· גלה חציר ונראה דשא[8] במעני נגלה· כי מלאה הארץ חמס[9] והעיר מלאה מטה[10] מכאן נמלאה· וקד וצ׳ע פעל אלמאצ׳י אלת׳קיל מכאן נפעל אלמאצ׳י איצ׳א מת׳ל קולה ופתחו שעריך תמיד[11] במעני ונפתחו· וג׳איז פי ופתחו אן יכון במעני ופתחו באלצ׳ם עלי זנה וסגרו על מסגר[12]· ומת׳לה גם מאז לא פתחה אזנך[13] במעני נפתחה· ואיצ׳א פתח הסמדר[14]· ומת׳לה אשר פגרו מלכת אחרי דוד[15] תקדירה נפגרו משתק מן תרגום כי הרס תהרסם[16] אלד׳י הו ארי פגרא תפגרינון פכאנה קאל אשר נחרסו אי תכאסלוא מן אלמסיר מעה· וקאלוא כי היום יי נראה אליכם[17] אנפעאל מאץ׳ לאנה בקמץ מכאן נראה מנפעל בסגול· וקד אסתעמלוא אלמצדר עלי בניה אלפעל אלמאצ׳י מת׳ל קולה שכל ארם האריך אפו[18] אלוג׳ה אן יכון מפתוח אלהא· ומת׳לה ביום החזיקי בידם[19] בסגול תחת אלהא ואלוג׳ה פתחהא· ואיצ׳א עד השמידם אותם[20] בכסר אלהא ואלוג׳ה פתחה מת׳ל קולה עד השמירו אותכם[21] ולא מת׳יל לה פי אלמקרא אעני לחד׳א אלמפתוח אלהא ואלמסורת עליה לית דכותיה· ומת׳לה גנון והציל פסוח והמליט[22] *אלוג׳ה פי אלהאין אלפתח לאנהמא מצדראן[a] לא וג׳ה כונהמא מאצ׳יין· ואיצ׳א אפס כי נאץ נאצת את אויבי יי[23] ואלוג׳ה פתח נון נאץ עלי זנה אם מאן ימאן אביה[24]· וקאלוא ורק אתם שמרו מן החרם[25] פי מוצ׳ע השמרו· וקד וצ׳ע יפעיל[b] מכאן יפעל

[a] R. om. [b] A. הפעיל; R. יפעל

[1] Ps. 77, 2. [2] Deut. 1, 45. [3] Lév. 8, 34. [4] Jér. 3, 8. [5] Lév. 13, 3. [6] ib. 13, 4. [7] ib. 13, 13. [8] Prov. 27, 25. [9] Gen. 6, 13. [10] Ez. 9, 9. [11] Is. 60, 11. [12] ib. 24, 22. [13] ib. 48, 8. [14] Cant. 7, 13. [15] I Sam. 30, 21. [16] Ex. 23, 24. [17] Lév. 9, 4. [18] Prov. 19, 11. [19] Jér. 31, 31. [20] Jos. 11, 1. [21] ib. 23, 15. [22] Is. 31, 5. [23] II Sam. 12, 14. [24] Ex. 22, 16. [25] Jos. 6, 18.

עלי זנה ישטף במים[1] ודלך פי קולה כי כל אכל חלב מן הבהמה
אשר יקריב ממנה אשה ליי[2] אלוגה אן יכון יָקְרַב אנפעאלא ואלא 191.
פלים כאן יחרם עלי אלאסראילי מן אלשחום אלא שחם אלחיואן
אלדי כאן יקרבה ען נפסה כאצה ואנמא אלמראד מן אלחיואן אלדי
יחל תקריבה פהו אדא פי מוצע יָקְרַב עלי זנה ישטף במים כמא
קלנא· וקד וצעת אלצפה מוצע אלפאעל פי קולהם כל הדברים
יגעים[3] מכאן מיגעים[a]· וקיל אם תפרו את בריתי היום[4] אלוגה תופר
כמא קיל גם בריתי תפר את דוד עבדי[5]· ומן הדא אלבאב אכבאר
אלמתכלם ען נפסה באללפט אלדי יכאטב בה אלחאצר כמא קיל
חלקה אחת תמטר וחלקה אשר לא תמטיר עליה תיבש[6] מכאן
אמטיר· ובעכם דלך מכאטבה אלחאצר בלפט אלמכבר ען נפסה
כמא קיל יי אלהי קדשי לא נמות[7]· ומן הדא אלבאב מכאטבה
אלחאצר בלפט אלאכבאר ען אלגאיב כמא קיל אם תגאל גאל ואם
לא יגאל[8] ואלוגה ואם לא תגאל· ומתלה ובאשת נעוריך אל יבגד[9]
ואלוגה אל תבגד· ואיצא ועד הם עמדים[10] [ואלוגה ועד אתם]· גם
אתם כושים חללי חרבי המה[11] מכאן אתם· עתה תהיה מבוכתם[12]
אלוגה מבוכתכם· כי יבשו מאילים אשר חמדתם[13] מכאן כי תבושו
מתל ותחפרו מהגנות אשר בחרתם· ואלם כלם תשבו ובאו נא[14]
אראד כלכם· והיתה חרפה וגדופה[15] מכאן והיית מתל והיית עטרת
תפארת[16]· ובעכם דלך קד יכברון ען אלגאיב באללפט אלדי יכאטב
בה אלחאצר כמא קיל ישוב ירחמנו יכבש עונתינו[17] [תם] קאל
ותשליך במצלות ים כל חטאתם מכאן וישליך· ואיצא ומצור דבש
אשביעך[18] מכאן אשביענו· מכל המקמות אשר תשובו עלינו[19]
מכאן ישובו· *שמן תורק שמך[20] מכאן יורק[b]· ומן הדא אלבאב
געלהם צמיר [אלגיב ואלגאיב מכאן צמיר[c]] אלמכברין ען אנפסהם
[כמא קיל] ותשליך במצלות ים כל חטאתם[21] מכאן חטאתינו·
ומתלה היה זרעם לבקרים[22] מכאן זרועינו אי כן מוידא לנא אלא
תראה יקול אף ישועתנו בעת צרה[23]· ומתלה קולה חיינו מעולם

[a] A מיגיעים [b] R. om. [c] Suppléé d'après R.

[1] Lév. 15, 12. [2] ib. 7, 25. [3] Eccl. 1, 8. [4] Jér. 33, 20. [5] ib. 33, 21. [6] Amos 4, 7. [7] Hab. 1, 12. [8] Ruth 4, 4. [9] Mal. 2, 15. [10] Néh. 7, 3. [11] Soph. 2, 12. [12] Mich. 7, 4. [13] Is. 1, 29. [14] Job 17, 10. [15] Ez. 5, 15. [16] Is. 62, 3. [17] Mich. 7, 19. [18] Ps. 81, 17. [19] Néh. 4, 6. [20] Cant. 1, 3. [21] Mich. 7, 19. [22] Is. 33, 2. [23] ib. ib.

לא משלת בם לא נקרא שמך עליהם[1] מכאן בנו ועלינו. והדפתיך ממצבך וממעמדך יהרסך[2] מכאן אהרסך. ונאשאר אני[3] מכאן ואשאר. ואנכי תרגלתי לאפרים קחם על זרועתיו[4] [מכאן זרעותי] וקולה קחם מצדר מצאף אלי צמיר אלגיב כאנה[a] [קאל] קחת אותם לכנה וצל אלמצדר אלדי הו קח עלי לפט אלאמר בצמיר אלמפעולין. יעטף ימין ולא אראה[5] מכאן אעטף. ומתל הדא מקללים להם בניו[6] [מכאן לי] וקיל הדא אגלאלא ללה ווצעא להם. ובעכס דלך געלהם צמיר אלמכבר ען נפסה מכאן צמיר[b] אלגאיב כמא קיל כבאי לשחת אתהעיר[7] מכאן בבאו. ואמר ישימו צניף טהור על ראשו[8] מכאן ויאמר. אם לא נכחד קימנו[9] מכאן קימם כמא קיל ויתרם אכלה אש. ומן הדא געלהם צמיר אלגמאעה אלגיב מכאן 192. צמיר אלואחדה אלגאיבה מתל קולה השמרים הם את דרך יי ללכת בם[10] מכאן בה. ובעכס דלך וצעהם צמיר אלואחדה אלגאיבה מכאן צמיר גמאעה אלמדכרין אלגיב מתל קולהם ותירוש יכחש בה[11] מכאן בם. ומתלה ויכו בה והכות את מואב[12] מכאן בם. ויגאנס הדא אלבאב וצף אלעבראניין אלשי באללפט אלדי ידעי לה מדע מא ואן לם תכן תלך באלחקיקה צפתה מתל תסמיתהם [אלאצנאם אלהים כמא יסמונהא עאבדוהא ומתל תסמיתהם[c]] מן ידעי אלנבוה באדבא נביא כמא קיל כי יקום בקרבך נביא [או חלם חלום[13] וכמא סמי חנניה בן עזור[14] אלכאדב עלי אללה נביא[d]]. וכדלך והכרתי ממך צדיק ורשע[15] ואן כאן לא צדיק [פיהם] לכן עלי מא ידעיה לה קומה. ומתלה כי יתן איש אל רעהו כסף או כלים לשמר וגנב מבית האיש[16] ליס הדא עלי אלחקיקה פי כל וקת לכן עלי מא ידעיה אלמסתודע. ואיצא כי יתן איש אל רעה חמור או שור או שה וכל בהמה לשמר ומת או נשבר או נשבה אין ראה[17] אנמא דלך עלי דעוי אלמסתחפט. ומתל הדא קול אללה תעאלי ובכל מקום מקטר מגש לשמי ומנחה טהורה[18] ליס אנהא טהורה עלי אלחקיקה לכן עלי ניה מקרביהא ומעתקדהם ומקצדהם לא אנה

[a] A. לאנה [b] A. ajoute אלמכבר [c] Suppléé d'après R. [d] Suppléé d'après R.

[1] Is. 63, 19. [2] ib. 22, 19. [3] Ez. 9, 8. [4] Osée 11, 3. [5] Job 23, 9. [6] I Sam. 3, 13. [7] Ez. 43, 8. [8] Zach. 3, 5. [9] Job 22, 20. [10] Jug. 2, 22. [11] Osée 9, 2. [12] II Rois 3, 24. [13] Deut. 13, 2. [14] Jér. 28, 1. [15] Ez. 21, 8. [16] Ex. 22, 6. [17] ib. 22, 9. [18] Mal. 1, 11.

ענד אללה בהדה אלצפה· ומן הדא איצא קולה מקום אשר נתנו שם ריח ניחח לכל גלוליהם[1] ליס אן אלגלולים תסתריח שיא ותתחס בה ותסתחסנה אנמא דלך עלי אעתקאד עאבדיהא פיהא· ומן הדא איצא קולה ויפתוהו בפיהם[2] ליס אן נפאקהם וכדבהם גאז עלי אלבארי עז וגל לכן אנמא וקע אלוצף עלי רגאהם וטמעהם בגהלהם· [a]ומן הדא אלבאב קול אלכתאב כי עמד מלך בבל אל אם הדרך בראש שני הדרכים לקסם קסם וגו׳ בימינו היה הקסם ירושלם[3] ליס קולה קלקל בחצים שאל בתרפים ראה בכבד בתצדיק ללאסתדלאל אלדי יסתדל בה אהל הדה אלצנאעאת עלי מדלולאתהא לכנה אכבאר ען אעתקאד נבוכדנצר מן צדקהא וחקיקתהא ואן אעתקאדה הדא סיבעתה עלי קצד ירושלם ועלי אלאסתקאל עלי מחארבתהא ומחאצרתהא חתי יטפרה אללה בהא· וקד שהר פי אלנאס אסתדלאל בעץ מנתחלי עלם אלגיב ומדעיי תקדמה אלמערפה מן אלנטר פי אלאסטרלאב ומן תחריך אלקרעה ואמא אלתמאס דלך מן אלנטר פי אלכבד פגיר משהור ענדהם· וקד וגדת הדא מסטורא פי בעץ כתב אליונאניין אעני אנה כאנת להם פי אלכבד בזעמהם עלאמאת כאנוא יסתדלון מנהא עלי אחדאת סתחדת כמא יסתדל עלי דלך מן עלאמאת אלכתף· ויגאנס הדא אלבאב קולהם ויאמר ערם יצאתי מבטן אמי וערם אשוב שמה[4] ליסת אלאשארה בקולה שמה אלי אלבטן אלמדכור לכן אלי אלתראב אלדי אליה מציר[b] גמיע אלחיואן כמא קיל ואל עפר תשוב[5]· וממא ישבה מא תקדם מן הדא אלבאב קולה לא תזבח על חמץ דם זבחי[6] ואלדם לא ידבח לכן אנמא יראד בה אלחמלאן אלתי יסיל דמהא כמא קיל אסרו חג בעבתים[7] ואנמא אראד אלחמלאן אלדי תדבח פי אלחג· הוא יערף מזבחותם[8] מכאן יתע והו משתק מן וערפתו[9] אלדי תפסירה פאקפה אי פאצרב קפאה פלמא כאן צרב ענק אלחיואן באלהדם לגסמה אסתעיר צרב אלענק ללבניאן מכאן אלהדם ורבמא קיל אן יערף מזבחותם מסתעאר מן יערף כמטר לקחי[10] עלי מעני והגרתי לגי אבניה[11] ואלאול אחב אלי·

[a] R. om. [b] R. מסיר = הליכת

[1] Ez. 6, 13. [2] Ps. 78, 36. [3] Ez. 21, 26. [4] Job 1, 21. [5] Gen. 3, 19. [6] Ex. 23, 18. [7] Ps. 118, 27. [8] Osée 10, 2. [9] Ex. 13, 13. [10] Deut. 32, 2. [11] Mich. 1, 6.

[ומנה] דרך כוכב מיעקב[1] יריד מלכא פקיל כוכב עלי אלמתׄל כמא קיל עלי אלאסתעארה̈ ללמלך איצׄא אריה טרף בדי גרתיו[2]. כי אש יצאה מחשבון להבה מקרית סיחן[3] יריד גׄישא וכׄדלך יראד אלגׄיש איצׄא בקולה הנה מים עלים מצפון[4]. ומן אלאסתעארה̈ ואלמגׄאז קולה ומלתם את ערלת לבבכם[5]. ומנהא איצׄא כי ציד בפיו[6] וקד תקדّם שרחנא לה. ומן אלמגׄאז לא תשיך לאחיך נשך כסף וגו׳ כל דבר אשר ישך[7]. ומן אלאסתעארה̈ כאשר ינתק פתיל הנערת בהריחו אש[8] גׄעל אלאשתמאם עלי אלאתّסאע *כמא תתרגׄמה עלי אלאתّסאע[a] איצׄא ענד אחסאסה באלנאר וגיר אלחיואן ליס יחסّ באלחקיקה. ומן אלאסתעארה̈[b] ואלמגׄאז קולהם יד יי̋ ועין יי̋ וגירהמא מן אלגׄוארח אלמנסובה̈ אליה עלי אלאסתעארה̈[c] ואלמגׄאז תעאלי אללה עלוא כבירא. בעצבון תאכלנה[9] ואלארץׄ לא תוכל אנّמא יוכל נבאתהא פכאנّה קאל בעצבון תאכל את פריה או את כחה. ומתׄלה אדמתכם לנגדכם

168. זרים אכלים אתה[10] ואיצׄא כרמים וזיתים אשר לא נטעתם אתם אכלים[11]. קרעו ולא דמו[12] אסתעארה̈ ללכלאם. ברוך אדני יום יום יעמס לנו[13] הדה אללגה̈ מסתעמלה̈ פי אלאיקאר ואלאחמאל פאסתעירת הנא פי תכׄתיר אלנול ואלנואל. יעשן אפך[14] עד מתי עשנת[15] עלי אלאתّסאע. ואשא אתכם על כנפי נשרים[16] עלי אלתמתׄיל. למה נמות לעיניך גם אנחנו גם אדמתנו[17] ואלארץׄ לא תמות מות אלחיואן אדׄ ליסת חיואנא לכנّהא תבור. וכדם ענבים סותה[18] עלי אלתשביה. ומן אלמגׄאז קולה כל חלב יצהר וכל חלב תירוש ודגן[19] ואיצׄא כליות חטה[20]. ומן אלאסתעארה̈ קולהם [אסירי התקוה[21]. ומן אלמגׄאז קולה[d]] ושאבתם מים בששון וגו׳[22] ואיצׄא סלעי ומצדתי[23] ואיצא מגני וקרן ישעי[24]. ומן אלמגׄאז קולה קפאו תהמת בלב ים[25] עד לב השמים[26] כמא תקול אלערב כבד אלסמא. כי לחמנו הם סר צלם מעליהם[27] עלי אלמתׄל. הנה כסה

[a] R. om. [b] R. ההרחבה = אלאתّסאע [c] = b. [d] Suppléé d'après R.

[1] Nomb. 24, 17. [2] Nah. 2, 13. [3] Nomb. 21, 28. [4] Jér. 47, 2. [5] Deut. 10, 16. [6] Gen. 25, 28. [7] Deut. 23, 20. [8] Jug. 16, 9. [9] Gen. 3, 17. [10] Is. 1, 7. [11] Jos. 24, 13. [12] Ps. 35, 15. [13] ib. 68, 20. [14] ib. 74, 1. [15] ib. 80, 5. [16] Ex. 19, 4. [17] Gen. 47, 19. [18] ib. 49, 11. [19] Nomb. 18, 12. [20] Deut. 32, 14. [21] Zach. 9, 11. [22] Is. 12, 3. [23] II Sam. 22, 2. [24] ib. 22, 3. [25] Ex. 15, 8. [26] Deut. 4, 11. [27] Nomb. 14, 9.

את עין הארץ[1] עלי אלמגאז אי אנ̈ה גשי אלארץ׳ ומת̇לה ויכס את עין כל הארץ[2] לכ̇תרתה׳ וקסמים בידם[3] עלי אלאסתעארה̈ ואלמעני אנ̈הם אסתעמלוא אלאכ̇תיאר פי תחר̈כהם[a] אליה׳ ערים גדלת ובצרת בשמים[4] עלי אלמגאז׳ כי מגפן סדום גפנם ומשדמת עמרה וגו׳[5] עלי אלמגאז ואלאסתעארה̈׳ שבו וסחרוה[6] ויסחרו אתה[7] ואת הארץ תסחרו[8] הד̇א מגאז ואת̇סאע לאן̇ אלארץ̇ לא תתאג̇ר ואנ̈מא יתאג̇ר אהלהא׳ ואד̇א אכ̇תלט מד̇כוראן ג̇רי עלי אחדהמא מא הו ללאכ̇ר או̇ כאן פי מת̇ל ד̇לך מענאה את̇סאעא. לאן̇ אלמתכ̇לם יכ̈ין בהמא פי אלאכ̇ר ואן כאן לפט̇ה מכ̇אלפא כמא קאל ואכלת לפני יי׳ אלהיך וגו׳ מעשר דגנך תירשך ויצהרך[9] ואליצהר ואלתירוש לא יוכלאן לכן̇ ישרבאן פלמ̈א אדכ̇להמא מע מא יוכל ג̇רי אללפט̇ ואחדא ואלמעני אן ד̇לך יציר אלי בטונכם׳ ומת̇לה למה נמות לעיניך גם אנחנו גם אדמתנו[10] ואלארץ̇ לא תמות לכן תבור כמא קלנא קבילא לכן למא אדכ̇להא מע מא[b] ימות ג̇רי אללפט̇ ואחדא ואלמעני אנ̈הא תהלך ותפסד בהלאך אלחיואן ופסאדה ענד אלמות׳ ומת̇לה ונהיה אנחנו ואדמתנו עבדים לפרעה[11] ואלארץ̇ לא תסתעבד לכן למא אדכ̇להא מע מן יסתעבד ג̇רי אללפט̇ ואחדא ואלמעני אנ̈הא תציר מלכא לה כמא קאל קנה אתנו ואת אדמתנו בלחם[12] פקולה ונהיה אנחנו ואדמתנו עבדים לפרעה אנ̈מא מענאה קנין לפרעה׳ וקד אסתעמל הד̇א אלאשתראך פימא הו אבעד מן הד̇א קאלוא מגן וכובע תלו בך[13] ואלכובע לא יעלק לכן ילבס לכן למא אדכ̇לה מע מא יעלק והו אלמג̇ן ג̇רי אללפט̇ ואחדא׳ וקיל איצ̇א תדשא הארץ דשא עשב מזריע זרע עץ פרי עשה פרי[14] פקולה תדשא הארץ הו ואקע עלי אלדשא ואלעשב ואמא עץ פרי פאנ̈מא הו מחמול עליה *אעני עלי מענאה לא עלי לפט̇ה[c] לאן̇ תדשא הארץ פי מעני תוצא הארץ כמא קיל ותוצא הארץ דשא עשב מזריע זרע[15] וקד עב̈רנא ען הד̇א אלפצל קבל הד̇א בעבארה̈ אכ̇רי קריבה̈ מן הד̇הי׳ ומת̇ל הד̇א איצ̇א קולהם ונסב חומה

a A. תחריכהם b A. מן; R. מה c R. om.

1 Nomb. 22, 5. 2 Ex. 10, 15. 3 Nomb. 22, 7. 4 Deut. 9, 1. 5 ib. 32, 32. 6 Gen. 34, 10. 7 ib. 34, 21. 8 ib. 42, 34. 9 Deut. 14, 23. 10 Gen. 47, 19. 11 ib. ib. 12 ib. ib. 13 Ez. 27, 10. 14 Gen. 1, 11. 15 ib. 1, 12.

ומגדלים[1] *פארכל אלגמיע תחת ונסב[a] ואנמא ידכל תחת ונסב חומה פקט לכן למא כאן אלתחצין עאמא ללגמיע עטף בעצה עלי בעץ כאנה קאל ונחויק חומה ומגדלים דלתים ובריחים· ומן הדא אלבאב מא כרג מכרג אלאמר והו ועיד ודלך מתל קולה לכו וזעקו אל האלהים אשר בחרתם בם[2] ואיצא איש גלוליו לכו עבדו[3] ואיצא באו בית אל ופשעו הגלגל הרבו לפשע[4] וסאיר אלקצה· ומן הדא אלבאב וצפהם אלשי באלצפה אלתי סיציר אליהא ואן לם תכן תלך צפתה פי חאל וצפהם לה בהא ודלך מתל קולהם ויתרצצו הבנים
194. בקרבה[5] קיל בנים ולם יסתחקו בעד אן יסמוא בנים ולכן למא כאן אמרהמא יאול אלי אן יכונא בנים סמיא בנים קבל וקת אסתחקאקהמא דלך אלאסם· ועלי הדא אלמדהב קיל העוד לי בנים במעי[6]· ומתלה ונגפו אשה הרה ויצאו ילדיה[7] וליסוא ילדים לכן למא כאן ימכן אן יכונוא ילדים אסתעיר להם דלך אללפט· ומתלה ובגדי ערומים תפשיט[8] ואלערומים לא תיאב להם לכנהם יצירון ערומים בעד כלע תיאבהם· ומתלה יהב חכמתא לחכימין ומנדעא לידעי בינה[9] ואנמא יצירון חכימין בעד תציירה להם בהדה אלצפה לא קבל והו אלקול פי לידעי בינה אי אנהם יצירון ידעי בינה בעד אן יהב להם אלמנדעא· ואיצא קולה יומת המת[10] אי אלדי סיציר מיתא· ואיצא מה נעשה לנער היולד[11] אי אלדי סיכון יולד *צפה עלי זנה ירדי אמן[12] ואן שית פקל ילד עלי זנה ארץ[b]· ואיצא ולארץ לא יכפר לדם אשר שפך בה[13] והו לם יספך בעד אי אלדי יספך ואנמא קיל כדלך חמלא לה עלי קולה ולא תקחו כפר לנפש רצח אשר הוא לרשע למות[14] פכאנה קד הרק דלך אלדם· וקד בינת הדא באכתר מן הדא אלתביין פי גיר הדא אלוצע[c] אעני פי כתאב אלתשויר *ופי מתל הדא תקול אלאואיל[15] נקרא על שם סופו[d]·

[a] R. om. [b] R. om. [c] A אלמוצע: R. הספר [d] R. om.

[1] II Chr. 14, 6. [2] Jug. 10, 14. [3] Ez. 20, 39. [4] Amos 4, 4. [5] Gen. 25, 22. [6] Ruth 1, 11. [7] Ex. 21, 22. [8] Job 22, 6. [9] Dan. 2, 21. [10] Deut. 17, 6. [11] Jug. 13, 8. [12] Cant. 7, 2. [13] Nomb. 35, 33. [14] ib. 35, 31. [15] Cf. Berêschît rabbâ, sur Gen. 2, 14.

אלבאב אלת̇אמן ואלעשרון

באב אכ̇ר מנה.

ויתّצל בהד̇א אלבאב מא קיל בלשון יחיד ואלמראד בה לשון רבים ובאלצ̇ד̈ פמן ד̇לך קולה ואתה תדבר אל כל חכמי לב אשר מלאתיו רוח חכמה[1] במעני אשר מלאתים ורבמא כאנת אליא פי חכמי זאידה̈ מת̇להא פי ביד כל נביאי כל חזה[2] פכאנ̈ה קאל כל חכם לב ויבון אשר מלאתיו עלי חק̈ה· ומכיר לקח אשה לחפים ולשפים[3] אראד נשים· כה תאמרון לאיש יביש גלעד[4] אראד אנשי ומת̇לה ואיש ישראל נגש[5]· כי תקראנה מלחמה[6] מפני המלחמה אשר סבבהו[7] מכאן מלחמות· להעלת נר תמיד[8] מכאן נרות· ותעל הצפרדע[9] מכאן הצפרדעים לכנ̈ה אראד הד̇א אלצנף· ומת̇לה כי נשמדה מבנימן אשה[10] אי הד̇א אלצנף· שמן וקטרת ישמח לב[11] מכאן ישמחו· וצדיקים ככפיר יבטח[12] אי יבטחו· בפיו יברכו[13] מכאן בפיהם· ויעלו בנגב ויבא עד חברון[14] ויבוא אלי אנשים[15] ויבוא אל הגוים אשר באו שם[16] מכאן ויבאו· עד יי̈ בכם ועד משיחו היום הזה כי לא מצאתם בידי מאומה ויאמר עד[17] ויחרדו זקני העיר לקראתו ויאמר שלם בואך[18] מכאן ויאמרו· וצדקת צדיקים יסירו ממנו[19] מכאן מהם· מאנה להנחם על בניה כי איננו[20] יריד כי אינם· הלא דרכיכם לא יתכן[21] מכאן יתכנו· ויפסחו על המזבח אשר עשה[22] מכאן אשר עשו· וקבל היהודים[23] מכאן וקבלו· לכהנים המקדש מבני צדוק[24] מכאן המקדשים· למינה תהיה דגתם[25]· מכאן למיניה· לתת חרב בידם להרגנו[26] מכאן בידיהם· ומת̇לה קבר פתוח גרנם לשונם יחליקון[27] לא יקרחה קרחה בראשם ופאת זקנם לא יגלחו[28]· ויקח משה את אשתו ואת בניו וירכבם על החמר[29] יריד על החמורים· ויליד ביתו הם יאכלו בלחמו[30] יריד וילידי ביתו· מאת בכור בני ישראל[31] אי בכורי· ומת̇לה ואת

[1] Ex. 28, 3. [2] II Rois 17, 13. [3] I Chr. 7, 15. [4] I Sam. 11, 9. [5] ib. 14, 24. [6] Ex. 1, 10. [7] I Rois 5, 17. [8] Lév. 24, 2. [9] Ex. 8, 2. [10] Jug. 21, 16. [11] Prov. 27, 9. [12] ib. 28, 1. [13] Ps. 62, 5. [14] Nomb. 13, 22. [15] Ex. 14, 1. [16] ib. 36, 20. [17] I Sam. 12, 5. [18] ib. 16, 4. [19] Is. 5, 23. [20] Jér. 31, 14. [21] Ez 18, 29. [22] I Rois 18, 26. [23] Esth. 9, 23. [24] Ez. 48, 11. [25] ib. 47, 10. [26] Ex. 5, 21. [27] Ps. 5, 10. [28] Lév. 21, 5. [29] Ex. 4, 20. [30] Lév. 22, 11. [31] Nomb. 3, 50.

פדויי השלשה והשבעים והמאתים העדפים על הלוים מבכור בני ישראל[1]· ויקח חזקיהו את הספרים מיד המלאכים ויקראהו ויעל 185. בית יי̈ ויפרשהו חזקיהו לפני יי̈[2] מכאן ויקראם ויפרשם· ותקח האשה את שני האנשים ותצפנו[3] אראד ותצפנם· וקול אבי זכריא פי הד̇א[4] ג̇איז ויג̇וז מת̇לה איצ̇א פי מא אשבהה· ויהי לי שור וחמור וגו׳[5] יריד הד̇ה אלאצנאף *אלא וצאן עלי חקה ואג̇בה לאנ̇ה ג̇מע*· ומת̇לה כי אם הסוס אסור והחמור אסור[6] ואיצ̇א זאב וטלה ירעו כאחד ואריה כבקר יאכל תבן ונחש עפר לחמו[7]· וממא יג̇אנס הד̇א מא יכון ואחדה· וג̇מעה בלפט̇ ואחד מת̇ל ארבה פאנ̇ה ללואחד פי קולה לא נשאר ארבה אחד[8] ויכון לל̇ג̇מע פי קולה ובאו כדי ארבה לרב[9]· ומת̇לה דגה פאנ̇ה איצ̇א ללואחד פי קולה ויתפלל יונה אל יי אלהיו ממעי הדגה[10] ויכון לל̇ג̇מע פי קולה והדגה אשר ביאר תמות[11]· ומן הד̇א אלצ̇רב איש פאנ̇ה יכון ללואחד ולל̇ג̇מע ענד אצ̇אפתה אלי קבילה אמא ללואחד פפי מת̇ל קולה וירץ איש בנימן מהמערכה[12] אריד בה הנא שכ̇ץ ואחד [פקט] והד̇א עלי טריק אלנסב· ואיצ̇א קולה אין זאת בלתי אם חרב גדעון בן יואש איש ישראל[13] והד̇א קריב מ̇ן אלאול לאנ̇ה נסב שריף אי רייס ישראל· ואמא כון איש לל̇ג̇מע פפי מת̇ל קולה ואיש ישראל הפך ויבהל איש בנימן[14]· ומן הד̇א אלבאב אדם פאנ̇ה יכון ללואחד פי מת̇ל קולה *אדם כי יקריב מכם קרבן[15] ויכון לל̇ג̇מע פי מת̇ל קולה* ועם אדם לא ינגעו[16]· ומנה איצ̇א אנוש פאנ̇ה יכון [ללואחד] פי מת̇ל קולה ואתה אנוש כערכי[17] אשרי אנוש יעשה זאת[18] ויכון ג̇מעא פי מת̇ל קולה אנוש כחציר ימיו[19]· ואמא מא קיל בלשון רבים ואלמראד בה יחיד פמת̇ל קולה אדנים קשה[20] והגישו אדניו[21] כסף ישיב לבעליו[22] מיד האלהים האדירים[23] אך יש אלהים שפטים בארץ[24] ודעת קדשים אדע[25] ישר יחזו פנימו[26] אך רחוק יהיה ביניכם וביניו[27] עד אנה תשימון קנצי למלין תבינו ואחר נדבר[28]

a R. om. b R. om.

1 Nomb. 3, 46. 2 II Rois 19, 14 (dans nos textes et dans R. ויקראם). 3 Jos. 2, 4. 4 D. 84; N. 17. 5 Gen. 32, 6. 6 II Rois 7, 10. 7 Is. 65, 25. 8 Ex. 10, 19. 9 Jug. 6, 5. 10 Jon. 2, 2. 11 Ex. 7, 18. 12 I Sam. 4, 12. 13 Jug. 7, 14. 14 ib. 20, 41. 15 Lév. 1, 2. 16 Ps. 73, 5. 17 ib. 55, 14. 18 Is. 56, 2. 19 Ps. 103, 15. 20 Is. 19, 4. 21 Ex. 21, 6. 22 ib. 21, 34. 23 I Sam. 4, 8. 24 Ps. 58, 12. 25 Prov. 30, 3. 26 Ps. 11, 7. 27 Jos. 3, 4. 28 Job 18, 2.

נטמינו בעיניכם[1]· אם שוב תשבון אתם ובניכם מאחרי[2] יש לאל ידי לעשות עמכם רע ואלהי אביכם אמש אמר אלי[3] נודי הרכם צפור[4] איה אלוה עשי[5] *כי בעליך עשיך יי צבאות שמו[6] ישמח ישראל בעשיו[7][a] נסו ואין רדף רשע[8] והנשיא בתוכם בבאם יבוא ובצאתם יצאו[9] אראד יצאו· ומן הדא אלבאב נעשה אדם בצלמנו כדמותנו[10] משכבי אחריך נרוצה[11] נגילה ונשמחה בך נזכירה דדיך מיין[12] אמרו צדיק כי טוב כי פרי מעלליהם יאכלו[13] וקד אנדרג לנא פי באב מא זיד [בה] דכר כתיר מן מתל הדא·

אלבאב אלתאסע ואלעשרון

דכר גמלה מן אלפאט שאדה כארגה ען אלקיאס.

וממא יג'אנס מא תקדם דכרנא לה מן אלאלפאט אלמוצועה פי גיר מואצעהא מא וג'דנאה פי אלמקרא מן אלאלפאט אלכארגה ען אלקיאס ונחן נדכר מן דלך פי הדא אלבאב גמלה יסתעאן באלוקוף עלי דלך מנהא עלי עלם אלדקאיק· פמן דלך קולה בבנותיך גבך בראש כל דרך[14] אלקיאס אן יכון בבנותך עלי זנה בעשותך את כל אלה[15] ומתל קולה עשה אלה לך בזנותך אחרי גוים[16] לאנה מצדר מתלהמא פכאנהם כתרוה ואן כאן לא מעני לתכתיר אלמצאדר לאנהא אסמא· מוצועה ללכתיר ואלקליל מן אג'נאסהא אלא אן אלעבראניין רבמא כתרוא בעץ אלמצאדר *ואן כאן דלך גיר מטרד ורבמא פעלוא דלך לאכתלאף אחואל תלך אלמצאדר[b] נחו מא תג'יזה אלערב איצא פי לסאנהא· ומן הדא אלצרב בהזרותיכם בארצות[17] אלקיאס אן יכון בשבא תחת אלתא לאנה מצדר מן אלאנפעאל מתל בהגלות פשעיכם להראות חטאותיכם[18]· ומן אלשאד קולה נלאית ברב עצתיך[19] ורבמא כאן עצתים ג'מעא עלי חיאלה
19a. אעני ג'מע עצה כמא קיל [פי ג'מע] עצלה בעצלתים[20]· ומנה איצא

[a] R om. [b] R. om.

1 Job 18, 3. 2 I Rois 9, 6. 3 Gen. 31, 29. 4 Ps. 11, 1. 5 Job 35, 10. 6 Is. 54, 5. 7 Ps. 149, 2. 8 Prov. 28, 1. 9 Ez. 46, 10. 10 Gen. 1, 26. 11 Cant. 1, 4. 12 ib. ib. 13 Is. 3, 10. 14 Ez. 16, 31. 15 ib. 16, 30. 16 ib. 23, 30. 17 ib. 6, 8. 18 ib. 21, 29. 19 Is. 47, 13. 20 Eccl. 10, 18.

קולה ותחניפי ארץ בזנותיך וברעתך[1] ומתלה ונשאו את זנותיכם[2] אלקיאס זנותך זנותכם כמא קיל זמת זנותך[3] ואת זנותך מארץ מצרים[4] והמא אסמאן מתל פרות ושבות ענות עני[5]. ומתל הדא פי אלשרוד ושבות שביתיך בתוכהנה[6] ואלקיאס שביתך כמא קאל ושבתי את שביתהן[7]. ומתלה איצא קולה זמתך ותזנותיך[8] אלוגה תזנותך. ואיצא ביום גאוניך[9] אלוגה גאונך לא וגה ללתכתיר פי הדה אלאסמא לאנהא גאריה מגרי אלמצאדר. ומתל הדא קולה שובי נפשי למנוחיכי[10] ואלוגה אן יכון למנוחך *ורבמא אריד בה אלתזויג מע עליכי[a]. ומן הדא אלצרב קולה והושבתי אתכם כקדמותיכם[11] אלוגה שבא תחת אלתא וסקוט אליא. ומן אלשאד איצא קולה *והיטבתי מראשיתכם[12] אלוגה מראשיתכם בשבא תחת אלתא. ומן אלשאד קולה[b] ובפגרי מלכיהם במותם[13] אלקיאס בשבא תחת אלבא. ומתלה בהכין לו דויד[14] אלוגה בהכין בשבא תחת אלבא. וקד קלנא בגיר הדא אלמוצע אן אלתקדיר במקום אשר הכין לו דוד. ומנה משתחויתם קדמה[15] אלוגה משתחוים. ומן אלשאד מא אסתעמל פיה אלקמצות ולא וגה לה פי אלקיאס גיר אנהם אראדוא תפכים תלך אלאלפאט ודלך מתל קולהם והרקח המרקחה[16] פאני וגדתה פי מצחף שאמי קמוץ אלהא פהו עלי הדא עלי גיר קיאס וגדתה פי מצחף כופי פתח עלי אלקיאס לאנה אמר מן בניה הפעיל מתל השלך על יי׳ יהבך[17] אלדי הו אמר מן השליך השכם בבקר[18] אמר מן השכים. ומתלה נסו הפנו[19] אלקיאס אן יכון [בפתח אלהא מתל הרבו עלי[20]. ומתלה פנו אלי והשמו[21] אלקיאס אן יכון בפתח[c]] עלי מתאל הסבי עיניך מנגדי[22] ואמא מענאה פהו אסכתוא ואלדליל עלי דלך קולה ושימו יד על פה ומן מענאה משמים בתוכם[23] אי סאכת. ואלקול פי אשתראר שינה באלקול אלדי קאלה אבו זכריא[24] פי אשתראר סין ויסב אלהים את העם[25] ואשתראר סין ויסבו את ארון אלהי

[a] R. om. [b] R. om. [c] Suppléé d'après R.

[1] Jér. 3, 2. [2] Nomb. 14, 33. [3] Jér. 13, 27. [4] Ez. 23, 27. [5] Ps. 22, 25. [6] Ez. 16, 53. [7] ib. ib. [8] ib. 23, 29. [9] ib. 16, 56. [10] Ps. 116, 6. [11] Ez. 36, 11. [12] ib. ib. [13] ib. 43, 7. [14] II Chr. 1, 4. [15] Ez. 8, 16. [16] ib. 24, 10. [17] Ps. 55, 23. [18] Ex. 8, 16. [19] Jér. 49, 8. [20] Gen. 34, 12. [21] Job 21, 5. [22] Cant. 6, 5 (Aboulw. a lu הָסֵבִּי). [23] Ez. 3, 15. [24] D. 165; N. 118. [25] Ex. 13, 18.

ישראל[1] ומא אשבההמא או כאלקול אלד̇י קלנא נחן פי מת̇ל הד̇א אלאשתראד פי ג̇יר הד̇א אלמוצ̇ע והו אנ̇ה לאנרגאם אלסאכן אללי̇ן אלד̇י יג̇אד ללתעויץ̇ מת̇ל אלסאכן אללי̇ן פי מת̇ל ויסך ברלתים ים[2] ופי ויגל את האבן[3] ופי מא אשבההמא· ופי מת̇ל הד̇א רדה והשכבה את ערלים[4] הו ענדי מצדר עלי מת̇אל והחתל לא חתלת[5] אלוג̇ה פיהמא פתח אלהא וכד̇לך רדה מצדר איצ̇א מת̇ל מרדה מצרימה[6] וליס בבעיד אן יכונא אמרין ומת̇ל הד̇א והחתל לא חתלה מצדר פג̇א עלי בניה̈ מא לם יסם̃ פאעלה· חרב נתנה משכו אותה וכל המוניה[7] אלקיאס אן יכון מת̇ל משכו וקחו לכם צאן[8] לאנ̃ה אמר מת̇לה וכד̇לך אלקיאס פי מלכי עלינו[9] שמחי ועלזי[10] קרחי וגזי[11] [אלוג̇ה] אן תכון כל̃הא בחרק כמא קיל ועלזו לפניו[12]· וממא אלקמצות פיה עלי ג̇יר אלקיאס קולה האמר לצולה חרבי[13] עלי הלבנון וצעקי[14] באת אתי הביתה וסעדה[15]· וכד̇לך הו עלי ג̇יר אלקיאס פי ושערו חרבו מאד[16] ואמא אלוג̇ה אן יכון מת̇ל קרבו שאו את אחיכם[17]· וקד אראד קום יר̃עון אלפהם אן יכ̇רג̇וה פי אללפט̇ מכ̇רג̇ חרבו המים[18] ואן יג̇עלוא אלוג̇ה פי אלרא אלתשדיד 197. מת̇לה פי פרקו נזמי הזהב[19] עלי אנ̃ה קיאס צ̇עיף ג̇רא פארינאהם אלמסורת עליה לית דכותיה· וארינאהם איצ̇א אלמסורת עלי חרבו המים שנים פארתדעוא· ת̇ם אן קומא איצ̇א אראדוא אן יכ̇רג̇וא כרתו יערה נאם יי̃[20] פי אללפט̇ מכ̇רג̇ חרבו מאד עלי מא יג̇עלונה אמרא מת̇לה פארינאהם פי ד̇לך כלאמא לרג̇ל מקדסי לא אסמ̃יה קד תרג̇ם פיה קתלוא ג̇יושהא וחשמהא אלממת̃לין באלשערא בלפט̇ אלמצ̇י כמא תרי וקאל פיה איצ̇א כרתו יערה נאם יי̃ פעל מאצ̇ *ואן אקתרן בה נאם יי̃* מת̇ל שדד מואב ועריה עלה ומבחר בחוריו ירדו לטבח נאם המלך יי̃ צבאות שמו[21] פהד̇א גאיה̈ פי אלביאן ומן כתאב ד̇לך אלרג̇ל אלמקדסי צח̃חת קראה̈ חרב נתנה משכו אותה וכל המונה[22] בצ̇ם̃ אלמים פמא כאן ימתנע ענדי אן יכון מימה מת̇ל מים אשר לא משכה בעל[23] לולאה· פפי הד̇ה אלמואצ̇ע וג̇ירהא

ª R. om.

[1] I Sam. 5, 8. [2] Job 38, 8. [3] Gen. 29, 10. [4] Ez. 32, 19. [5] ib. 16, 4. [6] Gen. 46, 3. [7] Ez. 32, 20. [8] Ex. 12, 21. [9] Jug. 9, 12. [10] Seph. 3. 14. [11] Mich. 1, 16. [12] Ps. 68, 5. [13] Is. 44, 27. [14] Jér. 22, 20. [15] I Rois 13, 7. [16] Jér. 2, 12. [17] Lév. 10, 4. [18] Gen. 8, 13. [19] Ex. 32, 2. [20] Jér. 46, 23. [21] ib. 48, 15. [22] Ez. 32, 20. [23] Deut. 21, 3.

מתלחא יצטר אלאנסאן אלי אלרואה ואצחאב אלתלקין אלדין ערמנאהם נחן פי קאציתנא הדה· והדא אלכתאב אלמדכור גלבה אלינא ימ עקב אלחאג אלסופר אלליוני מן בית אלמקדס וכאן בכט ידה· וממא אסתעמל פיה אלצם עלי גיר אלקיאס קולה והפדה לא נפדתה[1] ואלקול פיה באלקול פי והחתל לא חתלת[2]. ואלוגה פיה פתח אלהא מתל חרבת מאד[3] ומתלה החרב נחרבו המלכים[4] אלא אן אלקמצות תחולת אלי אלחא בעאדה אללגה פי אלאחרף אלחלקיה ואלהא איצא מן אחרף אלחלק אלא אנה למא כאנת אלעאדה תחריך מתל חא החרב נחרבו בשבא ופתח פי מתל קולה ויכו את כל הנפש אשר בה לפי חרב החרם[5] ואדכלוא עלי אלהא אלקמצות עלי אלשדוד אסתתקלוא כון אלקמץ פי אלהא מע חרכה אלחא ואנמא אסתסהלוה פי חא והחתל לא חתלת לסכון אלחא מן אגל אשתדאד אלתא· קסמי נא לי באוב[6] כאן אלוגה אן יכון בכסר אלקאף וסכון אלסין עלי זנה אמרי לי[7] שמעי בת וראי ושכחי עמך[8] פדהבוא פיה מדהבין כארגין ען אלקיאס אחדהמא [אן] אכרגוה מכרג חרבו מאד[9] האמר לצולה חרבי[10] שמחי ועלזי[11] והדא שאד כארג ען אלקיאס במא קלנא קבל הדא ואלמדהב אלתאני נקלהם אלקמצות מן אלקאף אלי מא בעדה והו חרף גיר חלקי· ומתל פעלהם הדא קולה אחי קטבך שאול[12] אצלה אן יכון בקמצות אלקאף ובשבא תחת אלטא עלי זנה בברחך מפני עשו אחיך[13] בשכבך תשמר עליך[14] פחולת אלי אלטא· וקאלוא איצא אשקה נא לאבי ולאמי[15] אפשעה בה[16] בקמץ חטף[a] תחת אלשינין ואלקיאס אן יכון בשבא מתל נקרבה הלם אל האלהים[17] אשמעה מה ידבר האל[18] ואשלחה להגיד לאדני[19] נשכבה בבשתנו[20] לכבה כרג עלי אלשדוד מכרג אשקטה ואביטה במכוני[21] ואשקלה להם את הכסף[22]. והדא הו אלקיאס פי כל פעל מסתקבל יכון עלי יפעול אן יכון אדא זידת עליה אלהא אן תסקט אלואו ואן תנוב ענהא אלקמצות פי אתצאל אלכלאם ואן אכתר הדא אלבאב קד יכרג אלי באב נשכבה

[a] R. om.

[1] Lév. 19, 20. [2] Ex. 16, 4. [3] Gen. 15, 1. [4] II Rois 3, 23. [5] Jos. 11, 11. [6] I Sam. 28, 8. [7] Gen. 20, 13. [8] Ps. 45, 11. [9] Jér. 2, 12. [10] Is. 44, 27. [11] Seph. 3, 14. [12] Osée 13, 14. [13] Gen. 35, 1. [14] Prov. 6, 22. [15] I Rois 19, 20. [16] Is. 27, 4. [17] I Sam. 14, 36. [18] Ps. 85, 9. [19] Gen. 32, 6. [20] Jér. 3, 25. [21] Is. 18, 4. [22] Esra 8, 52.

בבשתנו נקרבה הלם באן יסקטוא מנה אלקמצות אסתכ̇פאפא מת̇ל אשמרה לפי מחסום[1] אזכרה אלהים ואהמיה[2] ארדפה איבי[3] וגירהא כת̇יר ג̇דא· וקאלוא איצ̇א ואלקטה בשבלים[4] אלקטה נא ואספתי 196. בעמרים[5] והו אשר̈ ען אלקיאס מן אשקה נא לאן מסתקבל נשק ואן כנ̇א וג̇רנאה שפתים ישק[6] בלא ואו פלים בממתנע פי אלקיאס ג̇ואז ישוק איצ̇א פיה לאן̇ אלמסתקבל מן אלפעל אלכ̇פיף קד יאתי עלי יפעל ויפעול עלי מא בינ̇א פי באב אלתצריף ולים אחדהמא[a] באולי בה מן אלאכ̇ר ואמא מסתקבל אלפעל אלת̇קיל אלד̇י עלי מת̇אל פִעֵל מת̇ל לקט פגיר ג̇איז פיה אלצ̇ם אצלא פלד̇לך קלת פי ואלקטה אנה אבעד פי אלשד̇וד̇ מן אשקה נא· ומת̇לה פי אלשד̇וד̇ ואלבעד ובמחוגה יתארהו[7] ואלמסורת עליה לית דכותיה קמוץ ואמא יתארהו בשרד[8] פעלי אלקיאס בשבא ופתח· וממ̇א יבעד̈ איצ̇א ען אלקיאס קולה כי מאיש לקחה זאת[9] שמעָה תפלתי יי̈ ושועתי האזינה[10] נבהל להון איש רע עין[11]· וקד פכ̈ם באלקמץ עלי גיר קיאס קולה ולא תעבדם[12] *ואיצ̇א נלכה אחרי אלהים אחרים אשר לא ידעתם ונעבדם[13] וקאלוא[b] נלכה ונעבדה אלהים אחרים[14] בגיר תפכ̇ים ומת̇לה חדל ממנו ונעבדה את מצרים[15] כרת לנו ברית ונעבדך[16] ומדוע נעבדנו אנחנו[17] לא תעזבנו[18] נעמדה יחד[19] בגיר תפכ̇ים ואנ̇מא ד̇לך עלי קדר מא יסתחסנון ויסתסהלון· וכת̇ירא מא יפכ̈מון באלקמצות אחרפא לא מעני ללתפכ̇ים פיהא באלקיאס ויכון ד̇לך פי אלאנפצאל *אעני פי אתנח[c] וסוף פסוק מת̇ל קולהם ובדרך חטאים לא עמד ובמושב לצים לא ישב[20] *ורבמא פעלוא הד̇א פי מא וקע פי אתנח וסוף פסוק לאן̇ סאכנא לינא יתול̇ד פיה מן אג̇ל אלוקף[d]· וקד יכון איצ̇א פי גיר אתנח וסוף פסוק כמא צנעוא פי ושם שפט את ישראל[21] כי הוא טרף וירפאנו[22] ופי וידם השמש וירח עמד[23] ופי בסבך עץ קרדמות[24] לאנ̇ה מת̇ל נאחז בסבך[25] אלד̇י הו פתח *ולו לם יבעדה מן אלקמצות אלי אלפתחות אלא

[a] A. לאחדהמא [b] R. om. [c] R. om. [d] R. om.

[1] Ps. 39, 2. [2] ib. 77, 4. [3] II Sam. 22, 38. [4] Ruth 2, 2. [5] ib. 2, 7. [6] Prov. 24, 26. [7] Is. 44, 13. [8] ib. ib. [9] Gen. 2, 23. [10] Ps. 39, 13. [11] Prov. 28, 22. [12] Ex. 20, 5. [13] Deut. 13, 3. [14] ib. 13, 7. [15] Ex. 14, 12. [16] I Sam. 11, 1. [17] Jug. 9, 28. [18] Deut. 14, 27. [19] Is. 50, 8. [20] Ps. 1, 1. [21] I Sam. 7, 17. [22] Osée 6, 1. [23] Jos. 10, 13. [24] Ps. 74, 5. [25] Gen. 22, 13.

כׄונה מצׄאפא אׄלי אלעׄין[a]· ופי בחם דבק שלמה לאהבה[1] ופי אריה שאג[2] ופי עשה יי אשר זמם[3] ואיצׄא ומקצת כלי בית האלהים[4] ומקצת ימים עשרה[5] ולמקצת הימים אשר אמר המלך[6] בקמצות אלצאד מנחא תׄלתׄתהא והי מצׄאפה· ואיצׄא וקבלו הכהנים והלוים משקל הכסף והזהב[7] בקמצות אלקאף והו מצׄאף· ואיצׄא מנת שעלים יהיו[8] ומנת המלך מן רכושו[9] ובכתב בית ישראל לא יכתבו[10]· וקאלוא השבת מטהרו[11] בתפכׄים אלטא בקמץ חטף[b] עׄלי גׄיר קיאס לאן אלאצל אן יכון מתׄל מקדש אדני כוננו ידיך[12] וכאן יגׄב אן יכון ענד אצׄאפתה אלי אלצׄמיר בקמץ גדול פגׄא חטף· וקאלוא ושאר אחיהם הכהנים והלוים[13] בקמצות אלאלף והו מצׄאף· וקיל שאר ישוב שאר יעקב[14] באלקמצות איצׄא· והערים החרבות[15] כן תהיינה הערים החרבות[16] בקמצות אלחא מנהמא עׄלי גׄיר קיאס· וכׄדׄלך החדלתי את דשני[17] החדלתי את מתקי[18] החדלתי את תירושי[19] בקמצות אלחא מנהא עׄלי גׄיר קיאס· וקד לכׄצת אלמדׄהב פי החדלתי גאיה אלתלכׄיץ פי באבה מן כתאב אלאצול[20]· *ואטׄן אן הדׄה אלקמצות הי כׄאגׄה סבב תכׄפיף אלדאל מן החדלתי לאסתצעאב אלנטק בהא משדׄדה מע קמצות אלהא לאן אלאטׄראד פימא כאן עׄינה מן הדׄא אלמתׄאל אחד אחרף בגדכׄפת אן יכון דׄלך אלעׄין מנה משדׄדא מתׄל הרכבת אנוש לראשנו[21] הגדלתי מעשי[22] וגׄירהמא· וקד קיל הרדיפהו[23] בתכׄפיף אלדאל מן אגׄל אלתׄקל אלדׄי פי אלרא ללתכריר אלדׄי פיה עׄלי מא בינת פי כתאב אלתשויר וליס עׄלה אלרא לאזמה פי כל מוצׄע פקד קיל הרכבת אנוש וגׄירה באלתשדיד[c]· והכדׄא צנעוא פי הבי המטפחת אשר עליך ואחזי בה[24]· פכתׄירא מא יפכׄמון באלקמצות אלאחרף אלחלקיה וגׄיר אלחלקיה אלתי אצלהא אלסכון ענד תחריכהם איאהא למדׄהב להם פי תחריכהא [כמא] אריתכה מן פעלהם פי מא סלף וליס הדׄא אלתפכׄים לאזמא לכל מא חרכוה ממא אצלה אלסכון לכן דׄלך מרדוד אלי אסתחסאנהם ומוקוף עׄלי אסתסהאלהם· וגׄאיז ענדי אן

a R. om. b R. om. c R. om.

[1] I Rois 11, 2. [2] Amos 3, 8. [3] Lam. 2, 17. [4] Dan. 1, 2. [5] ib. 1, 15. [6] ib. 1, 18. [7] Esra 8, 30. [8] Ps. 63, 11. [9] II Chr. 31, 3. [10] Ez. 13, 9. [11] Ps 89, 45. [12] Ex. 15, 17. [13] Esra 3, 8. [14] Is. 10, 21. [15] Ez. 36, 35. [16] ib. 36, 38. [17] Jug. 9, 9. [18] ib. 9, 11. [19] ib. 9, 13. [20] Col. 211, 29 à 212, 11. [21] Ps. 66, 12. [22] Eccl. 2, 4. [23] Jug. 20, 43. [24] Ruth 3, 15.

199. יכון אלמרהב פי קמצות חא החרב נחרבו המלכים[1] הרא אלמרהב אעני תפכימה מן אגל תחרכה מן גיר אן תכון אלקמצות מנתקלה אליה מן אלהא כהא והפדה לא נפרתה[2]. ויגוז דלך איצא פי קמצות עין ואין מעמד[3] ואלמים קמוצה לאן מן עארתהם אן יחרכוא באלקמצות מא קבל הרה אלאחרף אלמפכמה ארא כאנת חלקיה עלי אלאכתר כמא צנעוא פי תא ובמחוגה יתארהו[4] פאנהם חרכוה בקמץ גדול למא פכמוא אלאלף בקמץ חטף. *וקד יחרכון באלקמצות מא קבל אלחרף אלמפכם ואן לם יכן דלך אלחרף אלמפכם חלקיא כמא צנעוא פי קאף קסמי נא לי[5][a]. ורבמא כאן מרחבהם פי ואחזי בה[6] מרהבהם פי שמחי ועלזי[7] מלכי עלינו[8] אלא אנהם נקלוא אלקמצות אלי אלחא אד כאן דלך אכף עליהם. ומן אלשר קולהם במצאכם אתו[9] אלקיאס אן יכון במצאכם בקמצות אלמים עלי זנה כשמעכם את קול השפר[10] לאן אלמים [פיה] אצל באזא אלשין מן כשמעכם ואמא הרא אללפט אעני במצאכם אתו פאנמא יקתצי אן יכון מן יצא מתל את מוצאך ואת מובאך[11]. וקד רהב בעץ אלשיוך פי תפסירה הרא אלמרהב וכאן יקדרה במוצאכם תפגשון אתו והרא מגרוב ענה. ואטנהם פעלוא דלך לאנהם אסתתקלוא אלשבא תחת אלצאר מע שבא ופתח תחת אלאלף פמרוא אלצאר באלקמץ פלמא כאן דלך אמתד אלקמץ אלדי פי אלמים ואנקלב חלם באצטראר אד לם יסתטע אללסאן עלי גיר דלך. וכדלך שד ואת מובאך מן קולה ואת מוצאך ואת מובאך ואנמא אלקיאס אן יכון מבואך עלי זנה יהי מקורך ברוך[12] כמא קיל כמבוא עם[13] ומתלה ומוצאיו ומובאיו[14] אלא אן אלאולין מצדראן והראן אסמאן ואטנהם רהבוא פי האתין אללפטתין אלי אלאתבאע למא קבלהמא והו ראי אבי זכריא[15] רחמה אללה פיהמא. ומן אלשאר קולהם ותפוצותיכם ונפלתם ככלי חמדה[16] אלוגה פיה ותפיצותיכם פקלבוא אליא ואוא ואבדלוא מן אלהא תא[a] כמא צנעוא פי ואנכי תרגלתי לאפרים[17] פאן אלוגה פיה ענדי אן יכון הרגלתי

[a] R. om.

[1] II Rois 3, 23. [2] Lév. 19, 20. [3] Ps. 69, 3. [4] Is. 44, 13. [5] I Sam. 28, 8. [6] Ruth 3, 15. [7] Seph. 3, 14. [8] Jug. 9, 11. [9] Gen. 32, 20. [10] II Sam. 15, 10. [11] ib. 3, 25. [12] Prov. 5, 18. [13] Ez. 33, 31. [14] ib. 43, 11. [15] D. 71; N. 43. [16] Jér. 25, 34. [17] Osée 11, 8.

משתקא מן לגה אלמשנה חית קאלוא עמדו בחפלה מורידין לפני התיבה זקן ורגיל[1] ואיצא לא יאכל הזב עם הזבה מפני הרגל עברה[2] ופי אלדעא הרגילני לדבר מצוה ואל תרגילני לדבר עברה[3] ואלמעני ואנא עודתהם חמלא להם עלי דראעי[a] עלי מעני ואשא אתכם על כנפי נשרים[4] אלא אן ותפוצותיכם ענדי מן מעני ויתפצצו הררי עד[5] וכפטיש יפצץ סלע[6] אלדי הו אלכסר ואלרץ ותפריק אלאגזא ומפיץ וחרב[7] אסם לאלאלה אלתי יכון הדא אלפעל בהא· וממא יקוי הדא אלמעני ויעצרה קולה ונפלתם ככלי חמדה· בעותיך צמתתוני[8] אלוגה צמתוני פאצעפוא אלתא ואלואו עלי גיר אלקיאס וקד דהב אבו זכריא פיה מדהבא [אכר] פי כתאב חרוף אללין[9]· בהם תבואתך טובה[10] ואלוגה תבואך פזאדוא עלאמה תאניה ללתאנית כאן אללפטה מרכבה מן תבואך ומן באתך· ויך שרשיו[11] אלוגה פיה שרשיו בקמץ חטף תחת אלשין לאן אלואחד שורש עלי מתאל חודש פכמא קיל לחדשיו יבכר[12] כדלך יגב אן יכון שרשיו עלי הדא אלמתאל איצא והכדא אקול פי קדש קדשים[13] אן אלוגה פיה אן יכון אלקאף [בקמץ] חטף מתל בקדשים לא יאכל[14] ואיש את 200. קדשיו[15]· קרשך עשו שן בת אשורים[16] אחסן מא יקאל פיה אנהא לפטה מקסומה ואלמראד כהא גמע ברוש תדהר ותאשור[17] פעזלת אלתא מן תאשור מע אלבא אלזאידה כמא צנע פי כל עמת שבא[18] ופי פקח קוח[19] ופי עגלה יפה פיה[20] וכפפת אלשין· והדא כאן מדהבהם פי קולהם בשל אשר יעמל האדם לבקש[21] פאן חק אללאם אן תכון מתצלה באשר כאתצאל לאם בשלמי הרעה הזאת לנו[22] במי חתי תכון עלי הדא אלמתאל בשלאשר יעמל האדם בשבא תחת אללאם לאתצאל בשל באשר כאתצאל[b] בשל במי ואלשין פי בשלמי ופי בשל אשר יעמל מכאן אשר אלתי מענאהא מן אגל כדא וכדא מתל אשר עשה דוד את הישר בעיני יי[23] אשר עשתה מפלצת לאשרה[24] באשר את אשתו[25] ואלדליל עלי אן מעני

[a] R. דעאהם [b] A. פאתצל; R. כהתחברות

[1] M. Taanîth ii, 2. [2] M. Sabb. i, 8. [3] V. Bab. Berakh. 60b. [4] Ex. 19, 4. [5] Hab. 3, 6. [6] Jér. 23, 29. [7] Prov. 25, 18. [8] Ps. 88, 17. [9] D. 46; N. 25. [10] Job 22, 21. [11] Osée 14, 6. [12] Ez. 47, 12. [13] Nomb. 18, 9. [14] Lév. 22, 4. [15] Nomb. 5, 10. [16] Ez. 27, 6. [17] Is. 41, 19. [18] Eccl. 5, 15. [19] Is. 61, 1. [20] Jér. 46, 20. [21] Eccl. 8, 17. [22] Jonas 1, 7. [23] I Rois 15, 5. [24] ib. 15, 13. [25] Gen. 39, 9.

שין בשלמי הרעה הזאת אשר קולה באשר למי הרעה הזאת לנו[1] בסבב מא לחקנא הדֿא אלבלא· ותפסירֿ בשל אשר יעמל האדם לבקש בסבב אלדֿי יתעב בה אלאנסאן נפסה מן אלבחתֿ ותלכֿיץ אלמעני הו כמא אצף יקול אלחכים וראיתי את כל מעשה האלהים כי לא יוכל האדם למצוא את המעשה אשר נעשה תחת השמש בשל אשר יעמל האדם לבקש ולא ימצא וגם אם יאמר החכם לדעת לא יוכל למצא[2] תרגמתה תאמּלת [בכל] מצנועאת אלבארי פארא אלדֿין לא יקפון עלי חקיקתֿה כנההא ולא ידרכון גאיתהא ואן טֿנוא בנפוסהם דֿלך בסבב [טול] אתעאבהם אנפסהם פי אלבחתֿ ואלטלב פאנּהם לא ידרכון ואן ראם אגֿלּ אלחכמא מערפתה לם ימכנה דֿלך· זדת פי אלתרגמהֿ ואן טֿנוא דֿלך בנפוסהם עלי מא אוגבה אלמעני ותרגמת החכם אגֿלּ אלחכמא למא קאל אלחכים באלאטלאק ״לאנּה אלאליק[a] באלמעני· ואעלם אןּ אללאם פי בשלמי ופי באשר למי הו מתֿל אללאם פי הן לצדק ימלך מלך[3] ומתֿל לאם למשפט ישרו[4] אלתי מענאהא מן אגֿל כדֿא וכדֿא ובסבב כדֿא וכדֿא פמענאה ומעני שין ומעני אשר ואחד והדֿא ממּא אגֿתמע פיה עאמלאן באגֿתמאעהמא פי מלפנים ולחיצון[5] אלדֿי הו מתֿל לפנימה ולחיצון[6] ופי ומלפנים ונאמר צדיק[7] ופי גירהמא כתֿיר ממא דֿכרנאה וממא לם נדֿכרה והו מלגי פי אלתרגמהֿ לאן אלשין ואשר ינובאן ענהא· והכדֿא אקול פי לאם בשל אשר יעמל האדם אנּהא מלגאהֿ איצֿא ואןּ אלתקדיר באשר אשר יעמל האדם לבקש ותרגֿמתה בסבב אלדֿי יתעב אלנאס פיה נפוסהם מן אלבחתֿ· וכמא[b] אנּהם קסּמוא אלפאטֿא אצלהא אלּא תקסּם כדֿלך גֿמעוא אלפאטֿא אצלהא אלּא תגֿמע כפעלהם פי עבטיט[8] ופי קיקלון[9] ופי תשכֿון באהלו מבלילו[10] אלדֿי תפסירה יסכן פי מחלּה גירה ופי צלמות[11] ופי אלפאטֿ אכֿר כתֿירהֿ· ומן אלשאדֿ קולהם הדשנה מחלב[12] אלנון לאם אלפעל לאנּה מן ואכל ושבע ודשן[13] ואלוגה אן יכון הֻדְּשְׁנָה בתכֿפיף אלדאל [ובשבא תחתהא] ובקמצות אלשין עלי

[a] A. מע אנה ללאיק; R. מפני שהוא הראוי [b] A. וממא

[1] Jon. 1, 8. [2] Eccl. 8, 17. [3] Is. 32, 1. [4] ib. ib. [5] I Rois 6, 29. [6] ib. 6, 30. [7] Is. 41, 26. [8] Hab. 2, 6. [9] ib. 2, 16. [10] Job 18, 15. [11] ib. 10, 22. [12] Is. 34, 6. [13] Deut. 31, 20.

מת̇אל השלכה[1] מעמים הוצאה[2] אמלאה החרכה[3] אלא אן צמה אלהא מן החרבה אנתקלת אלי אלחא אד̇ כאן אכף עליהם[a]. והד̇א כאן אלוגה פי והניחה שם על מכנתה[4] אעני אן אצלה כאן והונחה עלי מת̇אל הופעלה פג̇א שאד̇א איצ̇א. ואעלם אן אלוגה ענדי אן יכון והניחה שם מן והניחו את רוחי[5] ויכון אשתראר אלנון עלי 201. הד̇א לאגראם מת̇ל אלסאכן אלמזיר פי הושב כספי[6] כי הובאו בית יוסף[7] פי אלנון כמא קלנא פי והסג אחור משפט[8] פאלוגה פיה עלי הד̇א אן יכון וחונחה בתכפיף אלנון עלי מת̇אל והוסרה מן הוסר התמיד[9] והושבה מן חושב כספי[10]. וקד יג̇וז אן יקאל פי הדשנה אן וזנה התפעלה ואן אלוגה פי אלשין אלתשדיד לאן מת̇ל הד̇ה אלבניה קד ג̇את פי קולה לא התפקדו בתוכם[11] התפקדו וכלכלו[12] אחרי אשר הטמאה[13] וזנה התפעלה ואיצ̇א אחרי הכבס את הנגע[14] אצלה התכבס. ואלמעני פי קולה חרב ליי מלאה דם הדשנה מחלב כאלמעני פי קולה ועפרם מחלב ידשן[15] ותכפיף שין הדשנה עלי הד̇א אלוגה כתכפיף קאף התפקדו ולאם ויתילדו[16]. ואסערם על כל הגוים[17] *אלוגה ואסערם עלי זנה ואשאלם וישיבו דבר[b][18] וכאן חק אלאלף לו כאן אלכלמה עלי אצלהא אן יכון בסגול מת̇ל אלף ואשאלם ומא אשבהה לוקועה עלי סאכן ט̇אהר לכן למא חולת אלכלמה ען וג̇ההא ותחרך פא אלפעל והו אלסין וכאן [וג̇הה] אלסכון חרת̇ בין אלאלף ואלסין סאכן לין לא סימא בכון אלשופר תחת אלאלף ואמתראדה באלטעם פי צבט אלאלף בצרי מן אג̇ל ד̇לך אלסאכן אללין ותחוילהם אלכלמה ען וג̇ההא הו אנהם חרכוא מא אצלה אלסכון אעני אלסין ורבמא כאנת חרכה אלסין מנתקלה אליהא מן אלעין וכד̇לך אלשבא פי אלעין מנתקלה אליהא מן אלסין ת̇ם לחקהא אלפתח מע אלשבא עלי עאדתהם פי אחרף אלחלק וקלבהם האתין אלחרכתין שביה בקלבהם כבש ושמלה ומא אשבה ד̇לך. ושביה בהד̇א פעלהם פי בהשמה מהם[19] פאן אלוגה כאן אן יכון תחרת אלבא שבא ותחת אלהא קמץ ותבדלת

a R. ajoute : ומן הדמיון הזה והיא מעמים הוצאה b R. om.

[1] Ex. 19, 12. [2] ib. 38, 8. [3] ib. 26, 2. [4] Zach. 5, 11. [5] ib. 6, 8. [6] Gen. 42, 28. [7] ib. 43 18. [8] Is. 59, 14. [9] Dan. 12, 11. [10] Gen. 42, 28. [11] Nomb. 1, 47. [12] I Rois 20, 27. [13] Deut. 24, 4. [14] Lév. 13, 55. [15] Is. 34, 7. [16] Nomb. 1, 18. [17] Zach. 7, 14. [18] Is. 41, 28. [19] Lév. 26, 43.

אלחרכתאן והרא וגה גאיז פיה גיר אלוגה אלדי דכרנאה פי גיר הרא אלמוצע. וקריב מן הרא פעלחם פי להפרכם את בריתי[1] פאן אלוגה כאן תחריך אלפא בצרי ואלהא בשבא ופתח. ושבידה בפעלהם בהשמה מהם קולהם אלהים יחנך בני[2] חנון יחנך[3] פאן אלוגה פי יחנך אן יכון אלקמץ תחת אלחא עלי מתאל יחננו ויברכנו[4] שארית עמי יבזום[5] וסלף בגדים ישדם[6] פחול אלי אליא. ולנא פי ואסערם קול אכר פי כתאב אלאצול[7]. ויחלקם דוד וצדוק מן בני אלעזר[8] ליס אנפעאלא פאנה לו כאן עלי בניה אלאנפעאל לכאן [תחת] אליא צרי עלי אלמעהוד פלמא כאן תחתהא סגול כאן אלצואב ענדי אן יקאל פיה אן אצלה ויחלקם בשבא תחת אלחא עלי מתאל ונראהו ולא מראה ונחמדהו[9] פלמא דהבוא אלי תחריך אלחא בעאדתהם פי אכתר חרוף אלחלק כמא צנעוא פי ויחרדו זקני העיר לקראתו[10] ויארבו על שכם[11] יהלמני צדיק[12] ולא יערבו לו[13] וכתיר גירהא אכתארוא מדה באלקמץ כמא אכתארוא דלך [איצא] פי סין ואסערם אלדי כאן אצלה אן יכון בשבא עלי מתאל אשאלם וישיבו דבר. ואעלם אן אלסגול פי ויחלקם הו מכאן פתח גדול ואצלה אן יכון מתל ויחלקו להם את הארץ[14] לכנהמא יתעאוראן פי כתיר מן אלמואצע עלי מא תבין פי מא סלף מן קולנא. וקד יגעלון אלסגול מכאן אלחרק [פי] מתל וחטאתם מלפניך אל תמחי[15] צור ילדך תשי[16] אלדין אצלהמא תמחה תנשה בחרק ופי ואל תמח חסדי[17] איצא פאן אלוגה אן יכון מתל וימח את כל היקום[18]. וקד יתעקב קום מן קול אבי זכריא פי תשי[19] דהב אלנון וצאר מכאנה סאכן לין קאלוא כיף יתקדם אלסאכן אללין סגול אנמא יתקדמה צרי או קמץ גדול אלם יאבהו אלי ויחמו הצאן[20] אלדי וזנה ויפעלו ויאוה מצבותה בסגול והו ואקע עלי הרא 202. אלמרחב והו מדהב אבי זכריא פיה עלי סאכן לין הו פא אלפעל. ובדלך יתחירון פי קול אבי זכריא פי צדר כתאב חרוף אללין[21] אן חרוף אללין קד תלין חתי תכפי פלא יכון להא פי אללפט טהור ולא

[1] Lév. 26, 15. [2] Gen. 43, 29. [3] Is. 30, 19. [4] Ps. 67, 2. [5] Seph. 2, 9. [6] Prov. 11, 3. [7] Col. 487, 16 à 19. [8] I Chr. 24, 3. [9] Is. 53, 2. [10] I Sam. 16, 4. [11] Jug. 9, 34. [12] Ps. 141, 5. [13] Osée 9, 4. [14] Jos. 14, 5 (dans nos textes il n'y a pas להם). [15] Jér. 18, 23. [16] Deut. 32, 18. [17] Néh. 13, 14. [18] Gen. 7, 23. [19] D. 125; N. 88. [20] Gen. 30, 39. [21] D. 6; N. 6.

חם ואנמא יורדיהא אלי אלסמאע תחריך מא קבלהא באלצם או באלפתח או באחר אלשבעה מלכים *וכאן קד מתל אלז מלכים[a] באלקמץ פי מתל וקאם שאון בעמיך[1] אל נא רפא נא לה[2] ומתל באלחלם פי מתל שופר ועולם ומתל באלחרק פי רויד ורביד ומתל באלצרי פי ירדו וילכו ולם ימתנע עליהם הם אלתמתיל באלשרק פי מתל שונם ושועל ואמא וקוע אלסגול ופתח עלי סאכן לין פלמא כאן אבו זכריא לם ימתל בהמא פי הדא אלמוצע מן כתאב חרוף אללין [אמתנע עליהם] ואן כאן קד מתל בהמא פי כתאב אלתנקיט[3] בקולה אן ארץ ובאבה שאד לוקוע אלסגול מן פא כל ואחד מן באבה עלי סאכן לין וקאל פי דלך אלכאב איצא[4] אעלם אן קד יקע פתח גדול וקטון [עלי] סאכן לין ומתל פי אלפתח גדול בשער ונחל ובאבהמא· וכאן אהל זמאננא קלמא ירוצון אפכארהם ויתעבון אנפסהם פי אלוקוף עלי אסראר הדה אלכתב לכנהם אנמא ימרון עליהא צחפא ודלך לעגזהם ותואניהם לם יאבהו אלי הדא אלדי נבהת אנא עליה ואשארוא אלי תעניף אבי זכריא עלי קולה או באחר אלז מלכים· וקד וגדנא אלפתח גדול יקע איצא עלי סאכן לין פי גיר הדא אלצרב ודלך פי מתל קולה אשר שמתי חול גבול לים[5] בנתה לרעי מרחוק[6] אני קרתי ושתיתי מים[7] שבתי לירושלם ברחמים[8] לכן עתה שבנו אליך[9] ואנחנו קמנו ונתעודד[10] זקנתי ושבתי[11] פאן פאאת הדה אלאפעאל ומא אשבההא פתוחות ובעדהא סואכן לינה בינה ענד כל ואחד· וללה דר אלאסתאד אבי זכריא פמא אחכם קולה אד יקול פי צדר אלמקאלה אלתאניה מן כתאב חרוף אללין[12] פי דכרה אלאפעאל אלמעתלה אלעינאת קאל יעני עין אלפעל וקד יסקט הדא אלסאכן מן אללפט ואלכט אדא קיל מן הדה אלאפעאל ופעלתי וכאן מענאה אלאסתקבאל מתל ושבתי בשלום[13] וקמתי על בית ירבעם[14] וגלתי בירושלם וששתי בעמי[15] ומשתי את עון הארץ[16] פאנה קד אחכם הדא אלמעני בקולה וכאן מענאה אלאסתקבאל ופי קוה כלאמה אנה אן כאן מענאה אלמצי פאן עין אלפעל ואן כאן סאקטא מן אלכט פאנה

[a] R. om.

[1] Osée 10, 14. [2] Nomb. 12, 13. [3] D. 181. [4] D. 182; N. V. [5] Jér. 5, 22. [6] Ps. 139, 2. [7] Is. 37, 25. [8] Zach. 1, 16. [9] Jug. 11, 8. [10] Ps. 20, 9. [11] I Sam. 12, 2. [12] D. 58; N. 33. [13] Gen. 28, 21. [14] Amos 7, 9. [15] Is. 65, 19. [16] Zach. 3, 9.

תֿאבת פי אללפט ואן תקדֿמת אלפתח ורֿלך פי מתֿל ושבתי אעני זקנתי ושבתי[1] ופי קוה כלאמה איצֿא אנה תֿאבת פי קמתי ושבתי ומא אשבההמא אדֿ ליס יוגֿב סקוטה מן אללפט ואלכֿט מעא אלֿא פי מתֿל ושבתי בשלום וקמתי על בית ירבעם אדֿ כאן מעני הדֿה אלאלפאט אלֿאסתקבאל לאן אללפט בהא יכון מלרע· ואמא אדֿא לם יכן מענאהא אלאסתקבאל ואדֿא לם יכן פיהא ואו אלעטף אלשבאיה פאן לפטֿהא יכון מלעל ואלסאכן חינידֿ תֿאבת בין ומא קבלה פתח מתֿל זקנתי ושבתי שבתי לירשלם ואנחנו קמנו ונתעודד לכן עתה שבנו אליך [ומא אשבההא]· פאן כאן שי מן הדֿא קמץ פפי אלוקף ואלאנפצאל מתֿל עד מתנו[2] ונירח· ולם נקצד פי הדֿא אלבאב[a] תביין מתֿל הדֿא לכנה עארץ פי אלבאב· תֿם נעוד אלי אלבאב· ומן אלשאדֿ קולה הבי המטפחת[3] הבו לי"י[4] אלוגֿה פיהמא אן יכונא עלי זנה אך דעי עונך[5] דעו כי יי הוא האלהים[6] לאנהמא אמר מן יהב עלי זנה ידע לכנהם בנוהמא עלי אלאמר אלמפרד אלדֿי הו הב עלי זנה רע פלם יגירו בנאי הב ודֿלך שאדֿ· ומנה 208. איצֿא קולהם כל מכבדיה הזילוה[7] הסיתוך ויכלו לך[8] אלוגֿה פיהמא אן יכונא מתֿל הביאוה הביאוך וקד דֿכרתהמא פי אלמסתלחק[9] ועללתהמא פיה· ומנה איצֿא קולהם יען אמרך את שני הגוים[10] באמרכם שלחן ארני מגאל הוא[11] באמרכם כל עשה רע[12] ביום אכלך ממנו[13] והיה באכלכם מלחם הארץ[14] ביום עמדך מנגד[15] למרדכם היום בי"י[16] עד השמדך ועד אבדך[17] עד אבדכם מעל האדמה הטובה[18] בעזבכם את מצות יי[19] אלוגֿה פי הדֿה אלאלפאט אן תכון עלי מתֿאל ובשכבך ובקומך[20] בעברכם את הירדן[21] כתפשכם את העיר[22] כשמעכם את קול השופר[23] פכֿרגֿת מכֿרגֿ לשמרך בדרך[24] ואלפרק בין באב ובשכבך ובקומך ובין באב לשמרך בדרך אן אלכנאיאת פי באב ובשכבך מצֿאף אליהא והי ללפאעלין והי פי באב לשמרך בדרך מפעול בהא· ומן באב כתפשכם את העיר

[a] A. ajoute אלֿא

[1] I Sam. 12, 2. [2] II Rois 7, 8. [3] Ruth 3, 15. [4] Ps. 29, 1. [5] Jér. 3, 13. [6] Ps. 100, 3. [7] Lam. 1, 8. [8] Jér. 38, 22. [9] Opusc. p. 72 à 75. [10] Ex. 35, 10. [11] Mal. 1, 12. [12] ib. 2, 17. [13] Gen. 2, 17. [14] Nomb. 15, 19. [15] Obad. 1, 11. [16] Jos. 22, 16. [17] Deut. 28, 20. [18] Jos. 23, 13. [19] I Rois 18, 18. [20] Deut. 6, 7. [21] ib. 27, 4. [22] Jos. 8, 8. [23] II Sam. 15, 10. [24] Ex. 23, 20.

קולה בקרבכם אל המלחמה[1] לכנה שד כשרוד באמרכם שלחן ארני[2] ופיה איצא שרוד אכר והי אמתראר קאפה[a] באלקמצות כמא ערץ לסין ואסערם על כל הגוים[3]. ותגבהינה ותעשינה תועבה[4] אלוגה ואלקיאס ותגבהנה מתל ותקרבנה פאכרגוה מכרג ידיו תביאינה[5] ורבמא אראדוא בה תזויג אלכלאם. ושאננך עלה באזני[6] הרדה אללפטה במעני ושאונך פכרגת עלי גיר קיאס ולא יצלח אן תכון פי מעני שאנן מואב[7] בוגה מן אלוגוה. עשו משוטיך[8] אלוגה תכפיף אלשין וכון שבא תחת אלמים לאנה גמע כל תפשי משוט[9]. והיטבתי מראשתיכם[10] אן כאן והיטבותי מן אלאפעאל אלתי פאההא יא פכאן אלוגה אן יכון והטיבתי בתבאת אליא אלתי הי פא אלפעל וסקוט אליא אלתאני עלי מתאל והשלכתי כמא קיל היטברת לראות[11] ואן כאן מעתל אלעין פאלוגה אן יכון מתל והשיבתי את ידי[12] או והטבתי בגיר יא מתל והטלתי אתכם[13] פכאן והיטבותי מרכב מן האתין אללגתין פצדרה מעתל אלפא ולדלך אתבתת פיה אליא אלתי הי פא אלפעל ועגזה מעתל אלעין. ומתלה והושבותים כי רחמתים[14] לו אנה מן הושיב עלי מתאל הוריד לכאן והושבתים מתל והושבתים על בתיהם[15] ולו אנה מן השיב לכאן והשיבותים פכאנה ארא מרכב מן האתין אללגתין. ומן אלשאד קולה כי כפיכם נגאלו בדם[16] וקד דכרתה פי באב אלתצריף. ואעלם אן מן אלשאד איצא קולהם יאמר ויאכל ויאחז בעקב פח[17] ואצלהא אן תכון עלי מתאל יפעול מתל ואתה תאזור מתניך[18] ולא נאסף את תבואתנו[19] ויאסר יוסף מרכבתו[20] לכנהם למא אכתארוא פי הדה אלאפעאל לין אלפאאת עלי טהורהא אסתתקלוא אן יאתוא בהא עלי יפעול לאגתמאע אלצמתין פי כל פעל מנהא לו קאלוא יאמור ויאכול ויאחוז פנקלוהא אלי יפעל ואלדליל עלי דלך אסתעמאלהם אלאמר מנהא עלי פעול אעני אמר אל הכהנים[21] ואחז בזנבו[22] את אשר תמצא אכול אכול ארת המגלה[23] ודלך אן אלאמר אנמא יוכד מן אלפעל אלמסתקבל לאנך אנמא תאמר ממא לם יקע עלי מא קד 204.

a A. קאפיה b A. לאסר

[1] Deut. 20, 2. [2] Mal. 1, 12. [3] Zach. 7, 14. [4] Ez. 16, 50. [5] Lév. 7, 30. [6] II Rois 19, 28. [7] Jér. 48, 11. [8] Ez. 27, 6. [9] ib. 27, 29. [10] ib. 36, 11. [11] Jér. 1, 12. [12] Ez. 20, 22. [13] Jér. 16, 13. [14] Zach. 10, 6. [15] Osée 11, 11. [16] Is. 59, 3. [17] Job 18, 9. [18] Jér. 1, 17. [19] Lév. 25, 20. [20] Gen. 46, 29. [21] Lév. 21, 1. [22] Ex. 4, 4. [23] Ez. 3, 1.

תקדם דכרה פאסתעמאלהם ללאמר[a] מן הדה עלי פעול דליל עלי אן אצלהא יפעול לאן אלאמר אנמא הו מנהא ולו אן אצלהא אלחקיקי יפעל עלי מא הי עליה לכאן אלאמר מנהא פעל עלי אלאטראד פי כל אמר יוכד מן יפעל פהדא בין. ומן אלשאד איצא קולהם צק לעם[1] אנמא אלקיאס צוק בואו אלמד לאנה מאכוד מן לא יצק עליו שמן[2] ובחרף אליא אלדי הו פא אלפעל או צק לעם באלקמץ[b] איצא ובחרף אליא ומן וגם יצק בו מים[3] ואמא צק לעם פאנמא יצלח אן יכון מן ייצק באלפתח עלי זנה כי לא יירש[4] כמא אן החל רש[5] מאכוד מן כי לא יירש ואן כאנוא קד קאלוא עלה רש[6] פאבדלוא מן אלפתח צרי. וליס באלממתנע עלינא אן נקול אן קולהם צק לעם באלפתח דליל עלי אנהם קד קאלוא פי אלמסתקבל ייצק עלי זנה כי לא יירש ואלדליל עלי דלך קולהם ויצק דם המכה[7] ואן כאן גיר מתעד בסגול [ואלסגול] ואלפתח גדול קד יעתוראן כמא קד תבין דלך מן גיר הדא אלבאב פהו עלי הדא גיר שאד. ומן אלשאד איצא קולה גשו הנה[8] גשי הלם[9] לאנהמא מאכוראן מן נגוש ונגוש מאכוד מן יגוש ולם יאתנא אלמסתקבל מן נגש אלא [יגש ולא] יגוש פגושו ארא שאד וחתי לו אסתעמל יגוש לכאן נגושו גיר מסתעמל אלא פי אלוקף מתל קולה עמדו עמדו[10] את ארני הגדול והנורא זכרו[11] אלא עלי אלשדוד. וליס במסתנכר אן יקאל אן גשו הנה מאכוד מן יגוש ואן צק לעם מאכוד מן ייצק עלי מתאל יפעל ואן לם יוגדא מסתעמלין פימא בין אידינא מן אלמקרא. אלא אן דלך כאן מן אסתעמאל אלעבראניין ולולא דלך למא גא אלאמר הכדא וארא כאן דלך כדלך לם יכונא שאדין. ומן אלשאד איצא קולה והבאתה אל תוך ביתך[12] והבאתו אלי[13] עתה הבאתיה[14] פן תשבענו והקאתו[15] והמתיה בצמא[16] והכתיו והמתיו[17] פאן הדא אלצרב מן צרבי הפעלתי אלמעתל אלעין למא אתצל באלצמיר אלמפעול בה אנצרפת חרכה האיה אלי חרכה הא אלצרב אלתאני אלדי גרי עלי אלאצל ואלקיאס לאן הדא אלצרב

[a] A. לאמר [b] R. om. Ce n'est possible qu'avec makkeph, et en lisant יְצָק־בּו

[1] II Rois 4, 41. [2] Nomb. 5, 15. [3] Ez. 24, 8. [4] Gen. 21, 10. [5] Deut. 2, 24. [6] ib. 1, 21. [7] I Rois 22, 35. [8] Jos. 3, 9. [9] Ruth 2, 14. [10] Nah. 2, 9. [11] Néh. 4, 8. [12] Deut. 21, 12. [13] II Sam. 14, 10. [14] Is. 37, 26. [15] Prov. 25, 16. [16] Osée 2, 5. [17] I Sam. 16, 35.

עלי גיר אלקיאס לדהאב עין אלפעל מנה. וקד דכר דלך אבו זכריא[1] אעני כונה עלי גיר קיאס. *ואזיד דלך ביאנא באן אקול אן הפעיל אלמעתל אלעין ארא אתצל באלמכניאת כאן עלי צרבין אחדהמא עלי אלקיאס והו מתל והביאותם[2] הביאתיו אליך[3] והביאותיו[4] אשר הבינונו[5] בשבא תחת אלהאאת ובואו בין לאם אלפעל ואלכנאיה ואלתאני עלי גיר קיאס והו מתל הטלתי הבאתי הכנו והקרשנו[6] בצרי תחת אלהאאת ובגיר ואו פאתת הדה אלאלפאט ומא גאנסהא ממוגה מן האתין אלבניתין אעני בשבא תחת אלהאאת [כמא פי אלצרב אלאול ובגיר ואו] כמא פי אלצרב אלתאני[a].

206. אלבאב אלתלתון

נדכר פיה מעני אלשדוד

אעלם אן *שדוד אלחרף[b] יכון עלי וגהין אמא שדודא ען אלקיאס ואמא שדודא ען אלבאב אעני ען אלאסתעמאל ואלאסתאר ואן גא עלי אלקיאס [ודלך אן אלאסתעמאל ואלאסתאר יכון עלי וגהין איצא][c] *אמא [עלי אלקיאס ואמא] עלי גיר אלקיאס[d]. אמא [עלי אלקיאס והו גל כלאמהם][e] מא גרי מן אסתעמאלהם אלאמר מן אלמסתקבל מן אלפעל אלכפיף אלדי הו עלי יפעול או עלי יפעל עלי פעול מן יפעול או עלי פעל מן יפעל ואלמצדר פעול ובאסתעמאלהם אלאמר מן מסתקבל פעל אלמשדד באלתשדיד איצא ובדלך אלמצדר *ובאסתעמאלהם אלאמר מן מסתקבל הפעיל אלדי הו יפעיל [הפעל] או הפעיל ובדלך אלמצדר[f] ובתיר מן מתל הדא ממא לא צרורה בנא אלי חשרה הנא. ואמא מא גרי מן אסתעמאלהם עלי גיר אלקיאס ואן כאן מטרדא פי גל כלאמהם פבאסתעמאלהם אלמסתקבל מן נתן יתן בתחריך אלתא בצרי ומן אבל יאבל בצרי איצא או יאבל בפתח ומן אמר יאמר בפתח או

[a] R. om. [b] A. אלשדוד̇חרף [c] Suppléé d'après R. [d] R. om. [e] Suppléé d'après R. [f] R. om.

[1] D. 90; N. 54. [2] I Sam. 16, 17. [3] Gen. 48, 9. [4] Nomb. 14, 24. [5] I Chr. 29, 16. [6] II Chr 29, 19.

יאמר בצרי וכאן אלקיאס אן יכון אלמסתקבל מן נתן יִתַּן בפתח אלתא עלי זנה יזל מים[1] מן הרים נזלו מפני יי'[2] כי ישל זיתך[3] מן נשל וידר ישראל[4] מן נדר וכאן איצא אלקיאס אן יכון אלמסתקבל מן אכל ואמר עלי זנה יפעול פשד אלי יפעל לעלה קד דכרנאהא פי אלבאב אלמתקדם להדא ושד איצא אלי יפעל בצרי עלי זנה יתן שדודא אכר. וכדלך שד יאחז איצא אלי יתן. ואמא אלשדוד ען אלקיאס פכשדוד שכל אדם האריך אפו[5] אלדי אלקיאס [פיה] אן יכון האריך בפתח אלהא לאנה מצדר [מתל] בהאריך הענן על המשכן[6] ומתלה ביום החזיקי בידם[7] ואיצא פסוח והמליט[8] עד השמידם אותם[9] בת בבל כגרן עת הדריכה[10] כלהא מצאדר וכאן אלקיאס אן תכון האאתהא מפתוחה. וכשדוד נסו נרו מאד העמיקו לשבת[11] נסו הפנו העמיקו לשבת[12] אלדין המא אמר מן בניה הפעיל ואלקיאס אן יכונא מפתוחי אלהאין וקולה הפנו באלקמץ שאד איצא ואלוגה פתח אלהא לאנה אמר מן הפנה. וכשדוד קולי אל אלהים והאזין אלי[13] בפתח אלהא ואלקיאס אן יכון בסגול מתל ולא האזין אליכם[14] לאנה פעל מאץ מתלה ואמא האזין אלמפתוח פהו אמר מתל האזינה אלהי יעקב סלה[15] ויכון איצא מצדרא ומתל [הדא] אלשדוד פי אלכתאב כתיר ממא קד דכרנאה פי אלבאב אלמתקדם להדא וממא לם נדכרה פיה. ואמא שדוד אלחרף ען אלבאב ואן כאן גאריא עלי אלקיאס פכשדוד ואנחנו נתן לך איש אלף ומאה כסף[16] אלדי שד ען באב יִתֵּן ואתֵּן ונתֵּן וגא עלי אלקיאס כמא קלת קבל הדא פרב חרף יגרי עלי 207. אלאצל ויכון מגרי אלבאב עלי גיר דלך. וכשדוד ושלשת נשי בניו[17] לשלשת אחיתיהם[18] ומעלות שבעה עלותיו[19] אלתי גאת באלהא עלי אלאצל ואלאסתעמאל ואלאטראד פי עדד אלמונת אן יכון שלוש ושבע בלא הא ואן כאן אלקיאס אן יכון בהא לאנהא עלאמה אלתאנית עלי מא סתראה פי באב אלעדד. וקד אסתעמל הדא אלשדוד פי אלבריתא איצא פי קולהם[20] בשלשה וארבעה מברכין ברכת הזימון וארادוא בדלך בשלש ברכות וארבע ברכות

[1] Nomb. 24, 7. [2] Jug. 5, 5. [3] Deut. 28, 40. [4] Nomb. 21, 2. [5] Prov. 19, 11. [6] Nomb. 9, 22. [7] Jér. 31, 31. [8] Is. 31, 5. [9] Jos. 11, 14. [10] Jér. 51, 33. [11] ib. 49, 30. [12] ib. 49, 8. [13] Ps. 77, 2. [14] Deut. 1, 45. [15] Ps. 84, 9, [16] Jug. 16, 5. [17] Gen. 7, 13. [18] Job 1, 4. [19] Ez. 40, 26. [20] Bab. Berakh 46a.

לכנה אתבתוא עלאמה אלתאנית עלי אלקיאס ואלאצל ותרכוא אלאסתעמאל ואלאטראד· וקד כתר אלאכתלאף בין אלגאונים[1] פי תפסיר הדה אלבריתא פבעץ פר מן אן יגעלהא ברכות מן אגל אלהא ובעץ געלהא ברכות ותברא מן עלם עלה להא *אלתי קיץ אללה לנא עלמהא דון גירנא[a]· וכשדוד ושפתי חכמים תשמורם[2] ען אלבאב ואן כאן עלי אלקיאס לאן אלאטראר פי כל יפעול אתצל בצמיר אלמפעול או אלמפעולין אן יסקט מנה אלואו מתל קולה ולא ישמרנו בעליו[3] כי נעים כי תשמרם בבטנך[4] ויזרקהו על המזבח[5] וקד בינא דלך פי באב אלתצריף· עלי הדא גרי גל אלבאב מן סקוט ואו אלמר ותרך אלדלאלה עליה ורבמא דלוא עליה באלצם בקולהם הוא יהדפם מפניכם[6] ודם ירדפך[7] *וקד יקרא ירדפך בשבא ופתח בגיר צם[b] אשר פי יי׳ יקבנו[8] באותי ואסרם[9] והדה אלעלאמאת איצא ומא אשבההא ממא שד ען אלבאב וגא עלי אלקיאס וקד יגרי פי אלבאב אלחרף ואלחרפאן[c] עלי אלאצל לידל עלי אצל אלבאב ואן כאן אלאסתעמאל גיר דלך·

אלבאב אלחאדי ואלתלתון

מן אלמקלוב

אעלם אן אלקלב פי כלאמהם יכון עלי צרבין אחדהמא פי אללפט ואלאכר פי אלמעני לאן אלכלאם אדא לם ידכלה לבס גאז פי[ה] אלקלב וגירה· ואמא[d]] אלקלב אלדי פי אללפט פמתל כבש וכשב ושמלה ושלמה כי בלעגי שפה[10] נלעג לשון[11] ולשון עלגים[12] תמנת חרס[13] תמנת סרח[14] ובכלי גמא[15] ואת האגמים שרפו באש[16] התשים אגמן באפו[17] ויחלש יהושע[18] את כל הנחשלים אחריך[19] והיית לזועה[20] והיה רק זועה[21] בני עולה[22] בני עלוה[23] ומתלעות לביא לו[24] מלתעות כפירים[25] ויחרד האיש וילפת[26] נפתולי אלהים

a R. om. b R. om. c A. ואלחרפין d Suppléé d'après R.

1 Voy. Alfâsi et Aschêrî. 2 Prov. 14, 3. 3 Ex. 21, 36. 4 Prov. 22, 18. 5 Lév. 9, 12. 6 Jos. 23, 5. 7 Ez. 35, 6. 8 Is. 62, 2. 9 Osée 10, 10. 10 Is. 28, 11. 11 ib. 33, 19. 12 ib. 32, 4. 13 Jug. 2, 9. 14 Jos. 24, 30. 15 Is. 18, 2. 16 Jér. 51, 32. 17 Job 40, 26. 18 Ex. 17, 13. 19 Deut. 25, 18. 20 ib. 28, 25. 21 Is. 28, 19. 22 II Sam. 3, 34. 23 Os. 10, 9. 24 Joel 1, 6. 25 Ps. 58, 7. 26 Ruth 3, 8.

208. נפתלתי[1] לפרש להם[2] ומי יודע פשר דבר[3] איה האנשים[4] אהי
מלכך אפוא[5] גוער בים[6] רגע הים[7] ישבי חדל[8] האזינו כל ישבי
חלד[9] יחדו נאלחו[10] אשר חלאתה בה[11] אנקת אסיר[12] נאקת בני
ישראל[13] נגרזתי מנגד עיניך[14] אמרתי נגזרתי[15] ויפצר בם מאד[16]
ויפרץ בו[17] אלמגים[18] אלגומים[19] וערפל חתלתו[20] לאשר על
המלתחה[21] ויחגרו ממסגרותם[22] ויחרגו ממסגרותיהם[23]. אי לזאת
אסלח לך[24] תקדירה לאי זאת אסלח לך ותפסירה אי הדה אלדנוב
אגתפר לך. אי מזה עיר אתה[25] אלתקדיר מאיזה עיר. מלבד עלת
הבקר[26] מלבד נשי בני יעקב[27] לבד מאיל וצבי ויחמור[28]. בעבור
זה עשה יי׳ לי[29] אלתקדיר זה בעבור עשה יי׳ לי אי אן הדא
אלתעבד אלדי אתעבד בה הו מן אגל כדא וכדא. חרות על
הלחת[30] חתר נא בקיר[31]. כבחצי מענה צמד שדה[32] אלתקדיר
209. כבחצי בתקרים אלכא עלי אלכאף לאן תפסירה מתל תכסיר
כרא וכרא מן אלארץ. אריוך דמעתי[33] ימכן אן יכון אריוך עלי
זנה מי אנחמך[34] ויכון אליא לאם אלפעל *מקדמא עלי עינה[a] עלי
מדהב אלכמאל ואלתמאם כמא כאן ירוין מרשן ביתך[35] באמלא
באליא וכמא כאן איצא קולה תהמות יכסימו[36] תאמא כאמלא
באליא אלמנקלב מן [הא] כסה[b] שמים[37] אלדי הו לאם אלפעל
ואלאטראד ואלאסתעמאל יכסו מתל יגלו שמים עונו[38] פגא הדא
יכסיו כאמלא עלי זנה ידברו לו אלי גבורים[39] אלא אנהם תרכוא
תשדיד אלסין אסתכפאפא כמא תרכוא תשדיד נון ויקנאו אתו
פלשתים[40] ולאם וימלאום למלך[41] וקאף מידי תבקשנו[42] וגיר דלך
כתיר ממא קד דכרנא פי באב אלחדף. ורבמא כאנת אליא פי אריוך
מזידה מתלהא פי לדריוש הדבר[43] ותפסירה ארויך דמעתי אי מן
דמעי. ומן אלמקלוב מן אלאפעאל אלמעתלה אלפאאת ואלעינאת

[a] R. om. [b] A. נטה

[1] Gen. 30, 8. [2] Lév. 24, 12. [3] Eccl. 8, 1. [4] Gen. 19, 5. [5] Osée 13, 10. [6] Nah. 1, 4. [7] Is. 51, 15. [8] ib. 38, 11. [9] Ps. 49, 2. [10] ib. 14, 3. [11] Ez. 24, 6. [12] Ps. 79, 11. [13] Ex. 6, 5. [14] Ps. 31, 23. [15] Lam. 3, 54. [16] Gen. 19, 3. [17] II Sam. 13, 25. [18] I Rois 10, 11. [19] II Chr. 9, 10. [20] Job 38, 9. [21] II Rois 10, 22. [22] II Sam. 22, 46. [23] Ps. 18, 46. [24] Jér. 5, 7. [25] II Sam. 15, 2. [26] Nomb. 28, 23. [27] Gen. 46, 26. [28] I Rois 5, 3. [29] Ex. 13, 8. [30] ib. 32, 16. [31] Ez. 8, 8. [32] I Sam. 14, 14. [33] Is. 16, 9. [34] ib. 51, 19. [35] Ps. 36, 9. [36] Ex. 15, 5. [37] Hab. 3, 3. [38] Job 20, 27. [39] Ez. 32, 21. [40] Gen. 26, 14. [41] I Sam. 18, 27. [42] Gen. 43, 9. [43] Ezra 10, 16.

קולהם גם בוש לא יבושו[1] לא תגורו מפני איש[2] כי יגרתי מפני האף[3] והיה הטוב ההוא אשר ייטיב יי[4] כי תצור אל עיר[5] לא יצר צעדך[6] יצרו צעדי אונו[7] ורעה עינך[8] מדוע לא ירעו פני[9] לא הקיץ הנער[10] וייקץ נח מיינו[11] ריבה יי את יריבי[12] כי ירד רע[13] והיום רד מאד[14] ורבמא כאן רד מאד מחרופא [והו] פי כלי אלוגהין עלי מעני הנה חנות היום[15] רשו ורעבו[16] מוריש ומעשיר[17] אם ישוב ישיבני יי[18] אם שוב תשבו בארץ הזאת[19] יעף ועיף. ומן אלמקלוב מן אלאפעאל אלמעתלה אלעינאת ואללאמאת קולה כי דבר יי בזה[20] בוז יבוזו לו[21] לב נשבר ונדכה[22] או דכו במדכה[23] עד צואר יחצה[24] והוא כנה חיץ[25] ספתה בחמות ועוף[26] יחדו יספו[27] אם תעירו ואם תעוררו[28] וקיר ערה מגן[29] אנה פנה דודך[30] נשאתי אמיך אפונה[31]. ולנא פי אפונה גיר הדא אלקול פי כתאב אלאצול[32]. רדה באף גוים[33] והיה כאשר תריד[34] למרעהו אשר רעה לו[35] איש רעים להתרועע[36] והחיות רצוא ושוב[37] ברצתו עם אלהים[38] כי אם רצתי אחריו[39] ויריצהו מן הבור[40] עד אשר אם שאו ערים[41] להשביע שאה ומשואה[42] ואם אמנם שגיתי אתי תלין משגתי[43] ישעו ואין מושיע[44] הנותן תשועה למלכים[45] ושפו

210. עצמותם לא ראו[46] הוא ישופך ראש[47] ובאונו שרה את אלהים[48] השירו ולא ידעתי[49] וגאיז אן יכון גמיע הדא לגאת מכתלפה. ואמא אלמקלוב פי אלמעני פמתל קולה על הרים יעמדו מים[50] אלמעני על מים יעמדו הרים כמא קיל לרוקע הארץ על המים[51]. נרפא נגע הצרעת מן הצרוע[52] אלוגה נרפא הצרוע מן נגע הצרעת מתל אז יאסף אתו מצרעתו[53]. כל העבר על הפקדים[54] אלוגה כל העוברים עליו הפקודים. ותשקמו בדמעות שליש[55] אלמעני ותשקמו דמעות בשליש ואלשליש כיל מא צבם כמא קיל וכל בשלש[56]. ותשם בפוך

[1] Jér. 6, 15. [2] Deut. 1, 17. [3] ib. 9, 19. [4] Nomb. 10, 33. [5] Deut. 20, 19. [6] Prov. 4, 12. [7] Job 18, 7. [8] Deut. 15, 9. [9] Néh. 2, 3. [10] II Rois 4, 31. [11] Gen. 9, 24. [12] Ps. 35, 1. [13] Mich. 1, 12. [14] Jug. 19, 11. [15] ib. 19, 9. [16] Ps. 34, 11. [17] I Sam. 2, 7. [18] II Sam. 15, 8. [19] Jér. 42, 10. [20] Nomb. 15, 31. [21] Cant. 8, 7. [22] Ps. 51, 19. [23] Nomb. 11, 8. [24] Is. 30, 28. [25] Ez. 13, 10. [26] Jér. 12, 4. [27] Is. 66, 17. [28] Cant. 2, 7. [29] Is. 22, 6. [30] Cant. 6, 1. [31] Ps. 88, 16. [32] Col. 565 et suiv. [33] Is. 14, 6. [34] Gen. 27, 40. [35] Jug. 14, 20. [36] Prov. 18, 24. [37] Ez. 1, 14. [38] Job 34, 9. [39] II Rois 5, 20. [40] Gen. 41, 14. [41] Is. 6, 11. [42] Job 38, 26. [43] ib. 19, 4. [44] II Sam. 22, 1. [45] Ps. 144, 10. [46] Job 33, 21. [47] Gen. 3, 15. [48] Osée 12, 4. [49] ib. 8, 4. [50] Ps. 104, 6. [51] ib. 136, 6. [52] Lév. 14, 3. [53] II Rois 5, 3. [54] Ex. 30, 13. [55] Ps. 80, 6. [56] Is. 40, 12.

עיניה[1] אלוגה ותשם הפוך בעיניה כמא קאל כי תקרעי בפוך עיניך[2]· עיני גבהות אדם שפל[3] אלוגה גבהות עיני אדם שפל· תולעת שני[4] שני התולעת· עד דוד הגדיל[5] [אלמעני] עד הגדיל דוד· ועללתי בעפר קרני[6] אלבא הנא מכאן על כמא קד קלת פי בא כי אם הבהמה אשר אני רכב בה[7] אי עליה ובא כי הדם הוא בנפש יכפר[8] אי על הנפש יכפר פכאנה קאל עלי הרא ועוללתי על עפר קרני [והרא מן אלמקלוב ואנמא תקדירה ועוללתי עפר על קרני*] עלי מעני ויעלו עפר על ראשם[9] תפסירה עלית אלתראב עלי ראסי מן אלעלא וליס כאן יכון מן לגה עלה בל הו מן דואת אלמתלין פי הרא אלמעני ומנה ענדי במעל ידיהם[10] אי בנשיאות כפיהם עלי זנה והבאתי מרך בלבבם[11] אלדי הו מן דואת אלמתלין עלי מא בינת פי כתאב אלמסתלחק[12] וגעל אבו זכריא[13] ועללתי בעפר קרני מן על ברזל[14] ומא יבעד דלך· ומן הרה אללגה והרא אלמעני ענדי נורא עלילה[15] ותלביץ דלך אן נורא עלילה צפה בעד צפה לאלהים אלמדכור פי אלפסוק ואלהא פי עלילה ללמבאלגה עלי מא דכרתה פי גיר הרא אלמוצע· וקד ימכן אלא יכון פי ועוללתי בעפר קרני קלב ואלא תכון אלבא פי מעני על בל יכון אללפט בחסבה ויכון תפסירה ועאלית ראסי באלתראב ואנמא דכרת לך גמיע הרא לאעלמך תנקיח אלכלאם ותפריע אלמעאני· יין ידליקם[16] אלוגה יין ידליקו עלי מעני שכר ירדפו[17]· וקראו אכר אל אבל ומספד אל יודעי נהי[18] אלמעני ואל מספד יודעי נהי· והיא הפכה שער לבן[19] אלתקדיר ושערה הפך לבן כמא קיל ושערה לא הפך לבן[20]· כי נפש כל בשר דמו בנפשו הוא[21] ואלתקדיר נפשו ברמו היא· תחת פטרת כל רחם בכור כל מבני ישראל[22] אלתקדיר
כל בכור מבני ישראל וקולה בכור כל בדל מן קולה פטרת כל רחם 211.
כאנה קאל תחת כל בכור מבני ישראל· ושרץ היאר צפרדעים[23] ליס יעני אן אליאר יסעי וירבב אד ליס הו חיואנא ואנמא יעני אן

* Suppléé d'après R.

[1] II Rois 9, 30. [2] Jér. 4, 30. [3] Is. 2, 11. [4] Ex. 25, 4. [5] I Sam. 20, 41. [6] Job 16, 15. [7] Néh. 2, 12. [8] Lév. 17, 11. [9] Jos. 7, 6. [10] Néh. 8, 6. [11] Lév. 26, 36. [12] Opuscules p. 220. [13] D. 167; N. 114. [14] Deut. 28, 48. [15] Ps. 66, 5. [16] Is. 5, 11. [17] ib. ib. [18] Amos 5, 16. [19] Lév. 13, 10. [20] ib. 13, 4. [21] ib. 17, 14. [22] Nomb. 8, 16. [23] Ex. 7, 28.

חיואנא מא יסעי ויד̇ב̇ פיה פהו ארֿא מן אלמקלוב ומת̇לה שרץ
ארצם צפרדעים[1] וליס יג̇ב אן יקאל פי הד̇ין אלפעלין אנ̇המא
ללצפרדעים עלי אלתקדים ואלתאכ̇יר ואנ̇המא מפרדאן [כל] הד̇א
מן אלמקלוב פי אלמעני ואלדליל עלי ד̇לך קולה ואת כל נפש
החיה הרמשת אשר שרצו המים[2] פג̇על אלפעל ללמים והו ללחיה.
פאן תעסּף פי הד̇א מתעסּף וקאל אן [שרצו] אנּמא הו ללחיה לאן̇
מעני אלחיה ג̇מע פמא ינכר הד̇א מן תעסּף אהל זמאננא אחתג̇נ̇נא
בקולה בכל אשר תרמש האדמה ובכל דגי הים[3] אלד̇י תקדירה כל
אשר ירמש באדמה וכל דגי הים אלא תראה אנ̇ת̇ אלפעל למא ג̇עלה
ללאדמה וכיף [אד̇כ̇ל] אלבא באלפאעל[a] והו כל אשר עלי סביל
אלקלב וכד̇לך אד̇כ̇ל אלבא איצ̇א עלי אלמעטוף עלי אלפאעל והו
כל דגי הים פקאל ובכל דגי הים פהד̇א עלי הד̇א. ומת̇לה איצ̇א
ועלה שמיר ושית[4] אלתקדיר ועלה בו שמיר ושית. ומת̇לה והנה
עלה כלו קמשונים[5] ואיצ̇א על ארמת עמי קוץ שמיר תעלה[6] ליס
תעלה פעלא ללקוץ ואלשמיר בל הו ללאדמה עלי סביל אלקלב
ואלתפסיר אנ̇הם ינדבון עלי שדי חמד על גפן פריה[7] ואיצ̇א על
ארמת עמי אשר תעלה קוץ ושמיר אי אלתי הד̇ה צפתהא כמא קיל
ועלה שמיר ושית[8]. ומת̇לה איצ̇א ועלתה ארמנתיה סירים[9] וכאן
אלוג̇ה פי הד̇א כלּה אן יכון והעלה שמיר ושית אי וינבת בצ̇ם
אליא וכסר אלבא והנה העלה קמשונים והעלתה ארמנותיה סירים.
וליס ימתנע אן יכון קולה קוץ שמיר תעלה[10] מן הד̇א אעני אן
יכון מסתקבל העלתה[11]. ומת̇ל הד̇א העיר היצאת אלף תשאיר
מאה והיוצארת מאה תשאיר עשרה[12] ג̇על אלפעל להא וחו
באלחקיקה לאהלהא ותקדירה היוצאים ממנה אלף והיוצאים ממנה
מאה. עד קירות הספן[13] מקלוב ואלוג̇ה עד ספון הקירות לאן̇
אלתפסיר מן אלקאע אלי תסקיף אלחיטאן וליס יג̇וז אן יקאל אלי
חיטאן אלתסקיף לאן̇ אלמעני כאן יסתחיל. וירץ אליו בחמת כחו[14] 212.
יריד בכח חמתו. כד הקמח לא תכלה וצפחת השמן לא תחסר[15]

[a] A. באלפעל

[1] Ps. 105, 30. [2] Gen. 1, 21. [3] ib. 9, 2. [4] Is. 5, 6. [5] Prov. 24, 31. [6] Is. 32, 13. [7] ib. 32, 12. [8] Jos. 5, 6. [9] Is. 34, 13. [10] ib. 32, 13. [11] I Sam. 2, 19. [12] Amos 5, 3. [13] I Rois 6, 15. [14] Dan. 8, 6. [15] I Rois 17, 14.

אלוגה קמח הבר לא יכלה ושמן הצפחת לא יחסר· שבעת חקות קציר ישמר לנו[1] אלוגה חקות שבועות קציר·

אלבאב אלתאני ואלתלתון

מן אלמקדם ואלמוכר.

הדא אלבאב מגאנס ללבאב אלמתקדם לה ולדלך אן אדכל פי אחדהמא שי ממא דכל [פי] צאחבה פלא ציר· אעלם אן אלתקדים ואלתאכיר כתיר פי כלאמהם ודלך פי מתל קולה על אף אויבי תשלח ידך[2] אלתקדיר אף על אויבי· אשר יאמר כי הוא זה[3] [אלוגה כי זה הוא] והו ישיר אלי מא ידכרה מן נפס אלדעוי אי אן הדא [הו] מא אטאלבה בה· וישם את הים לחרבה ויבקעו המים[4] חקיקה אללפט ויבקעו המים וישם את הים לחרבה· וירם תולעים ויבאש[5] נטאמה ויבאש וירם תולעים פאלאנתאן אלמתולד מן אלתעפן אלדי הו עלה תולד אלדידאן מתקדם לתולד אלדידאן אד אלעלה אקדם מן אלמעלול· וחצים מחזיקים והרמחים המגנים[6] נטאמה מחזיקים המגנים והרמחים לאן אלמעטוף תאל ללמעטוף עליה· ותהי להשאות גלים נצים ערים בצרות[7] תקדירה ותהי להשאות ערים בצורות גלים נצים כקולה עד אשר אם שאו ערים מאין יושב[8] ואיצא כי שמת מעיר לגל[9]· לי יזעקו אלהי ידענוך ישראל[10] נטאמה לי יזעקו ישראל אלהי ידענוך· ויאמר אלהים יהי רקיע בתוך המים וגו׳ ויעש אלהים את הרקיע וגו׳ ויהי כן[11] נטאם אלכלאם אן יתוסט ויהי כן בין קולה בין מים למים ובין ויעש אלחים את הרקיע ויכון קולה ויעש אלהים את הרקיע עלי סביל אלביאן לאן אלמעני יתם פי ויהי כן כמא קאל ויאמר אלהים תוצא הארץ נפש חיה למינה בהמה ורמש וחיתו ארץ למינה ויהי כן[12] תם קאל עלי סביל אלביאן ויעש אלהים את חית הארץ למינה[13]· אף אש צריך תאכלם[14] נטאמה אף צריך אש תאכלם· ואשר נתן כתר מלכות בראשו[15] אראד וכתר מלכות אשר נתן בראשו· אם תפרו את בריתי

[1] Jér. 5, 24. [2] Ps. 138, 7. [3] Ex. 22, 8. [4] ib. 14, 21. [5] ib. 16, 20. [6] Néh. 4, 10. [7] Is. 37, 26. [8] ib. 6, 11. [9] ib. 25, 2. [10] Osée 8, 2. [11] Gen. 1, 6 et 7. [12] ib. 1, 24. [13] ib. 1, 25. [14] Is. 26, 11. [15] Esth. 6, 8.

היום ואת בריתי הלילה[1] אראד אם תפרו בריתי את היום ובריתי את והלילה אלוגה [איצא] פי אם תפרו אן יכון אם תופר עלי מא קד בינת הדא· ויגוז אן יכון את בריתי היום ואת בריתי הלילה עלי חקיקתה ויכון אלתקדיר אם תפרו את בריתי עם היום ועם הלילה· אדם כי יקריב מכם קרבן ליי[2] תקדירה[a] אדם מכם כי יקריב· ויקבר בקבר יואש אביו בעפרה אבי העזרי[3] אלוגה ויקבר בקבר יואש אביו אבי העזרי בעפרה· והקריב אהרן את פר החטאת אשר לו וכפר בעדו ובעד ביתו ושחט את פר החטאת אשר לו[4] אלוגה אן יכון והקריב אהרן את פר החטאת אשר לו ושחטו וכפר בעדו ובעד ביתו· נעשה ונשמע[5] חד אלכלאם נשמע ונעשה· וזבחו זבחי שלמים ליי אותם[6] אלוגה וזבחו אותם ליי זבחי שלמים· מחץ מתנים קמיו[7] אולגה מחץ קמיו מתנים· ורבמא אראד מחץ מתני קמיו פאקחם אלמים כמא קאל סיגים כסף[8] באילים השערים[9] במצלתים נחשת[10]· ויחפרו כל מצרים סביבת היאר מים לשתות[11] אלתקדיר לשתות מים ולים מים מפעולא בקולה ויחפרו לאן אלמא
לא יחפר ונאיז אלא יכון הנא תקדים ותאכיר כל יכון פיה אצמאר 212.
כאנה קאל ויחפרו כל מצרים סביב היאר להוציא מים לשתות· הלוא ראית מה העם הזה דברו לאמר[12] אלתקדיר מה דברו העם הזה לאמר· אשר חכמים יגידו ולא כחדו מאבותם[13] אלתקדיר אשר חכמים יגידו מאבותם אי[b] ינקלון ען אבאיהם· הפלה חסדיך מושיע חוסים ממתקוממים בימינך[14] אלתקדיר הפלה חסדיך בימינך מושיע חוסים ממתקוממים· מי יתן בספר ויחקו[15] אלתקדיר מי יתן ויחקו בספר· ויהי כנוח עליהם הרוח[16] תקדירה ויהי כנוח הרוח עליהם פפרק בין אלמצאף ואלמצאף אליה· והנה מן היאר עלת שבע פרות יפות מראה ובריאת בשר[17] [תקדירה והנה שבע פרות יפות מראה ובריאות בשר] עלות מן היאר· איש כפתרון חלמו חלמנו[18] תקדירה איש חלומו כפתרונו חלמנו אלמעני אן כל ואחד מנא חלם חלמא מבאינא לחלם צאחבה מנפרדא בעבארתה אי

[a] R. סדורו = נטאמה [b] A. אן

[1] Jér. 33, 20. [2] Lév. 1, 2. [3] Jug. 8, 32. [4] Lév. 16, 11. [5] Ex. 24, 7. [6] Lév. 17, 5. [7] Deut. 33, 11. [8] Ez. 22, 18. [9] ib. 40, 38. [10] I Chr. 15, 19. [11] Ex. 7, 24. [12] Jér. 24, 33 [13] Job 15, 18. [14] Ps. 17, 7. [15] Job 19, 23. [16] Nomb. 11, 25. [17] Gen. 41, 2. [18] ib. 41, 11.

אנא לם נגתמע פי חלם ואחד בל כל ואחד מנא חלם חלמא לה תפסיר עלי חיאלה ואנמא אחתאג אלי הדא לקולה ונחלמה חלום בלילה אחד אני והוא[1] עלי סביל אלאשתראך פבין אנה לם יכן חלמא ואחדא כמא קאל איש כפתרון חלמו חלמנו וכאן חק אללפט איש חלום כפתרונו חלם באפראד אלפעל חמלא לה עלי לפט איש פגמעה חמלא לה עלי אלמעני· והנה איש צרור כספו בשקו[2] נטאמה והנה צרור כסף איש בשקו· ויי ישלמך טובה תחת היום הזה אשר עשיתה לי[3] אלוגה תחת אשר עשית לי היום הזה· והיית ממשש בצהרים כאשר ימשש העור באפלה[4] נטאמה והיית ממשש בצהרים [a]באפלה כאשר[a] ימשש העור [a]אי אן וקת אלטהירה יכון ענדך כאלטלאם[b] לעטם מא ילחקך מן אלציק ואלשדה ואן כאן אראד טלאם אלעמי פאללפט[c] עלי גהתה ואלמעני אלאול אקוי· ולערב ימולל ויבש[5] אלוגה יבש וימולל· ושמע אישה ביום שמעו והחריש לה[6] אלוגה והחריש לה ביום שמעו כמא קיל הקים אתם כי החרש לה ביום שמעו[7]· אחד נפש מחמש המאות[8] אלוגה נפש אחד· זית רענן יפה פרי תאר[9] אלוגה פרי יפה תואר וקד תקדם לנא פי באב אלחדף וגה אכר· אמר לנער ויעבר לפנינו ויעבר ואתה עמד כיום ואשמיעך את דבר אלהים[10] תקדירה אמר לנער ויעבר לפנינו ואתה עמד כיום ואשמיעך את דבר אלהים ויעבר· ואכירה והנה לא אלהים שלחו כי הנבואה דבר עלי וטוביה וסנבלט שכרו למען שכור הוא למען אירא ואעשה כן וחטאתי[11] נטאם אלכלאם כי הנבואה דבר עלי למען שכור הוא וטוביה וסנבלט שכרו למען אירא ואעשה כן וחטאתי· שכן ארץ ורעה אמונה[12] אלוגה רעה אמונה ושכן ארץ כמא קיל סור מרע ועשה טוב ושכן לעולם[13]· לטש כל חרש נחשת וברזל[14] תקדירה כל לטש וחרש נחשת וברזל ופיה חדף לאבי חתי יכון נטאם אלכלאם ותמאמה עלי הדא אלמתאל אבי כל לטש וחרש נחשת וברזל· אשר היה דבר יי אל ירמיהו הנבא אל פלשתים[15] תקדירה דבר יי אשר היה אל

[a] A. כאפלה אשר [b] R. om. [c] A. פי אללפט

[1] Gen. 41, 11. [2] ib. 42, 35. [3] I Sam. 24, 20. [4] Deut. 28, 29. [5] Ps. 90, 6. [6] Nomb. 30, 8. [7] ib. 30, 15. [8] ib. 31, 28. [9] Jér. 11, 1. [10] I Sam. 9, 27. [11] Néh. 6, 12 et suiv. [12] Ps. 37, 3. [13] ib. 37, 27. [14] Gen. 4, 22. [15] Jér. 47, 1.

פלשתים· וכל הארץ באו מצרימה לשבר אל יוסף[1] אלתקדיר באו
214. מצרימה אל יוסף לשבר ורבמא כאן אל [הנא] מכאן מן· וישא
אברהם את עיניו וירא והנה איל אחר נאחז בסבך[2] תקדירה וישא
אברהם את עיניו אחר[a] וירא והנה איל נאחז בסבך· [ונר אלהים
טרם יכבה ושמואל שכב בהיכל יי[3] וגו׳ אלוגה] ונר אלהים טרם
יכבה בהיכל יי אשר שם ארון אלהים ושמואל שכב· ותשא רבקה
את עיניה ותרא את יצחק ותפל מעל הגמל ותאמר אל העבד וגו׳
ותקח הצעיף ותתכס[4] נטאם אלמעני עלי הדא אלמתאל ותשא
רבקה את עיניה ותרא את יצחק ותאמר אל העבד וגו׳ ויאמר העבד
הוא ארני ותפל מעל הגמל ותקח הצעיף ותתכס אי אנהא נזלת
ותסתרת חיא[a] מנה [בעד אן ערפת בה· ויגוז אן יכון ותפל מעל
הגמל פי מוצעה עלי אן יכון מענאה וקד נזלת ען אלגמל אי אנהא
ראתה[b]] בעד אן נזלת לאמר אחוגהא אלי דלך כאנה קאל ונפלה
מעל הגמל כמא קיל אף הוא ויכה את המים[5] במעני והכה את
המים ואכתר כלאמהם עלי הדא· ויקחו את צדה העם בידם[6]
[אלוגה ויקחו בידם את צדה העם] כמא קאל קחו בידכם צידה
לדרך[7]· אתו החל לבנות מזבח ליי[8] תקדירה אתו מזבח החל
לבנות ליי· ויגב אן תעלם אנה קד צנע פי מכמש איצא קבל הדא
מזבח לקולה ויאמר שאול הגשו אלי העלה והשלמים ויעל
העלה[9] אד ליס כאן מכמש מוצעא יכון פיה מזבח פקולה הנא
אדא אתו החל לבנות מזבח ליי פאנה יריד למתל הדא אלחאל
כאצה לאן אלמזבח אלדי צנעה פי מכמש אנמא כאן לגיר הדא
אעני ללאנתצאר עלי אלעדו ואמא הדא אלמזבח פאנמא כאן
לקולה ולא תחטאו ליי לאכל אל הדם[10].

[a] A. אחרי כן [b] Suppléé d'après R.

[1] Gen. 41, 57. [2] ib. 22, 13. [3] I Sam. 3, 3. [4] Gen. 24, 64. [5] II Rois 2, 14. [6] Jug. 7, 8. [7] Jos. 9, 11. [8] I Sam. 14, 35. [9] ib. 13, 9. [10] ib. 14, 34.

אלבאב אלתאלת ואלתלתון

מא חמל מן אלכלאם עלי אלאקצי לא עלי אלאדני.

מן דׄלך קולה ואם שלש אלה לא יעשה לה[1] ליס ישיר בקולה שלש אלה אלי שארה כסותה וענתה[2] אלאקרב אליה בל אנּמא דׄלך ישיר אלי אשר לא יעדה והפדה ואם לבנו ייעדנה[3] לקול אלאואיל רצׄי אללה ענהם[4] רׄ אליעזר אומר זה שארה כסותה ועונתה אמר לו רׄ עקיבא *מה צריך* והלא כבר נאמר שארה כסותה ועונתה לא יגרע מה תלמוד לומר ואם שלש אלה יכול יעשה לה כל האמור בענין תלמוד לומר ואם שלש אלה אמור מעתה לא ייעדנה לא יהוא ולא בנו ולא פראה. ואיצׄא ואף לאמתך תעשה כן[5] ליס ישיר אלי אלרציעה ואנּמא ישיר אלי קולה קבל הדׄא העניק תעניק לו וגוׄ[6]. וצׄעקו ויי׳ שמע[7] ליס אלצׄמיר אלדׄי פי צעקו לעשי רע אלאקרב אליה בל ללצדיקים אעני קולה עיני יי׳ אל צדיקים[8]. אבד תאבדון את כל המקמות וגוׄ ונתצתם את מזבחתם וגוׄ לא תעשון כן לי״י אלהיכם[9] אלאואיל רצׄי אללה ענהם יחמלון קולה לא תעשון כן לי״י אלהיכם עלי קולה ואבדתם את שמם מן 215. המקום ההוא אי לא תהדמוא ביות אללה כמא אמרתכם בהדם מנאסך אלאצנאם ומואצׄע עבאדתהם קאלוא[10] הנותץ אבן אחת מן ההיכל ומן האולם ומבין האולם ולמזבח עובר בלא תעשה שנאמר ואבדתם את שמם מן המקום ההוא לא תעשון כן לי״י אלהיכם והו איצׄא ענדי מחתמל מעני אכׄר ואידׄא עלי הדׄא אלמעני כמא כאן לפטׄ לא תאכלו על הדם[11] מחתמלא לזׄ מעאני קד בינּהא אלאואיל רצׄי אללה ענהם[12] ודׄלך אלמעני הו אן יחמל עלי מא קבל הדׄא אעני עלי קולה אשר עבדו שם הגוים אשר אתם ירשים אתם את אלהיהם על ההרים הרמים ועל הגבעות ותחת כל עץ רענן[13] ודׄלך אנּה למּא אמרהם בתכׄריב מנאסך אלאצנאם וצף תלך אלמנאסך

* A. מידא מצריך

[1] Ex. 21, 11. [2] ib. 21, 10. [3] ib. 21, 8. [4] Mekhiltâ dans une redaction tout a fait différente. [5] Deut. 15, 17. [6] ib. 15, 14. [7] Ps. 34, 18. [8] ib. 34, 16. [9] Deut. 12, 4. [10] Sifrê sur Deut. § 61 où la redaction n'est pas la même; cf. Maimonide, Bêt Habbechirâh, chap. 1, § 17. [11] Lév. 19, 26. [12] Sanhédrin 63 a. [13] Deut. 12, 2.

באנהא[a] פי אעלי אלשואהק ותחת כל שגׄרה כׄצׄרה נהאהם תבארך ותעאלי ען אן תתׄכׄד מנאסכה הו פי מתׄל תלך אלמואצׄע בל פי מוצׄע[b] מכׄצוץ ומכאן מחדוד דׄלך קולה לא תעשון כן לײ אלהיכם כי אם אל המקום אשר יבחר ײ אלהיכם וגו׳ והבאתם שמה עלתיכם וגו׳[1] כמא קאל איצׄא השמר לך פן תעלה עלתיך בכל מקום אשר תראה כי אם במקום אשר יבחר ײ באחד שבטיך וגו׳[2] וצפה לתלך אלאמכנה מעתרץׄ פי קולה אלמבתרא בה והו אבד תאבדון את כל המקמות וגו׳[3] תׄם תמם מא בדא בה בקולה ונתצתם את מזבחתם וגו׳ תׄם אסתאנף אלנהי ען אמתתׄאל פעלהם אלדׄי וצפהם בה והו אתׄכׄאדׄהם ביות מעבודאתהם ען קׄנן אלגׄבאל ותחת אלשגׄר דׄי אלאטׄלאל פקאל לא תעשון כן לײ אלהיכם וגו׳ ולא יגׄברן מגׄבר אצׄאפתנא הדׄא אלמעני אלי לפׄטׄ לא תעשון כן לײ אלהיכם מע אעתקאדנא מא נקלת פיה אלאואיל פקד קאלוא רצׄי אללה ענהם[4] מקרא אחד יוצא לכמה טעמים ואין טעם אחד יוצא לשני מקראות דבי ר׳ ישמעאל תנא וכפטיש יפצץ סלע[5] מה פטיש זה מתחלק לכמה ניצוצות אף מקרא אחד יוצא לכמה טעמים פהדׄא ואן כאן מן גׄמלה אללאוין פגיר ממתנע אן יצׄאף אליה איצׄא לאו אכׄר מן גיר אן יכון זיאדׄה פי אלשריעה בל יכון וגׄהא אכׄר גׄאיזא לא יצׄיר אעתקאדה איצׄא כמא לם יצׄר אעתקאד ז׳ מעאני פי לא תאכלו על הדם והו [איצׄא] לאו ואחד· ומן הדׄא אלבאב אלדׄי נחן פיה קולה והבאתי אתו בבלה ארץ כשדים ואותה לא יראה ושם ימות[6] קולה ואותה לא יראה הו ראגׄע אלי ירושלם אלמתקדׄמה אלדׄכר פי קולה הנשיא המשא הזה בירושלם[7] ואיצׄא ויסב שמואל ללכת ויחזק בכנף מעילו ויקרע[8] אלצׄמיר אלדׄי הו פי ויחזק עאיד אלי שאול אלאבעד לא אלי שמואל אלאקרב ולו אן אלפעל לשמואל כמא יטׄן קום יחמלוה מחמל אחיה השילוני לקאל ויקרעהו אעני אלמעיל כמא קאל ען אחיה השילוני ויקרעה שנים עשר קרעים[9] למא כאן מנה דׄלך בקצד ואלמעני הנא מכׄאלף להא והו אנה למא ולי שמואל מנחרפא ען שאול [קבץׄ[c] שאול] עלי טרף תובה

[a] A. כאנהא [b] A. מואצׄע [c] R. החזיק

[1] Deut. 12, 4 à 6. [2] ib. 12, 13. [3] ib. 12, 2. [4] Sanh. 34 a. [5] Jér. 23, 29. [6] Ez. 12, 13. [7] ib. 12, 10. [8] I Sam. 15 27. [9] I Rois 11, 30.

מסתצרפא לה פתברק בגיר קצר מנה לדלך ולדלך קאל ויקרע פלפט אלאנפעאל ואלפעל ללתוב פי נפסה עלי שרט כל אנפעאל. ואיצא עתה אכנו נא בחנית ובארץ[1] ליס בארץ מעטופא עלי בחנית [כל הו מעטוף עלי אכה כאנה קאל אכנו נא בחנית][a] ואכה בארץ עלי מעני אכה בדוד ובקיר[2]. ואיצא שלם ישלם אם אין לו ונמכר בגנבתו[3] ליס הדא מרדודא אלי קולה אם זרחה השמש עליו דמים לו בל אלי קולה חמשה בקר ישלם תחת השור וארבע צאן תחת השה[4]. ואם על המשכב הוא או על הכלי אשר היא ישבת עליו[5] 216. ליס קולה הוא צמיר שי ממא יקרב מנה בל הו צמיר אלדם אלמדכור פי אול אלקצה אעני קולה ואשה כי תהיה זבה דם יהיה זבה[6] ואלמעני ואם על המשכב הוא חדם או על הכלי וגו׳. ויהי בשמונים שנה וארבע מאות שנה לצאת בני ישראל מארץ מצרים בשנה הרביעית בחדש זו הוא החדש השני למלך שלמה על ישראל ויבן הבית לי״י[7] וליס קולה למלך שלמה מחמולא עלי החדש חשני אלאדני בל עלי קולה בשנה חרביעית במא קיל בשנה הרבעית יסד בית יי בירח זו[8]. ויצג את המקלות [אשר פצל ברהטים בשקתות המים אשר תבאן הצאן לשתות לנכח הצאן[9] ליס קולה לנכח הצאן מתצלא פי אלמעני בקולה לשתות בל בקולה ויצג את המקלות][b] כאנה קאל ויצג את המקלות אשר פצל לנכח הצאן ברהטים בשקתות המים אשר תבאן הצאן לשתות אי חית תשרב. כי לא אלמן ישראל ויהודה מאלהיו מי״י צבאות כי ארצם מלאה אשם מקדוש ישראל[10] ליס קולה כי ארצם מלאה אשם ראגע עלי ישראל ויהודה בל עלי בבל אלמתקדמה אלדכר. אתה ידך גוים הורשת ותטעם[11] [ליס] קולה ותטעם מחמול עלי קולח גוים אלאדני בל עלי אבותינו אלאקצי. החזק מלחמתך אל העיר והרסה וחזקהו[12] אלצמיר פי וחזקהו ראגע אלי יואב ואן בעד אי שדדה וקוי עזמה פי דלך והדא אמר יאמר בה אלרסול. וגם אני אגרע ולא תחוס עיני[13] יגוז אן יכון עיני פאעלא בקולה תחוס פיכון עלי

[a] Suppléé d'après R. [b] Suppléé d'après R.

[1] I Sam. 26, 8. [2] ib. 18, 11. [3] Ex. 22, 2. [4] ib. 21, 37. [5] Lév. 15, 23. [6] ib. 15, 19. [7] I Rois 6, 1. [8] ib. 6, 37. [9] Gen. 30, 38. [10] Jér. 51, 5. [11] Ps. 44, 3. [12] II Sam. 11, 25. [13] Ez. 5, 11.

הדא פי מוצעה וגאיז אן יכון איצא מפעולא בקולה אגרע באנה קאל וגם אני אגרע עיני ולא תחוס כמא קאל לא יגרע מצדיק עיניו[1] ויכון פי תחוס צמיר עאיד אלי עיני· תנה את נשי ואת ילדי אשר עבדתי אתך בהן[2] קולה בהן ראגע אלי אלנשים פקט· לכו נא הגברים ועבדו את יי׳ כי אתה אתם מבקשים[3] ראגע אלי קולה כי רעה נגד פניכם[4] אלמתקדמה אלדכר· כי שמי בקרבו[5] ליס במחמול עלי קולה כי לא ישא לפשעכם[6] לכנה עלה לקולה השמר מפניו ושמע בקלו[7] והו מחמול עליה ותקדירה השמר מפניו ושמע בקולו כי שמי בקרבו ולא תמר בו כי לא ישא לפשעכם· כאשר דבר יי׳ ביד משה לו[8] ליס קולה לו בראגע אלי משה [בל] אלי אהרן [אלמדכור] קבל· לא תשאר פרסה כי ממנו נקח לעבד את יי׳ אלהינו[9] ליס אלצמיר אלדי פי ממנו בראגע אלי פרסה בל אלי אלמקנה אלמדכור קבל· כי יראתם מפני האש ולא עליתם בהר לאמר[10] ליס לאמר מתצלא פי אלמעני בקולה ולא עליתם בהר בל בקולה פנים בפנים דבר יי׳ עמכם בהר[11] ונטאם אלכלאם פנים בפנים דבר יי׳ עמכם בהר לאמר אנכי יי׳ אלהיך· וקולה אנכי עמד בין יי׳ וביניכם בעת ההיא להגיד לכם את דבר יי׳ כי יראתם מפני האש ולא עליתם בהר יסמי אעתראצא וכדא יסמי בה כל כלאם יעתרץ פי אלכלאם לא יתם מענאה כמא תרי· ומתלה קולה חציך שנונים עמים תחתיך יפלו בלב איבי המלך[12] אד הדא אלכלאם *מרתבך בעינה[a] לם יתם מענאה אלא באנתמאעה ואלתיאמה והכדא אעתרץ פיה עמים תחתיך ותפסירה פרתך אלשעוב עלי מעני ואתן אדם תחתיך ולאמים תחת נפשך[13]· והדא כמא תקול אלערב איצא· מהלא פרא לך אלאקואם כלהם· ומתלה פי אלאעתראץ איצא אעתראץ קולה אשר נלחם אבי עליכם וישלך את נפשו מנגד ויצל אתכם מיד[b] מרין ואתם קמתם וג׳ כי אחיכם הוא[14] בין ועתה ואם באמת ותמים עשיתם ותמליכו את אבימלך וג׳ עשיתם לו[15] *ובין קולה[c] שמחו באבימלך[16] *פאנה ליס ינתטם

[a] R. om.; A. מרתבט ב׳ [b] A. מכף [c] R. om.

[1] Job 36, 7. [2] Gen. 30, 26. [3] Ex. 10, 11. [4] ib. 10, 10. [5] ib. 23, 21. [6] ib. ib. [7] ib. ib. [8] Nomb. 17, 5. [9] Ex. 10, 26. [10] Deut. 5, 5. [11] ib. 5, 4. [12] Ps. 45, 6. [13] Is. 43, 4. [14] Jug. 9, 17. [15] ib. 9, 16. [16] ib. 9, 19.

אלכלאם אלא עלי הדה אלצפה אעני עלי קולה ועתה אם באמת ובתמים עשיתם ותמליכו את אבימלך ואם טובה עשיתם עם ירבעל ועם ביתו ואם כגמול ידיו עשיתם לו שמחו באבימלך[a] ומא בין דלך מן אלכלאם מעתרץ פיה ליבין בה קולה ואם כגמול ידיו עשיתם לו ומן אגל טול הדא אלכלאם ואלמעתרץ ואנקטאע נטאם אלכלאם 217. אלמעתרץ פיה יחתאג אלי אעאדה אלשרט והו קולה ואם באמת ובתמים עשיתם עם ירבעל ועם ביתו היום הזה תם נטם בה אלגואב והו שמחו באבימלך· ומתלה קולה כה אמר יי הנה מים עלים מצפון והיו לנחל שוטף וישטפו ארץ ומלואה עיר וישבי בה וזעקו האדם והילל כל יושב הארץ מקול שעטת פרסות אביריו מרעש לרכבו המון גלגליו לא הפנו אבות אל בנים מרפיון ידים על היום הבא לשדוד את כל פלשתים[1] נטאם אלכלאם וזעקו האדם והילל כל יושב הארץ על היום הבא לשדוד את כל פלשתים פאעתרץ פיה מקול שעטת פרסת אביריו אלי אכר אלפסוק· ומתלה איצא וארא אל אברהם אל יצחק ואל יעקב באל שדי ושמי יי לא נודעתי להם וגם הקמתי את בריתי אתם לתת להם את ארץ כנען[2] נטאם אלכלאם וארא אל אברהם אל יצחק ואל יעקב וגם הקימותי את בריתי אתם לתת להם את ארץ כנען פאעתרץ פיה אלקסם אלדי הו באל שדי ושמי יי ואלמקסם עליה איצא והו לא נודעתי להם אי ואן כנת תגלית להם פלם יבן דלך מן דון חגאב כתגליי אליך· ומתלה איצא קולה וישאלו בני ישראל ביי ושם ארון ברית האלהים בימים ההם ופינחס בן אלעזר בן אהרן עמד לפניו בימים ההם לאמר האוסף עוד לצאת למלחמה[3] קולה לאמר מתצל בקולה וישאלו בני ישראל ביי וקולה ושם ארון ברית האלהים וגו מעתרץ פיה· ומתלה איצא קולה יום אשר עמדת לפני יי אלהיך בחרב באמר יי אלי הקהל לי את העם ואשמעם את דברי[4] פאנה מתצל בקולה רק השמר לך ושמר נפשך מאד פן תשכח את הדברים אשר ראו עיניך[5] כאנה קאל אשר ראו עיניך יום אשר עמדת לפני יי אלהיך בחרב· ותקדיר וקוע והודעתם לבניך ולבני

[a] R. om.

[1] Jér. 47, 2 à 4. [2] Ex. 6, 3. [3] Jug. 20, 27. [4] Deut. 4, 10. [5] ib. 4, 9.

בניך[1] אנמא הו בעד הדׄא· והדׄא אלדׄי דׄכרנאה מן אלאעתראץׄ ואן כאן אעתראצא פי אלבאב פאנה מגׄאנס לה וקד דׄכרנאה פי גיר הדׄא אלבאב למגׄאנסתה לה איצׄא פלנכׄרגׄ אלי מא כנא פיה· ושמעת ישראל ושמרת לעשות אשר ייטב לך ואשר תרבון מאד כאשר דבר יײ אלהי אבתיך לך ארץ זבת חלב ודבש[2] [קולה כאשר דבר יײ וגו] ליס במנתטׄם פי אלמעני בקולה אשר ייטב לך ואשר תרבון מאד בל במא הו פוק הדׄא ונטׄאם אלכלאם וזאת המצוה החקים והמשפטים אשר צוה יײ אלהיכם ללמד אתכם לעשות בארץ אשר אתם עברים שמה לרשתה כאשר דבר יײ אלהי אבתיך לך ארץ זבת חלב ודבש למען תירא את יײ אלהיך לשמר את כל חקות ומצות אשר אנכי מצוך אתה ובנך ובן בנך כל ימי חייך ולמען יארכן ימיך ושמעת ישראל ושמרת לעשות אשר ייטב לך ואשר תרבון מאד· וממא יגׄאנס הדׄא אלבאב אשארתהם בזאת או בגירה מרה אלי מא קבלה ומרה אלי מא בעדה· פממא אשיר בה אלי מא
218. בעדה קולה זאת אות הברית אשר אני נתן ביני וביניכם[3] והו ישיר אלי קולה את קשתי נתתי בענן[4] ואיצׄא בעבור זאת העמדתיך[5] והו ישיר אלי קולה בעבור הראותך את כחי ולמען ספר שמי בכל הארץ[6]· לו חכמו ישכילו זאת[7] והו ישיר אלי קולה איכה ירדף אחד אלף[8]· ותהי חק בישראל[9] והו ישיר אלי קולה מימים ימימה תלכנה בנות ישראל לתנות לבת יפתח הגלעדי[10]· ונתן ביום ההוא מופת לאמר זה המופת אשר דבר יײ[11] ישיר אלי קולה הנה המזבח נקרע[12]· ואמא[a] קול אללה למשה סידנא עליה אלסלאם וזה לך האות כי אנכי שלחתיך[13] פיעתקד[b] אלגׄמהור פי הדׄא אנה ישיר בה אלי קולה בהוציאך את העם ממצרים תעבדון את האלהים על ההר הזה[14] ואן אלאיה[c] עלי הדׄא אנמא אעטית עלי אן אללה הו אלמרסל לה והדׄא יסתחיל מן וגׄהין אחדהמא אן משה רבנו לם ישך פי אן אלמרסל לה הו אללה תעאלי פיחתאגׄ פי דׄלך אלי ברהאן ואלתׄאני אן אלברהאן ואלדליל אנמא יעטי עלי אלשי פי

[a] A. ואיצׄא; R. ועוד [b] A. יעתקד [c] P. אלאות

[1] Deut. 4, 9. [2] ib. 6, 3. [3] Gen. 9, 12. [4] ib. 9, 13. [5] Ex. 9, 16. [6] ib. ib. [7] Deut. 32, 29. [8] ib. 32, 30. [9] Jug. 11, 39. [10] ib. 11, 40. [11] I Rois 13, 3. [12] ib. ib. [13] Ex. 3, 12. [14] ib. ib.

אלוקת אלדי יראד תחקיק דלך אלשי פיה לא בעדה ומשה רבנו עליה אלסלאם לו טלב ברהאנא עלי תחקיק אלרסאלה או לו שך פיהא לוגב אן יעטי אלברהאן פי דלך אלוקת נפסה קבל תקלדה אלרסאלה עלי גיר יקין לא אן ירגי בברהאן לא יואפיה אלא בעד דלך אלי מדד ובעד תקלד אלרסאלה לכן משה עליה אלסלאם אנמא אעתדר מן תאכרה ען אלרסאלה באחתקארה נפסה ואסתצגארה להא וצעפה מן מקאומה פרעון[a] ומנאצבתה לה דלך קולה מי אנכי כי אלך אל פרעה[1] פקאל אללה תבארך ותעאלי לא תגזע מנה ולא ירוענך אמרה פאני אנא מזידך ומקויך וברהאנך עלי דלך אני באעתך ומרסלך ואמר לך במנאצבה דלך קולה כי אהיה עמך *וזה לך האות כי אנכי שלחתיך[2] והנא תם אלמעני תלכיץ הדא אללפט וזה לך האות כי אהיה עמך כי אנכי שלחתיך פקולה כי אנכי שלחתיך הו אלאות עלי קולה כי אהיה עמך[b]. ואמא קולה בהוציאך את העם ממצרים תעבדון וגו׳ פהו אכבארה במא סיכון מן גיר הדא עלי סביל אלאנדאר לה בה והו מעטוף בגיר חרף עטף והדא כתיר פי[c] אסתעמאלהם כמא קד תבין. וממא אשיר בה אלי מא קבלה קולה אם כה יאמרו אלינו דמו עד הגיענו אליכם ועמדנו תחתינו ולא נעלה אליהם ואם כה יאמרו עלו עלינו ועלינו כי נתנם יי׳ בידנו וזה לנו האות[3] פאשאר בקולה וזה לנו האות אלי מתקדם קולה. ומתלה וזאת אשר דבר להם אביהם ויברך אותם[4]. ומתלה וזה לך האות אכול השנה ספיח וגו׳[5] געל תבארך ותעאלי אנצראף אלעדו ענהם כמא קאל ושמתי חחי באפך ומתגי בשפתיך והשיבתיך בדרך אשר באת בה[6] דלילא *עלי מא קאלה וזה לך האות[d] עלי תראבי מדתהם וצלאח חאלהם ודלך קולה וזה לך האות אכול השנה ספיח וגו׳ ויספה פליטת בית יהודה וגו׳ יקול לא תכשוא ממא תהרדכם בה אלעדו מן אלטפר בכם ואגלאיכם ען וטנכם פאן מדתכם מתראביה ואגלכם טויל וחאלכם צאלח פי אלמסתאנף ואלדליל עלי צדק מא אערכם בה צרפי איאה ענכם *פאנמא געל קולה והשיבותיך בדרך אשר

[a] A. פרעה [b] R. om. [c] A. מן [d] R. om.

[1] Ex. 3, 11. [2] ib. 3, 12. [3] I Sam. 14, 9. [4] Gen. 49, 28. [5] Is. 37, 30. [6] ib. 37, 29.

בארת בה דלילא עלי קולה אבול חשנה ספיח ומא בערדה אלי אבֿר אלפצל[a].

אלבאב אלראבע ואלתֿלתֿון

פי אלאסתפהאם.

אעלם אן חרוף אלאסתפהאם מכֿתלפהٔ פי אלמעאני מסתויהٔ פי אלמסאלהٔ ודֿלך אן מי אנֿמא באבה אן יכון סואלא *ען מן[b] יעקל ומה סואלא עמֿא לא יעקל ואיך סואלא ען אלחאל ובֿדֿלך סאיר אלחרוף מכֿתלפהٔ פי אלמעאני מסתויהٔ פי אלמסאלהٔ. פמן חרוף אלאסתפהאם אֵי ויסאל בהא ען מכאן יתצֿמֿן מסולא ענה מתֿל אי הבל אחיך[1] אי מזה באת[2] ויזאד עליה הא ויכון מענאה דֿלך אלמעני נפסה מתֿל איה האנשים[3] וקד וצלוא בה אלצֿמיר[c] פי קולה 219. ויאמר לו איכה[4] ויאמר אל בנתיו ואיו[5]. וקד יסתפהם באֵי ען גיר מכאן פי מתֿל קולה אי לזאת אסלח לך[6] ומנהא איפה ויסאל בהא ען מכאן יתצֿמֿן שכֿצא מסולא ענה איצֿא מתֿל איפה שמואל ודוד[7] איפה היית ביסדי ארץ[8]. וקד יסאל בהא ען אלהיהٔ ואלצפהٔ מתֿל איפה האנשים אשר הרגתם בתבור[9]. וקד תכון במעני ארא מתֿל איה איפוא פיך[10] ורבמא כאן אכֿתלאף הגֿאיה לאכֿתלאף אלמעני ואמא אללפטֿ פואחד. ומנהא איכה בחלם ומענאה אלמעני אלאוֿל נפסה מתֿל ויאמר לכו וראו איכה הוא[11] והמא אעני איכה ואיפה לפטֿתאן מרכֿבתאן. ומנהא איכָה בקמץ ומענאהא דֿלך אלמעני נפסה מתֿל איכה תרעה איכה תרביץ בצהרים[12] וקד יסאל בהא ען אלחאל מתֿל איכה תאמרו חכמים אנחנו[13] איכה נעשה[14]. וקד יצֿאעף אלכאף ללתאכיד פיקאל איככה אלבשנה[15] איככה אטנפם[16] כי איככה אוכל וראיתי[17] ואלאצל פי הדֿה אלכֿלמהٔ איך מתֿל איך אלך[18] ואיך אעשה[19] עלי[d] סביל אלתשניע כמא קיל איצֿא עלי

[a] R. om. [b] A. עמֿן [c] P. אלי צמיר [d] A. ajoute זנהٔ

[1] Gen. 4, 9. [2] ib. 16, 8. [3] ib. 19, 5. [4] ib. 3, 9. [5] Ex. 2, 20. [6] Jér. 5, 7. [7] I Sam. 19, 22. [8] Job 38, 4. [9] Jug. 8, 18. [10] ib. 9, 38. [11] II Rois 6, 13. [12] Cant 1, 7. [13] Jér. 8, 8. [14] II Rois 6, 15. [15] Cant. 5, 3. [16] ib. ib. [17] Esth. 8, 6. [18] I Sam. 16, 2. [19] Gen. 39 9.

סביל אלתשניע ואלאסתעטֿאם פי אלנדבהֿ איכה ישבה בדד[1] איכה היתה לזונה[2]. וקד אבדלוא מן הדֿא אלאלף הא[a] פי קולהם והיך יוכל[3] ומנהא אָן ויסאל בהא ען מכאן מתֿל אן הלכתם[4] ויזאד עליהא אלהא פיקאל אנה אנחנו עלים[5]. וקד יקרן בהא עד פיכונאן סואלא ען זמאן מתֿל עד אן תמלל אלה[6] עד אנה מאנתם[7]. ומנהא אַיִן ויסתפהם בהא ען מכאן מתֿל מאין אתם[8] מאין לי בשר[9]. וממא יכון אלאסתפהאם בהא[a] עאמֿא מֶה ומָה קאלוא מה היה הדבר[10] מה עשה לך העם הזה[11] מה אחרית אלה[12]. וקאלוא פי אלאסתפהאם ען אלחאל ויאמרו להם אחיהם מה אתם[13] אי כיף אנתם. וממא יכון פי מעני איך ואן לם יכן אסתפהאמא קולה ואנחנו לא נדע מה נעבד את יי[14] כיף נעבדה מה העברים האלה[15] אסתפהאם ען אלקצֿהֿ ואלגרץֿ מה החלום הזה אשר חלמת[16] אסתפהאם אנכאר ותוביךֿ. וקד יזידון אללאם עלי מה פיסתפהמון בהא ען עלֿהֿ אלשי מתֿל למה הרעתה לעם הזה למה זה שלחתני[17] למה הרעת לעבדך ולמה לא מצתי חן בעיניך[18] למה זה יצאנו ממצרים[19] למה הציתו עבדיך[20] למה תריעי רע[21]. וקד תכון ללתוגֿע ואלתפגֿע ואלתחנֿן לא ללסואל ען עלֿהֿ אלשי כקולה למה יי יחרה אפך בעמך[22] ליס הדֿא סואלא ען אלעלֿהֿ לאנֿהא מעלומהֿ והו אלעציאן לכנֿה תוגֿע ותחנֿן ומתֿלה למה יי אלהי ישראל היתה זאת בישראל[23]. ומנהא מתי ויסתפהם בהא ען זמאן מתֿל מתי תנחמני[24] עד מתי מאנת לענת[25] למתי אעתיר לך[26]. ומנהא מי ויסתפהם בהא עמֿן יעקל מתֿל מי אתם[27] בת מי את[28] מי את 220. ותאמר אנכי רות אמתך[29]. וקד יסתפהם בהא עמא לא יעקל מתֿל מי פשע יעקב וגו׳ ומי במות יהודה[30] מי שמך כי יבא דברך וכבדנוך[31] מכאן מה כמא קיל ויאמר אליו מה שמך[32]. ויסתפהם בה ען אלחאל מתֿל מי את בתי[33] אלמעני איש[b] אנת פיה והו מכאן מה איצֿא כמא קיל פי הדֿא אלמעני ויאמרו להם אחיהם מה אתם[34] ולא יגֿח

[a] A. בה [b] P. אי שי

[1] Lam. 1, 1. [2] Is. 1, 21. [3] Dan. 10, 17. [4] I Sam. 10, 14. [5] Deut. 1, 28. [6] Job 8, 2. [7] Ex. 16, 28. [8] Gen. 29, 4. [9] Nomb. 11, 13. [10] II Sam. 1, 4. [11] Ex. 32, 21. [12] Dan. 12, 8. [13] Jug. 18, 8. [14] Ex. 10, 26. [15] I Sam. 29, 3. [16] Gen. 37, 10. [17] Ex. 5, 22. [18] Nomb. 11, 11. [19] ib. 11, 20. [20] II Sam. 14, 31. [21] Mich. 4, 9. [22] Ex. 32, 11. [23] Jug. 21, 3. [24] Ps. 119, 82. [25] Ex. 10, 3. [26] ib. 8, 5. [27] Jos. 9, 8. [28] Gen. 24, 23. [29] Ruth 3, 9. [30] Mich. 1, 5. [31] Jug. 13, 17. [32] Gen. 32, 28. [33] Ruth 3, 16. [34] Jug. 18, 8.

אן יכון מעני מי את בתי מן אנת לאנה ליס יגח אן תכ֗ברהא ואלדליל עלי ד֗לך איצ֗א אג֗אבתהא בחאלהא ובמא ערץ֗ להא ד֗לך קולהא ותגד לה את כל אשר עשה לה האיש[1] ולם תג֗בהא באן תקול אנכי רות· ומנהא אלהא ויסתפהם בהא אסתפהאם עמום יסתפהם בהא ען אניה אלשי מת֗ל היש את לבבך ישר[2] הל הו הד֗א כאין האתה זה עכר ישראל[3] המקנא אתה לי[4] הלהרגני אתה אמר[5]· ואד֗א אסתפהם בהא ען אחד שיין לזם אלכלאם אם הרב רב עם ישראל אם נלחם נלחם בם[6] היש בהבלי הגוים מגשמים ואם השמים יתנו רביבים[7] העבד ישראל אם יליד בית הוא[8] ההיתה זאת בימיכם ואם בימי אבתיכם[9] האנכי הריתי את כל העם הזה אם אנכי ילדתיהו[10] הצאן ובקר ישחט וג֗ אם את כל דגי הים יאסף להם[11]· ורבמא אסקטוא מן מת֗ל הד֗א אלכלאם אם ועוצ֗וא מנהא בהא אלאסתפהאם מת֗ל קולה החזק הוא הרפה[12]· ואמא אן אסתפהם באלהא ען שי ואחד פקט פלים יכון פי אלכלאם אם כמא קד תקדם ביאנה· וקד יסתפהם בהא עלי סביל אלתוביך֗ ואלתבכית מת֗ל המן העץ[13] המלך תמלך עלינו[14] הבא נבא[15] ההימיר גוי אלהים[16] האתה האיש אשר דברת[17] עלי סביל אלתשניע· ומנהא אף והי מת֗ל אלהא פי קולה אף כי אמר אלהים[18] אי הל קאל אללה ומת֗לה האף תספה ולא תשא למקום[19] האף אמנם אלד[20] האף תפר משפטי[21] הל יכון הד֗א אלא אן הד֗א ממא אג֗תמע פיה עאמלאן לאן מעני אף כי אמר אלהים הו מת֗ל האמר אלהים אי הל קאל אללה כד֗א פקולה האף תספה הו כקול אלערב אהל כאן כד֗א וכד֗א פיג֗מעון בין חרפין ללאסתפהאם והמא אלאלף והל· ורבמא אסתפהם· בכי כמא קיל כי יאמר מעשה לעשהו לא עשני[22] אי הל יכון הד֗א· וקד זאדוא עליה פי אלאסתפהאם אלהא כמא צנעוא פי אף קיל הכי אמרתי הבו לי[23] הכי יש עוד אשר נותר לבית שאול[24] אי אהל הד֗א כאין· ורבמא חד֗ף חרף אלאסתפהאם מת֗ל קולה ארדף אחרי הגדוד הזה[25]

a P. כאן אסתפהאמא

[1] Ruth 3, 16. [2] II Rois 10, 15. [3] I Rois 18, 17. [4] Nomb. 11, 29. [5] Ex. 2, 14. [6] Jug. 11, 25. [7] Jér. 14, 22. [8] ib. 2, 14. [9] Joel 1, 2. [10] Nomb. 11, 12. [11] ib. 11, 22. [12] ib. 13, 18. [13] Gen. 3, 11. [14] ib. 37, 8. [15] ib. 37, 10. [16] Jér. 2, 11. [17] Jug. 13, 11. [18] Gen. 3, 1. [19] ib. 18, 24. [20] ib. 18, 13. [21] Job 40, 8. [22] Is. 29, 16. [23] Job. 6, 22. [24] II Sam. 9, 1. [25] I Sam. 30, 8.

ויאמר שלם בואך[1] אתה זה בני עשו[2] אתה עתה תעשה מלוכה על ישראל[3] כי עתה לא רבתה מכה בפלשתים[4] תמשך לויתן בחכה[5] ויאמר המלך שלום לנער לאבשלום[6] הובישו כי תועבה עשו[7] *מענאה חל כ֗זוא למא צנעוא כית וכית אמא אנ֗הם מא כ֗זוא ולא אסתחיוא*. ויאמר נתן ארני המלך אתה אמרת אדניה ימלך אחרי[8] לא לבי הלך[9]. וקד כנת אט֗ן אן החדלתי את דשני[10] וצאחביה מן הד֗א אלבאב וכנת אעתקד אן אצל אלצ֗ם כאן פי אלהא לאנ֗ה כאן ענדי פעלא לם יסם֗ פאעלה מת֗ל השלכתי מרחם[11] פנקל אלי אלחא 221. לאן֗ ד֗לך כאן אכ֗ף עליהם ואן כאנא ג֗מיעא חלקין ואנ֗הא אסתפהאם בחרף חרף אלאסתפהאם ואנ֗ה לו אדכ֗ל עליה חרף אלאסתפהאם לכאן ההחדלתי חתי תפק֗רת הד֗א נעמא פראית כ֗לאמהם מבניא עלי אן כל חרף כאן ואג֗בה אן יכון חטף ובעדה חרף חלקי אנ֗הם ינקלון אלחטפות אלי אלחרף אלחלקי ויצ֗בטון אלחרף אלמנקולה אלחטפות מנהא בקמץ גדול מת֗ל מה תארו[12] על מאסם את תורת יי֗[13] ביום בחרי בישראל[14] לא סו֗מא כי החליתי[15] אלד֗י הו מת֗ל השלכתי מרחם פנקלת אלחטפות מן אלהא אלי אלחא לאן֗ ד֗לך כאן אכ֗ף עליהם וצ֗בטת אלחא בקמץ גדול פלו אן החדלתי עלי מת֗אל השלכתי לכאנת האוה קמוצה מת֗ל הא אמלאח החרבה[16] כי החליתי ולו אנ֗ה אסתפהאם ולם יחד֗ף מנה הא אלאסתפהאם לכאן ההחדלתי בסגול תחת אלהא אלאול ובקמץ תחת אלת֗אניה. וקד ל֗כצנא מענאהא פי חרף אלחא מן כתאב אלאצול[17]. וקד ידכ֗לון הא אלאסתפהאם עלי חרף אלנפי והם ירידון בה אלתת֗בית ואלתחקיק מת֗ל הלוא אחיך רעים בשכם[18] ויצא הלא יי֗ יצא לפניך[19] הלא היא ברבת בני עמון[20] הלא איד לעול[21] הלוא כי משחך יי֗[22]. וקד יכון הד֗א אללפט֗ ללתחציץ֗ מת֗ל הלא יראתך כסלתך[23]. וקד יסתפהמון בהן מכאן אלהא מת֗ל קולה וראו הן היתה כזאת[24] הן נזבח את תועבת מצרים לעיניהם[25]. ומנהא מדוע ומענאהא מת֗ל מעני למה אעני אלסואל ען על֗ה אלשי מת֗ל קולה

* R. om.

[1] I Sam. 16, 4. [2] Gen. 27, 24. [3] I Rois 21, 7. [4] I Sam. 14, 30. [5] Job 40, 25. [6] II Sam. 18, 29. [7] Jér. 6, 15. [8] I Rois 1, 24. [9] II Rois 5, 26. [10] Jug. 9, 9. [11] Ps. 22, 11. [12] I Sam. 28, 14. [13] Amos 2, 4. [14] Ez. 20, 5. [15] I Rois 22, 34. [16] Ex. 26, 2. [17] Col. 211 et suiv. [18] Gen. 37, 13. [19] Jug. 4, 14. [20] Deut. 3, 11. [21] Job 31, 3. [22] I Sam. 10, 1. [23] Job 4, 6. [24] Jér. 2, 10. [25] Ex. 8, 22.

מדוע קדמוני ברכים[1] ומדוע לא יראתם[2] וחי ענדי לפטה מרבבה אעני אצלהא מה אלתי ללאסתפהאם תם זיד עליהא דוע ותפסירהא ענדי מא באל אלאמר יכון הכדא·

אלבאב אלכאמס ואלתלתון

נדכר פיה אחכאם הא אלאסתפהאם.

ארא כאן מא בעד הא אלאסתפהאם חרפא גיר חלקי וכאן דלך אלחרף מחרכא באחד אלשבעה מלכים חרכת הא אלאסתפהאם בשבא ופתח מתל קולה השפט כל הארץ[3] המבלי אין אלהים בישראל[4] השלום לו[5] הזה אחיכם הקטן[6] הידוע נדע[7] הנמצא כזה[8] התמו הנערים[9]· ואן כאן אלחרף אלדי בעדהא גיר אלחלקי מוקופא בשבא חרכת אלהא בפתח ורבמא שדדוא דלך אלחרף אלמוקוף באלשבא ורבמא לם ישדדוה ואמא אלמשדד פמתל הכמות נבל ימות אבנר[10] השמנה היא אם רזה[11] הברב כח יריב עמדי[12] הבמחנים אם במבצרים[13] הכתנת בנך היא אם לא[14] הלבן מאה שנה יולד[15] הדרכי לא יתכנו[16] הנפשות תצודדנה לעמי ונפשות לכנה תחיינה[17] יקול ·אן נפוס[a] שעבי תצרן קתלי ונפוסכן תחיין הנפשות אשר לעמי תצודדנה ונפשות אשר לכנה תחיינה· ואמא גיר אלמשדד פמתל הבסוד אלוה תשמע[18] הברכה אחת היא לך[19] הבעד ערפל ישפט[20] המעט ממך תנחומות אל[21] המערת פרצים היה הבית הזה[22] הידעתם את לבן בן נחור[23] השכחתם את רעות [222] אבותיכם[24] הלהרגני אתה אמר[25] הכזונה יעשה את אחותנו[26] מה טוב לכם המשל בכם שבעים איש[27]· ורבמא חרכוא הא אלאסתפהאם באלפתח ומא בעדה מחרך באחד אלז׳ מלכים ויכון מא בעדה משדדא ורבמא לם ישדד ודלך קליל גדא פי כלאמהם· קיל הייטב

[a] P. אנפס

[1] Job 3, 12. [2] Nomb. 12, 8. [3] Gen. 18, 25. [4] II Rois 1, 3. [5] Gen. 29, 6. [6] ib. 43, 29. [7] ib. 43, 7. [8] Gen. 41, 38 [9] I Sam. 16, 11. [10] II Sam. 3, 33. [11] Nomb. 13, 20. [12] Job 23, 6. [13] Nomb. 13, 19. [14] Gen. 37, 32. [15] ib. 17, 17. [16] Ez. 18, 29 [17] ib. 13, 18. [18] Job 15, 8. [19] Gen. 27, 38. [20] Job 22, 13. [21] ib. 15, 11. [22] Jér. 7, 11. [23] Gen. 29, 5. [24] Jér. 44, 9. [25] Ex. 2, 14. [26] Gen. 34, 31. [27] Jug. 9, 2.

בעיני ײ̈[1] פחר̈כוא אלהא כאלפתח ושד̈דוא אליא בע̇דהא וכ̇אן אלונ̇ה אן יכון אלהא בשבא ופתח ואן יכון מא בעדה מכ̇פ̈פא מת̇ל היש את לבבך ישר[2] הילכו שנים יחדו[3] הידע נדע וקאלוא המבלי אין קברים במצרים[4] פפתחוא אלהא ולם ישד̈דו אלמים וכ̇אן אלונ̇ה אן יכון אלהא בשבא ופתח מת̇ל המבלי אין אלהים בישראל[5] המעמך ישלמנה[6]· ואמא אן כ̇אן מא בעד הא אלאסתפהאם חרפא חלקיא כאן אלהא מחר̈כא בפתח גדול או קטן מת̇ל האתה זה[7] העוד לנו חלק ונחלה[8] ההצליח ײ̈ דרכו[9] החייתם כל נקבה[10] ההיתה זאת בימיכם[11] ההשב אשיב את בנך[12] האנכי הריתי[13] האמר תאמר אלהים אני[14] החפץ אחפץ מות רשע[15] החזק הוא הרפה[16] לא יכון אלא ד̇לך פאפהם·

אלבאב אלסאדס ואלת̇לת̇ון

פי אלמערפה̈ ואלנכרה̈.

אעלם אן אלנכרה̈ פי כל שי שאיע פי נועה לא יראד בה ואחד דון אכ̇ר וד̇לך מת̇ל קולך איש חמור סוס פרד גמל אבן בגד ומא אשבה ד̇לך· ואלמערפה̈ אצנאף פמנהא אלאסמא אלאעלאם אעני אסמא אלנאס ואסמא אלבלדאן מת̇ל ראובן ושמעון ודוד ושלמה ירושלם מצרים בבל שמרון ומנהא מא ערף מן אלנכראת באלתכ̇ציץ ואלתחדיד מת̇ל קולה מגפת הסוס הפרד הגמל והחמור[17] והד̇א פי תכ̇ציץ אלאנואע ואמא תכ̇ציץ אלאשכ̇אץ פמת̇ל קולה ונביא אחד זקן ישב בבית אל[18] פלמא אראדוא תעריפה ארכ̇לוא עליה הא אלתעריף פקאלוא ויהי דבר ײ̈ אל הנביא אשר השיבו[19]· ואיצ̇א נגע צרעת כי תהיה באדם[20] הד̇א נכרה̈ פלמא ער̈פוה קאלוא ואם פרוח תפרח הצרעת[21] ואיצ̇א ובשר כי יהיה בו בערו שחין ונרפא[22] ת̇ם קאלוא ענד תעריפה והיה במקום השחין[23] ואיצ̇א או בשר כי יהיה בערו מכות אש והיתה מחית המכוה[24] לאן̈ הד̇ה אעראץ̇ שכ̇ציה̈·

[1] Lév. 10, 19. [2] II Rois 10, 15. [3] Amos 3, 3. [4] Ex. 14, 11. [5] II Rois 1, 3. [6] Job 34, 33. [7] Gen. 27, 21. [8] ib. 31, 14. [9] ib. 24, 21. [10] Nomb. 31, 15. [11] Joel 1, 2. [12] Gen. 24, 5. [13] Nomb. 11, 12. [14] Ez. 28, 9. [15] ib. 18, 23. [16] Nomb. 13, 18. [17] Zach. 14, 15. [18] I Rois 13, 11. [19] ib. 13, 20. [20] Lév. 13, 9. [21] ib. 13, 12. [22] ib. 13, 18. [23] ib. 13, 19. [24] ib. 13, 24.

ואיצ̇א מן היאר עלת שבע פרות יפות מראה ובריאת בשר והנה שבע פרות אחרות[1] הד̇ה נכראת פלמא ער̇פוהא קאלוא ותאכלנה הפרות רעות המראה ודקות הבשר את שבע הפרות יפות המראה והבריאת[2]. ועלי הד̇א ג̇רי אלקול פי אלשבלים[3]. ומנהא אלצ̇מאיר לאן אלאסם לא יצ̇מר חתי יער̇ף והו מת̇ל יא· בני ועבדי וואו בנו ועבדו וכאף בנך ועבדך ואני ואתה והוא והיא והם. ומנהא מא יתער̇ף באלאשארה̈ אליה מת̇ל קולך זה וזאת ואלה. ומנהא מא יער̇ף מן אלנכראת באצ̇אפתהא אלי אלמעארף מת̇ל קולהם הנה בעל החלמות הלזה בא[4] פתער̇ף בעל באצ̇אפתה אלי החלמות אלמער̇ף באלתכ̇ציץ. ומת̇לה עבד המלך[5] משרת משה[6] עבד אברהם[7]. ומא אצ̇יף אלי אלצ̇מאיר תער̇ף בהא מת̇ל בני ועבדי ובנו ועבדו ומא אשבה ד̇לך. פאד̇א נעתת אלאסמא פאלוג̇ה ואלקיאס אן תנעת אלנכרה̈ באלנכרה̈ ואלמערפה̈ באלמערפה̈ 223. בקולהם כה אמר המלך הגדול[8] פנעת המלך והו מערפה̈ בקולה הגדול והו איצ̇א מערפה̈ מת̇לה. ומת̇לה מיד האלהים האדירים[9] את הארץ הטובה̈[10] ההר הטוב הזה[11]. ואמא נעת אלנכרה̈ באלנכרה̈ פמת̇ל ומלך גדול על כל אלהים[12] כי אלהים קדשים הוא[13] ארץ אכלת יושביה היא[14] הרים גבננים[15]. הד̇א הו אלקיאס ואלוג̇ה וקד יכ̇אלפונה פינעתון אלמערפה̈ באלנכרה̈ בקולה על הארץ אחרת[16] את הכבש אחד[17] הדוד אחד[18] הראש אחד יפנה[19] אצל הכרוב אחד[20] הגוים רבים[21]. וינעתון אלנכרה̈ באלמערפה̈ בקולה הרים הגבהים ליעלים[22] חלל הגדול[23] ערים האלה לאפרים[24] ויבא הלך לאיש העשיר[25] חצר האחרת[26] וחצר הגדולה סביב[27] ביד מלאכים הבאים ירושלם[28] ובארץ הרחבה והשמנה[29] שבע פרת הטבת[30]. ואד̇א ער̇פוא אסמא מצ̇אפא פאלקיאס אן ידכ̇ל אלתעריף פי אלמצ̇אף אליה בקולה ותאכלנה הפרות רעות המראה ודקת הבשר את שבע הפרות יפת המראה[31] וקד יער̇פון אלמצ̇אף ואלמצ̇אף אליה ג̇מיעא בקולהם קח את כוס היין החמה[32] שתי

[1] Gen. 41, 2. [2] ib. 41, 4. [3] ib. 41, 5. [4] ib. 37, 19. [5] II Sam. 18, 29. [6] Nomb. 11, 28. [7] Gen. 24, 34. [8] II Rois 18, 19. [9] I Sam. 4, 8. [10] Deut. 1, 35. [11] ib. 3, 25. [12] Ps. 95, 3. [13] Jos. 24, 19. [14] Nomb. 13, 32. [15] Ps. 68, 17. [16] Jér. 22, 28. [17] Nomb. 28, 4. [18] Jér. 24, 2. [19] I Sam. 13, 17. [20] Ez. 10, 9. [21] ib. 39, 27. [22] Ps. 104, 18. [23] Ez. 21, 19. [24] Jos. 17, 9. [25] II Sam. 12, 4. [26] I Rois 7, 8. [27] ib. 7, 12. [28] Jér. 27, 3. [29] Néh. 9, 35. [30] Gen. 41, 26. [31] ib. 41, 4. [32] Jér. 25, 15.

העבתת הזהב[1] עשו ככל התועבת הגוים[2] ואת כל הממלכות הארץ אשר על פני הארמה[3] ואתן את הספר המקנה[4] ואת המזבח הנחשת אשר לפני יי[5] מעל הבקר הנחשת אשר תחתיה[6] כל העם הארץ יהיו אל התרומה הזאת[7] לפתח השער הצפונה[8] ולקחת את הפר החטאת[9] אל הלשכות הקדש[10] והכהנים נשאי הארון הברית[11] ויסע את היתר הארג[12] והארץ הגבלי[13] והיו על הלשכות ועל האוצרות בית האלהים[14] וכל העם המלחמה אשר אתו[15] והד̇א אלמרכב[a] ד̇הב אלאואיל פי קולהם פי אלצלוה̈ פי זמאן מכ̇צוץ[16] ברוך אתה יי המלך המשפט· ורבמא אד̇כ̇לוא אלתעריף עלי אלמצ̇אף כאצ̇ה̈ וד̇לך קליל כקולה ועץ הדעת טוב ורע[17] תקדירה ועץ דעת הטוב והרע· ומת̇לה ויעשו את הכתנת שש[18] לו לם יכן מצ̇אפא לכאן מת̇ל ולבני אהרן תעשה כתנות[19] לכנ̈ה מצ̇אף מת̇ל כתנות עור[20]· ומת̇ל הד̇א והרים את הדשן אשר תאכל האש את העלה על המזבח[21] קולה הדשן מצ̇אף אלי מא בעדה ואת העולה תפסירה מן העולה ותלכ̇יץ ד̇לך אן יכון תקדירה והרים את דשן אשר האכל האש מן העולה על המזבח ותרג̇מה̈ אלמעני ויזיל רמאד מא תחרקה אלנאר מן אלצעידה̈ אלתי עלי אלמד̇בח· וקד תקדם מן קולי אן אלאסמא אלאעלאם מעארף ואלדליל עלי ד̇לך אמתנאע דכ̇ול אלתעריף עליהא אלא קלילא פאנ̈ה לא יקאל היצחק היעקב הדוד השלמה הבבל הירושלם המצרים פמא אצ̇יף אלי שי מן הד̇א אעני אלאסמא אלאעלאם פהו מערפה̈ באלאצ̇אפה̈ עלי מא קד ד̇כרתה וד̇לך מת̇ל קולה משרת משה עבד אברהם אלא אנ̈הם קד ידכ̇לון עליה איצ̇א אלתעריף כמא קאלוא ואת הנפלים אשר נפלו על המלך בבל[22] אל הבור מלכיהו בן המלך[23] את אדני המלך אשור[24] על הארץ כנען[25] המזבח בית אל[26] מן הים הגדול הדרך חתלן[27] והד̇א במנזלה̈ מא אג̇תמע פיה תעריפאן מת̇ל קולה הארון הברית[28] מעל הבקר הנחשת[29] כל העם הארץ[30] וג̇ירהא· וקד

[a] P. הו אלד̇י

[1] Ex. 39, 17. [2] I Rois 14, 24. [3] Jér. 25, 26. [4] ib. 32, 12. [5] II Rois 16, 14. [6] ib. 16, 17. [7] Ez. 45, 16. [8] ib. 40, 40. [9] ib. 43, 11 [10] Ez. 46, 19. [11] Jos. 3, 14. [12] Jug. 16, 14. [13] Jos. 13, 5. [14] I Chr. 9, 26. [15] Jos. 8, 11. [16] Rituel, prière des Dix-huit. [17] Gen. 2, 9. [18] Ex. 39, 27. [19] ib. 28, 40. [20] Gen. 3, 21. [21] Lév. 6, 3. [22] II Rois 25, 11. [23] Jér. 38, 6. [24] Is. 36, 8. [25] Nomb. 34, 2. [26] II Rois 23, 17. [27] Ez. 47, 15. [28] Jos. 3, 14. [29] II Rois 16, 17. [30] Ez. 45, 16.

יערּפון אלאסמא אלמצ̇אפה̈ אלי אלצ̇מאיר ואלצ̇מאיר מעארף לאן̃ אלאסם לא יצ̇מר חתי יערּף פמא אצ̇יף אלי אלצ̇מאיר יג̇ב אן יתערּף בה כמא יתערּף במא אצ̇יף אלי גירה מן אלמעארף באצ̇אפתה אליה פממא ארכ̇לוא עליה אלתעריף ממא אצ̇יף אלי אלצ̇מאיר קולה והעם לא שב עד המכהו[1] בתוך האהלי[2] והחציו אל מול הר עיבל[3] 224. את כל ההרותיה בקע[4] וכל אשר בערינו[5] ותנתן היא ומביאיה והילדה[6]. ואעלם אן אלוג̇ה פי קולה בערינו בְהֶעָרֵינו פחרף אלהא ונקלת חרכתה אלי אלבא כמא אן אלוג̇ה פי ויתן אכל בערים[7] אן יכון בהערים פחרף אלהא ונקלת חרכתה אלי אלבא והו אלוג̇ה איצ̇א פי קולה ואת העם העביר אתו לערים[8]. ומת̇ל הד̇א ענדי ארכ̇אלהם הא אלתעריף עלי הוא והיא והמא צ̇מיראן ואלצ̇מיר מערפה̈. ומת̇לה איצ̇א ארכ̇אלהם חרף אלתעריף עלי אלה והו ללאשארה̈ ומא אשיר אליה פהו מערפה̈ קאלוא האנשים האלה[9] לאלה תחלק הארץ[10] ותקראנה אתי כאלה[11] וחק̃ אלכלאם אן יכון מת̇ל מאת כל העם אלה[12] לא כאלה חלק יעקב[13] באלה תנגח את ארם[14] והכד̇א צנעוא פי זה וזאת איצ̇א. ויג̇אנס הד̇א תעריפהם אלאסמא אלאעלאם פי בעץ̇ אלמואצ̇ע כקולהם נתתי לחצי שבט המנשה[15] לתשעת השבטים וחצי השבט המנשה[16] לימנה משפחת הימנה[17] הארונה היבסי[18] הר הגלעד[19] עד החרמה[20] ארץ העוץ[21] כי שדדה העי[22] מלך העי[23] הוא בא עד לחי[24] את המכתש אשר בלחי[25] וזבח וצלמנע בקרקר[26] וילך אל דוד חרשה[27] וישב דוד בחרשה[28]. ואמא קולה בשטים[29] הגלגל[30] אל הבכים[31] ומא כאן מת̇להא פאנּמא סמּי בהא והי מעארף ורבמא כאן מת̇להא בקרקר. ומן אלאסמא אלאעלאם מא יכון מרכּבא מן אסמין יג̇עלאן אסמא ואחדא ודלך עלי צ̇רבין אמא אן יוצל בינהמא פי אלכ̇ט̇ באלצ̇בט או באלתאליף מת̇ל גלעד אלד̇י הו מרכּב מן אסמין ווצל בינהמא צלה̈ תאמּה̈ באלצ̇בט אעני בכון אלשבא תחת אללאם ומת̇לה יחלאל[32]

[1] Is. 9, 12. [2] Jos. 7, 21. [3] ib. 8, 33. [4] II Rois 15, 16. [5] Ezra 10, 14. [6] Dan. 11, 6. [7] Gen. 41, 48. [8] ib. 47, 21. [9] ib. 34, 21. [10] Nomb. 26, 53. [11] Lév. 10, 19. [12] I Sam. 2, 23. [13] Jér. 10, 16. [14] I Rois 22, 11. [15] Deut. 3, 13. [16] Jos. 13, 7. [17] Nomb. 26, 44. [18] II Sam. 24, 16. [19] Gen. 31, 21. [20] Nomb. 14, 45. [21] Jér. 25, 20. [22] Jér. 49, 3. [23] Jos. 12, 9. [24] Jug. 15, 14. [25] ib. 15, 19. [26] ib. 8, 10. [27] I Sam. 23, 16. [28] ib. 23, 18. [29] Nomb. 25, 1. [30] Mich. 6, 5. [31] Jug. 2, 1. [32] Gen. 46, 14.

ישראל ומתל מלכיאל[1] איעזר[2] אלדי וצל בינהמא באלתאליף ומא אשבה דלך· ואמא אלדי לא יוצל בינהמא פי אלכט לא בצבט אכר אלאסם אלאול ולא באלתאליף פתכון צלתהמא גיר תאמה לאן אלתרכיב הו גיר מחץ ולא תאם מתל בית שמש בית לחם ושנים עשר ובית אל ומא אשבה דלך· פמא כאן מן אלצרב אלאול אעני מא כאן תרכיבה מחצא תאמא וארדת תעריף אלמנסוב אליה ארכלת חרף אלתעריף פי אול דלך אלאסם אלמרכב פקלת הגלעדי[3] הישראלי[4] היחלאלי[5] המלכיאלי[6] האיעזרי[7] ומא אשבה דלך כדלך פאן[a] כאן מן אלצרב אלתאני אלדי ליס תרכיבה תאמא וארדת תעריף אלמנסוב אליה ארכלת חרף אלתעריף עלי אלאסם אלתאני פקלת בית האלי[8] בית השמשי[9] בית הלחמי[10] אבי העזרי[11] פקולה אבי העזרי דליל עלי אן תרכיב אביעזר גיר מחץ· וקאלוא פי תעריף שנים עשר ויקרא יהושע אל שנים העשר איש[12].

אלבאב אלסאבע ואלתלתון

פי אלתדכיר ואלתאנית.

אעלם אן אכתר אלבאב קד דכל פי באב אלצמאיר לאשתראכהמא פי אלצמאיר[b] ונחן נעיד מן דלך הנא מא לא בד לנא מן דכרה ולא גני בנא ען אעארתה לאנתסאג אלכלאם ואלתחאם אלמעאני· 225. ואעלם אן אלתדכיר הו אלאצל פי הדא אלבאב ואן אלתאנית פרע דאכל עליה ידלך עלי דלך וקוע דבר והו מדכר עלי אלמדכר ואלמונת כמא קיל ולא ימות מכל לבני ישראל דבר[13] יריד שיא מן חיואנהם מדכרא כאן או מונתא והו יקע איצא עלי כל מא פי אלעאלם בקולה מקום אשר אין שם מחסור כל דבר אשר בארץ[14] ואיצא ואין מכלים דבר בארץ[15] ואיצא ולא יראה בך ערות דבר[16] מעני הדא שי מן אלאשיא וכדלך הו אלשי ענד אלערב מדכר והם

[a] P. ומא b Ce mot est rayé dans P. et remplacé par אלאצמאר

[1] Gen. 46, 18. [2] Nomb. 26, 30. [3] Jug. 11, 1. [4] II Sam. 17, 25. [5] Nomb. 26, 26. [6] ib. 26, 45. [7] ib. 26, 30. [8] I Rois 16, 34. [9] I Sam. 6, 18. [10] ib. 16, 1. [11] Jug. 6, 24. [12] Jos. 4, 4. [13] Ex. 9, 4. [14] Jug. 18, 10. [15] ib. 18, 7. [16] Deut. 23, 15.

יוקעונה עלי כל מדכר ומונת ויסתשהדון בה עלי מתל אסתשהארנא נחן בדבר׳ פאלשי יכון אולא מדכרא תם תרכל עליה עלאמה אלתאנית אסמא כאן או פעלא תקול פי תאנית אמר אמרה ופי תאנית שמע שמעה ופי תאנית אכל אכלה ופי תאנית ארום ארומה ועקוב ועקבה מדם[1] וזקן וזקנה וחכם וחכמה׳ והדה אלהא חי לינה אכדא אלא פי אלפאט מחפוטה אתת פיהא טאהרה עלי אלשדוד מתל ותעלמה יצא אור[2] כבכורה בטרם קיץ[3] וגירהמא ממא הו מחצור פי אלמסורת׳ וקד תבדל אלתא מן הדה אלהא פי מואצע מן גיר אצאפה מתל ושכרת ולא מיין[4] שפעת אני ראה[5] עשה רע מאת[6] כי אזלת יד[7] ושבת לנשיא[8] וחטאת עמך[9] הו פעל מאצ מונת ואנה אלעם הנא עלי תאנית אלגמאעה׳ ואמא ענד אלאצאפה פלא בד מן אנקלאב הדה אלהא תא אלא מא שד מן דלך כמא קיל עד שנת הדרור[10] יונת אלם רחקים[11] וחכמת המסכן בזויה[12] ומא אשבה דלך׳ ואדא אכברת ען אלואחד אלמדכר אלגאיב באלפעל אלמסתקבל אלמחץ או באלפעל אלמסתקבל אלמעטוף באלואו אלשבאיה או באלואו אלמפתוחה אלדאלה עלי אלמצי קלת ירא יי עליכם וישפט[13] וילך איש מבית לוי ויקח את בת לוי[14]. ואן כאטבתה קלת אלי תבוא[15] אתה תאכל ולא תשבע[16]. פאן אכברת ען אלואחד אלמונת אלגאיב קלת הבת תשעים שנה תלד[17] כי עתה תבוא אליך ותלא[18] אדרת תבוא תגע עדיך[19] ותלד על ברכי[20] ותלד בן ותקרא את שמו[21] ותלך העלמה[22] ותזן אהלה תחתי[23] פיסתוי הדא אללפט מכאטבה אלואחד אלמדכר׳ ורבמא אלחקוא פיה יא כמא קיל ותזני שם[24] ואיצא איך תשקטי[25] ואיצא אמרתי אך תיראי אותי תקחי מוסר ולא יכרת מעונה כל אשר פקדתי עליה[26] פיסתוי הנא איצא לפט אלאכבאר ען אלמונת אלגאיב בלפט אלאכבאר ען אלמונת אלחאצר ורבמא קיל ען[a] הדה אלאלפאט אנהא אכבאר ען אלמונת אלחאצר כאצה וכאן אללפט

[a] P. פי

[1] Osée 6, 8. [2] Job 28, 11. [3] Is. 28, 4. [4] ib. 51, 21. [5] II Rois 9, 17. [6] Eccl. 8, 12. [7] Deut. 32, 36. [8] Ez. 46, 17. [9] Ex. 5, 16. [10] Ez. 46, 17. [11] Ps. 56, 1. [12] Eccl. 9, 16. [13] Ex. 5, 21. [14] ib. 2, 1. [15] Gen. 30, 16. [16] Mich. 6, 14. [17] Gen. 17, 17. [18] Job 4, 5. [19] ib. ib. [20] Gen. 30, 3. [21] ib. 4, 25. [22] Ex. 2, 8. [23] Ez. 23, 5. [24] Jér. 3, 6. [25] ib. 47, 7. [26] Soph. 3, 7.

אלתפאתא והו אעני אלאלתפאת קסם מן אקסאם אלבלאגה̈ ואנא פיהא אלי אלמעני אלאו̈ל אמיל· וקד צנעוא צ̇ד̈ הד̇א אעני אנ̈הם אסקטוא אליא מן לפט̇ אלאכ̇באר ע̇ן אלמונ̈ת̇ אלחאצ̇ר קיל ותקריבי ימיך ותבוא עד שנותיך[1] פאסתוי הד̇א אללפט̇ בלפט̇ אלאכ̇באר ען אלמונ̈ת̇ אלגאיב· פאן אכ̇ברת ען גמאעה̈ אלמד̇כ̈ר אלגי̈ב קלת אשר קניהן יהרגן ולא יאשמו[2] והאנשים ינחשו וימהרו[3] וישבו ויבאו אל עין משפט היא קדש ויכו את כל שדה העמלקי[4]· פאן אכ̇ברת ען גמאעה̈ אלמד̇כ̈ר אלחאצ̇רין קלת ותשבו בקדש ימים רבים[5] ותשבו ותבכו לפני יי̈[6]· פאן אכ̇ברת ען גמאעה̈ אלמונ̈ת̇ אלגי̈ב קלת 226. תצרקנה ממך[7] בצל דליותיו תשכנה[8] ותרכבנה על הגמלים ותלכנה אחרי האיש[9] ותבאנה ותדלנה ותמלאנה את הרהטים[10] פתג̇תמע עלאמתאן ללתאנית̇ אעני אלתא אלתי כאנת עלאמה̈ ללתאנית̇ פי אלאכ̇באר ען אלואחד אלמונ̈ת̇ ואלנון ואלהא אלתאן המא עלאמה̈ גמע אלמונ̈ת̇· ורבמא אסתגנוא[a] פי עלאמה̈ אלתאנית̇ באלתא וחדהא וג̇עלוא עלאמה̈ אלג̇מע אלואו אלתי הי עלאמה̈ גמע אלמד̇כ̈ר ועו̈לוא פי אלתאנית̇ עלי אלתא פקט כמא קיל ואלמנותיך עלי תבטחו[11] ותקרבו עצמות[12] גרי ביתי ואמהתי לזר תחשבני[13] והד̇א עלי אפראד[b] אלאמהות כ̇אצ̈ה̈ ומשבותיך תוכחך[14]· ורבמא אתוא פי הד̇א באלפעל אלמסתקבל ללואחד אלמד̇כ̈ר ואלחקוא בה אלנון ואלהא אלתאן[c] המא עלאמה̈ גמע אלמונ̈ת̇ פקאלוא מנוי יעמדנה[15] וישרנה הפרות[16] ויחמנה בבאן לשתות[17]· ורבמא ג̇עלוא אלאכ̇באר ען הד̇א כאלאכ̇באר ען אלואחד אלמונ̈ת̇ כמא קיל חכמות שרותיה תעננה[18] לא תמעד אשריו[19] וכאן אלקיאס תמעדנה מת̇ל והגבעות תלכנה חלב[20] תכרענה ילדיהן תפלחנה[21] וכאן אלקיאס פי תעננה אן יכון תעניננה אותה מת̇ל ותעניננה הנשים המשחקות[22] פג̇א עלי תענה אותה פלמא וצל אלצ̇מיר ג̇עלה נונא והא ושד̈ד אלנון כמא קיל פי אלמד̇כ̈ר אל ידפנו ולא איש[23] ועלי הד̇א אכת̇ר אלכ̇באב אעני עלי תפעלנה· ואן אכ̇ברת ען גמאעה̈ אלמונ̈ת̇

[a] A. ארתגוו; P. אסתג̇אוו [b] P. אעדאד [c] A. אלתין; P. אלתי

[1] Ez. 22, 4. [2] Zach. 11, 5. [3] I Rois 20, 33. [4] Gen. 14, 7. [5] Deut. 1, 46. [6] ib. 1, 45. [7] Ez. 16, 52. [8] ib. 17, 23. [9] Gen. 24, 61. [10] Ex. 2, 16. [11] Jér. 49, 11. [12] Ez. 37, 7. [13] Job 19, 15. [14] Jér. 2, 19. [15] Dan. 8, 22. [16] I Sam. 6, 12. [17] Gen. 30, 38. [18] Jug. 5, 29. [19] Ps. 37, 31. [20] Joel 4, 18. [21] Job 39, 3. [22] I Sam. 18, 7. [23] Job 32, 13.

אלחאצ̇ראת כאן עלי ד̇לך אללפט̇ אלד̇י יכון ללגאיבאת אעני עלי תפעלנה כמא קיל וחטאי גלוליכן תשאינה[1] חד̇א אכ̇באר ען אלחאצ̇ראת וקיל פי אלאכ̇באר ען אלגאיבאת ותמהרנה ותשאנה עלינו נהי[2]. וקיל פי אלאכ̇באר ען אלחאצ̇ראת הקם תקימנה את נדריכם ועשה תעשינה את נדריכם[3] וען אלגאיבאת ולא תעשינה כזמתכנה[4]. פאן אכ̇ברת ען ג̇מאעה̈ אלמד̇כ̇ר באלפעל אלמאצ̇י קלת הלכו אחרי שאול[5] אכלו את המן[6] ואלאכ̇באר ען ג̇מאעה̈ אלמונ̈ת̇ יכון עלי לפט̇ה איצ̇א מת̇ל וכל הטף בנשים אשר לא ידעו משכב זכר[7] טוו את העזים[8] ולא נודע כי באו אל קרבנה[9] כוננו ידיך[10] ידיך עשוני[11] ולמא קאל עשוני אג̇רי עליה ויכוננוני. ועיני ראו ולא זר[12] עלי היו כלנה[13] ברכות אביך גברו על ברכת הורי[14] ויהי כי יראו המילדת[15] ותיראן המילדת את האלהים ולא עשו[16] בטרם תבוא אלהן המילדת וילדו[17] כי קמו עיניו משיבו[18] במראת הצבאת אשר צבאו[19] על כן עלמות אהבוך[20] כי גבהו בנות ציון[21]. וקד יכ̇ברון ען ג̇מאעה̈ אלמונ̈ת̇ באלפעל אלמאצ̇י בלפט̇ אלאכ̇באר ען אלואחד אלמונ̈ת̇ כמא קיל חכמות בנתה ביתה חצבה עמודיה שבעה[22] וסאיר מא פי אלקצ̇ה̈ מן מת̇ל הד̇א. ואיצ̇א ועיניו קמה[23] כי קמה על בבל מחשבות יי̈[24] וחטאותינו ענתה בנו[25]. ומת̇ל הד̇א כי מאתנן זונה קבצה[26] עלי מא בינ̈ת פי כתאב אלתסויה̈[27]. ואעלם אן עלאמה̈ ג̇מאעה̈ אסמא אלמד̇כ̇רין אנ̈מא הי אליא ואלמים מת̇ל מלכים עבדים ילדים חמורים. ורבמא אבדלוא מן אלמים נונא כמא קיל אלהי צרנין[28] חטין ושערים[29] יכרעון אחרין[30] ולא יאמין בחיין[31] למחות מלכין[32] עתה יחרדו האין[33] לקץ הימין[34] כל שעריה 227. שוממין[35]. פאן כאן אלמד̇כ̈ר ממא לא יעקל ג̇אז אן יג̇מע עלי אלתד̇כיר ואלתאנית̇ מת̇ל הר אלד̇י יג̇מע עלי הרים והרות ויער עלי יערים ויערות ונהר עלי נהרים ונהרות וקרדום עלי קרדמים וקרדמות. ואמא עלאמה̈ ג̇מע אלמונ̈ת̇ פאנ̈מא הי אלואו ואלתא

1 Ez. 23, 49. 2 Jér. 9, 17. 3 ib. 44, 25. 4 Ez. 23, 48. 5 I Sam. 17, 13. 6 Exod. 16, 35. 7 Nomb. 31, 18. 8 Ex. 35, 26. 9 Gen. 41, 21. 10 Ex. 15, 17. 11 Ps. 119, 73. 12 Job 19, 27. 13 Gen. 42, 36. 14 ib. 49, 26. 15 Ex. 1, 21. 16 ib. 1, 17. 17 ib. 1, 19. 18 I Rois 14, 4. 19 Exod. 38, 8. 20 Cant. 1, 3. 21 Is. 3, 16. 22 Prov. 9, 1. 23 I Sam. 4, 15. 24 Jér. 51, 29. 25 Is. 59, 12. 26 Mich. 1, 7. 27 Opusc. p. 371. 28 I Rois 11, 33. 29 Ez. 4, 9. 30 Job 31, 10. 31 ib. 24, 22. 32 Prov. 31, 3. 33 Ez. 26, 18. 34 Dan. 12, 13. 35 Lam. 1, 4.

מתל אתון אתונות וארץ וארצות וקשת וקשתות· ורבמא גמע עלי אלתרכיר מתל ידים ורגלים ועינים ופעמים רגלי עני[1] פעמי דלים[2] עזים מאתים[3]· פאן כאן פי אלמונת אלמפרד הא אלתאנית פאנהם פי אכתר כלאמהם יכרהון אגתמאעהא מע אלואו ואלתא אלתאן חמא עלאמה גמע אלמונת פיחרפונהא כראהה לאגתמאע עלאמתין ללתאנית כמא קיל פי גמע שנה שנות ימין עליון[4] ופי גמע חלה על חלות לחם חמץ[5] ופי גמע שפחה שפחות ופי שרה שרות ופי שדה שדות ואלקיאס פי חדה אלגמוע שנתות בקלב הא שנה תא* וחלתות ושפחתות ושרתות ושדתות· ורבמא תכלמוא פי בעצהא באלקיאס כמא קיל פי גמע שפה אלתי עלי זנה שנה שפתותיו שושנים[6] וקאלוא חבקו אשפתות[7] וחו גמע אשפה לא מחאלה וכדלך נטקת בה אלאואיל רצי אללה ענהם[8] וקד קאלוא מאשפת ירים אביון[9] עלי אלנקצאן כאלאטראד ואשתראר תא אשפתות עלי גיר קיאס כל עלי מרהבהם פי גירה מן אלגמוע מתל מטעמים[10] ומרבדים[11] ומא אשבה דלך· ואעלם אן צמיר גמאעה אלמרכר אלגיב אלמתצל באלאסמא אלמגמועה גמע אלתרכיר אנמא הו אלהא ואלמים מתל ראשיהם רגליהם ידיהם עבדיהם גמליהם· ורבמא זארוא בעד אלמים הא כמא קיל ואל אליהמה לפנימה לשער[12] ורבמא חרפוא אלהא וגעלוא הרא אלצמיר מימא וואוא מתל אשר חלב זבחימו יאכלו[13] ישר יחזו פנימו[14] כל נסיכמו[15] שיתמו נדיבמו[16] ארדת נדיבמו חרם שנימו[17] פאן אתצל באלאסמא אלמגמועה באלואו ואלתא כאן מימא מתל ידותם וגבתם מלאת עינים[18] ועל החצרים בשדתם[19] למשפחתם[20] בחרבותם[21] ויחגרו ממסגרותם[22] וקד יכון הא ומימא מתל קולה ואל לב שקוציהם ותועבותיהם לבם הולך[23] שרותיהם ליורשים[24] את גויתיהם[25] ויחרגו ממסגרותיהם[26] למשפחתיהם יצאו[27] וכתתו חרבתיהם לאתים וחניתתיהם למזמרות[28]· ואמא צמיר גמאעה אלמרכר אלמתצל באלאסמא אלמפרדה או באלאפעאל פאנה מים פקט מתל ויי בראשם[29] לשונם

[1] Is. 28, 6. [2] ib. ib. [3] Gen. 32, 15. [4] Ps. 77, 11. [5] Lév. 7, 13. [6] Cant. 5, 13. [7] Lam. 4, 5. [8] Voy. Chôlin 12 a. [9] Ps. 113, 7. [10] Gen. 27, 4. [11] Prov. 31, 22. [12] Ez. 40, 16. [13] Deut. 32, 38. [14] Ps. 11, 7. [15] ib. 83, 12. [16] ib. ib. [17] ib. 58, 7. [18] Ez. 1, 18. [19] Néh. 11, 25. [20] Gen. 10, 5. [21] Ez. 16, 40. [22] II Sam. 22, 46. [23] Ez. 11, 21. [24] Jér. 8, 10. [25] Ez. 1, 23. [26] Ps. 18, 46. [27] Gen. 8, 19. [28] Mich. 4, 4. [29] ib. 2, 13.

בצמא נשתה[1] בצאנם ובבקרם ילכו[2] אל תהרגם[3] וישיבם לנצח[4] אשר גאלם מיד צר[5] וקד יזידון עליהא ואוא פיקולון ענקתמו גאוה[6] תחמת יכסימו[7] חלבמו סגרו פימו[8] הרס שנימו בפימו[9] ארדת בפימו שיתמו נדיבמו[10] ארדת שיתמו. ואן את̇צל הד̇א אלצ̇מיר בגיר אלאסמא ואלאפעאל כאן איצ̇א מימא מת̇ל להם לבדם[11] אותם כלם. וקד יכון הא ומימא מת̇ל כקוץ מנד כלהם[12] ישפטו אותהם[13] הד̇א אלמים בדל מן נון לאנה̇ ען מונת̇ יכבר וג̇את עלי לפט̇ אלמד̇כ̇ר. וצ̇מיר ג̇מע אלמונת̇ אלגאיב נון מת̇ל ושמותן אחלה[14] בלכתן[15] לארבעתן[16] ויושען[17] והו אלבאב. וקד יבדל מן הד̇ה אלנון מים מת̇ל וישק את צאנם[18] ויבאו הרעים ויגרשום[19] ועם האמהות אשר אמרת עמם אכבדה[20] הנה בתי הבתולה ופילגשהו אוציאה נא אותם וענו אותם[21]. וקד יזאד עלי אלנון הא מת̇ל אשר הצבת לברנה[22] עלי היו כלנה[23] ותבאנה אל קרבנה[24]. וקד יכון הא ונונא מת̇ל לברהן אליהן עליהן מהן גויותיהן וכתועבותיהן עשית[25] וברא אותהן בחרבותם[26] ואנשים צדיקים הם ישפטו אותהם[27] במים עלי אלבדל מן נון ותזנינה במצרים בנעוריהן[28] וכל מוצאיהן וכמשפטיהן 228.
וכפתחיהן[29]. וקד יזאד עלי הד̇ה אלנון הא מת̇ל קצב אחד לכלתנה[30] ארת גויתיהנה[31] בתוכהנה[32] אשר נשא לבן אותנה[33]. וזיאדה̇ הד̇ה אלהא עלי אותהן חתי יכון אותהנה ג̇איז איצ̇א. ורבמא ג̇עלוא צ̇מיר ג̇מע אלמונת̇ לא סימא גיר אלחקיקי בצ̇מיר אלואחד אלמונת̇ קאלוא רק בחטאות ירבעם בן נבט אשר החטיא את ישראל דבק לא סר ממנה[34] ואיצ̇א וילכו בני ישראל בכל חטאות ירבעם אשר עשה לא סרו ממנה[35]. וצ̇מיר ג̇מע אלמד̇כ̇ר אלמכ̇אטבין מים מת̇ל אמרתם הרגתם עשיתם כי אתם ידעתם[36] ורבמא אבדלוא מנה נונא מת̇ל עמדתם על חרבכם עשיתן תועבה[37]. והד̇א אלצ̇מיר ללמונת̇ נון מת̇ל מדוע עשיתן הדבר הזה[38] בילדכן את העבריות[39] ואתן צאני צאן מרעיתי[40] למה זה

[1] Is. 41, 17. [2] Osée 5, 6. [3] Ps. 59, 12. [4] Job 36, 7. [5] Ps. 107, 2. [6] ib. 73, 6. [7] Ex. 15, 5. [8] Ps. 17, 11. [9] ib. 58, 7. [10] ib. 83, 12. [11] Job 15, 19. [12] II Sam. 23, 6. [13] Ez. 23, 45. [14] ib. 23, 4. [15] ib. 1, 17. [16] ib. 1, 18. [17] Ex. 2, 17. [18] ib. ib. [19] ib. ib. [20] II Sam. 6, 22. [21] Jug. 19, 24. [22] Gen. 21, 29. [23] ib. 42, 36. [24] ib. 41, 21. [25] Ez. 16, 47. [26] ib. 23, 47. [27] ib. 23, 45. [28] ib. 23, 3. [29] ib. 42, 11. [30] I Rois 7, 37. [31] Ez. 1, 11. [32] ib. 16, 53. [33] Ex. 35, 26. [34] II Rois 3, 3. [35] ib. 17, 22. [36] Deut. 29, 15. [37] Ez. 33, 26. [38] Ex. 1, 18. [39] ib. 1, 16. [40] Ez. 34, 31.

עזבתן את האיש[1]. ורבמא זארוא אלהא מתל ואתנה ידעתן[2] הנני על כסתותיכנה[3] ונפשות לכנה תחיינה[4]. וקד יבדלון מן הרח אלנון מימא פי מתל ויצל אלהים את מקנה אביכם[5] בכזבכם לעמי[6]. פאן אגתמע אלמדכר ואלמונת גלב אלמדכר עלי אלמונת כמא קיל וינשק לבניו ולבנותיו ויברך אתהם[7] וקיל פי אלמונת כאצה ואסיר אתהן כאשר ראיתי[8]. ואמא קולה תנה את נשי ואת ילדי אשר עבדתי אתך בהן[9] פאנה אראד אלנשים כאצה לאן אלעבודה אנמא כאנת פיהן פקט. וארא אמרת אלואחד אלמונת אלחקת יא אלתאנית עלי אמר אלמדכר ואטרד אלבאב כלה עלי הדא ולם יכן פרק פי אמר אלמונת אלמאכוד מן אלפעל אלכפיף בין מא אלאמר מנה ללמדכר פעול בואו אלמד ובין מא אלאמר מנה פעל בגיר ואו פאנה כלה פעלי אלא פי אלוקף ואנקטאע אלכלאם פאנה רבמא כאן אלאמר פיה ללמונת מא אלאמר מנה ללמדכר פעול פעולי קאלוא אמרי לי אחי הוא[10] שמעי בת וראי והטי אזנך ושכחי עמך[11] הסבי עיניך[12] עמדי נא בחבריך[13] לאנך תאמר אלמדכר מן הדא פתקול אמור שמע ראה הטה שכח הסב פאנת תזיד יא פי אלאמר אלמונת. ואן אמרת גמע אלמונת זדת נונא והא עלי בניה אמר אלואחד אלמדכר קאלוא שמענה נשים[14] ולמדנה בנתיכם[15] חגרנה שקים ספדנה[16] לבנה שבנה[17] קראן לי מרא[18] אל שאול בכינה[19]. ורבמא חרפוא אלהא כמא קיל שמען קולי[20] חרבוא אלעין אסתתקאלא לאגתמאע סאכנין וקאלוא קראן לו[21] אתי הדא אלאמר עלי בניה אמר אלואחד אלמונת וכאן אלוגה אן יכון קְרֶאן לו בלין אלאלף כמא קאלוא קראן לי מרא וקאלוא צאינה וראינה[22] בתחריך אלאלף תזוינא ללכלאם ורבמא כאן מבניא עלי לפט אלאמר ללואחד אלמונת. ואעלם אן תא אלמכאטב אלמדכר מחרכה אברא באלקמץ קיל ושמרת ועשית[23] והלכת בדרכיו[24] ואמרת בלבבך[25]. ואן כאטבת מונתא אסכנת אלתא כמא קיל אמרת ליי[26] ואמרת בלבבך[27] עד לא שמת אלה[28] וזכרת את דרכיך ונכלמת[29] הכדא

[1] Ex. 2, 20. [2] Gen. 31, 6. [3] Ex. 13, 20. [4] ib. 13, 18. [5] Gen. 31, 9. [6] Ex. 13, 19. [7] Gen. 32, 1. [8] Ex. 16, 50. [9] Gen. 30, 26. [10] ib. 20, 13. [11] Ps. 45, 11. [12] Cant. 6, 5. [13] Is. 47, 12. [14] Jér. 9, 19. [15] ib. ib. [16] ib. 49, 3. [17] Ruth 1, 8. [18] ib. 1, 20. [19] II Sam. 1, 24. [20] Gen. 4, 23. [21] Ex. 2, 20. [22] Cant. 3, 11. [23] Deut. 16, 12. [24] ib. 28, 9. [25] ib. 8, 17. [26] Ps. 16, 2. [27] Is. 49, 21. [28] ib. 47, 7. [29] Ex. 16, 61.

חו גל כלאמהם ורבמא אלחקוא הדה אלתא יא[a] פיסתוי לפטה בלפט אלמתכלם כמא קיל דמיתי בת ציון[1] אנמא הו מכאטבה ללמונת ולו גא עלי אלאטראד לכאן דמית בסכון אלתא לכנהם 229.
אלחקוא יא לתאכיד אלתאנית ותביינה פאשבה קול אלמתכלם ען נפסה דמיתי לקאת מדבר הייתי ככוס חרבות[2]. ומתלה איצא ואסיר אתהן כאשר ראיתי[3] אלונרה פיה ראירה בסכון אלתא לאנהא מכאטבה למונת אעני לירושלם ויעני בקולה אתהן סרום ושמרון אלא אנהם כתירא מא יתבתון הדה אליא פי אלכט וילגונהא[a] פי אללפט. ואמא ארא וצלוא הרא אללפט אעני לפט מכאטבה אלמונת בצמיר אלמפעולין פאנהם קד יתבתון אליא פי אללפט קיל לא במחתרת מצאתים[4] ונתתיהו לפניהם לריח ניחח[5]. פיסתוי איצא הדא אללפט בלפט אלמכבר ען נפסה אד קאל הרגתים באמרי פי[6] והשמותיהו לאות ולמשלים[7] ולו אנפצל אלצמיר לכאן לא במחתרת מצאת אותם ונתת אותו לפניהם בסכון אלתא מן כל ואחד מנהמא. וקד יסקטון מן מתל הדא אליא פי בעץ אלמואצע פיסתוי לפטה בלפט אלמדכר אלמכאטב כמא קאלוא המדבר אליך והבאתו אלי[8] פאסתוי אללפט בלפט מכאטבה אלמדכר אעני והבאתה אל תוך ביתך[9] ואיצא משבעתך הזה אשר השבעתנו[10] שככה השבעתנו[11] ואיצא בחלון אשר הורדתנו[12] פאשבה קול אלסריאני די מלת מלכא הודעתנא[13].

אלבאב אלתאמן ואלתלתון

מא חמל אלמונת פיה מחמל אלמדכר.

אנהם ממא יחמלון אלואחד אלמונת מחמל אלואחד אלמדכר ויגרונה מגראה פיסקטון מנה עלאמה אלתאנית כמא צנעוא פי כי יהיה נערה בתולה[14] וכן יעשה שנה בשנה[15] והיה העלמה[16] אשר הביא שפחתך[17] ובא אלה לפני מזבחך[18] פילגש כלב מעכה ילד

[a] P. וילינהא

[1] Jér. 6, 2. [2] Ps. 102, 7. [3] Ez. 16, 50. [4] Jér. 2, 34. [5] Ez. 16, 19. [6] Osée 6, 6. [7] Ez. 14, 8. [8] II Sam. 14, 10. [9] Deut. 21, 12. [10] Jos. 2, 17. [11] Cant. 5, 9. [12] Jos. 2, 18. [13] Dan. 2, 23. [14] Deut. 22, 23. [15] I Sam. 1, 7. [16] Gen. 24, 43. [17] I Sam. 25, 27. [18] I Rois 8, 31.

שבר ואת תרחנה[1] אשר השבעתו פי תלאתה מואצע[2] וקאלוא איצא משבועתך הזה[3] בלפט אלתדכיר בכל התורה אשר צוך משה עבדי אל תסור ממנו[4] והי ו' פי אלמקרא קיל פיהא ממנו מכאן ממנה קד חצרוהא פי אלמסורת[a] *ומתל הדא ענדי ואן כאן לם ידכרה צאחב אלמסורת קולה ורק היא יחידה אין לו ממנו בן או בת[5] יריד ממנה ואלמעני אין לו חוץ ממנה בן או בת אי ולם יכן לה אבן גירהא פקיל ממנו למגאורתה לו ועלי מא קד בינת מתל דלך וחרף חוץ עלי עאדתהם פי חדפהם כתירא מן אלאלפאט אדא ותקוא בפהם אלנאטר כמא קד בינת כתירא מן מתל דלך פי באב אלחדף וקד חרפת הדה אללפטה איצא מן קולה והאלמנה אשר תהיה אלמנה מכהן יקחו[6] אלמעני חוץ מכהן יקחו אי מן כאן מן אלכהנים גיר כהן גדול פליתזוגהא אי כהן הדיוט וכדא ורד אלנקל ען אלאנביא עליהם אלסלאם[7] וכדלך קאל אלתרגום איצא שאר כהניא יסבון ופסרת חוץ עלי מא הו משהור פי אסתעמאל אלאואיל רצי אללה ענהם ומתלה כי מי יאכל ומי יחוש חוץ ממני[8] אי גירי ואן כאן קד יחתמל חוץ איצא מעני אכר[b]. הנה דברת ותעשי הרעות ותוכל[9] ואלוגה ותוכלי. ותקריבי ימיך ותבוא עד שנותיך[10] מכאן ותבאי. והיתה צעקה גדלה בכל ארץ מצרים אשר כמהו לא נהיתה וגו'[11] והבאתו אלי[12] עלי מא דכרת פוק הדא. והבאת את המנחה אשר יעשה[13] בתדכיר אלפעל והו ללמנחה. וממא יגרי הדא אלמגרי קולה החצר הפנימי[14] מכאן הפנימית אלא אן קיל אן אלחצר הנא מדכר מתלה פי קולה בחצר העליון[15]. ואיצא אל בית הנשים שני[16] אראד שנית ומתלה מדת שני[17]. ואיצא ושם השני צלפחד[18] אראד השנית לאנה אסם אמראה לקולה ומכיר לקח אשה לחפים ולשפים ושם אחתו מעכה ושם השני צלפחד ותהינה לצלפחד בנות וקולה אשה הו מכאן[c] נשים וקולה לחפים ולשפים הו מכאן מן חפים ומן שפים והמא קבילאן וקולה אחתו הו מכאן אשתו. וממא חדף מנה איצא עלאמה אלתאנית ענדי קולה יצא לחפשי[19] לחפשי

[a] P. חצרהא אלמסרת [b] R. om. [c] A. מקאם

[1] I Chr. 2, 48. [2] Jos. 2, 17 et 20; Cant. 5, 9. [3] Jos. 2, 17. [4] ib. 1, 7. [5] Jug. 11, 34. [6] Ez. 44, 22. [7] Kiddûschîn 78 b. [8] Eccl. 2, 25. [9] Jér. 3, 5. [10] Ez. 22, 4. [11] Ex. 11, 6. [12] II Sam. 14, 10. [13] Lév. 2, 8. [14] Ez. 48, 5. [15] Jér. 36, 10. [16] Esth. 2, 14. [17] Néh. 3, 30. [18] I Chr. 7, 15. [19] Ex. 21, 2.

ישלחנו[1] אלתקדיר פיחמא לחפשית וגֿאיז אן תכון אליא זאידהֿ עלי
לחופש פלמא זארוא אליא אנצֿגט אלחלם וצאר קמץ לזיאדהֿ אליא· 230.
וקד חרֿפוא עלאמהֿ אלתאנית איצֿא פי קולה כשגגת שיצא מלפני
השליט[2] אראר שיוצאה פכֿפֿף אלהא ונקלת חרכהֿ אלאלף אלי
אלצאד כמא צנעוא פי משרת את המלך[3] אלדֿי אצלה משרתה והו
אלקול פי ועשת את התבואה[4] והרצת את שבתתיה[5] אלא אן פי
הדֿה אלאלפאטֿ דלאלהֿ עלי אלתאנית בתגיירהם בנאיהא· וקד
אגֿרוא גֿמע אלמונֿתֿ מגֿרי גֿמע אלמדֿכּר פי מתֿל קולהם המה
מולכות את האיפה[6] ויבאו הרעים ויגרשום[7] וישק את צאנם[8] ויעש
להם בתים[9] ויצל אלהים את מקנה אביכם[10] בכזבכם לעמי[11]
ואנשים צדיקים המה ישפטו אותהם[12]· *ואלאחסן ענדי פי ויעש
להם בתים אן יכון עלי וגֿהה אעני אן יכון אכֿבארא ען אלעם אעני
קולה וירב העם ויעצמו[13] ותלכֿיץ דֿלך אן יפסّר הכֿדֿא וכאן למא
כֿשיתא אלקאבלתאן אללה וצנע להם ביותאת וצّי פרעון קומה אן
יטרחוא אלולדאן פי אלניל ישיר בקולה ויעש להם בתים אלי קולה
מן קבל וירב העם ויעצמו מאד פהדֿא מתֿל הדֿא וקולה ויצו פרעה
הו מנתטֿם במא קבלה והו כֿבר כאן אעני כֿבר ויהי ופיה יתםּ
אלכלאם וליס אבתדא כלאם פהדֿא אלדֿי יגֿב אן תעתקד פי הדֿא[a]·
וקד יגֿמעון אלואחד אלמונֿתֿ אלדֿי פיה עלאמהֿ אלתאנית עלי
אלתדֿכיר מתֿל שנה ושנים ומכה מן המכים אשר יכהו ארמים[14]
שער הפנה[15] שער הפנים[16]· ושבע השבלים הבריאות[17] גֿמע
וכראש· שבלת ימלו[18] מאלמים אלמים[19] פי גֿמע אלמה עלי מא
קד דֿכרנאה פי גיר הדֿא אלמוצֿע· ויגֿאנס הדֿא אלבאב מא יגֿוّזה
אלעבראניון מן אלתדֿכיר פימא לא יעקל מן אלמונֿתֿ וכֿאצّהֿ ממא
לם יכן תאניתֿה חקיקיא אעני מא לם יכן לה פרגֿ· מן דֿלך קיל
השמש יצא על הארץ[20] וקיל שמש זרחה[21] [וקיל] ורוח גדולה וחזק
מפרק הרים ומשבר סלעים[22]· וקיל פי אלתורה כי אש יצאה

[a] R. om.

[1] Ex. 21, 26. [2] Eccl. 10, 5. [3] I Rois 1, 15. [4] Lév. 25, 21. [5] ib. 26, 34. [6] Zach. 5, 10. [7] Ex. 2, 17. [8] ib. ib. [9] ib. 1, 21. [10] Gen. 31, 9. [11] Ez. 13, 19. [12] ib. 23, 45. [13] Ex. 1, 20. [14] II Rois 8 29. [15] ib. 14, 13. [16] Zach. 14, 10. [17] Gen. 41, 7. [18] Job 24, 24. [19] Gen. 37, 7. [20] ib. 19, 23. [21] Nah. 3, 17. [22] I Rois 19, 11.

מחשבון[1] ופי ירמיהו כי אש יצא מחשבון[2] וקיל איצא תאכלהו אש לא נפח[3] וקיל פי תאנית אלארץ והו אלאגלב עליהא והארץ היתה תהו ובהו[4] ופי תרכירהא ולא נשא אתם הארץ לשבת יחדו[5] בעברת יי צבאות נעתם ארץ[6] ואיצא שרץ ארצם צפרדעים[7] לאנה מן אלמקלוב עלי מא רכרנאה פי באבה ואיצא מארץ אחד יצאו שניהם[8] ויתגעש ותרעש הארץ[9] *ואיצא בארץ ציה ועיף[10] פוצף אלארץ באלתרכיר בקולה ועיף וקד קיל בארץ עיפה[11 a] ואיצא ומעלות שבעה עלותיו[12]. *ואיצא על אבן אחת שבעה עינים[13 b].

אלבאב אלתאסע ואלתלתון

מא חמל פיה אלמדכר מחמל אלמונת.

קד יחמל אלעבראניון אלמדכר מחמל אלמונת פי בעץ אללגאת קיל מיום הבראך[14] עלי לפט אלמונת [ואיצא] ועדותיו וחקיו אשר צוך[15] כשמעתו ענך[16] מה ענך יי[17] ודלך אן כאף אלכנאיה פי מכאטבה אלמדכר מחרכה באלקמץ והי פי מכאטבה אלמונת מוקופה בשבא פחמל אלמדכר הנא מחמל אלמונת. ומתלה [עגרי] פזר עצמות חנך[18] אלא אנה לפטה מכתצרה וחקיקתהא החונה עליך. ומתלה אותך בסכון אלכאף פי מכאטבה אלמדכר וחו פי כלאמהם אכתר ואשהר מן אן יחתאג אלי שאהד. ומן הרא אלבאב איצא קולה והנה באו עד תוך הבית לקחי חטים[19] אלוגה פיה חמה פאבדל מן מים נון. ומתלה דרך הנה פניהם[20] אראר המה ופיה אצמאר ואלתקדיר דרך המה שמים פניהם. ומתלה איצא לא נסור אל עיר נכרי אשר לא מבני ישראל הנה[21] מכאן חמה אי אהל קריה והרא צד קולה פי אלמונת אנה המה מולכות את האיפה[22] וקד לכצנא גיר הרא אלמעני פי אשר לא מבני ישראל הנה פימא קבל הרא. ואיצא הלהן תשברנה עד אשר יגדלו הלהן תעגנה[23]

a R. om. b R. om.

1 Nomb. 21, 28. 2 Jér. 48, 45. 3 Job 20, 26. 4 Gen. 1, 2. 5 ib. 13, 6. 6 Is. 9, 18. 7 Ps. 105, 30. 8 Ez. 21, 24. 9 II Sam. 22, 8. 10 Ps. 63, 2. 11 Is. 32, 2. 12 Ez. 40, 26. 13 Zach. 3, 9. 14 Ez. 28, 15. 15 Deut. 6, 17. 16 Is. 30, 19. 17 Jér. 23, 37. 18 Ps. 53, 6. 19 II Sam. 4, 6. 20 Jér. 50, 5. 21 Jug. 19, 12. 22 Zach. 5, 10. 23 Ruth 1, 13.

עשיתן תועבה[1] עלי מא תקדם דכרה· ואיצא עיניך בשדה אשר יקצרון והלכת אחריהן[2]· וגאיז אן תכון הדה אלגונאת בדלא מן אלמימאת וגאיז אן יעני בקולה אחריהן מא תקדם מן קולה להא וכה תדבקין עם נערתי[3] ואן יעני בה אלקוצרים אקוי פי אלמעני· 231. ורבמא כאן חבי כמעט רגע[4] מן הדא אלבאב אלא אן אבא זכריא[5] געלה אסמא ודלך איצא פיה חסן אלא אנה ואן כאן אסמא פהו פי מוצע אלאמר או אלמצדר· וממא גרי הדא אלמגרי קולה פי בעץ אלמואצע את פי מכאטבה אלמדכר מתל את כרוב ממשך[6] ואת תדבר אלינו[7]· ומן הדא אלנחו קולה והנותרת מן המנחה[8] אלוגה פיה והנותר לכן למא כאנת בקיה אלמנחה מנחה אגרית מגראהא [פי אללפט] לאנהא בעצהא· והדא ממא תסתעמל אלערב מתלה פי כתיר מן אלמואצע· ומן הדא קולה קטני עבה[9] וקטון מדכר ואמא וצפה במונת לאן קולה קטני כנאיה ען אצבעה אלצגרי ואלאצבע מונת כמא קיל באצבעו הימנית[10] אצבע אלהים היא[11] ואן כאן אלמראד באצבע אלהים אפה ובליה·

אלבאב אלארבעון

מא בלפט ואחד ללדכר ואלאנתי.

מן דלך קולה גמל ללדכר ואלאנתי כמא קיל גמלים מיניקות[12] וקולה חזיר ללדכר ואלאנתי וכדלך שפן וכדלך ארנבת וכדלך דג וכדלך ארבה וכדלך תר וצפור אלא אן הדין מונתאן עלי כל חאל אלדכר אריד בכל ואחד מנהמא או אלאנתי כמא קיל כל צפור טהרה תאכלו[13] ושתי תרים[14]· ומן הדא אלבאב אשארתהם ללדכר ואלאנתי בלפט ואחד הנער הלז[15] הפלשתי הלז[16] השונמית הלז[17] וקד יפרקון בין אלאשארתין פי בעץ אלמואצע כמא קאל מי האיש הלזה[18] בעל החלמות הלזה[19] הארץ הלזו[20]· וממא יגאנס הדא אלבאב תסמיתהם אלדכר ואלאנתי בלפט ואחד בקולהם

[1] Ez. 33, 26. [2] Ruth 2, 9. [3] ib. 2, 8. [4] Is. 26, 20. [5] N. 76. [6] Ez. 28, 14. [7] Deut. 5, 24. [8] Lév. 2, 3. [9] I Rois 12, 10. [10] Lév. 14, 27. [11] Ex. 8, 15. [12] Gen. 32, 16. [13] Deut. 14, 11. [14] Lév. 14, 22. [15] Zach. 2, 8. [16] I Sam. 17, 26. [17] II Rois 4, 25. [18] Gen. 24, 65. [19] ib. 37, 19. [20] Ez. 36, 35.

ללדכר וצלפחד בן חפר בן גלעד[1] מיכיהו בן ימלה[2] [a]ואיצא ולמיכיהו ללמד בערי יהודה[3] בקמצות אליא[a] וקיל ען אלמונה מיכיהו בת אוריאל[4] ותהינה לצלפחד בנות[5]. וקיל פי אלמדכר אביש בן מעכה[6] וען אלמונה מעכה אשת מכיר[7] אבשלום בן מעכה[8]. ואיצא קולהם ללדכר בני יצהר שלמית הראש[9] וללאנתי שלמית בת דברי[10]. וללדכר חנון בן נחש[11] ושבי בן נחש[12] וללאנתי אביגל בת נחש אחות צרויה[13]. ומתל הדא תסמיתהם אלמונה אחינעם[14] ואביגל בת נחש[15] ואביטל[16] והדא פי כלאמהם כתיר.

אלבאב אלחאדי ואלארבעון

מא אנתוה תאנית אלקצה או אלחאל או אלכלמה או אלגמאעה.

פממא אנתוה תאנית אלגמאעה קולהם ותהי ישראל[17] ותערך 232. ישראל ופלשתים[18] ותהי ארם[19]. וממא אנתוה תאנית אלקצה או אלחאל קולהם זאת אשר ללוים[20] התחת זאת לא יומת שמעי[21] ולא שת לבו גם לזאת[22] כי עשית זאת[23] בזאת ארע[24] בזאת אכרות לכם[25] בזאת יבא אהרן[26] יכרת יי לאיש אשר יעשנה[27] ויחשבה לו צדקה[28] כי לא·היתה מהמלך להמית את אבנר בן נר[29] ובה ארע כי עשית חסד עם אדני[30] הלוא ידעתה כי מרה תהיה באחרונה[31] הלא היא כתובה על ספר הישר[32] ושמתיה חרפה על כל ישראל[33] כי תועבה היא למצרים[34] וישם אתה יוסף לחק[35] עלי היו כלנה[36] למה זה אתם עברים את פי יי והיא לא תצלח[37] ותהי חק בישראל[38] יעני הדה אלקצה אי מסיר בנות ישראל מימים ימימה לתנות לבת יפתח. ותהי הכנם באדם ובבהמה[39] אי פצארת הדה אלחאל יעני חאל אלתקמל לאן אלמים הנא דאלה עלי אלחאל

[a] R. om.

[1] Nomb. 27, 1. [2] I Rois 22, 9. [3] II Chr. 17, 7. [4] ib. 18, 2. [5] I Chr. 7, 15. [6] I Rois 2, 39. [7] I Chr. 7, 16. [8] II Sam. 3, 3. [9] I Chr. 23, 18. [10] Lév. 24, 11. [11] II Sam. 10, 2. [12] ib. 17, 27. [13] ib. 17, 25. [14] I Sam. 14, 50. [15] II Sam. 17, 25. [16] ib. 3, 4. [17] ib. 24, 9. [18] I Sam. 17, 21. [19] II Sam. 8, 6. [20] Nomb. 8, 24. [21] II Sam. 19, 22. [22] Ex. 7, 23. [23] Gen. 3, 14. [24] ib. 42, 33. [25] I Sam. 11, 2. [26] Lév. 16, 3. [27] Mal. 2, 12. [28] Gen. 15, 6. [29] II Sam. 3, 37. [30] Gen. 24, 14. [31] II Sam. 2, 26. [32] Jos. 10, 13. [33] I Sam. 11, 2. [34] Gen. 43, 32. [35] ib. 47, 26. [36] ib. 42, 36. [37] Nomb. 14, 41. [38] Jug. 11, 39. [39] Ex. 8, 14.

מתׄלהא פי ריקם וחנם· הנקלה בעיניכם התחתן במלך[1] אי חרׄה אלחאל· וממא אנׄתׄוה תאניתׄ אלכלמהׄ קולה ודבר ולא יקימנה[2] על כי היתה למשל הגם שאול בנביאים[3] אי הרׄה אלכלמהׄ·

אלבאב אלתׄאני ואלארבעון

[פי הא צׄמיר אלמונׄתׄ אלגאיב][a]

אעלם אן אלהא אלתי פי צׄמיר אלמונׄתׄ אלגאיב אלמפעול בה או אלמצׄאף אליה הי טׄאהרהׄ אברא אעני מפיק אלא פי מואצׄע אלינת עלי אלשׄדׄוׄד מתׄל קולה עונה בה[4] בחטאה בשגגה[5] משכמה תפול[6] ועברתו שמרה נצח[7] חלאתה בה[8] ורחמה הרת עולם[9] כל אנחתה השבתי[10] ותחמרה בחמר[11] צדה אורה[12] מיום עזבה את הארץ[13]. וקד אטׄרד פי כלאמהם לין אלהא אלתי הי צׄמיר אלמונׄתׄ אלגאיב אלמפעול בה פי גיר הדׄא אלצׄרב אעני ענד אתׄצאלהא בפעל אלמונׄתׄ אלמאצׄי ודׄלך אן פעלה אלדׄי הו מאצׄי אלמונׄתׄ אדׄא אתׄצל בצׄמיר אלמפעול אלמונׄתׄ אנקלבת פיה אלהא תא[a] ובאנת אלהא אלתי הי צׄמיר אלמונׄתׄ אלגאיב לינהׄ עלי גיר אלעאדהׄ פקאלוא צרה וחבלים אחזתה כיולדה[14] בלין אלהא· לו חיה רעה אעביר בארץ ושכלתה[14] וכעסתה צרתה[16] וידו חלקתה להם בקו[17] ככל אשר צותה חמותה[18].

אלבאב אלתׄאלתׄ ואלארבעון

אלעדד.

אעלם אנך אדׄא תׄנית או גׄמעת אסמא מדׄכרא פאנך תלחקה זיאדתין[b] אחדאהמא חרף לין והי אליא ואלתׄאניהׄ מים או נון תקול גבר וגברים וגברין אן שית באבדאל אלמים בנון וקבר וקברים ומלך

[a] Suppléé d'après R. [b] A. זאידתאן

[1] I Sam. 18, 23. [2] Nomb. 23, 19. [3] I Sam. 10, 12. [4] Nomb. 15, 31. [5] ib. 15, 28. [6] Job 31, 22. [7] Amos 1, 11. [8] Ez. 24, 6. [9] Jér. 20, 17. [10] Is. 21, 2. [11] Ex. 2, 3. [12] I Sam. 20, 20. [13] II Rois 8, 6. [14] Jér. 49, 24. [15] Ez. 14, 15. [16] I Sam. 1, 6. [17] Is. 34, 17. [18] Ruth 3, 6.

ומלכים ומלכין למחות מלכין[1]. ואן תנית או גמעת אסמא מונתא כאנת פיה עלאמה אלתאנית או לם תכן פאנך תלחקה איצא זיאדתין אחראהמא חרף לין והו אלואו ואלאכרי אלתא תקול ארץ 283. וארצות וחרב וחרבות ולשון ולשונות ושנה ושנות ימין עליון[2] ורבמא גמעוה גמע אלתדכיר כמא קיל פי גמע שנה אם עוד רבות בשנים[3] ופי גמע מכה מן המכים אשר יכהו ארמים[4]. ואנמא צארת עלאמה אלתתניה ואלגמע ואחדה לאן כל תתניה גמע ודלך אנך אדא תנית פאנמא תגמע ואחדא אלי אכר כמא אנך אדא גמעת פאנמא תגמע עדדא אלי עדד. ואעלם אנך אדא דכרת אלואחד פקלת איש או גבר או קבר או חרב או גיר דלך מן אלאחאד פקד אגתמע לך פי דלך אלפרד מערפה אלעדד ומערפה אלנוע ואדא קלת שנים אנשים מרגלים[5] או שלשה שריגם[6] או ארבעה חרשים[7] או מא אשבה דלך לם יגתמע לך פי שנים ולא פי שלשה ולא פי ארבעה ולא פי גירה מן אלעדד אלנוע מע אלעדד ולדלך דכרת אלעדד תם מיזת אלנוע אלדי תריד לתכבר אן הדה אלעדה מנקטעה מן אלנוע אלדי דכרת פקלת שלשה אנשים[8] וארבעה חרשים וכאן אלקיאס אן תקול אחד אנשים כמא תקול שלשה אישים שלשה אנשים ולכן למא אמכן אן ידכר איש פיגתמע פיה אלאמראן אעני מערפה אלעדד ואלנוע קיל ויהי איש מהר אפרים[9] איש היה בארץ עוץ[10]. *ואמא קולה ויהי איש אחד מן רמתים[11] פלים עלי סביל תעריף כמיה אלעדד בל אנמא הו נעת מסתגני ענה ואלדליל עלי דלך קולה ויהי איש מהר אפרים איש היה בארץ עוץ[a] דון אן ידכר מעה אחד. וכדלך קולה אחד נפש מחמש המאות[12] הו נעת מקדם וליס קולה נפש בנעת לקולה אחד לאן אלגואהר לא תכון צפאת לאן אלצפאת חלי ואלחלי אעראץ ואדא תקדם אלנעת כאן אלמנעות בדלא מנה וכאנה עטף אלביאן. פאדא גמעוא פלא בד מן דכר אלעדד אד לא דלאלה[b] עליה ורבמא קדמוא אלעדד פקאלוא שלשה אנשים ששה אנשים עשרה אנשים

[a] R. om. [b] P. דליל

[1] Prov. 31, 3. [2] Ps. 77, 11. [3] Lév. 25, 51. [4] II Rois 8, 29. [5] Jos. 2, 1. [6] Gen. 40, 10. [7] Zach. 2, 3. [8] Gen. 18, 2. [9] Jug. 17, 1. [10] Job 1, 1. [11] I Sam. 1, 1. [12] Nomb. 31, 28.

שתים מערכות[1]. ורבמא אכרוה פקאלוא[a] אילם חמשה עתדים
חמשה כבשים בני שנה חמשה[2] ולים דכר אלעדד הנא בצפה כמא
כאן פי קולהם איש אחד כבש אחד צפה לאנה גיר מסתגני ענה
אד לא דליל עלי הדה אלכמיה אלא בדכרה בל הו כבר אלאבתדא
ולים יתם אלכלאם אלא בה. ולים קולי הדא במאנע מן אן יכון[b]
מתל הדא אללפט צפה ומוצופא פי גיר הדא אלמוצע אעני פי מתל
קולה וישב דוד בצקלג ימים שנים[3] פאן שנים צפה לימים ואלפרק
בינה ובין אילים חמשה אן הדא אללפט כאן ימכן אן יעבר ענה
בלפט יומים פלהדא צאר שנים כאלמסתגני ענה וכאן ביאנא
לעלאמה אלתתניה. אנמא קולי פי הדא אלמוצע כאצה ופי מתלה
ואמא קולהם שלשה אנשים או ארבעה חרשים או מא אשבה דלך
מן ארני אלעדד פמצאף אלי אלמעדודאת פי אלמעני לא פי אללפט 234.
[כמא קיל ויהי כאיפה שערים[4] ולים תטהר אלאצאפה פי אללפט][c]
ואן כאן מצאפא פי אלמעני. וקד יצ׳יפון הדא אלעדד פי אללפט
ענד אצאפתה אלי אלאסמא אלטאהרה קאלוא ארבעת ימים בשנה[5]
ואנכי אתן לך עשרת כסף לימים[6]. וממא ידל עלי אן קולהם
שלשה אנשים ארבעה אנשים ומא אשבהה מצאף קולה את עשרה
השבטים[7] כמא קאלוא את עשרת השבטים[8] פהמא גמיעא מצאפאן
אלא אן אצאפה אלואחד גיר מחצה לאנהא ליסת פי אללפט.
וקאלוא איצא שבעה שקלים[9] ועשרה הכסף[10] והדא מצאף פי
אלמעני לא מחאלה פכדלך שלשה אנשים ומא אשבהה מצאף איצא
פי אלמעני. ואמא אדא אצאפוא הדה אלאעדאד אלי אלצמיר
פלא בד מן טהור אלאצאפה פי אללפט בקלב אלהא תא[a] באצטראר
מתל קולהם ויצאו שלשתם[11] ופני אריה אל הימין לארבעתם[12] ויפלו
שבעתם יחד[13]. פאן אחתג עלינא מחתג פי מנע אלאצאפה מן הדא
אלעדד בקול אלכתאב שתים מערכות[14] שנים עדים[15] שנים
חדשים[16] ולשנים האנשים המרגלים את הארץ[17] שנים כרבים
זהב[18] דפענאה בקולהם איצא על פי שני עדים[19] שני אנשים

a P. כקולהם b A. ajoute פי c Suppléé d'après R

[1] Lév. 24, 6. [2] Nomb. 7, 23. [3] II Sam. 1, 1. [4] Ruth 2, 17. [5] Jug. 11, 40. [6] ib. 17, 10. [7] I Rois 11, 31. [8] ib. 11, 35. [9] Jér. 32, 9. [10] ib. ib. [11] Nomb. 12, 4. [12] Ez. 1, 10. [13] II Sam. 21, 9. [14] Lév. 24, 6. [15] Deut. 17, 6. [16] Jug. 11, 39. [17] Jos. 6, 22. [18] Ex. 25, 18. [19] Deut. 19, 15.

עברים[1] שני חרשים[2] שני כרבים[3] אלתי אלאצ̇אפה̈ פיהא ט̇אהרה̈ וקלנא פי מים שנים עדים ומים שתים מערכות ומים שנים חרשים ומים שנים כרובים ומא אשבההא מא קלנאה פי מים סגים כסף[4] ומים באילים השערים[5] וגירהמא אנהא מקחמה̈ פמן אסתעמאלהם ואסתג̇אזתהם אן יקחמוהא ענד אלאצ̇אפה̈ כמא תרי ואן יחד̇פוהא פי גיר אלאצ̇אפה̈ אסתכ̇פאפא כמא חד̇פוהא מן הרודד עמי תחתי[6] וגירה עלי מא קד תקדם פי גיר הד̇א אלמכאן· ואעלם אנה ואן כאן לפט̇ אלתת̇ניה̈ ואלג̇מע פי אכת̇ר כלאמהם ואחד לאן כל תת̇ניה̈ ג̇מע כמא קד קלנא פאנהם קד יסתעמלון פי בעץ̇ כלאמהם פי אלתת̇ניה̈ גיר לפט̇ אלג̇מע ידלון בה עלי אן אלמעדוד את̇נאן מן גיר אן יד̇כרוא אלעדד פרבמא אג̇תמע להם פי ד̇לך אללפט̇ אלדליל עלי אלעדד ועלי אלנוע כמא קד אג̇תמע להם ד̇לך פי אלואחד וד̇לך פי מת̇ל קולה הואל קח ככרים[7] חמור חמרתים[8] רחם רחמתים[9] מאתים לחם[10] שנתים ימים[11] וטמאה שבעים[12] לירכתים ימה[13] ממתנים ועד ירכים[14] בין הערבים[15] אלפים באמה[16] איש הבנים[17] והידים ידי עשו[18] אך אם יום או יומים[19] אמתים וחצי[20] ויך את הסלע במטהו פעמים[21] הזרע והלחיים[22] חומה גבהה דלתים ובריח[23] ואלדליל עלי אן דלתים הנא תת̇ניה̈ לא ג̇מע אפראדה חומה ובריח וד̇לך וצף מא לכל מדינה̈ כמא קיל כי נסגר לבוא בעיר דלתים ובריח[24] אלא אנהם רבמא תרכוא אסתעמאל הד̇ה אלתת̇ניה̈ פי בעץ̇ אלמואצ̇ע ואנצרפוא אלי אלג̇מע וד̇כר אסם אלעדד פקאלוא ושתים דלתות לדלתות[25] ואיצ̇א וישב דוד בצקלג ימים שנים[26] ופי אלמשנה[27] לשני ימים ולילה אחד וקיל וישימו לה ידים[28] אי צפין ואיצ̇א והידים ידי עשו[29] אי ואלידאן וקיל שתי ידות לקרש[30] אי ציראן פג̇מע ולו קיל ידים לקרש לכאן חסנא· ופי כלאם צאחב אלהלכות[31] שני אלפים אמה וקד אנכר עליה ד̇לך קום מן אצחאב אלדקדוק קאלוא לו כאן הד̇א ג̇איזא למא קיל פי אלכתאב אלפים באמה[32] דון שני אלפים פקד ארינאך אלכתאב אסתעמל אך

[1] Ex. 2, 13. [2] Jug. 11, 38. [3] Ex. 37, 7. [4] Ez. 22, 18. [5] ib. 40, 38. [6] Ps. 144, 2. [7] II Rois 5, 23. [8] Jug. 15, 16. [9] ib. 5, 30. [10] I Sam. 25, 18. [11] Gen. 41, 1. [12] Lév. 12, 5. [13] Ex. 26, 27. [14] ib. 28, 42. [15] ib. 12, 6. [16] Nomb. 35, 5. [17] I Sam. 17, 4. [18] Gen. 27, 22. [19] Ex. 21, 21. [20] ib. 25, 17. [21] Nomb. 20, 11. [22] Deut. 18, 3. [23] ib. 3, 5. [24] I Sam. 23, 7. [25] Ez. 41, 24. [26] II Sam. 1, 1. [27] Zebâhim V, 7. [28] II Rois 11, 16. [29] Gen. 27, 22. [30] Ex. 26, 17. [31] Hilchôth Erûbîn. [32] Nomb. 35, 5.

אם יום או יומים בלפט אלתתניה ואסתעמל איצא ימים שנים בלפט אלגמע כמא אסתעמל פי אלמשנה לשני ימים ולילה אחד בלפט אלגמע ופי אלכתאב איצא דלתים ובריח ואיצא ושתים דלתות 235. וכאמתים על פני הארץ[1] ואיצא עד העזרה התחתונה שתים אמות[2] ואיליו שתים אמות[3]. ומן אגל הדא אלאנבאר אנתלבת אכתר חדא אלכלאם נצרה לצאחב אלהלכות. [a]ופי אלתלמוד[4] פי קול אללה ושה אחת מן הצאן מן המאתים[5] מן המאתים שה ולא מן הבכור אחת ולא מן המעשר מן הצאן ולא מן הפלגס מן המאתים ממותר שתי מאות שנשתיירו פקיל שתי מאות כמא קיל צאחב אלהלכות שני אלפים לאן הדא אלמדהב מסתעמל וגארי מן אהל אללגה קדמהם וחדתהם[a]. ולמא כאנת אלתתניה גמעא כמא קלת קבילא אסתסהל אלעבראניון אסתעמאל לפט אלתתניה גמעא פי בעץ אלמואצע פי אלגמע כמא קיל שבעה עינים[6] שש כנפים[7] הלא בחזקנו לקחנו לנו קרנים[8] שלש השנים[9] ונעקש דרכים[10] בעצלתים ימך המקרה[11] ונסב חומה ומגדלים דלתים ובריחים[12] ומים ושמים וגיר הדה מן אלגמוע. ואעלם אן דכול אלהא פי עדד אלמדכר פי מא דון אלי ואן כאנת חרף תאנית פהו עלי גיר דכולהא ללתאנית פי מתל הלכת היא[13] האמרה בלבבה[14] לאנה לו כאנת עלי דלך לכאן אלעדד סונתא ואקעא עלי מדכרין[b] והרא כלף לכן דכלת הנא כדכול הא פי בלילה ההוא[15] ומא אשבהה ממא קד דכרנאה פי מכשפה לא תחיה[16] אלדי יראד בה אלסאחר[c] דכרא כאן או אנתי ואנמא דכלת פיה אלהא ללמבאלגה. ואן אוקעת אלעדד עלי מונת אוקעתה בגיר הא פקלת שלש וארבע ועשר כמא תקול שמש וארץ וכאן אלקיאס אן תתבת אלהא פי עדד אלמונת ותסקט מן עדד אלמדכר לכנהם למא ארכלוהא פי עדד אלמדכר ללמבאלגה ואלתאכיד ראוא אסקאטהא מן עדד אלמונת לילא ישתבה אללפטאן ואן כאנוא רבמא אתבתוהא פי אלנאדר פי עדד אלמונת עלי אלאצל ודלך פי קולהם לשלשת אחיתיהם[17] ושלשת נשי

[a] P. R. om. [b] A. אלמדכרין [c] A. אלואחד

[1] Nomb. 11, 31. [2] Ez. 43, 14. [3] ib. 40, 9. [4] Pesâhim 47 b. [5] Ez. 45, 15. [6] Zach. 3, 9. [7] Is. 6, 2. [8] Amos 6, 13. [9] I Sam. 2, 13. [10] Prov. 28, 18. [11] Eccl. 10, 18. [12] II Chr. 14, 6. [13] Jér. 3, 6. [14] Is. 47, 8. [15] Gen. 32, 22. [16] Ex. 22, 17. [17] Job 1, 4.

בניו[1] ומעלות שבעה עלותיו[2] שבעה עינים[3] ואת הכבשה ישלם ארבעתים[4]. פארא כ֗רג֗ת ען אלעקד אלאול צ֗מת אליה אסמא ממא כאן פי אצל אלעדד אלי אן תתסעה וג֗עלתהמא אסמא ואחדא. ודלך קולך פי עדד אלמרכב אחד עשר יום[5] שנים עשר אנשים[6] שלשה עשר ארבעה עשר אלי תשעה עשר תתבת אלהא אלתי וצ֗עת עלאמה ללמרכב פי אלצדר ותכ֗לי אלעג֗ז מנהא לילא תג֗תמע עלאמתאן ללתאנית פי אסם ואחד ואן כאנת אלהא פי עדד אלמרכב לגיר תאנית. ותקול פי עדד אלמונת ויהי באחת עשרה שנה[7] שתים עשרה ויהי בשתי עשרה שנה[8] שלש עשרה אלי תשע עשרה תכ֗לי אלצדר מן אלהא עלי מא כאן פי אצל אלעדד ותתבתהא פי אלעג֗ז עלי חקיקה אלתאנית ואנמא קלת אחת עשרה ושתים עשרה פג֗מעת בין תאניתין לאכ֗תלאף אלעלאמתין אעני אן אחדאהמא תא ואלאכ֗רי הא לינה. ואעלם אן אלאצל כאן פי אחד עשר ושנים עשר ושלשה עשר אלי תשעה עשר אן יכון אחד ועשרה ושנים ועשרה ושלשה ועשרה ותשעה ועשרה פלמא כאן אצל אלעדד אן יכון אסמא ואחדא ידל עלי ג֗מיע נחו שלשה וארבעה וחמשה רכבוא הדין אלאסמין וג֗עלוהמא אסמא ואחדא וחדפוא ואו אלעטף ולהדא מא לם תתבת הא תאניה פי שלשה עשר וגירה מתלה לילא יג֗תמע עלאמתאן מתפקתאן פי אסם ואחד. ורבמא אבדלוא הנא איצא מן אלהא תא כמא קאלוא כחמשת עשר אלף כל הנותרים מכל מחנה בני קדם[9] ולים תקדם אלתא ללאצ֗אפה אד לא מעני ללאצ֗אפה הנא בל הי מתל תא ושכרת ולא מיין[10] וגירהא. פארא תנית אדני אלעקוד אעני עשרה אשתקקת לה מן אסמה מא פיה ידל עלי אנך קד כ֗רג֗ת ענה אלי תצ֗עיפה ואלדליל עליה מא ילחקה מן אלזיאדה אעני אליא ואלמים ודלך קולך עשרים. ואמא תגיירהם חרכה אלעין מנה פלאנה עלי גיר מנהאג֗ סאיר אלעקוד ודלך אנהם אשתקוא שלשים מן שלשה וארבעים מן ארבעה וחמשים מן חמשה וכדלך מא בעדהא אלי תשעים פכאן אלואג֗ב אן ישתק מן שנים אסם מכאן עשרים פלם יפעלו בל תנוא אלעשרה פלמא כ֗אלפוא פי עשרים מנהאג֗ סאיר אלעקוד גירוא חרכתה ליכון

[1] Gen. 7, 13. [2] Ez. 40, 26. [3] Zach. 3, 9. [4] II Sam. 12, 6. [5] Deut. 1, 2. [6] ib. 1, 23. [7] Ez. 30, 20. [8] ib. 32, 17. [9] Jug. 8, 10. [10] Is 51, 21.

236 ד̇לך ד̇לילא עלי מג̇נ̈ה עלי גיר וג̇הה· פאן קאל קאיל פהלא אשתקוא מן שנים אסמא מכאן עשרים פאלג̇ואב אנ̈הם לו ארא̇דוא ד̇לך ללזמהם חד̇ף עלאמ̈ה אלתת̇ניה̈ מנה וליצי̇רוה אלי אלאפראד ולם יקע קד מפרדא פאלאמתנאע מנה ארא באלצ̇רורה̈· פארא זדת עלי אלעשרים ואחדא פמא פוקה או ואחדא אלי אלעקד אלת̇אלת̇ ואלי מא בעדה מן אלעקוד קלת וביום עשרים וארבעה לחדש הזה נאספו בני ישראל[1] בשביעי בעשרים ואחד לחדש[2] בעשרים וארבעה לתשיעי[3] ביום עשרים וארבעה לעשתי עשר חדש[4] ויהי בעשרים ושבע שנה בראשון באחד לחדש[5] בעשרים וחמש שנה לגלותנו[6] כל מלכים שלשים ואחד[7] וכד̇לך אלי אכ̇ר אלעקוד· ורבמא פצלוא בעץ̇ אלאעדאד מן בעץ̇ כמא קיל ויהיו חיי שרה מאה שנה ועשרים שנה ושבע שנים[8] ושלשים יום ושלשת ימים[9] וששים יום וששת ימים[10]· ורבמא עטפוא אלאכת̇ר עלי אלאקל כמא קיל בשבעה ועשרים יום לחדש[11] תשע ועשרים שנה[12] שתים ושלשים שנה[13] שבע ושלשים ומאת שנה[14] ואהרן בן שלש ושמנים שנה[15]· ורבמא פצלוא בין הד̇ה אלאעדאד איצ̇א כמא קיל. ויהי ימי יעקב שני חייו שבע שנים וארבעים ומאת שנה[16]· פאן קיל פהלא בנוא[a] אחד ומא בעדה מן אלאעדאד מע עשרים פיג̇עלוה[b] אסמא ואחדא כמא פעל ד̇לך פי אחד עשר ונחוה קלנא אנמא אמתנעוא מן ד̇לך מן אג̇ל עלאמ̈ה אלג̇מע אלתי פי אחד אלעדדין לילא יכון אלאסם מתנאקץ̇ אלמעני פאמא אחד עשר ונחוה פלמא לם תכן פיה עלאמ̈ה ללג̇מע לם יסתקבחו ד̇לך פיה וג̇עלוה כמנזלה̈ אביעזר וביתאל ובית לחם· פאן אעתרץ̇ עלינא בשנים עשר כאן אלג̇ואב אנ̈ה למא לם ימכן חד̇ף עלאמ̈ה אלתת̇ניה̈ מנה פכאן יציר אלאסם אלי אלאפראד וד̇לך מא לא ינטק בה אסתסהלוא ד̇לך פיה וחדה אלא אנ̈הם רבמא חד̇פוא אחדי אלזיארתין אלתאן המא עלאמ̈ה אלתת̇ניה̈ והי אלמים פקאלוא שני עשר איש[17] שתי עשרה אבנים[18] וליס ד̇לך עלי מד̇הב אלאצ̇אפה̈ בל אסתכ̇פאפא כמא אסתכ̇פוא ד̇לך פי מי המרים[19]

[a] A. בני [b] A. פיג̇עלאן

[1] Néh. 9, 1. [2] Hag. 2, 1. [3] ib. 2, 10. [4] Zach. 1, 7. [5] Ex. 29, 17. [6] ib. 40, 1. [7] Jos. 12, 24. [8] Gen. 23, 1. [9] Lév. 12, 8. [10] ib. 12, 4. [11] Gen. 8, 14. [12] ib. 11, 24. [13] ib. 11, 20. [14] Ex. 6, 16. [15] ib. 7, 7. [16] Gen. 47, 28. [17] Jos 3, 12. [18] ib. 4, 8. [19] Nomb. 5, 24.

משכימי בבקר[1] וגירהמא וכאן אסתכפאפהם הנא אוכד מן אגל טול אלאסם· פאן קאל פהלא עטפוא עליה כמא עטפוא פי שנים ועשרים קלת ארארוא אן יכון אלמנהאג פי גמיע מא דון אלעקד אלאול ואלתאני ואחדא· פארא צרת אלי אלעקד אלדי בעד אלעשרים כאן חאלה פי מא יגמע מעה מן אלעדד כחאל אלעשרים אלא אן אשתקאקה מן שלשה לאנה לתתליה ארני אלעקוד וכדלך מא בעדה אלי תשעים· פארא צרת אלי אלעקד אלדי בעדהא כאן לה אסם כארג מן הדה אלאסמא אד מחלה מחל שלשים ממא קבלה וארבעים ונחו דלך פקל מאה ולם ישתק לה אסם מן עשרה לילא ישתבה בעשרים· וקולך מאה שנה הו מצאף פי אלמעני ואן לם יכן מצאפא פי אללפט ורבמא אצאפוה פי אללפט כמא קיל ואלה ימי שני חיי אברהם אשר חי מאת שנה ושבעים שנה וחמש שנים[2] ואיצא ואלה שני חיי ישמעאל מאת שנה ושלשים שנה ושבע שנים[3]· פארא צרת אלי אלעקד אלתאני בעד אלמאיה קלת מאתים וכאן אלקיאס פי מאתים שתי מאות פאוגזוה· פארא צרת אלי אלעקד אלתאלת פמא פוקה קלת שלש מאות וארבע מאות אלי תשע מאות· פארא תגאוזת תשע מאות צרת אלי עקד כאלף[a] לפטה מא קבלה פקלת אלף· ואעלם אן מא בעד אלאתנין אלי אלעשרה מן אלמעדודאת לא יכון עלי אלאכתר אלא גמעא או 287. לפטא יכון מבצוצא ללגמע כמא קאלוא שני אנשים עברים נצים[4] שלשה גבעים[5] וארבעה אנשים[6] חמשה אנשים[7] תשע שנים[8] עשר שנים[9] ורחב עשרה אלפים[10] חמשה בקר וארבע צאן[11] ושתי צאן[12] שני רכב סוסים[13] לאן רכב אסם ללואחד ולאכתר מן אלואחד מן אלמראכב כמא יסתבין דלך פי באבה מן כתאב אלאצול[14]· וממא יקע עליה רכב אסמא ללגמע איצא קולה ועשרה רכב[15] הו אסם ללגמע מתל חמשה בקר ושתי צאן אלא אנהם קד קאלוא שני העמר לאחד[16] שלשת הנפת[17] ורחב עשרה אלף[18] ועשרה הכסף[19]

[a] P. יכלף

[1] Is. 5, 11. [2] Gen. 25, 7. [3] ib. 25, 17. [4] Ex. 2, 13. [5] ib. 25, 33. [6] II Rois 7, 3. [7] Gen. 47, 2. [8] II Rois 17, 1. [9] Gen. 16, 3. [10] Ez. 48, 13. [11] Ex. 21, 37. [12] Is. 7, 21. [13] II Rois 7, 14. [14] Col. 678. [15] II Rois 13, 7. [16] Ex. 16, 22. [17] Jos. 17, 11. [18] Ez. 45, 1. [19] Jér. 32, 9.

עשרת כסף לימים[1] שתי רבוא[2] ארבע רבוא[3] פאפרדוא· וקד יג̇וז אן יצ̇ם̈ שני רכב סוסים[4] אלי הד̇א איצ̇א וכד̇לך ועשרה רכב[5] עלי אלא̈ יכון אסמא ללג̇מע לכן ללואחד ויסתבין לך ד̇לך מן באבה פי כתאב אלאצול[6]· ואלתא פי קולה הנפת[7] בדל מן הא וג̇מעה ובנפות דור[8]· ומא בעד אלעשרה אלי אלעשרים ומא בעד אלעשרים אלי אלתשעים קד יכון מפרדא עלי סביל אלתמייז ללנוע כמא קאלוא בעשתי עשר חרש[9] אחד עשר יום מחרב[10] לשנים עשר שבט[11] ויקרא יהושע אל שנים העשר איש[12] ושתים עשרה מצבה[13] ובארבע עשרה שנה[14] חמש עשרה אמה מלמעלה[15] תשע עשרה שנה[16] עשרים קרש[17] תשע וארבעים שנה[18] את שנת החמשים שנה[19]· וקד יכון מג̇מועא עלי חקיקה̈ אלעדד ואן כאן תמייזא פאנ̇הם קד ימי̈זון באלג̇מיע כמא קיל הבשילו אשכלתיה ענבים[20]· פקולה ענבים תמייז קיל ועשרת אלפים כרים חטים ושעורים עשרת אלפים[21] קולה כרים תמייז ללעדד וקולה חטים תמייז ללנוע ואצל אלתמייז אן ימי̈ז אלג̇מיע באלואחד כמא קד ד̇כרנא וכמא קיל ארבעה טורים אבן[22] פמי̈ז אלג̇מיע אעני טורים באבן והו ואחד· וקאלוא פי מא מי̈ז ממא בעד אלי̇ אלי אלצ̇ באלג̇מיע עשתי עשרה יריעות[23] שנים עשר אנשים[24] עשרים קרשים[25]· וכד̇לך יפרד מא בעד אלמאיה̈ ויג̇מע קאלוא מאה שנה[26] מאת ארנים[27] למאת הככר[28] מאה אלף[29]· ומא בעד אלאלף איצ̇א מפרד ומג̇מוע קאלוא אלף גפן באלף כסף[30] עשרת אלפים איש[31] כי אלף שנים בעיניך[32] מאה אלף כרים ומאה אלף אילים צמר[33]· ומד̇הבהם פי אסתעמאלהם מאת אלף[34] מאת ככר הכסף[35] באלאצ̇אפה̈ ומאת אלף בגיר אצ̇אפה̈ הו מד̇הבהם פי אסתעמאלהם עשרת כסף באלאצ̇אפה̈ ועשרה הכסף בגיר אצ̇אפה̈· ואעלם אן אלאצל פי קולה עשתי אעני עשתי עשרה שנה[36] הו אן יכון על שתי אי אלעדד אלד̇י קבל שתי עשרה וד̇לך כנאיה̈ ען אחת אי אן מעני

[1] Jug. 17, 10. [2] Néh. 7, 72. [3] ib. 7, 66. [4] II Rois 7, 14. [5] ib. 13, 7. [6] Col. 678. [7] Jos. 17, 11. [8] ib. 11, 2. [9] Deut. 1, 2. [10] ib. ib. [11] Ex. 39, 14. [12] Jos. 4, 4. [13] Ex. 24, 4. [14] Gen. 14, 5. [15] ib. 7, 20. [16] ib. 11, 25. [17] Ex. 26, 18. [18] Lév. 25, 8. [19] ib. 25, 10. [20] Gen. 40, 10. [21] II Chr. 27, 8. [22] Ex. 28, 17. [23] ib. 36, 14. [24] Jos. 4, 2. [25] Ex. 36, 25. [26] Gen. 17, 17. [27] Ex. 38, 27. [28] ib. ib. [29] II Rois 3, 4. [30] Is. 7, 23. [31] Jug. 1, 4. [32] Ps. 90, 4. [33] II Rois 3, 4. [34] Nomb. 2, 9. [35] Ex. 38, 27. [36] Jér. 1, 3.

עשתי עשרה הו מעני אחת עשרה פחרפוא אללאם אסתכפאפא וקאלוא עשתי עשרה וחקיקתה אן יכון עררא ללמונת כאצה פלמא חרפוא אללאם ובנוא אלכלמתין כלמה ואחרה געלוהא במנזלה כלמה גיר מרכבה באנהא[a] כלמה עלי חיאלהא כמא צנעוא פי קולה את ירבעל ואת ברן[1] אלרי אצלה בן רן פחרפוא אלנון ובנוא אלכלמתין 238 כלמה ואחרה באנהא כלמה עלי חיאלהא ואגרוא עשתי עלי אלמרכב כמא אגרוה עלי אלמונת פקאלוא פי עדד אלמונת עשתי עשרה יריעות באתבאת אלהא פי אלעגז עלי אלעארה ואלאטראר פי עדד אלמונת וקאלוא פי עדד אלמרכר בעשתי עשר חדש בחרף אלהא עלי אלעארה פי עדד אלמרכר ואנמא אמנוא אללבס פי הרה אללפטה למא אתבתוא אלהא פי אכר אלעדד ללמונת וחרפוהא מנה ללמרכר׃

אלבאב אלראבע ואלארבעון

פי תעריף אלעדד.

ארא ערפת מא בין אלואחר אלי אלעשרה פאנך תציף[b] אלעדד אלי אלמעדוד ותרכל אלתעריף עלי אלמעדוד כמא קיל שני העמר לאחד[2] ועמדו שני האנשים[3] והמזלג שלש השנים[4] וארבע הידת[5] וחברת את חמש היריעת לבר[6] שש השערים האלה[7] ושבע השבלים[8] ושבע הפרות[9] ויהי לשבעת הימים[10] לתשעת המטות[11] את עשרת השבטים[12] ויצא את עשרה השבטים[13] עלי לפטה קבל אלתעריף עשרת הדברים[14] ויצא שבעה שקלים ועשרה הכסף[15] אלא אן עשרה הכסף ועשרה השבטים מצאפאן פי אלמעני לא פי אללפט כמא קר בינא קבל הרא׃ פאן ערפת מא בין אלעשרה אלי אלעשרים מן אלעררין יגעלאן אסמא ואחרא ארכלת אלתעריף פי אלעדד אלתאני כמא קיל ויקרא יהושע אל שנים

[a] A. פאנהא; P. לאנהא; R. כאלו היא [b] A. מציף

[1] I Sam. 12, 11. [2] Ex. 16, 22. [3] Deut. 19 17. [4] I Sam. 2, 13. [5] Gen. 47, 24. [6] Ex. 26, 9. [7] Ruth 3, 17. [8] Gen. 41, 26. [9] ib. 41, 27. [10] ib. 7, 10. [11] Nomb. 34, 13. [12] I Rois 11, 35. [13] ib. 11, 31. [14] Deut. 4, 13. [15] Jér. 32, 9.

העשר איש[1] והוא בשנים העשר[2] לאן̇ תרכיבה ליס במחץ̇ ואן שית ארכ̇לתה עלי אלעדד אלאו̇ל תשביהא לה במא תרכיבה מחץ̇ כמא קיל ובשנה האחת עשרה בירח בול[3] ואן שית ארכ̇לתה עלי אלמעדוד ולם תדכ̇לה עלי אלעדד כמא קיל ואת שתים עשרה האבנים[4]. פאד̇א בלגת אלי עשרים וגירה מן אלעקוד ארכ̇לתה עלי אלמעדוד כמא קאלוא עשרים הקרשים[5] את ארבעים היום ואת ארבעים הלילה[6] ואקחה שלשים הכסף[7]. ואן שית ארכ̇לתה עלי אלעדד דון אלמעדוד כמא קיל שנת החמשים שנה[8]. פאד̇א בלגת אלי מאיה̈ ארכ̇לת אלתעריף עלי אלמעדוד מאת ארנים למאת הככר[9]. פאן מי̇זת ארכ̇לת אלתעריף עלי אלתמייז כמא קיל ויהי מאת ככר הכסף[10]. ואד̇א עטפת עדדא עלי עדד ואר̇דת אלתעריף פאן שית ער̇פת אלעדד אלאו̇ל פקט ועטפת אלת̇אני בגיר תעריף כמא קיל עד יום האחד ועשרים[11] ואן שית ער̇פת גמיע אלאעדאד כמא קיל ואת פדויי השלשה והשבעים והמאתים[12] ואן שית ער̇פת אלבעץ̇ דון אלבעץ̇ כמא קיל ואת האלף ושבע המאות וחמשה ושבעים[13] את החמשים ומאתים איש[14] ורבמא לם יער̇ף גיר אלנוע אלממי̇ז בה פקט מת̇ל קולה אלף ומאה הכסף אשר לקח לך[15] ויישב את אלף ומאה הכסף לאמו[16].

239.

אלבאב אלכ̇אמס ואלארבעון

באב אכ̇ר מנה.

קד קלנא פי אלבאב אלמתקד̇ם להד̇א אלבאב אן אלעבראניין ידכ̇לון אלהא פי אלעדד אלמד̇כ̇ר פי מא דון אלעשרה פיקולון שלשה אנשים וארבעה אנשים ותשעה אנשים ועשרה אנשים ואנ̇הם יסקטונהא מן עדד אלמונ̇ת̇ פיקולון שלש נשים עשר נשים שבע שנים שבע פרות ומא אשבה ד̇לך לאן̇ נשים ג̇מע מונ̇ת̇ וואחדתה ואן כאן מן גיר לפט̇ה אשה וכד̇לך ואחדה̈ שנים שנה וואחדה̈ פרות פרה. וקלנא איצ̇א פיה אנ̇הם קד יכ̇אלפון הד̇א

[1] Jos. 4, 4. [2] I Rois 19, 19. [3] ib. 6, 38. [4] Jos. 4, 20. [5] Ex. 36, 24. [6] Deut. 9, 25. [7] Zach. 11, 13. [8] Lév. 25, 11. [9] Ex. 38, 27. [10] ib. ib. [11] ib. 12, 18. [12] Nomb. 3, 46. [13] Ex. 38, 28. [14] Nomb. 16, 35. [15] Jug. 17, 2. [16] ib. 17, 3.

פיתׄכתון אלהא פי עדד אלמונׄתׄ עלי אלשׄדוד ען אלאטׄראד ואן כאן דׄלך עלי אלאצל כמא קאלוא ושלשת נשי בניו[1] ואלואחדהׄ אשה כמא קלנא· וקאלוא ומעלות שבעה עלותיו[2] ואיצׄא על אבן אחת שבעה עינים[3] ואת הכבשה ישלם ארבעתים[4]· פאקול הבא אן קולה שבעה שופרות היובלים[5] שבעה מזבחת[6] שבעה שבעת[7] ואת הכירת עשרה[8] ומא אשבהה הו עלי גיר הדׄא אלמדׄהב ודׄלך אנׄה למא כאן ואחד מזבחות מזבח וואחד שבועות שבוע וואחד שופרות שופר וואחד כיורות כיור באלתדׄכיר אתׄבתוא אלהא פי עדד אלגמיע עלי אלמעני ותרכוא אללפטׄ· וקד פעלוא איצׄא מתׄל הדׄא פי עדד גמע אלואחד אלמונׄתׄ אלדׄי יגׄמע עלי אלתדׄכיר כמא קד תקדׄם מן קולנא פיה פאנׄהם יסקטון אלהא מן עדד דׄלך אלגמע למא כאנת ואחדתה מונׄתׄא כמא פעלוא פי קולהם שבע שנים[9] פאנׄהם למא כאנת ואחדהׄ שנים שנה באלתאנית אתוא בעדד שנים עלי אלמעני והו אלתאניתׄ ותרכוא לפטׄ שנים והו באלתדׄכיר· והכדׄא פעלוא פי קולהם שבע שבלים[10] למא כאנת אלואחדהׄ וכראש שבלת ימלו[11] ואמא קולהם עשר ככרי כסף[12] פדליל עלי אנׄהם יונׄתׄון אלככר ·וכמא אנׄתׄוא איצׄא אלככר פי גיר הדׄא אלמעני פי קולהם וירא את כל ככר הירדן כי כלה משקה[13]· ואן דׄהב מתעסׄף אלי אן יתעסׄף פי הדׄא פיקול אנׄה אנמא אנׄתׄ עלי זנהׄ ארץ כאנׄה אראד את כל ארץ ככר הירדן כמא קאל ועל כל פני ארץ הככר[14] קלנא לה אןׄ ארץ קד ידׄכׄר וכטל אעתראצׄך[a]·

כמל אלכתאב

בחמד אללה[b].

[a] R. om. [b] P.: [ה] תׄם אלגׄז אלאוׄל מן כתאב אל [תנקיח והו כתאב] אללמע בחמד אללה ועו ברוך נותן ליעף כח ולאין [אונים עצמה ירבה]

[1] Gen. 7, 13. [2] Ez. 40, 26. [3] Zach. 3, 9. [4] II Sam. 12, 6. [5] Jos. 6, 4. [6] Nomb. 23, 1. [7] Deut. 16, 9. [8] I Rois 7, 43. [9] Gen. 5, 7. [10] ib. 41, 5. [11] Job 24, 24. [12] II Rois 5, 5. [13] Gen. 13, 10. [14] ib. 19, 28.

פהרסת אלאבואב.

צחיפה

CPSIA information can be obtained at www.ICGtesting.com
Printed in the USA
BVOW06s1427270616

453620BV00013B/51/P